세계를 이끈
경제사상 강의

세계를 이끈 경제사상 강의
경제학의 탄생 기원과 22개 학파로 보는 300년 경제학사 통찰

1판 1쇄 인쇄 | 2023년 2월 01일
1판 1쇄 발행 | 2023년 2월 22일

지은이 | 김민주
발행인 | 정윤희
편 집 | 윤재연
본문디자인 | 김미영
표지디자인 | ALL designgroup
발 행 처 | PARK & JEONG
        (PARK & JEONG은 책문화네트워크(주)의 단행본 브랜드입니다.)
출판신고번호 | 제2022-000069호(신고연월일 | 2009년 5월 4일)
주소 | 서울특별시 용산구 독서당로 46 (한남동, 한남아이파크) 비106-109호
전화 | 02-313-3063
팩스 | 02-3443-3064
이메일 | prnkorea1@naver.com
홈페이지 | www.prnkorea.kr

ISBN 979-11-92663-07-4 03320
값 32,000원

● 이 책은 저작권법에 보호받는 저작물이므로 무단 전제와 복제를 금합니다.
● 잘못된 책은 교환해 드립니다.

경제학의 탄생 기원과
22개 학파로 보는 300년 경제학사 통찰

세계를 이끈
경제사상
강의

김민주 지음

PARK&JEONG

프롤로그

저자의 말

책을 쓰게 된 계기

　언젠가는 경제사상사에 대한 책을 쓰려고 했다. 경제학을 전공하면서 이론과 학설의 역사에 관심이 많기도 했거니와, 경제학과 인접 학문 간의 관계에 항상 궁금했기 때문이다. 그리고 그게 무엇이든지 도도하게 흐르며 생성되는 트렌드에 대해 흥미가 많았다.

　나는 예전부터 틈틈이 경제사상, 경제학설, 경제학파, 경제학자에 대한 글을 써두었다. 생각을 제대로 정리하는 첩경은 나 혼자만의 공간에 글을 써서 남기는 것을 넘어서 외부 매체에 글을 올리는 것이다. 코로나가 창궐하기 시작하던 2020년에 재미삼아 여러 경제학파와 경제학자 이야기를 SNS에 올리기 시작했다. 그 내용이 그리 쉽지는 않았지만 열심히 공부하는 SNS 친구들이 많은 관심과 지지를 보여주었다.

　내가 올린 SNS 내용을 꾸준히 지켜본 책문화네트워크의 정윤희

대표가 유튜브 채널 '정윤희의 책문화TV'에서 연속 강의를 하면 어떻겠냐는 제안을 했다. 그런 연유로 2주일에 한 번씩 총 20회 강의를 하게 되었다. 강의 내용을 토대로 글을 쓰고 방송에서 미처 소개하지 못한 다른 학파 내용도 추가해 이 책을 출간하게 되었다.

책의 구성

경제 현실은 수시로 변한다. 뉴스를 보면 주가, 이자율, 실업률, 환율, 부동산 가격, 소비자 물가, 수출, 수입, 소비지출, 부도율, 기업투자, GDP 수치가 계속 나온다. 이런 경제 현실에 따라 정부 정책과 기업 전략, 그리고 소비자 행동이 바뀌곤 한다. 현실과 정책을 넓고 깊게 들여다보고 경제학자들은 나름대로의 이론을 만든다. 그것이 맞든 틀리든. 시간이 지나면 검증된 이론들만 살아남고 이런 이론들이 합쳐져 학설이 만들어진다. 그리고 오랜 시간이 지나면 여러 학설들이 모여 거대한 흐름인 사상으로 합류한다.

이 책을 만들면서 경제사상사를 어떤 식으로 풀어낼지 고민을 거듭했다. 우선 경제학자들을 연달아 소개할 수 있다. 애덤 스미스, 카를 마르크스, 존 케인스 등 3대 경제학자, 혹은 10대 경제학자라 일컬어지는 인물들을 소개할 수도 있고, 현재 90명이 넘는 노벨경제학 수상자들을 일일이 소개할 수도 있다. 아니면 경제학 분야를 세부적으로 나누어 볼 수도 있다. 예를 들면 현재 경제학의 분류 기준에 따라 성장, 분배, 개발, 빈곤, 재정, 금융, 노동, 기업, 혁신, 실업, 소비, 정부, 국제, 우주로 나누는 것이다. 나는 경제사상사 책을 쓰고 싶었기에 역사상 존재했던 학파들을 소개하면 좋겠다는 판단이 들었다.

〈표〉 이념 노선별로 나눈 경제학파

사회주의	진화주의	자유주의	합리주의	개입주의	행동주의
유토피아학파 마르크스학파 조지학파 페이비언학파	역사학파 제도학파 신제도학파 슘페터학파	자유방임학파 고전학파 아나키즘학파 오스트리아학파	스코틀랜드학파 공리학파 신고전학파 시카고학파	중상학파 스톡홀름학파 케인스학파	행동경제학파 공공선택학파 코틀러학파

그래야 경제학의 여러 흐름을 어느 정도 일관성 있게 정리, 소개할 수 있기 때문이다.

경제학 역사를 살펴보면 많은 학파들이 존재했음을 알 수 있다. 학파를 지리적 위치 관점에서 보면 맨체스터학파, 로잔학파, 비엔나학파, 살라망카학파, 케임브리지학파, 시카고학파, 위스콘신학파, 카네기학파, 스톡홀름학파, 스코틀랜드학파가 있다. 사람 이름 관점에서 보면 케인스학파, 마르크스학파, 슘페터학파, 페이비언학파, 조지학파가 있다. 또 개념을 따른 예로는 중상학파, 중농학파, 자유방임학파, 공리학파, 아나키즘학파, 유토피아학파, 역사학파, 제도학파, 통화학파를 들 수 있다. 또 기존학파가 새로 업데이트 되면서 신고전학파, 신제도학파, 새고전학파, 새케인스학파, 신리카도학파, 포스트케인스학파도 생겨났다.

이런 학파들은 몇 가지 이념으로 압축된다. 이 책에서는 22개 학파를 엄선해 소개했는데 사회주의, 진화주의, 자유주의, 합리주의, 개입주의, 행동주의 등 이념 노선별로 나누면 위의 〈표〉와 같다.

사회주의 노선 안에 유토피아학파, 마르크스학파, 조지학파, 페이비언학파가 있고, 진화주의 노선에는 역사학파, 제도학파, 신제도학파, 슘페터학파가 들어간다. 개인의 사고와 행동·자유를 허용하는 자유주의 노선에는 자유방임학파, 고전학파, 아나키즘학파, 오스트리아학파가 있다. 개인의 최적화를 추구하는 합리주의 노선에는 스코틀랜드학파, 공리학파, 신고전학파, 시카고학파가 있고, 정부 역할을 강조하는 개입주의 노선에는 중상학파, 스톡홀름학파, 케인스학파가 있다. 합리적이든 아니든 간에 사람들의 행동에 초점을 맞춘 행동주의 노선에는 행동경제학파, 공공선택학파, 코틀러학파가 있다.

22개 학파를 어떤 식으로 소개할지 고민을 거듭했다. 이념 노선별로 할지 시대순으로 할지 고민하다가 근세, 근대, 현대 등 시대순으로 풀기로 했다. 그리고 개별 학파 외 마지막에 챕터 몇 개를 마련했다. 살아있는 경제학자들이 갈망하는 노벨경제학상을 받은 이들은 누구인지, 한국은 과연 선진국인지, 향후 등장할 학파에 대한 추측성 이야기를 소개한다. 그리고 첫 번째 챕터에서는 경제사상 전체에 대한 개요를 안내한다.

감사의 말씀

이 책을 쓰는 동안 도움을 주신 분들이 정말 많다. 우선 내가 경제학에 관심을 가지게 된 데에는 일찍이 세상을 떠난 나의 큰형 김민생의 보이지 않은 힘이 컸다. 경제학을 전공했던 형이 유품으로 남긴 경제학 대백과사전이 내 서가에 꽂히면서 나는 고등학교 때부터 경제학을 틈틈이 들여다보게 되었다.

그리고 금융계에서 오랫동안 일했던 조규욱 매형과의 많은 대화는 내가 학부에 들어가 전공으로 경제학을 선택하는 데에 영향을 미쳤다. 서울대학교 경제학과에 들어가서는 여러 강의를 들었는데 특히 경제학설사를 가르친 강명규 교수, 경제사상사를 가르친 임원택 교수, 경제사를 가르친 김종현 교수에게 감사드린다.

SK그룹 최종현 회장이 세운 한국고등교육재단의 장학금으로 시카고대학에서 공부를 할 수 있었다. 미국에서 공부할 수 있는 기회를 제공해준 최종현 회장에게 감사를 드린다. 시카고대학 경제학과에서는 누구보다도 로버트 루카스 교수, 게리 베커 교수가 생각난다. 내가 몸을 담았던 한국은행에서는 신병현 총재, 김명호 총재, 그리고 SK그룹에서는 손길승 회장이 떠오른다. 물론 수시로 만나 허심탄회하게 이야기를 나누었던 경제학과 동기와 여러 모임에서 알게 된 절친들에게도 감사하다. 내가 운영한 회사 리드앤리더의 능력 있는 직원들의 얼굴도 주마등처럼 스쳐간다.

이 책을 쓰면서 역사에 등장하는 경제학자, 경영학자, 사회과학자, 철학자, 사상가들이 남긴 책들을 다시 한 번 읽게 되었다. 물론 경제사상, 경제학설, 경제이론, 경제사를 전체적으로 다룬 책들도 섭렵했다. 집필과정에서 경제학 지식을 다듬는 멋진 기회를 가져서 행복했다.

이 책을 조지프 슘페터 Joseph A. Schumpeter에게 바친다. 슘페터는 이론경제학자에 머물지 않고 정부와 금융 분야에서 현장 경험을 거쳐, 경제, 정치, 사회를 아우르는 폭넓은 지식과 탁견을 지녔다. 무엇보다도 《세계를 이끈 경제사상 강의》 책보다 훨씬 이른 1954년에 유고작으로 《경제분석의 역사 History of Economic Analysis》를 남겼다. 내가 가지고 있는 원서는 1,260쪽에 이르는 대작이다.

내가 원고 쓰기를 마무리한 시점이 2022년 2월 22일이었다. 이 책에서 소개한 22개 경제학파와 겹치는데, 우연일까? 필연일까?

2022년 겨울
저자 김민주

프롤로그 저자의 말　　　　　　　　　　　　　　　　　　　• 004
1강　경제학파로 보는 경제사상 개요　　　　　　　　• 016

1부

근세 18세기

2강　절대국가 시대 부국강병을 위한 중상학파　　　　• 034
3강　특혜, 규제 일색의 중상주의에 반기를 든 자유방임학파　• 066
4강　프랑스에 이어 계몽운동을 꽃피운 스코틀랜드학파　• 094
5강　목가적 공동체만을 꿈꾸지 않았던 유토피아학파　• 122

목차

2부
근대 19세기

6강	경제 현상을 이론으로 만들기 시작한 고전학파	• 150
7강	독일이 야심차게 주도한 역사학파	• 174
8강	개인 쾌락과 다수 행복을 중시한 공리학파	• 214
9강	자본주의 국가에 결정타를 먹인 마르크스학파	• 238
10강	주류경제학의 기원 신고전학파	• 252
11강	무정부주의와 동의어가 아닌 아나키즘학파	• 280
12강	점진적 사회주의를 정착시킨 페이비언학파	• 306
13강	토지를 경제 왜곡의 근원으로 본 조지학파	• 332
14강	극단적 자유주의를 외친 오스트리아학파	• 342

3부

현대 20세기

15강	미국 자본주의 사회를 신랄하게 비판한 제도학파	• 372
16강	거시경제학의 선구자, 스톡홀름학파	• 400
17강	자본주의 붕괴를 막은 케인스학파	• 432
18강	케인스학파를 무너뜨린 시카고학파	• 460
19강	주류경제학으로 제도를 새롭게 해석한 신제도학파	• 486
20강	이기적 공직자를 전제로 한 공공선택학파	• 510
21강	혁신 없이는 자본주의가 소멸된다는 슘페터학파	• 532
22강	심리학과 경제학의 유쾌한 만남, 행동경제학파	• 560
23강	현대 마케팅학을 정립한 코틀러학파	• 588

4부
동시대 21세기

24강	살아있는 경제학자들이 갈망하는 노벨경제학상	• 608
25강	한국은 과연 진정한 선진국인가?	• 632
에필로그		• 666

부록

연도별 노벨경제학상 수상자	• 674
학파별 주요 경제학자	• 682
참고문헌	• 695

경제학파 계보

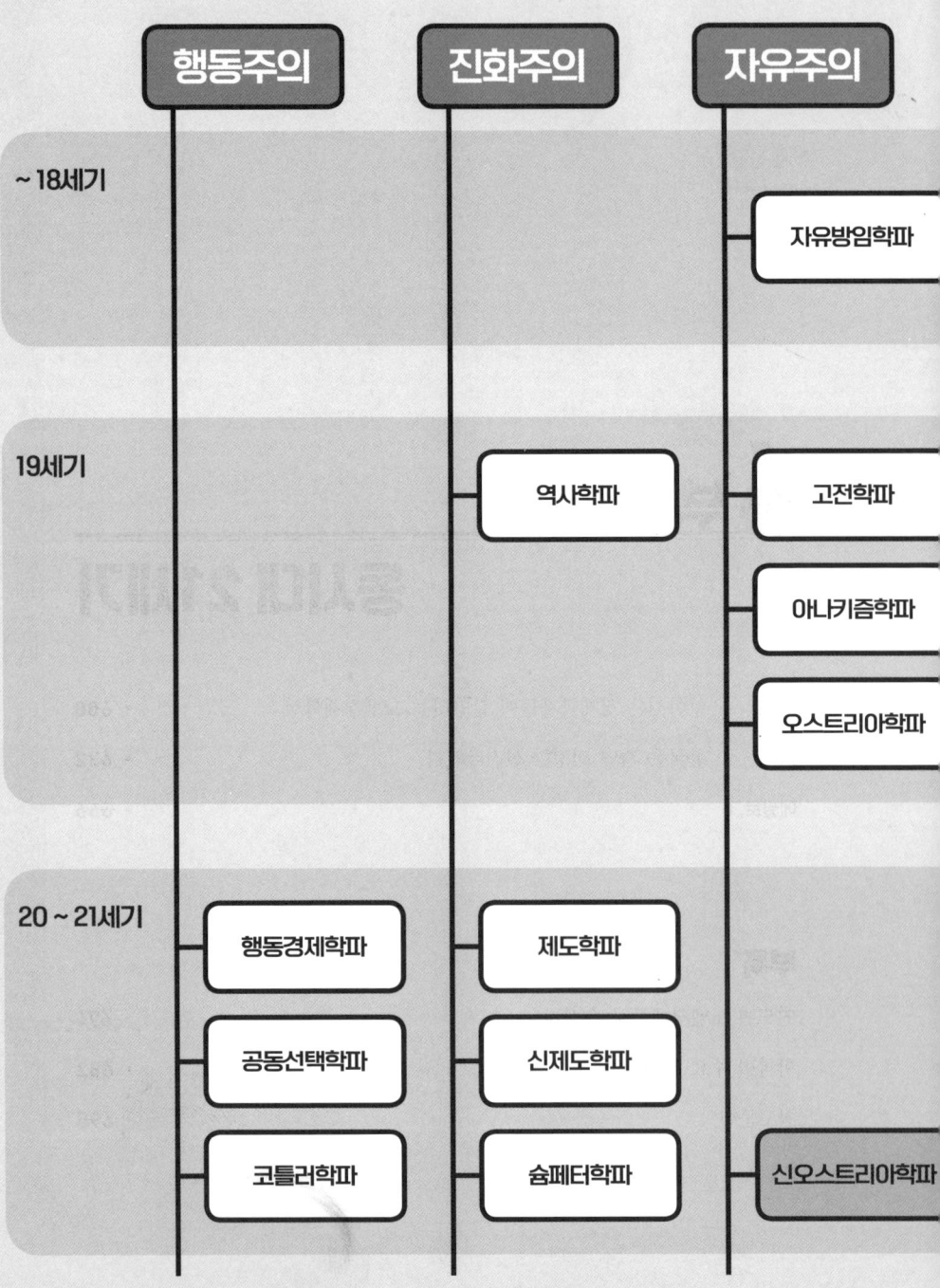

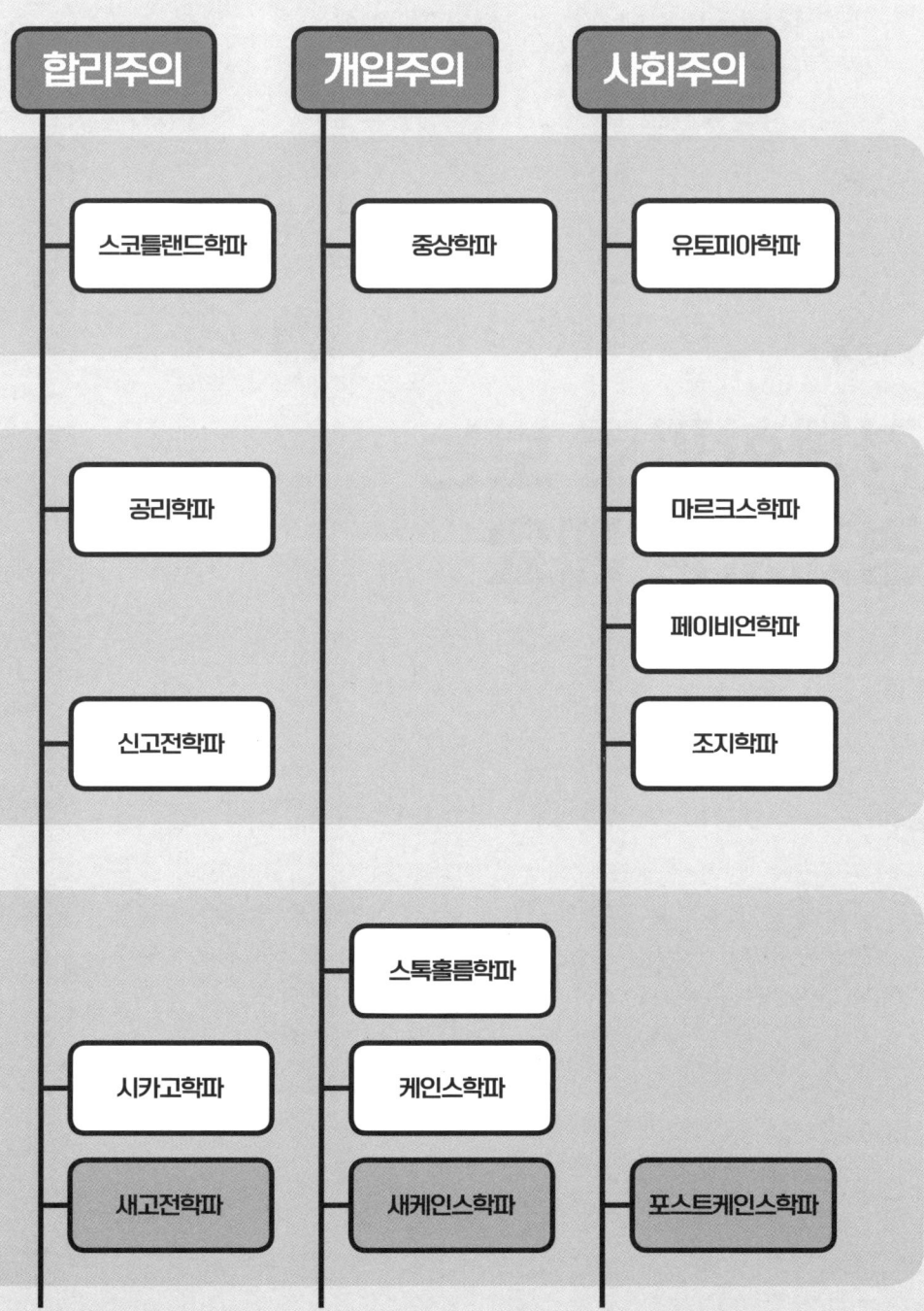

#주류경제학 #비주류경제학 #도덕철학
#정치경제학 #국민경제학 #경제학 #경제과학
#경제학파 #경제학설 #경제사상 #파이문제

◆ 1강 ◆

경제학파로 보는 경제사상 개요

우리는 경제와 관련하여 경제현상, 경제법칙, 경제모델, 경제이론, 경제학설 등 여러 이야기를 듣는다. 이 강의는 엄격한 경제이론 관점보다는 경제학, 사회학, 정치학, 철학, 역사학 등 다른 학문과 현실을 넘나들면서 폭넓은 경제사상 관점에서 진행하고자 한다. 이 강의를 통해 독자들이 300년의 역사를 가진 경제학을 폭넓게 이해하는 데 큰 도움이 되기를 바란다.

1 경제학에 대한 다양한 정의

학파 관점에서 폭넓게 풀어보는 경제사상의 역사

경제사상사 강의를 시작하기 전에 경제사상사가 왜 중요한지를 이야기하고 싶다. 나는 서울대학과 시카고대학에서 경제학을 전공했다. 한국은행에서는 금융재정 분야에, SK그룹에서는 경영전략과 마케팅 전략 일을 했다. 현재는 내가 설립한 리드앤리더를 중심으로 경제경영 컨설팅을 하고 있다.

우리에게 현재가 중요하지만, 미래는 더욱 중요하다. 특히 사람들의 행동과 라이프스타일을 예측해야 한다. 그런 과정에서 나는 자연스럽게 미래 트렌드를 연구하다가 경제경영 외에도 사회, 문화, 환경, 기술 등 다양한 분야를 깊숙이 들여다보게 되었다. 환경재단을 비롯해 비영리기관에 관여하여 활동하기도 했다. 최근 7년 동안은 과거로 방향을 틀어《김민주의 트렌드로 읽는 세계사》,《자본주의 이야기》,《다크 투어》 등 세계사, 경제사 책을 쓰기도 했다. 또한 '영화로 보는 각국의 역사', '여러 테마(아트, 전쟁, 산업혁명, 철도)로 보는 세계 경제사', '미국사' 주제로 시리즈 강의를 하기도 했다.

나는 기본적으로 다양한 분야에 호기심이 많다. '폴리매스$_{polymath}$'는 여러 분야에 정통하고 많이 아는 사람을 의미한다. 여기서 '매스$_{math}$'는 수학이 아니라 학문을 의미하고, '폴리$_{poly}$'는 많다는 의미다. 몇 년 전부터 나 자신을 소개할 때 '폴리매스'라는 표현을 쓰고 있다. 이 강의에서 나의 여러 지식들을 제대로 버무려서 여러분들에게 전달하고자 한다.

내가 경제사상에 대해 이야기하려는 포인트는 경제경영을 중심으로 여러 사회과학의 흐름을 들여다보겠다는 것이다. 경제학자들이 정말 많은데, 그런 인물들을 이 강의에서 전부 다룰 수는 없다고 생각했다. 어떤 방식으로 전달하는 게 효과적일지 고민 끝에 학파 중심으로 소개하면 좋겠다고 판단했다. 왜냐하면 학파란 소속된 사람들의 접근 방법과 말하고자 하는 메시지가 대부분 확실하고, 처음에 선구적으로 물꼬를 튼 사람들과 이를 계승한 사람들 사이에 어느 정도 일관성이 있기 때문이다. 그래서 이 책에서는 경제사상을 경제학파 중심으로 풀어내고자 한다.

경제학이란 무엇인가

경제학이란 도대체 무엇일까? 사람들이 나름대로 여러 정의를 내렸다. 조금 황당하기는 하지만 경제학자가 연구하는 것이면 모두 경제학이 아니냐부터 시작해서 200년 전 프랑스 경제학자였던 장바티스트 세이는 부의 생산과 분배, 소비를 다루는 과학이 경제학이라고 말했다. 최근 들어서는 이에 그치지 않고 인간이 살면서 어떻게 선택하는 것이 좋을지를 연구하는 학문이 경제학이라고 정의가 바뀌기도 했다.

문제가 선택으로 넘어가면 사실 경제뿐만 아니라 우리를 둘러싼 사회, 정치, 환경문제에 대해서도 의사결정이 모두 필요하다. 학자들이 의사결정을 할 때 경제학 도구들을 적용하므로 인접 학문에서 '경제학 제국주의'라는 말도 심심치 않게 나오고 있다. 그래서 지나치게 분석적이고 수리적이고 자기중심적이라며 비난을 받기도 한다. 경제학이 그동안에 쏟아진 비판들을 수용해서 나름대로 쉽고 상식에 맞도록 자기변혁을 하기도 했는데, 행동경제학이 대표적이다.

경제학을 주류경제학과 비주류경제학으로 나누어 볼 때, 이 강의에서는 주류경제학뿐만 아니라 비주류경제학도 많이 소개할 예정이다. 왜냐하면 경제학파는 주류에만 있는 게 아니라 비주류에도 많이 있기 때문이다. 한때 비주류로 취급받은 경제학도 시간이 지나면 얼마든지 주류에 편입될 수 있다. 세상 모든 것이 그렇듯 세상을 바꾸는 새로운 것은 변방에서 출몰한다.

스페인의 마드리드자치대학 교정의 벽에는 "경제학은 곡선이 아니라 사람들에 관한 것"이라는 문장이 쓰여 있다. 경제학이 애용하는 곡선은 도구일 뿐이며, 경제학 공부의 중심에는 사람이 있어야 한다는 것이다. 물론 틀린 이야기는 아니다. 결국 경제학은 사람에게 애정을 듬뿍 가지고 그들이 살면서 내리는 각종 선택에 대한 연구이기 때문이다.

20세기 초반에 영국 경제학자인 알프레드 마셜은 우리 인간에게는 4대 성직이 있다고 했다. 선善을 다루는 신학, 생명을 다루는 의학, 정의를 다루는 법학, 그리고 사람의 생존을 다루는 경제학이야말로 성직처럼 연구해야 하는 게 아니냐는 이야기를 한 바 있다. 물론 알프레드 마셜이 신학자의 길에서 경제학자의 길로 자기 진로를 바꾸었기에 경제학을 여기에 넣었겠지만, 상식적으로 보더라도 경제학은 그만큼 중요하다.

경제학의 주요 이슈

경제학 원론 책을 보면, 생산, 분배, 소비 문제, 그리고 어떻게 사람이 만족하고 행복해 하는지에 대한 이야기를 많이 하고 있다. 예전에는 경제학에서 행복보다는 후생welfare 같은 말을 주로 사용했다. 그러나 요즘에는 사람들의 마음에 와닿는 단어들을 이야기하면서 행복을 넣는 추세다. 행복에는 객관적 측면 외에도 주관적 측면들이 상당히 많다. 그래서 행복경제학이 주요 화두가 되었다. 게다가 최근에는 생산과 소비 과정에서 폐기물이 많이 나와 환경문제가 심각해지고 있어 이를 처분하는 것이 굉장히 중요한 문제가 되고 말았다. 온실가스 같은 기후변화 문제도 모두 처분에 관련된다.

이런 경제학 이슈를 파이pie에 적용해 보면 어떨까? 네 명의 사람이 파이를 나눠 먹는 과정을 생각해 보자. 파이를 먹기 위해 그들은 먼저 파이를 만들어야 한다. 파이를 어떻게 만들 것인지가 바로 생산의 문제다. 다음은 네 명의 사람들이 파이를 어떻게 서로 불만 없이 나눌 것인지 정해야 한다. 이것이 분배의 문제다. 또 분배된 파이를 어떻게 잘 먹는지는 소비의 문제다. 그리고 파이를 먹은 뒤 남은

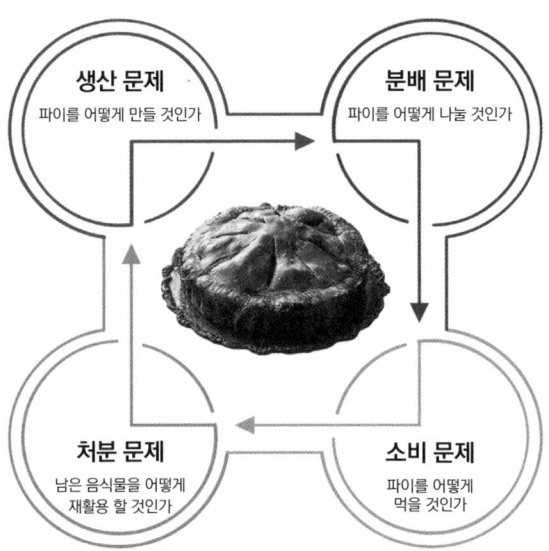

〈그림〉 파이로 본 경제학의 주요 이슈

잔반을 어떻게 재활용할 것인지가 처분의 문제다. 이처럼 우리가 쉽게 접하는 파이를 가지고 경제학을 들여다볼 수도 있다.

❷ 경제학 이름의 변화

오늘날 경제학economics이라는 말은 우리들에게 익숙하다. 그러나 150년 전만 해도 정치경제학political economy이라는 말을 많이 사용했다. 더구나 250년 전의 영국에서는 도덕철학moral philosophy이라고 했다. 18세기 중반 당시 경제학 교수나 정치경제학 교수의 직함은 도덕철학 교수였다. 애덤 스미스는 1752년부터 12년동안 글래스고대학에서 도덕철학 교수였다. 실제로 이 대학은 1727년부터 도덕철학 교수직을 만든 이후 최근까지도 사용하고 있다.

예전에는 철학이 학문의 본류였는데 점차 도덕철학, 자연철학, 논리철학으로 나뉘었다. 그 후 도덕철학은 윤리학, 정치경제학 등 사회과학으로 발전해 왔다. 자연철학은 물리학, 화학, 생물학 등 이과 분야로 발전했으며, 논리철학은 논리학, 수학, 컴퓨터학으로 발전해 왔다.

《인구론》의 저자인 토머스 맬서스는 동인도회사대학의 첫 번째 교수로 1805년에 취임했는데 당시 직함이 정치경제학 교수였다. 사실

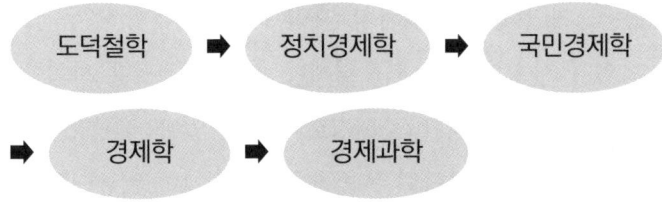

〈그림〉 경제학 이름의 변화 과정

정치경제학이라는 용어는 영국에 앞서 유럽 대륙에서 먼저 사용되었다. 일찍이 1615년에 프랑스 경제학자인 앙투안 드 몽크레티앙의 책 《정치경제학 개론》에 이 용어가 처음 등장했다. 1754년에는 나폴리대학에, 1763년에는 비엔나대학에 정치경제학 교수직이 생겼다. 정치경제학이란 생산과 교역, 국가의 소득과 부의 관계 그리고 이를 법률, 관습, 정부와 연결해 연구하는 학문이다. 책으로 보자면 영국 경제학자 제임스 스튜어트가 출판한 책 《정치경제학 원리 연구》가 최초다. 19세기 독일에서는 국민경제학 용어를 즐겨 썼는데, 폴란드와 이탈리아에서는 사회경제학 용어도 나왔다.

20세기 들어 케임브리지대학에 처음 경제학economics 교수 직함이 생겼고, 21세기에는 경제과학economic science 용어까지 등장했다. 노벨경제학상의 정식 명칭인 'Sveriges Riksbank Prize in Economic Science in Memory of Alfred Nobel알프레드 노벨을 기념하는 스웨덴 국립은행 경제학상'에는 경제과학이라 표현하고 있다.

이처럼 경제학 용어는 시대가 바뀌며 도덕철학, 정치경제학, 국민경제학, 경제학, 경제과학으로 변화를 거듭하고 있다. 현재 정치경제학 용어는 마르크스학파와 주로 연결되어 사용된다.

학문은 크게 인문학, 사회과학, 자연과학, 형식과학, 응용과학으로 나눌 수 있다. 사회과학 안에는 경제학, 정치학, 행정학, 사회학, 심리학, 인류학, 고고학, 지리학, 문헌정보학 등이 있다. 경제학이 어렵다고 이야기하는데 형식과학인 논리학, 수학, 통계학, 컴퓨터학, 시스템과학 그리고 자연과학인 물리학, 생물학과 긴밀하게 연결되기 때문이다.

이런 추세는 때로 비판받기도 하지만, 주류경제학 입장에서는 그렇게 해야 논리적 엄밀성을 가지고 제대로 분석할 수 있다. 왜냐하면 정치학, 행정학처럼 제도 문제로 깊이 들어가면 인간의 의사결정을 엄밀히 따지기가 매우 어렵기 때문이다. 무엇이든 한 분야가 너무 심화되면 이에 대한 반발로 다른 분야가 뜨게 마련이다. 그래서 요즘 들어 정치경제학, 경제윤리, 경제사상이 다시 부상하고 있다.

모든 분야에는 역사가 있다. 경제현상을 역사로 보면 경제사가 되고, 경제이론을 역사로 보면 경제이론사, 경제학설사가 된다. 그것을 더 뭉뚱그리고 다른 분야와 엮으면 경제사상사가 된다. 경제사상사는 사회사상사, 지성사, 지식사와 연결이 된다.

3
다양한 경제학파

경제학파를 네 그룹으로 나눈다면

역사에 등장한 경제학파를 모두 거론한다면 얼마나 될까? 50개도 넘을 것이다. 하나하나 나열하면 너무 많으니 학파 이름의 성격에 따라 구분해 보자.

첫 번째 그룹에는 학파 이름에 지역 이름이 들어간다. 스페인의 살라망카 도시에는 15~17세기에 스콜라 철학으로 영향력이 컸던 살라망카대학이 있다. 이처럼 지역 이름을 가진 학파로는 스코틀랜드학파, 로잔학파, 맨체스터학파, 시카고학파, 카네기학파, 위스콘신학파를 들 수 있다.

두 번째 그룹은 한 학파가 시간이 지나면서 후속 학파를 계속 만든 경우이다. 주류경제학에서 이런 일들이 많이 벌어진다. 고전학파는 시간이 지나면서 신고전학파, 신고전파종합, 새고전학파로 계속 진화·발전해 왔다. 케인스학파도 신케인스학파, 새케인스학파, 포스

〈표〉 이름의 성격으로 구분한 학파들

유형	학파
지명이 들어간 학파	스코틀랜드학파, 로잔학파, 맨체스터학파, 시카고학파, 카네기학파, 위스콘신학파, 살라망카학파, 오스트리아학파
진화발전을 거듭한 학파	• 고전학파 → 신고전학파 → 신고전파종합 → 새고전학파 • 케인스학파 → 신케인스학파 → 새케인스학파 → 포스트케인스학파 • 역사학파 → 관방학파 → 구역사학파 → 신역사학파 → 역사사회학파
이념 이름을 붙인 학파	중상학파, 자유방임학파, 공리학파, 유토피아학파, 아나키즘학파, 통화학파, 행동경제학파, 공급중시학파, 공공선택학파, 뉴라이트학파
경제학자 이름을 붙인 학파	케인스학파, 슘페터학파, 마르크스학파, 조지학파, 코틀러학파

트케인스학파로 이어졌다. 역사학파는 독일의 관방학파로 시작하여 구역사학파, 신역사학파, 역사사회학파로 진화·발전을 했다.

세 번째 그룹은 열정적으로 추구하는 이념, 핵심 개념, 접근 방법에 따라 학파 이름이 만들어진 경우이다. 중상학파, 자유방임학파, 공리학파, 유토피아학파, 아나키즘학파, 통화학파, 행동경제학파, 공급중시학파, 공공선택학파, 뉴라이트학파가 이에 해당된다.

네 번째 그룹은 새로운 학설을 주창한 경제학자의 이름을 붙인 학파이다. 케인스학파, 슘페터학파, 마르크스학파, 조지학파, 코틀러학파가 이에 해당된다.

경제학파를 이념이나 특성 관점에서 크게 여섯 갈래로 나누면 자유주의, 합리주의, 개입주의, 그리고 사회주의, 진화주의, 행동주의다. 현재 주류경제학에서는 자유주의, 합리주의, 개입주의 입장의 학파

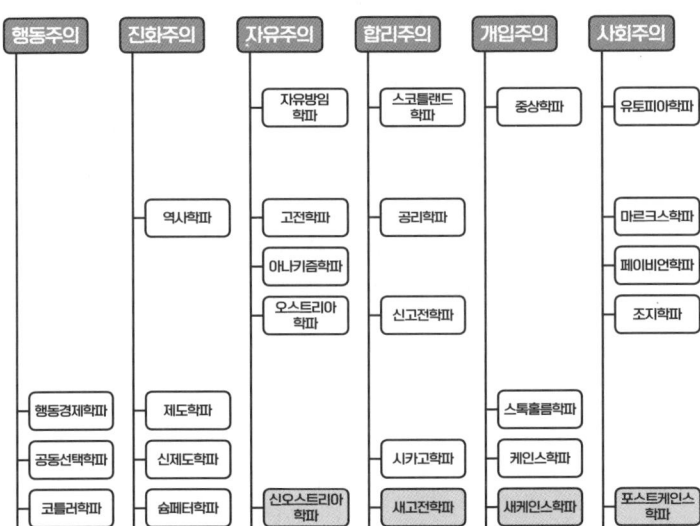

〈표〉 이념 노선에 따라 구분한 경제학의 계보

가 득세하고 있다.

자유주의 입장은 정부의 개입을 최소화하자는 것으로 자유방임학파, 고전학파, 신고전학파, 시카고학파, 새고전학파, 오스트리아학파가 이에 해당한다. 개입주의 입장은 정부가 보다 많이 개입하자는 것으로 중상학파, 스톡홀름학파, 케인스학파, 새케인스학파가 이에 해당한다. 사회주의 입장은 일찍이 유토피아학파부터 시작하여 마르크스학파, 페이비언학파, 포스트케인스학파로 연결되어 있다. 진화주의 입장은 역사학파, 제도학파, 신제도학파, 슘페터학파가 해당한다. 비교적 최근에 득세하고 있는 행동주의 입장은 행동경제학파, 코틀러학파, 공공선택학파가 해당한다.

〈표〉 경제사상사에서 실제로 벌어졌던 큰 논쟁들

- 물과 다이아몬드 가치 논쟁 : 고전학파 vs 한계혁명학파
- 경제학방법론 논쟁 : 독일 역사학파 vs 오스트리아학파
- 사회주의 계산 논쟁 : 오스트리아학파 vs 시장사회주의학파
- 자본(케임브리지) 논쟁 : 신고전학파 vs 신리카도학파
- 통화 논쟁 : 시카고학파 vs 케인스학파
- 21세기 자본 논쟁 : 피케티 vs 주류경제학
- 일제강점기 한국 경제 : 뉴라이트 vs 주류경제학

경제학 논쟁

학파가 만들어지면 논쟁을 하게 된다. 서로 싸우면서 큰다는 말이 있다. 학파 간에 논쟁이 있어야 자기 생각을 다시 정리하게 되고, 남을 비판함으로써 정반합 관점으로 학문이 발전한다.

최근에 우리나라에서는 부동산 가격 급등, 인플레이션 가속화, 최저임금 인상, 비정규직의 정규직화, 기본소득 이슈로 갑론을박이 많았는데 이런 이슈에 대해서 서로 자기주장만 하고, 타협은 없어서 국민들이 많이 식상해 했다. 하지만 학문하는 입장에서는 자기주장을 갈 데까지 가보는 것은 매우 중요하다.

4
학파의 결성과 유지 조건

학파를 영어로 하면 'School'이다. 한마디로 학교다. 학파가 결성되어 계속 유지되려면 어떤 조건들을 갖추어야 할까?

우선, 기존 것과는 다른 새로운 관점이나 방법론을 가지고 이야기를 해야 하므로 차별적 관점과 방법론이 필요하다. 그게 사회든, 기술이든, 환경이든, 의식이든 시대적 배경이 계속 바뀌므로 현상과 사고의 변화를 설명할 수 있는 학파들이 생긴다.

새로운 학파를 만들려면 특출한 선구자가 필요하다. 그런 사람들은 기존의 탄탄한 세력 있는 학파를 비판하는 비주류 마인드와 용기를 가져야 한다. 즉 자기가 사회에서 인정을 못 받고 매도당해도 버틸 수 있는 뚝심이 있어야 한다. 선구자의 관점, 논리, 개성, 담력이 요구된다.

선구자의 주장만이 아니라 이걸 제대로 계승하는 사람들도 당연히 필요하다. 유능하고 충성스러운 사도들, 전파자들이 생겨 선구자의 생각을 제대로 다듬어 발전시켜야 한다.

〈표〉 학파 결성 · 유지 조건

- 차별적 아이디어 (관점, 방법론)
- 그럴만한 시대적 배경 (사회, 기술, 환경, 의식 변화)
- 특출한 선구자, 주창자 (비주류 마인드, 비판, 용기)
- 유능하고 충성스러운 계승자 (사도, 전파자, 개발자)
- 자기들만의 소모임 (동아리Club, 사회Society, 협회Association)
- 자기들만의 매체 (학회지, 기관지, 소식지, 방송채널, 웹사이트)

 이런 생각들이 유지되려면 자기들만의 끈끈한 소모임이 요구된다. 5명도 좋고 10명도 좋다. 소수 인원으로도 얼마든지 서로의 생각을 공유할 수 있고, 시간이 지나면서 공감하는 사람들이 들어와 계속 확장될 것이다.

 또한 자신들의 생각과 결과물을 공유하려면 자기들만의 매체가 필요하다. 자신들의 결과물을 차곡 담고 주변인들에게 이를 알려야 한다. 학회지, 기관지, 소식지, 단체톡 등이 해당된다.

 이처럼 차별적 아이디어, 시대적 배경, 특출한 선구자, 유능한 계승자, 자기들만의 소모임과 매체를 갖추면 학파가 유지될 수 있다. 여기에도 흥망성쇠가 있어서 어떤 학파는 10년만에 막을 내리기도 하고,

100년을 훌쩍 넘기기도 한다. 학파가 지나치게 폐쇄적으로 운영되고 반사회적, 퇴행적 성향을 띠면 문제가 되기도 한다. 하지만 학파 간의 건강한 경쟁은 지식과 사회 발전에 매우 중요한 역할을 한다.

   자! 이제 근세, 근대, 현대 시기에 걸쳐 22개 학파를 본격적으로 들여다보자.

1부

근세 18세기

THE ECONOMIC THOUGHT

2강   절대국가 시대의 부국강병 경제학 중상학파

3강   특혜, 규제 일색의 중상주의에 반기를 든 자유방임학파

4강   프랑스에 이어 계몽운동을 꽃피운 스코틀랜드학파

5강   목가적 공동체만을 꿈꾸지 않았던 유토피아학파

#절대왕정국가 #부국강병 #보호무역주의
#특혜·규제 #산업진흥 #무역흑자
#콜베르티즘 #역사학파 #개발학파

◆ 2강 ◆

절대국가 시대 부국강병을 위한 중상학파

중상주의는 무엇보다도 상업과 무역을 중시한다. 17~18세기 왕권이 강했던 시기에는 사업권 특혜를 일부 사람에게만 부여하여 이윤이 많이 났지만 사회 전체적으로 경쟁이 부족하여 국민 전체의 후생을 크게 높이지는 못했다. 그래서 특혜와 규제에 대한 반작용으로 자유방임학파와 고전학파가 만들어지게 되었다. 19세기 우리나라에서는 북학파라 불리던 이용후생학파가 중상학파에 해당된다. 중상학파 전통은 19세기 역사학파에 이어 20세기 후반에 개발학파로 연결된다.

1
중상주의 출현 배경

근세 들어 최초로 등장한 경제학파

근세 시대의 경제이론은 정부의 강력한 통제 하에 상업을 중시하는 중상주의에서 시작하여 규제를 줄이며 농업을 중시하는 중농주의, 그리고 자유무역주의와 경쟁적 시장경제를 기반으로 한 고전학파 경제이론으로 진화·발전했다. 그중 중상주의는 부국강병을 추구했던 유럽의 절대왕정에서 매우 중시하던 국가 경제정책이었다.

17~18세기 당시 왕들은 영토를 넓히고 국가 위상과 자신의 위신을 높이기 위해 다른 나라들과 수시로 전쟁을 벌였는데, 전쟁비용을 충당하려면 많은 자금이 필요했다. 자국민들로부터 징수하는 조세만으로는 부족했기에, 수출은 늘리고 수입을 줄여 무역흑자를 통해 금이나 은을 획득해 정부 재산을 늘려야 했다. 그래도 부족한 자금은 금융업자들을 통해 빚을 졌다.

다행히 유럽은 신대륙 발견과 지리혁명 이후 아메리카, 아프리카

〈표〉 유럽 근세 시대의 주요 이슈

시기	주요 이슈
르네상스(14~16세기)	비잔틴 제국 멸망으로 그리스, 로마 시대의 학문과 예술 부흥
지리혁명(15~16세기)	신대륙 발견과 아프리카, 인도, 아시아로 가는 바닷길 개발
절대왕정(16~18세기)	중세의 봉건제 붕괴로 절대 군주 중심의 국민국가 구축
종교혁명(16~17세기)	가톨릭에 대항해 개신교가 득세
과학혁명(17~18세기)	합리적 추론과 실험을 통한 지식 체계 구축
중상주의(16~18세기)	국제 무역과 전쟁으로 부 축적
시민혁명(17~18세기)	의회를 중심으로 상공업자 계층의 세력 급상승

간의 삼각무역을 통해 무역이 활발히 진행되고 있었던 터라 교역 기회는 충분했다. 중상주의 초기에는 국가가 금과 은을 대량으로 보유하는 것을 중시했기에 중상주의는 중금주의bullionism라 부르기도 한다. 불리온bullion은 덩어리 형태의 금괴나 은괴에 해당되는 지금地金을 말한다. 하지만 중상주의 후기 들어서는 금과 은이 곧 국부라는 인식에서 벗어나 국내 산업진흥을 통한 무역흑자 증대를 중시했다.

애덤 스미스가 비판하려고 만든 용어, 중상주의

중상주의mercantilism는 고전학파 경제학자인 애덤 스미스가 중상주의를 공격하기 위해 사용한 중상체계mercantile system 혹은 무역체계system of commerce 용어에서 기원한다. 중상주의를 제대로 이해하려면 14세기부터 18세기에 이르는 유럽 근세시대의 주요 이슈들을 알 필요가 있다. 이 시기의 유럽은 르네상스, 지리혁명, 절대왕정, 종교혁명, 과학혁명, 중상주의, 시민혁명 이렇게 일곱 가지 키워드로 정리할 수 있다.

이중 중상주의 출현에 거대한 영향을 미친 것은 지리혁명과 절대왕정, 종교혁명이다. 신대륙 발견으로 새로운 부를 획득할 수 있는 기회가 열리자, 스페인·네덜란드·영국 등 유럽 제국은 아메리카와 아시아로부터 금·은 보화를 약탈해옴으로써 큰 번영을 누리게 되었다. 또한 왕권이 크게 강화된 절대왕정 시대가 열리면서 여러 나라가 부국강병책을 경쟁적으로 추진하게 되었다. 종교혁명에 힘입어 각자 열심히 노력하여 자신의 이익을 도모하는 것이 죄악이 아니고 하나님에게 떳떳한 일이라는 노동관과 도덕관이 정립되면서 자신의 돈벌이를 합리화했다.

2 중상주의 기본 성격과 주요 정책

 중상주의 성격을 어떻게 규정할 수 있을까? 크게 보아 국부 증진, 중금주의, 보호무역주의, 정부 개입과 규제로 정리할 수 있다.

 첫째, 중상주의는 무엇보다도 국부를 늘리는 것을 목표로 삼았다. 이를 성취하는 방법으로는 해적 행위로 타국 상선의 금·은 약탈하기, 외국과의 전쟁에 이겨서 배상금 받기, 식민지를 개척해 금·은 광산 채굴하기, 그리고 농업과 제조업 생산성을 높여 수출 늘리기 등 여러 방법이 있다.

 둘째, 국가의 부를 측정하는 데 있어 무엇보다도 금과 은 같은 귀금속을 가장 중시했다. 당시에는 지폐보다 귀금속을 중시했고, 이는 지금 기준으로 보면 외환보유고에 해당된다. 사실 이렇게 확보된 자금은 왕궁 사치나 전쟁 도발에 사용되곤 했다.

 셋째, 금과 은을 축적하기 위해서는 약탈이나 전쟁을 통해 얻는 방법 외에 자국 상품의 수출을 늘리고 수입을 줄이는 보호무역 정책을 통해 무역흑자 폭을 늘리는 것이 매우 중요했다. 그래서 유럽 국가들은 농업과 제조업 진흥에 많은 노력을 기울였고, 식민지 개척에 매진했다. 식민지는 생산기지이기도 했지만 소비시장이기도 했다.

넷째, 국부를 늘리기 위해서는 정부의 역할이 컸고, 이를 위해 정부는 적극적으로 시장에 개입했다. 정부는 특정 상인이나 상인 단체에 특혜를 부여하는 대신, 이익의 일부를 받아 국가재정의 기초로 삼았다. 즉 정부와 상인의 긴밀한 결탁으로 독점이 횡행했다. 정부가 상인 단체에 독점적인 특허charter를 주어 운영된 동인도회사가 대표적이다. 중상주의 국가가 실제로 구사했던 경제 정책들을 차례로 살펴보자.

보호 무역 정책

무역흑자 폭을 늘리려면 수출은 늘리고 수입을 줄여야 했다. 이를 위해 외국 수입품에 대해서는 관세를 높여 수입을 제한하였고, 국내 산업에 필요한 원료를 외국으로부터 수입할 때에는 관세를 면제하거나 줄여 수입을 촉진시켰다. 자국 상품 수출에 대해서는 수출세를 내리거나 없앴고, 장려금을 주기도 했다.

또 무역으로 정부 재정을 튼튼하게 만들기 위해 특정 단체에게 회사를 설립하도록 특허를 내주고 이 회사에 무역상의 독점적 특권을 부여했다. 이렇게 하면 무역정책을 감시하고 무역회사로부터 세금을 걷기에 편했기 때문이다. 1600년에 특허를 받은 영국의 동인도회사와 1602년 네덜란드의 동인도회사가 대표적인 사례다. 특히 루이 14세 시절, 프랑스의 재정총감을 맡았던 콜베르는 프랑스의 대

외무역을 통해 국부를 신장하고 산업을 장려하는 중상주의 정책에 매진했다.

산업 진흥 정책

국부를 늘리려면 무역에서 흑자를 내는 것 외에 국내 제조업도 진흥시켜야 했다. 이를 강조한 프랑스 경제학자 몽크레티앙은 제조업이 발달하면 프랑스의 경제적 자립과 군사적 독립을 달성할 수 있으며, 공업 생산품의 무역을 통해 금과 은을 얻을 수 있고, 공업이 농업보다 한층 더 많은 인구를 부양한다는 이유로 산업진흥이 무엇보다 중요하다고 주장했다.

이러한 목적을 위해 자국 상품이 타국 상품과의 경쟁에서 이기려면 생산비를 낮추어야 하는데, 그렇게 하려면 원료가격과 노임을 낮추어야 했다. 또 국내원료의 수출을 저지하기 위해 관세를 높게 부과하고 반대로 외국으로부터 원료수입에 대해서는 관세 면제나 절감을 주장했다. 노임을 싸게 하려면 노동자의 생활비가 적게 들여야 하는데 이를 위해 곡물 수출을 금지하고 곡물 수입을 늘려 곡물가를 낮추어야 했다. 기술자와 기계의 수출 금지, 수입 장려, 정부에 의한 기업의 직접경영이나 감독, 제조업자에 대한 특권 부여도 주장했다.

해운 장려 정책

무역에서 우위를 차지하려면 막강한 해군력으로 해운을 장악하는 것이 무엇보다 중요했다. 영국의 독재자 올리버 크롬웰은 네덜란드가 기존에 보유하고 있던 해상 패권을 무너뜨리기 위해 1651년에 항해조례를 공표하여 영국의 해상 패권을 공고히 하는 데 크게 기여했다. 크롬웰 집권 당시 영국 의회가 통과시킨 항해조례는 매우 효과적이어서 왕권 복고 이후 찰스 2세도 1660년에 항해조례를 더욱 강화하였다. 영국 항해조례의 주요 내용은 이렇다.

- 선박의 선장과 선원의 4분의 3이 영국인이어야 영국 선박으로 본다.
- 영국 식민지의 모든 수출입 상품은 영국이나 영국 식민지 선박으로 운반되어야 한다.
- 외국 선박으로 수입된 상품에 대해서는 관세를 높게 부과한다.
- 영국 식민지에서 생산된 담배, 설탕, 인디고, 코코아, 모피 등의 상품은 반드시 영국이나 다른 영국 식민지에만 수출되어야 한다.
- 식민지의 상인과 대리인은 영국 국적을 가져야 한다.

인구 증가 정책

전쟁 수행과 생산량, 세수 증대를 위해 당시 유럽 국가들은 인구가 많을수록 유리했다. 특히 생산인력이 많으면 생산량이 늘어나 수출을 많이 할 수 있었기에 인구 증가를 촉진하는 다양한 정책을 펼쳤다.

- 자국민이 외국에 가는 것은 규제하고 반대로 외국으로부터 이민 오는 것을 적극 환영했다.
- 독신을 억압하고 결혼하지 않은 자에게는 세금을 부과하거나, 공직에 올라갈 수 없도록 불이익을 주었다.
- 가능하면 빨리 결혼하도록 상금, 보조금을 지급하거나 세금을

감면해 주었다.
- 결혼 후에는 출산을 유도했고, 배우자가 사망하면 재혼을 장려했다.
- 결혼한 배우자 사이에서 낳은 아이가 아니더라도 당사자를 처벌하지 않고 사생아를 양육하는 시설을 제공해 주었다.

식민지 경제 정책

식민지는 본국에게 원료를 저렴하게 공급해주었을 뿐 아니라 본국에서 만든 상품을 소비하는 곳이기도 했다. 이러한 이중적 이익 때문에 유럽 각국은 식민지 확보와 개발, 운영에 열을 올렸다. 또한 식민지 무역 권한을 특별히 이해관계가 있는 사람과 단체에게만 주었는데, 그래야 경쟁이 제한되어 초과이윤이 발생하고 이윤의 일정 부분을 정부에서 가져가 국부를 늘릴 수 있었기 때문이다.

3 중상학파의 주요 경제학자

16~18세기 중상학파 경제학자들은 각자 어떤 의견을 피력했을까? 16세기 후반에 프랑스의 장 보댕이 처음으로 중상주의 사상을 종합적으로 전개했고, 17세기 전반에 영국의 토머스 먼이 보다 구체적으로 전개했다. 당시에는 프랑스와 영국 출신의 중상주의자들이 많았다. 네덜란드, 이탈리아, 독일, 오스트리아 출신도 더러 있었다. 19세기 들어와서는 역사학파 중심으로 독일과 미국 출신이 많았다. 자유무역주의는 선진국가의 경제정책으로, 보호무역주의는 추격 국가의 경제정책으로 자리 잡았기 때문이다.

주권국가론, 중상주의론, 화폐수량설을 일찍이 주장한 장 보댕

장 보댕Jean Bodin: 1530~1596은 16세기 프랑스의 법철학자다. 툴루즈대학에서 12년간 로마법 강의를 한 후 파리에서 고등법원 소속 변호사로서 앙리 3세를 보좌했다. 국가는 유일하고 절대권력을 가진 주

〈표〉 국가별 중상학파의 주요 경제학자

국가	중상학파 경제학자
프랑스	장 보댕(1530~1596), 바르텔르미 드 라페마스(1545~1612), 앙투안 드 몽크레티앙(1575~1621), 장바티스트 콜베르(1619~1683)
영국	토머스 먼(1571~1641), 제라르 드 말리네스(1586~1626), 윌리엄 페티(1623~1687), 조시아 차일드(1630~1699), 존 로크(1632~1704)
네덜란드	후고 그로티우스(1583~1645), 버나드 맨더빌(1670~1733)
이탈리아	안토니오 세라(1580~ ?)
독일	게오르그 오브레히트(1547~1612)
오스트리아	요한 요아힘 베허(1625~1682)

체라고 주장하며 절대왕정 구축에 이론적으로 크게 기여했다.

종교적으로 칼뱅파의 위그노였던 보댕은 당시 상황은 구교와 신교 간에 갈등이 극심했던 종교전쟁 시기로 국가만이 질서의 수호자라고 역설했다. 국가는 주권이 존재할 경우에만 성립하며 신민의 동의 없이도 국가가 주권을 행사할 수 있다고 보았다. 그리고 주권을 가진 군주는 입법, 선전 강화, 공직 임명, 재판, 사면, 화폐, 도량형, 과세 등 여덟 가지 권한을 갖는다고 구체적으로 언급했다.

이처럼 그는 주권자는 법으로부터 구속되지 않는다는 주권론을 역설해 근대 주권국가 이론을 정립하는 데 크게 기여했다. 보댕의 이런 정치철학은 1576년에 쓴 책 《국가론Six libres de la Republique》에 모두 담겨 있다. 이 책은 당시 큰 인기를 끌어 독일어, 이탈리아어 등 여러 언어로 번역되기도 하였다.

보댕은 국가의 경제정책에 대해 어떤 입장을 취했을까? 그는 당시 중상주의자들이 주장하던 무역흑자 중요성을 인정했지만 무역이 한 편에 이득이 되면 다른 편에는 손해를 주는 제로섬Zero Sum이 아니라 양측 모두에 도움이 되는 윈윈Win-Win을 달성할 수 있다고 주장했다. 그리고 16세기 당시 유럽 전반에 물가상승 현상이 광범위하게 나타났는데 중남미로부터 금·은이 지나치게 유입되어 금·은의 가치를 떨어뜨리고 있다고 주장했다. 1568년에 프랑스 화폐주조국장에게 답변하면서 이런 화폐수량설을 주장했고, 10년 후 '화폐의 상승과 하락에 대한 논술Discours sur le rehaussement et la diminution des monnaies'에서 다시 강조했다. 이처럼 보댕은 근대 주권국가론, 중상주의론, 화폐수량설을 누구보다도 일찍 전개했다.

해외 수입 억제, 국내 생산 장려를 주장한 바르텔르미 드 라페마스

바르텔르미 드 라페마스Barthelemy de Laffemas; 1545~1612는 프랑스 앙리 4세 시기의 정치가로 재무총감이었던 설리 공작Duc de Sully; 1560~1641과 함께 프랑스 중상주의 정책의 기초를 다졌다. 구체적인 중상주의 정책 제안을 담아 1598년에 〈국가를 훌륭하게 만드는 보물과 재물Les Trésors et richesses pour mettre l'Estat en splendeur〉을 발표했다.

라페마스는 어떻게 하면 금·은이 국외로 유출되지 않도록 할지에 지대한 관심을 보였다. 그는 금·은의 국외유출이 외국산 사치품 특히 견직물 수입에서 발생한다고 보고, 국가가 개입하여 국내 견직물 산업 발전을 촉진해야 한다고 주장했다. 또 국내에 있어서 가공할 가능성이 있는 원료나 반제품의 수출 금지, 그리고 제조공업품의 수입 금지를 요구했고, 공업용 원료 수입은 인정했다. 라페마스는 수출입 통제를 위반한 사람에게는 엄정한 형벌을 가하고, 외국의 제조공업품을 밀수입한 사람을 교수형에 처하라고 주장했다. 나중에는 전면 금지보다는 보조금, 면세 등 다른 보호정책으로 국내 공업 장려를 강조했다. 라페마스는 소비가 지나치게 줄어들면 경제 활성화의 장애요인으로 작용한다는 과소소비론을 처음으로 언급하기도 했다.

부는 생산물에서 나온다고 주장한 앙투안 드 몽크레티앙

앙투안 드 몽크레티앙Antoine de Montechrestien; 1575~1621 역시 프랑스의 대표적인 중상주의자다. 그는 한 때 영국으로 망명해 공장에서 일하다가 프랑스로 귀국한 후 공장에서 일한 경험을 살려 철공업 공장을 운영하기도 했다. 1615년에 《정치경제학개론》을 써서 루이 13세에 바친 바 있다.

몽크레티앙은 귀금속 지상주의를 거부했다. 나라를 부유하게 하는 것은 귀금속 양이 아니라 생활필요품의 편익이라 보았다. 당시 상황을 진단하면서, 선조보다 훨씬 풍부한 금과 은을 보유하게 된 것은 사실이지만 보다 안락하고 부유해진 것은 아니라고 지적했다. 부는 소비할 수 있는 생산물의 전체이므로 많이 생산하는 국가가 부유하다고 보았다. 인간의 행복은 주로 부에 있고 부는 다름아닌 노동에 있다고 보았다. 상당히 선진적인 생각이었다. 외국무역은 프랑스의 산업을 위협하므로 외국상인이 프랑스 내에서 누리는 자유를 제한하여야 한다고 역설했다.

몽크레티앙은 당시 프랑스를 능가하기 시작한 영국에 대항하여 프랑스가 경제적, 군사적으로 자립해야 한다고 강조했다. 그러려면 제철업과 다른 공업을 보호 육성하고 외국무역을 진흥시켜 국부를 증진시켜야 한다고 주장했다.

무역수지 흑자를 지상과제로 삼았던 토머스 먼

영국 동인도회사의 이사였던 토머스 먼Thomas Mun, 1571~1641은 이런 말을 한 적이 있다. "농사일에 대해 아무런 지식도 없는 사람이 밭에서 보리를 심고 있는 농부를 보면, '왜 저 사람은 보리를 들판에 버릴까, 정신이 이상한 게 아닐까' 하고 생각할지 모른다. 그러나 사정을 아는 사람은 그렇게 씨를 뿌려야 가을에 보리를 많이 수확할 수 있음을 알고 있다. 외국과의 거래도 마찬가지이다."

외국에서 물건을 수입하면 그에 대한 대가로 화폐가 유출되는 것은 당연하다. 하지만 이것은 씨 뿌리는 작업과 마찬가지다. 왜냐하면 수입품으로 보다 효율적인 생산활동을 전개하여 새로운 제품을 생산하고 외국에 다시 팔면 처음에 지불한 금액보다 많은 화폐를 외국으로부터 되찾아올 수 있기 때문이다. 지금은 그렇게 생각하는 사람이 별로 없지만 당시만 하더라도 국가의 부를 유지하려면 금·은의 국외 유출을 최대한 억제해야 한다고 생각한 사람들이 많았다.

토머스 먼이 쓴 책 《잉글랜드의 재보와 무역England's Treasure by Forraign Trade》의 부제는 '무역수지는 우리 재보의 준칙The Ballance of our Forraign Trade is The Rule of our Treasure'이다. 그만큼 먼은 무역수지 흑자를 지상과제로 삼았다. 이를 달성하기 위해 다음과 같은 구체적인 경제 정책들을 제안했다.

- 국내에서 생산할 수 있는 상품에 대해서는 수입을 금지한다.
- 영국인들이 영국 제품에 대한 선호도를 높여 값비싼 수입재 수요는 줄인다.
- 국내에서 생산되는 제품을 외국에 수출하면 수출관세를 줄인다.
- 외국시장에서 다른 경쟁 상품이 없으면 수출품 가격을 높여서 팔아야 한다.
- 생산을 늘리기 위해 황무지를 개척하고 외국으로부터의 수입을 줄인다.
- 선적은 영국 국적의 선박만을 사용해야 한다.

먼은 당시 영국에 비해 선진국이었던 네덜란드에 대한 시기심을 감추지 않았다. 네덜란드 사람들은 직업윤리가 강하고 과시적 소비를 절제하고 무역을 위한 해군력이 활발하다고 보았다.

청교도혁명으로 집권한 올리버 크롬웰은 찰스 1세를 처형하는 극악한 행동을 저지르기도 했지만, 1651년에 항해조례를 발표하여 영국 항구에 입항하는 모든 무역선은 영국 국적기를 올려야 한다고 주장하면서 강력하게 실행에 옮겼다. 이로 인해 네덜란드는 치명타를 입으며 영국의 무역은 크게 늘어나 영국이 해상무역을 제패하는데 크게 기여한다. 먼이 이미 주장했던 바를 크롬웰이 과감하게 실행에 옮겼던 것이다.

국부 증가를 위해 저금리를 역설한 조시아 차일드

17세기 전반의 토머스 먼에 이어 조시아 차일드[Josiah Child: 1630~1699]

는 17세기 후반에 영국 동인도회사에서 활동했다. 1690년에 출간한 《무역론A Discourse of Trade》이 대표작이다. 차일드는 영국이 네덜란드에 대해 경쟁력을 가지려면 항해조례를 보다 강력하게 실시해야 하며 교역과 해운을 증대시켜야 한다고 강조했다. 항해조례의 목적은 회사 독점이라기보다는 국민적인 무역의 일반적인 보호에 있다며 항해조례를 '해상의 대헌장Magna Charta Maritima'으로 칭송했다.

낮은 이자율은 국부 증가의 결과가 아니라 원인이기 때문에 이자율을 낮추어야 한다고 주장했다. 교역이 육체라면 저금리는 영혼에 해당된다며 저금리는 영국의 토지와 교역의 번영을 위한 불가결한 조건이라고 역설했다. 결국 동인도회사에 유리한 발언이었다.

앞에서 언급한 프랑스와 영국의 중상주의자 외에도 스페인에는 안토니오 세라Antonio Serra; 1580~ ?, 독일에는 게오르그 오브레히트Georg von Obrecht; 1547~1612, 오스트리아에는 요한 요아힘 베허Johann Joachim Becher; 1625~1682가 있었다.

루이 14세를 태양왕으로 만든 장바티스트 콜베르

프랑스의 중상주의는 앞서 언급했듯이 보댕, 라페마스, 몽크레티앙에 의해 지속적으로 발전되었다. 프랑스의 가장 대표적인 중상주의자는 누구보다도 장바티스트 콜베르Jean-Baptiste Colbert; 1619~1683다.

콜베르는 루이 13세의 재상 리슐리외Richelieu에 이어 루이 14세 시대에 재상 마자랭Mazarin에 의해 발탁되어 1665년부터 1683년까지 오랜 기간 재정총감Controller-General of Finances으로 재임하면서 강력한 중상주의 정책을 펼쳤다. 취임 당시 국가가 부도 위기에 몰려있었지만

프랑스의 가장 대표적인 중상주의자
장바티스트 콜베르
출처 : Helmolt, HF, ed. 세계의 역사.
뉴욕: Dodd, Mead and Company, 1902.

제조업을 활성화하여 국가 재정을 크게 호전시켰다. 그의 훌륭한 정책이 없었더라면 루이 14세는 결코 강력한 태양왕이 되지 못했을 것이다.

콜베르는 여러 직책을 맡았다. 1664년 건물청장부터 시작하여 해군장관, 통상장관, 식민지장관, 궁정장관을 맡았고, 국왕 다음의 막강한 실력자인 재정총감까지 지냈다. 한마디로 그는 리슐리외-마자랭-콜베르로 이어지는 프랑스 전제군주 시대의 실력자였다. 특히 콜베르는 길드 조직을 재편성하여 장인의 뛰어난 제작 기술이라 할 수 있는 크래프츠맨craftsmanship 산업을 적극 보호 육성했다.

콜베르는 플랑드르 지역에서 만드는 직물의 품질을 높이려고 많은 노력을 기울였다. 고블랭Gobelins에 왕립 태피스트리 작업소를 만들었고 보베Beauvais의 태피스트리 작업소는 민간기업이긴 하나 적극적으로 후원했다. 콜베르는 길드를 규제하기 위해 무려 150여 개의 칙령을 발표했다. 직물의 품질을 개선하려는 어떤 칙령에 의하면, 만약 어느 사람이 만든 직물의 품질이 세 번 불량품이 드러나면 그 불량 직물로 목매달아 사형에 처했다.

당시에 베네치아에서 만든 유리가 매우 유명했는데, 이 유리를 수입하면서 무역수지 적자가 많이 나자 콜베르는 1665년에 왕실유리거울제작소를 설립하여 수입을 대체하도록 했다. 나중에 프랑스산 유리의 품질이 좋아지자 1672년에는 베네치아산 유리 수입을 아예 금지시켰다. 콜베르는 국내에서 공공사업을 만들어 국내에 일자리를 많이 만들었다. 또 프랑스 동인도회사를 설립하여 커피, 면화, 후추, 설탕, 모피가 쉽게 조달되도록 하였다.

프랑스식 중상주의인 콜베르티즘은 현대 들어 1954년에 코미테 콜베르Comite Colbert 설립의 사상적 배경을 만들어주었다. 럭셔리 기업들의 연합체인 코미테 콜베르는 럭셔리 기업들이 프랑스 문화와 럭셔리 수출을 지원해주고 있다. 2022년 현재 90개의 프랑스 럭셔리 기업과 17개의 문화기관이 코미테 콜베르의 회원으로 가입되어 있다. 6개의 유럽 럭셔리 기업도 추가되었다. 제품군은 모두 14개로 크리스탈, 가죽, 주얼리/시계, 금세공, 자기, 패션, 향수/화장품, 와인/스피릿, 미식, 음악, 디자인/데코레이션, 출판, 궁전, 박물관 등 다양하다.

4
19세기 자유무역주의 확산으로
중상학파 쇠퇴

중상학파의 무역흑자 정책에 대한 잇따른 비판

중상학파의 무역수지 중시 정책은 나중에 자유무역 정책을 주장한 애덤 스미스에 의해 크게 반박을 당한다. 무역수지 흑자를 달성하기 위해 일부에게만 무역독점 허가를 내주고 관세 등 무역 장벽을 높여 지나치게 수출을 늘리고 수입을 줄이는 정책은 자유로운 경쟁을 저해했다는 것이었다.

데이비드 흄도 반박에 가세했다. 무역수지 흑자가 결국 통화량을 늘리고 물가 상승을 유도하여 수출 감소, 수입 증대로 이어져 결국 무역수지가 악화될 수밖에 없다는 것이다. 지나친 무역수지 흑자는 다른 국가와의 갈등을 유발해 전쟁의 빌미를 제공하기도 한다. 하지만 어느 정도의 무역수지 흑자는 아직까지도 많은 나라가 달성하고자 하는 경제정책 기조임을 부인할 수는 없다.

중상주의는 이론체계가 탄탄하지는 않았으나 한 시대를 풍미하는 정치경제학이었다. 하지만 특정 집단에게만 제조업이나 무역업의 특혜를 줬기 때문에 특권이 없는 사람들은 제대로 사업을 할 수 없었다. 따라서 경제의 지속적인 성장을 유도하기에는 역부족이었기에 모든 사람들에게 사업 기회를 주어 최대한 이윤을 창출하는 자유무역 방향으로 점차 기울게 된다. 특히 대외 경쟁력이 가장 강했던 영국 입장에서는 자유무역이 최선책이 된다. 이른바 고전학파 경제학의 시대가 도래한 것이다. 18세기 후반과 19세기 전반에 영국은 자유무역체제로 점차 바뀌었으나 기존의 보호무역 조치들의 완전 철폐까지는 시간이 걸렸다. 곡물법은 1846년에 이르러야 폐지되었다.

곡물의 수출입 규제를 둘러싼 곡물법 논쟁

우리는 자본가라고 뭉뚱그려 말하지만 사실 자본가에도 여러 종류가 있다. 농업자본가, 산업자본가, 금융자본가가 구별된다. 농업자본가는 토지를 직접 소유하거나 지주로부터 빌려 노동자를 고용하여 농장을 운영하는 기업가를 말하고, 산업자본가는 노동자를 고용하여 공장을 운영해 제품을 만들어 판매하는 기업가를 말한다. 금융자본가는 돈을 확보하여 기업가나 개인에게 빌려주면서 이자로 돈을 버는 사람이다.

농업자본가와 산업자본가는 노동자를 고용하여 사업을 하는 면에서는 같으나 그들이 만들어내는 상품에는 근본적으로 차이가 있다. 농업자본가는 농산물을 만들어내는 반면에 산업자본가는 공산품을 제조한다. 지주에 봉건영주 출신도 있었으나 지주의 주류는 젠트리gentry였고, 농업자본가의 주류는 상층 요오맨yeoman이었다. 농업자본가와 산업자본가는 곡물법을 둘러싸고 첨예한 대립을 보인다.

영국의 곡물법Corn law은 곡물의 수출입을 규제하기 위한 법령으로 1773년에 처음 만들어졌다. 영국은 1770년대까지만 해도 곡물을 수출하는 국가였으나 산업혁명이 급진전되고 인구가 증가하면서 곡물 수요가 크게 늘어났다. 영국은 1790년대부터 곡물 부족으로 곡물을 외국으로부터 수입하기에 이른다. 더구나 1800년대 들어와 나폴레옹과의 전쟁을 치르면서 유럽 대륙으로부터 값싼 곡물 수입이 차단되고 흉작까지 겹쳐 영국의 곡물 가격은 1809년 이후 급등하게 된다. 이러한 상황은 영국 지주와 땅을 빌려 농업을 하는 농업자본가에게 큰 이익을 가져다주었다.

하지만 1815년에 나폴레옹 전쟁이 끝나 유럽 대륙으로부터 곡물이 수입되고 기술 발전으로 농업생산성까지 급속하게 높아진다. 곡물 공급이 늘어나자 곡물 가격은 하락세를 지속한다. 그래서 당시 의회의 다수파였던 지주와 농업자본가는 신곡물법을 제정한다. 1773년 곡물법을 근거로 하여 곡물 가격이 소맥(밀) 1쿼터(약 12.7kg)당 가격이 80실링이 될 때에만 곡물 수입을 허가한다는 내용이었다. 물론 이러한 가격 조건은 곡물 수입의 사실상 금지나 마찬가지였다.

이러한 수입제한 조치는 당연히 산업자본가들의 반발을 불러일으켰다. 높은 곡물 가격은 높은 임금을 유발하고 그만큼 산업자본가의 이윤을 줄이기 때문이었다. 높은 곡물 가격으로 생계비가 상승하므로 노동자도 곡물법 조치에 반발했다. 하지만 당시에는 지주, 농업자본가가 의회를 사실상 지배하고 있었기에 산업자본가나 노동자는 자신의 의견을 정책에 제대로 반영할 수 없었다. 그러다가 1832년 선거법 개정을 통해 산업자본가들이 노동자들의 도움을 받아 참정권을 획득하여 의회에 거점을 만드는 데 성공한다.

1839년 맨체스터의 방직업자 리처드 코브던Richard Cobden: 1804~1865과 명연설자였던 존 브라이트John Bright: 1811~1889의 주도로 맨체스터에서 전국곡물법반대동맹National Anti-Corn-Laws League이 결성되어 곡물법 반대 운동이 의회에서 격렬하게 벌어진다. 이 반대 운동에 힘입어 휘그당 의원으로 당선된 코브던은 귀족, 지주의 이해를 대변하여 곡물법을 지키던 토리당의 로버트 필Robert Peel: 1788~1850 총리와 격렬한 논쟁을 벌인다. 신곡물법은 마침내 1846년에 폐지되기에 이른다.

1773년 곡물법이 제정되고 1846년 신곡물법이 폐지되기까지 73년간은 산업혁명 이후의 영국 사회를 누가 지배할 것인가를 놓고 농업자본가와 산업자본가 간의 끊임없는 투쟁 과정이었다. 물론 농업자본가의 배후에는 보수세력인 지주가 있었고, 산업자본가의 배후에는 진보세력인 노동자가 있었다. 산업화의 급진전으로 산업자본가와 노동자의 세력이 커지고 의회에서 이들의 입김이 커지면서 결국 산업자본가가 득세한다. 곡물법 폐지는 여러 자본가들 간의 이해관계를 떠나서 자유무역과 보호무역이라는 커다란 경제정책 기조의 문제이기도 했다.

무역규제를 연달아 폐지한 19세기 영국

19세기 전반에 걸쳐 영국은 여러 규제를 꾸준히 철폐하여 왔다. 1824년 직인의 이주와 양모 수출에 대한 제한이 철폐되었고, 1825

년에는 영국이 당시 거의 독점하고 있던 기계 일부에 대해 수출 금지가 철폐되었다. 1843년에 이르러서는 기계 수출 금지도 완전히 철폐되었다. 해외에서 영국 기계에 대한 수요가 늘어남에 따라 영국내 중공업 발전을 위한 조치였다. 1846년 곡물법 폐지에 이어, 네덜란드 해운을 견제하고 영국 해운의 이익을 극대화하기 위해 1651년 이후 200여 년간 보호무역제도의 보루였던 항해조례마저도 1849년에 폐지되었다. 이로 인해 영국은 완전한 자유무역 국가가 되었다.

영국의 잇따른 자유무역 조치는 산업자본가의 성공적인 로비 덕분이기도 하지만 노동자의 세력이 커졌음을 대변한다. 또한 보호무역 포기와 자유무역 추구는 자국의 경쟁력이 타국에 비해 월등하다는 자신감에서 비롯되었다. 영국은 외국으로부터 곡물을 싸게 수입해 국내 기업의 경쟁력과 노동자의 삶을 개선시켜주고 경쟁력을 확보한 산업자본가들은 제품을 만들어 해외에 판매함으로써 더욱 많은 이익을 얻을 수 있다고 판단한 것이다. 한마디로 자유무역제도는 부르주아의 승리였다.

중상학파 전통은 19세기 역사학파에서 재현

19세기 중반 들어 독일의 역사학파 경제학자들은 중상주의체제를 국가 경쟁력을 높이고 국가의 기반을 다지는 정책과 이념으로 이해하였다. 근대화에 뒤처져 있었던 독일의 현실에서 중상주의는 폐기되어야 할 구시대적 유물이 아니라 오히려 독일을 강성한 국가로 키우는 데 유용하다고 파악한 것이다. 당시 경제력이 약했던 미국도 중상주의를 재평가했으며, 이를 보호무역주의로 발전시켰다. 하지만 독일과 미국의 경쟁력이 크게 강화된 후에는 자유무역주의로 바뀌게 된다. 이처럼 시대별, 국가별 상황에 따라 자유무역과 보호무역의 가치가 달라진다. 역사학파에 대해서는 7강에서 자세히 다루기로 한다.

18세기 후반 들어 우리나라에서는 실학이 퍼지며 북학파라 불리던 이용후생학파와 경세치용학파가 등장했는데 각각 중상학파와 중농학파에 해당된다. 홍대용, 박지원, 박제가, 이덕무, 이중환, 유수원이 중상학파의 대표 인물이고, 이수광, 유형원, 허목, 이익, 정약용이 중농학파의 대표 인물이다.

5 20세기에 개발학파로 이어지는 중상주의 전통

17~18세기 중상학파와 19세기 역사학파의 전통은 20세기 들어 개발학파로 이어진다. 후진국에서 선진국으로 탈바꿈하려면 정부가 경제를 내버려두면 안 되고 구체적인 개발 전략을 짜서 실행에 옮겨야 한다. 1960~1970년대 우리나라의 경제개발 5개년 계획이 바로 그런 것이었다.

일찍이 17세기 영국의 윌리엄 페티가 경제 발전에 따른 산업구조의 변천에 대해 이야기했고, 19세기 독일의 역사학파도 경제 발전 단계에 대해 말했다. 20세기 들어 국가 통계가 자세하게 집계되면서 콜린 클라크, 사이먼 쿠즈네츠, 앨버트 허시먼, 발터 호프만, 홀리스 체너리는 정부 주도의 개발정책에 따른 산업구조의 변화를 강조했다.

1차, 2차, 3차 산업분류

우리는 1차, 2차, 3차 산업이 무엇인지 대충 안다. 1차primary 산업은 농림수산업, 2차secondary 산업은 제조업을 비롯하여 광업, 건설업, 3차Tertiary 산업은 도소매업, 금융업, 의료업, 교육업 같은 서비스산업이다. 제조업과 건설업을 합쳐 공업이라 하고 공업과 광업을 합쳐 광공업이라 부른다. 광공업은 2차 산업에 해당된다. 1차 산업은 자연에서 채취, 양식하는 산업이고, 2차 산업은 이를 가공하여 중간재나 소비재로 만드는 산업이고, 3차 산업은 1, 2차 산업의 산출물을 필요한 사람에게 전달하고 도와주는 산업을 말한다.

과거에 우리나라는 1차 산업이 압도적이었으나 산업구조가 선진화 되면서 2차 산업이 급성장했고, 이제는 3차 산업의 비중이 가장 크다. 이러한 1차, 2차, 3차 산업은 20세기 들어 콜린 클라크가 구분했는데 더 멀리 가면 18세기 영국의 중상학파 경제학자 윌리엄 페티가 농업, 제조업, 상업으로 이미 나눈 바 있다.

산업 분류의 선구자, 윌리엄 페티

과거 유럽에서는 의사 출신 경제학자들이 많았다. 프랑스의 프랑수아 케네, 네덜란드 출신의 버나드 맨더빌Bernard Mandevillem: 1670~1733이 의사였고, 또 17세기 중상학파였던 영국의 윌리엄 페티William Petty: 1623~1687도 의사였다. 옥스퍼드대학 해부학 교수였던 페티는 크롬웰 군대의 수석 군의관으로 아일랜드에 파견되면서 그곳에서 몰수할 토지의 가치를 평가하면서 통계를 익혔다. 왕정복고 후 찰스 2세의 총애를 받아 하원의원으로 활동했고, 여러 사업으로 돈을 많이 벌기

윌리엄 페티(William Petty; 1623~1687)
출처: John Smith, John Closterman https://commons.wikimedia.org/wiki/File:Sir_William_Petty.jpg

도 했다.

페티는 자신의 의학 지식을 정치경제학에 접목을 하면서 경제의 통화를 몸속의 지방fat에 비유하기도 했다. 통화는 국가가 지닌 지방이라며, 지방이 너무 많으면 국가의 움직임이 둔해지고 반대로 너무 적으면 병이 난다고 친절하게 비교, 설명하기도 했다.

페티는 "노동은 부의 아버지고 토지는 부의 어머니다."라는 명언을 남겼다. 토지와 노동의 중요성을 동시에 인정한 것이다. 애덤 스미스가 근대경제학의 아버지라고 부르지만 노동의 가치를 일찍이 100년 전부터 인식한 페티의 주장을 애덤 스미스가 더 발전시켰다는 지적이 많다. 마르크스도 "근대 경제학의 건설자, 가장 천재적이고 독창적인 학자"라며 페티를 치켜세운 바 있다.

통계학자이자 경제학자이기도 했던 페티는 《정치산술Political Arithmetic》에서 사회 경제를 형이상학적, 주관적 판단 대신 숫자와 중량, 척도를 바탕으로 통계적으로 설명했다. 이 책에서 페티는 사회 발전과 더불어 취업 인구와 국민소득이 1차 산업부터 2차 산업, 그리고 3차 산업에 따라 그 비중이 달라진다고 지적한 바 있다. 경제발전의 사다리 법칙으로 이른바 '페티의 법칙'이다.

국가의 초기 단계에서 인구 증가에 필요한 식량을 얻으려면 아직 생산성이 낮아 대부분의 사람들이 1차 산업에 종사할 수밖에 없다. 그 후 농지 개량이나 농기구 발달로 생산성이 높아지면 많은 사람들이 1차 산업에서 벗어나 2차 산업으로 점차 이동하게 된다. 그런데 2차 산업에 대한 자본투자가 늘어나 노동생산성이 높아지면 많은 인력이 필요 없게 돼 3차 산업인 서비스로 인구가 점차 이동하게 된다.

3차 산업이 중심이 되는 사회에서는 2차 산업에서처럼 큰 폭으로 생산성이 늘어나지 않아 피고용자의 급여는 오르기 어렵다. 따라서 이전의 경제성장 시기에 동시에 누렸던 소득 평등, 고용 확대, 세금 부담 억제 중 하나를 희생시켜야 했다. 3차 산업 중심 사회에서는 지식 계급이라 불리는 고도의 전문적 지식을 가진 사람과 그렇지 않은 사람과의 격차가 심해져 교육의 중요성이 더욱 부각될 수밖에 없다.

콜린 클라크, 발터 호프만, 홀리스 체너리의 기여

페티가 발견한 산업구조 변화 추이는 20세기에 들어와 경제통계가 크게 발달하면서 콜린 클라크Colin G. Clark에 의해 다시 확인됐다. 이른바 '페티 - 클라크 법칙'이다. 1940년에 영국 경제학자 클라크는 산업을 1차, 2차, 3차 산업의 세 가지로 분류하고 한 나라의 경제가 발전함에 따라 노동인구와 소득의 비중이 1차 산업에서 2차 산업으로 다시 3차 산업으로 이동한다는 페티의 법칙이 역사적인 경향을 띠고 있음을 통계로 실증했다. 클라크는 저서 《경제 진보의 조건》에서 최초로 산업구조의 변화를 3분류법으로 분석했다. 사이먼 쿠즈네츠Simon S. Kuznets도 동일한 분석 결과를 도출했다.

페티 - 클라크 법칙이 1차, 2차, 3차 산업을 모두 다뤘다고 한다면 독일 경제학자 발터 호프만Walter Hoffmann은 2차 산업인 제조업에만 국한하여 저서 《공업화의 단계와 유형》에서 호프만 법칙을 발표했다. 호프만은 공업 부문을 소비재 산업과 투자재 산업으로 나누고 경제 발전에 따라 투자재 산업에 비해 소비재 산업의 부가가치액 및 종사자수의 비율, 즉 호프만 비율이 하락한다고 주장했다. 호프만은 어떤 상품의 75% 이상이 가계에 판매되면 소비재 산업이고 어떤 상품의 75% 이상이 기업에 판매되면 투자재 산업이라고 정의했다.

하지만 이러한 구분은 상당히 자의적이었고 판단을 내릴 수 없는 산업을 배제했기에 문제점이 많았다. 소비재산업은 식료품, 섬유, 피혁, 가구제품, 투자재 산업은 금속, 기계, 운수기계, 화학제품을 포함했지만 고무, 제재, 제지, 인쇄와 같은 산업은 아예 배제됐던 것이다. 더구나 현대에 들어오면서 산업에서 소비재 특히 내구소비재의 비중이 크게 늘어나면서 호프만 법칙은 한계를 드러냈다.

그래서 미국 경제학자 홀리스 체너리Hollis B. Chenery는 제조업을 경공업과 중화학공업으로 분류했다. 이런 분류에 근거하여 체너리는 제조업 성장의 견인차는 식품업, 섬유업 같은 경공업이 아니라 철강업·비철금속공업·기계공업·화학공업 같은 중화학공업임을 통계적으로 보여주었다. 제조업의 총 부가가치 중 중화학공업이 차지하는 비율을 중화학공업화율이라고 하는데, 이 비율은 경제발전과 함께 상승하는 경향이 있다고 체너리가 입증한 바 있다.

이러한 산업구조 전환 법칙이 항상 성립하는 것은 아니다. 최근 20년간 급성장한 인도가 바로 그런 경우다. 인도는 1971년에 1차 산업이 46%, 2차 산업이 44%, 3차 산업이 10%에 불과했다. 그런데 2004년 들어 3차 산업의 비중은 52%로 급증했고 제조업 비중은 별로 높지 않았다. 인도의 산업구조가 농업 경제에서 단번에 서비스 경제로 이전된 것이다. 사회계층이 뚜렷하여 일부 인도인들의 교육 수준은 매우 높고 해외 유학생이 많아 첨단 지식서비스 분야에 많이 종사하고 있기 때문이었다. 또한 중앙정부는 국내 제조기업에 대해 규제 보호를 철저히 했기 때문에 인도 제품들의 해외 경쟁력이 낮아 해외 수출이 별로 없었던 것도 큰 이유다. 인도는 현재 IT, 제약, 의료, 영화 산업에서 강세를 보이고 있다.

새로운 산업 분류 등장

점오(.5)산업이란 기존 산업에 새로운 산업개념을 집어넣는 것을 말한다. 예를 들면 1.5차 산업은 기존의 농림수산업에 사계절 체험 관광 프로그램, 고부가가치 특산품 개발, 관광활성화를 위한 기반 구축을 더하여 농가소득을 올리고 지역경제를 활성화하는 것을 말한다. 그리고 2.5차 산업은 서비스업 가운데 기기를 보수하는 업종처럼 2차 산업에 가까운 것을 말한다.

2차 산업도 중요하지만 이제는 3차 산업이 가장 중요하다. 유통, 외식, 교육, 정보, 관광, 법률 산업이 모두 여기에 포함된다. 미국 경제학자인 데이비드 매클로스키David McCloskey는 1999년에 미국 국민총생산GNP의 28%가 상업적 목적의 설득과 관련되어 있다며 설득산업 persuasion industry 개념을 새로 제시한 바 있다. 광고대행사, 홍보대행사, 마케팅회사, 법률회사, 금융설계사, 펀드레이징, TV홈쇼핑, 콜센터, 로비업체, 비즈니스컨설팅업체, 이미지컨설팅업체, 카운슬링회사가 모두 설득산업에 속한다. 사회 여건을 감안해 볼 때 설득산업의 중요성은 앞으로 더욱 커질 전망이다.

최근 들어서는 3차 산업인 서비스산업의 비중이 매우 커지면서 도소매업, 운수창고, 통신, 금융, 보험을 3차 산업으로 분류하고, 정보, 교육, 의료 등 지식집약형 서비스는 4차 산업으로, 그리고 취미, 오락, 패션은 5차 산업으로 재구분하자는 시도가 이루어지고 있다. 물론 아직 공식적으로 정의된 것은 아니다.

지금 우리 사회는 지식사회라고 하는데 많은 사람이 동의할 것이다. 아직 5차 산업까지는 모르겠지만 지식서비스 중심으로 4차 산업을 3차 산업에서 분리해도 충분히 의미가 있다고 본다. 향후 어떤 산업이 뜰 것인지를 예측하려면 기존의 1, 2, 3, 4차 산업 분류에만 너무 얽매이지 말고 앞서 말한 설득산업 같은 분류 방법을 창의적으로 개발하는 것도 좋다. 재난과 범죄 발생이 증가함에 따라 안전산업도 유망산업이며, 오락, 취미, 패션, 디자인, 예술 같은 감성산업의 비중도 더욱 커질 것이다.

#리처드캉티용 #프랑수아케네 #중농주의
#백과전서파 #자유무역 #맨체스터학파
#프랑스자유학파 #오스트리아학파 #몽펠르랭회

◆ 3강 ◆

특혜, 규제 일색의 중상주의에 반기를 든 자유방임학파

정부가 특혜와 규제를 일삼는 중상주의 정책에 반대하여 민간인들이 자유롭게 경제활동을 하도록 하자는 자유방임주의를 지지하는 경제학파가 프랑스를 중심으로 나타났다. 18세기에 활발하게 진행되던 계몽주의와 백과전서파, 살롱 문화에 힘입어 자유방임학파가 기지개를 켰다. 당시 귀족과 특혜 집단을 비롯한 반대세력 때문에 제대로 정책이 구현되지는 못했으나, 19세기 들어 영국과 프랑스를 중심으로 규제 철폐, 작은 정부, 무역자유화가 크게 확산되었다. 20세기 후반 들어서는 글로벌화가 큰 진전을 이루었다.

1
자유주의, 자유지상주의, 자유방임주의 차이

자유주의, 자유지상주의, 자유방임주의라는 단어에는 어떤 차이가 있을까? 자유주의liberalism는 어느 가치보다도 개인의 자유를 중시한다. 사람들은 우파(보수)냐 좌파(진보)냐로 편가르기를 좋아하는데 일반적으로 자유주의를 보수주의 우파와 많이 연결시킨다. 우리나라 정당의 역사에서 보듯이 자유는 항상 보수당 이름에 붙어 있었다. 그러나 막상 서구에서 자유주의자liberal는 진보주의 좌파였다. 이런 잘못된 등식화를 어떻게 해석해야 할지 난감한데, 사실 그렇다. 과거 영국의 자유당liberal party은 보수당과 대척점을 이루었다. 서구에서는 진보파를 자유주의자liberal라 부르지 않고 진보주의자progressive 라고 한다.

18세기 계몽시대에 왕권을 거부하기 위해 자유주의가 생겼다면 100년 후에 아나키스트anarchist가 생기면서 자유주의와 아나키즘이 합쳐져 자유지상주의libertarianism가 생겼다. 당시 아나키스트였던 조셉

데자크가 처음으로 만든 용어 '자유지상주의'는 개인을 구속하는 모든 형태의 강압체에 대한 완강한 거부다. 권위주의Authoritarianism와 정반대에 있다. 20세기 후반 들어 활개를 쳤던 신자유주의가 바로 자유지상주의다.

제발 우리를 내버려둬!

자유방임주의는 무엇일까? 자유주의와 자유지상주의가 정치적 개념이라면 자유방임주의는 경제적 개념이다. 사업을 하는 사람에게 정부가 규제를 가하거나 혜택을 주려고 하는데 자신은 알아서 사업을 하고 싶으니 정부가 간섭하지 말라는 것이다. 즉 작은 정부를 원한다.

1665년부터 1683년까지 프랑스의 재정총감이었던 콜베르는 중상주의의 화신이었다. 제조업자들이 최고의 제품을 만들도록 정부는 온갖 규제와 간섭을 하길 좋아했다.

하루는 콜베르가 시장에 가서 "당신들을 돕기 위해 무엇을 해야 하나?Que faut-il faire pour vous aider?"라고 물어보니 상인 르장드르는 "우리를 그냥 내버려두면 된다.Nous laissez faire."고 퉁명스럽게 답변했다. 그래서 "가는 대로 내버려두어라.laissez faire. laissez passer."라는 말이 나왔다. 아르장송 후작이 한참 나중인 1751년에 정식 사용한 이 문장을 애덤 스미스가 널리 알려 자유방임주의의 대표 슬로건으로 자리잡았다.

2
18세기 프랑스 계몽주의, 살롱문화, 백과전서파

프랑스 계몽주의 분위기에서 활짝 핀 살롱문화

　18세기 중후반 프랑스에 자유방임주의가 생기게 된 데에는 계몽주의와 백과전서파가 결정적으로 중요했다. 새로운 지식이 대거 전파되는 채널로는 살롱Salon의 역할이 매우 컸다. 살롱은 16세기 이탈리아 르네상스시대에 시작되었으나 18세기 프랑스 계몽시대에 전성기를 구가했다.

　초기 프랑스의 살롱은 이탈리아 르네상스시대의 궁정에 있었던 방인 '살로네salone'를 모델로 하였기 때문에 이탈리아식 살롱이라 불렸다. 17세기 프랑스에서는 살롱이 귀족의 저택에서 이뤄졌다. 살롱 여주인이 일정한 날짜에 자신의 집에 문화계 명사들을 초대하면, 이들은 식사를 하며 문학 작품을 낭독하고 자유롭게 토론을 했다. 18세기에 들어 부를 축적한 부르주아들이 늘어나면서 살롱 공간은 귀족 저택에서 부유한 부르주아의 저택으로 점차 이동하였다.

〈표〉 17~19세기 이름을 날렸던 프랑스의 살롱들

- 17세기 후반 : 랑부이에 후작부인, 스뀌데리 양
- 18세기 전반 : 랑베르 부인, 탕생 부인, 그라피니 부인, 샤틀레 부인
- 18세기 후반 : 조프랭 부인, 데팡 부인, 레스피나스 양, 네케르 부인
- 19세기 전반 : 앙슬로 부인, 로이네 부인, 스탈 부인, 레까미에 부인
- 19세기 후반 : 메테르니히 부인, 마틸드 공주, 줄리에뜨 부인

살롱을 주관하는 살로니에르salonnière는 재력과 지성, 미모, 사교성, 재치 있는 말재주까지 탁월하게 갖춘 여주인인 경우가 대부분이었다. 여주인이 기혼자라면 마담Madame이라 불렀고, 이름난 귀부인이라면 그랑담Grand Dame이라 칭했다. 미혼자라면 마드모아젤Mademoiselle이라 했다. 살롱 주인은 그날의 화제 토픽을 고르고 그에 맞는 사람들을 초대하여 대화를 나누는 분위기를 자연스럽게 조성하는 매개자 역할을 했다. 작가, 예술가, 철학자, 사상가, 정치가, 귀족 등 살롱 참가자들이 마음껏 개진하는 아이디어와 사상이 유럽 전반의 정치, 사회, 문화, 문학에 지대한 영향을 끼쳤음은 물론이다.

30년간 막강 파워를 발휘했던 조프랭 부인의 살롱

18세기 프랑스에서는 랑베르 부인, 탕생 부인, 조프랭 부인, 데팡 부인, 레스피나스 양, 네케르 부인의 살롱이 유명했다. 1749년부터 1777년까지 30여 년간 운영되었던 조프랭 부인의 살롱이 특히 유명했다. 비슷한 시기에 운영되었던 탕생 부인과 레스피나스 양의 살롱과 치열한 경쟁을 벌이기도 했다.

샤를 르모니에의 〈마담 조프랭의 살롱〉 그림

    화가 샤를 르모니에Anicet Charles Gabriel Lemonnier가 1812년에 그린 〈마담 조프랭의 살롱〉 그림을 보자. 1743년에 태어난 샤를 르모니에가 1755년의 살롱 모임을 묘사했으니 예전의 모습을 상상하며 그렸을 것이다. 그림의 오른편 앞줄 세 번째에 까만 모자를 쓰고 흰 드레스를 차려 입은 사람이 조프랭 부인이다. 조프랭 부인의 수수한 복장은 이 모임이 상당히 학구적임을 은근히 보여주고 있다. 왼편에는 한 화자가 테이블에 책을 올려놓고 볼테르의 비극 《중국인 고아》를 읽고 있고 다른 사람들은 경청하고 있다. 그림 가운데 뒤에 있는 조각은 볼테르 흉상이다. 이 그림에는 당시 저명인사인 몽테스키외, 디드로, 루소, 달랑베르가 입회하고 있다. 조프랭 부인의 옆 사람은 몹시 지루한지 꾸벅꾸벅 졸고 있다.

    조프랭 부인의 남편인 프랑수아 조프랭은 왕실 소속의 판유리 제조업체로 유명한 생 고뱅Saint-Gobain의 지배인이었는데 조프랭 부인보다 무려 34살이나 많았다. 프랑수아 조프랭은 전 부인으로부터 많은 유산을 물려받아 상당히 부유했다. 조프랭 부인은 아이들을 낳은 후 남편을 가까스로 설득하여 일찍부터 탕생 부인의 살롱에 나갔다.

탕생 부인이 죽자 자신만의 살롱을 열어 일주일에 두 번씩 예술가와 문인들을 자신의 집에 초대하여 맛있는 식사를 대접했다. 월요일에는 예술가들을, 수요일에는 문필가와 철학자들을 초대했다. 예술가 모임에는 레스피나스 양을 비롯한 일부 여성을 제외하고는 여성의 출입이 제한되었다. 그녀는 다른 살롱과는 달리 오후 1시부터 저녁 식사를 제공했는데 기분이 좋은 상태에서 오후 내내 토론을 열심히 하라는 메시지였다.

조프랭 부인은 살롱을 귀족의 여가 공간에서 벗어나 정말 일하는 공간으로 바꾼 첫 번째 살롱 마담이었다. 이른바 그랑담이었다. 조프랭 부인은 재정 후원자 역할도 했는데, 마음에 드는 화가들의 그림을 비싸게 사들여 화가들을 후원하기도 했다. 《백과전서》 발간이 재정 위기를 맞자 이들을 지원하여 무난하게 출간하도록 도움을 주었다.

조프랭 부인의 살롱 성공 비결

귀족이 아니라 부르주아인 조프랭 부인이 살롱을 이렇게 성공적으로 운영한 데에는 특별한 비법이 있었다고 봐야 한다. 특히 조프랭 부인이 활동했던 당시는 사교의 중심이 궁정이 아닌 살롱으로 본격적으로 넘어가던 시기였다. 더구나 그녀의 살롱은 매우 전문적이고 조직적으로 운영되었다. 무엇보다 정치성을 띠지 않았다. 참가자들이

조프랭 부인
출처 : fayard

토론을 하다가 정치적 주제로 넘어가기라도 하면 조프랭 부인은 즉각 규제했다. 자신이 미리 정한 선을 넘지 않도록 분위기의 수위를 조절한 것이다. 물론 일부 토론자의 불만이 없지는 않았지만 모임의 규칙을 제대로 준수하는 것은 필요했다. 조프랭 부인의 살롱은 흥청망청 술 마시고 시시덕거리는 유희 공간이 아니라 상당히 공식적인 교육 공간이자 지적 거래소였음을 확실히 보여주었다.

이런 이유 때문에 조프랭 부인의 살롱은 국제적 명성을 누렸다. 그녀와 친분이 많았던 유럽 외교관들이 그녀의 살롱에 많이 초대되면서 외국의 국왕에게도 알려졌기 때문이다. 스웨덴의 구스타브 3세와 폴란드의 스타니스와프 국왕도 그녀의 살롱을 방문했고 덴마크의 글라이헤 백작, 스웨덴의 카라치올리 백작도 방문했다. 조프랭 부인은 빈에 가서 마리아 테레지아 여왕의 영접을 받았고, 폴란드 국왕의 초대로 바르샤바 궁을 방문하기도 하였다. 영국 철학자 데이비드 흄과 영국 작가 호레이스 월폴도 그녀의 살롱에 자주 들렀다.

혁신적 지식의 보고 《백과전서》

당시 살롱에 출입했던 사람 중에는 《백과전서》 편찬에 참여한 사람들이 많았다. 계몽사상가인 드니 디드로Denis Diderot; 1713~1784는 당시 저명한 지식인들을 집필가로 섭외하여 1751년부터 1772년까지 20여 년에 걸쳐 35권을 연달아 발간했다. 볼테르, 몽테스키외, 루소, 케네, 튀르고, 뒤 퐁, 달랑베르가 모두 집필진이었다. 디드로는 전통적 제도와 편견에 대한 투쟁의 무기로 《백과전서》를 사용했다.

종교적 관용, 사상의 자유, 과학과 기술의 가치를 중시했던 백과전서파는 국가권력은 민중을 가장 중시해야 한다고 주장했기에, 로마 가톨릭교회와 예수회로부터 많은 탄압을 받았다. 이런 탄압으로 일부 기고가들은 떨어져 나가기도 했지만 디드로는 굴하지 않고 《백과전서》 출간을 지속하였기에 프랑스의 계몽주의는 전 유럽, 전 세계로 퍼져나갔다. 《백과전서》의 정식 이름은 '백과전서 혹은 과학, 예술, 기술에 관한 체계적인 사전'이다.

3 자유방임학파의 탄생

자유방임학파의 탄생

절대왕정제의 화신이었던 루이 14세는 정복전쟁을 전개하면서 콜베르의 주도로 중상주의 경제정책을 추구했다. 루이 15세가 1715년에 즉위했으나 너무 어려 오를레앙 공이 1723년까지 섭정을 하고 플뢰리가 21년간 정치와 정무를 도맡았다. 1743년에 플뢰리의 사망 이후 루이 15세가 2년간 잠시 친정을 했으나 정무에 관심이 없어 애첩인 퐁파두르 부인_{Madame de Pompadour; 1721~1764}으로 하여금 정부 고관 임명을 비롯하여 궁정의 대소사를 실질적으로 처리하도록 했다. 1745년부터 43세에 결핵으로 세상을 등진 1764년까지 21년간 그녀는 실권자였다.

퐁파두르 부인은 1751년에 자크 클로드 마리 뱅상 드 구르네_{Jacques Claude Marie Vincent de Gournay; 1712~1759}를 상무대신으로 임명하고 다른 유능한 인재들을 불러 정부 규제 철폐를 비롯해 경제 활성화를 위한

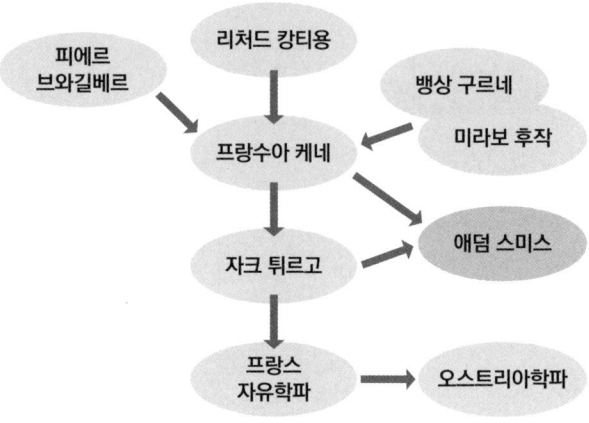

〈그림〉 자유방임학파 계보

고안들을 짜기 시작했다. 구르네는 정부조직의 꽉 막힌 상황을 묘사하기 위해 관료제bureaucratie라는 용어를 처음 사용했고, 자유방임 용어도 전파시켰다. 그는 아일랜드 출신의 프랑스 경제학자인 리처드 캉티용Richard Cantillon; 1680~1734의 저작을 프랑스에 알리는 데 크게 기여했다.

구르네의 천거를 받아 궁정 주치의로 있으면서 경제학자로 변신한 프랑수아 케네는 중상주의의 폐해를 없애고자 각종 규제를 철폐하고 농업을 중시하는 정책으로 전환해야 한다고 주장했다. 당시에 팽배했던 자연법사상에 근거하여 토지를 비롯한 자연 덕분에 이루어지는 농업을 중시해야 한다고 주장했다. 그러기 위해서는 농산물 수출 금지 정책과 가격통제 정책을 해제하여 자유롭게 거래를 하도록 해야 한다고 역설했다.

케네의 주장은 당시 많은 사람들로부터 호응을 얻어 추종자가 늘어났다. 피에르 새뮤얼 뒤 퐁 드 느무르Pierre Samuel du Pont de Nemours: 1739~1817가 이들의 저술을 모아 〈중농주의Physiocratie〉라는 선집을 1767년에 발간했는데 이것이 중농주의Physiocracy 용어의 시작이다. 우리는 경제학자를 영어로 이코노미스트economist라고 하는데 당시 중농학자들은 다른 경제 견해를 가진 사람들과 구별하기 위해 자신들을 에코노미스트économiste라고 스스로 불렀다. 에코노미스트라는 표현을 책에서 처음으로 언급한 사람은 니콜라스 보도Nicholas Baudeau: 1730~1792다.

자유방임주의의 설계자 프랑수아 케네

프랑수아 케네François Quesnay: 1694~1774는 베르사이유 인근의 메레Mere에서 소상인과 소지주의 아들로 태어나 1711년에 파리로 가서 의약과 외과에 대한 정규 교육을 받았다. 파리에서 가까운 소도시 망트에서 의사 업무를 시작하다가 외과의사로서, 특히 순환계통의 전문의로 명성을 얻었다. 구르네의 추천으로 루이 15세의 정부였던 퐁파두르 부인의 주치의로 일하게 되었고 1752년에는 왕세자의 천연두를 치료한 공로를 인정받아 귀족 칭호를 받았다.

궁정에서 주치의로 머물면서 당시 유명한 사상가, 경륜가들과 교류할 기회가 많아지면서 경제학에 대해 관심을 가지게 되었다. 호기심이 많고 머리가 뛰어난 케네는 빠른 시간 안에 경제 문제에 통달하게 되었다. 그래서 그는 디드로와 달랑베르가 편찬한 《백과전서》에 농업, 세금, 이자율 등 여러 경제 이슈를 다룬 자신의 글을 기고하였다.

하인츠 리터가 그린 프랑수아 케네 초상화
출처 : Heinz Rieter: Studien zur Entwicklung der Ökonomischen Theorie IX. Verlag Duncker und Humboldt, 베를린

1757년에 케네가 만났던 미라보 후작^{빅토르 리게티 마르키스 드 미라보: Victor de Riqueti, marquis de Mirabeau: 1715~1789}은 국부의 주원천이 인구수에 있다는 견해를 지지하고 있었다. 하지만 케네는 농업이 사람들의 생계에 필요한 물자를 생산하기 때문에 인구보다 훨씬 중요하다는 점을 강조했다. 이런 일이 있은 후 미라보 후작은 케네 이론의 홍보대사가 되었고, 이로부터 중농학파가 본격 시작되었다.

케네는 자신의 전공분야인 순환계통의 의학지식을 활용하여 신체의 혈액순환이나 국가경제의 흐름이 비슷하다는 점에 착안했다. 혈관순환계가 동맥, 정맥, 심장으로 구성되어 있듯이, 경제는 생산계급(농민), 비생산계급(상공업 종사자), 소유계급(지주, 군주, 승려)으로 구성되어 있다는 것이었다.

케네는 1758년에 저서 《경제표 1판》에서 '경제표_{Tableau économique}'라는 거시경제모델을 만들었다. 경제표가 다소 난해하기는 했지만 후

세 사람들은 경제의 흐름을 잘 보여준 케네를 현대의 소크라테스, 유럽의 공자로 칭송하였다. 케네는 미라보 후작의 작업을 도와주면서 경제표를 그림으로 설명해 중농주의 주장을 확산시키는 데 기여했던 것이다. 1763년에 중농주의 학자들은 경제 논쟁에 활발하게 개입했는데 뒤 퐁, 피에르 폴 르 메르시에 드 라비에르Pierre-Paul Le Mercler de La Rivière; 1720~1793, 니콜라스 보도, 자크 튀르고가 대표적이었다.

당시 프랑스를 여행했던 애덤 스미스 역시 케네의 경제표 분석에 큰 감명을 받았다. 경제표는 그 후 경제학 발전에 크게 기여했는데, 마르크스는 케네의 이론을 토대로 하여 공산주의 이론을 만들어 나갔다. 수리경제학자인 레옹 발라스에도 영향을 미쳐 일반균형분석이라는 커다란 경제이론 틀이 만들어졌고, 현대에 들어와서는 1973년에 노벨경제학상을 받은 바실리 레온티예프의 투입산출분석, 즉 산업연관분석에도 커다란 영향을 미쳤다.

케네는 경제표를 만든 점에서는 칭송을 받아야 하지만 부가가치를 만드는 계급으로 농민만을 지적한 점에서 큰 오류를 범했다. 잘 알다시피 농업은 부가가치를 창출하는 데 한계가 있었으며 오히려 상공업자들이 엄청난 부가가치를 만들어냈기 때문이다.

중농주의자였던 케네는 인간이 자연을 완전히 지배할 수 없다고 믿었다. 중농주의Physiocracy는 '자연Physios에 의한 통치Kratesis'를 말한다. 케네 생각으로 농업은 자연, 특히 토지 덕분에 부가가치를 창출한다고 믿었다. 즉 농업의 부가가치는 농부들의 노동력 때문이 아니라 토지의 자연력에 근거한다는 것이다. 제조업은 투입한 만큼의 가치만을 산출해낼 뿐이고 상인은 이미 생산된 가치를 분배하는 일을 할 뿐이라서 상공업에 가치를 별로 부여하지 않았다.

이처럼 케네는 경제표라는 커다란 업적을 남겼음에도 불구하고 향후 경제 트렌드를 전망하는 데 있어서는 성공하지 못했다. 반면에 애덤 스미스는 1766년 프랑스에서 체류하면서 케네에게서 많이 배워 산업시대의 도래를 믿고 이를 합리화하는 논리로 1776년에 《국부론》을 써내 경제학의 국부로 칭송을 받게 되었다.

프랑스 절대왕정의 마지막 개혁가였던 자크 튀르고

케네가 자유방임학파, 중농학파의 창시자라면, 마무리는 안 로베르 자크 튀르고Anne Robert Jacques Turgot; 1727~1781가 했다. 귀족 출신으로 파리 시장의 아들이었던 튀르고는 파리신학대학을 나왔으나 볼테르의 저서를 읽고 신앙생활에 회의를 느껴 관계에 투신했다.

1753~1761년까지 파리 고등법원 소원관을 역임하는 한편, 상업 감독관인 뱅상 구르네를 수행하면서 프랑스의 각 지방을 감찰했다. 그러다가 루이 15세의 눈에 들어 1761년 가난한 도시였던 리모지시 지방감찰관이 되어 농업 진흥, 상업 육성, 도로 수송 개선, 지나친 징세 제한 조치를 취해 13년 동안 지역 발전에 크게 기여했다. 소액 화폐조세를 도입하여 소작농에게 부과되던 도로보수공사의 강제노동을 폐지했고, 징세 목적에 맞는 토지대장을 만들었다. 특히 1770~1771년의 기근에 직면하여 많은 반대에도 불구하고 자유로운 곡물거래의 허용을 주장했다.

튀르고는 리모지시 감찰관을 맡으면서 디드로의 《백과전서》 집필에도 참여하고 케네와도 친교를 맺었다. 이때 그는 콩도르세 후작,

뒤 퐁을 포함한 프랑스 학자와 문인은 물론이고 영국의 철학자 데이비드 흄, 경제학자 애덤 스미스, 미국 정치가 벤자민 프랭클린과도 친분을 맺었다. 이때《부의 형성과 분배에 대한 고찰》을 저술해 출간했는데, 여기에는 〈곡물무역의 자유에 관한 연구〉(1770년)라는 유명한 논문도 함께 실렸다. 이 책에서 주장한 자유방임론은 나중에 애덤 스미스와 데이비드 리카도에 지대한 영향을 미치게 된다.

튀르고는 지방감찰관 역할을 매우 잘 수행했기에 능력을 인정받아 1774년 루이 16세 때 재무총감으로 등용되어 프랑스내 곡물거래 자유화, 거래세 및 거래제한제도 철폐 등 급진적인 개혁정책을 실시했다. 그 외에도 왕실과 다른 공적 지출 절약, 세제 개정, 길드제 폐지, 말단 신분제 폐지, 강제부역 폐지, 신교도의 신앙 자유 부여도 지지했다.

그러나 기득권 상실을 우려한 영주, 귀족 그리고 공적 수입에 의존하던 사람들, 곡물 투기업자, 성직자들이 결속해 반대하기 시작했다. 튀르고는 작물 흉작의 여파로 재무총감 재위 2년만인 1776년에 자리에서 물러난다. 만약 이때 튀르고가 개혁정책을 제대로 실행했다면 1789년 프랑스혁명은 발발하지 않았을지도 모른다. 당시 프랑스의 한계였다.

4
19세기 프랑스 자유학파로 이어지는
자유방임주의 전통

18세기 후반 자유방임학파에 이어 19세기 들어 프랑스 자유학파 French Liberal School가 본격 활동했다. 프랑스 자유학파의 핵심 주장은 기업의 자유무역, 관세 철폐, 정부 간섭 배제, 정부 보호주의 반대다. 그래서 당시 엇비슷한 주장을 하던 영국 맨체스터학파와도 연결된다. 영국 중심의 경제학계에서는 프랑스 자유학파를 영국 고전학파의 프랑스 버전 정도로 폄하하지만 그렇지 않다. 훨씬 강도 높은 자유방임주의 입장을 취했다. 프랑스 자유학파의 강성 입장은 20세기 들어 오스트리아학파로 이어진다.

프랑스 자유학파의 학문적 활동 무대는 프랑수아 1세가 1530년에 설립한 콜레주 드 프랑스 Collège de France와 프랑스학사원 Institut de France이었다. 자신들의 주장을 널리 퍼뜨리기 위해 〈경제학자저널 Journal des Économistes〉을 활용했다. 대표적 사상가로는 우리가 '공급은 수요를 창출한다'는 말로 잘 아는 세이를 비롯하여, 트라시, 바스티아, 몰리나리, 이브 기요가 있다. 자유학파는 애덤 스미스의 생각에는 어느 정도 동조했으나 데이비드 리카도에는 동조하지 않았다.

이데올로기 용어를 만든 앙투안 데스튀트 드 트라시

요즘 이념을 의미하는 '이데올로기'라는 말이 무척이나 많이 사용되고 있다. 도대체 누가 이 단어를 처음 만들었을까? 프랑스 계몽주의 철학자였던 트라시 백작인 앙투안 루이 클로드 데스튀트Antoine Louis Claude Destutt, comte de Tracy; 1754~1836이다. 그의 1801년 저서 《이데올로기 요론Éléments d'idéologie》에서 이데올로기 용어를 창시했다. 이데올로기란 어떤 원칙, 관념, 이념을 말하는데, 프랑스혁명 이후 기존의 계몽주의도 성격이 바뀌어야 한다고 하면서 공화국 성격에 맞는 자유주의를 '이데올로기'라고 표현했다.

트라시는 스트라스부르 대학을 나와 1789년에 삼부회States-General의 멤버로 선출되었고, 나폴레옹 시기에 원로원 의원으로 아카데미 프랑세즈 회원도 지냈다. 왕정복고 이후에 귀족이 되었다. 트라시는 존 로크, 에티엔 보노 드 콩디야크, 몽테스키외, 토머스 홉스, 피에르 장 조르주 카바니스의 영향을 받았다. 특히 콩디야크로부터 많은 영향을 받아 1823년에 《정치경제학 논고Traite d'economie politique》를 썼는데 토머스 제퍼슨이 그의 작품을 미국인에게 많이 소개해서 미국철학회 회원도 지냈다.

기업가 개념을 경제학에 도입한 장바티스트 세이

리옹에서 태어난 장바티스트 세이Jean-Baptiste Say; 1767~1832는 상업 경험을 쌓기 위해 형과 함께 영국으로 건너가 상인 양성 학교에 다녔다. 프랑스로 돌아와서는 생명보험회사에서 일하는데, 이 회사 사장인 에티엔 클라비에르가 1793년 혁명정부에서 재무장관이 되자 그의 비서로 잠시 일하기도 했다. 혁명 와중에 시사평론가로 유명해진 세이는 1799년에 나폴레옹의 통령 정부에서 호민원 의원으로 참여하고, 1803년에는 자신의 대표 저서인《정치경제학 개론》을 출간한다.

1804년 나폴레옹이 황제가 되자 환멸을 느껴 호민원의원 직을 버리고 사업가로 활동한다. 세이는 1807년에 파드칼레Pas de Calais 지역의 오시Auchy에 방적공장을 설립하여 1813년까지 운영했다. 500명의 직원 대부분이 여자와 아이였다. 기업가로 나름 여유가 있던 세이는 경제학 논문을 저술하며 1803년 책을 수정해 1814년에《정치경제학 개론》재판을 찍는다. 이 책은 프랑스뿐만 아니라 유럽과 미국에 널리 알려졌다.

언론인, 기업가를 거쳐 경제학자로 완전히 자리를 잡은 세이는 스스로를 세이의 제자라고 자처했던 알렉산드르 1세의 초대를 받아 러시아 경제정책 수립에 도움을 주기도 했다. 파리테크국립고등기술공예학교Conservatoire des Arts et Metiers에서 1819년부터 산업경제 강의를 시작했고, 1831년에는 콜레주 드 프랑스Collège de France의 정치경제학 교수로 부임했다. 하지만 건강이 악화되어 이듬해 뇌졸중으로 사망했다.

사람은 참으로 우연한 기회에 중요한 계기를 맞게 된다. 세이가 젊었을 때 영국에서 여행하다가 조그만 호텔에 묵은 적이 있다. 어느 날 아침 느닷없이 호텔 직원이 그의 방으로 들어와서는 방 안의 창문 중 하나를 부수고서 벽처럼 꾸미는 것이 아닌가? 당시 영국에서는 창문과 문에 세금을 부과하기 시작했기에, 호텔 주인은 세금을 줄이려고 창문 하나를 폐쇄했던 것이다.

세이는 이처럼 세금이란 매우 형식적이라는 것을 목격했다. 정부 지출은 민간소비와 달라 비생산적 소비이므로, 모든 세금은 생산자본의 축적을 방해해 재생산 기회를 놓치게 한다고 경고했다. 세금을 많이 부과해 노동자의 임금이 낮아지면 소비가 줄어들어 국가경제에도 악영향을 끼친다고 보았다. 국민이 세금을 많이 부담하면 그만큼 소비도 줄어들고 많이 팔리지 않아 생산을 감소시키므로 국가의 조세 수입도 줄어들게 된다는 것이다. 반면에 정부가 세금을 인하하면 생산량이 늘어나 국가의 조세 수입 증가로 이어진다. 그래서 세이는 큰 기업, 작은 정부를 선호했다. 이러한 세금 인하 견해는 한참 나중인 1980년대 초반 미국 레이건 정부에서 활짝 핀 공급중시 경제학supply-side economics으로 구현된다.

방적공장을 운영한 적이 있던 세이는 기업가의 비전과 고충과 역할에 대해 누구보다 잘 알고 있었다. 이런 경력 때문에 그는 기업가起業家, entrepreneur 개념을 경제학에 본격 도입했다. 세이는 기업가란 인간의 욕망을 충족시키기 위해 생산요소를 조직하고 운영하는 사람으로 정의했다. 기업가는 단지 관리자가 아니라 결과를 예측하고 평가하며 모험을 감수하는 사람들로 본 것이다.

《국부론》을 읽은 세이는 애덤 스미스의 경제관에 많이 동조했으나 모두 동의하지는 않았다. 예를 들면, 애덤 스미스는 상품의 가치는 상품 생산에 투여한 노동에서 나온다고 보았지만, 세이는 소비자가 느끼는 효용에서 가치가 나온다고 보았다.

세이의 저서 《정치경제학 개론》은 세 부분으로 구성되어 있다. 부wealth의 생산, 부의 분배, 부의 소비가 바로 그것이다. 이처럼 경제학을 생산, 분배, 소비로 나눈 것은 매우 체계적인 분석 방법이다. 그래서 이 책은 영국, 미국, 유럽의 여러 나라에서 번역되어 교과서로 읽는 사람들이 많았다.

고전학파의 핵심으로 자리잡은 세이의 법칙

세이는 '공급은 스스로 수요를 창출한다supply creates its own demand'는 판로설(세의 법칙)을 주장한 경제학자로 유명하다. 일반적으로 수요 부족이란 존재하지 않으며, 공급이 자신의 수요를 창출한다는 것이었다. 생산을 해서 소비자에게 판매하면, 기업가, 자본가, 노동자에게 수익이 모두 분배되므로 수요 부족이 발생하지 않는다는 논리다.

상품의 생산자는 수입이 늘어나 다른 상품을 사는데 사용한다. 생산량, 즉 공급량이 늘면 늘수록 생산자의 수입도 증가한다. 그래서 세이는 시장의 공급 과잉이나 부족이 일어날 수는 있으나, 일시적 현상에 불과하며 지속적으로 유지될 수는 없다고 했다. 이런 세이의 법칙은 동시대 경제학자인 리카도도 인정했는데 이로써 세이의 법칙은 고전학파 경제학의 핵심 법칙으로 자리잡는다.

반면에, 맬서스는 공급 과잉 가능성을 주장했다. 노동자는 사고 싶은 모든 상품을 사들일 구매 여력이 없어서 수요 부족 현상이 지속적으로 발생할 수 있다는 것이다. 따라서 이런 불황 상태에서 벗어나려면 자신이 생산한 것보다 훨씬 많은 양의 소비를 책임질 수 있는 부유한 지주 계급이 꼭 필요하다고 역설했다. 그래서 맬서스는 세이와 반대로 수요가 공급을 만든다고 주장했다.

세이가 살았던 19세기 초반에는 자본주의가 본격 발달하기 이전이라서 전반적으로 공급이 충분치 않았기 때문에 세이의 법칙에 큰 무리가 없었다. 하지만 자본주의 발달로 공급이 넘치면서 세이의 법칙은 더 이상 먹히지 않았다. 세이는 세이의 법칙, 세금 인하, 기업가 중시, 경제교과서 저술을 포함하여 고전학파 경제학 체계 구축과 프랑스 자유학파 형성에 크게 기여했다.

오스트리아학파의 원조, 프레데릭 바스티아

클로드 프레데릭 바스티아Claude-Frederic Bastiat; 1801~1850는 프랑스 서남부 비스케만 근처의 바욘에서 1801년에 태어났다. 그의 아버지는 이 마을에서 유명한 무역업자였는데 바스티아가 7살 때 어머니를 잃고 9살 때 아버지를 잃으면서 고아가 되어 할아버지와 고모 집에서 살게 된다. 그런데 17살 때 아버지가 예전에 파트너였던 수출업체에서 일을 하면서 규제가 시장에 어떤 영향을 끼치는지를 현장에서 체험하게 된다. 대학졸업 후 사업에 손을 대기도 했으나 성공하지는 못했다. 1830년 7월혁명 이후 우연한 기회에 자유무역 관련 기사를 파리의 신문에 기고하여 큰 주목을 받았다. 그는 사람들이 흔히 말하는 논리가 알고 보면 얼마나 궤변인지 정곡을 찌르는 기사를 썼는데 그 기사가 인기몰이를 한 것이다.

바스티아는 1844년에 자유주의자들이 많이 기고하는 〈경제학자 저널〉에 논문을 게재해 큰 반향을 얻으면서 경제학자로 정식 데뷔하였다. 그는 이 논문에서 보호주의 정책으로 인해 영국인과 프랑스인이 어떤 영향을 받는가를 제대로 분석했다. 바스티아의 글 솜씨는 뛰어났다. 글에 짜임새가 있었고 강조할 것은 충분히 강조하면서도 글에 위트가 넘치고 적절한 우화를 넣어 흥미로웠다. 이처럼 논리적이고 일반인의 상식을 통쾌하게 깨는 글들을 모아 1845년에 《경제적 궤변》이라는 책을 출간했다.

바스티아는 정부 보조나 통제 같은 정부 주도의 보호주의 정책을 철폐하고 자유무역을 모두 허용해야 한다고 주장했다. 영국의 곡물법 폐지를 주장하는 리처드 코브던과도 동조하였고, 1846년에는 자유무역협회까지 결성했다. 이런 명성에 힘입어 1848년 2월혁명 이후 국민의회 의원으로 선출되었다. 하지만 건강이 크게 악화되어 1850년에 숨을 거두고 만다. 《법The Law》, 《경제적 조화Economic Harmonies》를 유작으로 남겼다.

바스티아는 경제학에서 수요 측면을 크게 강조했다. 《경제적 조화》에서 자기 이익 추구self-interest는 이기심selfishness 같은 나쁜 의미가 아니라 인간 본성에 나오는 매우 보편적인 특성으로 받아 들여져야 한다고 강조했다. 그래서 바스티아는 인간의 수요 측면을 크게 강조하는 오스트리아학파의 원조로 받아들여지고 있다. 오스트리아학파의 루드비히 폰 미제스, 헨리 해즐릿을 비롯하여, 론 폴Ron Paul, 토머스 소웰에 많은 영향을 미쳤다. 헨리 해즐릿의 《경제학 교훈》을 보면 바스티아 논조의 글을 많이 볼 수 있다.

'깨진 유리창 오류'로 기회비용 개념을 설명한 프레데릭 바스티아

'깨진 유리창 법칙'은 약간 깨진 유리창을 방치한 채로 두면 시간이 지나면서 주위 유리창이 모두 깨진다는 논리다. 그런데 깨진 유리창 법칙보다 훨씬 먼저 나온 것이 있다. 바스티아가 비유로 들었던 '깨진 유리창 오류_{broken window fallacy}'다.

어느 동네 빵집 아들이 무슨 심술인지 자기 빵집 유리창을 향해 벽돌을 던졌다. 유리창이 깨지고 케이크와 파이 위에 비를 막는 유리도 박살이 났다. 빵집 주인은 부주의한 아들에게 불같이 화를 낸다. 그런데 주위 사람들이 꼭 나쁜 쪽으로만 생각하지 말라며 빵집 주인에게 이렇게 위로한다. 빵집 주인이 유리창을 보수하려고 돈을 쓰면, 유리창 가게 주인은 돈을 벌어 낡은 구두를 바꾸고 책과 빵도 산다. 이렇게 마을 경제 전체가 잘 돌아가게 된다고 위안을 해준 것이다.

그럴 듯한 논리이긴 하나, 다른 각도에서 생각하면 해석이 완전히 달라진다. 사실 빵집 주인은 자신이 번 돈으로 원래 새 옷을 구입하려고 했는데 유리창을 교체하는 데 돈을 써서 새 옷을 구입할 수 없게 되었다. 이전에는 유리창과 돈이 있었지만 이제 남은 것은 새 유리창뿐이다. 유리창이 깨져 유리장수는 일거리를 얻었지만 대신 재봉사는 일거리를 잃었다. 한마디로 말해 고용이 새로 창출된 것이 아니다.

부의 파괴(빵집 주인의 유리창 깨지기)가 유리창 수리업자에게 새로운 부를 창출한다고 하나 실제로는 부의 이전만 발생했다. 빵집 주인과 재봉사로부터 유리장수와 그의 협력업체로 부가 옮겨간 것이다. 그리고 빵집 주인은 새 옷을 장만하는 데 지출하려고 했던 돈을 결국 잃고 말았다. 어떤 것을 평가하려면 만약 그것을 안 했다면 무엇을 했을까를 생각해야 한다. 이것이 바로 기회비용 개념이다.

바스티아는 깨진 유리창 오류만 말하지 않았다. 1845년에 발간된 《경제학 궤변Economic Sophism》에서 '양초업자의 탄원Candlemakers' Petition' 우화를 소개했다. 부당한 경쟁에 직면해서 양초업자들이 고통을 겪고 있기 때문에 이를 막기 위해 정부가 나서서 태양이 집에 들어오지 못하도록 대문과 창문을 열지 못하게 하는 규제를 도입하면 양초업자들이 살아날 수 있다는 것이다. 물론 이 우화는 실제 있었던 일은 아니지만 보호론자들이 내놓는 대책이 얼마나 무의미한지를 신랄하게 풍자했다.

고대 그리스 시대의 궤변론자인 소피스트를 연상케 하는 《경제학 궤변》에는 다른 풍자 우화도 많다. 곤란하고 어려운 일이 있으면 사람들이 더 일을 하고, 일을 더 하다 보면 소득이 올라간다는 말이 맞다면, 모든 사람들의 오른손을 쓰지 못하도록 금지하면 되지 않겠냐고 풍자했다. 이처럼 바스티아는 적절한 예를 들어 사람들이 말하는 논리의 허점을 파고들어 자신의 메시지를 쉽고 재미있게 전달하는데 귀재였다.

자유무역 옹호자였던 구스타브 드 몰리나리

어느 학파이든 거기에 소속된 사람들이 글을 자주 올리는 저널이 적어도 하나는 있다. 프랑스 자유학파의 대표 저널은 질베르 기요맹Gilbert Guilaumin; 1801~1864이 1841년에 창간한 정치경제학 학술지 〈경제학자저널〉이었다. 창간 이후 1940년까지 100년간 지속된 이 저널에는 유명한 편집자가 있었는데 구스타브 드 몰리나리Gustave de Molinari; 1819~1912가 그중에 한 사람이었다.

바스티아가 저널의 초창기였던 1840년대에 글을 많이 기고했고, 법률가이자 정치가로 프랑스학사원 멤버였던 샤를 르누아르[1794~1878]도 많이 기고했다. 작가이자 극작가인 히폴리트 카스티에[Hippolyte Castille; 1820~1886]는 바스티아, 몰리나리와 공동으로 글을 많이 썼다. 레옹 발라스, 빌프레도 파레토도 여기에 기고했다. 몰리나리는 1881년부터 28년이나 편집인으로 일하면서 프랑스 자유주의를 널리 전파했다. 특히 현안 경제정책에 대한 비판과 조언을 통해 정부의 정책 전환에 노력을 많이 기울였다.

벨기에 출신으로 브뤼셀과 앤트워프에서 교수를 했던 몰리나리는 1840년대에 파리로 와서 경제적 자유를 위한 활동을 정력적으로 펼쳤다. 그는 하늘로부터 부여받은 인간의 자연권, 자연법사상을 경제학에 즐겨 적용했다. 개인주의 지지자로 인간의 모든 활동을 이기심, 경쟁, 가치로 집약해 해석하곤 했다.

몰리나리는 국가주의, 사회주의, 보호주의를 끔찍이 싫어했다. 특히 1848년 혁명 이후 사회 전반에 사회주의가 크게 대두되자 자유주의 수호에 많은 노력을 기울였다. 자연의 순리를 믿었기 때문에 국가는 개인의 자유를 보호하고 유지하는 데에만 신경 쓰라고 주문했다. 예를 들면, 국가의 핵심 활동인 안보도 보험회사가 훨씬 싸게 효율적·도덕적으로 제공할 수 있으니 국가는 아예 손을 떼라고 말했을 정도다.

몰리나리는 국가가 주도하는 군국주의, 제국주의, 식민주의도 싫어했다. 노예제도를 완강히 거부했고, 전쟁은 승자나 패자 모두에게 해로우니 제발 벌이지 말라고 했다. 다른 나라를 식민지로 전락시키는 제국주의도 경제적 환상에 불과하다며 일축했다. 몰리나리가 활동하던 19세기 후반은 프랑스를 비롯한 유럽 열강들이 약소후진국을 식민지로 만드는 제국주의 게임에 푹 빠져 있을 때였다.

국가 간에 자유무역 지지자였던 몰리나리는 자유무역연합 활동에 가입하여 영국의 코브던과 보조를 함께 취했다. 관세와 무역규제를 반대했고, 모든 주요 유럽 국가끼리 관세동맹을 찬성했다. 더구나 국가 간에 노동력의 자유로운 이동을 지지했다.

이처럼 자유주의자, 개인주의자, 평화주의자였던 몰리나리는 국가주의, 보호주의, 군국주의, 식민주의, 사회주의를 평생 반대하며 살았다. 몰리나리가 1912년에 세상을 뜨자마자 그토록 우려했던 1차 세계대전은 곧바로 터지고 말았다.

프랑스 경제학자이자 정치가였던 이브 기요$_{\text{Yves Guyot; 1843~1928}}$도 프랑스 자유학파에서 빠질 수 없다. 공공사업 장관$_{\text{1889~1892}}$을 지냈고, 정치경제학회 회장$_{\text{1917~21, 1925~28}}$도 맡았다. 〈경제학자저널〉 편집자로 활동했던 기요는 개인의 자유를 강하게 믿어 자유무역을 옹호하고 사회주의와 광범위한 정부규제에 반대했다. 소책자 《경쟁의 도덕$_{\text{La Morale de la concurrence}}$》(1895)에서 생산자는 항상 고객의 웰빙에 관심을 가져야 하고 상인들은 고객서비스를 항상 개선해야 한다고 주장했다. 고객 지향적 마케팅을 일찍이 부르짖은 셈이다.

자유방임주의 전통을 이어받은 몽펠르랭회

자유방임학파는 19세기 프랑스 자유학파를 거쳐 20세기 들어 시카고학파와 오스트리아학파로 연결된다. 이때 몽펠르랭회$_{\text{Mont Perelin}}$

Society가 중요한 역할을 했는데 2차 세계대전 이후에 세계를 짓눌렀던 계획경제 사회주의에서 벗어나고자 했던 몸부림이다.

몽펠르랭회는 고전적 자유주의를 옹호하는 경제학자, 철학자, 역사학자, 정치가, 사업가들로 구성된 국제적 단체였다. 1947년에 프리드리히 하이에크의 주도로 스위스 리조트에 설립되어, 표현의 자유, 자유시장 경제정책, 열린 사회 옹호를 주장했다. 회원에는 프랭크 나이트, 칼 포퍼, 루드비히 폰 미제스, 조지 스티글러, 밀턴 프리드먼, 발터 오이켄, 루드비히 에르하르트 등 쟁쟁한 인물들이 많았다. 1980년대 레이거노믹스를 만든 관료 77명 중 무려 22명이 몽펠르랭회 회원이었다. 프리드리히 하이에크, 밀턴 프리드먼, 조지 스티글러, 제임스 뷰캐넌, 모리스 알레, 버논 스미스, 로널드 코스, 게리 베커, 라스 핸슨을 포함해 노벨상 수상자도 9명에 이른다.

2017년에 우리나라에서 처음으로 몽펠르랭회 서울총회가 열렸는데 주요 메시지는 다음과 같았다.

- 경제적 자유를 지켜라.
- 불평등을 시정하려는 법들이 오히려 반법치적이고, 경제자유를 유린한다.
- 대기업 차별 같은 차별입법을 금지하는 법치가 중요하다.
- 기업가 정신이 중요하다.
- 정부는 함부로 개입하지 말고 시장의 자생력을 믿어야 한다.

#스코틀랜드_계몽운동 #명사회 #도덕감각
#애덤스미스문제 #자기애 #분업생산 #시장기구
#작은정부 #국부론

◆ 4강 ◆

프랑스에 이어 계몽운동을 꽃피운 스코틀랜드학파

우리는 계몽주의 하면 프랑스만 연상하곤 한다. 실제로는 그렇지 않다. 18세기 당시 스코틀랜드에서도 대단한 수준의 계몽 운동이 개화했다. 스코틀랜드가 잉글랜드와 통합된 후 정치적으로 안정된 상태에서 경제는 커지면서 여러 분야에서 걸출한 인재들이 속출했다. 철학, 문학, 과학 등 분야를 가리지 않고 대학과 소모임을 통해 지적 교환이 왕성했다. 애덤 스미스도 불모지에서 갑자기 튀어나온 것이 아니다. 프랜시스 허치슨, 데이비드 흄과의 긴밀한 교류에다가 프랑스 계몽주의의 영향을 받아 근대 경제학 체계가 세워졌다.

1
18세기 스코틀랜드
계몽운동

스코틀랜드와 잉글랜드의 통합

 843년에 세워진 스코틀랜드 왕국은 브리튼 섬의 주도권을 둘러싸고 잉글랜드와 치고받는 싸움을 많이 벌였다. 그러다가 스코틀랜드 혈통을 가진 스튜어트 왕조의 제임스 1세가 1603년 잉글랜드 왕으로 즉위했다. 스튜어트 왕조의 마지막 왕인 앤 여왕이 통치하던 1707년에 두 나라는 합병되어 그레이트브리튼Great Britain으로 탈바꿈했다. 합병 배경을 간단히 살펴보자.

 1688년 명예혁명으로 스튜어트 왕조의 제임스 2세는 왕위를 잃고 대신 네덜란드의 윌리엄 공과 메리가 공동 왕이 되었다. 4년후 윌리엄 3세는 스코틀랜드 출신의 제임스 2세를 위해 싸운 글렌코 맥도널드 가문을 전멸시킨다. 엎친 데 덮친 격으로 1690년대에 대규모의 기아가 발생해 스코틀랜드 인구가 크게 줄어들었다. 영국의 세계 확장에 자극을 받아 스코틀랜드 귀족 지주들은 파나마해협에 무역

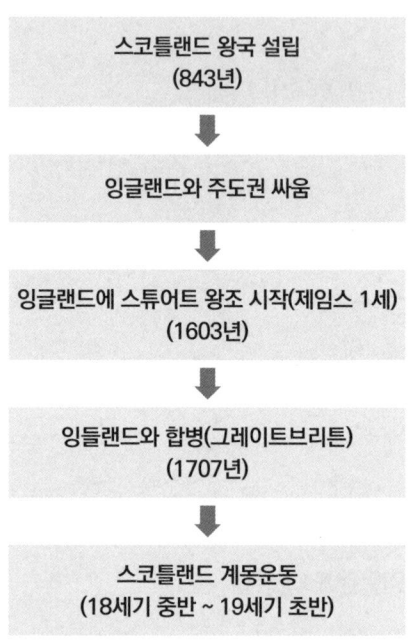

〈그림〉 스코틀랜드 계몽 운동의 배경

식민지를 확보하려고 1698년에 다리엔 계획Darien scheme에 대거 투자를 하게 되었다. 그런데 이 투자가 그만 실패하면서 투자한 지주들이 온통 파산하고 말았다. 귀족들의 파산과 영국의 위협을 이유로 들어 스코틀랜드는 영국과의 합병에 찬성했다. 정치적, 군사적 이유라기보다는 경제적 이유가 더 컸다.

1707년 합병 후에도 스코틀랜드 복귀 운동은 끊임없이 이루어지긴 했다. 제임스 2세의 후손을 왕위에 복귀시키려는 운동도 여전했는데 이른바 자코바이트Jacobite 운동이었다. 제임스James는 라틴어로 야코부스Jacobus다. 스코틀랜드는 남쪽의 저지대인 로우랜드와 북쪽의 고지대인 하이랜드로 나뉘는데 하이랜드가 자코바이트 운동의 거점이었다. 하지만 1745년에 컬로든 전투에서 대패하면서 스코틀랜드 독립운동은 대단원의 막을 내린다. 이후 스코틀랜드에서는 정치적·군사적 복귀는 포기했으나 문화적·학문적으로는 대단한 도약이 일어난다. 18세기 후반과 19세기 초반을 '스코틀랜드 계몽시대'라 부르는데 이때 스코틀랜드학파가 꽃 피운다.

통합 이후 스코틀랜드의 변화

1707년 통합으로 스코틀랜드에는 큰 변화가 생겼다. 정치적으로 크게 위축되었으나 경제 상황은 크게 호전되었고 교육문화도 개선되었다. 당시 잉글랜드와 스코틀랜드의 경제규모를 비교해보자. 잉글랜드의 인구는 스코틀랜드의 다섯 배였고, 부의 규모는 무려 서른여섯 배나 되었다. 이렇게 경제규모에 차이가 많았기 때문에 정치적 통합 이후 스코틀랜드 경제는 점차 좋아지게 된다.

무엇보다도 영국과의 관세가 철폐되었기에 외국무역, 특히 아메리카에 있는 영국 식민지와의 무역이 크게 늘어났다. 미국이 독립하기 전까지 스코틀랜드의 글래스고는 담배 무역항으로 기세를 떨쳤다. 미국으로부터 담배를 수입해 프랑스에 되팔아서 수익을 많이 챙겼다. 특히 로우랜드 지역에서는 기업가 정신과 신기술을 재빨리 받아들여 린넨, 면, 양모, 종이, 석탄, 철 등을 생산하는 중심지가 되었다. 에든버러와 글래스고에서 온 상인들은 이런 원료를 이집트, 북미, 인도, 터키 등 먼 국가에 팔고 그곳에서 담배와 차, 아편 같은 사치품을 사왔다. 이런 과정에서 부자들이 대거 탄생했다.

반면에 산업혁명 후 양모에 대한 수요가 크게 늘어나면서 하이랜드에 땅을 가진 지주들은 농사를 하는 농민들을 내쫓고 양을 키우려고 하자 농민들은 더욱 피폐해져 외국으로 내쫓기게 되었다. 그래서 로우랜드의 상공인과 하이랜드의 농민 간의 격차는 갈수록 심해졌다. 로우랜드의 상인은 갈수록 부자가 되었고 하이랜드의 예전 귀족들은 갈수록 피폐해진 것이다.

정치적 통합이 이루어지자 스코틀랜드 국회의원, 정치가, 귀족들은 런던으로 모두 이주했다. 하지만 1707년 통합법에 의해 스코틀랜드는 사법과 교육 분야에서 고유한 전통을 지킬 수 있었다. 그래서 법원과 변호사, 법률가는 에든버러에 남았고, 장로교회도 움직이지 않았다. 스코틀랜드는 장로교회의 노력으로 '모든 어린이는 학교에 가야 한다'는 교육에 집착했다. 그래서 대학교수, 과학자, 건축가, 의료인들은 스코틀랜드 계몽운동의 자양분을 형성하게 된다.

스코틀랜드에는 다섯 개의 대학이 있었는데, 에든버러대학, 글래스고대학, 세인트앤드루스대학, 애버딘대학이다. 그중 애버딘대학은 유럽에서 최고로 손꼽히는 대학으로 발전했으며, "북쪽의 아테네" 칭호를 얻은 에든버러대학은 당시 유럽 최고의 의대를 뽐냈다.

왜 하필 대학을 거점으로 하여 계몽운동의 활력이 확산되었을까? 스코틀랜드대학의 성격이 처음부터 케임브리지대학이나 옥스퍼드대학 같은 잉글랜드의 대학과 달랐다. 스코틀랜드대학은 설립 이래 사회 전 계층으로 고등교육 기회를 확대하는 방향으로 발전했다. 하층민 출신이라도 개인의 자질과 능력이 있으면 대학교육을 받을 수 있었다. 특히 교구학교, 타운의 문법학교육에 자식을 보낸 중간계급 부모들 사이에 대학교육 열풍이 거셌다. 중간계급이나 더 하층 출신 젊은이들이 대학교육을 받고 목사, 교사, 법률가로 진출하는 사례가 흔했다. 가난한 집안의 젊은이라 하더라도 학습능력이 뛰어나고 문필가로서 자질이 돋보이면 환영받았다. 스코틀랜드대학은 등록금과 기숙사비를 저렴하게 정했기에 재능과 능력이 있는 인력을 양성해 사회에 제대로 공급했다.

스코틀랜드에서 인기있던 지식인 모임

이런 학구적 환경 속에서 신간서적을 열심히 읽고 열띠게 토론하는 문화도 생겨났다. 1700년대 중반에 에든버러에는 여러 클럽이 생긴다. 인쇄업자인 토머스 러디맨Thomas Ruddiman이 이지클럽Easy Club을 만들었고, 앨런 램치, 데이비드 흄, 애덤 스미스 같은 유명인들은 명사회The Select Society를 만들었다. 또한 애덤 퍼거슨이 시민군 문제에 대해 의견을 개진하기 위해 1762년에 포커클럽The Poker Club을 만들었고, 1764년에 사변협회Speculative Society도 생겨 토론은 더욱 활성화되었다.

이처럼 스코틀랜드는 사상문화적으로는 계몽시대를 맞이하고 경제적으로는 산업혁명을 맞이하여 큰 도약을 하게 된다. 로우랜드 지역의 사람들은 정치, 행정, 군대, 무역, 경제, 식민기업 등 영국의 모든 영역의 핵심으로 들어가 큰 역할을 하게 된다. 프랑스의 볼테르도 스코틀랜드의 도약에 크게 감탄하여 "문명에 대한 아이디어를 보려면 스코틀랜드를 보라"고 말하기도 했다.

도대체 이 시기에 어떤 분야에서 어떤 인물들이 등장해 왕성하게 활동했을까? 우리가 잘 아는 애덤 스미스를 비롯해, 그의 스승인 프랜시스 허치슨, 동료였던 데이비드 흄, 목사이자 문필가였던 존 흄John Hume이 있었다. 또 지질학자 제임스 허튼James Hutton, 화학자 조지프 블랙Joseph Black, 역사학자인 윌리엄 로버트슨William Robertson, 사회학자 애덤 퍼거슨Adam Ferguson, 시인 로버트 번스Robert Burns가 대표적이다. 시간이 좀 지나 월터 스콧Walter Scott, 제임스 매킨토시James Mackintosh, 듀걸드 스튜어트Dugald Stgwart, 토머스 칼라일Thomas Carlyle도 활동했다. 월터 스콧은 역사소설 《아이반호》, 《웨이벌리》로 우리에게 잘 알려져 있다. 우리가 잘 아는 《브리태니커 백과사전》 역시 스코틀랜드 계몽운동의 대표적 결과물이다.

스코틀랜드 학자들은 어떠한 권위도 배격하고 인간의 이성을 믿었다. 인간의 휴머니티가 사회와 자연을 더 좋게 할 수 있다는 낙관성을 믿었던 것이다. 유럽의 선험적 철학과는 달리 경험주의와 실용성을 중시했고 주된 가치관을 개인과 사회의 개선, 미덕, 실용적 혜택에 두었다.

2 스코틀랜드학파의 선구자 프랜시스 허치슨

　스코틀랜드에는 여러 도시가 있다. 수도인 에든버러를 비롯해 글래스고, 애버딘, 던디, 스털링, 그리고 북쪽의 하이랜드 지역에 인버네스가 있다. 인구는 글래스고가 가장 많다. 에든버러는 스코틀랜드의 동부에, 글래스고는 서부에 위치한다.

　2010년 영화 〈센츄리온〉(감독: 닐 마샬)을 보면 로마의 막강 군대인 제9군단이 스코틀랜드를 공격하다가 대패를 당해 사라지는 장면이 나온다. 이들이 상대한 적수는 픽트Pict족이었다. 픽트족은 기원이 분명치 않은데, 잉글랜드나 아일랜드 땅을 거쳐 스코틀랜드에 정착했던 원주민이었다. 나중에 켈트족의 일부인 스코트인Scotts이 아일랜드에서 스코틀랜드로 많이 이주하면서 스코틀랜드라는 지명이 만들어진다.

　프랜시스 허치슨Francis Hutcheson; 1694~1746은 지금의 북아일랜드에 해당되는 얼스터 출신으로 글래스고대학에서 공부했고 도덕철학 교수로 있었다. 그의 아버지는 얼스터 지역의 장로교회 목사였다. 지금도

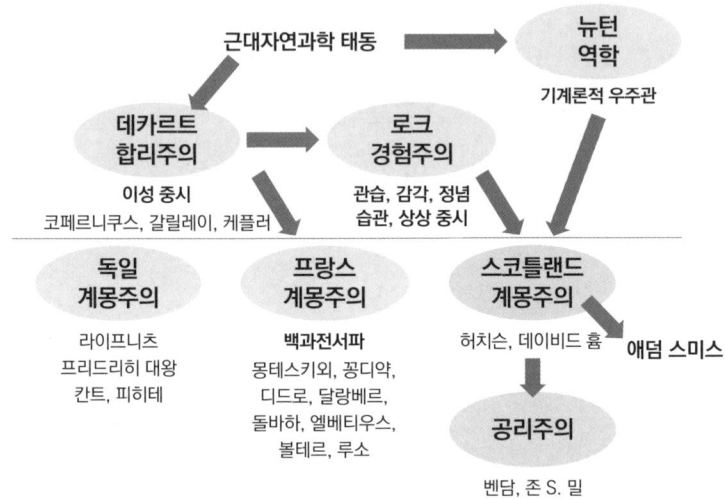

〈그림〉 합리주의, 경험주의, 계몽주의, 공리주의

글래스고대학 홈페이지에 들어가면 이 대학의 도덕철학 교수로 현재까지 누가 재직했는지 알 수 있다. 세 번째 교수가 허치슨이고 네 번째가 애덤 스미스다. 애덤 스미스는 이 학교에 학부 학생으로 다니면서 누구보다도 허치슨으로부터 가장 많이 배웠다. 이처럼 허치슨은 스코틀랜드학파의 선구자다.

허치슨은 섀프츠베리Earl of Shaftesbury: 1671~1713, 존 로크John Locke: 1632~1704, 토머스 홉스의 영향을 많이 받았다. 로크의 노선에 따라 인간은 경험으로부터 관념을 형성한다는 입장을 받아들였다. 도덕은 인간을 인간답게 만드는데, 그 근거를 도덕감각moral sense에서 찾았다. 동물과 인간이 모두 갖고 있는 오감시각, 청각, 미각, 후각, 촉각과는 달리, 사람만 도덕감각으로 선과 악을 구분할 수 있다고 주장했다.

인간은 이성적인 판단이 없어도 직감적으로 선한 행위를 선으로 인식하는 도덕감각을 지녔기에 사회 질서의 조화를 이룰 수 있다고 했다. 도덕감각에서 자신을 보존하려는 자기애self-love와는 달리, 이웃을 사랑하는 자혜심benevolence을 특히 중시했다. 절대빈곤선 아래에 있는 사람들에게는 자기애가 도덕적이지만 그 이상의 사람들에게는 자혜심이 도덕적이라 보았다. 그래서 자기애와 자혜심에 힘입어 사회는 공동선에 이를 수 있다고 보았다.

허치슨은 섀프츠베리와 함께 세련됨refinement을 매우 중시했다. 조야함rudeness에서 벗어난 세련됨이야말로 문명사회의 지적 문화의 토대를 이룬다고 보았다. 예술과 문화, 진리 추구, 지적 비판정신, 인문적 소양, 자기확신, 동정, 친절, 자제, 유머가 모두 세련됨에 포함된다.

허치슨은 인간을 역사의 산물로 인식했기에 자연nature처럼 인간본성human nature도 진화한다고 보았다. 인간본성 중에서도 이성보다 감성을 매우 강조했다. 애덤 스미스는 스승의 이런 입장을 발전시켜 《도덕감정론》 책을 썼다. 감정emotion, 정념passion, 느낌feeling, sentiment 등 여러 용어가 나오는데 모두 감성이라 보면 된다.

독일 관념론에서는 인간과 자연은 서로 분리된 존재지만, 영국 경험론에서는 분리되지 않는다. 인간과 자연이 동일하다는 인식이 영국의 지적 전통에 깊이 뿌리내려져 있기에 자연으로서의 인간존재를 인간 본성으로 본 것이다. 자연을 연구하는 것이 자연철학이고 사회를 연구하는 것이 도덕철학이었다. 도덕철학은 나중에 윤리학, 법학, 경제학, 인류학, 사회학, 심리학, 역사학으로 세분화된다. 즉 과거의 도덕철학은 지금의 사회과학에 해당되지만, 현재의 도덕철학은 윤리학에 국한되어 있다.

3
평생 프리랜서로 활동한
위대한 철학자, 데이비드 흄

무신론자, 프리랜서

허치슨이 글래스고를 중심으로 활동했다면, 헨리 흄은 에든버러를 중심으로 움직였다. 이 두 사람은 스코틀랜드학파의 선구자다. 헨리 흄 Henry Home; 1696~1782은 법조인으로 제도, 법률, 사회적 환경에 대한 관심이 많았다. 스펠링은 Home홈이지만 발음은 '흄'이다. 에든버러에 철학협회를 창립했고, 명사회의 회원이기도 했다. 데이비드 흄, 애덤 스미스, 제임스 보웰, 윌리엄 컬런, 존 워커 등 당시 사상가들을 많이 후원했다.

데이비드 흄 David Hume; 1711~76은 헨리 흄처럼 원래 성이 Home이었다. Home의 영어 발음이 '홈'이라며 23살 때 자신의 스펠링을 아예 Hume흄으로 바꾸었다. 매우 조숙해 12살에 에든버러대학에 들어갔으나 대학 교육에 만족하지 못했다. 교수에게 배우느니 책으로 혼자 배우는 게 훨씬 낫다고 생각했기 때문이다. 철학을 평생의 운동장으로 삼기로 작정하고 26살에 《인성론》, 33살에 《도덕 및 정치 논고》를 펴냈다. 에든버러대학 도덕철학 교수직에 지원했으나 무신론자라서 장로교 목사들의 반대 로비로 좌절되었다. 그는 평생 학교에서 강의를 하지 않았다. 상인, 외교관 일도 하면서 철학 연구에 매진했다. 줄곧 비주류 프리랜서로 살았다.

데이비드 흄은 자신의 학문체계를 도덕철학이라 규정했다. 이러한 도덕철학이 세속적이면서도 과학정신을 가지고 복잡하게 변하는 상업사회에서 사람들의 행복에 기여해야 한다고 주장했다. 당연히 인간생활의 목표를 행복과 덕의 추구에 두어야 한다고 생각했다. 정부는 단순히 자유만을 추구하면 안 되고 정치적 안정을 이루어야 한다고 했다. 그래야 국민들이 행복해지기 때문이었다. 그리고 사회계약론은 허구라고 비판했다.

이성보다는 정념

데이비드 흄은 쾌락을 바라고 고통을 피하려고 하는 인간의 본성을 당연시 했다. 이를 원초적 감정이라 하고 이 감정의 직접적 반응을 정념passion이라 불렀다. 또한 다른 사람에 대한 동감sympathy을 사회 성립의 중요한 토대로 보았다. 인간은 이기적이지만 동감 능력을 가지고 있어서 개인을 넘어 사회적 존재가 된다고 보았다. 허치슨과 같은 코드를 가졌다.

자연현상에 원인이 있듯이 인간행동에도 원인이 있다고 보았다. 인간행동에 의외성이 있으나 일반적으로 인과성은 예측 가능하다고 보았다. 이성 혼자서는 어떤 행동의 원인이 될 수 없다고 주장했다.

즉 이성은 인과관계를 판단하고 주어진 목적을 달성하는 가장 적절한 수단을 발견하는 기능을 할 뿐이라는 것이다. 이성은 정념에 단지 봉사하는 도구다. 이를 성리학에 적용한다면 데이비드 흄은 주리론主理論을 주장한 퇴계 노선이 아니라 주기론主氣論을 주장한 율곡 노선이었음을 알 수 있다. 즉 기발설氣發說이다.

데이비드 흄은 《정치론Political Discourse》을 1752년에 출간하였는데, 여기에서 주장한 내용은 애덤 스미스에 큰 영향을 미쳤다. 데이비드 흄은 노동가치설, 공리주의, 개인의 행복 중시, 사회 불가피성을 강조했고, 중상주의 반대, 국제분업 강조, 식민지 독립 지지를 주장했다.

또한 〈무역수지에 관하여〉, 〈화폐에 관하여〉 논문을 발표하여 가격 정화 플로우 메커니즘 논리를 전개했다. 무역수지 적자 → 금·은 유출(통화량 감소) → 물가 하락 → 상품 경쟁력 강화 → 수출 증가로 이어지는 논리다. 데이비드 흄은 사서와 프랑스 외교관으로 활동하기도 했는데 1754~1761년에 변호사협회 도서관 사서로 근무하면서 6권으로 된 방대한 《영국사》를 저술했다.

데이비드 흄과 애덤 스미스 비교

데이비드 흄과 애덤 스미스는 어떤 공통점과 차이점을 가지고 있었을까? 두 사람 모두 독신이었고 수재였다. 데이비드 흄은 10살에, 애덤 스미스는 14살에 대학에 입학했다. 그리고 두 사람 모두 당시 영국의 근대적이고 자유주의적이고 상업적 질서를 지지했다. 자유주의, 법의 지배, 작은 정부, 종교적 관용, 표현의 자유, 사유재산, 상업의 강점을 함께 강조했다.

〈표〉 데이비드 흄과 애덤 스미스 비교

데이비드 흄	애덤 스미스
보수적 토리당 지지	진보적 휘그당 지지
노골적 회의론자로 무신론자	기독교 신자이나 이신론자
다작(책,편지), 쾌활, 유머, 비만	소작, 신중, 겸손, 멍함, 피식
철학자, 역사가 (철학자가 된 경제학자)	현실에 관심 많은 철학자 (경제학자가 된 철학자)

그러나 차이점도 많았다. 데이비드 흄은 종교에 대해서는 무신론자였으나 애덤 스미스는 기독교 신자이나 이신론자였다. 데이비드 흄은 주위 사람들에게는 마냥 좋은 사람이어서 그의 별명은 '좋은 사람 데이비드Le Bon David'였다. 반면 애덤 스미스는 박식하고 정확했지만 어딘가 어눌하고 멍한 사람으로 인식되었다. 그리고 학문적으로 볼 때, 데이비드 흄이 철학자가 된 경제학자였다면, 애덤 스미스는 경제학자가 된 철학자라 할만했다.

명사들의 모임, 명사회

1753년에 교구학교 목사인 조지 앤더슨이 데이비드 흄과 헨리 흄을 무신론자라 비난하며 사회에서 배척해야 한다는 팸플릿을 발간한 바 있다. 그러자 중도파 젊은 목사들이 이런 비난에 반대하며 세속 지식인들과 정기적인 교류를 해야 한다면 모임을 만들었는데, 이른바 '명사회$_{\text{The Select Society}}$'다.

데이비드 흄과 헨리 흄은 물론이고 목사, 문필가, 예술가, 법률가, 지주, 군인, 의사, 유력가문 출신 인사 32명이 창립회원으로 동참했다. 윌리엄 로버트슨, 휴 블레어, 애덤 스미스, 앨런 램지가 들어갔다. 명사회가 인기를 끌면서 2년만에 회원 수가 162명까지 늘어났다. 당시 에든버러 시의 최상층 인사들이 많아서 이들의 강연과 발표에 힘입어 계몽운동은 크게 확산되었다. 에든버러는 분명히 문필공화국$_{\text{Republic of Letters}}$이었다.

이미 저명한 인사들이 명사회를 결성했다면, 에든버러대학의 학생들은 토론회로 '사변협회$_{\text{Speculative Society}}$'를 1764년에 만들었다. 처음 15년 동안 140명이 회원으로 가입했는데 졸업 후 스코틀랜드의 영향력 있는 인물로 컸다. 제임스 매킨토시, 듀갈드 스튜어트가 주도적이었다. 스코틀랜드 계몽운동은 18세기 후반을 지나 19세기 초반까지 지속되었다.

4 근대 경제학의 태두, 애덤 스미스

1776년 자본주의의 등장

우리는 원하든 원하지 않든 자본주의 사회에서 살고 있다. 1776년은 현재 우리가 살고 있는 자본주의 체제를 만드는 데 매우 중요한 연도였다. 이 해에 제임스 와트가 에너지 효율을 크게 높인 증기기관을 처음으로 공장에 설치하였다. 그리고 애덤 스미스Adam Smith; 1723~90가 자본주의 체제의 교과서라 할 수 있는 《국부론》을 발간하였다. 미국이 영국의 식민지 지배로부터 벗어나 독립을 하겠다고 선언한 때도 1776년이었다.

다시 말해 지금 우리가 살고 있는 민주주의, 자본주의 체제의 요소들이 몰아서 한꺼번에 나타났다. 그리고 이 해에는 데이비드 흄이 세상을 떴는데, 12살 차이로 같은 띠였던 애덤 스미스와 데이비드 흄은 1748년부터 18년 동안 절친하게 지내며 서로 지대한 영향을 끼쳤다.

애덤 스미스의 그랜드투어

애덤 스미스는 1759년에 《도덕감정론》을 출간했다. 글래스고대학에서 12년 동안 도덕철학 교수를 하던 애덤 스미스는 평소에 그를 존경하던 귀족 찰스 타운센드로부터 부탁을 받게 된다. 자신의 아들을 데리고 1764년부터 3년간 가정교사 자격으로 프랑스에서 여행을 같이 하며 아들 교육을 시켜달라는 것이었다. 당시 귀족 사회에서 유행했던 그랜드투어grand tour다. 글래스고대학 교수직의 보수보다 두 배나 많은 금액을 제시하자 애덤 스미스는 교수직을 과감하게 포기하고 프랑스로 훌쩍 여행을 떠난다.

프랑스에 머물면서 조프랭 부인의 살롱에서 백과전서파, 자유방임학파 인사들을 만나기도 했다. 애덤 스미스는 프랑스에서 이미 잘 알려진 영국 인사로 대접을 받았는데, 그의 책 《도덕감정론》이 프랑스어로 이미 번역되어 있었기 때문이었다. 프랑스 남부의 툴루즈에 체류하면서 무척 무료함을 느낀 애덤 스미스는 지루함을 견디기 위해 책이나 하나 써야겠다고 절친 데이비드 흄에게 편지를 보낸다. 그래서 집필하기 시작한 책이 바로 《국부론》이다.

프랑스에서 스코틀랜드에 돌아온 애덤 스미스는 고향인 커콜디(에든버러의 바로 북쪽)에 어머니와 함께 머물면서 책 저술에 전념한다. 1773년에 《국부론》 초안이 나오자 데이비드 흄에게 원고를 보여주면서 피드백도 받는다. 글이 다소 장황하고 어렵다는 평을 듣고 원고를 더 다듬는다. 그러면서 런던왕립학회와 문학클럽 회원에도 선출된다. 당시 제임스 와트가 증기기관 개량 작업에 한창이었으나 애덤 스미스는 그 사실을 잘 몰랐다. 1776년 3월에 출간된 《국부론》은 데이비드 흄의 예상과는 달리 인기를 끌었다.

애덤 스미스가 《국부론》을 저술한 이유는 크게 두 가지였다. 첫 번째 질문은 '어떻게 하면 국민을 풍요롭게 할 수 있을까?' 두 번째 질문은 '시민 사회의 안정과 유지에 필요한 국가의 재정은 어떻게 확보할 수 있을까?'였다. 첫 번째 질문에 대한 애덤 스미스의 해답은 다름 아닌 '이기심 해방과 자유방임'이었다.

3부작을 쓰려고 했던 애덤 스미스

독일 역사학파는 나중에 '애덤 스미스 문제 Das Adam Smith Problem'를 제기한 바 있다. 전편인 《도덕감정론》에서는 이타심이나 타인에 대한 동정을 인간행위의 근거로 삼았는데, 후편인 《국부론》에서는 자기애 self-love, 사리 self-interest를 강조했다는 점이다. 사실 서로 모순되지 않는가?

애덤 스미스는 《국부론》을 출간하고 2년후부터 에든버러의 관세 감독관을 지냈다. 여러 문헌을 보면 《국부론》 책의 성공으로 관세 감독관직을 얻었던 것처럼 말하고 있으나 반드시 그렇지는 않았다. 그의 아버지도 관세 감사관이었고, 사촌도 관세 조사관이었고 후견인도 관세 징수관이었다. 관세 마피아 패밀리라고나 할까. 웃기는 점은 자유무역을 강조했던 그가 자유무역과 기본적으로 배치되는 관세 감독관 생활을 노후 생계 수단으로 삼았다는 점이다. 사실 자유무역이라고 해서 모두 무관세인 것은 아니다.

사실 애덤 스미스는 《도덕감정론》과 《국부론》을 쓰고 법률에 대한 책을 집필하려고 했다. 하지만 완결하지 못하고 숨을 거두었다.

애덤 스미스 초상화
출처 : Cadel & Davies(1811),
John Horsburgh(1828) or RC Bell(1872)
commons.wikimedia.org

1790년 어느 날 병석의 애덤 스미스는 절친인 조지프 블랙(화학자)과 제임스 허튼(지질학자)을 불러 자신의 원고를 보지도 말고 그냥 태워버려 달라고 부탁했다. 그래서 두 사람은 열여섯 권 분량의 원고를 불살라 모두 허공으로 보냈다.

하지만 1895년에 에드윈 캐넌 교수가 애덤 스미스의 법학 강의를 기록한 학생 노트 두 권을 발견했다. 강의 제목은 '법학 강의Lectures on Jurisprudence'였다. 그래서 1896년에 《Lectures on Justice, Revenue and Arm》 제목으로 출판했다. 1편은 정의론On Justice, 2편은 정책론/내정론On Police이다.

5 《국부론》의 핵심

애덤 스미스의 《국부론》 정식 이름은 《모든 국민의 부의 성질과 원인에 대한 고찰An Inquiry into the Nature and Causes of the Wealth of Nations》이다. 부는 어디에서 발생하고 어떤 성격을 가졌는지를 고찰해 보겠다는 의도에서 책을 쓴 것이다. 즉 국가의 경제적 번영을 위한 저서다.

생산적 노동자와 분업의 중요성

애덤 스미스는 "한 나라 국민의 연간 노동은 그들이 연간 소비하는 모든 생활필수품과 편의품을 공급하는 원천이며, 이 생활필수품과 편의품은 언제나 연간 노동을 투입해 직접 만든 생산물이거나 이 생산물과 교환해서 다른 나라에서 구입해온 생산물로 구성된다"고 하였다.

부의 원천은 토지도 아니고, 기계 같은 자본도 아니고, 기술도 아니고 금·은도 아니고, 바로 노동이라고 본 것이다. 물적 자본도, 기술

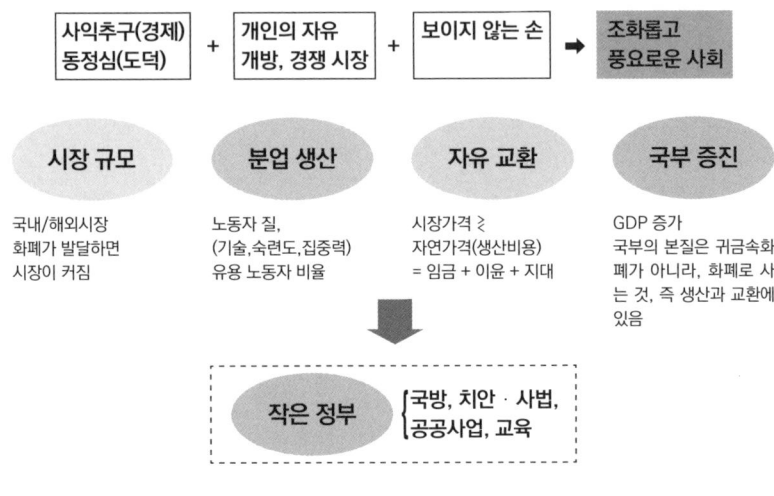

〈그림〉《국부론》의 핵심

도, 노동이 창출한 가치의 일부가 축적된 것으로 보았다.

또한 애덤 스미스는 《국부론》에서 이렇게 언급했다. "일인당 생산물은 반드시 두 가지에 의해 결정된다. 첫째는 국민이 노동할 때 발휘하는 기술, 숙련도 및 판단력이고, 둘째는 유용노동에 종사하는 사람의 수와 그렇지 않은 사람의 수 사이의 비율이다."

노동할 때 발휘되는 기술, 숙련도 및 판단력은 노동생산성을 말하는 것으로 노동의 질에 해당된다. 그리고 유용노동에 종사하는 사람의 수와 그렇지 않은 사람의 수 사이의 비율은 전체 사람 중에 실제 생산적 노동에 투입되는 사람이 얼마나 많은지를 보여주는 것으로 노동의 양을 의미한다. 애덤 스미스는 임금을 받기는 하지만 실물상품을 생산하지 못하는 집안 하인, 그리고 군인, 법관, 의사는 비생산적 노동자로 보았다. 노동자의 생산성과 노동자 비율이 높을수록 일인당 GDP가 높다는 것이다.

애덤 스미스는 노동생산성은 분업의 정도에 의해 정해진다고 보았는데, 자신이 스코틀랜드에서 실제로 보았던 핀 공장을 예를 들었다. 핀을 만들려면 철사를 곧게 펴는 작업, 철사를 끊는 작업 등 열여덟 개의 독립된 작업이 있다. 열 명의 노동자들이 이 과정을 수행하면서 하루에 총 4만8천 개의 핀을 만든다. 즉 한 명의 직공이 하루에 평균 4천8백 개의 핀을 만들어내는 셈이다. 그런데 만일 한 사람이 이 모든 작업을 혼자서 수행하게 된다면 하루에 스무 개도 만들지 못한다.

분업을 하면 노동생산성이 향상되는 이유는 첫째, 반복 작업을 통해 개별 노동자의 기술이 향상된다. 둘째, 하나의 작업에서 다른 작업으로 이동하는 시간을 줄여 노동시간을 절약하게 된다. 셋째, 작업이 단순할수록 작업자가 기술혁신을 할 가능성이 크다. 물론 지나친 분업이 노동자의 일하는 의욕을 떨어뜨리게 되는 측면이 있지만 그래도 전체적으로 보면 노동생산성을 높인다.

그러면 분업은 어느 정도까지 발전될까? 애덤 스미스는 분업의 정도는 시장 규모에 의해 결정된다고 하였다. 여기에서 시장은 국내시장이든 해외시장이든 전체를 말하는데, 시장규모가 커지면 기업은 생산량을 늘리기 위해 분업은 더욱 가속화된다. 즉 식민지든 해외시장이든 많이 개척하면 상품 수요가 늘어나 분업 수준이 올라가는 것이다. 그래서 애덤 스미스는 자유무역을 하면 시장이 커져 분업을 가속화시키고 결국 노동생산성이 높아져 소득도 늘어 결국 국부가 늘어난다고 보았다.

자기애와 시장기구의 중요성

애덤 스미스는 《국부론》에서 또 이렇게 언급했다. "우리가 저녁 식사를 기대할 수 있는 것은 푸줏간 주인, 양조장 주인 혹은 빵집 주인의 자비심 때문이 아니라 이익을 추구하는 그들의 생각 덕분이다. 우리가 바라보는 건 그들의 인간성이 아니라 자기애self-love다."

사람들이 각자 이기적으로 행동하면 자신의 의도와는 상관없이 보이지 않는 손invisible hand에 의해 시장질서가 조화롭게 유지되고 경제는 풍요로워진다. 즉 개인의 사익 추구가 공공의 이익으로 자연스럽게 연결된다는 것이다.

애덤 스미스는 당시까지 큰 위력을 발휘하고 있던 중상주의에 대해 《국부론》에서 날선 비판을 하였다. 국가는 보이지 않는 손에 의해 조화롭게 시장기구market mechanism가 작동되는데, 국가가 여러 규제와 보호 정책으로 경제활동에 인위적으로 개입하면, 보호를 받지 않은 부분에서 보호를 받는 부문으로 자원이 부자연스럽게 이동하므로 산업의 자연적 균형이 무너지고 경제활동은 위축되고 만다고 보았다. 바로 이런 이유 때문에 애덤 스미스는 정부가 시장에 서슴지 않고 개입해 자원의 효율적인 분배를 왜곡하는 중상주의 경제학을 폄하했다. '중상주의mercantilism'라는 표현도 애덤 스미스가 비판하기 위해 만든 용어다.

애덤 스미스는 이런 말도 했다. "술을 많이 담으려면 술통이 튼튼해야 하듯, 술이라는 민간경제가 발전할수록 술통이라는 정부의 역할은 튼튼해야 한다." 튼튼하다고 꼭 클 필요는 없다. 정부는 국방, 치안·사법, 공공사업, 교육 정도만 열심히 하고 민간인의 경제활동에는 불필요한 개입을 삼가라고 주문했다.

애덤 스미스는 《국부론》에서 영국이 보유하고 있지만 세금과 폭동으로 골머리를 앓고 있던 미국 식민지에 대한 입장도 밝혔다. 영국이 미국을 식민지로 유지하기 위해 소모적인 전쟁을 하다 보면 전쟁비용이 많이 들어 영국 국가 재정을 크게 악화시킨다고 보았다. 대신 미국이 독립을 하도록 하고 양국이 우호 관계 속에서 서로 자유롭게 무역을 하면 영국에 오히려 도움이 된다고 보았다.

임금은 어떻게 결정되는가?

애덤 스미스는 임금이 어떻게 결정된다고 보았을까? 임금결정이론에는 여러 가지가 있다. 생계비 이론, 임금기금이론, 생산성이론, 협상이론, 잔여청구이론 등 여러 가지 임금결정이론 중에 애덤 스미스는 생계비이론을 주장했다. 노동자와 가족 생계를 유지하는 생계비 수준에서 구매력으로 평가한 실질임금이 결정된다는 것이었다. 인간다

〈표〉 임금결정이론의 종류

이론	내용
생계비이론	노동자와 가족 생계를 유지하는 생계비 수준에서 구매력으로 평가한 실질임금 결정
임금기금이론	자본의 크기에 따라 기금의 크기가 먼저 결정되고 고용된 노동자의 숫자에 따라 사후적으로 일인당 임금 결정
생산성이론	노동자의 생산성에 따라 임금 결정
협상이론	노동자와 자본가 사이의 상대적 협상 능력에 의해 임금 결정
잔여청구이론	이윤, 지대 등 여타 소득을 제외한 나머지가 임금 결정

운 삶에 필요한 수준의 적당한decent 임금은 노동자와 가족의 복지에 필수적이었다.

장기적으로 임금은 생계비 수준의 자연임금으로 수렴하지만, 단기적으로는 시장임금 중심으로 변동한다. 즉 시장임금이 생계비보다 높으면 인구가 늘어나 시간이 지나면 노동력이 증가하고 그에 따라 시장임금이 하락한다는 것이다.

정리하자면, 애덤 스미스가 싫어한 것과 좋아한 것이 확실했다. 특혜, 규제, 독점을 싫어한 대신에 자유, 경쟁, 소비자를 좋아했다. 다른 말로 하면 무역을 규제하고 식민지를 늘리려는 중상주의를 혐오했다. 대신 자유무역과 규제가 없는 농공상업을 지지하는 자유방임주

〈그림〉 애덤 스미스가 싫어한 것 vs 좋아한 것

의를 선호했다. 그리고 자원을 낭비하고 자본을 소모하는 비생산적 노동을 끔찍이도 싫어했다. 성직자, 변호사, 의사, 배우, 어릿광대, 음악가, 무용수, 하인 직업을 싫어했다. 반면에 노동자와 농민 같은 생산적 노동에 종사한 사람들이 국부를 늘린다며 그들을 아꼈다. 그리고 최소한의 일만 하는 작은 정부를 선호했다.

《국부론》의 후세 영향력

애덤 스미스가 글래스고대학에서 교수를 하고 있을 당시, 상공업 중심지였던 글래스고에는 영향력이 있는 상인들이 가입해 있는 경제클럽이 있었다. 1750년대 이 클럽에서 애덤 스미스는 '자연적 자유의 체계'라는 주제로 강연을 했는데 이 강연의 핵심 내용을 보면 그가 당시 어떤 생각을 하고 있었는지 가늠할 수 있다.

"한 나라를 최저의 야만 상태에서 최고로 부유한 상태까지 끌어올리기 위해 필요한 것은 평화와 가벼운 세금, 정의의 관대한 집행뿐이며 그밖에 필요한 것은 아무 것도 없다. 나머지는 자연의 흐름에 맡기면 그만이며, 정부는 이러한 자연의 흐름을 절대로 방해해서는 안 된다."

– 애덤 스미스, '자연적 자유의 체계' 강연 중에서

애덤 스미스의 강연 핵심 내용은 바로 국가의 역할을 최소로 하자는 자유주의 사상이었다. 이런 사상은 나중에 집필한 《국부론》에도 그대로 나타났고, 19세기 자본주의 사회에 지대한 영향을 미쳤다.

애덤 스미스가 제시한 경제학은 세계 속의 국가를 체계적으로 분

애덤 스미스의 《국부론》 초판본 속표지

석했다. 그전의 중상학파 경제학은 주로 국가 재정을 어떻게 운용할 것인가, 즉 국왕과 귀족 계급의 이익을 위해 시장이 가진 능력을 어떻게 운용할 것인가를 자문해주는 학문이었는데 여기에서 훨씬 거시적으로 도약한 것이었다.

애덤 스미스의 경제학이론은 그 후 프랑스의 장바티스트 세이, 그리고 영국의 리카도의 분배이론과 맬서스의 인구경제이론에 의해 더욱 정교화·체계화되었고, 존 S. 밀존 스튜어트 밀에 의해 고전학파 경제학으로 완성된다. 특히 노동이 국부의 원천이라는 애덤 스미스의 노동가치설은 리카도에 의해 계승되고, 그 후 카를 마르크스는 노동자가 당연히 가져야 할 가치를 자본가가 착취해간다고 주장하여 공산주의 핵심이론으로 흡수된다.

애덤 스미스의 경제이론은 19세기 후반 들어 경제 분석에서 한계혁명을 일으킨 윌리엄 스탠리 제번스, 카를 멩거, 레옹 발라스, 알프레드 마셜 중심의 신고전파 경제학으로 더욱 발전된다. 그리고 20세기 초반에 이르러 소비 부족으로 유발된 경제 불황을 타개하기 위해 정부의 역할을 크게 강조하는 존 케인스에 의해 거시경제학으로 더욱 발전한다. 이런 의미에서 애덤 스미스야말로 자본주의 시장경제이론의 최초 수립자라는 평가는 당연하다.

#이상향 #농업공동체 #디스토피아
#공상적_사회주의 #협동조합 #산업화
#뉴래너크 #허생전 #캉디드

◆ 5강 ◆

목가적 공동체만을 꿈꾸지 않았던 유토피아학파

자신이 꿈에 그리는 유토피아 공동체를 정교하게 설계하여 세상에 실제로 구현한 사람들이 일찍이 있었다. 지역적, 인적, 종교적 공동체를 주장한 사람도 있었고, 사람들의 의식을 바꾸어 사회를 통째로 개혁하려는 사회개혁가들도 있었다. 샤를 푸리에, 로버트 오언, 앙리 드 생시몽이 대표적이다. 이들은 유토피아(공상적) 사회주의자로 폄하되기도 하지만, 사회주의를 전 세계에 퍼지게 하는 데 크게 기여했다. 특히 생시몽은 카를 마르크스에 앞서 계급투쟁 관점에서 사회를 바라보았다. 유토피아학파는 경제학의 300년 역사에서 사회주의 노선으로 가장 먼저 등장한 학파다.

1

유토피아,
현실에 구현되지 않은 이상향

인류의 진보를 꿈꾼 사람들이 만든 개념, 유토피아

우리는 '유토피아'라는 단어에 상당히 익숙하다. 바람직한 이상사회를 언제나 마음에 품고 있기 때문일까? 유토피아는 현실에는 없으나 꿈에 그리는 이상향을 말한다. 부정을 말하는 Ou와 장소를 말하는 Topos의 합성어이니, '존재하지 않는 곳'이다. 유토피아Utopia는 에우토피아Eutopia, 즉 행복의 땅, 좋은 곳이기도 하다.

신대륙 발견 이후 토머스 모어Thomas More 1478~1535가 1516년에 라틴어로 출간한 책 제목에서 유토피아 단어가 처음으로 나왔다. 책의 원제는 '최선의 국가 형태와 새로운 섬 유토피아에 관하여: 즐거움 못지않게 유익한 참으로 귀한 안내서'이다.

유토피아와 맥락이 통하는 다른 이름들도 많다. 동서양에 따라, 또 종교에 따라 표현이 다르다. 천당, 천국, 낙원, 무릉도원, 에덴동산이 있다. 부처와 보살이 사는 세상인 정토淨土, 영원불멸 세상을 말하는 상세常世, 도꼬요, 메디나의 무슬림 공동체도 해당된다. 로마시대 베르길리우스는 로마건국신화에 해당되는 《아이네이스》에서 사후의 낙원으로 엘리시움Elysium을 등장시켰고, 영국 시인 새뮤얼 테일러 콜리지는 몽골의 쿠빌라이 칸이 만든 원나라의 시원한 여름 별궁인 상도上都를 재나두Xanadu라 불렀다. 또 제임스 힐턴이 쓴 1933년 소설 《잃어버린 지평선》에서는 샹그릴라Shangri-La가 등장하는데, 소설에는 이 장소가 어디에 있다고 구체적으로 언급하지 않지만 사람들은 티베트나 중국 남부의 윈난성으로 추정하고 있다. 문필가들은 유토피아가 우리에게 주는 가치를 어떻게 풀어내고 있을까?

"과거에 유토피아가 없었다면 인류는 지금도 여전히 동굴 속에서 헐벗고 굶주리면서 비참하게 살고 있을 것이다. 최초의 도시는 유토피아를 꿈꾼 사람들이 설계했다. 풍성한 꿈에서 유익한 현실이 생겨난다. 유토피아는 모든 진보의 원리이고, 더 나은 미래로 나아가려는 시도다." – 아나톨 프랑스

"유토피아가 들어있지 않은 세계지도는 힐끗 쳐다볼 만한 가치도 없다. 왜냐하면 그런 세계지도는 인류가 언제나 상륙하려고 해온 나라를 제외하고 있기 때문이다. 인류는 그 나라에 상륙하고 나면 바깥으로 눈을 돌려 더 나은 다른 나라를 보게 되므로 다시 항해에 나선다. 진보는 유토피아의 실현이 거듭되는 과정이다." – 오스카 와일드

아나톨 프랑스, 오스카 와일드는 유토피아가 있기에 인류는 그 방향을 향해 진보한다고 말한다. 이런 낙관론과는 반대로 비관론도 있

다. 유토피아의 반대 지점에는 우리에게 익숙한 디스토피아Dystopia가 자리잡고 있다. 루이스 헨리 영1694~?이 《유토피아 : 아폴론의 황금시대》에서 디스토피아 용어를 처음으로 사용했다. 1868년 들어 존 S. 밀이 영국 의회 연설에서 영국이 아일랜드를 억압한다고 비판하면서 당시 아일랜드를 디스토피아로 묘사하면서 유명세를 탔다. 요즘 들어서는 장밋빛 유토피아보다는 끔찍한 디스토피아가 오히려 인기를 끌고 있는 형국이다.

유토피아 문학이라는 장르

인류 역사를 통틀어 유토피아 문학으로는 어떤 것들이 있었을까? 플라톤Platon: B.C. 428/427 혹은 424/423~348이 쓴 《국가론》이 대표적이다. 필자

〈표〉 시대별 유토피아 문학작품

시기	유토피아 문학작품
고대	플라톤의 《국가론》, 플루타르코스의 《리쿠르고스의 생애》, 아리스토파네스의 《여자들의 민회》, 성 아우구스티누스의 《신국론》
르네상스	모어의 《유토피아》, 캄파넬라의 《태양의 도시》, 안드레의 《기독교 도시》, 베이컨의 《새로운 아틀란티스》, 달레의 《세바리티스의 역사》, 윈스턴리의 《자유의 법》
18세기	푸아니의 《알려지지 않았던 남쪽 땅의 새로운 발견》, 디드로의 《부갱빌의 여행기를 보충하는 기록》, 스펜스의 《스펜소니아 이야기》
19세기	카베의 《이카리아 여행기》, 푸리에의 《농업가정집단》, 리턴의 《새로운 인종》, 버킹엄의 《국가의 악과 실질적 치료》, 벨러미의 《뒤돌아보며》, 모리스의 《뉴스 프롬 노웨어》, 리히터의 《사회주의 미래의 모습》, 헤르츠카의 《자유국》
20세기	하워드의 《미래의 전원도시》, 헤르츨의 《구신제국》, 웰스의 《모던 유토피아》, 《신과 같은 사람들》, 자먀틴의 《우리들》, 헉슬리의 《멋진 신세계》, 힐턴의 《잃어버린 지평선》

는 대학교 2학년 때 정치학개론 과목을 수강 신청해서 들은 적이 있다. 담당 교수가 예일대학에서 갓 공부를 하고 온 분이었는데 수업 교재가 플라톤의 《국가론》이었다. 이 책을 갖고 한 학기 내내 공부했는데, 당시만 하더라도 그렇게 공부를 해본 적이 없어서 굉장히 흥미로운 경험이었다. 《국가론》이 지금 우리가 말하는 유토피아 학파의 가장 오래된 원전이 아닐까? 16세기 들어 토머스 모어의 《유토피아》가 나왔고, 토마소 캄파넬라의 《태양의 나라》, 프랜시스 베이컨의 《새로운 아틀란티스》가 이어 나왔다.

이상향을 제주도에 구현한 19세기 실학파 박지원

우리나라에도 유토피아를 묘사한 문학 작품이 있느냐고 물어본다면 19세기 실학파로 유명한 박지원의 《허생전》을 적극 추천한다. 박지원은 《허생전》에서 제주도에 유토피아를 만든다.

남산골의 딸깍발이 샌님, 허생은 결혼한 지 16년이 되었는데도 과거 시험에 급제하지 못해 생계에 허덕인다. 고씨 부인이 제발 돈 좀 벌어 오라고 다그치자 허생은 구박을 더 이상 참지 못하고 돈을 벌겠다며 집을 뛰쳐나간다.

허생이 돈 많은 변부자에게 가서 무작정 만 냥을 빌려달라하니 변부자가 흠칫 놀라면서도 그냥 빌려준다. 저렇게 허무맹랑하게 주장하는 걸 보면 뭔가 있다고 여긴 것이다. 경기도 안성의 안성장에서 나온 과일들을 모조리 산다. 과일을 파는 상대방이 가격을 높게 불러도 가리지 않고 모두 산다. 매점매석買占買惜을 한 것이다. 과일은 쌀처럼 꼭 먹어야 하는 식량이 아니라서, 돈에 여유 있는 사람들은 비싼 가격을 지불하더라도 과일을 사먹는다. 허생은 이들을 대상으로 장사를 해서 벼락부자가 된다.

허생은 자신이 번 돈을 가지고 강경으로 가서 유토피아에 함께 살 사람들을 모집한다. 허생이 자리에 모인 화적들에게 "농사에서 거둔 것을 빼앗기지 않고 배불리 먹을 수 있고, 양반·상놈의 구별이 없는 곳, 그리고 저 혼자만 편안하게 앉아서 남을 부려먹으려 드는 사람이 없으며, 항시 평화로운 그런 곳을 내가 알려줄 텐데 나를 따르겠는가"라고 말하니까 4천 명이 우르르 몰려들어 50척의 배를 타고 이상향을 향해 간다.

이상향을 만들겠다고 간 곳이 제주도다. 아마도 부인이 고씨라서 제주도로 간 것 같다. 그곳에서 고약한 사또를 물리치고 3년 만에 평정을 하여 사람들이 행복하게 지내도록 만들어낸다는 이야기가 《허생전》에 있다.

암울한 디스토피아 사회를 묘사한 문학작품

유토피아의 반대인 디스토피아를 묘사한 문학작품들도 많다. 올더스 헉슬리의 《멋진 신세계》, 조지 오웰의 《1984》, 예브게니 자먀찐이 29세기 소련을 묘사한 《우리들》이 대표적이다. 또 로이스 로리의 《기억전달자 The Giver》도 있는데 이 소설을 토대로 하여 2014년에 영화 〈더 기버: 기억전달자〉(감독: 필립 노이스)가 나오기도 했다.

《기억전달자》는 참혹한 전쟁으로부터 인간을 구하기 위해 선지자들이 원로가 되어 평화로운 공동체 사회를 만든다. 이 사회에서는 12살이 되면 각자의 직업이 정해진다. 자신의 의지가 아니라 그에 대한 모든 것을 파악한 위원회에서 직업을 알아서 정해준다. 드론 운전자, 보모, 청소원, 법률행정가 등 하나의 직업으로 평생 살아간다. 그렇게 그들은 정해진 삶을 살다가 나이가 어느 정도 들면 외부사회로 간다. 그런데 이 외부사회가 알고 보면 주사를 맞고 죽는 것이다. 막상 주사를 맞는 사람은 현실보다 훨씬 좋은 이상향으로 간다고 믿는다.

재능이 아주 뛰어난 주인공 조너스는 12살에 기억보유자 직업을 부여받는다. 기억보유자는 선임 기억전달자로부터 과거에 지구가 어떻게 탄생했고 인류가 어떻게 살았는지 모든 정보를 알게 된다. 모든 것을 알게 된 조너스는 더 이상 이 사회에서 살기를 거부하고 벗어나고자 과감하게 탈출을 감행한다. 그 후 그는 과연 어떻게 될까?

카를 마르크스가 비판하려고 만든 단어 '공상적 사회주의'

'사회주의socialism'란 단어는 일찍이 생시몽이 만들었다. 개인주의에 대조되는 개념으로 만들었다. 알고 보면 현재 우리나라에는 사회주의 색채가 다분하다. 현재 진행 중이고 앞으로 추구하는 복지국가 자체가 사회주의 성향이다. 국가에 보다 많은 역할을 요구하는 사회주의는 미래형이 아니라 현재진행형이다. 기본소득은 아직 논의 중이지만 국가의료보험, 재난지원금, 협동조합, 노동조합은 이미 우리 생활에 깊숙이 들어와 있다.

사회주의는 공상적 사회주의와 과학적 사회주의로 나뉘곤 한다. 여기에서 공상적 사회주의utopian socialism는 마르크스와 엥겔스가 선구자들을 싸잡아 부른 말이다. 자신들은 논리와 실행에 기반을 두고 과학적 사회주의를 부르짖는데, 이전 사람들은 그냥 낭만적으로 이 상에 사로잡혀 공상적으로 장밋빛 의견을 개진했다고 비꼰 것이다.

공상적 사회주의자로는 플라톤과 토머스 모어로 시작해, 18세기 말~19세기 초반에 그라쿠스 바뵈프François-Noël Babeuf: 1760~1797, 샤를 푸리에, 로버트 오언, 생시몽, 에티엔 카베Étienne Cabet: 1778~1856, 빌헬름 바이틀링Wilhelm Christian Weitling: 1808~1871이 있었다. 공상적 사회주의와 연결 포인트가 있는 아나키스트anarchist로는 윌리엄 고드윈, 조지프 프루동, 미하일 바쿠닌, 표트르 크로포트킨으로 이어진다. 유물론자로는 루트비히 포이어바흐, 루이 오귀스트 블랑키까지도 이어진다. 물론 헨리 조지도 있다.

유토피아 공동체를 현실에 구현하려던 여러 시도

문학작품에서뿐만 아니라 유토피아 공동체를 실제로 만들려는 시도가 많이 이루어졌다. 공상적 사회주의가 꿈에 그쳤다고 생각하기 쉬운데 실제로 유럽인들은 북미 대륙에 공동체를 세우려는 구체적 시도를 많이 했다. 종교집단과 사회개혁가들이 주도 세력이었다.

종교적으로 이상향을 추구하면서 그걸 믿으며 함께 살고 싶은 종교적인 공동체 건설 시도가 있었다. 또 가난한 사람들이 너무 많아서 빈곤 탈출 방법으로 농업공동체를 만드는 시도도 있었다. 네덜란드의 메노파 교도Mennonite들은 1663년에 미국 델라웨어 주의 루이스에 공동체를 만들었고 독일의 경건파 교도들은 1732년에 펜실베이니아 주의 에프라타에 공동체를 만들었다.

1985년에 〈위트니스〉(감독: 피터 위어)라는 영화가 나왔다. 당시 이

영화를 보고 흥미롭게 느꼈는데 메노파 종교 공동체인 아미시Amish를 보여주고 있다. 문명사회에서 벗어나서 옛날 방식으로 살고 있는 공동체에 현대 인간이 들어가서 여러 가지 문제들이 발생한다. 이 영화를 보면 종교적 공동체가 어떻게 운영되고 있는지 감을 잡을 수 있다.

영국 사업가 로버트 오언은 1825년에 인디애나주의 뉴하모니에 협동사회를 세웠다. 프랑스 사회개혁가 샤를 푸리에는 본인이 살았을 때는 실현하지 못했으나 매사추세츠주의 브룩 농장 지도자들에게 큰 영향을 미쳐 1840년대~1850년대에 샤를 푸리에 방식의 거주지가 28개나 세워졌다.

2 농업공동체의 선구자 샤를 푸리에

살아생전에 보지 못한 농업공동체, 팔랑스

프랑수아 마리 샤를 푸리에Charles Fourier; 1772~1837는 프랑스의 유토피아 사회주의자로, 농업공동체인 팔랑스Phalanxes를 제안했던 인물이다.

브장송에서 상업을 하는 집에서 태어난 푸리에는 1791년 부친으로부터 유산을 약간 받아 유럽 전역을 여행 다니며 견문을 쌓는다. 1816년까지 25년간 리옹, 루앙, 마르세유, 보르도, 파리에서 외판원과 서기 일을 하면서 상업의 좋은 면, 나쁜 면, 추악한 면을 속속들이 알게 된다. 특히 상업의 기만성을 처절히 실감하면서 자본주의에 대한 혐오는 커져만 간다. 사실 그는 일찍이 일곱 살 나이에 '나는 영원히 상업을 증오할 것이다'라며 속으로 맹세한 바 있다.

푸리에는 자본주의 사회에서는 3분의 1 정도의 사람들만 사회적으로 유용한 노동을 한다고 생각했다. 나머지 3분의 2는 시장 시스템이 초래한 타락과 왜곡으로 쓸모없는 직업을 갖거나 쓸모없이 부유하기만 한 인간 기생충이 된다고 믿었다. 푸리에는 상업을 부패 자체라고 생각해 대규모 생산을 매우 혐오했고, 산업화 속에서의 노동은 전혀 기쁨의 원천이 되지 못한다고 여겼다. 인간 본성에 역행하는 문명을 비판했는데, 문명의 속성은 억압에 있다고 보았기 때문이다. 1814년부터 사회의 생산적 구성원들에게 협동체를 자발적으로 구성해 핍박에서 벗어나라고 촉구하면서 완전한 조화가 지배하는 농업 공동체로 팔랑스를 제안하였다.

팔랑스에 거대한 호텔grand hotel 단지 모양의 전원도시팔랑스테르, Phalanstères를 조성하여 1,620명의 주민들이 공동생활을 하도록 설계를 했다. 전체 부지에는 중앙 건물, 들판, 공업시설이 들어서게 했다. 공동체 조성에 투자한 사람들에게는 이윤을 보장했다. 공동체 참여자들은 각자 개인 재산을 공동체에 납입하고 금액에 따라 사양이 다른 집을 매입하게끔 했다. 집은 모두 다섯 종류로 가격은 각각 다르다. 집들 사이에는 공용으로 커다란 식당과 놀이공간이 자리를 잡는다.

모든 구성원은 협동의 원리에 따라 생산에 공동 참여한다. 자신의 희망대로 작업을 선택하는데 다른 사람들이 맡기 싫어하는 일을 하면 추가 인센티브를 받도록 했다. 푸리에가 상업을 하면서 악의 근원으로 보았던 유대인들은 힘든 농장 일을 하도록 했다. 노동의 대가로 12분의 5, 자본의 대가로 12분의 4, 경영의 대가로 12분의 3을 분배했다. 이 공동체는 이해대립이 아니라 협동을 원리로 한 협동조합식으로 운영되었다. 이 곳에서는 "모든 사람은 임금소득자이면서 동시에 협동적 소유자이다."

사후에 인기를 끈 샤를 푸리에 계획

푸리에는 사유재산 폐지나 소득분배 평등화를 목표로 삼지는 않았다. 다만 빈곤을 없애고 치열한 경쟁과 이해갈등을 해소하여 서로 협동하게 하고 빈곤 해결을 목표로, 중간 규모의 농업공동체 형성이 필요하다고 제안했다. 그래서 경쟁적 노동이 협동적 노동으로 바뀌면서 노동이 놀이처럼 되고 공동생활을 통하여 생활비와 가사노동을 줄일 수도 있었다. 그는 자신이 살던 프랑스에서도 얼마든지 이루어질 수 있다고 믿었다. 자신의 계획에 자금을 제공할 백마 탄 부자가 나타나기를 기다렸으나 실망스럽게도 아무도 오지 않았다.

푸리에가 살았을 당시에는 농업공동체가 각광받지 못했으나 19세기 중반 들어 미국과 프랑스에서 큰 인기를 끌었다. 미국에는 한때 팔랑스테르가 40개나 존재하기도 했고, 루마니아와 러시아에서도 일부 시도된 바 있다. 협동조합운동은 현재까지 꾸준히 잘 이루어지고 있는데, 이탈리아 볼로냐에서 매우 활발하고 우리나라에서도 원주시가 협동조합 생태계를 이루고 있다.

푸리에의 생각은 나중에 더욱 구체적으로 현실화 되었다. 1857년 고댕의 주택단지 파밀리스테르Familistere, 1920년대 말 소련의 집합주택 계획, 그리고 근대 건축의 영웅 르 꼬르뷔제의 위니테 다비따시옹Unité d'Habitation이 바로 그것이다. 위니테 다비따시옹은 1952년 마르세유에 일, 주거, 여가 기능을 통합한 최초의 주상복합건물이다.

이런 성향 때문에 푸리에는 마르크스와 엥겔스로부터 '공상적 사회주의자'라는 말을 따갑게 들었고 다른 사람들로부터는 '부르주아 사회주의자'라는 말도 들었다. 따지고 보면 푸리에는 엄밀한 의미에

샤플 푸리에 초상화
출처 : HF Helmolt (ed.) 뉴욕, 1901.
텍사스대학교

서 공산주의자는 아니었다.

푸리에는 인생의 막바지인 1837년에 우리에게 익숙한 '페미니즘feminism' 단어를 처음 만든 장본인이기도 하다. 루소의 낭만주의와 성차별에 반대하여 성평등을 주장했는데, 여성의 욕구를 남성이 누른다는 것 자체를 비인간적으로 보았기 때문이다. 여성을 종속화 시키는 일부일처제를 비판했고, 결혼이란 여성이 어쩔 수 없이 노동을 하도록 하는 함정이라고 설파했다.

푸리에는 나중에 쥐스트 무리온Just Muiron의 눈에 띄면서 그의 후원을 받아 1816년부터 1821년까지 파리에 정착해 집필에 몰입해 《사랑이 넘치는 신세계 외》를 남겼다. 푸리에는 학교교육을 거의 받지 못했으나 독학으로 배워 사상가로 우뚝 선 입지전적 인물이다.

③ 협동조합 운동의 아버지, 로버트 오언

프랑스의 유토피아 사회주의자였던 푸리에가 제안한 농업공동체는 당장에 구현되지 못했다. 이에 반해 점진적이고 실용적인 영국인, 로버트 오언Robert Owen: 1771~1858은 실패가 없었던 것은 아니지만 당대에 훨씬 성공적이었다. 그는 협동마을을 만들어 기업을 성공적으로 운영했고, 영국의 노동운동, 복지국가의 원형을 만들었다.

일하고 살기 좋은 뉴래너크 공장 만들기 프로젝트

오언은 1771년 영국 웨일스에서 말안장을 만드는 가난한 집에서 태어나 열 살에 형과 함께 런던에 가서 공장 직공 일을 비롯해 안 해 본 일이 없을 정도로 하루하루를 버티며 살았다. 맨체스터에 새로 생긴 방적공장 감독 일을 맡은 이후에는 가장 큰 방적공장의 관리자가 되었다. 그러다가 은행가이자 박애가인 데이비드 데일이 스코틀랜드의 뉴래너크New Lanark에 방직공장을 소유하고 있음을 알고 자신의 계획을 실험하기에 적당한 곳이라 판단해 공장을 자신에게 팔라고 데일을 설득한다. 오언은 공장도 인수하고 그의 딸과 결혼까지 했다.

오언은 공장 인수 1년만에 공장 혁신 프로그램을 도입하면서, 자신의 인도주의를 구현하기 위해 직원들에게 혁신적인 주거공간과 휴식공간을 제공했다. 노동시간은 하루에 10시간 45분을 넘지 않도록 했다. 열 살 이하의 아이들은 고용하지 않고 직원의 아이들에게는 무상교육을 시켜주었다. 영국 최초로 유치원도 설립했다. 공장 내 상점에서는 직원 가족들에게 상품을 저가에 제공했다. 더구나 건강보험, 노령보험까지 도입했다.

직원들의 사기는 당연히 치솟았다. 오언은 공장을 직원들이 일하고 살기 좋은 공동체로 탈바꿈하는 데 성공했다. 살아 있는 기계, 즉 인간에게 잘 하자는 취지였다. 1807년 미국이 영국에 대한 수출을 전면 금지하자 공장은 4개월 간 문을 닫기도 했으나 직원들에게 임금을 꼬박꼬박 지급했다. 이후 뉴래나크 공장은 궤도에 올라 매우 유명해졌다. 1815~1825년에 2만 명이 방문하면서 유럽의 저명인사들이 꼭 둘러보는 명소로 부상했다. 현재 유네스코 세계유산으로도 선정되어 있다.

협동마을, 협동조합 만들기

나폴레옹 전쟁이 끝나자 영국에는 긴 불황이 엄습하면서 노동자들은 실업에 내몰려 빈곤층이 급증했다. 그래서 오언은 1819년에 협동마을Village of Cooperation을 만들자고 주장했다. 800~1,200명의 사람들이 농장과 공장에서 함께 일하며 사는 자급자족 단위를 만들자는 것이었다. 하지만 실험 마을 건설에 필요한 자금이 걷히지 않아 그의 계획이 실현되지는 못했다. 5년 후 미국으로 건너가 인디애나주의 포시 카운티에 3만 에이커₁₂₁,₄₀₅,₆₉₃㎡ 땅을 매입하여 1826년에 '뉴 하모니New Harmony' 공동체를 추진하기도 했으나 동업자와의 갈등이 도져 성공하지 못했다. 오언의 공동체 생각은 나중에 근대도시계획의 아버지로 불리는 에베네저 하워드Ebenezer Howard의 전원도시계획, 그리고 에버크롬비의 대런던계획Greater London Plan으로 연결되었다.

오언은 숱한 실패에도 좌절하지 않았다. 1830년 영국으로 돌아와 2년 후 협동 마케팅을 위한 전국공정노동교환소National Equitable Labor Exchange를 설립했다. 여기에서는 돈 대신에 노동지폐가 사용되었는데, 상품 제조에 필요한 노동 시간에 따라 제공되는 지폐였다. 하지만 노동자협동조합, 생산자협동조합은 모두 실패했다. 오언의 영향을 받은 노동자들이 밀가루, 설탕으로 폭리를 챙기던 중간 유통업자들에 맞서 28명이 1844년에 세운 생활협동조합 식품점인 로치데일Rochdale만 성공을 거두었다.

오언은 노동조합운동에도 열심이었다. 1833년 당시 대부분의 노동조합은 그가 결성한 전국노동조합Grand National Consolidated Trades Union 산하로 들어왔다. 50만 명 규모였다. 영국 노동계급 운동의 공식 출범이었으나, 1년 후에 정부 개입으로 해체되고 말았다. 오언은 1835년에 '모든 국가의 모든 계급의 연합'을 말하며 사회주의Socialism 용어를 처음으로 만들어냈다.

오언의 생각은 《새로운 도덕세계The New Moral World》(1834), 《사회주의란 무엇인가What is Socialism》(1841)에 실려 있다. 그는 경쟁 대신 협동

로버트 오언 초상화

차원에서 300~3,000명의 소그룹의 공동체 생활을 지지했다. 오언은 영국에 협동조합운동 바람을 일으켰고 사회주의적 아이디어를 도입했으며, 영국의 첫 번째 공장법을 기안하는 데에도 도움을 주었다. 당시로서는 드물게 87세를 누렸다.

오언은 통치의 목적을 피지배자와 지배자 모두를 행복하게 하는 데 두었다. 최선의 정부는 최대 다수에게 최대의 행복을 준다는 제러미 벤담의 생각에 동조했다. 오언은 아이들이 어렸을 때 좋은 환경에서 잘 키우는 것을 매우 중시했다. 아동에 문제가 생긴 후 고치려고 하지 말고 미리 취하는 예방적 조치가 훨씬 강력하다고 믿었다. 그래서 술집과 복권 장려를 금지했고, 빈민법을 뜯어 고치라고 했다. 또한 영국 전체에 연수원을 설립해 효과적으로 운영할 것을 주문했다. 인구가 늘어나도 생산적인 인간이 되기만 하면 아무런 문제가 없다며 맬서스의 인구 비관론을 부정했다. 이처럼 오언은 평생에 걸쳐 여러 분야의 사회운동을 정력적으로 펼쳤다.

4 산업주의, 사회주의, 협동을 외친 앙리 드 생시몽

계급투쟁의 역사를 처음으로 규정한 사회주의자

"프랑스의 번영은 오직 과학, 예술, 생업의 진보의 결과에 의해서만 가능하다. 그런데 왕족들, 국왕의 대신들, 주교들, 장군들, 지사들과 유한 지주들은 과학, 예술, 생업의 진보를 위해 직접 일하지 않는다. 그러기는커녕 그들은 그것에 해를 끼칠 뿐이다."

200년 전에 프랑스의 어떤 사람이 이런 글을 썼다. 다름 아닌 앙리 드 생시몽이다. 그는 "사회의 역사는 계급투쟁의 역사"임을 처음으로 규정했다. 왕족·귀족·성직자·지주로 이루어진 유한층 Le oisifs 그리고 노동자·기업가·은행가·예술가·학자로 이루어진 산업가 Le industriels라는 두 계급으로 나누었다. 그리고 나서 산업가가 유한층을 대체하기를 희망했다. 물론 나중에 마르크스와 엥겔스는 산업가 안에서 노동자가 자본가를 대체하기를 희망했다.

생시몽이 사회주의 혁명까지 원했던 것은 아니다. 절대다수 빈곤층의 생활환경을 개선하려면 유산층인 부르주아가 이끄는 산업주의가 필요하다고 주장했다. 그에게 필요한 것은 사회주의 혁명이 아니라 대규모 산업체 조직이었다. 그래서 이렇게 말했다. "자본가들이 노동자들을 이끌고 생산을 계획적으로 관리하면, 가장 많은 수를 차지하는 빈곤층의 도덕적, 물질적 생활환경을 개선할 수 있다."라고. 이처럼 생시몽은 19세기 초 프랑스 사회주의의 아버지였다. 그가 죽은 이후에 제자 세 사람이 생시몽보다 더욱 강력한 메시지를 담아 생시몽주의를 전 유럽에 전파시켰다.

생시몽 백작Comte de Saint-Simon; 1760~1825의 원래 이름은 클로드 앙리 드 루브루아Claude Henri de Rouvroy로, 프랑스의 귀족 가문 출신이다. 1760년 태어났을 때에 집안은 이미 상당히 몰락한 상태였다. 하지만 계몽주의 사상의 영향을 받으며 자라나 진취성을 잃지 않았다. 18세 무렵 미국 독립전쟁에 독립군을 지원하기 위해 참전했다가 미국의 인권선언에 나타난 자유와 평등사상에 매료되어 귀족 작위를 아예 버렸다. 미국의 산업 발전에 충격을 받아 프랑스가 발전하려면 왕정을 아예 폐지하는 혁명이 절실하다며 귀족으로서는 드물게 프랑스혁명을 지지했다.

로베스피에르의 공포정치 시기1793~1794에 투옥되어 단두대로 갈 뻔했으나 다행히 감옥에서 풀려났다. 귀족과 교회의 토지를 정부로부터 싼 값에 매입하여 재산이 크게 늘자, 자신의 살롱을 열어 지식인과 과학자들을 초대해 학문 연구를 후원했다. 자신도 사회개혁 연구에 몰입했다. 하지만 그의 재산은 딱 10년 지속되었을 뿐이다. 1804년에 재산이 똑 떨어지자 죽을 때까지 20년간 경제적으로 아슬아슬하게 살면서도 사회주의 사상을 가다듬으며 여러 작품들을 남겼다. 1816~1818년에 《산업론》, 1821~1822년에 《산업제도론》, 마지막으로 1825년에 《새로운 기독교》를 출간하였다.

생시몽은 인류 역사를 자원을 독점한 지배계급과 이들에게 밀린 피지배계급간의 갈등 역사로 보았다. 봉건영주와 산업가의 계급투쟁으로 이어진 프랑스의 역사를 개선하여 양쪽이 협력, 지배하는 계획생산의 새로운 사회제도를 건설해야 한다고 주장했다. 자본가의 반사회적 이기주의를 비난했는데, 특히 근로 대중의 근면에 빌붙어 먹고 사는 게으른 부자를 경멸했다. 계급갈등에 빠지지 말고 양쪽이 협력하여 계획생산을 하며 새로운 사회제도를 건설한다면 훨씬 좋은 결과를 얻을 수 있다고 역설하였다.

'산업화' 용어를 처음 만든 생시몽

생시몽은 사회에 대한 연구는 과학적으로 수행되어야 하고, 사회는 자연적 법칙에 의해 지배되고 있다고 보았다. 사회과학을 적용하여 사회를 제대로 조직하면 이상사회를 실현할 수 있다고 생각했다. 인간이 행복해지려면 욕망의 충족이 필요하며, 이를 위해서는 산업화가 반드시 이루어져야 한다고 보았다. 이 과정에서 산업자본가의 역할이 중요하며, 국가는 개인의 능력이 생산에 최대한 발휘되도록 기회를 제공해야 한다고 했다. 정치의 중심 과제는 생산 증대를 관리하는 데 있고, 이를 위해 과학과 산업이 중요하다고 보았다.

생시몽 초상화
출처 : 1848, Hippolyte Ravergie
commons. wikimedia.org

    생시몽은 애덤 스미스와는 달리, 자기이익 추구가 사회 발전의 추진력이라는 것을 신뢰하지 않았다. 자기이익 추구는 상호 협력과 계급이익의 일치에 의해 대체되어야 한다고 주장했다. 개인보다는 직업 연합체가 생산에 더 효율적이라고 보았는데 그들이 지식과 기술을 서로 공유하기 때문이다. 모든 사람에게 스스로를 형제로 생각하고 서로를 돕는 데 관심을 기울이라고 주문했다. 생시몽은 고전학파의 개인주의와 자유주의 대신 공동체성과 협력을 중시하고 이를 통해 경제성장과 모든 사람의 복지를 증진시키려 한 점에서 사회주의 사상의 단초를 보여주었다.

    그렇다고 하여 생시몽이 과격한 사회주의자는 아니었다. 사유재산제를 인정했고, 능력에 따른 보수 차이도 인정했다. 이래야만 생산이 증대된다고 보았기 때문이다. 우리에게 매우 익숙한 용어인 '산업화industrialization'를 처음 만들었을 정도로 생시몽은 당시 진행되던 산업사회의 성격을 꿰뚫고 있었다. 농업사회와는 달리, 산업사회에서는 분업이 진행되므로 사람들은 유기적으로 서로 의지하며 살아야 한다고 했다.

교육받은 엘리트의 주도로 당시 사회가 계획된 산업경제로 평화롭게 이행해 나가기를 바랐다. '사회의 유기적 진화' 개념은 나중에 사회학 탄생의 계기를 마련했고 후계자인 오귀스트 콩트Auguste Comte의 실증주의 철학에 영향을 끼쳤다. 생시몽의 지적 계보를 보면, 생시몽은 콩도르세Marquis de Condorcet의 영향을 강하게 받았고 콩도르세는 달랑베르Jean-Baptiste le Rond d'Alembert의 영향을 받았다. 생시몽은 콩트를 제자로 두었다. 콩트의 사회학은 에밀 뒤르켐Emile Durkheim, 허버트 스펜서Herbert Spencer로 이어져, 20세기 들어 탈코트 파슨스Talcott Parsons를 통해 구조기능주의로 진화 발전한다.

생시몽보다 훨씬 과격했던 후계자들

생시몽은 마지막으로 남긴 《새로운 기독교》에서 가난한 사람들의 운명을 개선할 목적으로 반목 보다는 결합의 정신으로, 사회를 융합하려면 현대화된 정신 회복이 필요하다고 주장했다. 하지만 아무리 외쳐도 자신이 역설한 방향으로 사회가 나아가지 않자 생시몽은 좌절에 빠져 권총으로 자살을 기도하기도 했다. 자신의 머리에 여섯 발을 쏘았는데 한 눈만 잃고 살아남았다. 다행히도 인생 막바지에 열렬한 추종자들이 생긴다. 앙팡탱, 바자르, 라루 같은 생시몽의 추종자 세 명은 스승보다 훨씬 급진적으로 나아갔다. 이들은 근로 대중에 대한 자본주의의 착취를 폭로했고 상속 폐지, 재산 국유화, 여성 해방

〈표〉 생시몽과 마르크스·엥겔스 비교

생시몽	마르크스·엥겔스
유한층 비판, 산업가 옹호 대산업체가 있어야 빈곤 해결 경제학이 정치학을 대체 사유재산 인정, 보수 차이 인정	부르주아(유산층) 비판 프롤레타리아(무산층) 옹호 변증법적 유물론 사유재산제 불허
무산층에 의한 사회주의 혁명 반대 새로운 기독교(생시몽교) 주장	무산층에 의한 사회주의 혁명 주장 종교는 아편

도 주장했다.

이처럼 과격한 모습을 띤 생시몽주의는 프랑스는 물론이고 전 세계로 일파만파 퍼졌다. 블랑, 슈발리에, 칼라일, 존 S. 밀에도 영향을 끼쳤다. 페레르 형제는 생시몽주의의 영향을 받아 크레디 모빌리에 은행을 1852년에 설립했다. 프랑스 제2제정을 만든 나폴레옹 3세도 스스로를 "말을 탄 생시몽"이라 자랑스럽게 부르곤 했다.

생시몽은 '사회주의 사상의 선구자'로 많이 알려졌지만 학문적 업적이 실로 방대해 그를 한 분야의 학자로 규정하기 어렵다. 생시몽은 역사과학의 선구자, 사회학의 선구자, 실증주의의 창시자, 산업주의자, 테크노크라시의 아버지, 사회신비주의자, 유럽 통합사상의 선구자 등 별칭이 정말 많다.

생시몽은 이론적이고 투쟁적인 마르크스에 의해 몽상가로 치부되지만 전향적인 생각을 많이 했다. 인류사를 계급 투쟁 관점에서 바라보았고, 할 일 없이 노는 유한층을 거부했으나 열심히 일하는 산업가가 큰 산업체를 만들어나가야 빈곤 문제가 해결된다고 믿었다.

사유재산을 인정하는 자본주의 체제를 믿었으나 사회주의 혁명에는 반대했다. 새로운 자본주의 시대의 사회학 체계를 지평에 펼친 선구자로도 평가받고 있다. 한마디로 폴리매스$_{polymath}$였다.

5
최선이 아니면
차선이라도

우리가 사는 현재는 최선과 최악의 사이에 있다. 유토피아에 해당되는 최선first best이 어렵다면 현실적으로 우리는 차선second best이라도 택해야 하고, 디스토피아에 해당되는 최악을 피하려면 차악을 고를 수밖에 없다. 여러 대안을 마련해 그때그때마다 대응해야 한다.

abz 계획을 세우자

경영학에는 'abz 플랜'이라는 게 있다. 알파벳이 a에서 시작해서 z로 끝나는데 계획을 세울 때 각자 abz 계획을 세우라는 얘기다. 유토피아에 해당되는 a가 최선이고 b가 차선이라면 z는 디스토피아에 해당되는 최악이다. a가 나오도록 사업계획을 세우기는 하지만 여건 때문에 실현하기 어려우면 b라도 되도록 해야 한다. 혹시 여건이 너무 나빠져 최악이 나올 수도 있으니 이를 배제하지 말고 최악의 경우 어떻게 해야 할지 대비해 두어야 한다. 이른바 시나리오 경영이다.

그래도 우리는 정원을 가꿔야 된다

볼테르가 쓴 소설 《캉디드》는 짧지만 상당히 재미있다. 캉디드라는 사람이 지금의 독일 베스트팔렌 지역에 자리잡은 어떤 남작의 성에서 살면서 극단적인 낙관주의로 똘똘 뭉친 가정교사 팡글로스로부터 배우며 세상을 온통 낙관적으로 본다. 남작 딸 퀴네공드를 좋아하며 꿈에 부푸는데 그만 발각되어 성에서 쫓겨난다. 험난한 광야에 나가니 얼마나 고생이 될까? 전 세계 여기저기를 돌아다니면서 온갖 재난, 불행, 만행, 기아, 부조리를 뼈저리게 체험하다가 스승과 남작 딸을 다시 만나고 예전의 지인들과 함께 모여 오손도손 살게 된다. 캉디드는 "그래도 우리는 정원을 가꿔야 됩니다."라고 말하며 소설을 마무리한다.

여기서 '정원'은 우리가 유토피아학파에서 이제까지 다룬 협동체, 농업체를 말하는 게 아닐까? 함께 먹을거리를 재배해 먹고 사는 그런 곳이다. 우리가 사는 세계가 유토피아가 되려면 어떤 조건들을 갖추어야 할까? 사람마다 견해가 다르겠으나 나는 이렇게 주장하고 싶다. 개인에게는 자유, 경제에는 효율, 사회에는 정의, 지구에는 환경, 우주에는 평화가 깃들여야 한다고. 물론 모두 제대로 갖추기는 힘들다.

2부

근대 19세기

6강	경제 현상을 이론으로 만들기 시작한	고전학파
7강	독일이 야심차게 주도한	역사학파
8강	개인 쾌락과 다수 행복을 중시한	공리학파
9강	자본주의 국가에 결정타를 먹인	마르크스학파
10강	주류경제학의 기원	신고전학파
11강	무정부주의와 동의어가 아닌	아나키즘학파
12강	점진적 사회주의를 정착시킨	페이비언학파
13강	토지를 경제 왜곡의 근원으로 본	조지학파
14강	극단적 자유주의를 외친	오스트리아학파

#곡물법논쟁 #정치경제학클럽 #노동가치설
#차액지대론 #비교우위론 #맬서스의덫
#인구론 #빈민구제법 #토리당·휘그당 #브로맨스

◆ 6강 ◆

경제 현상을 이론으로 만들기 시작한 고전학파

애덤 스미스는 중상학파 경제학을 비판하면서 영국의 스코틀랜드학파와 프랑스의 자유방임학파 경제학을 절묘하게 종합해 근대 경제학 체계를 만들었다. 애덤 스미스의 새로운 경제학을 보다 알기 쉽게 체계적으로 정리한 사람은 프랑스인이었던 장바티스트 세이였다. 1810년대 지주계급과 부르주아 계급이 이해관계로 첨예하게 대립한 곡물법 개정을 둘러싸고 데이비드 리카도와 토머스 맬서스가 논쟁을 벌이며 고전학파 경제학은 더욱 발전하게 된다. 고전학파 형성에는 런던에 결성되었던 정치경제학클럽이 큰 역할을 했다.

1 애덤 스미스의
후예

 애덤 스미스가 1776년에 《국부론》을 출간하여 어느 정도 인기를 끌었으나 지금 우리가 애덤 스미스를 경제학의 원조라 생각할 정도로 대단한 평가를 당시에 받았던 것은 아니다. 그렇게 되기 위해서는 시간이 더 필요했고 뛰어난 후예들의 등장이 뒤따라야 했다.

 프랑스의 경제학 전통과 애덤 스미스의 근대 경제학을 체계적으로 정리한 사람은 프랑스의 시사평론가이자 사업가였던 장바티스트 세이다. 그는 초기부터 대학에서 강의하지는 않았지만 자신이 경험한 세계에서 습득한 논리를 정연하게 펼쳤다. 생산의 3요소를 정립했고 기업가의 역할을 매우 강조했다. 수요의 결정요인으로 상품의 효용가치에 눈길을 주었으나 고전학파는 이에 주목하지 못하고 한계효용을 중시한 신고전학파에 가서야 진가를 인정받았다. 세이가 1804년에 출간한 《정치경제학 개요》는 당시 대단한 인기를 끌어 러시아 왕을 포함하여 외국에 추종자를 많이 거느렸다.

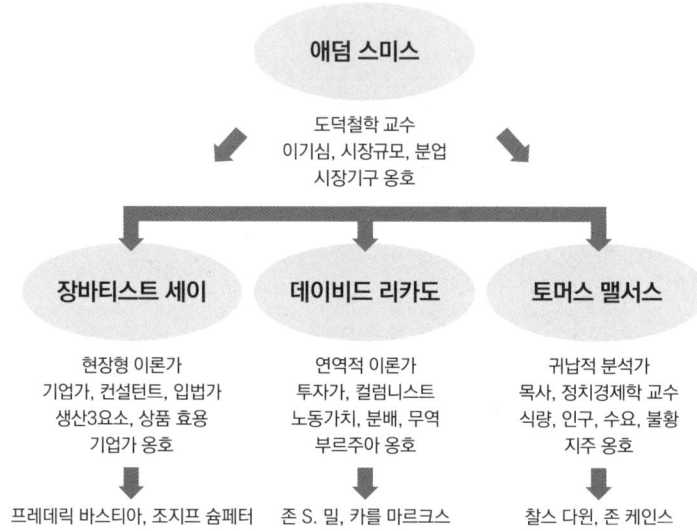

〈그림〉 애덤 스미스에게 영향을 받은 고전학파 경제학자

애덤 스미스의 논리는 세이가 활동하던 프랑스에서 뿐만 아니라 1810년대에 들어 영국에서도 본격적으로 인정을 받는다. 데이비드 리카도는 애덤 스미스의 노동가치설에 착안해 자신의 추상화된 논리를 전개했다. 무역분야에서 애덤 스미스가 개진한 절대우위론의 한계를 지적하여 상대우위론으로 발전시켰다. 땅의 가치를 평가할 때에는 차액지대론을 전개했다. 리카도는 주식투자를 하면서 세상의 경제 흐름을 관통하는 논리를 파악하였고 날카로운 경제평론으로 세상 사람들의 이목을 끄는 데 성공했다. 친밀하게 지내던 제임스 밀의 권유로 리카도가 쓴 《정치경제학 및 과세의 원리》는 경제학을 추상적으로 이론화 시키는 데 크게 기여했다. 학문은 모름지기 현실에도 집착해야 하지만 탄탄한 이론 틀을 갖추어야 하기 때문이다.

리카도의 논평을 신문에서 읽게 된 토머스 맬서스는 연락을 취해 만남을 갖는다. 이후 리카도와 맬서스는 세상을 보는 견해가 여러 모로 달랐음에도 불구하고 절친이 되었다. 남자끼리의 브로맨스bromance라 불릴 정도로 긴밀했다.

맬서스는 젊은 나이에 《인구론》으로 유명해졌지만 시간이 지나며 경제학에 관심을 기울이면서 1820년에 《경제학 원리》를 출간했다. 특히 맬서스는 공급만 이루어지면 수요는 그저 따라온다는 세이의 판로설을 부정하고 수요가 공급에 미치지 못하면 불황이 지속된다는 과소소비설을 주장했다. 이러한 불황론은 100년 이상 무시당했지만 케인스가 1933년에 쓴 《맬서스 전》에 힘입어 화려한 부활을 하게 된다. 케인스는 맬서스를 케임브리지 경제학의 시조로 치켜세웠다.

존 S. 밀은 《자유론》, 《공리주의》로도 유명하지만 경제학에서는 《정치경제학 원리》로 더 유명하다. 이 책은 고전학파 경제학을 정리하여 오랜 기간 전 세계의 경제학 교과서로 자리잡았기 때문이다. 고전학파 경제학은 공리학파에서 시작된 한계효용 개념과 합쳐져 신고전학파로 탈바꿈하게 된다. 하지만 시간이 필요했다.

2 분배이론에 주력한 데이비드 리카도

19세기 초반 곡물법 폐지를 주장한 데이비드 리카도

1815년은 워털루 전투가 벌어진 해다. 나폴레옹은 1815년 2월 26일 지중해의 귀양지 엘바섬을 탈출해 남프랑스의 주앙에 상륙한 뒤 병사를 모아 3월 20일 파리에 입성하는 데 성공한다. 하지만 나폴레옹은 6월 18일 지금 벨기에 영토에서 벌어진 워털루 전투에서 영국의 웰링턴 장군과 프러시아의 브뤼헤 장군에 패배하면서 대서양의 외딴 섬 세인트헬레나로 다시 보내진다.

그런데 바로 그 해 3월 10일 영국에서는 곡물 수입에 대해 관세를 매기는 곡물법corn law이 보수적인 토리당의 리버풀 내각이 이끌던 하원 의회에서 통과되었다. 연이어 상원에서는 3월 20일 통과된다. 콘corn이라 하면 우리는 보통 옥수수를 연상하나, 이 법에서는 훨씬 광범위하여 옥수수, 보리, 콩 등 여러 곡물을 의미한다. 당시 상황을 들여다보자.

1800년대 당시 나폴레옹은 영국을 위협하는 무서운 존재였다. 함대를 이용해 영국 본토에 상륙하려고 했다가 영국 공격이 여의치 않자 1806년 대륙봉쇄령을 선포하여 나폴레옹 치하의 유럽 대륙 국가들은 영국과 무역을 하지 못했다. 곡물 생산이 부족한 영국은 수입이 막히자 곡물 가격이 폭등하였고 노동자들은 큰 곤경에 빠졌다. 공장을 운영하는 기업가들도 노동자들의 생활비가 오르기 때문에 임금을 더 많이 주어야 했다. 반면 곡물 가격 상승으로 땅을 소유하고 있던 지주들은 큰 이득을 얻었다. 지주는 자신의 땅을 빌려 농업을 하는 사람으로부터 받은 곡물을 팔아 많은 이득을 취했고, 토지 가격 상승으로 재산도 늘었던 것이다. 이처럼 당시 곡물 수입과 가격은 사회 계급에 따라 이해관계가 첨예하게 갈렸다. 이런 상황에서 당연히 지주는 곡물 수입규제를 찬성했고, 노동자와 산업자본가들은 반대했다.

1812년 나폴레옹이 러시아 원정에 실패하면서 대륙봉쇄령이 해제된다. 그리고 2년 후 나폴레옹이 라이프치히 전투에서 패배해 엘바섬으로 귀양을 가면서 곡물 수입이 재개되어 영국에서 곡물 가격이 큰 폭으로 하락한다. 곡물 가격 하락으로 노동자와 산업자본가들은 좋았지만 지주계급은 일정 가격 이하로는 곡물 수입을 금지하라고 영국 의회를 압박한다. 그래서 지주계급의 이익을 대변하던 보수정당인 토리당은 1815년 마침내 곡물법을 의회에서 통과시킨다. 1773년에 제정되었던 곡물법을 근거로 하여 곡물 가격이 밀 1쿼터당 가격이 80실링으로 오를 때에만 곡물 수입을 허가한다는 내용이었다. 물론 이러한 가격 조건은 사실상 곡물 수입의 전면적 금지나

마찬가지였다. 이 곡물법은 그 후 30년 동안 계속 유지되어 오다가 1845년 아일랜드에 대기근이 발생하여 아사자가 속출하고 곡물 가격이 폭등하면서 1846년에 폐지된다.

1814~1815년 당시 정치가와 식자층 사이에서 곡물법을 둘러싸고 큰 논쟁이 붙었을 때 혜성같이 등장한 경제학자가 바로 데이비드 리카도David Ricardo: 1772~1823였다. 리카도는 지주계급의 토리당이 아니라 부르주아계급의 휘그당 편이었다. 부당한 곡물법을 폐지하여 곡물 가격을 크게 낮추어야 한다고 주장한 것이다. 그는 어떤 논리로 곡물법 폐지를 주장했을까?

리카도가 보기에 곡물법의 최대 수혜자는 지주계급이었다. 그리고 지주계급은 비생산적 계급이었기에 곡물법은 영국 경제발전을 가로막는 나쁜 제도였다. 특히 그는 자신이 폈던 두 국가의 비교생산비에 근거한 비교우위론에 입각하여 국가 간에 자유무역을 해야 서로 이익을 보는데 곡물법이 자유무역을 저해한다고 판단했다. 리카도는 한 나라가 다른 나라보다 모든 상품을 더욱 저렴한 비용으로 생산할 수 있다고 하더라도 두 나라는 저마다 생산을 특화하여 무역을 하는 것이 쌍방에게 유리하다고 주장했다.

경제 계급 간 분배이론을 정립한 데이비드 리카도

리카도의 최대 관심은 주요 경제 계급인 노동자, 자본가, 지주 간에 생산물이 어떻게 분배되는가에 대한 것이었다. 노동자는 노동력을 팔아 임금wage을 받고, 자본가는 기업을 운영하여 이윤profit을 얻고, 지주는 자신이 보유한 땅을 빌려주어 임대료로 지대rent를 받는다. 리카도가 살던 시절에 신흥자본가는 급부상하고 있었지만 여전히 귀족 중심의 대지주들이 경제의 큰 손이었다. 대지주들은 자본주의 사회에서 무서운 속도로 부상하고 있는 자본가를 억누를 방법을 모색하느라 여념이 없었다. 그래서 리카도는 정부의 정책 변화가 경제 주체 간에 어떤 갈등을 일으키는가를 파고들었다.

우선, 리카도는 토지의 생산성에 따라 토지 소유자가 받는 지대가 다르다는 사실에 주목했다. 즉 좋은 토양에서는 곡물이 더 많이 생산되므로 그런 토지를 임차하여 농장을 경영하는 사람은 더 많은 수익을 내므로 그 토지 소유자는 더 많은 지대를 받을 수 있었다. 토지 생산성이 좋은 토지를 보유하는 지주는 토지 생산성이 낮은 지주에 비해 지대를 더 받는다는 것이 바로 차액지대론differential rent이다.

경제 상황이 좋아지면 상품 수요가 늘기 때문에 자본가들은 자본 축적은 물론이고 새로운 공장과 상점을 만든다. 토지 수요가 늘면 과거에는 사용하지 않았던 생산성 낮은 토지도 개척해 사용하게 된다. 따라서 기존의 지주가 받는 지대는 계속 올라가 지주는 더욱 부자가 된다. 반면에 자본가는 지주에게 지불해야 하는 지대 비용이 늘어나니 제대로 부를 축적하기 힘들게 된다.

경제가 확대되면 노동자 상황은 잠시 나아질지 모르지만 시간이 좀 지나면 원래 수준으로 다시 돌아가 버린다. 리카도는 애덤 스미스의 논지를 이어받아 상품 가치는 상품 생산에 필요한 노동력의 양에 의해 정해진다고 믿었다. 이른바 노동가치설이다. 그런데 노동의 가격에 해당되는 임금은 한 사람의 노동자와 그 가족이 살아가는 데 필요한 의식주 등 모든 상품 가격에 의해 결정된다. 생필품 가격이 상승하면 노동자의 명목임금도 상승하지만 물가를 반영한 노동자의 실질임금은 여전히 변하지 않으므로 노동자의 수준은 예전과 같다.

경제가 확대되면 노동 수요가 계속 늘기 때문에 노동자의 임금이 오른다. 하지만 생활이 풍족해지면 사람들은 출산을 더 많이하므로 가족 수 증가로 생활비가 더 늘어 일인당 소득수준은 제대로 오르지 못한다. 더구나 아이들이 크면 노동자 공급이 늘어나므로 임금은 다시 하락세를 면치 못한다. 당시에는 어린이 노동자가 많았다. 이처럼 경제가 확대되면, 개미처럼 열심히 일하는 자본가와 노동자는 별 이득을 보지 못하는 반면에, 베짱이처럼 아무 일도 하지 않는 지주는 모든 이득을 챙겨간다.

리카도 이후에 자본주의 국가의 소득분배 상황은 금방 좋아지지 않았다. 하지만 자본가들은 지속적인 혁신을 통해 부를 축적했고 귀족들로부터 토지를 매입해 부를 늘려 나갔다. 정부는 사회 폭동이 일어나지 않도록 노동자가 받는 최저임금 수준을 점차 올리고 법정 최대 노동시간을 줄여 가면서 노동자 상황은 조금씩 개선되었다. 더구나 영국은 19세기 후반 들어 곡물법 폐지로 자유무역이 활성화되면서 곡물 가격도 떨어져 노동자의 실질 임금도 상승해 나갔다.

이처럼 경제학에서 성장과 분배는 영원한 숙제이다. 파이를 키우는 성장 이슈도 중요하지만 파이를 나누는 분배 이슈 또한 매우 중요하다. 경제학자 애덤 스미스는 거시경제학 이슈인 성장이론에 주력했다면 리카도는 미시경제학 이슈인 분배이론에 주력했다.

절친의 압력을 받아 쓰게 된 《정치경제학 및 과세의 원리》

리카도가 경제학에 관심을 갖게 된 것은 1799년 27세에 온천휴양지 바스Bath에서 휴가를 보낼 때였다. 무료하게 시간을 보내던 리카도는 애덤 스미스의 《국부론》을 우연히 접하게 된다. 당시 리카도는 주식중개인으로 활동해 현실 경제에 대해 상당히 많이 알고 있었다. 그렇게 리카도는 《국부론》을 독파하면서 경제학에 대한 관심이 크게 늘며 경제를 분석하는 이론 틀이 머리에 잡히기 시작했다.

1809년부터 리카도는 신문에 통화, 물가상승, 무역, 세금 등 경제 이슈에 대해 칼럼을 기고하면서 경제평론가로 유명해진다. 그의 글은 명쾌하고 진지해서 많은 사람들로부터 인기를 끈다. 리카도의 후원자였던 제임스 밀 덕분에 리카도는 정치경제학클럽Political Economy Club 회원으로도 활동한다.

제임스 밀은 리카도에게 짤막한 칼럼만 쓰지 말고 본격적으로 책을 쓰라고 권유를 한다. 다소 두꺼운 책을 쓰다보면 자신의 논리를 가다듬어 이론 틀을 정립하게 되기 때문이다. 이렇게 해서 나온 책이 1817년에 출간된 《정치경제학 및 과세의 원리》이다. 리카도는 현실 문제를 꿰뚫고 있었고 똑똑했지만 학교를 제대로 나오지 못했기 때문에 책을 쓰는 것에 대해 상당히 부담감을 가졌다고 한다. 책을 집필하는 와중에도 과연 자신이 책을 마무리할 수 있을까 회의를 많이 품기도 했다. 하지만 결국 그의 책은 대단한 인기를 끌게 된다. 2년 후인 1819년 리카도는 제임스 밀의 강력한 권고로 하원의원으로 출마해 선출된다. 그의 경제이론은 이제 단순히 글에 그치지 않고 정계에서도 힘을 발휘하게 된 것이다.

데이비드 리카도에 대한 후세의 평가

리카도는 《정치경제학과 과세의 원리》를 통해 비교생산비, 상대적 비교우위, 차액지대, 노동가치 이론을 주장했다. 이런 이론들은 모두 합쳐져 고전학파 경제학, 특히 분배이론 정립에 크게 기여한다. 애덤 스미스가 성장이론의 창시자라면 리카도는 분배이론의 창시자인 셈이다. 분배이론은 그 후 제임스 밀의 아들인 존 S. 밀에 의해 더욱 정교화 되면서 고전학파 경제학이 완성된다. 고전학파 경제학에 이어 수요 측면의 이론을 크게 강화한 한계효용학파 경제학자(멩거, 제번스, 발라스)들에 의해 1870년대에 신고전학파 경제학이 만들어지며 알프레드 마셜이 이를 집대성한다.

리카도가 주장한 노동가치설은 시간이 지나도 노동자의 임금은 오르지 못해 결국 착취만 당한다는 논리로 개발되어 마르크스에게 지대한 영향을 미친다. 그래서 "만일 마르크스와 레닌이 혁명의 영웅 화랑에서 흉상으로 놓인다면, 그 배경 어딘가에 리카도의 초상을 놓아둘 자리가 있어야 마땅하다."라는 말도 나왔을 정도다.

리카도는 나중에 어떤 비판을 받았을까? 첫째, 가격 결정 요소로 수요 측면을 완전히 무시하고 생산비 특히 임금에 의거한 공급 측면만을 고려했다. 이러한 한계는 나중에 제번스나 멩거 같은 한계효용학파 경제학자들에 의해 극복된다. 둘째, 리카도는 '생산된 상품은 모두 팔린다'는 당시 프랑스의 자유주의 경제학자 장바티스트 세이가 주장한 세이의 법칙을 고수했다. 리카도의 논적이었던 맬서스가 주장한 바와는 달리 수요 부족으로 불황이 발생한다는 것을 인정하지 않았다. 수요 부족에 의한 경기 불황론은 100년이 지난 1930년대에 케인스에 의해 다시 지지를 받는다.

종합한다면, 리카도는 이른바 거시경제학 분야에서는 많은 것을 놓쳤다 하더라도 미시경제학 분야에서는 탁월한 분석력과 통찰력을 발휘한 경제학자였다. 그리고 그는 경제이론에만 함몰되지 않고 증권투자가, 경제평론가, 국회의원으로도 활발하게 활동한 마당발 경제학자였다.

데이비드 리카도와 토머스 맬서스의 오랜 친분

흥미로운 사실은 당시 신문을 통해 서로 상대방을 비판했던 리카도와 맬서스가 매우 친해졌다는 점이다. 친한 관계를 넘어서 서로 신뢰를 하는 수준이었다. 리카도는 포르투갈과 네덜란드를 거쳐 영국으로 온 유대인 이민자의 아들로 20대 중반에 주식중개인으로 이미 성공한 부자였다면, 맬서스는 유서 깊은 가문 출신으로 영국 국교회 소속의 성직자였다.

리카도는 1809년 일간지 〈모닝 크로니클〉에 금괴의 가격 문제에 대해 글을 쓴 적이 있다. 이 기고를 본 맬서스는 주장하는 바가 서로 다르지만 한 번 만나 이야기를 나눠보자고 리카도에게 제안을 하여 처음으로 만나게 된다. 그 후 두 사람은 정치경제학클럽에도 가입하여 평생지기가 되었다. 맬서스는 지주계급을 변호하고 리카도는 부르주아지를 변호하는 입장이었기에 수시로 충돌했지만 서로 신뢰했다. 맬서스가 1820년에 《정치경제학 원리 Principles of Political Economy》를 발간했을 때 리카도는 그 책의 결함을 지적하려고 220여 쪽 분량의 노트를 작성하기도 했다. 물론 선의적 도움이었다.

데이비드 리카도
(David Ricardo; 1772~1823)
출처 : wikipedia.org

1823년 51세 때 귀 감염으로 리카도가 갑자기 먼저 죽게 된다. 이때 유산을 남겼는데, 유산 상속인 세 명 중에 맬서스가 포함되었을 정도로 친분이 깊었다. 가족이 아니라 다른 사람에게 유산을 남긴다는 것은 매우 이례적인 일이 아닐 수 없다. 리카도가 임종을 앞두고 맬서스에 쓴 편지를 보자.

"사랑하는 맬서스, 나는 이제 끝났습니다. 다른 논쟁자들로 그렇겠지만 많은 토론을 통해서 우리는 각자의 의견을 고수해 왔습니다. 그러나 이러한 논쟁이 결코 우리의 우정에는 영향을 미치지 못할 것입니다. 당신이 나의 의견에 동의한다고 해서 지금보다 당신을 더 좋아하지는 않을 것입니다."

❸ 꼴통보수
토머스 맬서스

1790년대 정치사회 상황

우리는 별로 의식하고 있지 않지만 알고 보면 많은 선입견에 휩싸여 살고 있다. 아버지는 으레 보수적이고 아들은 진보적이라는 것도 그 중 하나다. 이런 선입견과는 달리 아버지보다 아들이 오히려 보수적인 집안도 있다. 《인구론》의 저자인 토머스 맬서스Thomas Robert Malthus: 1766~1834가 바로 그런 경우다.

아버지 다니엘 맬서스Daniel Malthus는 귀족은 아니었지만 부유한 지주 계급으로 당시 유럽을 휩쓸던 계몽사상을 열렬하게 신봉하는 진보파였다. 프랑스의 유명한 계몽사상가인 볼테르나 장자크 루소와 편지를 자주 주고받는 절친한 관계였다. 아들 토머스 맬서스가 태어나고서 3주 후에는 대부였던 루소와 데이비드 흄이 집에 직접 방문해서 축하해 주었을 정도였다. 아버지는 당시 신사들처럼 여가를 즐기고 호기심이 많았으며 지적인 대화 나누기를 좋아했다. 교육열이 높았기에 아들을 대학에 보내려고 훌륭한 가정교사를 네 명이나 두었다. 그 중 한 사람으로 산소를 발견하고 소다수를 발명한 영국의 화학자이자 목사인 조지프 프리스틀리Joseph Priestley도 있었다. 프리스틀리는 과학기술에 관심이 많은 지식인들의 모임인 버밍엄 만월회Lunar Society of Birmingham의 멤버였다. 제임스 와트, 매튜 볼튼, 에라스무스 다윈, 조시아 웨지우드도 함께 활동했다.

당시 유럽 상황은 어땠을까? 1793년은 프랑스에서 혁명이 불길처럼 번져 루이 16세가 처형되고, 영국과 프랑스 간에 전쟁이 벌어지던 해였다. 이런 혼란 속에서도 일부 설교자와 작가들은 폭풍 뒤에 고요가 찾아오듯이 머지않아 정말로 평화롭고 풍요로운 시대가 다시 올 것이라고 말하고 다녔다. 성직자이자 팸플릿 작가였던 윌리엄 고드윈William Godwin: 1756~1836은 미래의 유토피아 세계가 오면 완전한 평등, 재산계약 철폐도 이루어지리라 낙관론을 폈다.

윌리엄 고드윈은 1793년에 펴낸 《정치적 정의와 그것이 일반 미덕과 행복에 미치는 영향에 관한 고찰An Enquiry Concerning Political Justice, and Its Influence on General Virtue and Happiness》에서 인간은 완벽해질 수 있으며, 부단히 향상·발전할 수 있다고 믿었다. 또 진리는 전능하므로 인간은 자신을 더 행복하고 이웃과 조화를 이룰 수 있는 존재로 탈바꿈시킬 수 있다고 생각했다. 즉 모든 인간은 열정을 가지고 인류를 위해 선善을 추구한다는 것이다. 더구나 그는 가난한 사람을 돕기 위해 국가자원을 재분배하자고 주장했다. 장래에는 전쟁도 범죄도 없고, 사법행정도 정부라는 것도 없고, 질병, 고뇌, 우울증, 분노도 사라진다며 지나친 낙관론을 폈다.

프랑스 철학자이자 수학자인 콩도르세Marquis de Condorcet; 1743~1794 역시 유토피아 지지자였다. 1794년에 발간된 《인간 정신의 진보에 관한 역사적 개요Sketch for a Historical View of the Progress of the Human Mind》에서 유토피아 견해를 피력했다. 생활수준을 올리기 위해 사회개혁을 하자고 주장했다.

영국 개혁신학자였던 윌리엄 페일리William Paley: 1743~1805는 인구 증가는 총체적인 행복을 증대시키므로 인류에게 좋은 징조이며 반대로 인구 감소는 한 나라가 겪을 수 있는 가장 큰 불행이라고 주장했다. 그래서 당시 경제성장에는 무엇보다 노동력 확충이 중요하다고 생각한 영국의 윌리엄 피트 수상은 부양 자녀에 대해 빈민구제수당을 두 배로 지급하는 법안을 도입하기도 했다.

낙관·진보 아버지 vs 비관·보수 아들

맬서스 부자는 숲길 산책을 하면서 대화를 나누는 것을 즐겼다. 산책하면서 앞서 언급한 고드원 - 콩도르세 - 페일리의 유토피아적 견해에 대해 서로 설전을 벌이곤 했는데, 아버지는 유토피아적 견해에 찬성하고 아들은 반대했다.

진보적인 아버지와는 달리 아들은 계몽주의 사상과 낙관주의적 사고를 철저히 불신했다. 아나키스트였던 고드원과 낙관주의자였던 콩도르세는 인간의 완전성을 믿었고, 기존의 법률과 제도의 진보를 방해하는 가장 큰 장애 요인은 사유재산제도의 경제적, 정치적 불평등에 있다고 보았다. 하지만 토머스 맬서스는 사회의 비참함과 빈곤은 인간이 만든 나쁜 제도 때문이 아니라 오히려 인간의 왕성한 번식능력 때문에 생긴다고 보았다. 과도한 번식력으로 인구가 늘어나면 식량이 부족해 빈곤과 기아가 확산되어 결국 인구가 줄어들게 된다는 것이다. 인구가 줄어들어 잘 살게 되면 인간은 다시 출산을 늘리는 악순환을 되풀이한다. 나중에 '맬서스의 덫'이라 불리는 이러한 순환이론은 인간이 지닌 워낙 냉혹한 자연법칙이라 이 굴레에서 벗어나기란 매우 어렵다는 주장이었다.

아버지가 감상에 빠진 공상가라고 확신한 아들은 자신의 견해를 밝히고자 《인구론》 집필에 착수했다. 그런데 이 팸플릿의 내용이 생각보다 좋자 아버지는 아들의 책을 익명으로 1798년에 출간해 주었다. 당시 아들 토머스 맬서스의 나이는 32살이었다. 자신보다는 아들을 사랑하는 정말 진보적 아버지다운 행동이었다. 다니엘 맬서스는 아들의 《인구론》 출간을 도와주고 2년 후인 1800년에 사망했는데 〈젠틀맨스 매거진 Gentleman's Magazine〉은 그를 '문자 그대로 기인'이었다고 소개했다.

토머스 맬서스의 역작 《인구론》

《인구론》의 원제는 《미래사회의 개량에 영향을 미치는 인구의 원리에 관한 연구 및 고드윈, 콩도르세 그리고 다른 여러 작가들의 생각에 대한 논평》이다. 고드윈과 콩도르세의 낙관적이고 진보적인 견해를 반박하려고 맬서스는 이 책을 썼다.

맬서스에 의하면 인구 수는 식량의 양에 의해 결정된다. 식량은 땅에서 나오는데 농작지 증대에는 한계가 있고 노동과 비료를 많이

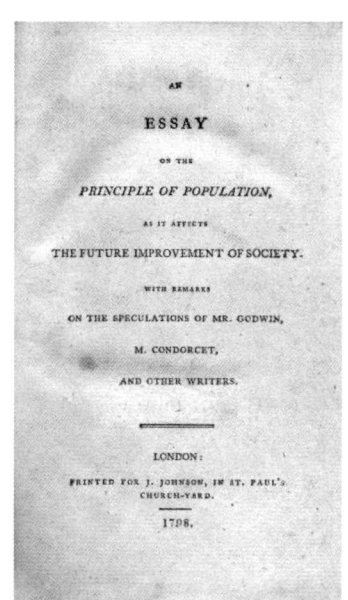

토머스 멜서스 《인구론》 속표지.
《An Essay on the Principle of Population》
J. Johnson, London, 1798.
출처: 리즈 대학교 도서관

투입해도 식량 생산은 산술급수적으로 증가할 뿐이다. 반면에 인구는 제대로 통제하지 않으면 기하급수적으로 늘어난다. 즉 식량 생산은 1, 2, 3, 4, 5, 6로 늘어나는데 인구는 1, 2, 4, 8, 16, 32로 훨씬 빨리 늘어난다는 것이다. 따라서 어떤 이유에 의해 인구가 늘면 식량 생산이 좀 늘어도 일인당 식량이 줄어들어 결국 기아가 발생해 인구는 줄어들 수밖에 없다.

이러한 견해를 지닌 맬서스는 당시 빈민구제법poor relief을 강력하게 규탄한다. 지금으로 말하면 빈민구제법은 국민건강보험제도나 사회보장제도에 해당되는데 이런 시혜적인 복지정책이 실시되면 빈민층은 다시 출산을 늘리게 되므로 국가에 이롭지 못하다는 것이다. 맬서스의 이런 견해는 빈민에게는 무척 나빴지만 부자들로부터는 대대

토머스 맬서스
(Thomas Robert Malthus; 1766~1834)
출처 : commons.wikimedia.org

적인 환영을 받았다. 저자 이름을 밝히지 않은 《인구론》이 발간되자 많은 반론이 일었는데 반론을 편 소책자가 무려 20권이나 발행되었다. 30대 초반의 영국국교회 목사로서 문제작 《인구론》을 쓴 맬서스의 실명은 나중에서야 공개되었다.

맬서스의 주장은 당시 지주계급을 포함해 상류계급의 입맛에 딱 맞았다. 요즘 표현을 이용하자면 맬서스는 한마디로 '꼴통보수'였다. 시간이 지나며 맬서스는 자신의 논적이었던 페일리를 자신의 편으로 만들었고, 사회 분위기를 단숨에 바꾸는데 성공했다. 고드윈은 맬서스가 진보를 믿는 동료들 수백 명이나 반동주의자로 바꾸었다고 투덜댔다.

익명의 팸플릿 형태로 책을 일단 출간했던 맬서스는 그 후 6년 동안 러시아, 프랑스, 스위스, 북유럽 국가들을 방문하고 통계를 광범위하게 보완하여 보다 체계적인 《인구론》 개정판을 1804년에 출간한다. 그가 38세로 결혼을 했던 연도이기도 하다. 맬서스는 자신의 주장대로 자손을 적게 낳기 위해 일부러 늦게 결혼을 한 것은 아닐까?

 맬서스는 대중의 생활수준이 최저 생계 수준보다 높아지면 성적 억제력을 갖추지 못한 사람들이 부양할 수 없는 아이들을 마구 낳고, 음주, 도박, 방탕으로 빈곤을 자초한다고 주장했다. 혼인연령을 늦추거나 도덕적 억제를 하라고 계몽을 할 수는 있으나 이런 예방적 억제책은 한계가 있다고 했다. 그대신 구빈법을 철폐하여 유아 사망률 높이기, 기아로 죽는 사람을 늘리는 적극적 억제가 필요하다고까지 주장했다. 다시 말하면, 대중의 빈곤은 신의 섭리라서, 인간의 제도로는 빈민 구제가 불가능하다고 보았다. 신은 기아, 팬데믹pandemic, 전쟁, 천재지변 등 온갖 재앙을 통해 인구를 자연스럽게 조절한다는 것이다. 맬서스가 남겼던 글을 보자.

"기근이라는 무서운 형태의 재난을 두려워한다면 우리는 자연을 위해 다른 형태의 파멸을 부지런히 준비해 두어야 한다. 빈민에게는 청결함을 권고하지 말고 반대의 습관을 장려해야 한다. 도시의 거리는 더 좁게 만들고 집집마다 더 많은 사람이 북적거리게 하고 전염병이 잘 돌도록 유인해야 한다. 시골에서는 썩은 연못 근처에 마을을 만들고 특히 불결한 늪지대에 정착하도록 해야 한다. 인간을 황폐화시키는 질병을 특별히 퇴치하려는 것을 비난해야 한다. 또 무질서를 추방하려는 계획을 추진함으로써 인류에 봉사하겠다는 자비롭지만 잘못된 생각에 사로잡힌 사람들을 비난해야 한다. 이렇게 해서 매년 죽는 사람이 늘어나면 아마도 우리는 모두 사춘기에 결혼해도 되고 완전히 굶어 죽는 사람도 별로 없을 것이다." - 토머스 맬서스

맬서스는 책 발간 이후 선풍적인 인기에 힘입어 이듬해인 1805년 당시 갓 설립된 동인도회사칼리지East India Company College 교수로 임용되는 행운을 얻는다. 하트퍼드셔의 헤일리버리Haileybury에 있는 이 학교는 동인도회사에 근무하는 직원들을 양성하기 위한 목적을 가진 대학교육 수준의 학교였는데 역사와 정치경제를 가르치는 정치경제학 교수가 된 것이다. 영국 최초였다. 맬서스는 이 학교에 재직하면서 《정치경제학 원리Principles of Political Economy》를 집필해 1820년에 발간한다. 제임스 밀과 아들 존 S. 밀이 오랫동안 근무했던 동인도회사는 보수도 좋고 안정적이어서 인기가 좋았다. 세 사람 중 누구도 인도에 간 적은 없다.

1820년대 들어 맬서스는 여러 학회에 참여하며 더욱 유명해진다. 우선 1821년에 리카도, 제임스 밀과 함께 정치경제학클럽의 창립 멤버가 되었고, 1824년에는 왕립문학학회Royal Society of Literature의 멤버가 되고 1827년에 창립된 통계학회Statistical Society의 펠로우가 된다.

하지만 시간이 지나며 맬서스는 점차 인기를 잃어갔다. 리카도의 예리한 논리에 많이 밀렸고, 지주계급의 이해관계를 대변하느라 당시 거론되던 사회적 이슈에 대해 지나치게 보수적인 입장을 취했기 때문이다. 맬서스는 노예제도, 유아 살해를 옹호했고 무료 식당, 조기결혼, 교구 빈민구호금, 노동계급을 위한 주택건설 계획도 반대하고 비난했다. 또한 조기결혼은 출산을 늘리므로 인류를 더욱 불행하게

하고 출산을 늘리는 자선도 해주어서는 안 된다는 논리를 폈다. 꼴통 보수로 손색이 없었다.

19세기 영국 인구 추이

실제 영국 인구 추이를 한 번 보자. 잉글랜드, 웨일스, 스코틀랜드 인구를 모두 합친 영국 인구 조사에 의하면, 1801년 영국 인구는 1,050만 명이었는데 1851년에 2,082만 명, 1901년에는 3,700만 명으로 늘어났다. 맬서스의 비관적인 예측을 완전히 뒤집는 숫자다.

지도제작자인 그레고리 킹Gregory King: 1648~1712은 호별세 납부 기록과 세례자 등록대장을 토대로 1696년 잉글랜드와 웨일스의 인구를 조사했는데 인구는 550만 명에 가깝다고 발표했다. 그러니까 1696년부터 1801년 사이의 100년 가까운 기간 동안 잉글랜드와 웨일스 인구는 339만 명 늘어났던 것이다.

19세기 말 들어 인구가 계속 늘어나자 맬서스의 비관론을 신봉하는 사람들이 실제로 생겨났다. 19세기 말 프랑스에서 폴 로뱅 등 무정부주의 사상가들이 구상하고 옥타브 미르보가 대중화한 이른바 신맬서스주의Neo-Mathusianism였다. 인구과잉, 과소비로 인해 자원이 고갈되고 환경 악화로 생태계 붕괴가 우려되므로 인구성장률을 경제성장률보다 낮게 유지하자고 주장했다. 인구 억제를 위해 가족계획을 해법으로 내세웠다.

맬서스가 주장한 《인구론》의 핵심은 사실 현재도 저개발국에는 잘 해당된다. 하지만 선진국은 그런 덫에 걸리지 않고 높은 수준의 일인당 소득을 올리고 있다. 물론 이렇게 된 데에는 기술 혁신에 의

〈표〉 100년간 영국 인구 추이

(단위: 만 명)

연도	잉글랜드 · 웨일스	스코틀랜드	계
1801년	889	161	1,050
1811년	1,016	181	1,197
1821년	1,200	209	1,409
1831년	1,390	236	1,626
1841년	1,591	262	1,853
1851년	1,793	289	2,082
1861년	2,007	306	2,313
1871년	2,271	336	2,607
1881년	2,597	374	2,971
1891년	2,900	403	3,303
1901년	3,253	447	3,700

해 식량 공급을 크게 늘리는 녹색혁명이 크게 기여했다. 피임기술의 발전도 산아 제한에 크게 기여했다. 결국 맬서스의 예측은 선진국에 들어맞지 않았다.

영국 경제학자들의 긴밀한 인맥

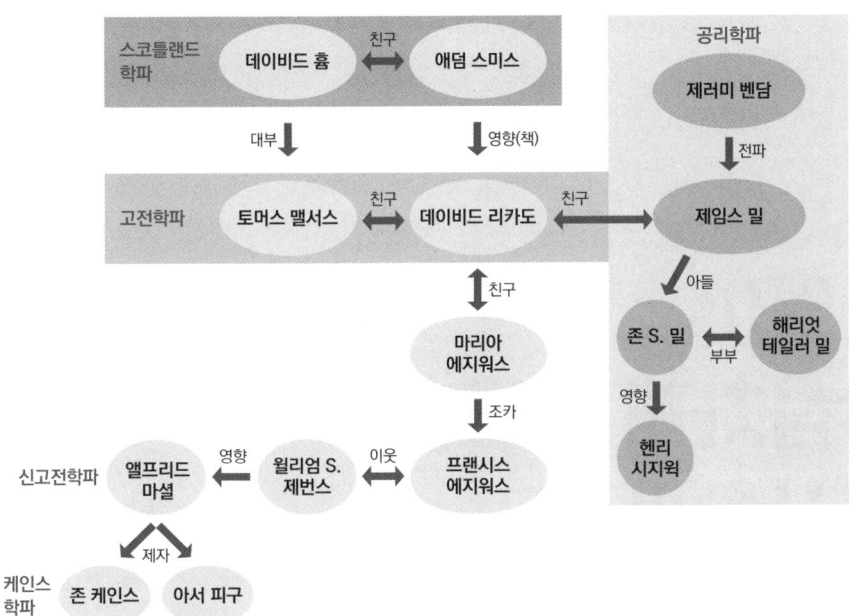

〈그림〉 영국 경제학자들의 상호 관계

영국에서 시작한 경제학파는 많다. 스코틀랜드학파, 고전학파, 공리학파, 신고전학파, 케인스학파가 모두 영국에서 시작되었다. 미국으로 주도권이 넘어갈 때까지 영국이 압도적이었다. 그런데 이들 학파에서 활동한 영국 경제학자들은 개인적으로 서로 얽히고설켰다. 친구, 제자, 대부, 아들, 조카, 이웃 등등의 관계로. 학파란 기본적으로 가까운 사람들로 이루어지는 만큼 어찌 보면 당연하다.

#경제발전단계설 #관방학 #낭만학파 #보호무역론
#유치산업론 #독일경제학 #비스마르크
#강단사회주의자 #사회정책 #개신교윤리

◆ 7강 ◆

독일이
야심차게 주도한
역사학파

유럽을 동, 서, 남, 북, 중유럽으로 나눈다면 독일은 중유럽의 패권국가다. 중유럽에는 현재 독일, 오스트리아, 폴란드, 체코, 슬로바키아, 헝가리가 들어간다. 19세기 후반과 20세기 초반 독일제국과 오스트리아 헝가리 제국에 해당된다. 그러나 막상 경제학 분야를 보면 노벨경제학상 수상자는 독일인 한 명에 불과하다. 영국과 미국이 주도하는 주류경제학에서 밀렸기 때문이다. 하지만 19세기 후반에 독일은 남부럽지 않은 역사학파 경제학의 맹주였다. 방법론에서 추상화는 약했지만 엄밀한 자료 분석으로 사회경제정책을 개발해 당시 독일을 후진국에서 선진국으로 발돋움하는 데 크게 기여했다.

1 독일 역사학파의
출현 배경

경제발전 단계설

19세기에 독일 학자들은 경제발전 단계설을 많이 개진했다. 예를 들면, 프리드리히 리스트는 생산형태를 기준으로 야만 - 목축 - 농업 - 농공업 - 농공상업 5단계를 제시했다. 카를 뷔허는 재화가 생산자에서 소비자에게 이르는 과정을 중심으로 가족경제 - 도시경제 - 국민경제를, 브루노 힐데브란트는 교환수단을 기준으로 자연경제 - 화폐경제 - 신용경제 단계를 주장했다. 다른 학자들도 나름대로의 기준에 입각해 다양한 경제발전 단계설을 내놓았다.

영국인 애덤 스미스도 《법학 강의》 같은 초기작에서는 인류의 역사를 수렵 - 목축 - 농경 - 문명 단계로 나누기도 했다. 그런데 과거에 이런 경제발전 단계설을 제시한 사람의 상당수는 독일인이었고, 이중에서도 19세기 후반에 활동했던 독일 역사학파 학자들이 제일 많았다. 왜냐하면 추상적 이론이 아니라 구체적 역사를 통해 국민경

〈표〉 학자별 경제발전 단계설

학자	기준	경제발전 단계
프리드리히 리스트	생산형태	야만 - 목축 - 농업 - 농공업 - 농공상업
브루노 힐데브란트	교환수단	자연경제 - 화폐경제 - 신용경제
구스타프 슈몰러	정치조직	촌락경제 - 도시경제 - 영역경제 - 국민경제 - 세계경제
카를 뷔허	재화가 생산자에서 소비자에게 이르는 과정	가족경제 - 도시경제 - 국민경제
카를 마르크스	생산양식	원시공산제 - 고대노예제 - 중세봉건제 - 근대자본주의 - 공산주의
베르너 좀바르트	생산이 개인에서 사회로 전환 정도	개인경제 - 과도경제 - 사회경제

제학 체계를 만들려고 노력했기 때문이다. 19세기 초반까지 영국이나 프랑스에 비해 경제수준이 떨어져 있던 독일은 선진국에서 정립한 경제이론으로는 자신들의 경제문제를 제대로 해결하기 어렵다고 여겼다. 물론 남을 따라 하지 않겠다는 독일인의 자부심도 은근히 작용했다.

영국의 자유무역에 반대한 독일의 보호무역

19세기 당시 경제력이 최고였던 영국은 자유무역을 주장했지만, 독일은 영국식 노선을 밟다가는 산업 경쟁력을 잃으므로 보호무역을 해야한다고 주장했다. 또 개인의 자유와 이기심을 부추기고 기업에게 지나치게 자율을 주면 사회나 국가의 공익성을 해치므로 정부가 사회 전체를 위한 사회정책을 펼쳐야 한다는 입장을 취했다. 특히 19세기 후반 비스마르크가 집권하던 시대에는 사회정책학회가 주도하던 역사학파의 입김이 더욱 거셌다. 이런 역사학파가 영국, 프랑스, 미국에도 있었으나 독일에서 가장 활발했다. 독일 역사학파는 낭만학파, 구역사학파, 신역사학파, 역사사회학파 등 4단계에 걸쳐 진화 발전했다.

우리는 무역이론과 정책 하면 자유무역과 보호무역을 가장 먼저 머리에 떠올린다. 자유무역은 수입품에 대한 무관세나 저관세를 기본으로 하여 정부가 가격과 물량 측면에서 무역을 통제하지 않은 것을 말한다. 반대로 보호무역은 자국을 보호하기 위해 수입에 대해서는 고관세를 매겨 국내가격을 높이거나 수입량을 제한하고, 여러 지원책으로 수출을 진흥시킨다.

자유무역은 상품에 대해 경쟁력을 갖춘 선진국이 주로 취하는 정책이고, 보호무역은 경쟁력이 부족한 후진국이 주로 취한다. 19세기 영국 고전학파 경제학자들이 주장했던 자유무역주의는 당시 영국 제품의 경쟁력이 뛰어났기에 자신들에게 유리했다. 물론 무역으로 양국의 후생 수준이 함께 올라가는 것은 사실이지만, 경쟁력이 떨어지는 상품이 많은 후진국이 부가가치가 적은 상품만 생산, 수출하려고 하면 무역적자가 누적되어 국가의 외환보유고가 감소한다. 역사학파는 자유방임주의에 반대하니 중상주의와 일맥상통한다. 역사학파의 대표 주자였던 구스타프 슈몰러는 실제로 중상주의를 긍정적으로 해석하는 글을 발표했다.

영국의 고전학파에 반대한 독일의 역사학파

역사학파가 자유무역을 비판하고 보호무역만 옹호했던 것은 아니다. 고전학파의 노동가치설이나 신고전학파의 한계효용이론처럼 현실감 없는 이론의 지나친 일반화, 추상화도 배격했다. 구역사학파는 고전학파를, 신역사학파는 신고전학파를 공격했다. 경제학 연구방법에서는 연역법이 아니라 귀납법을 추구했다. 역사에 관심을 가지고 방대한 사료를 수집하고 정리하면 자연스럽게 일반화가 이루어지면서 참다운 경제이론을 얻을 수 있다고 보았다.

신역사학파의 거장 슈몰러는 오스트리아의 멩거를 상대로 하여

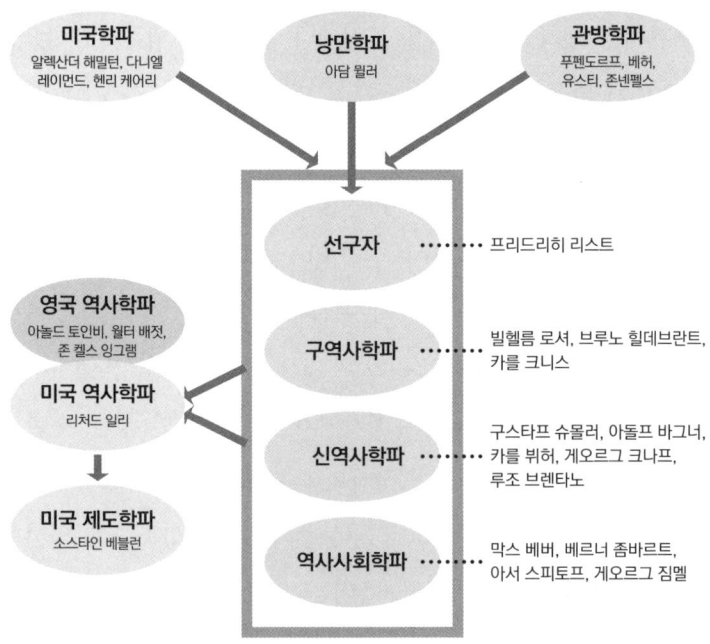

〈그림〉 19세기 독일 역사학파 계보

경제학 방법논쟁을 치열하게 벌였다. 멩거는 자료만 수집한다고 되는 것이 아니라 올바른 관점을 가져야 세상을 제대로 볼 수 있다고 강조했다. 슈몰러의 논리는 이론을 현실의 복사로 규정하는 모사이론이나 빈 양동이에 물을 붓는 것처럼 자료를 모으면 이론이 형성된다는 양동이이론으로 대변된다.

또한 역사학파는 세계인보다는 민족의 고유성이나 민족정신을 강조했다. 역사학파는 아담 뮐러 같은 독일 낭만주의, 민족주의로부터 크게 영향을 받았다. 낭만주의는 이성 위주로 움직이는 합리주의에 저항하여 감성과 자연을 강조했다. 낭만주의는 유년기, 과거, 공동체를 부각시켰기에 역사학파는 민족정신, 민족공동체를 강조하는 경향을 보였다. 그래서 독일에서는 정치경제학이라는 표현보다는 국민경제학이나 민족경제학이라 불렀다. 공동체를 강조하다 보니 역사학파는 경제인의 윤리성, 그리고 정당한 가격처럼 사회적 정당성에 관심을 많이 가졌다. 윤리나 도덕에는 관심 없는 계산기 같은 이기적 인간이나 경제인을 전제로 하는 고전학파를 당연히 싫어했다.

2 역사학파 이전의 관방학파와 낭만학파

절대군주제 몰락과 함께 소멸한 관방학파

일본 내각에는 내각관방장관이 있다. 일본 총리를 했던 스가 요시히데도 내각관방장관을 오래 역임했다. 일본의 내각관방은 내각을 이끄는 내각총리대신을 돕는 기관으로, 내각의 서무, 주요 정책의 기획·입안·조정, 정보 수집을 담당한다. 그런데 독일 경제학사를 훑어보면 아예 관방학이 존재했다.

관방학官房學, 독어: Kameralismus, Kameralwissenshaft, 영어: Cameralism, Cameralistics은 16세기 중엽부터 18세기 말까지 중상주의 시대에 독일과 오스트리아에 있던 행정학문이다. 군주 중심의 부국책이 관방학의 핵심이다. 군주의 관방官房을 독일어로 Kameralismus라 한다. 독일 관방학은 1727년을 분기점으로 하여 전기와 후기로 나뉜다. 프로이센의 2대 국왕이었던 프리드리히 빌헬름 1세가 관방에서 일할 행정관리 양성을 위해 할레대학교와 프랑크푸르트대학에 관방학 강좌를 처음 개설했다.

전기 관방학은 절대군주제를 운영하고 유지하는 데에 필요한 지식들을 통합적으로 정리한 종합학문 성격을 띠었다. 행정, 재정, 예산, 경찰, 공예 등 학문이 아직 분화되지 않았고, 재정 분야를 중시해서 전기 관방학을 재정학이라 부르기도 한다. 대표 학자로는 사무엘 폰 푸펜도르프Samuel von Pufendorf: 1632~1694, 요한 요하임 베허가 있다.

관방학이 후기에 들어와서는 학문 분화가 진행되었다. 군주의 '특권'에 대한 지식 분야는 경찰학으로 분화되었고 주영지특권은 농학, 임학, 광산학으로 분화되었다. 조세관리 분야 중 거시적인 국민소득 부분은 국민경제학으로 떨어져 나가 독립 학문이 되었다. 그래서 후기 관방학에서는 행정학만 남았다. 요한 유스티 Johann Heinrich Gottlob von Justi: 1717~1771, 요제프 폰 존넨펠스Joseph von Sonnenfels: 1732~1817가 대표 학자다.

관방학은 절대군주제 하에서 관료에게 필요한 일체의 지식을 연구하는 목적이었으므로 절대군주가 몰락하면서 자연스럽게 소멸되었다. 국가재정과 군주재정을 동일시하였고 당면 문제 해결 기술이 지나치게 강조되어 독자적이고 체계적 학문체계를 정립 못했기 때문이다.

아담 뮐러로 대표되는 낭만학파

역사학파 이야기를 하려면 관방학파와 함께 낭만학파 이야기도 곁들여야 한다. 낭만주의는 이성 위주의 계몽주의나 합리주의에 대한 반발에서 나왔다. 당연히 공리주의나 경제주의에 반대하고 감성

아담 뮐러
(Adam Heinrich Müller; 1779~1829)
출처 : commons.wikimedia.org/

과 자연을 강조했다. 독일 낭만주의는 18세기 후반 질풍노도운동으로부터 시작되었는데 요한 고트프리트 헤르더, 노발리스, 요한 볼프강 괴테, 프리드리히 실러가 대표 인물이다. 시인이나 소설가들이 낭만주의에 많이 심취했으나, 경제학자도 드물게 있었다. 아담 뮐러가 바로 그런 인물이다.

베를린 출신의 아담 뮐러Adam Heinrich Müller; 1779~1829는 괴팅겐대학에서 법학과 철학을 공부하고 프리드리히 폰 겐츠Friedrich von Gentz의 영향을 받아 정치경제학으로 방향을 선회한다. 겐츠는 15살이나 많고 성격과 원칙이 서로 달랐으나 두 사람은 평생 친구가 된다.

뮐러는 1805년에 가톨릭으로 개종하고서 겐츠의 소개로 알게 된 오스트리아의 총리 메테르니히를 도와주다가 오스트리아 왕정에서 여러 직책을 맡게 되고 나중에는 귀족까지 올랐다. 루소 같은 자연법, 인권 지지자가 아니라 절대권력 지지자였다. 문학과 미학 관련 글도 많이 썼던 낭만주의자이기도 했다.

밀러는 애덤 스미스의 자유주의, 자유무역, 산업중시 노선에 반대하였고 국가경제에서 국가 통제와 윤리의 중요성을 강조했다. 그리고 정치경제학에서 역사와 종교를 중시했다. 밀러는 신의 섭리로 창조된 기독교적 헌법이 인간 최초의 헌법이며 인간의 이성으로 만들어진 사회는 완전히 허상이라고 주장했다. 당시 프랑스혁명을 매우 비난하면서 신과 모든 신적 토대로부터 완전히 이탈한 무절제한 자유 시대라고 폄하했다.

밀러의 생각은 19세기 들어 역사학과 경제학에, 20세기 들어서는 국가 중심의 협동조합주의corporatism에 영향을 끼쳤다. 국가가 자본과 노동을 손쉽게 통제하는 협동조합주의 형태에서는 정부의 중재 하에 노동자와 사용자의 이해관계를 각각 대변하는 집단이 노사정 협의에 참여한다. 우리나라에서는 노사정 합의에 의해 최저임금이 매년 정해진다. 협동조합주의가 우익으로 흐르면 애국심과 민족주의를 고취하는 전형적인 파시즘이 된다. 20세기 초반에 실제로 그렇게 되었다.

3 역사학파의 선구자 프리드리히 리스트

독일 철도산업의 선구자

 어떤 나라이든 우표에 실려 있는 인물은 그 나라 국민이 인정하는 대단한 인물임에 분명하다. 독일연방우체국 Deutsche Bundespost 은 1989년에 탄생 200주년을 맞이한 독일의 경제학자 프리드리히 리스트 Georg Friedrich List: 1789~1846 를 기려 새 우표를 발매했다. 그런데 이 우표의 배경에는 기차가 그려져 있는데 왜 이런 우표 디자인이 나왔을까? 현재 독일은 자타가 공인하는 철도 선진국으로 철도가 모든 국민의 생활 속 깊숙이 스며든 나라인데 어떤 관련성은 없는 것일까?

 리스트는 미국에서 5년간의 망명 생활을 하면서 많은 땅을 보유하는 지주가 되는데 이 과정에서 광산 사업과 철도건설 사업에도 참여하여 상당한 부를 축적한다. 미국 시민 자격을 가진 그는 1831년 영사 자격으로 독일에 돌아온다. 그 해 철도 부설의 필요성을 역설하는 팸플릿, 〈독일 전체를 연결하는 네트워크의 기초로서 색소니

독일연방우체국은 1989년에 탄생 200주년을 맞이한 독일의 경제학자 프리드리히 리스트를 기려 새 우표를 발매했다.

지방의 철도 시스템〉을 발표한다. 이 팸플릿에서 베를린을 중심으로 함부르크, 쾰른 등 주요 도시를 연결하는 여섯 개의 방사형 간선 철도와 뮌헨을 연결하는 철도망을 만들자고 제안했다.

리스트는 독일 철도 시스템을 통합적으로 건설하면 당시 분열 상태의 독일을 통일시키는데 크게 기여할 것이라고 주장했다. 그러면서 독일 전역에 걸쳐 철도망에 대한 자신의 생각을 담은 지도를 내놓기도 했다. 그의 주장은 상당한 설득력을 가지고 있어서 그 후 몇 년 사이에 철도가 연이어 개통되었다. 1835년에 뉘른베르크와 퓌르트 간에, 1837년에 라이프치히와 드레스덴 간에, 이듬해에 포츠담에서 베를린 - 젤렌도르프 간에 철도가 개통되었다. 흥미로운 사실은 그가 제안했던 철도망이 현재 독일 철도망과 흡사하다는 점이다.

리스트는 국가적인 철도 시스템이 만들어지면 네 가지의 잇점이 있다며 1841년에 출간한 자신의 저서,《정치경제학의 국민적 체계》에서 생각을 이렇게 정리했다.

- 철도는 군대 이동에 용이하므로 국방에 기여한다.
- 철도는 인재, 지식, 기술을 시장에 재빨리 제공한다.
- 철도는 물자 이동을 쉽게 하여 기근을 없애고 생필품 가격을 안정시킨다.
- 철도는 국민들의 일체감을 형성한다.

이러한 철도 붐에 힘입어, 1845년에는 독일 철도 총연장이 3,000km에 이른다. 이듬해 독일연방 경계 내에 위치한 철도회사들은 '독일철도연맹'을 결성하여 열차가 한 영주국에서 다른 영주국으로 통과할 때 운임과 승무원을 통일시켰다. 이처럼 철도 표준화는 당시 영주국별로 달랐던 문화가 소통되고 통일되는데 크게 기여했다. 1870년대 비스마르크는 철도의 정치적, 군사적 중요성을 인식하고 독일의 모든 철도를 국유화하여 단일한 국영철도체제로 만들어 나갔다.

독일 관세동맹, 경제통합의 선구자

이처럼 독일이 국가적 차원에서 철도의 중요성을 일찍 인식하게 되는 데에는 선구자인 리스트가 결정적인 역할을 했다. 프랑스혁명이 일어난 1789년에 태어난 리스트는 1816년 독일 뷔르템베르크 왕국에서 행정관청 서기에서 시작해 자유주의 내각에서 차관까지 지내고 튀빙겐대학의 경제학 교수가 된다. 보수파가 집권하자 자유주의자들의 견해를 집약한 입헌군주제 헌법안을 제시하며 투쟁을 벌이고 급진자유주의 노선의 신문 발행인으로 활동한다.

1819년 프랑크푸르트에서 결성된 독일상공연맹의 법률 고문이 되면서 독일 전체를 하나의 시장으로 결합시키는 관세동맹 운동을 벌이게 된다. 당시 200개 이상의 영토로 분열되어 있어서 도량형, 통화가 제각각이었던 독일에서 영주국은 서로 관세동맹을 맺어 통행세, 관세를 크게 낮추고 자유무역을 해야 한다고 강하게 주장한다. 당시 독일의 영주국들은 자국의 이익을 위해 다른 영주국에서 들어오는 상품에 대해서는 높은 관세를 매기고 있었다. 하지만 이런 세금이 폐지되면 많은 정부들의 수입 감소는 불을 보듯 뻔했다.

인기에 힘입어 리스트는 의원으로 선출되기도 했지만 1822년 자유주의 민족주의 현상을 차단하는 메테르니히 체제에서 반동적인 급진주의 선동가로 체포되어 강제노동형을 치르고 추방을 당하고 만다. 하지만 결국 그의 주장은 관철되어 12년 후인 1834년 독일의 영주 국가들은 관세동맹을 체결한다. 이것은 비스마르크에 의해 1871년에 독일이 정치적 통일을 이루기 전에 형성된 경제적 통일의 서막이었다. 독일 영주국 간의 관세동맹은 1950년대 이후 독일, 프랑스, 베네룩스 3개국 간의 경제 블록을 만들 때 디딤돌이 되었고 지금의 유럽연합 형성에도 크게 기여했음은 물론이다.

보호무역론, 유치산업론의 주창자

스위스, 프랑스를 거쳐 미국으로 망명을 간 리스트는 미국 독립전쟁에서 혁혁한 공을 세웠던 프랑스 라파예트 장군의 소개로 미국의 정치인들을 알게 되어 저명한 인사가 된다. 독일계 사람들이 많이 살던 펜실베이니아주에서 땅을 소유하게 되는데 이 땅에서 대량의 석탄이 발굴되어 큰 돈을 벌었다. 또 독일 신문의 편집인 활동을 하면서 유지들과 함께 회사를 설립하여 철도, 운하 건설을 추진했다.

리스트는 1827년 〈새로운 정치경제학 개요〉 팸플릿을 통해 선진국인 영국과는 달리 미국이나 독일 같은 후진국은 국가 정책상 보호주의를 펼쳐야 경쟁력 없는 유치산업이 제대로 성장할 수 있다는 보호주의론을 전개했다. 재무장관이었던 알렉산더 해밀턴이 미국의 산업발전을 위해서는 영국식 자유무역이 아니라 자국의 경쟁력 없는 공업을 보호해야 한다는 유치산업보호론과 일맥상통했다.

당시 영국의 리카도와 프랑스의 장바티스트 세이는 특혜 철폐, 자유무역을 옹호했다. 하지만 리스트는 나라마다 발전 단계가 다르므로 모든 나라가 자유무역을 해서는 안 된다고 주장하며 자신의 논리를 《정치경제학의 민족적 체계》에 담아 1841년에 출간한다. 이 책은 상당히 논리적인 구조로 서술되었는데 관찰, 이론화, 비교, 정책제안의 네 가지 항목으로 구성되어 있다. 이탈리아, 한자동맹과 유럽의 주요 국가, 미국 등 각국의 역사를 자세하게 관찰하고 자신만의 정치경제학 논리를 개발했다. 그리고 자신의 논리를 애덤 스미스와 세이의 이론 체계와 비교하면서 참신한 정책을 제안했다.

경제발전 단계를 제시한 역사학파 경제학의 선구자

미국에서 5년 간 망명생활을 하고 1831년에 독일로 귀국한 리스트는 독일통일을 위해 보호산업을 육성하고 국내시장 통합을 위해 철도를 전국적으로 부설하고, 관세동맹을 통해 관세를 통일시키자고 주장했다. 그는 《정치경제학의 민족적 체계》에서 경제를 정태적인 상태가 아니라 단계별 진화 과정으로 보았다. 즉 경제는 수렵, 목축, 농업, 농공상업 단계로 점차 진화하는데 독일은 농업 단계에서 농공상업 단계로 옮겨야 한다고 주장했다. 그러면서 최종 단계에 이미 진입해 있는 국가는 자유무역을 하는 것이 유리하지만 농업 단계에서 농공상업 단계로 진입하려면 보호관세를 매겨서 자국의 산업을 발전시키도록 해야 한다고 했다.

자유무역은 영국이 다른 후진국을 발전시키지 못하게 만드는 술책이라고 비난했다. 선진국은 사다리를 타고 올라가면 아래에서 끙끙대며 올라오는 후진국이 더 이상 오지 못하도록 사다리를 걷어차 버린다는 것이다. 영국은 과거 발전 과정에서 항해조례를 통해 인도에서 품질 좋은 목면에 고율의 관세를 매겨 영국으로 수입되는 것을 제한하고 그 사이에 국내 목면 제조업을 육성시키는 보호무역주의 정책을 통해 산업혁명을 일으킨 바 있다.

이처럼 리스트는 국가 관점에서 거시적인 경제정책을 체계적으로 제시한 선구자다. 그는 국민경제, 경제발전 단계, 보호무역, 유치산업 보호, 균형성장, 관세동맹, 사회정책 같은 용어를 만들었다. 독일이 만약 영국 중심의 주류 고전학파 경제학에서 빠져 나오지 못했다면 독일은 19세기 후반에 급성장을 하여 영국을 따라잡은 경제 강국으로 발돋움하지 못했을지도 모른다. 관세동맹처럼 독일의 여러 국가들을 묶어 경제 블록을 만들자는 리스트의 생각은 나중에 유럽연합 결성에도 크게 기여했다. 더구나 역사 발전 단계에 따라 정책을 달리 구사해야 한다고 주장함으로써 독일 역사학파를 만든 선구적 학자로 평가받고 있다. 빌헬름 로셔, 구스타프 슈몰러, 베르너 좀바르트는 모두 리스트의 정신을 이어받은 역사학파 경제학자들이다.

이처럼 리스트는 독창적인 이론과 참신한 정책을 제시한 선구자였지만 생전의 그는 제대로 인정받지 못했다. 리스트는 병마와 가난, 실의에 시달리면서 1846년 오스트리아 티롤 지방의 알프스에서 권총으로 그만 자살하고 만다. 시대를 너무 앞선 선구자는 항상 외롭다. 하지만 시간이 지나며 리스트는 뒤쳐졌던 독일을 강력하게 만들고 영국의 주류경제학 아성을 신랄하게 비판하며 독일 경제학의 위상을 드높인 탁월한 경제학자로 인정받고 있다.

리스트보다 앞선 미국의 역사학파 선구자

리스트는 미국에 체류하면서 알렉산더 해밀턴과 다니엘 레이몬드의 수입대체전략과 유치산업론을 접하면서 강한 영향을 받았다. 미국 헌법을 제정하고, 워싱턴 대통령 정부에서 초대 재무장관을 지낸 알렉산더 해밀턴Alexander Hamilton: 1755~1804은 중상주의를 현대화하여 제조업 기반의 동태적 경제개발이론을 개발했다. 1791년 미국 하원에 제출한 〈제조업에 관한 보고서〉에서 수입대체 전략을 소개하면서 특정 산업을 발전시키려면 선진국으로부터 생산요소 이전을 장려하는 것이 필요하다고 역설했다. 이를 위해 숙련노동자의 이민과 외국자본 수입을 장려하고 투자자본을 공급할 은행제도를 확립해야 한다고 주장했다.

다니엘 레이몬드Daniel Raymond: 1786~1849는 알렉산더 해밀턴이 개진했던 유치산업론을 체계화함으로써 미국 최초의 정치경제학자로 인정받고 있다. 헨리 케어리Henry Charles Carey: 1793~1879는 보호무역주의를 영구적으로 취하자고 주장했다. 외국과의 무역은 토양을 황폐화시키고 실업, 전쟁, 약탈을 야기하고, 마을과 도시를 좀먹고 사람들을 궁핍케 하고 공공지출을 증가시킨다는 것이었다. 이와는 반대로, 보호무역은 산업발전을 촉진시키고 낙후된 남부경제를 발전된 북부경제와 연결시켜 남부의 노예제도 종식에 기여한다고 주장했다. 보호무역은 운송비용을 절감시키고 교역 절차를 간소화시킨다는 것이었다.

4 통계를 활용한 실증주의적 구역사학파

독일 역사학파 탄생의 배경

독일 역사학파가 형성된 데에는 여러 배경이 작용했다. 19세기 중반에 서유럽에 퍼지던 자유방임주의에 반발하는 낭만학파 세력이 독일에서 커갔다. 이들은 추상적 이론에 대한 낭만학파의 비판에 편승하여 영국 리카도와 존 S. 밀의 다소 추상적인 고전학파를 거부했고, 역사 통계를 이용한 경험적이고 귀납적인 유추를 받아들였다.

1830년대에 헤겔의 역사철학이 독일 전역으로 퍼지면서 '역사는 시간이 지나면 바닥에 있는 아이디어와 원칙을 드러낸다'는 헤겔의 주장이 설득력을 가지게 되었다. 즉 통계자료가 많이 축적되면 자연스럽게 이론이 생긴다는 논리를 믿는다. 더구나 1840년대 들어 사회주의 혁명 분위기가 유럽에 번졌는데, 자본주의 전복보다는 자본주의 개선이 낫다고 생각한 학자들이 늘어나 이를 합리화하려는 역사학파의 입지가 넓어졌다.

그러던 중 로셔가 1843년에 '역사학파'라는 용어를 만들며 주도적으로 활동하기 시작한다. 브루노 힐데브란트, 카를 크니스도 이에 동조한다. 이 세 사람이 적극적으로 공동 보조를 취했던 것은 아니다. 로셔는 라이프치히대학에서, 힐데브란트는 예나대학에서, 크니스는 하이델베르크대학에서 각자 연구를 했다. 구역사학파는 1840년대부터 시작하여 1860년대에 전성기를 구가했는데, 1870년대부터는 보다 조직적이고 급진적이며 자신들의 생각을 정부정책에 반영하는 데 적극적이었던 신역사학파에 바톤을 넘겨주었다.

역사학파의 본격 시작을 선언한 빌헬름 로셔

하노버 출신의 빌헬름 로셔Wilhelm Roscher; 1817~1894는 괴팅겐대학과 베를린대학에서 역사학 공부를 하고 라이프치히대학에서 교수를 역임했다. 1843년에 출간한 로셔의 《역사적 방법에 의한 국가경제 강의 요강》은 독일 역사학파의 선언서라 할 수 있다. 이를 통해 독일의 정치경제학 역사학파가 시작되었기 때문이다.

기본적으로 입헌군주제 안에서의 점진적 개혁을 선호했던 로셔는 자유사상과 실천을 현실의 사회문제에 적용하는 방법으로 역사학파 경제학을 사용하기 시작했다. 국민경제의 역사적, 유기체적 성격을 강조했던 로셔는 F. K. 자비니, F. K. 아이히호른의 독일 역사법학 방법론을 경제학에 적용하려고 했는데 헤겔 사상의 실증화에 해당된다.

로셔는 영국의 고전학파 경제학이 근본적으로 틀린 게 아니라 당시 독일의 정치와 산업 상황에 적절하지 않을 뿐이라고 주장했다.

경제학이론은 나라마다 처한 상황을 고려할 필요가 있었고, 더 나아가 법칙과 역사적 발전단계를 도출하는 것이 중요했다. 그래서 생산요소의 존재방식을 기준으로 경제발전단계설을 개진하기도 했다. 주요 저서로는 《국민경제체계》(1854~1894), 《독일 국민경제사》(1874)가 있다.

경제사 연구에 통계학을 접목한 브루노 힐데브란트

브루노 힐데브란트Bruno Hildebrand; 1812~1878는 프라이부르크의 마르부르크대학에서 정부학 교수로 학생들을 가르치다가 정치적 탄압을 받아 스위스(취리히대학과 베른대학)로 가야만 했다. 베른에서 스위스 최초의 통계국을 설립한 후에 독일 예나대학 교수로 돌아와 〈국민경제〉와 〈통계연감〉 저널을 창간했다.

힐데브란트는 사회개혁, 사회문제, 정치, 비즈니스에 관심이 지대했다. 1848년에 출간된 《국민경제》 1권에서 경제의 도덕적 성격을 강조했고 자연법 아이디어를 거부하였다. 고전학파 경제학의 추상성을 비판하는 대신, 역사적 접근 방법을 선호했다. 특히 힐데브란트는 통계를 이용하면 경제학이 추상적 논리에서 벗어날 수 있다며 통계학이 과거와 현재의 내적 연결(관계, 차이, 동일)을 제대로 보여준다면 과학이 될 수 있다고 역설했다.

그의 통계중시 경향은 100여 년이 지나 1960년대에 시작된 로버트 포겔과 더글러스 노스의 계량경제사학으로 연결된다. 이들이 개척한 신경제사는 경제이론과 계량적 방법을 통해 경제와 제도 변화를 설명하는 경제사 방법론을 말한다. 19강 신제도학파에서 다시 언급하기로 한다.

사익보다는 공익을 우선시한 카를 크니스

카를 크니스Karl Knies; 1821~1898는 마르부르크대학에서 힐데브란트의 지도를 받아 1846년에 역사철학 박사 학위를 받았다. 2년 후 1848년 혁명이 유럽을 휩쓸자 사회 문제에 관심이 크게 늘어났다. 정치적 압력을 받아 스위스에 잠시 피신해 있다가 프라이부르크대학에서 강의를 시작했다. 이어 하이델베르크대학에 몸을 담아 1865년부터 31년간 교수를 했는데, 이 대학에서 그가 운영하던 세미나는 독일 경제학계에서 매우 유명했다.

1853년 발행한 《역사적 방법 관점에서 본 정치경제학》(2판은 1883년)을 보면 크니스는 영국의 고전학파 경제학을 싫어했다. 특히 개인의 사익 추구가 사회 발전으로 이어진다는 고전학파 논리가 거슬렸다. 크니스는 사익은 공익 안에 있어야 하고 그렇지 않으면 위험하다고 생각했기 때문이다. 모든 경제적 결정과 판단은 역사 변화, 사회 관계, 제도 발전을 고려해야 한다며 역사학파 입장을 견지했다.

크니스는 구역사학파 경제학자 중에서 가장 이론적이었다. 크니스의 제자는 미국인이 많았는데, 존 베이츠 클라크, 프랭크 나이트, 리처드 일리는 미국에 돌아가서 미국 경제학의 초석을 다졌다.

오토 폰 비스마르크 시대
(1862~1890)

대장장이 비스마르크 조각상

지금의 독일을 만드는 데 결정적 계기를 만들었던 사람은 오토 폰 비스마르크였다. '철혈정책'으로 상징되는 부국강병 노선을 취한 프로이센을 중심으로 하여 독일을 통일했기 때문이다. 그는 1847년부터 프로이센에서 의회 의원, 대사, 외무장관, 북독일연방 수상을 역임했고, 1871년 독일 통일 이후 1890년까지 독일제국 수상을 하면서 지대한 영향력을 끼쳤다.

비스마르크는 무기와 공업을 매우 강조하였기에 당시 독일의 집마다 대장장이 비스마르크 조각상이 놓여 있었다. 또한 현실을 직시하여 능수능란하게 국내 정치를 처리했고, 효과적인 중재외교로 자신의 재임 기간 동안 더 이상의 전쟁이 일어나지 않도록 했다.

가톨릭과 사회주의를 탄압하긴 했지만 건강/상해보험, 노령연금을 세계 최초로 도입하여 독일이 복지국가로 가는 초석을 마련했다. 그래서 '오토 폰 비스마르크 시대'하면 프로이센 외무장관이 되었던 1862년부터 빌헬름 2세에 의해 독일제국 수상에서 물러난 1890년까지를 이른다. 그는 1871년부터 1898년까지 후작이었다.

〈표〉 오토 폰 비스마르크의 주요 연혁

- 1847~ 　　　프로이센 의회 의원
- 1854~ 　　　독일연방 주재 프로이센 대사
- 1862~1890 프로이센 외무장관
- 1867~1871 북독일연방 수상
- 1873~1890 프로이센 총리
- 1871~1890 독일제국 수상
- 1871~1898 비스마르크 후작

대장장이 비스마르크 조각상뿐만 아니라 1882년에 만들어진 삼중초상화 또한 유명하다. 삼중초상화는 하나의 액자인데 정면에서 보면 빌헬름 1세 황제, 왼쪽에서 보면 비스마르크, 오른쪽에서 보면 빌헬름 황태자가 보인다.

1888년은 삼황시대였다. 빌헬름 1세가 사망하자 프리드리히 3세가 즉위했으나 이내 죽고, 빌헬름 2세가 그 해에 즉위했기 때문이다. 빌헬름 2세는 권한이 막강했던 비스마르크를 수상 자리에서 해임하고 본격적으로 제국주의 전쟁을 일으켰다. 1차 세계대전에서 패하자 빌헬름 2세는 폐위되었고, 독일제국도 멸망했다. 비스마르크가 결코 원하지 않았던 결과다.

삼중초상화(1882년)

5 비스마르크의 싱크탱크, 신역사학파

대학에서 정부에 정책을 제안한 강단사회주의자

로셔, 힐데브란트, 크니스가 실증주의를 중시한 구역사학파였다면, 1873년에 슈몰러 중심으로 규범경제학적이고 정책지향적인 신역사학파가 결성되었다. 신역사학파 시대는 오토 폰 비스마르크 시대와 겹쳤다. 비스마르크는 보불전쟁에서 프랑스를 굴복시키고 독일제국을 세워 1871~1890년에 걸쳐 오랜 기간 독일제국 수상을 맡았다. 슈몰러와 바그너는 1873년에 사회정책학회를 만들어 사회개량을 위한 많은 아이디어를 쏟아내 비스마르크에게 다양한 사회정책들을 제안했다. 학회 설립 목적을 영국식 자유방임주의에 저항하고 사회주의에 대비하는 데 두었다.

슈몰러는 중산층 육성을 위해 수공업자 보호를, 바그너는 조세정책으로 분배 불균형 시정을, 브렌타노는 노동조합 보호육성을 각각 강조했다. 슈몰러가 중간노선이라면 바그너는 우파, 브렌타노는 좌파에 가까웠다. 대학을 중심으로 자기주장을 폈기 때문에 당시 자유주의자들은 이들을 강단사회주의자academic socialist라 불렀다.

슈몰러를 비롯한 신역사학파는 독일의 자유주의 경제학자들이 만든 국민경제학회와 논쟁을 벌였다. 국민경제학회는 친시장 개혁을 부르짖었지만 신역사학파는 자유주의가 외래품이므로 독일 경제에 적합하지 않고 빈곤, 불평등을 비롯한 사회문제를 스스로 해결할 수 없다고 비판했다.

하지만 사회정책의 확대로 재정 부담이 늘어난 독일 독점자본이 반발하고, 과격한 사회주의 운동이 대두되고, 비스마르크가 퇴진하면서 신역사학파는 1890년대 이후 점차 쇠퇴했다. 하지만 신역사학파의 사회정책사상은 나중에 독일 복지국가 형성에 크게 기여한다. 19세기에 민족국가들이 다수 생겨나면서 보편과 특수 간, 세계주의와 민족주의 간의 갈등이 드러났는데 신고전학파는 전자에, 역사학파는 후자에 속한다.

독일만의 경제학을 만들고자 했던 구스타프 슈몰러

구스타프 슈몰러Gustav Schmoller; 1838~1917는 당시에 상대적 후진국이었던 독일이 선진국 영국을 따라잡도록 독일 경제학을 만들어내는 것을 목표로 삼았다. 자유방임, 자유무역을 비롯하여 영국식 시장친화 경제정책은 자본가들의 배만 채워 사회문제를 악화시킬 뿐이라고 생각했다. 무산자, 빈곤, 실업, 지나친 도시집중, 열악한 주거환경을 해결하는 사회정책이 절대로 필요하다고 보았다. 그래서 서민주택, 사회보험(실업, 질병, 노후), 기술교육, 노동자 파업권, 상속적 누진제도를 제안했다.

그러나 슈몰러가 평등사회를 주장했던 것은 아니다. 잘못하면 중산층이 몰락할 수 있기 때문이었다. 중산층이 탄탄해야 사회가 안정된다고 믿었다. 시장의 실패를 정부 개입으로 보완하려고 했는데 지나치면 국가주의로 흐르기 쉽다. 그리고 정부의 실패는 또 다른 문제를 낳는다.

슈몰러는 사회경제의 관습과 국가의 정책적 개입의 중요성을 역설했다. 관습의 육성을 위해 규범이나 제도를 가능케 하는 교육이나 계몽의 사회적 기능을 부각시켰다. 또한 관심이 제대로 정착되지 않으면 부정부패가 발생한다고 보아 법적인 규정뿐만 아니라 관습에 어긋나는 것도 부정이라 보았다.

슈몰러는 사회문제를 방관할 수 없기에 경제학은 윤리학이 되어야 한다고 주장했다. 노사관계를 정립할 윤리도 필요하고 정부가 인간 교화를 위한 도덕적 기관이 되어야 한다고 생각했다. 그는 사회문제 해결에 적합한 정치체제는 유능한 관료제도를 갖춘 권위주의적 군주제라 믿었다. 민주주의는 보편적 이익보다는 필연적으로 개별 그룹의 이해관계를 둘러싼 투쟁으로 끝나기 때문이다.

슈몰러는 오스트리아학파를 만든 멩거와 1880년대에 방법론 논쟁을 펼쳤다. 이 논쟁에서 역사를 중시한 슈몰러가 이론을 중시한 멩거를 제치고 승리하게 된다. 또한 윤리를 강조하는 슈몰러는 경제학에 가치판단을 배제하자는 막스 베버와도 일전을 벌인다. 쉽게 결론이 날 문제는 아니었으나 결국 베버의 승리로 마무리된다.

재정학의 권위자, 아돌프 바그너

신역사학파 안에서 우파로 베를린대학의 아돌프 바그너Adolph Wagner; 1835~1917가 있다. 46년이나 베를린대학의 재정학 교수로 있었던 그의 입장은 국가사회주의였다. 조세로 분배 정의를 실현하고자 했고 불로소득은 모두 정부로 귀속되어야 한다고 주장했다. 국가가 사유재산제를 제한하고 대자본을 억제해야 한다고 강하게 주장했다.

1878년에 기독교사회당을 결성하고 프로시아에서 하원의원 1882~1885과 상원의원1910~1917을 역임하기도 했다. 대표작은 두 권이다. 《정체경제학의 기초》(2권, 1876)은 추상적인 이론도 있지만 역사적이고 진화적인 접근방법을 결합시키려고 노력했다.《재정학》(4권, 1877~1901)은 당시 교과서로 자리잡았다.

카를 뷔허, 게오르그 크나프, 루조 브렌타노

신역사학파 경제학자로는 슈몰러, 바그너 외에도 뷔허, 크나프, 브렌타노가 있다. 라이프치히대학 교수였던 카를 뷔허Karl Bucher; 1847~1930는 《산업진화론》으로 유명한데 경제발전 단계를 가족경제 - 도시경제 - 국가경제로 나누었고 사회적 계급의 부상을 보여주었다. 이는 미국 제도학파 경제학자 존 커먼즈에게 크게 영향을 끼쳤다.

뮌헨, 베를린, 괴팅겐에서 공부한 게오르그 크나프Georg Knapp; 1842~1926는 라이프치히통계국 국장을 역임하고 라이프치히대학과 스트라스부르크대학에서 교수로 지냈다. 농업경제와 화폐경제를 주로 다루었는데 체계적 이론 연구에 뛰어났다.

루조 브렌타노Lujo Brentano; 1844~1931는 독일의 여러 대학에서 뛰어난 강의로 전국의 학생들을 끌어 모으는 영향력을 발휘했다. 브렌타노는 임금기금설과 엄격한 자유방임주의는 반대했지만 자유무역을 선호했다. 사회 진화를 믿었기에 사회개혁을 부르짖었고 평화주의자로 활동을 많이 했다.

사회주의 성향이 강한 킬학파

신역사학파는 1880년대~1890년대에 전성기를 구가하다가, 1차 세계대전 이후 독일제국이 몰락하고 바이마르 공화국이 들어서면서 자취를 감춘다. 신역사학파의 분파로 킬$_{kiel}$학파가 만들어졌다.

킬학파를 주도했던 아돌프 뢰베$_{Adolph\ Lowe:\ 1893~1995}$는 프랑크푸르트 대학의 사회학 교수였던 프란츠 오펜하이머를 멘토로 삼았다. 실증주의를 추구한 점에서는 구역사학파 노선을 따랐지만 사회정책 측면에서는 신역사학파보다 더욱 사회주의 성향을 띠었다. 1차 세계대전 이후 독일에 바이마르공화국이 세워지자 킬학파 사람들이 정부의 경제사회정책에 많이 관여했으나, 1930년대 히틀러 집권 이후에는 모두 세력을 잃었다.

6 자본주의 발생 원인을 파헤친 역사사회학파

사랑, 사치, 전쟁, 유대인을 강조한 베르너 좀바르트

독일 역사학파는 낭만파, 구역사학파, 신역사학파를 거쳐 역사사회학파로 진행되었는데, 역사사회학파의 대표 인물은 베르너 좀바르트와 막스 베버다.

베르너 좀바르트Werner Sombart: 1863~1941는 독일의 저명한 경제학자이자 사회학자, 역사학자다. 젊었을 때에 막시스트Marxist에 많이 경도되었는데 나이 들면서 반막시스트, 그리고 1930년대에는 민족주의 우파로 선회했다. 어떤 사람들은 젊었을 때 그의 포지션을 막시언Marxian이었다고 평가하기도 한다.

좀바르트는 부유한 지주의 아들로 태어나 베를린대학, 피사대학, 로마대학에서 법학과 경제학을 공부했다. 1888년 베를린대학에서 박사 학위를 받았는데 신역사학파의 슈몰러와 바그너의 지도를 받았다. 브레멘 상공회의소 수석변호사로서 고문을 잠시 지내고 독일본토의 유명 대학이 아니라 브레슬라우대학에서 조교수를 했다. 브레슬라우는 슐레지엔 지역의 중심도시로 현재 폴란드 남서부의 브로츠와프Wroclaw에 해당된다. 좀바르트가 독일에서 교수직을 일찍 얻을 수 없었던 이유는 그의 사회주의 성향 때문이었다.

하지만 좀바르트는 시간이 지나며 반막시스트, 더 나아가 민족주의 우파로 선회했다. 그가 낸 책을 보면 입장 변화를 여실히 알 수 있다. 1896년에는《사회주의와 사회운동》을 출간하여 사회주의 전문가로 활동했으나 1924년《프롤레타리아 사회주의》에서는 마르크스주의를 비판했고, 1934년《독일 사회주의》에서는 독일의 국민성에 맞는 건설적 사회주의를 제안했다.

1902년 대표 저서인《근대 자본주의》를 출간했고, 1904년부터 베버와 함께 잡지〈사회과학 및 사회정책〉부편집자를 지냈다. 1906년에는 베를린상과대학 교수로, 11년 후에는 베를린대학 교수로 지냈다.

1913년에는《사치와 자본주의》,《전쟁과 자본주의》,《부르주아》등 세 권의 책을 냈는데 모두 흥미롭다. 사랑, 사치, 전쟁이 자본주의를 발전시켰다는 논리다. 좀바르트는 자본주의 발전을 헤도니즘hedonism, 쾌락주의과 연계하여 설명하기를 좋아했다. 남녀 간 사랑 덕분에 과시적이고 감각적 소비를 위한 사치산업이 발전하고 이를 통해 장인 기술, 자본 축적, 소비가 늘어나 경제 전체가 커진다는 식이다.

16~18세기 유럽에서 전쟁이 정말 잦았는데, 전쟁은 물론 물질문화를 파괴하고 자본축적을 방해했다. 하지만 군국주의 덕분에 상비군이 창설되어 군수품 수요가 늘어나고, 기술개발이 촉진되어 경제 전반의 생산성이 늘어난 것은 사실이다. 좀바르트의 저서《전쟁과

자본주의》 출간 이듬해인 1914년에 정말로 1차 세계대전이 터졌다.

동료였던 베버는 근면하게 일하고 검소하게 살려고 노력하는 칼뱅파 개신교도가 자본주의 발전에 기여했다고 주장했으나, 좀바르트는 오히려 유대인이 자본주의 발전에 기여했다고 주장했다. 칼뱅주의에 기초한 자본주의 정신도 알고 보면 유대교로부터 많은 영향을 받았다는 것이다. 자본주의 정신은 유대인이 민족적으로 분산되고 소외당하는 역사적 배경 속에서 물질에 대한 애착이 강해진 배경에서 발생했다는 견해다. 금융업은 자본주의 발전과 매우 긴밀한데 금융업을 외면한 기독교인들보다, 금융업을 발전시킨 유대인들의 기여가 훨씬 크다고 본 것이다. 1911년에 출간된 《유대인과 경제생활》은 1951년에 《유대인과 근대 자본주의》으로 영역되어 나왔다.

좀바르트는 1930년대 들어 《세 종류의 경제학》, 《사회학》, 《인간에 대하여》 책을 연달아 출간했는데 자신의 학문적 업적을 경제학과 사회학으로 정리하고 싶었던 모양이다. 좀바르트나 베버가 당시에 연구했던 분야를 경제사회학이라 한다. 이들은 둘 다 신역사학파의 규범 경제학에 대해서는 반대했다.

자본주의 정신을 개신교 윤리에서 찾은 막스 베버

우리는 자본주의 시대에 살고 있다. 자본주의는 서유럽의 산물이라고 알고 있는데 왜 그렇다고 생각할까? 여러 이유가 복합적으로 작용했을 테지만 그 이유 중 하나로 프로테스탄티즘(개신교) 윤리라는 것을 강력하게 주장한 사람이 있다. 바로 20세기 초반 독일 사회학자인 막스 베버 Maximilian Carl Emil Weber: 1864~1920 다. 베버는 어렸을 때부터 개신교도(정확히 말하면 칼뱅교인 프랑스 위그노)인 어머니로부터 많은 영향을 받았고, 19세기 후반 영국, 미국, 독일의 경제성장에 자극을 받아 《프로테스탄티즘의 윤리와 자본주의 정신》이라는 책을 썼다.

우리는 자본주의를 하나의 경제체제로 알고 있는데 경제체제를 구축하려면 그에 걸맞는 정신체계가 미리 정립되어야 한다. 베버는 자본주의 정신은 개신교 윤리에 기초를 두고 있다고 보았다. 개신교 윤리는 금욕과 절제가 내면적 가치관으로 정착되면서 형성되었으며, 근검과 절약 습관 때문에 자본 축적과 확대·재생산이 가능해졌다는 것이다.

루터교는 세속적인 직업과 노동을 중요한 신앙 행위로 보았다. 직업과 노동은 하나님의 사랑과 은총에 대해 감사하는 마음을 이웃 사랑으로 보답하는 외적 표현이었다. 하지만 육신의 필요를 넘어서는 물질적 이익 추구는 자제하라고 권고하고 있다.

반면에 칼뱅교는 구원은 하나님의 은총에 의한 것이지 개인이 열심히 노력한다고 해서 이루어지는 것이 아니라고 했다. 누가 구원될 것인지는 하나님이 이미 정했다는 예정설을 주장한다. 세상은 하나님의 영광을 위해 만들어졌으므로 선택된 기독교인은 세속적 노동과 직업에 헌신하여 자신에게 할당된 몫만큼 기여해야 한다고 강조했다. 세속적 노동과 직업은 모든 신자의 관심인 구원의 확신을 얻는 수단이다.

구원에 대한 확신만이 하나님의 은총을 확인하는 유일한 증거라는 것에 만족하지 못하는 신자들을 위해 칼뱅교는 두 가지를 권고

했다. 첫째, 자신이 선택된 사람이라는 확신을 갖고 모든 의심을 사탄의 유혹으로 여기고 거절하라고 했다. 둘째, 자기 확신에 도달하기 위한 가장 탁월한 수단은 직업적 노동임을 깨달으라고 했다.

부 자체를 목적으로 추구하는 것은 죄악으로 보았지만 직업과 노동을 통해 얻는 부는 하나님의 축복으로 보았다. 일반적으로 사람들은 열심히 일을 해서 돈을 어느 정도 벌게 되면 더 많이 벌 필요성을 못 느끼고 일을 덜 하면서 소비를 늘리곤 한다. 그런데 칼뱅교는 돈을 탕진하지 말고 계속 일하라고 권했다. 따라서 자본은 축적되고 경제성장이 지속적으로 이루어진다. 한마디로 칼뱅교는 일을 권하고, 일을 열심히 하여 돈을 많이 벌려고 하는 부르주아를 격려하고 기쁘게 해주는 종교였다.

마르크스의 주장처럼, 자본주의 특징은 사유재산, 시장교환, 이윤추구만으로 구성되어 있는 것은 아니다. 이런 특징은 근대 자본주의가 생기기 전에도 존재해 왔다. 근대 자본주의의 지속적 성장을 제대로 설명하려면 개신교에 기반을 둔 자본주의 정신을 포함시켜야 한다는 것이 베버의 논점이다.

베버의 이러한 분석은 당시 지배적이던 사회주의, 공산주의 사상에 대항해 자본주의 옹호에 기여했다. 특히 개인주의와 자유정신의 확대에 기여했고 자본주의 사회에서 도덕성과 인간성의 중요성을 부각시켰다. 또 기독교 가치관과 신앙이 경제발전과 연관되어 있다는 사실이 강조되기 시작했다.

경제순환론에서 과소소비설을 주장한 아르투르 슈피토프

아르투르 슈피토프Arthur Spiethoff; 1873~1957는 20세기 전반에 독일의 주도적인 경기순환 이론가였다. 경제이론을 순수이론과 현실이론으로 나눈다면 자신은 후자에 속한다고 봤다. 베를린대학과 제네바대학에서 공부하고 프라하대학과 본대학에서 교수로 지냈다. 독일 역사학파의 중진인 슈몰러의 문하생으로 슈몰러의 연감Jahrbuch을 20년이나 편집했다. 1923년 독일어로 출간된 대표작《Krisen공황》에서 과잉투자설을 주장했다.

과소소비설과 함께 가장 오래된 경기순환론인 과잉투자설은 투간 바라노프스키가 처음 제창했다. 슈피토프는 바라노프스키의 이론에 신용을 추가하여 과잉투자설을 강화했고, 그 후에 카셀과 하이에크, 슘페터가 이를 지지했다. 경기 상승 과정에서 소비 증가에 비해 투자가 과도하게 이루어지면 투자에 의해 추가 생산되는 소비재 공급이 소비재 수요를 크게 웃돌게 되어 경기가 불황으로 전환된다는 것이다.

과잉투자설 이론은 다시 두 가지로 나뉜다. 화폐적 과잉투자설(화폐적 경기론)은 자본재 산업 확대 원인을 은행의 신용창조에서 찾는다. 비화폐적 과잉투자설(불비례설)은 자본재 산업의 확대 원인을 자본재, 특히 고정자본의 변동에서 찾는다.

1918년부터 본대학 교수로 재임하던 슈피토프의 초청으로 슘페터는 1925년부터 7년간 본대학 교수로 재임했다. 슘페터는 슈피토프의 경기순환론의 영향을 받아 주글라 사이클을 뛰어 넘는 새로운 장기 사이클이 존재하는 것을 영국, 독일에 적용시켜 실제로 증명하기도 했다.

슈피토프는 방법론 논쟁이 벌어지면 역사학파 편에 섰다. 역사학파는 일반적인 이론보다는 관찰과 통찰을 중시했으나 슈피토프는 순수이론 분석도 도움이 된다고 보았다. 일반적으로 역사학파 경제학자들은 주류경제학에 별로 영향을 끼치지 못했으나 슈피토프는 이런 입장 때문에 주류경제학자에 이름을 올렸다.

1933년에 슈피토프가 60세가 되었을 때 슈피토프 기념논문집이 나왔다. 슘페터가 이 기념논문집의 편집을 맡았는데 이때 세계 각국의 경기순환이론 전문가 60여 명이 기고를 했다. 그중 한 사람인 케인스는 화폐가 실물경제에 영향을 미친다는 것을 주장하는 '생산의 화폐적 이론' 논문을 기고했다.

영국 역사학파

역사학파가 독일에만 있었던 것은 아니고 영국에도 있었다. 애슐리, 아슈톤, 바죠트, 클래팜, 커닝햄, 폭스웰, 잉그램, 레슬리, 로저스, 스티픈, 토인비, 언윈이 속했다.

• 〈이코노미스트〉 편집자로 오래 활동했던 월터 배젓

우리는 영국에서 나오는 경제잡지 〈이코노미스트 The Economist〉를 잘 안다. 제임스 윌슨이 1843년에 창간한 이 잡지는 만약 그의 딸이 월터 배젓 Walter Bagehot; 1826~1877과 결혼하지 않았다면 지금의 명성을 유지하지 못했을 지도 모른다. 왜냐하면 영국 역사학파의 초기 멤버로서 화폐금융 전문가였던 배젓이 장인의 회사에서 1860년부터 17년간이나 편집자를 맡아 경제전문지로 발돋움하는 데에 크게 기여했기 때문이다.

배젓은 선진 사회에서 화폐의 경제적, 사회적 측면을 연구하면서 중앙은행 이론도 발전시켰다. 영국 금융시스템을 분석하여 《롬바드 스트리트》(1873)를 썼다. 《경제연구 Economic Studies》(1880)에서는 영국 경제이론의 근본 전제를 분석했는데 경제 진화에서 관습과 습관의 중요성을 강조했다.

배젓은 고전학파의 주장과는 달리 경쟁이 항상 인류에게 최선의 결과를 가져다주는 것은 아님을 인정했다. 고전학파 이론은 너무 추상적이고 검증이 어렵다고 비판하면서, 경제학에서 문화적, 사회학적 요소, 제도적 내용을 강조했다. 데이비드 리카도의 추종자이긴 했으나, 리카도의 이론은 영국과는 제도 배경이 다른 나라의 경제발전을 논하는 데에는 도움 되지 않는다고 주장했다.

• 고전학파 경제학을 신랄하게 비판한 존 켈스 잉그램

아일랜드 트리니티대학 교수였던 존 켈스 잉그램 John Kells Ingram; 1823~1907은 고전학파 경제학을 신랄하게 비판했다. 사회의 경제현상을 지적, 도덕적, 정치적 측면으로부터 고립시키며, 옳지 않은 추상적 개념을 발전시키고, 연역법 기능을 막대하게 과장하며, 결론을 절대적인 것으로 나타낸다며 고전학파를 비판했다.

잉그램은 콩트의 사회 동학 개념을 경제학 방법론에 적용하여 경제학을 사회생활의 다른 측면들과 체계적으로 연결지어 연구할 것을 주장했다. 과도한 추상화 경향을 억제하고 연역적 방법은 귀납적 방법으로 대체하는 것이 필요하다고 했다.

잉그램은 고전학파가 지나치게 개인주의적, 비도덕적, 물질주의적이라고 비판했다. 경제학이 다른 사회과학과 분리되는 것에 반대했고 역사적 상대성과 진화를 강조했다. 또한 현대물리학과 생물학 관점에서 경제학을 새로 연구하자고 주문하기도 했다. 저서로 《정치경제학의 현 상태와 전망》(1878), 《정치경제학 역사》(1888)를 남겼다.

• 불평등을 조장하는 간접세의 폐지를 역설한 토머스 레슬리

토머스 레슬리Thomas E. Cliffe Leslie: 1825~1882는 고전학파 경제학, 특히 리카도 경제학을 비판하고 대안으로 역사적 방법론을 도입했다. 제도의 법률적 측면과 사회과학의 통일성과 상호의존성을 중시한 레슬리는 정치경제학에서 가정을 제거하자고 주장했다. 모든 법칙과 가정에 대한 통계적 검증이 매우 중요하다고 역설했다. 고전학파 이론은 소비자 행위와 수요 측면을 등한시했다고 비판하며 수요분석은 역사적, 제도적 관점에서 다루어져야 한다고 했다. 또한 레슬리는 소비자주권 개념도 발전시켰다. 불평등을 발생시키는 조세제도에 극히 비판적이어서 모든 간접세를 폐지하고 직접세만 사용하자고 주장했다.

• '산업혁명' 용어를 소개한 아놀드 토인비

우리는 아놀드 토인비 하면 《역사의 연구》를 쓴 20세기 영국 역사가를 연상하곤 한다. 그 사람은 아놀드 조지프 토인비Arnold Joseph Toynbee: 1889~1975다. 우리가 여기에서 말하려는 아놀드 토인비Arnold Toynbee: 1852~1883는 그의 삼촌으로 19세기 경제사학자다.

토인비는 1883년 31살에 옥스퍼드대 교수로 있으면서 열심히 일하다가 그만 요절을 하고 만다. 토인비의 옥스퍼드대 밸리올칼리지의 경제학 교수직을 승계한 사람이 우리가 잘 아는 알프레드 마셜이다. 토인비가 강의했던 내용을 토대로 사망 1년 후인 1884년에 유고작으로 《영국의 18세기 산업혁명 강의》가 출간되는데 이 책에서 '산업혁명' 용어가 영어권에서 첫 등장한다. 프랑스 경제학자 제롬 아돌프 블랑키Jérôme-Adolphe Blanqui:

₁₇₉₈~₁₈₅₄가 1837년에 '산업혁명' 용어를 처음으로 사용했다. 1906년에 프랑스 역사학자 폴 망투의 《18세기 산업혁명》이 출간되면서 산업혁명은 학술 용어로 완전히 정착된다. 그후 2차, 3차 산업혁명을 거쳐 이제 우리는 어느덧 4차 산업혁명 시대에 접어들었다.

열렬한 인도주의자였던 토인비는 고전학파 경제학자들이 보지 못한 산업문명의 어두운 면을 조명했다. 고전학파 경제학자들이 가설적인 가정 위에 이론 구조를 세운 것에 대해 토인비는 이러한 가정이 실제 세상의 사실들과 부합하는지 확인코자 했다. 단순한 가정이 아니라 실제 관찰로 얻은 지식으로부터 물가, 이윤, 임금, 지대 법칙을 세우고자 했다. 그리고 자유경쟁이 독점을 야기할 수 있으며 소득분배가 불평등하게 이루어질 수 있음을 보여주었다.

경제성장이 지속되면
사람들의 종교성은 어떻게 되나?

자본주의 발전으로 사람들의 소득과 부가 늘어남에 따라 물질문명을 중시하면서 종교적 신앙이 크게 줄어들고 있다. 이처럼 경제성장이 사람들의 종교성을 떨어뜨린다는 것을 세속화 가설secularization hypothesis이라 한다. 역사학자인 니얼 퍼거슨Niall Ferguson은 유럽 국가들의 경제가 정체에 빠진 근본적인 원인은 지난 50년 동안 이들 국가의 국민들의 종교 신앙이 희박해지고 교회 참석률이 떨어졌기 때문이라는 진단을 내리기도 했다.

경제학자인 로버트 배로Robert Barro와 종교사회학자인 레이첼 매클리어리Rachel McCleary는 59개 국가 국민들의 종교 집회 출석률과 천국, 지옥, 신의 존재 여부에 대한 설문 결과를 토대로 하여 종교와 경제성장 간의 상관관계를 분석했다. 종교성religiosity을 종교적 믿음과 예배 참석으로 나누었더니, 종교적 믿음이 강한 국민이 많은 국가일수록 경제성장률이 높았고, 종교 집회 참석률이 높을 수록 경제성장률은 오히려 떨어지는 것으로 나타났다.

종교적 믿음의 경우, 사람들은 천국이라는 당근보다 지옥이라는 채찍에 대해 더 민감했다. 사람들은 지옥에서의 처벌을 두려워하므로 정직성, 근면성, 검약성, 다른 사람에 대한 개방성을 지녀 경제성장을 촉진한다는 것이다.

하지만 종교적 믿음이 늘어난다고 예배 참석 활동이 덩달아 증가하지는 않았다. 종교 집회 참석률이 높아질수록 경제발전에 쓰일 수 있는 시간과 재원이 교회재단으로 흘러 들어가 비효율적으로 쓰이게 되므로 자원이 낭비된다.

개신교가 자본주의를 촉발시켰다는 막스 베버의 주장을 반박하는 견해도 많다. 마이클 노박에게는 기독교를 외면한 일본인들의 눈부신 경제성장은 막스 베버의 주장을 부인하는 증거였다. 유럽에서 처음 자본주의가 발달한 도시들은 가톨릭 도시들이었고, 많은 자본가들이 유대교, 가톨릭, 자유사상 가문이었다. 좀바르트도 개신교가 아니라 유대교가 자본주의를 일으켰다고 반박했다.

#쾌락주의 #에피쿠로스 #최대다수의_최대행복
#철학적_급진주의자 #질적공리주의
#수리정신학 #무차별곡선 #에지워스상자

◆ 8강 ◆

개인 쾌락과
다수 행복을 중시한
공리학파

우리는 '공리주의자(utilitarian)'라는 말을 때때로 사용한다. 존 갈트(John Galt)가 1821년에 쓴 소설 《교구 연대기》에서 처음 사용했던 단어다. 스코틀랜드의 목사는 교구민에게 복음을 버린 채 공리주의자가 되지 말라고 경고했다. 무슨 결정을 내릴 때 열심히 계산하느라 머리가 복잡한 공리주의자는 한마디로 사유기계(reasoning machine)일 뿐이다. 40년 후에 존 스튜어트 밀이 본격 채택한 이 단어는 사람들로부터 조롱을 받기는 하나, 사실 대부분의 사람들은 고통을 피하고 즐거움을 쫓곤 한다. 공리주의 사상은 신고전학파 경제학을 거쳐 주류경제학의 기본으로 자리잡았다.

1 공리주의 개념과 고대 서양·동양의 쾌락주의

공리주의는 영어로 'utilitarianism'다. 경제학에서 매우 중시하는 개념인 효용utility이 바로 공리주의에서 나왔다. 사람들이 어떤 것을 소비하려고 할 때에는 그 소비로부터 효용을 얼마나 얻을 수 있는지를 가늠해 결정을 내리려고 한다는 것이다.

모든 이론은 몇몇의 공리를 출발점으로 하여 논리적이고 체계적으로 세워져야 한다는 것이 공리公理주의다. 하지만 우리가 말하려는 공리功利주의는 개인의 쾌락을 생활의 근본으로 삼아 많은 사람들의 행복을 극대화함으로써 개인의 이기적 쾌락과 사회 전체의 행복을 조화시키려는 사상이다. 즉 '공리주의 = 개인의 쾌락주의 + 최대 다수의 최대 행복'으로 재정의 할 수 있다.

근대 서양의 공리주의의 출발점인 고대 그리스의 쾌락주의hedonism에서는 쾌락을 인생의 목적이며 최고의 선으로 본다. 그래서 쾌락을 추구하고 고통을 피하는 것을 우리 인간의 도덕원리로 삼자는 윤리설이다. 사실 무지막지한 금욕주의자가 아니라면 이런 직관적인 윤리설을 애써 부정하려는 사람이 과연 얼마나 될까?

인간의 사명을 즐겁게 살자는 데에 두면, 인간의 행복 증진을 도덕으로 삼아야 한다는 것은 너무나 당연하다. 폭행이 비도덕적인 이유는 범죄자의 쾌감과 행복을 늘릴지는 모르겠으나 다른 사람들을 고통에 빠지게 하기 때문이다. 벤담의 주장처럼 쾌락은 행복이되, 최대 다수에게 최대의 쾌락을 가져다주는 것이 공리주의의 선善이다.

이처럼 공리주의 이야기를 하자면 쾌락주의부터 시작하지 않을 수 없다. 고대로 거슬러 올라가면 서양과 동양 모두에서 시작점을 찾을 수 있다. 고대 그리스에서는 키레네학파와 에피쿠로스학파가 있었고, 고대 중국에서는 묵가와 양가가 있었다.

고대 서양의 쾌락주의: 키레네학파와 에피쿠로스학파

고대 그리스의 식민지 도시는 아프리카 해안에도 있었다. 현재 리비아의 북동해안의 샤하트에 해당하는 키레네 도시는 당시 '아프리카의 아테네'라는 별명이 붙었을 정도로 유명했다. 이곳 키레네에서 태어난 아리스티포스Aristippus; B.C. 435~356는 쾌락이야말로 최고의 선이라 주장했다. 여기에서 쾌락이란 육체적 만족을 의미했다. 우리가 세속적으로 말하는 쾌락주의를 부르짖었던 것이다. 초기 소크라테스학파의 하나였던 키레네학파는 기원전 4세기에 생겨나 기원전 3세기에 전성기를 구가했다. 그러나 시간이 지나며 더 성숙된 쾌락주의를 외친 에피쿠로스학파가 생겨났다.

아리스티포스가 죽고 15년이 지난 기원전 341년에 에피쿠로스

Epicurus; B.C. 341~271가 에게해 사모스 섬에서 태어났다. 18세 때 아테네로 갔는데, 당시 그곳은 알렉산더대왕 사망 후 정치적 혼돈에 휘말리고 있었다. 그는 여러 스승을 찾아서 공부를 했지만 만족할 만한 스승을 만나지 못했고 회의주의 철학자 피론에게서 영향을 잠시 받았을 뿐이다.

나름대로 자신의 쾌락주의 생각을 정리한 에피쿠로스는 31세부터 사람들에게 철학을 가르치기 시작했다. 제자들이 늘어나자 34살에 아테네 교외에 정원을 사서 자신의 이름을 붙인 '에피쿠로스의 정원'을 조성해 공동체 생활을 시작했다. 그야말로 개방된 공동체였다. 그는 자신의 정원에 찾아온 사람들에게 관심과 배려, 도움을 아끼지 않았다. 당시 사람 이하의 취급을 받던 노예나 거리의 여자들까지 찾아와 함께 생활하였다. 에피쿠로스가 이끈 공동체는 스스로 생활을 꾸려가는 자족적인 공동체로서 에피쿠로스의 철학을 비판한 사람들도 매우 부러워할 정도였다. 그는 공동체 안에서 제자들과 함께 연구하며 자유롭고 행복하게 살다가 나이 70세에 욕조에서 제자들에게 행복한 모습을 보이며 숨을 거두었다.

이처럼 에피쿠로스는 어떤 엄격한 이론을 제공한 철학자라기보다는 올바른 삶의 태도가 무엇인가를 몸소 가르친 인물이다. 사람들이 잘못 생각하고 사는 것을 비판하고, 그러한 잘못된 삶에서 벗어날 수 있도록 애썼다. 플라톤의 말대로 철학자가 리더가 되어 이끄는 이상적인 사회를 운영했다.

에피쿠로스는 우리가 무엇이 참된 것인지 판단하려면 기준이 있어야 한다고 생각했다. 여러 기준 중에서 지각을 중요한 앎의 기준으로 삼았다. 에피쿠로스는 지각의 기준이 가장 확실하다고 믿었는데 지각 자체는 잘못이 없기 때문이다. 에피쿠로스는 우리의 지각으로 직접 느끼는 기쁨과 쾌락이 있는 곳에 행복이 있다고 보았다. 그래서 사람들은 에피쿠로스를 쾌락주의자라 부른다. 에피쿠로스는 우리가 유쾌하거나 기쁘게 느끼는 모든 것을 포함해 '헤도네$_{hedone}$'라는 용어를 사용했다. 적절한 말이 없어서 '쾌락'이라 번역하곤 하는데 기쁨이나 즐거움, 만족이 더 맞다.

마음의 평안과 우정이 진정한 기쁨

에피쿠로스에 의하면 사람들은 두 가지 기쁨을 느낀다. 하나는 몸을 움직여 활동하면서 느끼는 동적인 기쁨이고, 다른 하나는 아무것도 하지 않고 가만히 있을 때 마음으로 느끼는 정적인 기쁨이다. 동적인 기쁨은 부족하거나 결핍된 것을 채울 때 생긴다. 예를 들어 먹고 마시는 순간이라든가 친구들과 재미있는 이야기를 나누는 때가 모두 동적인 기쁨에 속한다.

동적인 기쁨과 달리, 정적인 기쁨은 고통이 사라지는데서 오는 기쁨이다. 두려워하던 순간이 지나고 오는 안도감, 맛있는 음식을 많이 먹고 나서 오는 포만감은 정적인 기쁨이다. 동적인 기쁨은 행동을 통해서 이루어지므로 육체적이고, 정적인 기쁨은 마음에서 오므로 정신적이다. 육체적 기쁨보다 마음의 평안, 즉 아타락시아$_{ataraxia}$야말로 진정한 기쁨이라 하였다. 제논의 스토아학파에서 말하는 금욕주의적 마음의 평정 상태인 부동심$_{apatheia}$의 반대에 해당된다.

지나간 기쁨이더라도 다시 기억하면 우리는 즐거운 상태에 도달할

〈표〉 에피쿠로스가 남긴 말

- 일생 동안의 축복을 만들기 위해, 지혜를 필요로 하는 일들 중에서, 가장 위대한 것은 우정의 소유다.
- 어떠한 쾌락도 그 자체로는 나쁘지는 않다. 하지만 많은 경우에, 쾌락을 가져다주는 수단이 쾌락보다는 고통을 가져다준다.
- 모두 배우고 나서 즐거움이 생기는 것이 아니라, 배움과 동시에 즐거움이 생긴다.
- 정직한 자는 고통으로부터 자유롭지만, 부정직한 자는 고통으로 가득하다.

수 있다. 앞으로 다가올 즐거운 일을 기대하면서 희망과 기쁨을 얻기도 한다. 과거의 기쁨도 우리가 어려움에 빠졌을 때 고통을 덜어준다. 그래서 에피쿠로스는 평소에 많은 즐거움을 누리라고 주장한다. 특히 친구들과 좋은 시간을 많이 가지라고 역설한다.

에피쿠로스는 우정을 다른 무엇보다도 귀중하게 생각했다. 에피쿠로스 자신이 쾌락의 정원을 직접 만들어 인생에 대해 토론하면서 즐거운 시간을 보냈던 것처럼 우정은 우리에게 행복을 가져다준다. 친구 자체가 우리의 삶을 윤택하게 해주므로 우리가 상대방을 우정으로 대한다면 모두가 행복진다.

에피쿠로스로부터 시작하여 필로데모스 Philodémos: B.C. 110~40 또는 35, 메트로도루스 Metrodórus: B.C. 331?~278?가 계승한 에피쿠로스학파 Epicureanism는 키레네학파의 육체적 쾌락 수준에 머물지 않고 정신적 쾌락까지 나아갔다. 지속적이고 정적인 쾌락을 진정한 선으로 추구했다. 이들에게 철학의 목적은 행복하고 평온한 삶을 얻는 데 있었다. 평정 ataraxia, 평화, 공포로부터의 자유, 무통을 모두 아우르는 행복이었다.

8강. 개인 쾌락과 다수 행복을 중시한 공리학파

즉 이들은 철학을 행복 추구의 수단으로 보았다.

고대 중국의 쾌락주의: 양자와 묵자

쾌락주의와 공리주의 사상이 서양에서만 시작되었을 리 만무하다. 춘추전국시대 중국의 양자와 묵자에서도 나타났다. 양자는 자신의 몸을 소중히 하는 개인주의를, 묵자는 사회의 행복을 강조했다.

도교를 일으킨 노자의 제자였던 양자楊朱: B.C. 440?~360?는 스승과는 달리 개인주의 사상인 자애自愛설을 설파했다. 자연으로부터 받은 자신의 신체와 개인의 자유를 소중히 여기라며 '내가 제일 소중하고 최고'임을 거듭 강조했다. 양자는 생명존중 사상을 바탕으로 하여 사람들이 정치나 사회보다 자신의 몸을 소중히 하면 혼란이 해결된다고 보았다. 사회가 어떻게 돌아가든지 상관없이 자신의 안녕과 평안만을 위하는 일종의 은둔형 쾌락주의였다.

묵자墨子: B.C. 470?~391?는 양자의 반대편에 있었다. 묵자는 사회에 적극 개입하려고 하였으며, 공리주의적이고 실용주의적 사상으로 사회를 변화시키고자 하였다. 묵자학파는 전쟁이 국가의 부를 급속하게 감소시키고, 민중의 삶을 피폐하게 하고 인구를 줄인다며 전쟁을 비판하였다. 이른바 비공非攻 사상이다. 묵자는 서로 사랑하라는 겸애설兼愛說을 가르쳤다. 그렇다고 하여 무조건적, 무차별적 사랑은 아니었다. 서로 사랑하여 싸우지 않으면 서로 파괴하지 않으니 이익이 된다는 것이었다. 또한 묵자는 교환하면 서로 이롭기 때문에 근면하게 일해서 물자를 생산하고, 사치 없이 물자를 아껴 쓰라고 했다.

2 공리주의의 창시자, 제러미 벤담

공리주의의 선구자들

공리주의 하면 제러미 벤담과 존 S. 밀이 먼저 연상되지만 이들이 공리주의 개념을 처음으로 낸 사람은 아니다. 17~18세기 들어 리처드 컴벌랜드, 섀프츠베리, 프랜시스 허치슨, 데이비드 흄, 조지프 프리스틀리, 체사레 베카리아 같은 선구자들이 이미 공리주의 의견을 개진했었다.

리처드 컴벌랜드Richard Cumberland: 1631~1718는 '인류의 행복을 증가시키는 것이 신의 뜻'이라며 신학 관점에서 공리주의에 접근했다. 그래서 그를 영국 공리주의의 창시자로 보기도 한다. 존 로크의 제자이자 친구이기도 했던 섀프츠베리는 도덕적 판단은 인간의 이성이 아니라 자연적 본능인 도덕감각moral sense에 의해 이루어진다고 보았고 선이 사회 전체의 복지를 증가시킨다고 주장했다. 자연을 조화로운 질서로 보는 관점은 나중에 애덤 스미스에게 큰 영향을 끼쳤다.

스코틀랜드학파의 프랜시스 허치슨도 섀프츠베리의 영향을 받아 도덕적 판단은 도덕감각에 의해 이루어지며 최대 다수에게 최대 행복을 가져다주는 행동이 최선이라고 강조했다. 감각과 감정의 중요성, 최대 다수의 최대 행복 개념은 당연히 벤담에게 지대한 영향을 끼쳤다. 데이비드 흄은 섀프츠베리와 허치슨을 계승하여 도덕적 판단은 도덕감정에 의해 이루어지며, 도덕감정은 우리가 이해관계에서 벗어나 공평한 입장에 섰을 때 느끼는 가상적 감정으로, 공감이 도덕적 판단의 기초라고 주장했다.

이탈리아의 형법학자인 체사레 베카리아Cesare Beccaria; 1738~1794는 1764년에 출간된《범죄와 형벌》에서 최대 다수 최대 행복 원칙에 입각해 새로운 형벌 제도를 제안했다. '가장 좋은 법은 행복을 극대화하고 불행과 고통을 최소화시킨다.'고 말하며 도덕적, 종교적인 죄와 세속적인 범죄를 구별하며 중세적 처벌 방식에 반기를 들었다. 국가가 범죄자에게 벌을 주는 이유는 죗값을 치르게 하려는 게 아니라, 범죄 행위로 인해 손상된 사회 전체의 행복도를 다시 회복하고 다른 사람의 모방 범죄를 예방하기 위해서였다. 예방 효과를 얻으려면 형벌의 강도가 아니라 형벌의 확률이 중요하다고 주장했다. 죄를 저지른 사람이 벌을 받을 확률을 말하는 것이다. 20세기 후반 들어 게리 베커Gary S. Becker; 1930~2014가 이를 모델화했다.

기소 절차는 공개적이고 처벌은 신속해야 한다고 역설했다. 고문과 사형은 폐지하라고 주장했다. 가장 야만적이고 수치스러운 형벌이기 때문이다. 베카리아의 이런 공리주의 입장이 같은 법학자인 벤담에게 지대한 영향을 끼쳤음은 물론이다.

공리주의를 객관화하고 싶었던 제러미 벤담

제러미 벤담Jeremy Bentham: 1748~1832은 보수 정당인 토리당을 지지했던 변호사의 아들로 태어났다. 4살 때 역사책을 읽었고 라틴어도 배웠다. 웨스트민스터학교를 다닌 후 12살에는 옥스퍼드대학 퀸스칼리지에 입학해 15살에 학사를, 18살에 석사를 마친다.

법정변호사 자격을 얻지만 영국법전의 복잡성에 크게 실망하고 아예 변호사 생활을 접고 법률 개정에 노력을 기울인다. 벤담은 1776년에 자신의 정부 개혁안을 정리해 《정부론》을 익명으로 출간하기도 했다. 벤담은 정부 정책 개혁을 위해 많은 제안을 했고 평생 편집증적으로 문서 작업에 매달렸다. 44살 때인 1792년에 아버지가 죽고 많은 유산을 받자 철학, 정치, 경제에 대한 집필 활동을 본격 시작한다.

벤담은 무엇보다도 공리주의자로 유명하다. 일부 사람을 제외하면 우리 대부분은 가능하면 쾌락을 늘리고 고통을 줄이려고 한다. 벤담은 1789년에 《도덕과 입법의 원리 서설》에서 공리주의에 대해 다음과 같이 언급했다.

"자연은 인류를 두 가지의 절대적인 주인이라 할 수 있는 고통과 쾌락의 지배하에 두었다. 우리는 고통과 쾌락을 통해서만 우리가 할 수 있는 것이 무엇이며, 또 해야만 하는 것이 무엇인지 결정할 수 있다. … 공리의 원리는 이러한 종속 관계를 인정하는 데서 출발한다." – 제러미 벤담

그리스의 쾌락주의 철학은 개인 관점이었는데 벤담은 이를 사회적

차원으로 확대하여 "최대다수의 최대행복Greatest happiness principle이 도덕과 입법의 기초다"라는 공리주의 철학을 주창했다. 뉴턴이 자연 현상에 만유인력 원리를 도입했듯이 벤담은 사회 현상에 공리주의 원리를 도입했다.

그의 주장에 의하면 개인의 쾌락과 고통은 어떤 식으로든 객관적인 방법에 의해 측정될 수 있고, 그것들을 모두 더하면 '사회의 고통pain과 쾌락pleasure의 총계'를 얻을 수 있다는 것이다. 다시 말해 각 법률과 정치적 행위의 옳고 그름은 그로 인해 생겨나는 고통의 총계와 쾌락의 총계를 비교하여 판단할 수 있다는 것이다. 이러한 절차를 '쾌락 계산'이라 불렀다. 쾌락과 고통의 점수는 일곱 가지 관점에서 측정할 수 있는데, 그 기준에는 강도intensity, 지속성duration, 확실성certainty, 근접성proximity, 순수성purity, 범위성extent이 포함되어 있다.

물론 벤담의 이러한 단순 논리에 대해서 개인 간의 공리를 비교하고 쾌락의 질적 측정을 하는 것이 어렵다는 비판이 있다. 하지만 쾌락 중심의 공리주의 주장은 사회개혁과 민주주의를 원하는 많은 사람들에게 지대한 영향을 주었다. 또 현대경제학은 개인효용utility을 모두 더하면 나오는 사회효용을 극대화하면 좋다는 논리를 채택하고 있는데 이는 벤담의 공리주의에 근거를 둔 것이다.

벤담은 입법자가 사회 전체의 행복을 증진시키기 위해 적극 임해야 한다고 강조했다. '국민이 국가에 봉사하는 것이 아니라, 국가가 국민에게 봉사해야 한다'는 것이다. 왜냐하면 개개인이 느끼고 있는 복지의 효율성 여부에 대해서는 정부보다 일반 국민이 훨씬 잘 알고 있기 때문이다. 벤담은 기존의 국가에 의한 관리와 규제의 대부분이

유해하다고 단정 짓고 정부에게 그냥 내버려두라고 요구했다.

벤담은 자기 주변에서 자신의 생각에 동조하는 사람들을 모아 철학적 급진주의자 그룹을 결성했다. 멤버로는 제임스 밀, 그리고 자신의 아들인 존 S. 밀, 리카도 등이 있다. 사회개혁을 주장했던 이 그룹은 교육의 평등을 요구하고 교회의 권위와 지배 계급의 특권에 대해 비판적인 입장을 견지했다. 특히 스코틀랜드 출신의 경제학자이며 철학자, 역사가인 제임스 밀은 벤담을 만난 후 공리주의에 감명받아 그의 대변자를 자임했고, 벤담의 철학을 담은 유니버시티칼리지런던 대학UCL을 만드는 데 크게 기여했다.

흥미롭게도 벤담은 일찍이 사람의 인권처럼 동물권리를 옹호했다. 하지만 동물 대상의 의학적 실험은 인류 복지를 위한 것이라면 가능하다는 입장을 표명했다. 또한 벤담은 동성애 간 섹스 규제에 대한 자유주의적 입장의 글을 썼다. 하지만 사회적 파장을 우려하여 당시에 출간하지는 않았다.

UCL대학 창립에 기여한 벤담은 죽으면서 자신의 몸을 방부처리해서 대학에 전시해 달라고 유언을 남겼다. 그래서 머리를 뺀 그의 유골에 옷을 입히고 그 위에 밀랍으로 만들어진 머리를 얹어 대학 내부에 전시하고 있다. 또한 대학 회의에 출석시켜 달라는 벤담의 유언을 따라 대학평의회에서는 회의를 할 때마다 이런 방법으로 그의 출석 상황을 체크하고 있다.

"제러미 벤담, 출석, 그러나 투표는 하지 않음."

❸ 제임스 밀과
존 스튜어트 밀

'철학적 급진주의자' 모임을 만든 제임스 밀

어떤 사람이 아무리 멋진 아이디어와 놀라운 작업을 했더라도 세상 사람들이 눈길을 주지 않으면 그만 묻히고 만다. 세상의 이목을 끌려면 효과적으로 홍보해 주는 입소문 전파자가 필요하다. 벤담 대신 재채기를 넓고 멀리 했던 사람이 바로 제임스 밀James Mill: 1773~1836 이었다.

제임스 밀은 스코틀랜드 출신으로 에든버러대학을 나와 목사가 되었다. 하지만 신앙에 회의를 느껴 29살이 되던 1802년에 런던으로 내려왔다. 런던에서 유명인사를 만나며 인맥을 넓히고 자신의 생각을 전파하기 위한 단체를 만들고 잡지를 창간하는 등 왕성한 활동을 했다. 그의 직업은 저널리스트, 정치철학자, 역사가이자 사회개혁 운동가였다. 나중에 《정치경제학》 책도 펴냈다.

런던으로 온 지 6년째 되던 1808년에 제임스 밀은 벤담을 만났는데 당시 제임스 밀은 35살, 벤담은 60세였다. 여전히 부유한 총각으로 공리주의 연구에 매진하던 벤담은 종교적 관용, 사법개혁, 언론출판 자유를 외치고 있었으나 안타깝게도 들어주는 사람들이 별로 없었다.

벤담의 공리주의 사상을 전폭 지지한 제임스 밀은 벤담으로부터 재정 후원도 받아가며 급진적 생각들을 유려한 글과 열정이 넘치는 말로 퍼뜨려 추종자들을 늘려나갔다. 추종자로는 프랜시스 플레이스, 에티엔 뒤몽, 조지 그로테, 리카도가 있다. 이들은 자신들을 '철학적 급진주의자Philosophical radicals'라 불렀다. 제임스 밀이 벤담의 생각을 액면 그대로 전달만 했던 것은 아니다. 사회와 정치제도 개혁에서 경제적 요인을 추가하라고 주문했고, 개혁 추진도 위로부터 하향식이 아니라 민주주의적 상향식으로 하라며 벤담을 설득했다.

제임스 밀은 철학적 급진주의자들의 기관지로 〈웨스트민스터 리뷰〉를 창간했는데 〈에든버러 리뷰〉와는 입장이 다른 이 계간지는 1914년까지 발간되었다. 발간 첫 호에는 제임스 밀과 그의 아들 존 S. 밀의 기고문이 실렸다. 제임스 밀은 아들에게 스파르타식 엘리트 가정교육을 시켰는데 다행히 존 S. 밀은 스폰지처럼 받아들여 동생들 교육은 물론이고, 아버지의 기고, 저술 작업을 뚝딱 해치우곤 했다. 벤담도 존 S. 밀의 출중한 지적 능력에 감탄했다고 했다.

벤담의 공리주의를 추종하면서 사회개혁을 추진한 철학적 급진주의자들은 정식 교육을 받지 못하는 사람들에게 정보를 제공하기 위해 1826년에 유용한지식전파모임Society for the Diffusion of Useful Knowledge:

SDUK을 만들었다. 런던칼리지(1836년에 유니버시티칼리지런던으로 개명)도 설립했는데 이 학교는 성공회 신자만 받아들이던 옥스퍼드대학, 케임브리지대학과는 달리 자신이 믿는 종교에 관계없이 입학할 수 있으며 여학생도 받아들였다. 철학적 급진주의자가 주장한 내용은 마침내 1832년에 개혁안으로 법제화에 성공한다.

시간이 지나며 벤담과 제임스 밀의 개인적 친밀도가 점차 줄어들긴 했지만 정치적 동맹은 여전했다. 벤담은 1832년에, 제임스 밀은 4년 후인 1836년에 세상을 뜬다. 제임스 밀의 장남이자 일꾼인 존 S. 밀은 아버지의 일을 이어받아 사회에 더욱 큰 영향을 미친다.

질적 공리주의자, 존 스튜어트 밀

우리 주위에서 다양한 가족관계의 모습을 볼 수 있다. 어떤 집은 아버지와 아들의 직업이 달라 집에서 서로 소통할 소재가 별로 없다. 반면 어떤 집은 아버지와 아들의 직업이 같거나 비슷해 직장에서뿐만 아니라 집에서도 서로 은밀하게 도와줄 일이 많다.

부부관계도 마찬가지다. 어떤 부부는 직업/이념/관심이 달라 각자 놀아야 편하다. 반면에 코드가 맞는 부부는 함께 놀러 다니고 같이 작업하며 즐거워한다. 하물며 책도 같이 쓴다. 글을 쓰고서 배우자에게 글을 한 번 읽어달라고 부담없이 부탁하기도 한다. 존 S. 밀을 이처럼 부자, 부부 관점에서 보자.

존 스튜어트 밀존 S. 밀, John Stuart Mill: 1806~1873은 19세기 영국의 대표적인 경제학자, 정치사상가, 여권옹호론자다. 존 S. 밀의 《자서전》을 보면, 그가 옛 기억을 되살려 정말로 자세하게 서술했다는 점이 놀랍다. 유명한 사람들도 무수히 등장하고 당시 사회 분위기와 지성사가 낱낱이 드러난다. 물론 저자의 생각과 평가도 여기저기 배어 나온다.

아버지 제임스 밀과 아들 존 S. 밀은 가족내 부자관계를 떠나 가정교육에서 스승과 제자, 직장내 선후임자 관계였다. 존 S. 밀은 아주 어려서부터 아버지의 철저한 홈스쿨링 프로그램에 따라 공부하기 시작했다. 3살 때 그리스어 고전, 8살 때 라틴어 고전을 비롯해 엄청난 양의 책을 읽어댔고 12살 때 대수학, 기하학, 미분학을 공부했다. 13살부터 논리학, 정치경제학 공부도 했다. 두 사람은 틈틈이 함께 산책을 했다. 아버지가 산책하며 정치경제학 강의를 하면 아들은 머리로 기억했다가 글로 기록해 아버지에게 검사를 받아 수정하고서 동생들에게 다시 가르쳤다. 아버지가 구술하면 아들은 글로 정리하고 그 글로 동생을 교육시킨 것이다. 당시에는 휴대폰으로 녹음도 못했을 텐데 말이다.

이렇게 부자父子의 지식과 관심이 밀접하게 공유되니 아버지의 탄탄한 인맥이 아들에게 자연스럽게 전수되었다. 존 S. 밀은 7살 때부터 10살 때까지 벤담의 거처에서 함께 살면서 많은 이야기를 나누었다. 15살 때에는 제러미 벤담의 동생인 새뮤얼 벤담의 초대를 받아 프랑스 집에서 1년간 머무르면서 생시몽, 장바티스트 세이를 비롯해 프랑스의 사상가들을 자주 접했다. 특히 아버지가 '철학적 급진주의자' 모임을 결성하면서 아버지의 지인들과 더욱 친해진다. 존 S. 밀은 벤담의 영향을 받아 16살이던 1822년에 친구들을 모아 '공리주의자협회Utilitarian Society'를 자체 결성하기도 한다. 존 S. 밀의 지적 수준을 누구보다 잘 알았던 벤담은 말년에 자신의 역작《법적 증거의 근거》(전 5권)의 교정을 맡기고 이 책의 편찬자로 존 S. 밀의 이름을 올리기도 한다. 두 사람의 나이 차이는 무려 58살이었다.

존 S. 밀은 17살이던 1823년에 동인도회사에 아버지 보조로 취직하여 아버지의 기고, 저술 등 문서 작업들을 뚝딱 해치웠다. 아들은 아버지에게 최고의 비서였다. 젊어서 이렇게 하드 트레이닝을 거듭하던 존 S. 밀은 21살에 신경쇠약으로 심각한 우울증에 빠지고 만다. 지식 습득을 일방적으로 강조하는 '주지主知주의 교육'만 잔뜩 받았기 때문이다. 그동안 이성적 논리를 다루는 좌뇌만 사용해 우뇌의 정서 능력이 메말라 균형이 깨지고 만 것이다. 그래서 3년간의 정신적 방황이 시작된다.

그러다가 자신보다 2살 어리지만 이미 아이가 둘인 기혼녀, 해리엇 테일러Harriet Taylor; 1807~1858를 알게 되면서 회복된다. 두 사람은 너무나 완벽한 지적 친구임을 알고 테일러의 남편의 허가를 받아 자주 만나곤 했다. 존 S. 밀은 계속 총각으로 지내다가 테일러의 남편이 죽고 나서 교제 21년만인 1851년에 드디어 결혼에 골인한다. 인내심 넘친 놀라운 러브 스토리다. 존 S. 밀의 대표작《자유론》은 사실 부인의 지적 입력 없이는 도저히 완성되지 못했을 것이다. "불러 주세요"라며 존 S. 밀이 요청하면 부인 테일러가 술술 말하는 것을 글로 받아 적은 대필 작가에 불과했을지도 모른다.

존 S. 밀은 동인도회사에서 1858년까지 35년간 근무하면서《정치경제학 원리》,《논리학 체계》를 출간했고, 회사를 사직한 후《여성의 종속》,《오귀스트 콩트와 실증주의》,《대의정부론》,《공리주의》,《자서전》을 남겼다. 그는 여성인권 옹호자로 주목받아 런던 웨스트

〈표〉 존 스튜어트 밀에 대한 평가

- 지나친 조기 교육의 희생자
- 경제학 원론 교과서(1848년 출간) 베스트셀러 저술가
- 아주 독창적인 경제이론가는 아니지만 기존 이론을 제대로 업그레이드한 학자
- 개량된 공리주의 철학자 (벤담의 양적 공리주의를 개량)
- 최후의 정치경제학자 (경제학뿐만 아니라 정치학, 철학에 두루 정통)
- 규범적 목표와 실증적 분석의 조화를 멋지게 이룬 사회개혁가

민스터 선거구에서 3년간 하원의원으로 활동했다. 부인이 폐결핵으로 죽자 전 남편 사이에서 낳은 딸, 헬렌 해리어트가 부인 역할을 맡았다.

우리는 공리주의를 "벤담은 양적 공리주의, 존 S. 밀은 질적 공리주의"라고 배웠다. 그러면서 존 S. 밀의 명언을 들먹였다. "배부른 돼지가 되기보다 배고픈 인간이 되는 편이 낫고, 만족해하는 바보가 되기보다 불만족스러운 소크라테스가 되는 것이 낫다."

정신적 쾌락의 만족감을 표현한 말이다. 사실 그렇다고 하여 물질적 쾌락을 배제한 것은 아니다. 그 한계를 지적한 것이다. 만약 그가 20세까지의 방식대로만 살았다면 벤담식 공리주의를 나중에 업그레이드 하지 못했을지 모른다. 정신적 방황도 하고 코드가 맞는 사람과 사랑도 하면서 새로운 가치관을 가지게 되어 가능하지 않았을까?

존 S. 밀이 공리주의에 관해 쓴 책이 두 권 있다. 1863년에 발간된 《공리주의》가 유명하지만, 푸릇푸릇한 33살이었던 1838년에 쓴 《벤

존 스튜어트 밀
(John Stuart Mill; 1806~1873)
출처 : wikipedia.org

담론》도 있다. 1848년에 출간된 《정치경제학 원리》는 1890년 알프레드 마셜의 《경제학 원리》가 출간되기 전까지 영국을 비롯한 많은 나라에서 대표적인 경제학 교과서였다.

4
공리주의의
집대성과 발전

공리주의를 집대성한 헨리 시지윅

19세기 영국의 공리주의를 집대성한 헨리 시지윅Henry Sidgwick: 1838~1900은 한마디로 케임브리지대학 인ㅅ이었다. 이 대학에서 학생으로 공부했고, 도덕철학 교수로 오랜 기간 재임했기 때문이다. 공리주의 철학자이자 경제학자로서 36세였던 1874년에 세상에 선보인《윤리학의 방법The Methods of Ethics》이 대표작이다.

확신에 찬 공리주의자였던 시지윅은 존 S. 밀의 공리주의와 칸트의 합리주의를 절충하려고 정말 노력했다. 즉 사람이 윤리적 결정을 내릴 때의 합리적 과정을 중시했던 것이다. 시지윅은 세상에 나와 있는 윤리학의 접근방법을 세 가지로 압축했다. 이기주의egoism, 공리주의utilitarianism, 직관주의intuitionalism가 바로 그것이다.

행위를 하는 사람이 자신의 행복만 따지면 이기주의이고, 자신의 행위로 인해 영향을 받는 모든 사람의 행복까지 고려하면 공리주의며, 행복이 아닌 다른 것을 목표로 삼는다면 직관주의라는 것이다. 그리고서 이기주의나 직관주의는 합리적 행위의 근거로 삼기에 적절하지 않다며 공리주의 편을 들었다.

공리주의를 무조건 지지하는 대신에 시지윅은 '보편적 쾌락주의 universalistic hedonism'를 제안했다. 임마누엘 칸트의 정언명령 방식대로 자신의 기쁨과 다른 사람들의 기쁨 간에 생기는 갈등을 조정하라고 사람들에게 주장했던 것이다. 시지윅이 제안한 이러한 윤리 방식이 대중적 인기를 크게 얻지는 못했으나 당시 학계에서는 호평을 받았다.

시지윅은 국민의 행복도를 높이려면 여성의 고등교육을 증진시키는 것이 필요하다며 1871년에 영국 최초의 여자 대학인 뉴엄칼리지 Newham College를 설립했다. 이 대학에서 부인 엘레노어 발포어 Eleanor Balfour가 1892년에 교장을 맡았다. 행복도는 마음 먹기에 따라 달라진다고 생각했는지 시지윅은 형이상학회 Metaphysical Society 회원이 되었고, 심령 현상에 관심이 많아 영국 심령학회 Society for Psychical Research를 창립해 초대 회장을 맡기도 했다.

시지윅은 45세였던 1883년에 《정치경제학원리 Principles of Political Economy》를, 2년 후 《경제학의 범위와 방법 The Scope and Method of Economic Science》을 출간했다. 그는 기본적으로 자유방임주의를 받아들이되 예외와 조건을 요구했다. 경제문제 해결에 정부 역할이 커져야 한다고 주장했고 앞으로 더욱 늘어날 것이라 전망했다. 사실 공리주의적 행복 사회가 구현되려면 개인들끼리만 갈등을 조정하기에는 한계가 있어 정부의 조정 역할이 필요하다.

수학을 윤리학에 접목한 프랜시스 에지워스

영국인인 줄 알았는데 알고 보면 아일랜드인인 경우가 많다. 문학가만 보더라도 제임스 조이스, 오스카 와일드, 사뮈엘 베케트, 조지 버나드 쇼, 아서 코난 도일, 윌리엄 예이츠, 조너던 스위프트, C. S. 루이스, 브램 스토커는 아일랜드인이다. 경제학자 중에서도 리처드 캉티용, 찰스 핸디, 프랜시스 에지워스도 그렇다. 미국 대통령으로는 존 F. 케네디, 로널드 레이건, 조 바이든이 아일랜드계다.

조상이 프랑스 위그노였던 프랜시스 에지워스Francis Ysidro Edgeworth; 1845~1926는 아일랜드의 롱포드 카운티Longford County의 에지워스타운에서 태어났다. 그의 조상은 17세기에 영국에서 아일랜드로 이주해 에지워스타운을 만들어 지주로 지냈다. 에지워스는 집에서 가정교사로부터 교육을 받다가 더블린의 트리니티칼리지와 옥스퍼드대의 배리올칼리지에서 고전인문학을 공부했다. 그리고 런던 지역의 햄스테드Hampstead로 주거지를 옮겨 법률 공부에 매진해 1877년에 변호사 자격증을 땄다.

에지워스는 변호사 공부를 하면서도 주위 사람의 영향을 받아 틈틈이 수학과 경제학을 독학했다. 햄스테드에 정착해 살면서 새빌Savile 클럽과 애서니엄Athenaeum 클럽에 가입하여 심리학자 제임스 설리James Sully; 1842~1923와 교분을 나누기 시작했고, 유니버시티칼리지런던의 경제학교수로 부임한 윌리엄 제번스와 이웃으로 지냈다. 1877년에《윤리학의 새로운 방법과 오래된 방법The New and Old Methods of Ethics》을 출간했고, 1881년에는 대표작《수리정신학Mathematical Psychics》을 출간했다. 책의 부제는 '수학을 도덕과학에 적용하려는 시론'인데, 효용과 만족

관점에서 정신을 측정 가능한 수량으로 바꾸어 수학으로 해석한 것이다.

에지워스는 경제학과 수리통계학 분야의 잇따른 논문 발표에 힘입어 1888년 런던대 킹스칼리지에서 경제학 및 통계학 교수가 되었고, 3년 후 옥스퍼드대 올소울스칼리지All Souls College의 정치경제학 교수로 부임했다. 왕립경제학회의 공동설립자, 통계학회 회장으로 있었으며, 1891년 영국경제학회가 발간하는 〈이코노믹저널〉의 초대 편집인이 되어 35년 동안이나 편집인 혹은 공동편집인으로 일했다.

수학과 통계학에 능했던 에지워스는 벤담의 공리주의를 받아들여 수학적 정밀성을 높이려고 노력했다. 수리정신학을 경제학과 다른 사회과학에 적용하는 측정 문제로 정의했다. 예를 들면 효용이나 윤리적 가치 측정, 도형에서 균형 결정, 확률 측정, 증거나 통계적 측정이 거기에 속한다. 그가 선구적으로 도입한 무차별곡선은 많은 경제학원론 책에 항상 등장한다. 효용을 양 중심의 기수적 접근이 아니라 순서 중심의 서수적 접근을 취한 것이다. 독점 가격 결정, 복점 연구에도 기여했다. 그는 무척이나 말을 못하기로 유명하다.

프랜시스 에지워스가 고안한 무차별곡선, 계약곡선

에지워스는 상품의 효용을 수량화하는 기수적 접근방법이 아니라 순서를 매기는 서수적 효용 접근방법을 이용하여 소비자에게 동일한 효용을 주는 두 상품의 여러 조합들을 이은 무차별곡선 개념을 고안해 냈다. 보통 상품일 때에는 무차별곡선이 원점을 향하여 볼록한 우상향 곡선이 만들어진다. 하지만 두 상품이 완전대체재라면 무차별곡선은 직선의 형태로 그려지며, 완전보완재라면 무차별곡선은 니은자 형태가 된다.

무차별곡선에서 기울기는 두 상품의 한계효용 비율인데 한계대체율MRS: Marginal rate of substitution이라고 한다. x와 y의 재화들이 서로 대체될 때 소비자가 주관적으로 판단하는 두 재화 간의 대등한 교환가능 가치의 비율을 의미한다. 이 한계대체율이 두 상품의 가격 비율과 같아지면 그때 소비자의 최적 선택이 이루어진다. 소비자는 예산제약 하에서 효용을 극대화하려고 하기 때문이다.

에지워스는 두 소비자의 무차별곡선을 180도로 돌려서 직사각형의 에지워스 상자Edgeworth box를 만들었다. 이 두 소비자는 서로의 효용을 줄이지 않으면서 상품을 교환하려 할 것이다. 이처럼 교환이 일어나는 점들을 이은 선을 계약곡선contract curve라 불렀다. 누군가의 효용을 증가시키기 위해서 다른 사람의 효용을 줄이면 안 되는 상태로, 모두의 효용이 최대로 만족된 상태이다. 이런 점들은 바로 두 소비자의 한계대체율이 가격비와 동일한 점들이다. 에지워스는 '무차별곡선', '계약곡선' 용어를 처음 만들었고 그가 고안한 직사각형 상자는 그후 '에지워스 상자'라 불리게 된다.

#공산당선언 #자본론 #노동가치설 #잉여가치
#착취 #체르니셰프스키 #무엇을_할_것인가?
#제국주의 #볼셰비키

◆ 9강 ◆

자본주의 국가에 결정타를 먹인 마르크스학파

역사상 세계를 가장 많이 바꾼 유대인이 누구냐고 물어본다면 누구를 들겠는가? 예수를 첫 번째로 들고, 그 다음으로 카를 마르크스를 드는 사람이 많다. 전 세계의 절반이 공산국가였던 때가 있었고, 현재도 북한, 중국, 베트남, 라오스, 쿠바가 남아 있다. 공산주의 위력이 이렇게 위축되었으니 자본주의가 이겼다고 평가하는 사람도 많다. 하지만 공산주의의 위협을 받아 자본주의 국가들도 예전에 비해 많이 좌로 움직였다. 현재 선진국에서 진행 중인 복지국가도 공산주의가 아니었다면 훨씬 늦게 구현되었을 것이다.

1
완벽한 파트너
카를 마르크스와 프리드리히 엥겔스

런던의 대영박물관 도서관에서 집필한 《자본론》

　런던의 대영박물관에는 거대한 도서관이 하나 있다. 이곳은 1857년에 완공된 이후 1997년까지 140년 동안 도서관으로, 2000년부터 2017년까지 전시공간으로 활용되었다. 현재는 그 쓰임을 놓고 논의 중에 있다. 그런데 1850~1870년대에 이 도서관에 매일 아침 9시에 입실해서 항상 같은 좌석에 앉아 열심히 책을 읽고 글을 쓰다가 저녁 7시가 되면 착실하게 퇴실하던 사람이 있었다. 바로 카를 마르크스Karl Marx: 1818~1883다. 그는 여기에서 현대 사회를 휘몰아치게 한 대작, 《자본론》을 저술해 1867년에 발간했다. 블라디미르 레닌도 20세기 초에 이 도서관을 이용했다.

　1818년 독일과 프랑스, 룩셈부르크 간의 국경을 이루는 모젤 강변의 트리어에서 태어난 마르크스는 유대인이었다. 아버지가 고등법원 관리 공직을 유지하려고 유대교에서 루터파 개신교로 개종하였기에 마르크스는 유복하고 자유로운 분위기에서 성장할 수 있었다. 더구나 그가 성장한 트리어 도시는 프랑스와 매우 가까워 프랑스 공화주의 영향을 많이 받았다.

마르크스는 법학을 공부하려고 베를린대학에 진학하였으나 그 학교의 헤겔로부터 큰 영향을 받아 전공을 철학으로 바꾸고, 예나대학에서 철학 박사 학위를 받는다. 하지만 대학 재학시절 반정부 활동을 한 전력이 있어서 보수성이 짙던 프로이센 사회에서 대학교수가 될 수 없었다. 첫 번째 큰 좌절이었다.

대신 마르크스는 1842년 쾰른으로 이사해 〈라인신문〉의 편집장을 맡으면서 자신의 사회 변혁 열정을 기사에 담기 시작한다. 이 신문에는 엥겔스를 비롯하여 사회 변혁을 꿈꾸던 청년들이 주로 기고했다. 〈라인신문〉은 왕정과 자본주의 타도를 선동한다는 이유로 프로이센 정부에 의해 폐간될 위기에 놓였다. 그래서 마르크스는 언론의 자유를 침해하는 프로이센에 "프로이센 정부에 의해 편집장직을 사임합니다"라는 광고 문구와 프로메테우스(마르크스)가 독수리(프로이센)에게 괴롭힘을 당하는 그림으로 저항했다. 하지만 1843년 프로이센 정부는 왕정과 자본주의 타도를 선동한다며 이 신문을 폐쇄시킨다. 마르크스는 파리로 망명한다.

파리에서 마르크스는 본격적으로 자본주의의 생리를 분석한 학문인 경제학을 접했다. 1844년 2월 마르크스는 공동 편집자 신분으로 〈독불연보〉를 발간하는데, 당시 엥겔스는 자신의 글 '정치경제학 비판 개요'를 실어달라고 보내왔다. 엥겔스가 영국에 머물면서 쓴 이 글은 산업혁명에 따른 영국 내 자본주의적 생산양식과 부르주아 정치경제학을 비판하고 있었다. 마르크스는 이 글에 크게 감명을 받아 영국의 정치경제학에 대한 연구에 박차를 가하게 된다. 1844년 4월에서 8월 사이에 쓴 '경제학 철학 초고'에서 마르크스는 생산 과정에서 프롤레타리아 역할의 중요성과 더불어 프롤레타리아 계급의 혁명적 역할을 강조하며 자신의 정치경제학적 논리의 토대를 정립한다. 그러나 급진파 인물이 본국에 머무는 것을 원치 않았던 프랑스 정부는 마르크스를 추방한다. 마르크스는 브뤼셀로 다시 이주해야 했다.

마르크스가 엥겔스와 함께 집필한 《공산당 선언》은 1848년 2월 21일, 런던에서 독일어로 출간되었다. "하나의 유령, 공산주의라는 유령이, 유럽에 떠돌고 있다"라는 유명한 서문으로 시작하는 공산당 선언은 자본주의 생산 방식의 발생 과정과 착취적 행태를 고발하고 있다. 또한 경제적 이해관계에 따라 계급 간에 일어나는 투쟁이 인류의 역사이자 사회발전의 추동력이라 주장한다. 마르크스는 "공산주의 혁명에서 프롤레타리아가 잃을 것은 족쇄뿐이고 그들이 얻을 것은 전 세계다. 전 세계 노동자들이여, 단결하라!"는 구호로 이 책을 끝맺으며, 프롤레타리아 계급이 주도하는 공산주의 혁명을 촉구했다. 선언 이후 2월과 3월에 걸쳐 프랑스와 프로이센 등 전 유럽에 혁명이 발발하였으나 가을에 대부분 진압되고 만다. 혁명의 좌절에 실망한 마르크스는 런던으로 망명한다.

노동, 잉여가치, 착취, 계급투쟁이 키워드

당시 경제학이 가장 발달했던 영국에서 마르크스는 본격적으로 경제학 연구를 시작했다. 이때 연구에 몰입한 곳이 바로 런던 대영박

19세기 런던 대영박물관 도서관 내부.
출처 : britishmuseum.org

물관 도서관이었다. 마르크스는 영국의 고전학파 경제학을 완전히 습득하고 자신만의 경제학을 구상하여, 1867년 출간된 《자본론》 1권으로 그 결실을 맺는다. 《자본론》은 독일에서 출간된 이후 4년 동안 초판 1,000부가 채 팔리지 못했다. 하지만 1868년 러시아 출판사의 의뢰를 받아 4년 후 러시아어로 번역 출간된 판본은 놀랍게도 출간된 해에 3,000부가 모두 매진되었다. 독일보다 러시아에서 자본론의 인기가 높았다는 사실은 나중에 러시아에서 최초의 공산주의 혁명이 성공한 것과 무관치 않다.

《자본론》에서 마르크스가 가장 중요하게 부각시킨 것은 '노동자에 대한 자본가의 착취'다. 노동자가 자본가에게 제공한 노동에 대해, 자본가는 대가의 일부만 임금으로 지급하고 나머지 잉여 노동의 가치는 착취해서 가져간다는 것이다. 이런 까닭에 노동자는 죽도록 일해도 가난에서 도저히 벗어날 수 없으니 이런 부조리를 없애려면 노동자들이 힘을 합쳐 혁명을 일으켜 자본가의 세상을 노동자의 세상으로 바꿔야 한다는 것이다.

마르크스는 이런 메시지를 대중에게 전달하기 위해 영국의 경제학자 리카도의 노동가치설을 동원해 부등가 교환 개념을 도입했다. 노동가치설이란 시장에서 희소재를 제외한 상품의 가치는 상품 생산에 투입된 노동의 양에 따라 결정되고, 노동의 양은 가격 기구에 의해 자동적으로 조정되며, 기계나 도구 등의 고정자본에 투하된 간접노동도 직접노동과 함께 상품가치에 포함된다는 주장이었다. 이에 더해 루트비히 포이어바흐Ludwig Feuerbach; 1804~1872의 유물론과 헤겔의 변증법을 합친 변증법적 유물론을 만들어 경제 중심의 정반합 법칙을 구축했다.

경제 현상을 과정상으로는 생산, 유통, 소비로 나눌 수 있다. 마르크스는 이 중에 생산 과정에 집중했고, 노동자가 제공하는 노동 요소의 중요성을 특히 강조했다. 《자본론》 1권은 생산을, 2권은 교환(유통)을, 3권은 분배(소비)를 다루었다. 경제학은 원래 '교환'을 중시하는 중상주의에서 시작한 학문이다. 하지만 애덤 스미스의 분업, 데이비드 리카도의 노동가치설에서 보듯이 고전학파의 근대 경제학은 '생산'을 강조했다. 고전학파 경제학은 부의 원천을 '인간의 노동'에서 찾았지만, 정작 가난은 '죽도록 노동하는 사람들'의 전유물이었다. 이러한 가난과 노동의 불일치를 '잉여 가치'라는 열쇠를 통해 찾아낸 마르크스는 이전과는 다른 혁명적인 방식으로 세계를 해석해 과학적 사회주의 이론을 구축해냈다.

카를 마르크스의 사상적·정신적·재정적 동반자, 프리드리히 엥겔스

마르크스를 이야기하려면 든든한 조력자였던 프리드리히 엥겔스 Friedrich Engels; 1820~1895를 빼놓을 수 없다. 엥겔스는 마르크스가 파리에서 망명하고 있었던 1844년에 처음 만난 이후 마르크스가 사망한 1883년까지 줄곧 사상적, 정신적, 재정적 동반자였다. 엥겔스는 원래 독일 출신으로 사업가인 아버지를 따라 영국 맨체스터에서 방적 공장을 운영하던 사업가였다. 하지만 당시 자본주의의 냉혹한 사회에서 노동자의 처절한 상황에 대해 항상 불만스러워 했고 보다 나은 사회 변혁을 꿈꿔왔다. 그런 점에서 엥겔스는 마르크스와 의기투합했고, 재정적 여유가 있어 마르크스를 적극 후원했던 것이다.

마르크스가 사망한 뒤 엥겔스는 마르크스의 원고를 정리하여《자본론》제2권과 제3권을 출간함으로써 저술을 매듭지었다. 본인의 책임을 다한 엥겔스는 이듬해인 1895년에 사망한다. 이처럼 두 사람은 완벽한 파트너였다.

마르크스가《자본론》을 쓴 목적은 무엇이었을까? 바로 현대 자본주의 사회의 경제적 운동 법칙을 발견하려는 것이었다. 마르크스가 죽은 후 엥겔스가 쓴 추도문을 보면, 다윈이 자연의 발전 법칙을 발견했듯이, 마르크스는 인간 역사의 발전 법칙을 발견했다고 엥겔스가 자랑스럽게 말한 바 있다.

2
공산주의 이론을 혁명으로
현실에 구현한 블라디미르 레닌

이름이 똑같은 두 권의 책

유명한 책 중에는 책 제목이 같은 경우가 드물게 있다. 니콜라이 체르니셰프스키Nikolai Chernyshevsky: 1828~1889의 《무엇을 할 것인가?What is to be done?》와 블라디미르 레닌Vladimir Ilyich Lenin; 1870~1924의 《무엇을 할 것인가?》가 바로 그런 경우다.

체르니셰프스키가 1862년부터 뻬뜨로빠블로프스끄 수용소에 투옥되어 있으면서 집필한 《무엇을 할 것인가?》는 1863년에 출간된 이후 사회주의 이념을 최초로 구현한 소설로 평가받고 있다. 이 소설은 출간 당시는 물론이고 1917년 러시아혁명이 성공한 후에도 러시아 지식인인텔리겐차과 청년들로부터 대단한 인기를 얻었다.

1840년대 아버지 세대의 인텔리겐차들은 차르tsar의 억압적인 체제와 농노제 하에서 분노가 치미는 것을 간신히 참으면서 위로부터의 혁명을 꿈꿔왔다. 하지만 러시아가 1856년 크림전쟁에서 패배하고 1861년에 발표한 농노 해방령과 토지 개혁령이 민중을 속이는 기만임이 드러나자 민중들은 크게 실망한다. 그래서 1860년대 아들 세대의 인텔리겐차들은 아버지 세대의 '누구의 죄인가?'라는 무력한 비판의식에 그치지 않고 '무엇을 할 것인가?'를 외치며 행동에 나선다. 당시 체르니셰프스키가 쓴 《사회평론》과 연이어 나온 《무엇을 할 것인가?》는 러시아인의 인식 전환에 결정적 역할을 하게 된다.

> "태양이 떠오르면 그림자가 물러가듯 어둡고 괴로웠던 마음은 사라지리라. 빛과 따스함과 진한 꽃향기가 어둠과 절망을 몰아내리니 타락과 부패의 냄새는 사라지고 장미의 향기가 온 천지에 진동하리라."
>
> – 체르니셰프스키의 《무엇을 할 것인가?》 중에서

체르니셰프스키의 《무엇을 할 것인가?》를 매우 좋아했던 레닌은 이렇게 말한 바 있다. "이 소설은 나를 완전히 압도했다. 당신의 전 생애를 내걸어도 좋을 만한 훌륭한 소설이다. 체르니셰프스키의 가장 위대한 공적은 올바른 마음가짐을 지닌 진지한 사람은 누구나 다 혁명가라는 것을 보여주고 있을 뿐만 아니라, 한 걸음 더 나아가서 혁명가는 어떤 종류의 사람이어야 하며, 어떤 행동 규칙을 준수해야 하고, 어떻게 그의 목표를 수행해 나가야 하며 어떤 수단으로 그것을 달성해야 하는가를 보여 주었다는 데 있다."

한마디로 말해 참여적 사회주의 리얼리즘 소설이었던 것이다. 레닌은 체르키셰프스키의 전집과 마르크스 - 엥겔스 전집을 서가에 나란히 꽂아 두고 틈만 나면 이 소설을 읽었다. 하물며 레닌은 1902

년에 출간한 자신의 책 제목마저도 '무엇을 할 것인가?'로 정했다.

블라디미르 레닌의 《무엇을 할 것인가?》

레닌은 제정러시아 관료의 아들로 태어나 공부를 잘 했지만 17살 때 좋아하던 형이 알렉산더 3세 암살 미수 사건으로 교수형을 당하자 큰 충격을 받는다. 그의 형은 법정에서 소신에 차 이렇게 발언했다. "나에겐 불쌍하고 가여운 러시아 인민을 돕겠다는 목표 외엔 아무 것도 없다. 그 목표를 위해 정직하게 행동했기에 아무 것도 두렵지 않다. 조국을 위한 죽음보다 훌륭한 죽음은 없다." 그는 21살에 처형되었다.

레닌은 카잔대학을 다니다 학생시위로 퇴학을 당했다. 이후 상트페테르부르크대학에서 법학을 공부하고 변호사 생활도 잠시 하지만 마음은 그곳에 있지 않았다. 무정부주의자들이 벌이는 개인적 차원의 암살 테러는 효과가 없다고 판단하고 체제 전복을 근본적인 해결책으로 믿는다. 그래서 마르크스주의자들의 서클에 가입하여 1893년부터 노동운동, 반체제운동을 하다가 시베리아로 유배를 당하게 된다.

1897년부터 1899년까지 수감되면서 이때 레닌은 책을 엄청나게 읽으며 1899년 《러시아의 자본주의 발달》을 탈고한다. 당시 공산주의자들은 러시아의 경제발전 수준이 낮아 공산주의 혁명이 어렵다는 것이 일반적 견해였는데, 레닌은 이 책에서 러시아는 이미 전 세계 자본주의 체제의 일부이므로 공산주의 혁명이 가능하다고 주장했다. 억압적인 정부는 뛰어난 혁명가를 수감시키면 안 된다. 이들은 수감 기간을 자신의 생각을 정리해 저술하는 시간으로 활용해 세상에 큰 영향을 미치기 때문이다.

출옥한 레닌은 1900년에 스위스로 망명을 가서 무려 17년이나 머문다. 레닌은 스위스에서 러시아사회주의노동자당 건설 계획을 구상한다. 1901년 5월 〈불꽃이스크라〉에 기고한 '무엇으로부터 시작할 것인가?'는 초안이고, 더욱 구체화한 책이 《무엇을 할 것인가?》이다. 이 책은 당시 러시아에서 사회주의 운동을 하는 여러 조직에게 많이 배포되었고 레닌과 '불꽃' 노선이 승리하는 데 크게 기여했다. 러시아 정부가 사회민주주의자들을 체포하기 위해 수색을 할 때 레닌의 《무엇을 할 것인가?》가 매우 많이 나왔던 것을 보면 이 책의 막강한 위력을 알 수 있다.

러시아사회민주주의자동맹의 기관지는 '노동자의 대의'인데, 레닌은 자신의 책에서 이 조직의 기회주의 측면을 맹렬하게 비판한다. 〈불꽃〉을 중심으로 레닌을 포함한 혁명적 사회민주주의자들은 '노동자의 대의' 조직과는 통합이 불가능하다고 판단하여 러시아혁명적사회민주주의자국외연맹을 따로 만든다.

특히 레닌은 웹 부부(시드니 웹, 비어트리스 웹) 같은 영국 사회주의자나 베른슈타인 같은 독일 사회주의자의 경제주의를 신랄하게 비판했다. 당시 영국에는 노동운동이 점차 쇠퇴하고 있었는데, 이는 세계 시장에서 독점적 지위를 차지하는 영국의 노동자 계급 일부가 부르주아에 의해 매수되었기 때문이라고 보았다. 영국에서 노동자 계급의 상층부가 식민지의 노동자 계급 착취에 간접적으로 편승하는 노동귀족이 되었다는 판단이었다. 레닌은 사회민주주의를 노동조합주의와 혼동하지 말라고 강력 주문한다.

레닌은 단순히 노동자의 자생적인 의식에만 맡겨두어서는 사회주의로의 이행이 불가능하다고 보았다. 즉 노동자계급이 해방되려면 노동조합 중심으로 임금 인상이나 근로조건 개선 요구와 같은 경제 투쟁만으로는 불가능하고, 혁명적 계급의식을 교육시키는 지도부가 따로 있어야 한다고 주장했다. 볼셰비키로 상징되는 민주적 집중제에 의한 혁명적 전위아방가르드 조직의 필요성을 역설했다.

레닌의 책에 힘입어 볼셰비키와 멘셰비키의 대립 구도가 만들어졌다. 1903년 러시아의 사회민주단체 대표자들은 런던에서 2차 대회를 개최했다. 이 대회에서 레닌은 소수정예의 당원들이 노동자를 이끄는 당을 만들자고 주장했고, 당장 기존 권력을 전복시켜 집권하자고 주장했다. 반면에 개방적이고 합법적인 민주적 대중정당을 지지한 마르토프는 러시아에서 자본주의가 더 발달한 후에야 점차 사회주의 국가가 된다고 주장했다.

레닌은 다른 정당과의 협력을 거부한 데 반해, 마르토프는 다른 정당과의 협력도 가능하다고 보았다. 투표 결과는 레닌의 승리였다. 레닌 파는 다수파라는 뜻의 볼셰비키가 되었고, 마르토프의 소수파는 멘셰비키가 되었다.

레닌의 사상은 1917년에 프롤레타리아 혁명으로 이어졌고, 2년 후 국제공산주의 운동기구인 코민테른 창립까지 이어진다. 이처럼 레닌의 《무엇을 할 것인가?》는 혁명의 교과서가 되었다. 레닌은 마르크스 이후 가장 위대한 혁명 사상가이자 역사상 가장 뛰어난 혁명 지도자로 꼽히고 있다.

블라디미르 레닌이 후세에 미친 영향

레닌은 1902년에 《무엇을 할 것인가?》를 발간한 이후 여전히 스위스에 체류하면서 1916년에 《제국주의 : 자본주의 최고의 단계》를 발간했다. 책 제목에서 보듯이 경쟁 자본주의에서는 독점 자본주의로 발전하고, 세계로 확산되면 제국주의가 된다는 것이다. 레닌이 보기에 독점기업과 금융자본의 지배가 확립되어 있고, 상품수출보다는 자본수출이 현저하게 중요하며, 국제 트러스트 간의 세계 분할이 시작되고 자본주의 거대 열강에 의해 지구상의 영토 분할이 완료되는 상태의 자본주의가 바로 제국주의라는 것이다. 제국주의 체제에서는 앞선 부분과 뒤처진 부분의 격차가 벌어져 거대한 체제의 연결고리 중에 제일 약한 연결고리가 끊어지면 자본주의가 붕괴되고 사회주의 체제가 도래한다고 내다 봤다.

레닌의 《제국주의》는 존 홉슨John Atkinson Hobson: 1854~1940의 《제국주의》, 루돌프 힐퍼딩Rudolf Hilferding: 1877~1941의 《금융자본》, 로자 룩셈부르크Rosa Luxemburg: 1817~1919의 《자본축적론》, 카를 카우츠키Karl Johann Kautsky: 1894~1938의 《초제국주의론》의 영향을 받아 탄생했다. 레닌은 《제국주의》가 자신의 독창적 업적이 아니라 기존 문헌들을 재구성했다고 밝힌 바 있다. 경제이론가는 아니었던 레닌은 사회주의 혁명가 입장에서 당시 정세를 파악하고 이론적 명제들과 효과적으로 연결시켰다.

레닌은 국수주의에 사로잡힌 국가 간의 전쟁을 반대했다. 1차 세계대전 당시 유럽의 사회주의 정당들은 막상 전쟁이 발발하자 노동자계급의 국제적 연대라는 대의명분을 버리고 애국주의 입장에서 각자의 조국이 내건 전쟁 결의에 동의했다. 1차 세계대전 당시의 독일이 바로 그랬다. 레닌은 이런 애국주의적 입장을 강하게 비판하면서 외국과의 전쟁을 내전으로 바꾸고 이를 다시 혁명으로 전환시켜야 한다고 주장했다.

《제국주의》가 출간되고 이듬해인 1916년 2월에 러시아에서 드디어 혁명이 일어났다. 로마노프 전제정권이 식량, 토지, 전쟁 문제를 제대로 해결하지 못하자 분노한 대중이 노동자, 군대와 합세하여 혁명을 일으킨 것이었다. 혁명은 성공하였고 3월에 니콜라이 2세는 퇴위했다. 하지만 지식인과 부르주아의 지지를 받는 케렌스키 임시정부와 노동자, 농민, 군인들의 지지를 받는 소비에트 간에 갈등이 발생했다. 또 소비에트 안에서는 볼셰비키와 멘셰비키 간의 갈등도 불거졌다. 케렌스키 임시정부가 레닌에 대한 체포 명령을 내리자 레닌은 핀란드로 도피하면서 《국가의 혁명》을 저술했다.

레닌은 혁명 수행의 도구로 책을 최대한 활용했다. 스탈린과 트로츠키도 레닌의 책과 단호한 행동에 매료되어 혁명 과정에서 중요한 역할을 담당해 1916년 10월에 레닌은 볼셰비키 주도로 혁명을 드디어 완수한다. 레닌의 혁명 사상은 마오쩌뚱_{毛澤東; 1893~1976}, 호찌민_{Hô Chi Minh(胡志明); 1890~1969}, 요시프 브로즈 티토_{Josip Broz Tito; 1892~1980}, 피델 카스트로_{Fidel Castro; 1926~2016} 등 선진국이 아닌 국가에서 혁명가를 배출시켜 20세기의 공산국가가 속속 생기는 데 크게 기여했다.

#한계분석 #수요공급법칙 #부분균형분석
#케임브리지학파 #로잔학파 #일반균형이론
#후생경제학 #파레토최적

◆ 10강 ◆

주류경제학의 기원 신고전학파

17세기 뉴턴과 라이프니츠에 의해 수학의 미적분 개념이 등장한 지는 오래 되었으나 한계 개념이 경제학에 도입되기까지는 시간이 많이 걸렸다. 19세기 유럽의 공학자들은 한계효용 체감법칙을 발견해 우하향 수요곡선을 그렸고, 수요곡선과 공급곡선을 한데 겹쳐 수요공급 법칙을 도식화 했다. 헤르만 하인리히 고센은 한계효용 체감법칙, 한계효용 균등법칙을 토대로 한계효용의 일반이론을 수학적으로 개진했다. 영국 윌리엄 제번스, 독일의 카를 멩거, 프랑스의 레옹 발라스에 의해 1870년대 초반에 한계혁명이 일어나 신고전학파 경제학이 꽃을 피운다.

1 경제학에 한계 개념을 처음 도입한 공학자들

케이블카를 발명한 플리밍 젠킨

사람들이 타는 조그만 박스 공간이 허공의 긴 줄에 매달려 움직이는 케이블카를 누가 처음 만들었을까? 그것은 바로 플리밍 젠킨 Fleeming Jenkin; 1833~1885이다. 19세기 후반에 스코틀랜드 에든버러대학의 전기공학 교수였던 그는 여러 상품들을 발명하기도 했고, 배우, 아티스트, 비평가 등 다방면에 걸쳐 재능을 발휘했다. 경제학에도 성큼 발을 내디뎠다. 1870년에 출간된 논문에서 수요공급 곡선을 한 도표에 그리며 수요공급 법칙을 처음으로 제시한 것이다.

경제학에는 정말로 많은 법칙들이 등장한다. 이중에 가장 유명한 법칙은 수요공급 법칙이 아닐까? 종축에 가격, 횡축에 수량을 놓고서 곡선 두 개가 X자 모양을 취하는 도표다. 우하향 곡선이 수요곡선이고, 우상향 곡선이 공급곡선인데, 두 곡선이 만나는 교차점에서 균형가격과 균형수량이 결정된다.

젠킨은 기존의 경제학자들이 말로만 떠드는 것이 한심하게 보였던 모양이다. 가격이 균형가격보다 높으면 공급이 수요보다 많으니 가격이 균형가격까지 점차 떨어진다. 반대로 가격이 균형가격보다 낮으면 초과수요가 생겨 가격이 올라간다. 젠킨은 경쟁이 충분하지 않으면 두 곡선이 겹치지 않아 균형점이 생기지 않을 수 있는 가능성까지 지적했다. 곡선 하나가 이동하면 균형점이 어떻게 바뀌는지 비교 정학 분석도 했다. 젠킨의 이 논문은 당시 논리학에 푹 빠져 있던 제번스에게 영향을 주어 1871년에 출간된 《정치경제학 이론》을 쓰는데 자극을 준다.

일찍이 애덤 스미스는 보이지 않는 손에 의해 가격이 결정된다고 말한 바 있는데 젠킨은 도표를 통해 가격 형성 과정을 눈으로 보여주었다. 이 수요공급 법칙 분석은 나중에 알프레드 마셜에 의해 경제학 교과서에서 가장 유명한 도표로 자리 잡는다.

교량 통행료를 책정하고자 우하향 수요곡선을 발견한 쥘 뒤피

사실 수요곡선을 처음으로 발표한 사람은 쥘 뒤피Jules Dupuit; 1804~1866였다. 젠킨의 논문보다 무려 26년 전이었다. 이탈리아에서 태어난 프랑스의 토목기사였던 뒤피는 교량의 통행료를 사용자로부터 어떻게 받아야 할 지 고민하다가 1844년에 논문을 발표했다.

뒤피는 사람들이 소비하는 재화의 양이 늘어날수록 소비자가 느끼는 한계효용이 줄어든다는 사실에 주목했다. 종이에 그려보니 우리가 잘 아는 우하향의 수요곡선이 나왔다. 그래서 교량을 이용하는 빈도에 따라 사용자에게 사용료를 달리해야 한다고 생각했다. 교량을 가끔 이용하면 통행료를 비싸게 부과하고 자주 이용하는 사람에게는 통행료를 낮게 매기는 방식이었다. 우리는 이제 우하향 수요곡선을 당연한 것으로 받아들이고 있지만 뒤피가 처음으로 만들어냈던 것이다.

뒤피는 토목기사로 일하다가 우연히 이런 논문을 썼던 것은 아니다. 뒤피는 나폴레옹에 의해 설립되어 당시 이과 수재들이 다니던 에콜폴리테크닉 졸업생이었다. 토목기사로 많은 토목건설 프로젝트에 참여했었고 1843년에는 도로 시스템을 구축한 공로로 국가로부터 레종도뇌르 상도 받았다. 1848년에는 홍수관리 시스템을 연구하여 파리의 하수도 시스템 건설을 총감독하기도 하였다.

한계효용 체감 법칙에 입각해 수요곡선을 만들어낸 뒤피는 수요곡선과 균형가격 사이의 삼각형 공간을 상대효용 relative utility이라 부르며 그 공간만큼 소비자는 후생 효과를 얻는다고 지적한 바 있다. 알프레드 마셜은 나중에 이 공간을 '소비자잉여'라 불렀다. 뒤피는 경쟁시장 외에도 독점시장을 분석하며 가격차별 정책을 주장하는 논문을 발표하였다. 이처럼 우리에게 익숙한 한계효용 체감, 우하향 수요곡선, 소비자잉여, 가격차별은 일찍이 뒤피가 분석해 발표했던 내용이었다.

전기공학 출신의 젠킨, 토목공학 출신의 뒤피, 두 사람 모두 경제학자는 아니었지만 일찍이 경제학에 뚜렷한 족적을 남겼다. 이처럼 예전에는 여러 영역을 넘나들며 재미있게 노는 창의적인 사람들이 상당히 있었다.

2
한계효용의 일반이론을 제시한
헤르만 하인리히 고센

헤르만 하인리히 고센Hermann Heinrich Gossen; 1810~1858은 한계효용의 일반이론을 처음으로 제시한 프러시아 경제학자이다. 많은 선구자가 그러듯이 시대에 너무 앞서서, 지적 풍토가 다른 곳에서 창의적 이론을 제시했기에 거의 인정을 받지 못하고 쓸쓸히 죽었다. 하지만 시간이 지나며 그의 선구적 업적은 한계혁명을 부르짖었던 경제학자들에게서 인정을 받았다.

고센은 1810년 독일 아헨과 쾰른 사이에 있던 뒤렌에서 태어났다. 본대학과 베를린대학에서 법학을 공부하고 프러시아왕국 정부의 배심관이 되었다. 1847년 37살에 사직한 이후 고센은 보험 상품을 판매하면서도 많은 연구를 했고, 1854년에 《인간 교역의 법칙과 그에 따른 인간 행동의 규칙The Development of the Laws of Human Intercourse and the Consequent Rules for Human Behavior》을 펴냈다.

고센은 이 책에서 자신의 경제이론 발견에 대한 자부심을 드러냈다. 천문학이 코페르니쿠스에 부여했던 명예를 경제학이 자신에게 부여해야 한다는 말로 거창하게 시작한다. 보다 정확하게 말하자면, 코페르니쿠스가 하늘 세계의 관계를 설명하며 이룬 것을 자신은 지구 사람들의 관계를 설명하며 이뤘다고 말한 것이다. 그리고 수리적 접근이 유일하게 올바른 방법이므로 처음부터 끝까지 적용되어야 한다고 강력하게 주장했다.

물론 고센 이전에도 가브리엘 크레이머Gabriel Cramer, 다니엘 베르누이Daniel Bernoulli, 윌리엄 로이드William Lloyd, 나소 시니어Nassau Senior, 쥘 뒤퓌 같은 이론가들이 한계효용 개념을 강조하긴 했다. 하지만 이들의 노력은 산발적이었고 체계적이지 못했다.

고센은 경제학을 즐거움pleasure과 괴로움discomfort의 이론으로 보았다. 개인 그리고 사회를 구성하는 개인들의 집단이 최소의 괴로운 노력으로 최대의 즐거움을 실현하는 과정에 대한 이론이라는 것이다. 알프레드 마셜이 한계효용이라고 표현한 개념을 고센은 즐거움의 크기라고 표현했다.

고센의 책에는 세 가지 법칙이 실려 있다. 제1법칙은 한계효용 체감 법칙이다. 제2법칙은 한계효용 균등 법칙으로, 최대효용을 얻으려

〈표〉 고센의 세 가지 법칙

- 고센 제1법칙 : 한계효용 체감 법칙
- 고센 제2법칙 : 한계효용 균등 법칙
- 고센 제3법칙 : 공급이 수요보다 적을 때에만 주관적 가치가 재화에 부여된다

면 개인은 각 재화의 한계효용을 똑같게 하는 상태에서 소비해야 한다는 것이다. 제3법칙은 공급이 수요보다 적을 때에만 주관적 가치가 재화에 부여된다는 것으로, 희소성이 있어야 경제적 가치가 발생한다는 것이다. 고센은 법칙 세 가지를 설명하면서 그래프를 많이 사용했다.

고센은 상품의 효용을 제대로 계산하려면 생산에 필요한 노동의 괴로움을 빼야 한다고 주장했다. 그러면서 노동의 괴로움을 비효용disutility이라 표현했다.

1854년에 출간된 고센의 책은 거의 주목을 받지 못했다. 당시 독일에서는 역사학파가 압도적이어서 수학을 사용하는 공리주의적 접근을 철저히 무시했기 때문이다. 당연히 책 판매는 매우 저조해 고센은 출판사에게 책을 모두 파기해달라고 부탁했다. 그리고 얼마 있지 않아 1858년 쾰른에서 좌절 속에 세상을 떴다.

20년이 흘러 1878년에 맨체스터의 애덤슨Adamson 교수가 고센의 책을 발견하고 제번스에게 소개했다. 제번스는 고센의 책이 경제이론 개발에 중요한 이정표라며 선구적 가치를 인정했다. 제번스는 1879년에 출간된 《정치경제학 이론》 2판의 서문에서 고센을 자세히 소개하기도 했다. 레옹 발라스도 1885년에 한 에세이에서 고센의 업적을 소개했다. 고센의 책은 베를린에서 다시 출간되었으며 한참 지난 1983년에 루마니아 태생의 미국 수학자, 통계학자, 경제학자인 니콜라스 게오르게스쿠 뢰겐Nicholas Georgescu Roegen에 의해 영어 번역판이 출간되었다. 제대로 인정받기에 정말 오랜 시간이 걸렸다.

③ 즐거움과 괴로움을 미분으로 분석한 윌리엄 제번스

다이아몬드와 물의 역설

우리는 아르키메데스가 욕조에서 들어갔다가 물이 넘치는 것을 보고 고민하던 문제에 대한 해법을 발견해서 욕조를 뛰쳐나오며 '유레카Eureka'하며 함성을 질렀다는 사실을 알고 있다. 유레카는 "나는 찾았다"라는 의미다. 1860년 무렵 영국의 경제학자 윌리엄 스탠리 제번스William Stanley Jevons; 1835~1882도 어느 책을 읽다가 자신이 고민하던 문제에 대한 해법을 찾고서 "유레카"라고 소리를 질렀다. 사람이 재화로부터 느끼는 한계효용은 재화의 양과 관련 있고 서로 반비례 관계에 있다는 사실을 알아챈 것이었다.

일찍이 100여 년 전인 1770년대에 애덤 스미스는 이런 질문을 던진 적이 있다. "물이 없으면 인간은 생존 자체가 불가능한데 왜 물은 그렇게 싼가? 반대로 우리 인간에게 꼭 필요하지 않은 다이아몬드는 왜 그렇게 비싼가?" 즉 재화의 사용가치와 교환가치간의 괴리에 대해 질문을 던졌던 것이다. 간단히 말해, 물의 사용가치는 매우 높은데 교환가치는 매우 낮기 때문이다.

후세 사람들은 이를 '다이아몬드와 물의 역설가치의 역설'이라 부른다. 이런 역설은 한동안 제대로 풀지 못한 미스터리였는데 100여 년이 지난 1870년대에 와서야 제대로 풀렸다. 해답의 핵심은 한계효용이었다. 한계효용학파 경제학자들은 애덤 스미스가 재화의 총효용total utility과 한계효용marginal utility을 제대로 분간하지 못해서 그런 오해에 빠졌다고 주장했다. 즉 스미스는 사용가치를 총효용으로 해석했을 뿐, 교환가치를 한계효용과 연결시키지 못했던 것이다.

사람이 물로부터 느끼는 총효용은 다이아몬드의 총효용에 비해 훨씬 크다. 갈증이 매우 심할 때 마시는 물은 사람에게 많은 효용을 주지만 물을 더 마실수록 사람들이 추가적으로 느끼는 한계효용은 계속 줄어든다. 반면에 다이아몬드의 총효용은 물에 비해 낮을 지 모르지만 물과 달리 매우 희소하기 때문에 한계효용은 높다. 그래서 사람들은 희소한 다이아몬드를 비싼 가격에 구입하려고 하고 주위에 흔한 물은 낮은 가격에 사려고 한다. 그래서 다이아몬드는 수천만 원, 수억 원을 호가하지만 편의점에서 우리가 사는 생수 한 병은 천 원 정도에 머문다.

한계혁명의 선구자, 윌리엄 제번스

애덤 스미스, 리카도를 비롯한 고전학파 경제학에서 재화의 가격은 그 재화 생산에 투여된 노동가치, 더 크게 말하면 생산비에 의해 결정된다고 보았다. 재화의 가치와 가격이 공급 측면에서 결정된다고 본 것이다. 하지만 1870년대 들어와 한계혁명을 부르짖은 신진 경제학자들은 수요 측면을 강조했다. 즉 소비자가 느끼는 한계효용에 의해 재화의 가치, 가격이 결정된다고 보았다. 이를 주장한 사람들은 영국 맨체스터의 윌리엄 제번스, 오스트리아 비엔나의 카를 멩거, 스위스 로잔의 레옹 발라스였다. 제번스는 《정치경제학이론》(1871)을 영어로, 멩거는 《정치경제학원리》(1871)를 독일어로, 레옹 발라스는 《순수경제요론》(1874)을 프랑스어로 썼기 때문에 연구 과정의 독립성을 인정하여 세 사람을 아울러 한계혁명의 3인방이라 부른다.

효용utility 개념은 기본적으로 공리주의utilitarianism에서 나온다. 우리가 즐거움(쾌락)을 주는 것을 취하고 괴로움(고통)을 주는 것을 피하려는 것은 인지상정이다. 제번스는 《정치경제학이론》에서 '즐거움을 가져다주거나 괴로움을 막아주는 물품의 성질'을 효용이라고 정의했다. 그리고 뉴턴식의 미적분을 경제학에 적극 적용하자며 인간의 생존투쟁을 '즐거움과 괴로움의 변분학Calculus of Pleasure and Pain'으로 표현했다.

우선, 제번스는 가치란 전적으로 효용에 달려있다고 주장한다. 그는 재화의 소비량이 늘수록 소비자가 추가적으로 더 느끼는 한계효용은 줄어든다는 것을 강조했다. 이른바 한계효용 체감 법칙이다. 또한 그는 소비자가 자신의 효용을 극대화하려면 각 재화의 한계효용을 재화 가격으로 나눈 비율이 모든 상품에 대해 모두 동일해야 한다는 교환 방정식을 제시했다.

예를 들어 오렌지의 한계효용이 10이고 쿠키의 한계효용이 4라고 해보자. 그리고 오렌지와 쿠키의 가격은 2달러로 같다고 하자. 그러

〈표〉 현대 수식으로 표현한 제번스의 교환 방정식

$$\frac{MU_i}{P_i} = \frac{MU_j}{P_j}$$

MU : 한계효용, P : 재화 가격, i와 j는 각각 다른 재화

면 오렌지의 비율($\frac{MU_i}{P_i}$)은 5이고 쿠키의 비율($\frac{MU_j}{P_j}$)은 2로 오렌지의 비율이 더 높다. 그러면 자신의 소득 한도 내에서 오렌지를 더 사서 소비하면 한계효용 체감의 법칙에 따라 오렌지의 비율은 줄어들 것이다. 대신 쿠키 구매량을 줄여 쿠키 소비를 줄이면 쿠키의 한계효용은 늘어나 쿠키의 비율은 올라가게 될 것이다. 이런 소비 조정 과정을 거치면 두 재화의 비율은 같은 값을 가져 최적 소비 수준에 이른다. 이를 한계효용 균등 법칙이라 한다. 사람들이 현재 자신이 가진 대로 소비하지 않고 서로 교환하는 이유는 자신의 효용을 극대화하려고 한계효용 균등 법칙이 성립토록 하기 때문이다.

제번스는 효용 극대화 원리를 생산에도 마찬가지로 적용한다. 생산물의 소비는 효용을 주지만 생산에 필요한 노동은 고통을 주기 때문에 비효용이 생긴다. 따라서 소비의 효용에서 노동의 비효용을 뺀 순효용을 극대화하려면 소비의 한계효용과 노동의 한계비효용이 일치하도록 생산량을 정해야 한다고 보았다. 제번스는 노동을 두 재화의 생산에 분배할 때에도 효용 극대화 원리를 적용했다. 즉 각 재화의 마지막 한 단위를 생산하는 데 필요한 노동의 비율이 각 재화 가격의 비율과 일치하도록 노동을 분배했다.

이처럼 제번스는 수요 측면이든 생산 측면이든 일관되게 한계 개념을 적용했다. 제번스는 자신의 책에서 교환, 노동, 지대, 자본 문제를 차례로 다루면서 제4장 교환에 앞서 제2장 즐거움과 괴로움의 이론, 제3장 효용이론을 먼저 언급하고 있다. 핵심원리였기 때문이다.

기술혁신에 얽힌 윌리엄 제번스의 역설

제번스는 경제이론뿐만 아니라 현실 경제 문제에도 관심이 지대하여 1865년에 《석탄 문제 The Coal Question》라는 책자에서 흥미로운 질문을 던졌다. 영국의 산업 성장에는 에너지원 석탄이 매우 중요한데 석탄의 수요 증가로 석탄 가격이 오른다고 해서 석탄 에너지의 효율성을 높이는 기술혁신을 하면 가격이 떨어져 석탄 사용량이 오히려 더 늘어나 석탄 고갈을 가속화시킨다고 우려했다. 이른바 제번스의 역설이다. 에너지 효율이 높아지면 원래 의도와 달리 사용량이 오히려 늘어나는 리바운드 효과를 말한다.

이런 제번스의 역설은 석탄뿐 아니라 석유에도 그대로 적용된다. 우리가 타고 다니던 구식 자동차를 연비가 좋은 최신형 자동차로 바꾸면 운전자는 비용 대비 주행거리가 늘어났기 때문에 더 자주, 더 멀리 차를 운행해서 결국 석유 소비가 늘어나게 된다.

수도 회사가 수돗물 사용량을 줄이기 위해 스마트한 수도 계량기를 가정에 설치하면 수돗물 사용량이 과연 줄어들까? 스마트 계량기를 설치하면 검침 인력이 불필요해져 비용 절감으로 수돗물 가격이 떨어져 소비자는 물을 더욱 헤프게 사용하게 된다.

이처럼 기술혁신으로 환경보호 효과가 반감되거나 심지어 역효과가 발생한다. 제번스는 20세기 말이 되면 석탄이 모두 고갈될 것이라 예측했다. 하지만 그 후 석탄의 대체재로 석유가 개발되어 21세기에 들어서도 석탄은 여전히 중요한 에너지원이다.

윌리엄 제번스의 후세 영향력

제번스는 경제학 발전에 어떻게 기여했을까? 첫째, 제번스는 경제학에 수학을 본격 도입하는 데 기여했다. 담론 차원의 정치경제학을 넘어서 수학을 동원해 경제학을 보다 과학화하는 데 선구적이었다. 수학 도구를 활용해야만 경제학은 진정한 과학이 될 수 있다고 믿은 이유는 경제학이 수량을 다루기 때문이다. 제번스는 1862년에 쓴 《정치경제학의 일반수리이론 개요》를 토대로 하여 수리경제학을 주도하는 경제학자 지위를 빼앗기지 않으려고 1871년에 《정치경제학 이론》을 출간했다.

유니버시티칼리지런던대학UCL에서 수학, 논리학을 공부했던 제번스는 논리학에도 일가견이 있었다. 그래서 로직 피아노logic piano라는 계산기를 선구적으로 발명하기도 했다. 그는 《과학의 원리Principles of Science》에서 사람들에게 이런 수학 퀴즈를 낸 바 있다. "어떤 숫자 두 개를 곱하면 8616460799가 되겠느냐"는 것이었다. 그러면서 본인은 답을 알지만 다른 사람은 답을 알 가능성은 별로 없을 것이라며 비꼬기도 했다. 정답은 96,079와 89,681 이었다. 이 두 숫자를 제번스의 숫자Jevons' number라고 하는데 1903년에 와서야 그 정답을 맞춘 사람이 나타났다.

수학에 능숙한 제번스는 《정치경제학 이론》 출간 후에 《경제학 원리》를 쓰려고 계획했다. 문자로만 경제 논리를 허술하게 펴는 정치경제학 책이 아니라 수학을 본격 동원해 경제 논리를 펴나가는 경제학 책인 것이다. 하지만 47살이었던 1882년에 수영을 하다가 익사를 하는 바람에 그의 야심찬 저술 계획은 무산되고 말았다. 그래서 알프레드 마셜이 1890년에 발간한 《경제학원리》에 선수를 빼앗기고 만다. 알프레드 마셜의 책은 1948년 폴 새뮤얼슨의 《경제학》이 나오기 전까지 경제학 교과서로 인기를 누리며 장수했다.

두 번째로 제번스는 헨리 시지윅과 존 베이츠 클라크, 알프레드 마셜을 거치면서 신고전파 경제학이 주류경제학으로 자리잡는데 크게 기여한다. 제번스가 한계효용을 수요 측면에 적용했다면 마셜은 한계생산성을 공급 측면에도 적용하여 한계 개념을 모든 생산요소에 일관되게 확장시켰다. 알프레드 마셜은 자신의 스테디셀러 《경제학원리》에서 탄력성, 대체효과, 외부효과, 소비자잉여, 준지대, 부분균형 등 많은 개념을 도입하여 신고전파 경제학을 정립했다. 케임브리지 대학에서 오래 봉직했던 알프레드 마셜은 아서 피구, 케인스 등 훌륭한 제자들을 배출하여 경제학 발전에 크게 기여한다.

4 일반균형이론으로 로잔학파를 연 레옹 발라스

일반균형이론을 수학적으로 최초로 정립한 레옹 발라스

"경제학은 선택의 과학이다. 경제학은 아리스토텔레스로부터 시작하였는데 중세 시대를 거치면서 윤리학과 섞였다. 애덤 스미스는 경제학을 윤리학과 분리시켰고 레옹 발라스는 경제학에 수학을 접목시켰다. 알프레드 마셜은 경제학의 범위를 좁히려고 했고, 존 케인스는 경제학을 패션화 시켰다. 라이오넬 로빈스Lionel Robbins는 경제학의 범위를 넓혔고 폴 새뮤얼슨은 경제학을 동적 이론으로 만들었다. 하지만 현대 과학은 경제학에 통계 분석을 접목시켜 경제학의 범위를 다시 좁게 만들려 하고 있다."

1999년 노벨경제학상을 수상한 로버트 먼델이 1968년 발간한 자신의 책《인간과 경제학Man and Economics》서문에 쓴 글이다.

우리는 경제학이 수학에 함몰되어 공부하고 이해하기 어렵다고 불평을 많이 한다. 그런데 그 원인을 따져 거슬러 올라가면 레옹 발라스Marie Esprit Leon Walras: 1834~1910가 중요한 원인 제공자라는 사실을 알 수 있다. 그가 활동하기 시작한 19세기 후반 당시까지만 하더라도 경제학은 분석적이지만 서술문 형태의 정치경제학 단계로 수학을 동원하지 않아 과학 단계에 제대로 진입하지 못한 상태였다.

그런데 수학에 익숙한 레옹 발라스는 경제 현상 전체를 이해하기 위해서는 일반균형 관점에서 이해해야 한다며 많은 상품으로 이루어진 시장 체계를 연립방정식으로 만들어 자원분배의 해법을 찾는 노력을 기울였다. 이른바 일반균형이론을 처음으로 정립한 것이었다. 그래서 20세기 전반의 경제학자 슘페터는 《10대 경제학자》에서 레옹 발라스가 경제학의 이론물리학 분야에서 선구적 역할을 했다며 모든 경제학자 중에 가장 위대한 경제학자라고 치켜세웠다. 하지만 레옹 발라스의 인생 전반부는 좌절의 연속이었다.

수리경제학의 대가가 대학시험에서 두 번의 수학 낙제점을 받다

레옹 발라스는 프랑스의 쟁쟁한 이과 수재들이 몰려드는 에콜 폴리테크니크Ecole Polytechnique 입학시험에서 떨어졌다. 재수를 했지만 또 떨어졌다. 더구나 대학 입학시험에서 두 번씩이나 수학에서 낙제점을 받았다. 그가 정말 수학을 못했거나, 아니면 채점하는 교수가 레옹 발라스의 수학을 이해하지 못했거나 둘 중의 하나였을 것이다. 하지만 그는 나중에 위대한 수리경제학자가 되었다.

시험에 떨어진 레옹 발라스는 할 수 없이 파리국립광업학교Ecole des Mines에 들어갔으나 엔지니어링 분야에 별 흥미를 느끼지 못해 자퇴하고 만다. 그 후 저널 편집자, 철도회사 직원으로 전전했고, 작가로서 로맨스 소설도 발표했으나 이마저도 실패했다. 생산자협동조합을 위한 은행을 공동 설립했으나 역시 실패였다. 대학에 취직하려고 논문을 여러 번 제출했지만 매번 퇴짜를 맞았다. 그러나 결코 좌절하지 않았다.

레옹 발라스가 26살이었던 1860년, 스위스 로잔에 있는 국제회의International Congress에서 스위스의 보Vaud 캔톤canton, 주정부은 지자체 재정 문제 해결을 위한 논문 공모전을 열었다. 이때 레옹 발라스는 토지 국유화를 시행하자는 취지의 논문을 제출했다. 정부가 토지를 국유화하여 사람들에게 빌려주면 여기에서 받는 임대 수입으로 주정부 재정을 충분히 꾸려나갈 수 있다는 것이었다. 즉 다른 세금들을 부과하여 주민에게 부담을 줄 필요가 없게 된다. 이 논문 공모전에서 레옹 발라스는 4등에 그쳤지만 이를 계기로 하여 10년 후 1870년에 로잔대학에 새로 생긴 정치경제학 교수로 임명된다. 4년 후에는 자신의 중요한 책《순수경제학 요론》을 프랑스어로 출간한다.

레옹 발라스의 아버지인 앙투안 오귀스트 발라스Antoine-Auguste Walras: 1801~1866는 철학 교수였는데 경제 문제에 대한 관심이 지대했다. 사회주의자였던 아버지는 토지국유화 같은 사회개혁을 부르짖었다. 또 재화가 부족하기 때문에 가치가 있다며, 공급이 수요를 충족시키지 못할 때의 상황을 표현하기 위해 '희귀함rarity'이라는 용어를 경제학에 처음 도입하기도 했다. 그리고 아들에게 경제학에 수학을 도입해보라고 권유하며 자신의 학교 친구이자 수학자였던 쿠르노를 소개시켜주었다.

그레노블대학의 수학자였던 쿠르노는 독과점 현상을 명쾌하게 설명하려고 수학을 도입한 것으로 이미 유명했다. 쿠르노는 1838년에 발간한 《부 이론의 수학원리 연구Researches on the Mathematical Principles of the Theory of Wealth》에서 수학 공식과 기호를 경제 분석에 도입했다. 이처럼 레옹 발라스는 자신의 아버지와 쿠르노로부터 많은 지원과 영향을 받아서 수리경제학의 지평을 활짝 열게 된다.

수학의 귀재, 앙투안 오귀스탱 쿠르노

프랑스의 수학 전통은 뿌리 깊다. 우리에게 철학자로 더 알려진 파스칼, 데카르트를 비롯해 페르마, 라플라스, 푸리에, 갈루아, 코시 등 걸출한 수학자들이 즐비하다. 수학 강세 전통은 경제 분석에 당연히 영향을 끼쳐서 프랑스 경제학은 수리경제학에 강하다.

프랑스 최고 그랑제콜인 파리고등사범학교 출신(사르트르도 여기 출신)으로 수학자였던 앙투안 오귀스탱 쿠르노Antoine Augustin Cournot; 1801~1877는 졸업 후 야전사령관의 비서 일을 했는데 업무량이 많지 않았던 모양이다. 비서를 하면서도 짬을 내 기계공학, 천문학, 법학 학위도 따고 경제학에도 관심을 기울였다.

쿠르노의 여러 업적 중에 '복점duopoly 연구'가 가장 유명하다. 경쟁과 독점 사이의 시장 형태를 과점oligopoly이라 한다. 한 산업에서 지배적인 기업이 몇 개이면 과점인데, 기업이 두 개면 복점이다. 시장이 복점일 때 가격과 생산량, 후생이 어떻게 되는지를 쿠르노가 분석했다. 그의 복점 연구는 '쿠르노 모형'이라 하여 미시경제학 책에 소상하게 나온다. 반응함수를 도입하여 상대편 기업의 행동에 따라 자사 기업의 의사결정을 신축적으로 바꾸도록 했는데 나중에 게임이론으로 확장된다. 1897년에 발간된 그의 책《부 이론의 수학 원리 연구》는 아직 한글로 번역되지 않았다.

이처럼 수학에 정통했던 쿠르노는 레옹 발라스에게 수학과외를 해주며 큰 영향을 끼쳤다. 레옹 발라스의 아버지가 파리고등사범학교 친구였던 쿠르노로 하여금 아들을 만나도록 주선해주었기 때문이다. 아빠 찬스였다. 레옹 발라스가 쿠르노를 만나지 못했다면 일반균형이론을 개발하지 못했을 것이다.

레옹 발라스는 아버지가 독촉하지 않았다면 아예 경제학자가 되지 못했을 것이다. 사실 그는 경제학을 꼭 하고 싶었던 것은 아니다. 문학에 심취해 소설을 출간한 바 있다. 아버지는 경제학에서 '희소성'의 중요성을 누구보다 잘 알고 있었고 사회주의 경제사상에 동조했는데 이런 사고 취향은 아들 레옹 발라스에게 그대로 전수되었다. 레옹 발라스는 아버지와 쿠르노의 지적 합작품이라고 해도 전혀 무리가 없다.

레옹 발라스가 쓴《순수경제학 요론》의 핵심

레옹 발라스가《순수경제학 요론》에서 제시한 일반균형이론이란 어떤 것일까? 일반균형이론은 완전경쟁이 이루어지는 자유기업 체제에서 가격 기구의 기능을 총체적으로 이해하는 데 유용한 틀이다. 두 개의 이론적 지주로 성립되어 있는데, 하나는 효용 극대화 및 이윤 극대화 이론이고 다른 하나는 시장균형이론이다.

먼저 소비자의 효용 극대화 이론과 기업가의 이윤 극대화 이론을 보자. 개별 소비자는 자신의 소득과 상품 가격이 주어졌다는 제약 조건 하에서 자신의 효용을 극대화하려고 상품 소비량을 정한다. 소비자의 합리적인 의사결정 과정을 보여주는 것이다. 또 개별 기업가는 상품 가격과 임금이나 이자율 같은 요소 가격이 주어졌을 때 이윤을 극대화하기 위해 인력 고용과 자본 투입량을 결정하고 이에 따라 상품 생산량을 결정한다. 이처럼 개별 소비자와 개별 기업가는 각자 최적의 소비량, 고용량, 자본량, 생산량을 결정한다. 하지만 경제는 이런 경제주체들이 선택한 변수 값들의 합으로 구성되므로 경제 전체로는 상품별로 생산과 소비가 서로 일치하지 않아 균형에 이르기 어렵다.

두 번째로 시장균형이론을 보자. 레옹 발라스는 상품별로 공급과 수요간의 차이를 보여주는 초과공급 방정식들로 구성된 연립방정식들을 표시하고 어떤 가격 하에서 모든 초과공급 방정식들이 제로(0)가 되는지, 즉 전체적으로 균형을 이루는지를 연구한다. 물론 어떤 가격체계에서 특정 상품의 초과공급은 0이 될 수도 있지만 다른 상품들의 초과공급은 0이 아닐 수 있다.

어떤 재화의 수요가 공급을 웃돌면 그 재화의 가격은 상승하고, 밑돌면 가격이 하락하여 수요와 공급이 일치하는 시점에서 비로소 거래가 이루어진다. 그런 균형 상태에 이르기까지는 가격 체계를 조금씩 바꾸어가며 수많은 시행착오를 거듭해야 한다. 이런 조정 과정을 거쳐 모든 연립방정식이 0이 되면 이 시장은 드디어 일반균형 상태에 이르게 된다. 모든 수급이 일치되는 가격이 바로 균형가격이고 그때의 소비량과 생산량이 균형 소비, 생산 값이 된다.

이런 일반균형이론을 수학적으로 정립하기 위해 레옹 발라스는 처음에 두 사람으로 이루어진 교환경제를 상정하여 문제를 풀고, 점차 사람의 수와 상품의 수, 생산요소의 수를 늘려가면서 어려운 문제를 풀어 나갔다. 이런 반복된 연습 과정에서 레옹 발라스는 미지수와 방정식의 수가 같으면 연립방정식 체계를 풀 수 있음을 알았다.

레옹 발라스가 뒤늦게 후세에 끼친 지대한 영향력

경제학에서 1870년대의 한계혁명을 거론할 때 3대(Big3) 경제학자로 카를 멩거, 윌리엄 제번스, 레옹 발라스를 공동 창시자로 거론한다. 각자 오스트리아, 영국, 스위스에서 활동했는데 막상 레옹 발라스는 후세에 한계혁명보다는 일반균형이론으로 더 지대한 영향을 끼쳤다. 하지만 그의 영향력은 즉각 나타나지 않았다.

레옹 발라스는 로잔대학에서 경제학교수로 있으면서 많은 논문을 썼지만 모두 프랑스어로 썼기 때문에 영어권 국가에 제대로 알려지지 않았다. 더구나 레옹 발라스의 제자들은 경제학보다는 법학 분야로 많이 진출했기 때문에 그의 일반균형이론이 경제학계 전반으로 확산되는 데에는 시간이 걸렸다. 1930년대에 와서야 레옹 발라스의 일반균형이론이 점차 알려지기 시작했고, 1954년에 윌리엄 야페William Jaffe에 의해 《순수경제학 요론》이 번역되었고 1950년대에 이르러야 그의 모든 저작물이 영어로 번역되었다.

레옹 발라스가 개척한 로잔학파는 빌프레도 파레토Vilfredo Pareto: 1848~1923에 의해 더욱 발전된다. 이탈리아 출신으로 원래 엔지니어였던 파레토가 경제학을 연구하게 된 것은 1891년 레옹 발라스를 만났기 때문이다. 1893년 레옹 발라스가 로잔대학의 경제학 교수에

레옹 발라스
(Marie Esprit Leon Walras; 1834~1910)
출처 : commons.wikimedia.org

서 은퇴하자 파레토가 45세에 교수직을 물려받는다. 그 후 파레토는 레옹 발라스의 일반균형이론을 더욱 발전시켜 '파레토 개선Pareto improvement'이나 '파레토 최적Pareto optimum' 개념들을 만들어내며 최적 자원배분이론을 정립한다.

경제정책이 바뀌면 많은 사람들이 영향을 받는다. 어떤 정책으로 어느 누구의 상황도 종전보다 나빠지지 않으면서 한 사람이라도 상황이 나아지면 그런 경우를 '파레토 개선'이라 한다. 그리고 자원배분이 아주 잘 되어서 파레토 개선이 더 이상 나오지 못하면 이런 최상의 경우를 '파레토 최적'이라 부른다. 파레토 최적 용어는 현대 경제학에서 매우 빈번하게 사용되는 개념이다. 레옹 발라스가 일반균형이론을 처음 개발했다면, 후계자인 파레토는 여기에 후생 개념이 들어간 최적 자원배분이론을 개발한 것이다.

레옹 발라스의 일반균형이론은 20세기 초반 사회주의 국가에서 주목을 받기 시작한다. 사회주의 국가에서는 자원분배를 시장 기구에 맡겨두지 않고 중앙에 집권된 통제국에서 관장을 하기 때문이다. 자원을 효율적으로 분배하려면 가격 체계에 대한 다양한 시행착오를 거쳐 수요와 공급을 일치시켜야 한다. 일반균형이론은 20세기 들어 이론경제학자인 라이오널 맥켄지, 케네스 애로, 제라르 드브뢰, 프랭크 한에 의해 더욱 다듬어졌다.

20세기 후반 들어 경제학자들은 자신의 복잡한 계량경제 모델에 통계치를 접목해 거시경제 변수 예측을 하게 되는데 이런 모델에서 일반균형이론은 매우 중요한 역할을 한다. 특히 정태적 일반균형모델에 동학과 불확실성을 더한 동태확률일반균형DSGE, Dynamic Stochastic General Equilibrium 모델을 개발한 시카고 대학의 라스 핸슨은 2013년에 노벨경제학상을 수상했다.

후생경제학의 지평을 열고 여러 학문을 넘나든 빌프레도 파레토

'80 대 20 법칙'을 들어본 적이 있는가? 20%의 고객이 백화점 전체 매출의 80%을 차지한다거나, 20%의 범죄자가 전체 범죄의 80%를 저지른다는 것이 80 대 20 법칙이라 하며, '파레토 법칙'으로 부르기도 한다. 파레토 법칙은 빌프레도 파레토Vilfredo Pareto; 1848~1923가 이탈리아 인구의 20%가 전체 부의 80%를 가지고 있다고 일찍이 주장한 바 있다.

이탈리아 출신인 파레토는 튜린폴리테크닉대학에서 공학 박사를 마치고 경제학에 관심이 생겨 38살이던 1886년에 플로렌스대학에서 경제학 강사를 했다. 그러다가 1893년에 로잔대학 교수로 부임하여 레옹 발라스의 일반균형이론을 후생경제학으로 본격 발전시켰다. 그의 연구 결과는 1906년에 발간된 《경제학 개요 Manual of Political Economy》에 들어가 있다.

파레토의 관심은 경제학에서 사회학, 정치학으로 점차 옮겨갔다. 특히 엘리트의 역할 연구를 많이 했다. 역사를 보면 엘리트 계층은 바뀌지만 항상 있게 마련이다. 엘리트는 왕족이나 귀족, 성직자, 군인, 법률가, 사회 운동가로 계속 바뀐다. 우리나라 지배층 변화에도 시사점이 많다. 그가 쓴 《파레토의 엘리트 순환론: 엘리트의 형성과 몰락》은 우리나라에서 2018년에 발간되었다.

파레토는 공학자로 시작했지만 학문의 여러 분야에서 활동한 팔방미인이었다. 파레토의 아버지는 이탈리아인, 어머니는 프랑스인이었고, 첫 번째 부인은 러시아인, 두 번째 부인은 프랑스인이었다. 젊어서 했던 결혼은 겨우 3년 지속되었고, 나이 들어 한 결혼은 파레토가 죽기 직전에 했다. 거의 평생 독신으로 지낸 셈이다. 파레토는 이탈리아 국적을 가졌으나, 파리에서 태어났고 제네바에서 죽었으니 그의 방랑성과 국제성은 가히 알 만하다.

5 케임브리지학파를 활짝 연 알프레드 마셜

우리는 '냉철한 머리와 따뜻한 가슴'이라는 말을 많이 한다. 경제학자로서 이 말을 퍼뜨린 사람이 알프레드 마셜Alfred Marshal; 1842~1924이다. 그는 원래 성직자가 되려고 했으나 빈민굴의 처참함을 목격하고 현세적인 경제학으로 빈민을 구하겠다는 일념으로 경제학을 공부하게 된다. 그에게 '경제학은 곧 신학'이었다.

알프레드 마셜은 종교와 경제를 매우 밀접하게 보았다. 종교는 거룩하고 초월적인 세계, 그리고 인간의 가장 깊은 영혼 문제를 다루었다면, 경제는 가장 세속적인 영역인 먹고 사는 문제를 다루었다. 종교가 영적이고 정신적 영역이라면, 경제는 육체적이고 동물적 영역이었던 것이다. 알프레드 마셜은 《경제학 원리》 제1장 서두에서 종교와 경제에 대해 이렇게 썼다.

"세계사를 형성한 가장 중요한 요인은 종교와 경제이다. 일시적으로 군사적

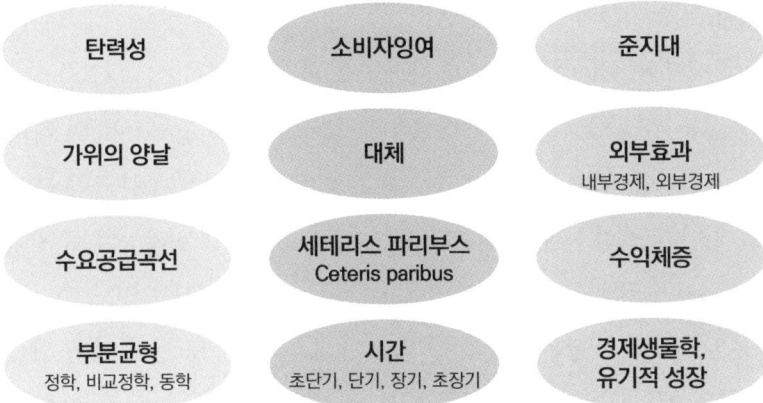

〈그림〉 알프레드 마셜의 핵심 개념

혹은 예술적 열정이 지배하는 경우가 있었다. 그러나 종교적 및 경제적 영향력이 선두에서 밀려난 경우는 없었다. 두 요인은 거의 항상 다른 요인을 합친 것보다 더 중요했다."

알프레드 마셜은 선을 다루는 신학, 생존을 다루는 경제학과 함께 정의를 다루는 법학, 그리고 생명을 다루는 의학을 인류의 4대 성직이라 불렀다. 연구에 연구를 거듭한 알프레드 마셜은 자신이 오래 몸담았던 케임브리지대학을 중심으로 신고전학파를 만들어 이후 40년 동안 경제학계를 지배했다. 더구나 그가 1891년에 쓴 책《경제학 원리》는 전 세계적으로 압도적인 경제학 교과서로 군림했다. 수학에 매우 능숙했으나 이 책에서는 수학을 거의 쓰지 않고 수학 부록만을 책 말미에 추가했다. 본문에는 글과 그래프, 표만 나온다. 아마도 이런 서술 방식 때문에 대중적 인기를 얻어 스테디셀러가 되었을 것이다.

경제학원론을 배우다 보면 '세테리스 파리부스_Ceteris paribus; 다른 모든 조건이 동일하다면' 표현을 많이 듣는데 'Other things being equal'의 라틴어 표현이다. 이런 방식으로 알프레드 마셜이 작업한 부분균형 분석은 일반균형 분석과는 대조된다. 또 수요탄력성, 소비자잉여, 준지대_quasi-rent, 수익체증 개념을 도입했고 경제 분석에 시간 요인도 추가했다. 알프레드 마셜은 정치경제학_political economy 학문을 정치 같은 외적 요인을 제외하여 보다 엄밀한 이론 중심의 경제학_economics으로 확실히 바꾸었다.

흥미롭게도 알프레드 마셜은 경제 현상을 물리학처럼 분석하기보다는 생물학처럼 분석하기를 바랐다. 그래서 자신의 연구 분야를 경제생물학이라고도 불렀다. 인간이 만들어내는 경제활동을 생명 없는 물질의 움직임보다는 생명 있는 동물의 군집활동으로 보았기 때문이다. 경제학자였던 부인 메리 페일리 마셜_Mary Paley Marshall; 1850~1944은 남편과 함께 《산업경제학》을 썼다.

알프레드 마셜의 부분균형 노선을 따라
후생경제학의 지평을 연 아서 피구

알프레드 마셜이 1908년 은퇴할 때 교수직을 인계받은 사람은 당시 31세였던 아서 피구_Arthur Cecil Pigou; 1877~1959였다. 군인의 아들로 해로우 스쿨을 수석 졸업하고 케임브리지대학에 들어가 역사학을 전공했는데 사실 시인이 되고 싶었다. 그런데 알프레드 마셜은 착실하고 공부를 잘했던 그를 눈에 찍어 두었다가 경제학 전공을 권유해 피구는 평생 동안 경제학을 연구하게 된다.

피구는 경제학계에서 후생경제학의 지평을 넓혔다. 사람들의 소득 증가로 인한 후생 증가에 그치지 않고 사회 전체의 공정한 소득분배도 강조했다. 알프레드 마셜이 처음 사용한 '외부성externality' 개념을 피구는 환경 문제에 적용해 이론을 발전시켰다. 환경오염물질을 배출하는 경제주체에게 자원배분의 비효율성을 교정하는 세금을 부과하면 부정적인 외부효과를 줄일 수 있다고 주장했다. 이른바 피구세Pigovian tax다. 충분히 설득력 있는 주장이다. 1920년에 출간된 《후생경제학The Economics of Welfare》이 그의 대표작이다.

피구는 케임브리지대학 교수였을 때 수학을 전공하던 케인스를 잠시 가르치기도 했다. 케인스의 《일반이론》이 나오자 피구는 '달(알프레드 마셜을 의미)을 향해 화살을 쏘는 것 같다'며 비판한 바 있다. 하지만 나중에 케인스 때문에 피구의 평판이 나빠졌다. 스승 알프레드 마셜과 자신을 비판하는 케인스를 공격하다가 판정패 당했기 때문이다.

피구는 1943년에 유동성 함정이 불황을 일으킨다는 케인스의 이론을 비판한 바 있다. 물가가 떨어지면 사람들이 은행에 맡긴 예금 잔고의 실질가치가 올라 소비를 늘린다는 것이 피구 효과다. 물론 틀린 주장은 아니나 피구 효과는 별로 크지 않는다는 것이 일반적인 견해다. 사람들이 물가가 더욱 떨어질 것이라 예상하면 소비를 미루는 현상이 나타나기도 하는데 이를 오스본Osborne 효과라 한다. 피구 효과와는 반대 입장이다.

#무정부주의 #니힐리즘 #철학적아나키즘
#이기적_아나키스트 #소유란_무엇인가 #자치정부
#진화론적_상호부조론 #협동조합 #민중의_자치적_질서

◆ 11강 ◆

무정부주의와 동의어가 아닌 아나키즘학파

우리는 아나키즘(anarchism)을 흔히 무정부주의와 동일시하곤 한다. 하지만 이는 올바르지 않다. 아나키즘은 정부는 물론이고 온갖 형태의 계층이나 계급조직에 반대하기 때문이다. 국가, 법률, 종교, 관습, 도덕 등 자신을 속박하는 것에 대해서는 무엇이든 반대한다. 아나키즘은 사회적, 경제적, 정치적 지배자가 없는 상태를 말한다. 반권위주의이고 개인지상주의이기 때문이다. 한마디로 아나키스트들은 인간이 만든 인위적인 제도를 끔찍이 싫어한다. 철학적 선구자인 윌리엄 고드윈부터 시작해 아나키즘의 아버지인 프루동, 이론가 크로포트킨으로 이어진다.

1
아나키즘과 니힐리즘

아나키즘이 무정부주의?

존 레논의 노래 〈이매진Imagine〉의 가사를 보면 그가 아나키스트였음을 대번에 알 수 있다. "천국이 없다면, 나라가 없다면, 소유가 없다면" 하고 노래 부른다. 천당은 신이 지배하는 종교이고, 나라는 통치자가 지배하는 국가다. 그리고 소유는 자본가가 지배하는 경제다.

아나키즘의 선구자는 앞서 6강 고전학파에서 잠시 언급했던 고드윈이다. 프랑스혁명과 더불어 아나키즘이 크게 확산되었는데 당시에는 이 단어가 '사회 혼란을 유발하는 반혁명주의'라는 부정적 의미로 사용되었다. 프루동이 《소유란 무엇인가》를 출간하면서 추종자가 더욱 늘어났다. 프루동은 아나키anarchy가 '주인과 군주의 부재'를 의미한다고 했다. 반대자들이 말하듯이 아나키는 '질서의 부재'가 아니다.

시간이 지나며 막스 슈티르너, 미하일 바쿠닌, 표트르 크로포트킨, 장 그라브Jean Grave: 1854~1939, 엘리제 르클뤼Élisée Reclus: 1830~1905, 톨스토이가 동참한다. 《전쟁과 평화》소설에도 아나키즘 이야기가 자주 나온다. 프랑스의 신인상주의 화가인 폴 시냐크Paul Signac에 의하면 "아나키스트 화가란 아나키스트 작품을 그리는 화가가 아니라, 개인적으로 혼신을 다해 오래된 관습과 싸우는 사람이다." 우리나라에서는 특히 일제강점기 시대에 많았는데 이회영1867~1932, 신채호1880~1936, 박열1902~1974, 백정기1896~1934가 모두 여기에 들어간다. 항일운동가 박열을 소재로 한 영화 〈박열〉을 보면 그의 아나키즘 생각과 행태를 충분히 느낄 수 있다.

아나키즘은 근대에 이르러 자본주의와 권위주의의 폐해에 대한 반발로 공산주의, 사회주의와 함께 발흥했으며, 펑크punk 문화와도 관련이 깊다. 우리는 아나키스트 하면 사회주의자로 자꾸 연결하곤 한다. 물론 아나키스트 중에 사회주의자도 있었으나, 그렇지 않은 사람도 상당히 많다. 간단히 유형을 보자.

- 반조직적 아나키즘 : 어떤 기관이나 조직도 No
- 조직적 아나키즘 : 개인이 자율적으로 결성한 기관, 조직은 OK
- 아나코 원시주의 : 다 필요 없고 자연으로 Go

아나키즘과는 또다른 니힐리즘

아나키스트와 비슷한 말로 니힐리스트nihilist가 있다. 이반 투르게네프의 1862년 소설《아버지와 아들》에서 바자로프가 자신을 니힐리스트라 말해 이 용어가 퍼졌다. 투르게네프는 어떤 의미로 니힐리스트를 정의했을까? '어떤 권위에도 굴복하지 않고, 아무리 존경 받는 원칙이라도 그것을 신앙으로 받아들이지 않는 자'. 당시 러시아 급진파들은 차르와 귀족들이 주도하는 러시아의 후진 문명을 가치 없는 쓰레기로 봤기 때문이다.

바쿠닌은 "파괴의 열정은 또한 창조의 열정"이라고 말했는데 이 말은 니힐리스트들을 더욱 자극했다. 크로포트킨도 니힐리즘 모임인 차이코프스키의 멤버로 잠시 활동했다.

라틴어로 무$_無$를 니힐$_{nihil}$이라 한다. 우리나라에서는 허무주의로 번역되곤 하는데 원래는 '절대적인 진리, 도덕, 가치는 없다'는 뜻이다. 회의주의, 상대주의, 무정부주의도 니힐리즘의 한 종류다. 니힐리스트는 기본적으로 반사회적 마인드가 강해서 사회적 아나키스트들과는 사이가 좋지 않다.

니힐리즘에는 두 종류가 있다. 어떠한 주장이나 주의도 무시한 채 인생에서 의미를 찾을 수 없다는 절망적 니힐리즘이 있다. 또 자유로운 인생을 적극적으로 찾으려는 실존주의적 능동적 니힐리즘도 있다. 니체는 후자 입장에서 니힐리즘의 등장을 예언하고 이를 적극적으로 극복해야 한다고 역설했다.

2 아나키즘의 철학적 선구자, 윌리엄 고드윈

페미니즘 책을 최초로 쓴 메리 울스턴크래프트

　메리 셸리는 유명한 낭만파 시인 퍼시 셸리의 부인이자 1818년 공상과학 소설 《프랑켄슈타인》을 발표한 인물이다. 메리 셸리를 낳다가 죽은 메리 울스턴크래프트Mary Wollstonecraft Godwin; 1759~1797는 당대의 여권운동가로 이름을 날렸다.

　보수주의자였던 에드먼드 버크는 1790년에 발표한 《프랑스혁명에 대한 고찰》에서 프랑스혁명을 반대했다. 이성을 지나치게 신뢰하는 계몽주의가 현실을 고려하지 않고 체제를 이상향으로 만들려는 무모한 시도는 폭정과 혼란, 경제체제 파괴만을 부른다고 경고했다. 이처럼 버크가 입헌군주제, 귀족제, 성공회를 옹호하고 유니테리언 목사 리처드 프라이스를 공격하자, 프라이스 목사의 친구였던 울스턴크래프트는 1792년에 《인간의 권리 옹호》를 통해 귀족제를 공격하고 공화제를 옹호했다. 이른바 '혁명 논쟁'이라는 서간 전쟁이 시작되었다.

 최초의 페미니즘 도서로 불리는《여성의 권리 옹호》에서 울스턴크래프트는 여성이 태생적으로 남성에 비해 열등하지 않으며, 교육의 결여로 인해 열등한 것처럼 보이는 것뿐이라고 주장했다. 남녀가 모두 이성적 존재로 간주되어야 하며 이성에 기반한 사회질서를 마련하자고 제안했다.

 윌리엄 고드윈William Godwin: 1756~1836도 1793년에《정치적 정의》를 써서 버크에 반기를 들고 프랑스혁명을 지지했다. 고드윈은 왜 프랑스혁명을 지지했을까? 칼뱅주의 청교도 정신과 계몽주의 정신을 지니고 있기 때문이었다. 고드윈은 자신을 포함해 아버지와 할아버지는 모두 목사로, 성공회가 아니라 장로회 소속이었다. 11살의 고드윈을 문하생으로 맞아준 청교도 목사 사무엘 뉴튼Samuel Newton은 극단적 칼뱅주의자 로버트 샌더맨Robert Sandeman의 신학을 따르고 있었다. 샌더맨파는 인류평등과 인민주권주의를 지향했으며, 합의에 의한 다수결의 원리를 거부하고 종파 내에서 신분의 구별을 모두 폐지했다. 구원을 받으려면 선행이나 믿음만이 아니라 진리를 인식하는 이성, 즉 옳고 그름을 구별할 수 있는 이해력이 있어야 한다고 역설하였다. 또한 재산 공유를 바람직한 이상으로 삼았다. 이처럼 고드윈은 일찍부터 권위에 대한 저항과 자유와 평등에 대한 인식이 생겼다.

 더구나 고드윈은 26살 때 돌바크, 엘베시우스, 루소 등 프랑스 계몽사상가들을 접하며 무신론을 받아들여 결국 성직을 포기하고 런던에 가서 자유주의자들과 어울리며 문학의 길로 들어선다. 몇 년이 지나 프랑스혁명이 일어나자 크게 공감하여《정치적 정의》를 쓰게 된다. 이 책의 원제는 《정치적 정의와 그것이 일반 미덕과 행복에 미치는 영향에 관한 고찰》이다.

이처럼 서로 코드가 맞은 고드윈과 울스턴크래프트는 열정적으로 사랑에 빠져 1797년에 결혼을 하게 된다. 두 사람은 결혼 후에도 아파트를 두 채 임대해서 독립적인 생활을 했고, 서신을 교환하며 의사소통을 했다.

고드윈에 대해 알고 싶으면 메리 셸리의 일생을 다룬 영화 〈메리 셸리: 프랑켄슈타인의 탄생〉을 추천한다. 영화를 보면 서점을 운영하는 아버지는 집에서 글만 쓰고 생활력도 없어 힘없게 나온다. 1797년 엄마 울스턴크래프트가 셸리를 낳자마자 산욕열로 죽자 아버지 고드윈이 딸을 키운다. 계모로 들어온 메리 제인 클레어몬트에 불편함을 느낀 딸은 엄마가 그리워 엄마의 무덤에 자주 가느라 무시무시한 괴물이 등장하는 《프랑켄슈타인》 소설을 쓰게 되었다는 식으로 영화 스토리가 전개된다. 딸은 아버지의 제자인 퍼시 셸리와 눈이 맞아 파리로 도망가 버린다.

철학적 아나키즘의 아버지, 윌리엄 고드윈

고드윈은 《정치적 정의》에서 몇 가지 명제를 내세웠다. 첫째, 인간이 태어날 때에는 선과 악이 존재하지 않는다. 둘째, 인간의 정신에 작용하는 모든 수단 중에 정부가 가장 강력하다. 셋째, 정부는 원리나 실천 측면에서 악이다. 정부는 항상 특정 개인이나 부자에게만 유리하게 법을 만들고 운용하기 때문이다. 고드윈은 재산과 권력 사이에 밀접한 관계가 있음을 분명히 밝힌 최초의 한 사람이었기에 아나키스트들은 국가의 적이 되었고 자본주의의 적이 되었다. 넷째, 고드원은 인간은 다른 피조물과는 달리 이성적인 존재라 완전하다고 믿었다. 인간은 이성으로 진리를 인식할 수 있으니, 모든 오류와 악덕을 극복하고 현재 자신의 상태를 부단히 개선해 완전한 상태에 접근할 수 있다고 생각했다. 그가 믿은 이상사회는 이성인들이 모인 자유사회다. 어떠한 외적 강제나 통제도 없이, 사람들이 알아서 질서와 조화를 유지하면서 모든 사람들의 행복과 번영이 보장된 사회다.

이런 주장 때문에 고드윈에게는 '최초의 아나키스트', '철학적 아나키즘의 아버지'라는 호칭이 뒤따른다. 아나코 개인주의 Anarcho-Individualism를 시작한 아나키즘의 선구자다. 고드윈은 프루동이나 바쿠닌에는 큰 영향을 주지 못했으나, 나중에 아나키즘을 집대성한 크로포트킨에게는 지대한 영향을 미쳤다.

3
이기적 아나키스트,
막스 슈티르너

　자기중심으로 세상을 보면서 자기이익만을 쫓는 사람을 '에고이스트egoist'라 부른다. 한마디로 이기주의자다. 물론 세상 사람들을 이기주의자냐 아니냐로 구분한다면 아마도 우리는 모두 근본적으로 이기주의자일지도 모른다. 단지 구분을 하자면 이익을 쫓는 정도의 문제다. 다른 사람들과 협동하는 것도 자세히 들여다보면 결국 자신을 위해서가 아닐까?

　아나키즘 중에도 개인주의적 아나키즘이 있다. 독일의 철학자인 막스 슈티르너Max Stirner; 1806~1856는 이기적 아나키스트였다. 그는 사람들과 투쟁을 할 때 어떤 수단을 사용하더라도 자신을 지키라고 주장했다. 고드윈이 이성을 강조했다면 슈티르너는 의지와 본능을 옹호했다. 인간성 같은 추상적 개념의 현실성을 부정하고 오직 자아만이 유일한 법이라고 보았다. 그래서 외부의 규율, 신조, 개념에 복종할 의무도 권리도 없다고 보았다. 자아는 당연히 국가에 맞선다고 보았고 국가가 사라져야 참된 개인의 세계가 가능하다고 보았다. 그는 이런 주장을《유일자와 그의 소유Der Einzige und sein Eigentum》에서 설파했다.

슈티르너는 보편적으로 받아들여지는 사회제도는 환상이며 단지 사람들의 마음에 돌아다니는 유령spook일 뿐이라고 말한다. 국가, 사적 소유권, 자연권 등 사회제도의 권위를 정한다.

슈티르너는 기존의 혁명 모델을 비판했다. 고전적인 혁명은 기존 국가체제를 붕괴시키더라도 결국 특정 당파 집단의 지배로 새로운 국가를 만들 뿐이기 때문이다. 위에서 아래로 향하는 정치혁명이 되어서는 안 되고 사회 곳곳에 존재하는 개인들이 주도하는 아래서 위로 향하는 사회혁명을 해야 한다고 주장했다. 사회주의의 본질은 권력을 추구하는 당파 집단의 지배를 전제로 한 전체주의다. 따라서 그것과 대립관계에 있는 아나키즘은 불가피하게 개인주의에 바탕을 두지 않을 수 없다.

슈티르너는 체계적인 국가가 아니라 비체계적인 조직을 구성하려면 '에고이스트 연합'이 필요하다고 주장했다. 당사자 모두가 의식적인 에고이스트로 연합에 참여하는 것이 중요하다. 이 연합에서는 사람의 뜻을 넘어서는 권위가 나타나서는 안 된다. 어떠한 정신의 지배에서도 벗어나 고유한 개인이 그들의 공통된 욕망을 위해 상호 교류하는 연합체가 바로 에고이스트 연합이다. 슈티르너의 개인주의적 아나키즘은 미국 아나키즘으로 이어지는데 비사회적, 비정치적 아나키즘은 생활태도lifestyle 아나키즘에 불과하다는 비판을 받기도 한다.

4
아나키즘의 아버지,
피에르 조제프 프루동

고드윈이 아나키즘의 철학적 선구자라면, 누구나 인정하는 진짜 아나키즘의 아버지는 프랑스의 피에르 조제프 프루동Pierre Joseph Proudhon: 1809~1865이다. 프루동 자신도 '최초의 아나키스트'가 되기를 정말 원했다. 위고, 플로베르, 보들레르, 쿠르베는 프루동을 인정했고 톨스토이도 그의 영향을 받아 《전쟁과 평화》를 썼다. 톨스토이는 자신의 아나키즘 성향을 주인공 피에르에 잔뜩 투영시켰다.

공상적 사회주의자에는 프랑스인이 유독 많다. 유토피아학파의 푸리에와 마찬가지로 프루동도 브장송 출신이다. 소유제 비판, 사회공동체, 협동조합 결성을 넘어서 국가가 아예 필요 없다고 주장했다. 그래서 아나키즘의 아버지가 되었다. 아나키즘은 일제강점기 우리나라 독립운동가에게도 많은 영향을 끼쳤다.

프루동은 집안이 가난해 대학에 가지 못하고 인쇄소에 일하거나 교정을 보며 독학을 했다. 늦은 나이가 되어서야 장학금을 받고 대학에 진학할 수 있었다. 프루동은 31살이었던 1840년에 발표한 소논문으로 순식간에 유명해졌다. 《소유란 무엇인가?》에서 '소유란 장물'이라고 용감하게 말했던 것이다. 장물贓物이란 남에게서 훔친 물건이다. 그는 프랑스 대혁명도 인정하지 않았다. 왕정에 의한 1인 독재에서 민주정에 의한 다수 독재로 바뀌었을 뿐 사유재산을 여전히 인정했기 때문이었다. 그는 소유권이 가지는 특권을 단연코 거부했다.

프루동은 《빈곤의 철학》을 출간했는데 9살 아래 마르크스는 이듬해 단어 순서를 바꾸어 《철학의 빈곤》을 내서 그를 비꼬기도 했다. 프루동은 기존 질서의 세 축인 신, 국가, 사유재산을 공격했다. 존 레논의 노래 〈이매진〉이 연상되지 않는가? 유럽 여기저기에 혁명이 일어나기만 하면 무작정 참여했던 러시아의 아나키스트, 바쿠닌 역시 프루동의 사상에 잔뜩 심취해 있었다. 1848년 2월혁명에는 프루동과 바쿠닌도 참여했다. 1848년에 2월혁명의 성공으로 프루동은 제헌의회 의원으로 선출되어 입법 활동을 하며 노동자를 위한 대출을 해주는 인민은행 설립에 기여했다.

하지만 이듬해 대통령이었던 나폴레옹 3세를 험담하였다고 하여 투옥되고 말았다. 3년 후 감옥에서 나왔으나 대주교 모욕죄로 다시 기소되자 벨기에에서 망명 생활을 하다가 톨스토이를 만난다. 비슷한 시기에 빅토르 위고도 나폴레옹 3세를 비난하다가 벨기에를 거쳐 영국해협의 저지섬과 건지섬에서 19년이나 망명을 했다. 황제로 즉위한 나폴레옹 3세가 1870년까지 오래 집권했기 때문이다.

프루동은 1860년에 사면을 받고서 파리로 돌아와 활동을 재개했

귀스타브 쿠르베가 그린
〈프루동의 초상〉
캔버스에 오일, 55.5×72.3cm
출처 : 오르세미술관

다. 그의 무정부주의적 주장은 자본주의자 견해와 정면충돌했음은 물론이고, 마르크스의 견해와도 상당히 달라 치열한 논쟁이 벌어졌다. 프루동은 이런 말을 한 적 있다. "나는 가난하고, 가난한 자의 아들이다. 나는 가난한 이들과 일생을 보냈으며 십중팔구 가난하게 죽을 것이다." 정말 그는 가난하게 일생을 마쳤다.

교회나 왕정, 독재 같은 권위를 질서의 적으로 본 프루동은 아나키즘을 민중이 자발적으로 만드는 '자치정부self-government'로 정의했다. 1865년에 세상을 뜬 프루동이 자신의 말대로 6년 후에 공산당 성향의 민중이 파리 코뮌 자치정부를 세운 모습을 보았다면 어떻게 말했을까? 파리 코뮌은 겨우 70일 지속되고 무자비하게 해체되었다.

평범한 사람의 일상적 생활을 화폭에 많이 담은 사실주의 화가로

귀스타브 쿠르베가 있다. 브장송 출신의 사회주의자였던 쿠르베는 평소에 프루동을 매우 존경해 말년의 프루동을 자신의 화폭에 담았다. 바로 작품 두 개 중의 하나가 〈프루동의 초상〉이다. 프루동은 지금까지도 아나키즘의 아버지로 인정받고 있다.

5 다혈질 혁명가, 미하일 바쿠닌

　미하일 바쿠닌Michael Bakunin: 1814~1876은 한마디로 다혈질이었다. 세계사에 나오는 많은 혁명가들을 줄 세워 놓고 비교하면 다혈질 면에서 둘째가라면 서러워한다. 대지주의 장남으로 태어나 19세기 당시 러시아 체제에서 그냥 적응해 살려고만 했다면 얼마든지 잘 살 수 있었다. 하지만 바쿠닌은 그러기에는 너무나 낭만적이고 다혈질이었다. 포병사관학교도 졸업했으나 부대에서 탈영하자 아버지의 노력으로 간신히 의병제대를 했다.

　당시 바쿠닌은 스탄케비치와 베린스키를 알게 되었는데 스탄케비치로부터 낭만주의 사상을, 베린스키로부터 합리주의 사상을 받아들였다. 그의 기질로 보면 낭만주의에 훨씬 빠졌을 것이다. 그후에도 평생동안 현실이 아닌 환상의 세계에 살았다. 현실 세계는 그에게 투쟁 대상에 불과했다.

　바쿠닌은 아버지의 후광으로 얼마든지 지방관리를 할 수 있었으나 거부했다. 대신 베를린으로 가서 공부하다가 투르게네프와 친하게 지낸다. 스위스에 체류하면서 빌헬름 바이틀링이라는 과격한 공산주의자를 만나 혁명가 기질은 높아졌다. 하지만 바이틀링의 과격한 글이 문제가 되어 바쿠닌은 러시아의 궐석재판에서 시베리아 유형에 처해진다. 귀국을 할 수 없어 유럽 여기저기를 떠돌아다니며 망명 생활을 한다. 1847년 바쿠닌은 프루동의 사상에 잔뜩 심취했다.

바쿠닌은 폭동이라면 온 군데를 쫓아다녔다. 폴란드, 피렌체, 나폴리, 리옹, 볼로냐 등 가리지 않았다. 1848년 2월혁명이 일어나자 파리로 가서 시민군에 가담했다. 시민군에게 파괴해야 할 것은 모조리 파괴하여 반항의 대상이 없어질 때까지 싸우라고 역설했다.

바쿠닌은 러시아를 포함한 슬라브 민족의 해방을 목표로 삼았다. 1849년 드레스덴 폭동의 지휘부에 들어가 활동하다가 1854년 러시아의 정치범들을 주로 수용하던 피터 폴 감옥에 투옥되고 3년 후 시베리아의 톰스크와 이르쿠츠크로 유형을 간다. 1858년 44세였을 때 톰스크에서 폴란드 상인의 딸 안토니아 키와초프스키와 결혼하기도 한다. 결국 그는 유형지에서 탈출에 성공한다.

1863년 폴란드 민중봉기에도 참가했으나 실패로 돌아갔다. 1864년 '피렌체 동포단Florentine Brotherhood'이라는 비밀결사체를 결성하고 2년 후 나폴리에서 공작부인의 지원을 받아 '세계 동포단'이라는 결사체도 조직했다. 1868년에는 '국제노동자협회' 독일 지부에 가입하여 마르크스를 만난다. 마르크스가 바쿠닌을 견제하자, 바쿠닌은 마르크스에 저항하기 위해 '국제사회주의동맹'이라는 단체를 새로 결성했다. 마르크스가 동맹체를 해체하고 지부별로 '인터내셔널'에 가입하라고 압박하자 바쿠닌은 일단 '인터내셔널'에 들어가 독자적인 세력을 형성하기도 했다.

1870년 리옹 시에 공화제가 선포되고 공안위원회가 구성되자 바쿠닌은 그곳에 가서 무정부주의 정책을 실현해보려 했다. 볼로냐에서 폭동을 일으키려 했으나 폭약이 공급되지 않아 실패하고 말았다. 1874년 루가노에서 죽었는데 경찰은 공식 문건에 '미하일 드 바쿠닌, 금리생활자'라고 짤막하게 기록했다. 사실 바쿠닌은 빚을 잔뜩진 채무자였기에 그런 그를 금리생활자라고 기록한 것은 아이러니하다. 하여튼 그는 역사에 '다혈질의 낭만적 무정부주의자, 혁명가'로 이름을 남겼다.

"바쿠닌처럼 다양한 혁명의 현장을 누빈 혁명가는 19세기를 통틀어 찾을 수 없을 것이다. 그의 야심은 모호하고 터무니없었다. 그의 글은 활력은 있으나 앞뒤가 맞지 않았고, 행동이나 글에서도 시작만 있을 뿐 끝맺음을 찾아볼 수가 없다. 그의 경력에는 구체적인 업적이 없다. 그러면서도 그는 동시대인들에게 커다란 활력과 힘을 지닌 인물이라는 인상을 심어주었다. 그의 영향은 자신이 이룩한 업적들을 훨씬 뛰어넘는 것이었다. 죽기 전에 이미 조국 러시아에서와는 달리 유럽의 몇몇 나라에서는 신화적인 인물이 되어 있었다. 평생 동안 단 한 번도 여인을 열정적으로 사랑해본 적이 없었다. 있다면 누이들에 대한 혈연적인 애정뿐이었다. 몇 번이고 '아무리 사랑에 빠져보려 해도 뜻대로 되지 않는다.'라고 고백했다. 바쿠닌이 어떻게 여자를 사랑할 수 있었겠나? 이미 혁명과 결혼을 했는데."

— E. H. 카 《미하일 바쿠닌》 중에서

6 아나키즘 이론가, 표트르 크로포트킨

최고의 귀족 가문에서 태어나고 성장한 표트르 크로포트킨

어떤 학파이든 선구자가 있고 이론가와 실행가가 있다. 러시아의 표트르 크로포트킨Pyotr Alexeyevich Kropotkin; 1842~1921은 아나키즘의 이론가이다. 이론가는 무엇을 보다도 자신의 느낌이나 생각을 정리해 글로 남기고 싶어 한다. 크로포트킨은 평생 《아나키스트의 도덕》, 《어느 혁명가의 회상》, 《근대과학과 아나키즘》, 《상호부조론》, 《국가론》, 《빵의 쟁취》, 《러시아 문학의 이상과 현실》, 《프랑스 대혁명》, 《러시아 감옥》 등 다수의 책을 남겼다.

크로포트킨은 루릭 왕조의 스몰렌스크 대공의 후손으로 태어났다. 그가 8살 때 궁정에서 열린 가장무도회에 소년 기수로 뽑혀 궁정에 들어갔는데 차르 니콜라이 1세는 행진이 끝나자 씩씩하고 귀엽게 생긴 크로포트킨을 불러 황태자비를 돌아보면서 이렇게 말했다고 한다. "이런 아이를 만들어줘야 하는 거야" 차르는 크로포트킨이 성장해 적령기에 이르면 근위학교에 입학시키도록 지시하였고 실제로 크로포트킨은 15세에 페테르부르크 근위학교에 입학했다.

페테르부르크 근위학교를 수석 졸업했으나 시베리아에 주둔하던 '아무르 카자크 기병연대'에 지원해 자신의 관심 분야인 지질 조사 탐사를 다니곤 했다. 1863년에 3개월에 걸쳐 크로포트킨은 군량을 수송하는 부대를 이끌고 아무르 강을 항해했다. 이듬해에는 아무르 강 유역과 싱안링산맥 일대를 다시 탐사했다. 이때 그가 관찰했던 흰개미 떼의 정연한 공동생활은 나중에 그의 핵심 이론인 '상호부조론'을 낳는 계기가 되었다.

크로포트킨은 탐사 과정에서 시베리아 농민들의 비참한 생활을 목격하고 괴로워했다. 시베리아 유형 제도와 감옥 제도를 조사한 보고서를 토대로 《시베리아의 감옥》을 펴내기도 했다. 5년간의 군대 생활을 마치고 페테르부르크대학에 들어가 공부를 시작한다. 화가 잔뜩 난 아버지로부터 생활비를 못 받자 러시아 지리학회로부터 적은 급료를 받아가며 시베리아 일대의 탐사보고서를 발표하기도 했다. 이처럼 그는 러시아 현실을 직접 관찰, 조사하고 정리하기를 좋아했다.

공화주의자에서 아나키스트로 변모

크로포트킨이 처음부터 아나키스트였던 것은 아니다. 당시 국가의 횡포와 전제정치에 환멸을 느끼고 왕정을 폐지해 공화제를 수립해야 한다고 생각했다. 그러다가 스위스에서 시계공들과 함께 생활하면서 공화주의자에서 아나키스트로 변모해 갔다. 특히 바쿠닌의 《혁명론》을 읽고 크게 공감하였다. 러시아로 돌아와 '차이코프스키

서클'에 가입해 민중 속으로 들어가 농민 의식을 바꾸려는 브나로드 운동에도 참여한다.

크로포트킨은 이처럼 아나키스트 활동으로 의심받아 1873년에 러시아 감옥에, 1881년에는 프랑스 감옥에 투옥되기도 했다. 그에게는 감옥도 집필 주제였다. 출옥 후 자신의 체험을 토대로 자유를 빼앗긴 인간이 정신적으로 어떻게 파멸되어가는가를 고발한 《러시아와 프랑스의 감옥》을 썼다. 문화 시설을 갖춘 프랑스 감옥이나 음산하기 짝이 없는 러시아 지하감옥을 모두 '국가가 인정하는 범죄학교'라고 비판했다.

진화론적 상호부조이론

크로포트킨의 아나키즘 핵심은 진화론적 상호부조이론에 있다. 그는 페테르부르크대학의 케슬러 교수의 '상호부조의 법칙에 대하여' 강연을 듣고 신세계를 발견했다. 모든 생물계의 진화는 자연도태와 적자생존의 방식이 지배하는 정글의 법칙이 아니라 상호부조의 법칙에 의해 전개되어 왔다는 사실을 깨달았기 때문이다. 크로포트킨은 상호부조 법칙이 인간을 포함한 모든 동물계의 진화를 결정하는 요인이라는 사실을 증명하기 위해 나비와 잠자리, 벌과 개미로부터 미개인과 근대사회의 인간에 이르기까지 상호부조의 습성을 고찰했다.

크로포트킨은 상호부조 정신이 인간사회 발전을 이끌어온 원동력임을 확신하게 되었다. 중세의 길드 제도가 무너진 뒤에 발달한 노동조합이 대표적인 사례였다. 파업과 같은 살벌한 투쟁 속에서도 협동하고 자기희생까지 감수하는 노동자들의 모습에서 상호부조 정신을 찾았다. 인간과 사회를 움직이는 근본적인 요소가 투쟁과 경쟁이 아니라 상호부조 정신에 있다면, 사회의 변혁이나 발전도 개량주의적인 교화를 통해 달성 가능하다고 믿었다. 이처럼 크로포트킨의 아나키즘은 평화지향적이다.

1917년 러시아에 케렌스키 정부가 들어서자 크로포트킨은 드디어 40년만에 영국에서 러시아로 귀국한다. 케렌스키 정부는 75세였던 그를 각료로 맞아들이려고 했으나 본인이 완곡하게 거절했다. 10월혁명으로 소비에트 정부가 수립되어 레닌과도 면담했으나 혁명의 진행상황을 보고 국가의 야만성에 절망했다.

그러다 1921년에 세상을 뜬다. 당시 사상가 크로포트킨의 인기는 대단해서 감옥에 수감되어 있던 모든 아나키스트들은 소비에트 정부의 특별 허가로 하룻동안 석방되어 장례식에 참여할 수 있었다. 거대한 장례 행렬은 어느새 자유를 외치는 시위로 변했고 결국 강제 진압되었다.

미하일 바쿠닌 vs 표트르 크로포트킨

크로포트킨이 어렸을 때 집에서 프랑스인 가정교사로부터 교육을 받았는데 자유주의 정신을 많이 주입 받아 평생 그렇게 살려고 노력했다. 나는 대학 때 한 학생에게만 4년간 과외를 해주었는데 내가 그 학생에게 어떤 영향을 끼쳤는지 갑자기 궁금해진다. 나는 그 학생과 코드가 맞아 온갖 지식을 공유하며 다방면으로 즐겁게 가르쳤던 기억이 있다.

바쿠닌과 크로포트킨은 명문 귀족 출신으로 아나키스트였다는 점에서는 같으나 다른 점이 너무 많았다. 크로포트킨의 아버지는 3개 현에 걸쳐 광대한 토지와 1,200명의 농노를 거느린 부호였다. 이에 비하면 바쿠닌의 아버지 땅의 농노는 500명이었다. 이들은 부와 명예가 보장된 안락한 길을 택하지 않고 가난에 허덕이고 감옥을 드나드는 고난의 길을 택했다.

그들의 성격은 너무도 달랐고 그들이 남긴 행적도 너무 달랐다. 바쿠닌은 다혈질의 행동주의자였으나 크로포트킨은 학자이며 사상가였다. 바쿠닌의 주변은 언제나 시끄러웠고 흐트러져 있었으나, 반대로 크로포트킨의 주변은 언제나 정돈되어 있었으며 가난과 고난 속에서도 계획적인 생활을 이끌어 갔다. 바쿠닌은 어린아이와 같은 순수한 정신의 마력으로 사람들을 끌어들였으나, 크로포트킨은 겸손과 성실성으로 사람들의 존경을 받았다. 바쿠닌은 그의 사상과 신념을 체계적으로 정리할 여지를 남겨놓지 않았으나, 크로포트킨은 과학, 정치, 경제, 사회 문화, 역사, 철학에 걸쳐 방대한 저서들을 남겼다. 크로포트킨이 아나키즘을 대표하는 사상가로 평가받고 있는 것은 우연한 일이 아니다.

7 종교적 아나키스트, 레프 톨스토이

　레프 톨스토이 Lev Tolstoy; 1826~1910의 대작《전쟁과 평화》에는 주인공으로 피에르가 등장한다. 피에르는 사생아로 태어나 막대한 유산을 받아 당시 러시아의 크나큰 부침 속에 살아나간다. 귀족이긴 하나 독일을 비롯한 선진 유럽에서 공부하며 살았기 때문인지 러시아의 전제정치를 싫어한다. 아나키스트 성향이 뚜렷하다.

　톨스토이가 이런 성향의 인물을 주인공으로 내세운 것은 우연이 아니다. 상당히 의도적이다. 피에르가 프랑스군에게 포로로 잡혀 감옥에서 농민 출신 병사, 플라톤 카라타예프와 만나 친해진다. 플라톤은 기독교적 사랑 이야기를 하는데 작가 톨스토이의 생각을 반영한 것이다. 그래서 톨스토이는 종교적 아나키스트로 불린다.

　톨스토이는 31살이던 1857년에 프루동의《소유란 무엇인가?》를 읽고 감동한다. 거기에서 프루동은 이렇게 썼다. "자유의 성장에 있어 유일한 장애는 국가주의다. 가장 좋은 이상은 아나키다." 5년 후에 톨스토이는 프루동을 만나 이야기를 나누기도 했다. 톨스토이는 과격한 바쿠닌과 코드가 맞지 않았지만 차분한 크로포트킨과는 잘 통했다. 자신은 그렇지 못했지만 민중운동을 위해 귀족 특권을 모두 포기한 크로포트킨을 존경했다. 크로포트킨도 자신의 상호부조 개념을 사랑으로 승화시킨 톨스토이를 존경했다.

톨스토이는 크리미아 전쟁에서 목격한 전쟁의 참상과 파리에서 본 비인간적인 사형 집행을 통해 인간성을 모독하는 국가에 대해 환멸을 느꼈다. 국가는 물론이고 재산을 부정했다. 재산은 지배를 위한 것이고 국가는 재산 관계의 영속성을 보장하기 위해 존재한다고 보았다. 공동사회와 평화 상태에서 지배 없이 자유롭게 살려면 국가와 재산이 모두 폐기되어야 한다고 보았다.

톨스토이는 정부의 간섭에도 불구하고 민중이 훌륭하게 자치 생활을 잘 하고 있다고 보았다. 노동조합과 협동조합, 민중재판이 바로 그런 사례였다. 그는 국가와 법, 재산이 폐지되고 협동생산이 이루어지는 사회가 되기를 희망했다.

이상사회를 이룩하려면 톨스토이는 정치혁명이 아니라 이성에 의한 도덕혁명이 필요하다고 주장했다. 국가의 폐지를 바란다면 국가에 협력하지 말고 병역, 경찰, 재판, 납세를 거부해야 한다고 주장했다. 국가의 불합리한 명령을 거부하라고 했다. 특히 병역을 거부하고 전쟁을 위한 세금을 거부하라고 했다. 이러한 복종의 거부는 당연히 비폭력적 무저항이어야 한다고 했다.

톨스토이는 자연과 함께 자유, 평등, 이성, 보편적 형제애, 반진보를 추구했다. 러시아 민중의 평등주의를 군대의 계급 조직과 대비하

레프 톨스토이
(Lev Tolstoy; 1826~1910)
출처 : http://stuki-druki.com/aforizms/
Lev_Tolstoi_1.jpg

여 찬양했고, 중앙집권적 통치 기구의 도덕적 결함과 애국주의적 위장을 폭로했다. 종교의 신비주의를 비난하고 신앙이 아닌 이성의 종교, 곧 인간화된 종교를 추구했다. 유익한 기술적 진보를 신뢰했으나, 기본적으로는 소박하고 금욕적이며 자급자족 생활을 찬양했다. 소수를 위한 사치스러운 예술을 경멸했고 모두에게 희망을 주는 예술을 추구했다. 톨스토이는 공산 촌락을 별도로 건설해 사는 것을 반대했다. 일반 사회와 떨어져 자신만을 깨끗하다고 생각하는 엘리트 순결주의에 빠지게 되기 때문이었다.

톨스토이는 당시 마음대로 휘두르던 국가와 세속화된 종교를 거부하고 민중들의 자치적 질서를 바랬다. 러시아는 그의 소망과는 반대로 큰 피를 보고 말았다. 하지만 공동경제와 금욕생활, 평화주의에 근거한 톨스토이의 공동체는 인도의 간디에게 영향을 미쳤다. 간디는 톨스토이와 함께 크로포트킨, 소로우의 책을 읽고 자신의 사상을 형성했다.

　좋은 의미이건 나쁜 의미이건 국가의 권력이 자꾸 커지는 현실에서 우리는 아나키즘을 단지 황야의 늑대가 울부짖는 공허한 외침으로만 바라보아서는 안 된다. 사실 알고 보면 우리는 이미 어느 정도 아나키스트이기 때문이다. 여러 외부 압력에 기를 제대로 못 펴고 있을 뿐이다.

20세기의 다양한 아나키즘

　19세기에 아나키즘이 크게 퍼졌다. 고드윈이 철학적 선구자였다면 슈티르너는 이기적 아나키스트, 프루동은 아나키즘의 아버지였다. 이후로는 러시아가 서유럽의 바톤을 이어 받아 바쿠닌은 다혈질 혁명가, 크로포트킨은 이론적 아나키스트, 톨스토이는 종교적 아나키스트로 자리잡았다. 아나키스트는 일제강점기에 우리나라에도 있었는데 이회영, 신채호, 박열, 백정기가 대표적이다.

　20세기 들어 아나키즘은 더욱 다양해졌다. 간디의 비폭력 아나키즘, 이반 일리치의 반제도 아나키즘, 마르틴 부버의 대화 아나키즘, 헤르베르트 마르쿠제의 혁명적 아나키즘, 에리히 프롬의 아나키즘, 북친의 생태 아나키즘, 로작의 대항적 아나키즘, 미셸 푸코의 반유토피아 아나키즘, 노암 촘스키의 아나키즘, 사파티스타의 아나키즘이 있었다. 독자 여러분은 어떤 다른 아나키즘을 추구하는가?

#점진적_사회민주주의 #캐비어좌파
#과학적_사회조사 #페이비언_소책자 #소수보고서
#베버리지보고서 #노동당 #런던정경대학

◆ 12강 ◆

점진적 사회주의를 정착시킨 페이비언학파

영국의 정당체제는 양당제다. 18세기에는 휘그당과 토리당, 19세기에는 자유당과 보수당, 20세기, 21세기에는 노동당과 보수당이다. 그런데 노동당을 만든 핵심 그룹이 페이비언협회다. 지성인들로 구성된 이 집단은 허버트 스펜서의 사회진화론에 입각한 민주적 사회주의가 도래하리라 믿고 영웅적 패배보다는 지루한 성공을 원했다. 과격한 마르크스주의 노선을 택하지 않아 응접실의 사회주의자, 캐비어 좌파라는 비난을 받기도 했으나 영국 사회문제를 면밀히 연구하여 현실감 있는 정책으로 사회 변혁에 성공했다. 1884년에 아홉 명으로 아담하게 출범한 페이비언협회는 현재 8천 명의 회원을 자랑하고 있다.

1
페이비언협회
설립과 성장과정

세상을 바꾸는 소모임

우리는 살면서 여러 형태의 소모임을 갖는다. 동호회, 클럽, 서클, 동아리, 그룹, 포럼, 비밀결사, 협회, 학회, 하물며 휴대폰 단톡방에서 밀담을 나눈다. 말을 섞다가 생각이 다르면 모임에서 나가기도 하고, 생각에 동조하면 뜻이 맞는 다른 친구들을 모임에 초대하기도 한다. 그러면서 지식을 공유하고 의기가 투합해 모임의 정체성이 더욱 명료해진다.

이런 소모임들은 세상을 하나씩 하나씩 바꾸어 나간다. 1812년 런던에서 결성된 정치경제학클럽은 고전학파를 만들었고, 210년이 지난 현재까지 잘 운영되고 있다. 2차 세계대전이 끝나고 냉전 하에서 자유주의가 크게 밀리자 자유주의를 지키고자 했던 사람들이 1947년에 몽펠르랭회를 만들어 나중에 자유주의 확산에 크게 불을 지폈다. 클라우스 슈밥이 다양한 이해관계자들의 소통 공간으로

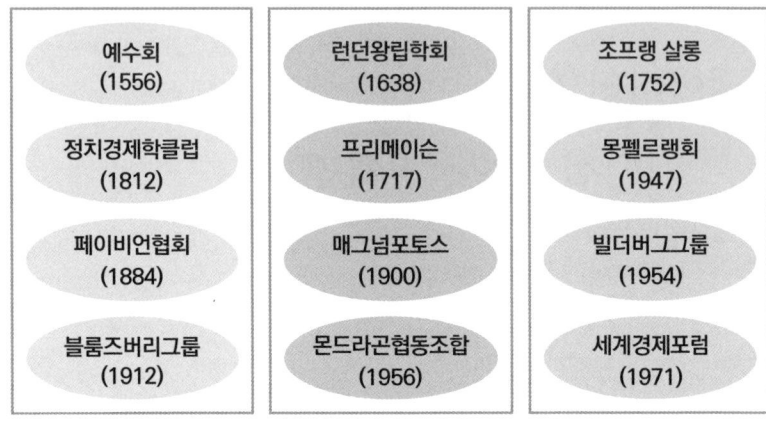

〈그림〉 세상을 바꾼 소모임

1971년에 만든 세계경제포럼(다보스포럼)은 50년이 지난 지금까지 활발하게 움직이고 있다. 강남좌파에 해당되는 페이비언협회는 1884년에 조그만 연구회로 시작하여 노동당까지 만들면서 영국의 정치 사회에 지각변동을 일으켜 왔다.

혁명가 vs 개혁가

여러분은 어떤 상황에서 결정을 내려야 할 때 어떤 스타일로 결정하는가? 문제를 빨리 해결하기 위해 과격한 방법을 택하는 사람이 있는가 하면, 다소 더디지만 심사숙고하여 차근차근 일을 처리하는 방법을 택하는 사람도 있다. 전자가 혁명가라면 후자는 개혁가다.

혁명가는 많은 사람들과 충분한 공감대를 형성하지 않고 실행에 옮기다가 주위로부터 거센 저항을 받아 실패할 가능성이 크다. 하지만 복잡한 이해관계의 실타래를 단번에 끊어버리므로 예상 밖 성공

가능성도 있다. 반면에 개혁가는 주위 사람들을 계몽시키고 설득해야 하므로 시간과 노력이 많이 든다. 개혁 과정이 길어져 김이 빠져 나가 떨어지는 경우도 많지만 민주적 방식이라 뒤탈이 적다.

1917년 러시아혁명을 성공시킨 볼셰비키가 혁명가였다면 19세기말 영국을 사회주의로 물꼬를 튼 페이비언협회 Fabian Society는 개혁가다. 볼셰비키혁명을 주도했던 레닌은 영국의 페이비언협회나 독일의 에두아르트 베른슈타인이 주도하는 수정주의적 마르크스주의나 점진적 사회주의를 신랄하게 비판했다. 노동자 계급의 상층부가 노동자 계급 착취에 간접적으로 편승하는 노동귀족이 되어버렸다는 것이다. 레닌은 사회민주주의를 페이비언협회의 노동조합주의와 혼동하지 말라고 강력 주문했다.

러시아의 볼셰비키혁명은 80년이 지나 좌절되었지만 영국의 페이비언협회는 아직도 건재하다. 이 협회의 위상은 여전해 영국 노동당을 탄생시켰고 런던정경대학을 만들어냈다. 또한 영국에 사회민주주의를 정착시켰다. 한 조직이 140년이나 지속되었다면 대단한 비결을 가지고 운영된 조직임에 틀림없다. 2022년 현재 협회 회원은 8천 명에 이른다. 페이비언협회는 어떤 생각을 품고 만들어져 어떤 과정을 거쳐 현재의 모습을 가지게 되었을까?

경제사가이자 길드사회주의자로 페이비언 집행부 의장을 역임한 조지 콜은 페이비언협회를 자유주의적 사회주의자들이 자유롭게 사유하는 단체라고 규정한 바 있다. 경제사가이자 사회주의 이론가인 마거릿 콜은 사회주의 불가피성과 점진주의 불가피성 두 구절로 사회주의를 요약했다.

페이비언협회의 전신이었던 신생활회

지금으로부터 140여 년 전인 1884년에 아홉 명의 공동 창립자가 페이비언협회를 설립하였다. 그러나 이 협회의 전신이 하나 있었는데, 바로 전년도에 생긴 신생활회The Fellowship of the New Life였다. 신생활회 회원들은 청빈하고 단순한 삶clean simplified living, 즉 자발적으로 가난을 실천하면서 사회를 바꾸어 보자는 다소 순진한 목표를 가졌다. 이들은 소박한 삶, 채식주의, 평화주의를 슬로건으로 내걸었다.

스코틀랜드 출신 미국 철학자 토머스 데이비슨을 중심으로 하여, 아나키스트 시인 에드워드 카펜터, 소설가 올리브 슈라이너, 성性과학자 헤이브록 엘리스, 페미니스트 에디스 리스, 동물권리운동가 헨리 스티븐스 솔트, 그리고 사회주의자 에드워드 피즈가 회원이었다.

이들은 당시 유명했던 헨리 데이비드 소로우, 랄프 왈도 에머슨, 월트 휘트먼, 존 러스킨, 레프 톨스토이, 안토니오 로스미니-세르바티를 멘토로 삼았다. 특히 로버트 오언이 미국에 세웠던 공동체 뉴하모니를 모방해 유토피아 공동체를 남미에 건설해 함께 살기를 계획하기도 했다. 계간지로 〈파종기Seed-Time〉를 발간해 생각을 공유했다.

하지만 일부 회원은 너무 순진한 목표로는 부족하고 사회 변혁을 이루려면 정치적 개입이 필요하다며 별도의 조직을 만들었다. 이것이 페이비언협회다. 신생활회에서 이탈한 에드워즈 피즈를 비롯해 에디스 네스빗, 허버트 블랜드, 프랭크 포드모어가 협회 창립에 합류했다. 신생활회는 설립 15년만인 1898년에 해체되고 말지만 페이비언협회는 영국 현실에 파고드는 데 성공하여 아직도 건재하다.

1884년에 세워진 페이비언협회

페이비언들은 정신적, 사회적 재생을 추구하기 위해 일단 추상적인 경제이론을 연구해 보기로 하고, 마르크스의 《자본론》이나 다른 사회주의 사상가의 책들을 읽으며 토론을 했다. 설립 1년 차 되던 1885년에 조지 버나드 쇼George Bernard Shaw: 1856~1950가 들어오더니 자신이 알고 지냈던 시드니 웹Sidney James Webb: 1859~1947과 시드니 올리비에Sidney Olivier: 1859~1943도 회원으로 가입시킨다. 추상적인 경제이론만으로는 여전히 부족하다고 생각해 갈증을 느끼고 있던 차에 시드니 웹은 회원들에게 제발 이론에서 멀어지라며 영국 역사를 읽고 구빈법을 연구해 현실 사회조사에 착수하자고 제안했다. 이듬해 자신들의 주장 내용을 뒷받침하기 위해 현실 사회조사에 나섰다. 시드니 웹은 공리주의(철학적 급진주의)의 주창자였던 벤담의 슬로건이었던 '최대 다수의 최대행복'을 부정한 것이 아니라, 그런 이상 실현은 사회민주주의로만 가능하다고 역설했다.

1887년에는 페이비언협회의 기본원칙을 제정하고 시드니 웹이 《사회주의자를 위한 사실》이라는 소책자를 발간한다. 이 페이비언 소책자Fabian tract는 그 후 연달아 나와 현재까지 이어지고 있다. 이듬해 회원 일곱 명이 '사회주의의 기초와 전망'이라는 주제로 일반청중을 상대로 공개 강연을 연달아 했고, 강연 내용을 모아 《페이비언 사회주의Fabian Essays in Socialism》를 자비로 출간했다. 이 책이 1889년에 출간된 후 협회 회원 수는 2~3년 만에 크게 늘어났다.

《페이비언 사회주의》는 1889년 초판을 비롯해 1908년판, 1920년판, 1930년판, 1947년판이 있는데 일부 오류를 제외하고는 본문 내

<표> 《페이비언 사회주의》 목차

1부 사회주의의 기초	1장 경제 (조지 버나드 쇼) 2장 역사 (시드니 웹) 3장 산업 (윌리엄 클라크) 4장 도덕 (시드니 올리비에)
2부 사회의 조직	5장 사회주의하에서의 소유 (그레이엄 월러스) 6장 사회주의하에서의 산업 (애니 베전트)
3부 사회민주주의로의 이행	7장 이행 (조지 버나드 쇼) 8장 전망 (허버트 블랜드)

용이 전혀 바뀌지 않았다. 버나드 쇼가 91살이었을 때 《페이비언주의 60년》을 후기로 썼던 1947년판이 마지막이다.

협회의 상징 동물은 느림보 거북이

페이비언협회의 '페이비언'은 어떤 의미길래 조직 이름으로 채택되었을까? 페이비언협회 공동 창립자 중 한 사람인 프랭크 포드모어의 제안 덕분이었다. 로마 장군 퀸투스 파비우스 막시무스Quintus Fabius Maximus: B.C. 275~203는 카르타고와의 길고도 지루한 전쟁에서 승리한 후 '파비우스 지연자Fabius the Delayer'라고 불렸다.

로마의 파비우스 장군은 막강한 카르타고의 한니발 장군과의 전쟁에서 직접 맞붙어서 싸우는 전면전을 피하고 지연작전을 계속 구사하다가 나중에 한니발이 지칠 때에 공격을 가해 궤멸시켰다. 한마디로 '지구전의 귀재'였다. "많은 사람들이 비난할지라도 적당한 시점이 올 때까지 참을성 있게 기다리되, 일단 때가 도래하면 모든 기다림이 헛되지 않도록 파비우스처럼 사정없이 내리치자"고 포드모어

〈표〉 페이비언협회 주요 회원

구분	회원
창립 회원 (9명)	에드워드 피즈, 프랭크 포드모어, 윌리엄 클라크, 허버트 블랜드, 퍼시벌 첩, 프레더릭 케델, H. H. 챔피언, 에디스 네스빗, 로자문드 오언
초기 회원	조지 버나드 쇼, H. G. 웰스, 애니 베전트, 그레이엄 월러스, 시드니 올리비에, 램지 맥도널드, 올리버 롯지, 찰스 마슨, 에멀린 팽크허스트, 버트런드 러셀
유명한 회원	존 케인스, 클레멘트 애틀리, 해럴드 윌슨, 토니 블레어, 고든 브라운, 애니 베전트(인도국민의회 의장), 지와할랄 네루(인도 총리), 미셸 아플라크(시리아), 오바페미 아올로오(나이지리아), 살라마 무사(이집트), 니콜라스 칼도어(경제학자), 버나드 크릭(정치학자), 토머스 발로(경제학자), 피터 타운젠트(사회학자)

는 협회 회원들을 설득했다. 영웅적 패배보다는 지루한 성공을 하자는 것이었다. 협회의 점진적 사회주의 성격을 잘 대변해주는 어휘였다. 협회의 상징 동물 역시 느림보 거북이다. 이 거북이는 잔뜩 사나운 표정을 짓고 앞발 하나를 위로 치켜들고 있다.

페이비언들은 자본주의가 발전하면 사회주의 단계가 도래한다고 보았다. 하지만 마르크스식으로 노동계급에 의한 과격한 혁명이 아니라, 사회진화론에 입각한 민주적 사회주의가 올 것으로 보았다. 당시 사람들은 허버트 스펜서의 사회유기체설로부터 많은 영향을 받았다. 사회의 유기적 변화는 ①민주적이고 ②점진적이며 갈등을 일으켜서는 안 되고 ③대중에게 도덕적으로 간주되어야 하고 ④합법적이고 평화적이어야 한다고 스펜서는 강조했다.

마르크스 노선을 따라 이미 영국에서 만들어졌던 사회민주연맹 SDF은 페이비언협회가 생기자 '응접실의 사회주의자들'이라 맹렬히 비판했다. 페이비언 회원 가입 요건으로 여러 명이 회의를 할 수 있는

페이비언협회 상징
출처 : https://zeroaggressionproject.org

응접실을 가진 집이 있었기 때문이었다. 중간계급의 엘리트 지식인들을 선호하는 경향이 있고 도시 빈민 연구에 관심이 많아 도시사회주의자, 가스와 수도의 사회주의자라는 말도 들었다. 이처럼 캐비어caviar 좌파들의 모임이라는 평판은 우리나라 용어로 말하자면 강남 좌파다.

19세기 후반의 영국사회

페이비언협회가 창립되었던 19세기 후반 상황을 살펴보자. 1871년 프랑스 공산주의자들이 수립한 파리 코뮌 정부는 수명이 짧았으나 무질서와 혼란을 싫어한 영국 상류층과 중산층에게 큰 충격을 안겨다 주었다. 더구나 1870년대에 영국에는 대공황이 발생하여 대량 실업이 발생해 빈민가는 더욱 늘어나고 있었다.

1880년대 영국은 정치경제사회 측면에서 세계 어느 나라보다 선진국이었다. 빈부격차는 심했지만 보수 엘리트층의 교육수준과 사회문화 의식은 높았다. 온건 좌파를 표방한 페이비언협회가 생기자 사람들은 처음에 다른 사회주의나 아나키즘 단체처럼 '붉은 유령' 정도로 여겼으나 시간이 지나며 문필가, 연구자, 교수 등 영국 지식인 사회에서 협회에 대해 호의적으로 반응했다. 협회의 점진적 사회주의 노선이 선진국 영국인의 코드에 맞았던 것이다.

1900년 무렵 영국 역사상 사회 불평등이 가장 심각했다. 런던을 비롯해 대도시에서 실업률이 치솟고 사회불안이 가속화 되자 1905년 보수당 정부는 빈곤법과 빈곤구제를 다루는 왕립위원회를 20명으로 구성했다. 위원회는 곧장 보수적 다수파와 진보적 소수파로 나뉘었다.

다수파가 작성한 다수 보고서와는 별개로 소수파는 소수 보고서를 작성해 1909년에 제출한다. 빈곤의 원인은 노동수요 변화, 노령, 질병, 교육문제 등 개인의 범위를 넘어선 구조적 문제라고 이 보고서는 진단했다. 빈곤을 해결하려면 단순 구제보다는 체계적 예방이 절실하다고 처방을 내렸다. 그리고 국가는 어떠한 국민도 그 이하로 떨어져서는 안 되는 삶의 수준을 지킬 의무가 있다고 천명했다.

이 소수 보고서는 현재도 영국 복지국가 수립의 초석이 된 보고서로 평가를 받고 있다. 1942년에 사회보장 체계를 처음으로 밝힌 베버리지 보고서가 나왔는데, 1945년 2차 세계대전이 끝나자마자 전쟁에서 이긴 윈스턴 처칠의 보수당을 노동당이 누르고 본격적인 복지국가 건설에 나섰다.

사회정의를 부르짖은 페이비언협회는 최저임금제 도입[1906], 전반적인 헬스케어 제도 도입[1911], 세습 귀족제 폐지[1917], 그리고 미국의 개혁가 헨리 조지의 노선을 따라 토지 임대료 국유화를 주장했다. 또한 개인자유주의, 자유무역에 입각한 고전학파 정치경제학이 시대착오적이라고 비판하며 보호무역주의와 토지 국유화를 주장했다. 19세기 말 국가 간 경쟁에서 영국의 제국주의 노선을 옹호했다.

20세기 들어 페이비언협회는 영국 정치에 본격 진출했다. 1900년 영국에는 노동대표위원회가 결성되는데 여기에는 페이비언협회를 비롯하여 사회민주연맹, 독립노동당 그리고 65개 노동조합이 참가했다. 페이비언협회 회원인 제임스 램지 맥도널드James Ramsay MacDonald: 1866~1937가 위원회 의장으로 선출되었다. 시드니 웹은 위원회 조직 강령을 작성할 때 페이비언협회의 창립 강령에서 많이 차용했다. 이 노동대표위원회는 6년 후에 의회정당인 노동당으로 조직 변경된다. 중도좌파 성향의 노동당은 1920년대 들어 다수당이 되어1924, 1929 램지 맥도널드가 두 차례 총리직을 맡는다.

협회가 막강해지자 저명한 인물들이 속속 가입했다. 역사학자 리처드 H. 토니, 길드사회주의자 조지 D. H. 콜, 정치철학자 해럴드 라스키가 대표적이다. 허버트 웰스도 가입했다가 자신의 계획을 협회가 받아들이지 않는다며 탈퇴하고 나서 외부에서 협회를 열렬히 비난하기도 했다. 케인스도 한때 가입한 바 있다.

다른 나라로의 페이비언협회 확산

나중에는 영국에서 공부한 제3세계 인물들도 회원으로 들어온다. 케임브리지대학에서 공부하던 자와할랄 네루는 페이비언협회의 사회주의 노선에 이끌려 1947년에 독립한 인도에 민주주의 체제와 사회주의 경제체제를 도입한다. 주요 산업(철강, 통신, 교통, 발전, 채광, 부동산개발 등)을 국유화하고 개인의 선택권을 제한하고 기업가 정신도 억눌러 정부 허가를 받아야 사업을 할 수 있도록 했다. 중공업 위주의 사회주의 발전 전략은 어느 정도 성공했으나 1980년대 들어 한계에 부딪히며 자본주의 발전 전략으로 선회한다.

1940년대 말에 회원이었던 오바페미 아올로오Obafemi Awolowo; 1909~1987는 나이지리아의 서부지역Western Region의 수상으로 재임하면서 페이비언 정책을 동원해 통치했다. 파키스탄의 건국자인 무함마드 알리 진나Muhammad Ali Jinnah; 1876~1948도 1930년대 초기에 열렬 회원이었다. 싱가포르의 초대 총리였던 리콴유는 처음에 페이비언 사상에 크게 영향을 받아 공산주의 대안으로까지 생각했으나 시간이 지나면서 비현실적이라 판단해 자신의 견해를 바꾸었다. 사회주의 노선의 영국 경제가 1960~1970년대에 크게 후퇴한 것을 목격했기 때문이었다.

중동 국가들도 협회의 영향을 많이 받았다. 시리아 지식인인 미셸 아플라크Michel Aflaq; 1910~1989가 아랍주의 부흥당을 결성했다. 속칭 바트당이라고 하는데 바트는 부흥, 재건을 의미한다. 대형 산업, 교통, 은행, 무역을 정부가 통제하고 국민에게 최소한의 생활수준을 보장토록 했다. 페이비언 사회주의는 이라크(사담 후세인)와 시리아(하페즈 알아사드와 아들 바샤르 알아사드)에서 독재 정권을 낳기도 했다. 이집트의 집권자, 살라마 무사도 아랍사회주의자였는데 1909년 이후 줄곧 협회 회원이었다. 이처럼 영국의 페이비언주의는 제3세계에 지대한 영향력을 행사했다.

2 페이비언협회 조직의 성공 비결

협회 회원 수의 급성장

1884년 창립 당시 9명으로 시작한 페이비언협회 회원은 노동대표위원회가 결성되었던 1900년에 861명으로 늘더니 노동당 창당 2년째인 1908년에 2,500명으로 급증했다. 1920년대에 램지 맥도널드의 노동당이 두 번 집권하고 1945년에 클레멘트 애틀리의 노동당이 집권해 "요람에서 무덤까지"를 핵심으로 한 베버리지 보고서를 구현해 나갔다. 이들은 국민들의 생존에 필요한 최소소득을 보장하는 내셔널 미니멈National Minimum을 구현해 나갔다. 그래서 협회 회원은 1951년 3,000명, 1997년 5,238명, 2009년 6,286명, 그리고 2022년 8,000명으로 늘었다. 도대체 어떤 비결로 이렇게 성공적인 조직을 만들어 냈을까?

1880년대 영국은 세계가 부러워하던 최강국이었다. 빈민층은 처참했으나 부유층과 엘리트층의 의식은 높았다. 공산주의 위협이 거세지는 상황에서 온건 좌파를 표방한 페이비언협회가 생기자 지식인들은 호감을 보였다. 대중을 상대로 선동을 하는 마르크스주의 단체들과는 달리, 페이비언협회는 지식인과 정치엘리트를 대상으로 침투와 설득을 하기 시작했다. 그리고 협회는 자신들만의 새로운 분파를 만들기보다는 정치단체, 행정조직, 노동조합, 언론, 협동조합, 정당, 사회단체 같은 기존 조직 속으로 파고들어 갔다. 정당도 자유당, 보수당을 가리지 않았다. 이른바 합헌적 사회주의에 사람들을 감염시키는 방식을 취한 것이다. 페이비언이 채택한 침투 전략의 궁극적인 의도는 모든 계급이 사회주의를 받아들이도록 하는 것이었다.

과학적 사회조사를 통한 지적 출판물로 이성적인 설득, 세뇌

페이비언협회는 사회에 대한 심층 조사연구를 토대로 하여 출판, 세미나, 대규모 대회를 열어 자신들의 메시지를 사회에 꾸준히 전파했다. 사람들을 사회주의로 개종시키는 힘은 감정적 동조가 아니라 이성적 설득에 있다고 보았기에 정확한 사실 파악이 매우 중요하다고 믿었다. 자신들의 이념을 널리 확산시키려고 우선 실증적인 사회조사를 실시했는데 이런 사회조사 방법은 영국의 경험주의 철학 전통과도 잘 맞았다. 조사 결과물을 토대로 하여 페이비언 소책자를 시리즈로 600권 이상 발간했고 시사문예 주간지 〈뉴 스테이츠먼New Statesman; 새로운 정치가〉을 1913년부터 100년 이상 발간하고 있다. 조사를 통한 출판은 토론, 강연을 통해 사회에 영향력을 끼쳐 왔다.

핵심 회원이었던 비어트리스 웹Martha Beatrice Webb; 1858~1943은 사건의 껍질을 벗겨내고 내부에 숨겨진 사실을 발견하는 것을 도와주는 연

〈그림〉 비어트리스 웹을 둘러싼 인물

구방법으로 통계적 조사와 개인적 관찰을 제시했다. 통계적 조사가 전체에 대한 정량적 관찰이라면, 개인적 관찰은 개체에 대한 정성적 관찰이었다. 그녀는 "개인적 관찰 없는 통계적 조사는 확실한 기초를 결여하고 있고, 통계적 조사 없는 개인적 관찰은 근거 있는 결론에 이르지 못한다"고 지적하며 양자의 병행 필요성을 강조했다.

아버지가 철도사업가라서 풍요롭게 살던 비어트리스 웹은 아버지의 친구로 집에 자주 드나들던 사회진화론자 허버트 스펜서를 스승으로 모시고 영향을 많이 받았다. 당시에 잘 나가던 정치가 조지프 체임벌린과 혼담이 2년간 있었으나 거부하고 사회 운동에 몸 바치기로 마음을 먹었다. 사촌 메리의 남편이던 찰스 부스가 사회조사 프로젝트로 시작한 런던 빈민가 실태조사에 적극 참여했고, 개혁파 경제학자인 시드니 웹과 결혼하여 평생 페이비언협회 활동을 왕성하게 벌였다.

두 사람은 결혼할 때 1+1=2가 아니라 1+1=11로 살자고 약속했다. 서로 독립적으로 생활하겠다는 선언이다. 그녀가 쓴 《나의 도제생활》을 보면 그녀가 결혼하기 전까지 어떤 생각을 다양하게 품었고 어떤 활동을 정력적으로 벌였는지 흥미진진하게 들여다볼 수 있다.

사업가였던 찰스 부스는 사회 빈곤 문제에 대해 관심이 지대했다. 자비를 들여 1886년부터 17년간 조사하여 17권의 책을 출간했다. 조사의 주된 목적은 비참misery, 빈곤poverty, 비교적 편안decent comfort, 호사luxury 수준으로 살아가는 사람들의 수와 비중을 정확하게 얻어내는 데 있었다. 대상층을 여덟 계층으로 구분했는데 조사 결과 런던

〈표〉 찰스 부스의 조사 대상 사회계층

1. 부랑자, 실업자, 술주정뱅이, 범죄자
2. 임시 노동자(겨우 입에 풀칠) – '매우 빈곤'
3. 간헐적 수입 – '빈곤'
4. 규칙적이지만 작은 수입 – '빈곤'
5. 정기적인 기본 수입 – 빈곤 바로 위층
6. 상위 노동층
7. 하위 중산층
8. 상위 중산층

〈표〉 세대당 수입 분류

구분	인구수(비중)
1, 2 그룹(극빈층)	354,444명(8.4%)
3, 4 그룹(빈곤층)	938,293명(22.3%)
5, 6 그룹(하인을 포함한 안락 노동층)	2,155,503명(51.5%)
7, 8 그룹(하위 중류, 중류, 상류층)	749,930명(17.8%)
인구 합산	4,209,170명(97.7%)
구빈원 등 수용인	99,830명(2.3%)
전체인구 추정치(1889년)	4,309,000명(100.0%)

거주민의 30.7%가 빈곤층으로 나왔다. 10년 후에 다시 조사를 했더니 빈곤층이 35%으로 높아졌다.

협회는 창립 직후부터 매년 평균 5~6편씩 페이비언 소책자를 발간했다. 영국의 국내외 정치, 정책의 거의 모든 쟁점들에 관한 가장 권위 있는 분석과 대안을 담고 있다는 평가를 받고 있다. 이 가운데에는 영국 사회주의 역사에 기념비적인 작품들로 평가받는 것들이 적지 않다.

협회는 1913년에 시사문예 주간지 〈뉴 스테이츠먼〉을 창간했다. 웹 부부가 사회주의자들의 도움을 받아 창간했으며 좌파 성향을 띠었다. 역대 필진으로 케인스, 버지니아 울프, 버트런드 러셀$_{Bertrand\ Russell:\ 1872~1970}$, 크리스토퍼 히친스, 폴 존슨이 유명하다. 보수적인 〈이코노미스트〉에 대비되는 영국의 대표적 진보 주간지로서 21세기에 들어서도 영국정치에서 막강한 영향력을 행사하고 있다.

페이비언협회의 효과적 조직 운영

어떤 사람이 회원으로 가입할 수 있을까? 페이비언협회의 취지에 동의하면 누구나 정회원이 될 수 있다. 꼭 노동당원일 필요는 없지만 노동당에 반대하는 정당의 당원은 정회원으로 받아들이지 않는다.

페이비언협회는 실질적으로 집행위원회가 운영한다. 집행위원회는 전국 명단에서 선거로 뽑힌 10명, 지역 명단에서 뽑힌 3명, 영Young 페이비언 그룹, 페이비언 여성 네트워크, 스코티시-웰시 페이비언 대표 3명, 스탭 대표, 그리고 회원 중에서 선출된 명예 재무관으로 구성된다. 집행위원회는 모두 29명 이내로 이루어진다.

런던의 본사 사무국에는 직원들이 많다. 조직의 CEO로 사무국장이 있고 산하에 조사, 편집, 이벤트, 운용 등 여러 과가 있다. 협회는 중앙 조직 외에 31세 이하의 영 페이비언 그룹, 여성 전용의 페이비언 여성 네트워크 그리고 60개 이상의 지역 페이비언협회를 운영해 회원들의 결속을 강화하고 있다.

- **영 페이비언 그룹** : 노동가 활동가 중에 31살 아래 젊은이들이 소통하고 토론하는 영 페이비언 그룹이 1960년에 만들어졌다. 자발적인 조직으로 정책, 사회 이벤트, 팜플렛, 위임 등 회원 활동의 인큐베이션 역할을 수행한다. 자체적으로 운영그룹이 있는데 회장과 스탭은 선거로 뽑는다. 금융, 헬스, 외무, 교육, 통신 등 여러 분과가 있고, 계간지로 〈앤티시페이션Anticipations〉을 발간

〈표〉 페이비언협회의 성공 요인

- 노선 : 점진적 사회민주주의
- 수단 : 사회조사, 간행물, 정책 개발
- 타겟 : 기존 조직 침투, 정당 설립
- 조직 : 젊은 층, 여성, 지역

하고 있다. 이 조직은 1994년에 젊은 토니 블레어가 노동당수로 선출되는 데 크게 기여한 바 있다.

- **페이비언 여성 네트워크** : 페이비언협회의 모든 여성 회원들은 페이비언 여성 네트워크의 회원이기도 하다. 이 조직은 선출직으로 자체 회장과 집행위원회를 가지고 있다. 정치와 공공 삶에서 여성의 위상을 높이기 위해 회의, 이벤트, 정치적 운동을 전개한다. 멘토링 프로그램도 운영하며 계간지로 〈파비아나$_{Fabiana}$〉를 발간하고 있다.

- **지역 페이비언 조직** : 영국 전역에 걸쳐 60개 이상의 지역 페이비언협회가 있다. 페이비언의 토론 이슈들을 전국의 커뮤니티에 전달하는 역할을 한다. 이 지역 페이비언 조직은 각 지역의 노동당 조직과 연계되어 있고 전국 페이비언과도 연계되어 있다. 이들 역시 전국 페이비언처럼 투표권을 행사한다.

3 사회 전반에 끼친 영향력

노동당 창립

　온건좌파 싱크탱크 단체로 폭력 혁명을 거부하는 페이비언협회는 대단한 결속력과 추진력으로 영국의 정치·사회경제·교육 분야에 지대한 영향을 미쳤다. 정치에서는 노동당 창립, 사회경제에서는 복지제도 정착, 교육에서는 런던정경대학 설립으로 나타났다.

　페이비언협회 사람들은 처음에는 영국의 보수당, 자유당 중 자유당에게 자신들의 사회개혁 프로그램을 제공하여 사회를 바꾸고자 했다. 하지만 자유당은 페이비언 프로그램으로 집권은 하되 관련 정책을 실행에 옮기지는 않았다. 그래서 협회는 1900년에 다른 조직과 함께 노동대표위원회를 발족시켰으며 이 위원회는 1906년에 노동당 당명을 채택했다. 협회는 노동당 창당 때부터 단체당원이었으나 처음에는 노동당 정치에 열성을 보이지는 않았다. 하지만 시간이 지나며 협회 사람들이 노동당에 대거 가입하고 1920년대~1930년대에

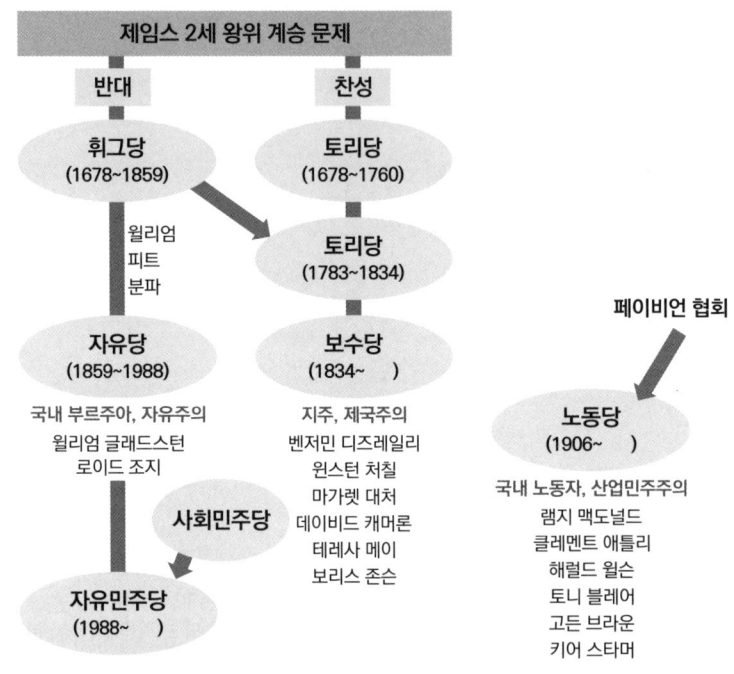

〈그림〉 영국의 주요 정당 계보

램지 맥도널드가 두 차례 집권하면서 협회의 발언권은 훨씬 커졌다.

노동당은 1918년에 경제국유화를 명시한 당헌 4조를 채택하여 1960~1970년대에 국유화를 서둘렀다. 하지만 부작용이 심해지고 경제도 활성화되지 않아 나중에 포기했다. 1980년대 보수당의 대처 수상이 집권하면서 오히려 국영기업의 민영화가 이루어진다. 집권에 성공한 노동당수로는 램지 맥도널드1924. 1929~1935, 클레멘트 애틀리1945~1951, 해럴드 윌슨1964~1970. 1974~1979, 토니 블레어1997~2007, 고든 브라운2007~2010이 있다. 2022년 현재 노동당수는 키어 스타머다.

영국의 보수당, 자유당, 노동당의 계보는 어떻게 이어질까? 영국의 양당정치는 1678년에 요크 공작 제임스가 제임스 2세로 왕위를 계승하는 문제를 놓고 휘그당과 토리당이 만들어지며 시작되었다. 휘그당은 왕위 계승을 반대했고 토리당은 찬성했다. 그러다가 토리당은 사라졌는데 1783년에 소 윌리엄 피트가 휘그당에서 떨어져 나와 토리당을 새로 만들었고, 1834년에 로버트 필이 보수당으로 이름을 바꾸었다. 지주계급의 지지를 얻은 보수당은 제국주의를 내걸고 해외 진출을 지지했다. 휘그당은 1859년에 이름을 자유당으로 바꾸어 부르주아 층을 대변했고 국내 문제에 몰입했다. 윌리엄 글래드스톤과 로이드 조지가 총리가 되면서 자유당은 강세를 보였으나 1906년에 만들어진 노동당에 밀려 군소정당으로 전락해 1988년에 사회민주당과 합당해 자유민주당으로 이름을 바꾸었다. 현재 보수당과 노동당이 영국 정치를 주도하고 있다.

복지제도 정착

사회정의를 부르짖은 페이비언협회는 1900년 들어 최저임금제와 헬스케어제도 도입을 주장했다. 1905년 빈곤법과 빈곤구제를 다루는 왕립위원회가 정부에 구성되자 협회 출신으로 이루어진 소수파는 소수 보고서를 1909년에 제출하면서 빈곤 해결 방안을 제시했다. 단순 구제보다는 체계적 예방 차원의 빈곤 해결 방안이 필요하다고 역설했고, 국민 삶의 최저 수준을 지켜줄 의무가 있다고 주장했다. 이 소수 보고서는 영국을 그 후 복지국가로 만드는 초석이 되었고 1942년에는 베버리지 보고서가 나와 사회보장 체계를 처음으로 밝혔다. 1945년에 집권한 노동당은 본격적인 복지국가 건설에 나서 지금의 영국 복지제도를 만들어 나갔다.

빈민법Poor Law, 구빈법은 엘리자베스 1세 시대였던 1601년에 최초로 제정되었다. 이 법이 빈민 구제용인가, 빈민 통제용인가, 빈민을 억압해 구제하려는 것인가에 대한 논란은 많았다. 그러다가 1834년에 신빈민법이 제정되었다. 이 법은 기존 빈민법보다 악화되었는데, 원외구호를 폐지했고, 구빈원에서 강제노역을 하도록 했다. 공리주의 철학 확산으로 '궁핍은 개인의 책임이므로 죄악'이라는 생각이 사회 전반의 지배적 생각으로 자리잡았기 때문이다. 고된 일을 마다하고 게으름을 피우거나 낭비가 심하고 타락했기에 가난하게 산다는 것이다. 그래서 가난구제 명목으로 가난한 사람을 강제노역장, 수용시설에 밀어 넣었고, 공공기금으로 약자를 지원하는 것은 반우생학적이고 국가복지에 유해하다고 보았다.

1905년에 자유당이 압승하자 빈민법 개혁을 위해 왕립빈민법위원회가 구성되었다. 위원은 모두 20명이었는데, 보수파들이 많았다. 고위관료 4명, 자선단체협회 6명, 비어트리스 웹이 들어갔다. 이들은 구빈제도를 '공공부조' 개념으로 재구성하는 것에 대해서는 의견 일치를 보았는데, 직업소개소 제도, 실업보험 도입에 공감했다.

하지만 두 분파의 시각차도 분명했다. 빈곤의 원인을 개인에서 찾는가, 사회에서 찾는가에 따라 분명히 달랐다. 또 빈곤 해결 방안에 있어서도 달랐다. 비어트리스 웹을 비롯한 일부 위원들은 기존 빈민법을 완전 폐지하고 빈곤 시스템 재구성을 요구했다. 빈곤에 대한 처방을 사후 구조가 아니라 예방 치료와 공적 지원으로 바꾸어야 한다고 주장했고, 구빈 기능을 지방당국에 이양하라고 요구했다. 그래

〈표〉 빈민법 개혁을 위해 왕립빈민법위원회 각 분파의 시각차

구분	다수파 보고서(16명)	소수파 보고서(4명)
이념 배경	보수주의	페이비언 사회주의
빈곤 원인	개인의 게으름과 무책임 (개인적 원인)	불합리, 불건전한 사회질서 (사회구조적 요인)
빈곤 해결	관대한 동정보다는 가혹한 조치	공공지출을 확대하여 지원
빈민법 운영	현행 구빈제도를 개혁하고 빈민법 유지	현행 구빈제도 완전 폐기

서 16명의 다수파 보고서와는 달리, 4명의 소수파는 소수파 보고서 Minority Report를 1909년에 따로 제출했다.

비어트리스 웹이 소수파 보고서를 만들 때 연구원으로 참여했던 윌리엄 베버리지는 런던정경대 총장을 거쳐 2차 세계대전 동안 정부 노동부에서 사회복지에 대한 보고서를 쓰게 된다. 보고서 초안을 본 보수당 정권은 깜짝 놀랐다. 전쟁 중인데 실행하기도 힘든 보편적 사회복지 프로그램을 잔뜩 내놓았기 때문이었다. 그래서 보고서 이름을 '사회보험과 관련 서비스'로 하고 제출자도 윌리엄 베버리지 혼자 이름으로 나오도록 했다.

1942년에 나온 베버리지 보고서는 당시 전쟁에 시달리던 영국민에게 엄청난 반향을 일으켰다. 당시 보고서가 나오자 데일리미러 신문은 헤드라인을 이렇게 뽑았다. "베버리지가 궁핍을 제거하는 방법을 말하다 – 요람에서 무덤까지, 모두가 지불하고 모두 혜택을 입는다 –" 집권자 윈스턴 처칠은 보고서를 그냥 묵히고 있었으나, 전쟁이 끝나고 치른 1945년 7월 선거에서 처칠의 보수당이 클레멘트

애틀리의 노동당에게 패배하면서 보고서는 드디어 실행에 옮겨졌다.

특히 1946년에는 내셔널 트레일National Trails 법이 제정되어 전쟁 중에 고생한 국민들이 자유롭게 산책할 수 있는 도보길을 광범위하게 조성하게 되었다. 외국에도 비슷한 성격의 길들이 있다. 미국의 존뮤어 트레일, 스페인의 까미노 데 산티아고, 프랑스의 랑도네, 일본의 시코쿠 오헨로, 캐나다의 브루스 트레일이 대표적이다. 한국에도 제주올레, 해파랑, 남파랑, 서파랑, DMZ 평화의길이 있다. 조선시대 옛 길로는 삼남길, 영남길, 의주길, 평해길, 경흥길이 조성되어 있다.

런던정경대학 설립

헨리 허친슨Henry Hutchinson이 페이비언협회에 기탁한 1만 파운드로 네 명의 페이비언 회원(시드니 웹, 비어트리스 웹, 그레이엄 월러스, 조지 버나드 쇼)과 자유당 정치인이던 리처드 홀데인이 런던정경대학을 1895년에 설립했다. 이 결정은 1894년 8월 4일 조찬 파티에서 전격적으로 이루어졌다. 1898년 런던대학 법률이 통과되어 1900년 들어 유니버시티칼리지런던UCL 등과 함께 런던대학 시스템의 독립적 단과대학이 되었다.

이 대학은 '사물의 근원에 대한 탐구'를 모토로 하고 있다. 대학 설립 목적을 당파에 치우치지 않고 사회문제 연구를 촉진하며 정책을 실행에 옮기는 훈련을 통해 사회개량에 공헌하는 데 두고 있다. 흥미롭게도 학교 성격을 사회주의에 국한시키지 않았기에 자유주의 경제학자인 하이에크도 이 대학에서 교수를 할 수 있었다. 베버리지 보고서를 쓴 윌리엄 베버리지가 1938년까지 18년 동안 대학 총장을 맡았다.

런던정경대학은 전 세계적으로 평판이 매우 높다. 하이에크, 로널드 코스Ronald Coase: 1910~2013 등 노벨경제학상 수상자를 13명이나 배출했다. 세계 최대의 사회과학 도서관으로 유명하다. 페이비언협회는 사회정책을 매우 중시했기에 이 학교는 세계 최초로 사회정책학과를 만들었다. 학교 이름이 런던경제대학London School of Economics이었으나 나중에 런던정경대학London School of Economics and Political Science으로 바뀌었다. 하지만 아직도 약자는 LSE라 쓴다.

페이비언협회의 시사점

영국 정치사회에 막강한 영향력을 미친 페이비언협회가 현재를 사는 우리에게 어떤 시사점을 던져주고 있을까? 첫째, 웹부부처럼 코드가 잘 맞는 부부는 정말 강력하다는 점이다. 둘째, 선동적이고 일시적인 사회 운동보다는 차분하게 이성적 설득을 꾸준하게 구사하는 것이 좋다. 셋째, 과학적 사회조사를 통해 현실적 정책을 세워야 한다. 넷째, 조직이 오래 가려면 청년, 여성, 지방으로 조직의 범위를 넓혀야 한다. 다섯째, 캐비어 좌파, 강남좌파를 비웃어서는 안 된다.

#토지가치세 #불로이득 #단일_세율
#가장_덜_나쁜_세금 #지공주의 #국토보유세
#모노폴리_보드게임

◆ 13강 ◆

토지를 경제 왜곡의 근원으로 본 조지학파

경제학에서 3대 생산요소 하면 토지, 노동, 자본이다. 노동과 자본은 필요에 따라 늘릴 수 있지만 토지는 늘리기가 힘들다. 땅의 면적이 제한되어 있기 때문이다. 경제가 좋아지면 토지는 실질적으로 별로 기여하지 않았지만 토지 가격은 크게 올라 땅 보유자는 더욱 부자가 된다. 이런 불합리를 깨고 싶어도 토지를 많이 보유한 기득권자들의 반대에 부딪혀 개혁 시도는 번번이 실패한다. 19세기 후반에 헨리 조지가 등장해 토지 소유는 인정하되 지대에 대해 단일세율을 적용해 부동산 세금을 많이 걷고 대신 실질적으로 생산에 기여하는 노동자, 자본가에 대한 세금 부담을 크게 줄이자고 제안했다. 당시 전 세계적으로 넓은 공감대를 얻었고 그를 추종하는 사람들은 아직도 여전히 많다.

1
혁신적이고 진보적 사회개혁가,
헨리 조지

정말로 많은 사람들로부터 찬사를 받은 인물

"그는 플라톤 이래 열 손가락 안에 꼽히는 사회철학자다." 미국의 저명한 교육학자인 존 듀이가 했던 말이다.

"그가 제시한 토지 문제 해결책은 아주 완벽해서 현 국가체제와 조세제도 아래에서 이보다 더 우수하고 공정하고 실제적이고 평화로운 해결책은 찾을 수 없다." 톨스토이가 그의 책을 보고 말했다.

"그와 같은 인물은 드물다. 예리한 지성, 예술적인 문체, 정의에 대한 확고한 사랑이 아름답게 조화를 이루었다는 점에서 그를 능가할 사람을 상상하기 어렵다." 알버트 아인슈타인이 한 말이다.

박식하고 위트가 출중했던 버나드 쇼도 그의 책을 보고 자신의 무지를 깨달아 아예 경제학 공부를 시작했을 정도다.

이처럼 당시 유명인들에게 대단한 영향력을 가졌던 '그'는 과연 누구일까? 1865년 남북전쟁이 마무리 된 후 미국 경제가 급성장 하면서 부가 소수층에 온통 집중되던 19세기 후반에 민중을 위한 사회 개혁가로 왕성하게 활동했던 헨리 조지Henry George: 1839~1897였다. 그는 토지란 인간의 노력이 아니라 자연에 의해 주어진 것인만큼 토지의 사적 소유에 대해 강하게 반발했다. 토지소유자는 토지를 소유는 하되 토지가치에 대해 세금을 중하게 매겨 그들이 투기이익을 취하지 못하게 해야 한다고 주장했다. 즉 토지에서 발생하는 불로소득은 사회 전체에 사용되도록 하고 그 대신 노동자의 근로소득 같은 다른 세원에 대한 세금은 크게 줄이자는 것이었다. 이런 당찬 주장은 당시 가난에 허덕이던 사람들에게 큰 복음이었고 사회개혁을 부르짖는 사람들에게 상당한 호소력을 지녔다.

지주로부터 집중 견제를 당한 인물

헨리 조지는 성공회 신자였던 아버지가 강요하던 성공회 학교 교육을 거부하고, 15살부터 원양 선원, 금광 채굴자, 식자공 견습생 등 여러 직업을 전전한다. 그러다가 신문사 기자, 편집인을 거쳐 발행인이 되고 1871년에는 〈샌프란시스코 데일리 이브닝 포스트〉라는 신문까지 소유한다.

사회 불평등에 눈을 떠서 신문에 관련 기사들을 기고하곤 했다. 당시 대륙횡단철도가 미국 전역에 부설되고 있었는데 철도회사가 과다하게 이익을 취하는 것에 대해 강하게 비판했다. 철도 부설로 인구이동이 늘어남에 따라 발생하는 토지가치 상승분을 이들이 모두 취하고 있었으므로 토지가치에 대해 세금을 부과해야 한다고 주장한 것이다. 대중의 인기를 얻자 캘리포니아주 하원의원 선거에 입후보하려고 했지만 센트럴퍼시픽 철도회사의 집중 방해로 입후보 출마에 실패하고 말았다.

헨리 조지는 1870년부터 자신이 주장하는 바를 담아 책을 여럿 출간했다. 《토지와 토지정책》(1870), 《진보와 빈곤》(1879), 《사회 문제》(1883), 《보호냐 자유무역이냐》(1886)가 바로 그런 책이다. 이 중에 1877년부터 1879년에 걸쳐 열심히 집필한 《진보와 빈곤》은 여러 출판사에서 거절당했기에 헨리 조지는 자비로 출판해야만 했다. 경제 규모는 계속 급성장하는데 왜 분배에 문제가 생겨 많은 사람들의 빈곤은 지속되는가에 대한 문제를 제기하고 해결책을 제시한 책이다. 출판 후 미국과 영국에서 수십 만 권이 팔리고, 다른 여러 언어로 번역되며 수백 만 권이 팔리는 세계적 베스트셀러로 등극한다.

이런 대중적 명성에 힘입어 헨리 조지는 1886년 뉴욕시에서 뉴욕시장에 출마했으나 2위로 그만 낙선하고 만다. 당시 3위로 낙선한 사람은 나중에 26대 미국 대통령이 된 테오도르 루스벨트였다. 하지만 이 선거 과정에서 후보 헨리 조지의 논리와 단순성, 확신에 감화된 추종자들이 많이 생겼다. 추종자들은 무엇보다도 토지가치세를 핵심으로 하는 조지주의Georgism, 혹은 지공地公주의에 열광했다. 지공주의는 토지공개념 성격이다. 그는 1897년 무소속으로 뉴욕시장에 출마한다. 이미 뇌졸중을 한 번 겪었는데 선거유세로 무리를 하다가 쓰러져 세상을 뜨고 만다. 전 세계적으로 큰 영향을 끼친 경제사상가로서 그의 이상을 실현시키려 했으나 결국 세속 정치에서는 출세하지 못했다.

2 《진보와 빈곤》의 핵심

헨리 조지가 쓴 《진보와 빈곤》

《진보와 빈곤》의 핵심 내용은 토지에서 발생하는 지대는 개인이 가질 수 없고 사회 전체적으로 공평하게 향유되어야 한다는 점이다. 토지는 인간이 만든 게 아니라 자연에 의해 인간에게 주어졌기 때문이다.

예를 들면 인구가 증가하면 주거나 상업 목적으로 토지수요가 늘어나 토지가치가 상승하게 된다. 토지가치를 높이는 데 별 기여를 하지 않은 토지 소유자는 가만히 앉아서 토지가치가 올랐기 때문에 그 특권에 따른 대가를 지불해야 하며 정부는 토지가치에 대해 세금을 부과해야 한다고 주장했다. 어떤 지역에 철도가 부설되면 사람의 이동이 잦아져 상권이 발달하고 거주가 늘어나 토지가치가 크게 올라가므로 상승한 토지가치에 대해 세금을 부과해야 한다는 것이다.

이런 생각은 1868년에 헨리 조지가 기고한 기사 "철도산업이 우

《진보와 빈곤》 책 표지

리에게 가져다주는 것"에 처음 등장한다. 철도건설의 붐은 이권을 갖고 있는 극소수 특권층과 관련 기업들에게만 혜택을 줄 뿐, 대부분의 건설 노동자들을 빈곤에 빠뜨린다고 지적했다. 따라서 철도가 새로 부설되는 지역 인근의 토지를 미리 매입해서 막대한 이익을 챙긴 철도회사들이 헨리 조지를 매우 싫어했음은 물론이다.

헨리 조지는 노동과 같은 생산 활동에 대해서는 무거운 세금을 부과하면서도 토지에 대한 접근성을 제한하여 불로이득을 추구하도록 정부가 허용하는 조세 제도를 심각한 불의로 보았다. 그래서 토지가치에 세금을 매겨 토지 소유자가 불로이득을 가져가는 것을 차단하라고 주장했다.

하지만 헨리 조지가 주창한 토지세는 순수하게 토지가치에만 부과하는 것이지, 인간에 의해 토지에 가해진 개량(정지 작업, 심겨진 수

목, 건물, 각종 시설물 등)의 가치에는 세금을 부과하지 않는다.

여러 학자들이 바라본 '토지보유세'에 대한 평가

여기에서 마르크스와 헨리 조지 간에는 차이점이 있다. 마르크스는 토지와 자본을 구분하지 않고 모두 공유화할 것을 주장했다. 반면에 헨리 조지는 시장경제와 가격의 기능, 그리고 자본에 대한 사유재산을 부인하지는 않았다. 토지만이 공유 대상이었다.

자유주의의 강력한 옹호자였던 프리드먼도 지대를 과표로 하고 세율이 균일한 단일 세율$_{single\ tax}$의 토지보유세를 "가장 덜 나쁜 세금$_{the\ least\ bad\ tax}$"라고 평가했다. 폴 새뮤얼슨도 "토지보유세는 생산 유인을 왜곡하지 않고 생산의 효율성을 저해하지 않는다"고 호평했다. 왜곡 현상이 발생하지 않는 이유는 토지에 대해 세금을 부과해도 토지 공급이 변하지 않기 때문이다.

문제는 이미 토지를 보유한 기득권층을 달래서 설득하기가 매우 힘들다는 사실이다. "돈에는 주인이 없다"는 프랑스 속담도 있지만, "이 세상에 주인 없는 땅은 없다"는 프랑스 속담도 있다. 토지보유세는 아이디어는 매우 좋지만 현실 구현은 힘들다. 웬만한 개혁 조치로는 어렵고 단호한 혁명적 조치가 필요했다.

3 헨리 조지가 후세에 미친 영향력

1890년대만 하더라도 미국 경제는 크게 성장했지만 미국 경제학계는 학문적으로 영국, 프랑스, 독일 등 유럽에 비해 크게 뒤떨어져 있었다. 하지만 존 베이츠 클라크, 프랜시스 워커와 함께 헨리 조지는 《진보와 빈곤》을 통해 미국의 경제사상을 전 세계에 알리는 데 크게 기여했다. 이른바 조지주의Georgism 추종자가 생긴 것이다.

헨리 조지는 당시 전 세계 유명인들에게 큰 영향을 미친다. 헨리 조지의 열렬한 지지자였던 톨스토이는 소설 《부활》에서 헨리 조지 이름을 거론하면서 토지단일세이론을 소개했다. 버나드 쇼, 데이비드 로이드 조지, 그리고 1912년에 청나라를 무너뜨리고 중화민국을 세운 쑨원도 큰 영향을 받았다. 혁명가 쑨원은 삼민주의 정강으로 유명하다. 외세독립의 민족, 민주정치의 민권, 경제후생의 민생이 바로 그것인데 민생은 헨리 조지 방식의 조세개혁에 기반을 두고 있다.

헨리 조지의 주장이 처음으로 관철된 국가는 20세기 초 덴마크였다. 1902년 덴마크 헨리조지협회가 설립되었고 협회의 일부 회원들은 덴마크정의당을 만들었다. 정의당은 헨리 조지가 주장한 정책(토지가치 환수, 근로소득과 자본소득에 대한 과세 폐지, 무역자유화)을 주요 정강으로 채택하였다. 정의당은 1957년에 사회민주당, 급진자유당과 함께 연립정부를 수립하여, 토지보유세율을 두 배로 인상하고 그 대신 건물에 대한 세금이나 노동과 자본에 대한 세금을 감면했다. 그 결과 실질임금 증가, 국제수지가 적자에서 흑자로 반전, 인플레율 급감, 외채 급감으로 나타나면서 경제가 크게 호전되었다.

그 후 싱가폴, 대만, 뉴질랜드, 호주 등 여러 나라에서도 헨리 조지의 사상이 반영되어 토지에 대해 높은 세율이 적용되었다. 미국 앨라배마주의 페어홉 시티Fairhope City에서 지자체 토지의 대부분을 페어홉 단일세 주식회사가 보유하고 있으며 이 회사는 주민들에게 99년 동안 토지를 임대해주고 있다. 임대차가 이루어지는 동안 임차인은 토지 사용권을 제3자에게 이전할 수 있으며 사용권이 이전되면 그 시점부터 다시 99년 간 새로운 임대차 계약이 성립된다.

우리나라에서도 토지 가격이 폭등하던 1980년대에 헨리 조지 방식의 토지보유세를 도입하자는 의견이 심각하게 대두되기도 하였으나, 기득권층의 치열한 반대로 도입이 성사되지 못했다. 소득불평등과 빈곤 문제는 여전히 자본주의 체제의 발목을 잡고 있다. 토지보유세는 이런 아킬레스건을 풀 수 있는 매우 좋은 정책임에도 불구하고 사유재산제라는 자본주의의 기본 원칙을 부정한다고 많이 오해하고 있다.

2022년 대선에서 이재명 후보는 토지를 가진 사람이 토지가격의 일정비율을 세금으로 내도록 국토보유세를 신설하자고 공약에 내건 바 있다. 국토보유세는 고가부동산을 중심으로 매기는 종합부동산세와 달리 모든 토지를 과세 대상으로 본다. 헨리 조지 노선의 사회 개혁 문제를 둘러싸고 보수층과 진보층 간의 대결은 앞으로 선거 때마다 되풀이될 것이다. 결국 선택은 투표에 참여하는 선거권자의 몫이다.

흥미로운 사실은 우리에게 블루마블로 알려진 모노폴리 보드게임이 헨리 조지 덕분에 만들어졌다는 것이다. 미국의 게임 디자이너인 엘리자베스 매기Lizzie Magie는 1904년에 땅을 따먹는 보드게임을 만들었는데, 최종적으로 한 명의 참가자만 생존하고 나머지 모든 참가자는 파산하게 된다. 이는 토지사유제가 지속되면 결국 극소수의 대지주만 남고 대다수는 파산, 빈곤 상태를 면하지 못함을 시사한다.

한마디로 말해, 조지주의Georgism 혹은 지공주의地公主義, geoism란 토지가치세land value tax를 부과하여 토지와 자연자원 통제에서 나오는 경제지대를 잘 활용하면 개인이나 국가경제의 많은 문제가 개선될 수 있다고 주장하는 경제철학이다.

조지학파 학자로는 막스 허쉬Max Hirsch: 1852~1909, 해리 거니슨 브라운Harry Gunnison Brown: 1880~1975, 울프 라데진스키Wolf Ladejinsky: 1899~1975, 메이슨 개프니Mason Gaffney: 1923~2020, 레이몬드 크로티Raymond Crotty: 1925~1994, 도널드 셔프Donald Shoup: 1938~, 프레드 폴드바리Fred Foldvary: 1946~2021, 니콜라우스 티드먼Nicolaus Tideman: 1943~, 오트마르 에덴호퍼Ottmar Edenhofer: 1961~가 있다.

#비엔나학파 #자유시장 #개인주의 #기회비용
#시간선호 #우회생산 #귀속이론 #부르주아_마르크스
#노예의길 #질서자유주의 #몽펠르랭회

◆ 14강 ◆

극단적 자유주의를 외친 오스트리아학파

비엔나대학 교정에는 유명한 동문들의 흉상이 줄지어 있다. 이 중에 경제학자는 3명이다. 카를 멩거, 프리드리히 폰 비저, 오이겐 폰 뵘바베르크가 바로 그들이다. 오스트리아학파의 선구자인 카를 멩거는 한계혁명 3인방으로 한계효용으로 대표되는 소비자 주관주의를 경제학에 본격 도입했다. 역사학파와의 방법론 논쟁을 통해서 귀납적 방식이 아니라 연역적 방식으로 경제학을 분석해야 한다고 주장했다. 그후 오스트리아학파의 계보는 조지프 슘페터, 루드비히 미제스, 프리드리히 하이에크, 그리고 빌헬름 뢰프케, 이스라엘 커즈너, 머레이 라스바드로 이어졌다. 무엇보다도 개인의 자유를 신봉하는 학파로, 수학 사용을 혐오한다.

1
오스트리아학파를 활짝 연
카를 멩거

중유럽의 강대국이었던 오스트리아

　오스트리아는 바다에 접하지 않은 중유럽의 작은 국가다. 대한민국 면적의 84%에 인구는 900만 명이다. 독일어로 '동쪽의 땅 Österreich'을 의미하는데 프랑크왕국의 샤를마뉴 대제가 동쪽 변방의 행정지역을 오스트마르크 Ostmark라 불렀기 때문이다.

　18세기까지만 하더라도 오스트리아는 신성로마제국에서 가장 강력한 오스트리아대공국이었는데 나폴레옹이 1804년에 프랑스제국을 세우자, 이에 반발하여 프란츠 2세가 오스트리아제국을 세웠다. 신성로마제국은 2년 후에 공식 해체된다. 특히 1867년에 헝가리와 합병하여 오스트리아 - 헝가리 제국이 만들어져 덩치는 더욱 커져 1차 세계대전에서 패하기 전까지 황금기를 구가했다. 현재 오스트리아의 영토보다 훨씬 넓어서 인재의 풀도 그만큼 컸다. 한마디로 중유럽의 강대국이었다.

당시 이런 강대국에서 경제학파가 만들어지지 않았다면 오히려 이상하다. 1871년에 멩거의 《국민경제학의 기본원리》 출간을 계기로 오스트리아학파가 만들어졌다. 비엔나학파라고도 불리는데 크게 보면 자유방임학파다. 정부 간섭을 배제하고 개인의 선택 자유를 무엇보다 중시하며 시장의 자생적 작동을 믿는 자유시장 신봉자들이다. 당연히 국가 간섭이 넘치는 사회주의경제를 매우 싫어한다.

오스트리아학파의 비조, 카를 멩거

카를 멩거Carl Menger; 1840~1921는 현재 오스트리아 영토가 아닌 갈리치아(현재의 폴란드 동남부) 지역에서 태어나 비엔나대학과 프라하의 카렐대학에서 공부를 했다. 오스트리아 – 헝가리제국의 루돌프 황태자의 가정교사 역할도 했는데, 루돌프는 아쉽게도 황제가 되지 못하고 1889년에 세상을 떴다. 멩거는 1873년부터 30년간 비엔나대학 정치경제학 교수로 재직하며 제자들을 길러 오스트리아학파를 만들었다. 그의 아들은 이름이 C가 아니라 K로 시작하는 수학자 카를 멩거Karl Menger이니 혼동하지 말아야 한다.

멩거는 무엇보다도 한계효용으로 대표되는 주관주의를 경제학에 도입했다. 당시만 하더라도 경제학에서는 노동 투입으로 대표되는 생산 측면의 객관성이 제일 중요했는데 소비자가 주관적으로 느끼는 한계효용의 주관성을 부각시키면서 소비를 강조했다. 그리고 시장가격과 시장현상은 통치자가 계획한다고 생기는 것이 아니라 소비자의 주관적이고 자발적 행동에 의한 자생적 질서spontaneous order에서 비롯된다고 주장했다. 그래서 화폐를 비롯해 사회제도, 시장제도도 국가가 알아서 어느 날 뚝딱 만들어지는 게 아니라 사람들이 상품거래를 하면서 필요해 자연스럽게 형성되었다고 주장했다.

　멩거는 독일 역사학파의 슈몰러와 맞붙어 경제학 방법론 논쟁을 벌인 것으로 유명하다. 1883년에 멩거가 《사회과학 방법론》을 출간하면서 논쟁이 촉발되었는데, 경제학뿐만 아니라 사회과학 전체에서 방법론 관련 최초의 논쟁이었다. 슈몰러는 과거의 경험과 많은 자료들을 수집해 분석하다 보면 경제법칙과 이론이 자연스럽게 나온다고 주장한 반면, 멩거는 귀납적 방식이 아니라 자기만의 선험적 분석 틀을 가지고 경제현상을 분석하는 연역적 방식을 취해야 한다고 주장했다. 당시 결론은 금방 나지는 않았지만 이후 주류경제학에서는 연역적 방식이 대세가 되었고 계량분석이 경제학에 도입되면서 귀납적 방식도 보완되었다.

　오스트리아학파는 18세기 후반 자유방임학파, 19세기 프랑스 자유학파의 연장선으로 개인의 자유, 작은 정부를 매우 강조한다. 신고전학파처럼 개인을 합리적 원자로 보지 않고 오히려 인간의 합리성은 극도로 제한되어 있다고 본다. 인간은 자신을 둘러싼 사회적 규범을 그대로 받아들여 자발적으로, 무의식적으로 자신의 선택 범위를 제한하면서 나름 합리적으로 행동하고 있을 뿐이라는 것이다. 즉 제한된 합리성을 외친다. 사람이 합리성을 제대로 발휘하며 살려면 정부가 의도적으로 만든 여러 질서(법, 중앙은행 등)들을 줄이고 시장에서 경쟁을 촉진하여 자생적 질서를 정착시켜야 한다고 주장한다. 그래서 작은 정부(최소국가), 규제 혁파, 자유 시장경제를 옹호한다.

　멩거는 제도의 발생과 진화에 대해서도 언급했다. 제도가 인위적 명령이나 사회구성원의 합의나 공공이익을 고려하여 정착된다고 보는 사회계약론, 역사학파와는 달랐다. 구성원 중 어떤 선도자가 특정 제도나 기술을 선택하면 다른 구성원들이 이를 모방하면서 확산되고, 이 과정이 임계치를 넘어서면 관행으로 정착된다고 보았다. 이런 논리는 나중에 슘페터의 기술혁신론으로 연결된다. 멩거는 생산요소에 대한 수요는 소비재 수요에서 비롯되는 파생수요임을 강조했다. 소비단계에서 얼마나 떨어져 있느냐에 따라 재화들을 1차재, 2차재, 3차재로 구분하기도 했다.

개인은 모든 경제의 시작과 끝이다

미국 경제학자 헨리 시거Henry Seager는 1892년에 베를린대학과 비엔나대학에 한 학기씩 체류하면서 여러 강의를 듣고 비교하는 글을 남긴 적이 있다. 시거는 비엔나대학에서 멩거의 강의를 듣고서 강의 방식과 내용에 탄복했다. 멩거는 강의안을 거의 보지 않고 차분하게 명쾌하게 논리를 전개해 그가 원하는 결과를 끄집어냈다고 평했다.

멩거가 남겼던 말 하나를 소개한다. "개인은 모든 경제의 시작과 끝이다Man himself is the beginning and the end of every economy." 오스트리아학파는 사변적이고 추상적 논리 전개를 좋아하되 수리적 방법을 매우 싫어한다. 정치이념이나 사회철학에 가까워서 주류경제학에 흡수되지 않고 여전히 독립적으로 남아 있다.

멩거는 비엔나대학에서 오래 재직하면서 비저와 뵘바베르크를 비롯하여 여러 제자들을 배출했다. 당시 두 사람은 이 대학의 세미나를 주도했는데 멩거도 참석하여 대단한 인기를 끌었다. 멩거는 은퇴

후에 자신의 개인 도서관에서 연구를 했는데 소장한 책들이 어마어마했다. 1921년 멩거가 죽은 후 오스트리아가 대혼란에 빠져 있을 때, 멩거의 부인은 남편의 원저서와 원고들을 일본인들에게 모두 팔아넘기고 영국으로 건너갔다. 멩거의 방대한 자료는 현재 히토쓰바시대학에 소장되어 있는데, 후쿠자와 유키치가 세운 학교로 당시에는 도쿄상과대학이었다.

　멩거의 학맥은 비저, 뵘바베르크로 이어지며 20세기 초반까지 전성기를 구가했다. 그러나 1918년 합스부르크 왕가의 오스트리아-헝가리 제국이 붕괴되고 나치가 등장하자 미제스, 하이에크를 비롯해 주력 경제학자들이 미국과 영국으로 옮겨갔다. 1982년에 미국에 설립된 프리드리히 폰 미제스 연구소가 현재 이 학파의 본거지다. 이 학파는 경제학 방법론에 매우 강하지만 경제분석에 수학을 이용하기를 기피한다. 그래서 논리와 검증이 요구되는 주류경제학이 될 수는 없었다. 오스트리아학파의 강경한 자유방임 입장 때문에 대기업들이 매우 좋아한다.

2

기회비용 개념을 만든 프리드리히 폰 비저

장인/사위, 매부/처남 관계의 3인

오스트리아의 비엔나대학에 가면 교정에 이 대학 출신의 유명 인사들의 흉상이 줄지어 서있다. 지그문트 프로이트, 테오도르 아도르노 흉상도 있지만 경제학자로 멩거, 뵘바베르크, 프리드리히 폰 비저 Friedrich von Wieser; 1851~1926도 자리를 차지하고 있다. 멩거가 거의 혼자 힘으로 오스트리아학파를 세웠다면 비저와 뵘바베르크는 계승 발전시켰다. 뵘바베르크와 비저는 매부, 처남으로 서로 가깝다. 비저에게 멩거는 장인이었다. 우리는 멩거의 계승자를 언급할 때 뵘바베르크만 주로 언급하고 비저는 그냥 지나치곤 한다. 정말 비저는 한 일이 별로 없을까?

'기회비용 opportunity cost, alternative cost'이란 두 개 옵션 중에 하나를 선택하면 다른 것을 포기하느라 드는 비용을 말한다. 비저는 1889년에 출간한 《자연가치론》에서 멩거의 주관가치설에 입각하여 기회비용 개념을 만들어 오스트리아학파의 비용이론을 개발했다.

영국의 오스트리아학파라 할 수 있는 필립 윅스티드Philip Wicksteed: 1844~1927도 《정치경제학의 상식Common Sense of Political Economy》에서 기회비용 개념을 중심 의제로 다루었다. 또한 윅스티드는 경제학이 부를 탐구하는 학문이라는 관념을 거부하고, 시장이 균형을 향해 나아가는 과정을 연구했다. 나중에 미제스는 "의사결정에서 인간의 목적성과 합리성에 대한 이해로부터 도출되는 결론들을 보편적으로 적용"해야 한다는 윅스티드의 주장에서 영감을 얻는다.

비저는 원래 역사에 관심이 많았으나 비엔나대학에서 법학을 전공한다. 당시 허버트 스펜서의 《사회학 개론》을 읽고서 사회학에 대한 관심도 생겼다. 콩트가 프랑스 사회학의 창시자라면, 스펜서는 영국 사회학의 창시자다. 사실 '진화'나 '적자생존' 개념은 다윈이 아니라 스펜서가 창안했다.

비저는 1869년 대학 졸업 후 잠시 공무원 생활을 하다가 멩거의 《국민경제학의 기본원리》를 접하고 나서 어렸을 때부터 친구이던 뵘바베르크와 함께 역사학과 경제학을 제대로 공부하기 위해 대학에 다시 진학한다. 1875년에 갔던 하이델베르크대학에서는 카를 크니스, 라이프치히대학에서는 빌헬름 로셔, 예나대학에서는 브루노 힐데브란트로부터 배운다. 당시 거장들에게서 연달아 배운다는 것은 대단한 학문적 혜택이 아닐 수 없었다.

장인이었던 멩거의 학문은 가까운 비저에게 지속적으로 영향을 미쳤다. 비저는 1884년부터 프라하의 카렐대학에서 교수를 하다가 1903년에 멩거가 은퇴하자 비엔나대학 교수직을 이어받았다. 비저

프리드리히 폰 비저
(Friedrich von Wieser; 1851~1926)
출처 : commons.wikimedia.org

는 여기에서 슘페터, 미제스, 하이에크 같은 2세대 오스트리아학파 계승자를 길러냈는데 하이에크가 수제자였다. 1917년에는 상원의원이 되고 남작 작위를 받고 1차 대전 말기에 상무장관도 역임했다. 저서로는 《생산요소의 기원과 주요법칙》(1884), 《자연가치론》(1889), 《사회경제의 기초》(1914), 《권력의 법칙》(1926)이 있다. 특히 《사회경제의 기초》는 오스트리아학파의 교과서라 할 수 있다.

기회비용, 귀속이론, 한계효용, 기업과 역할 강조

비저는 기회비용, 귀속이론, 한계효용, 기업가 강조 측면에서 학문적으로 기여했다. 가치이론 연구도 활발하게 했는데 《생산요소의 기원과 주요법칙》에서 소비재의 가치에 대한 연구를 심화시켜 파생 수요인 생산요소의 가치를 찾아낼 때 암묵적 가치를 찾는 귀속이론 imputed theory을 동원했다. 즉 생산요소 투입이 최종소비재 생산에 얼마나 기여하는가를 보며 귀속가치를 결정해야 한다는 것이다. 생산요소의 비용은 그 생산요소를 다른 용도로 사용했을 때 가치가 얼마나 되는지 즉 기회비용을 측정하면 알 수 있다고 주장했다. 또한 한계효용Grenznutzen, marginal utility 용어를 처음 만들 정도로 한계효용 연구에 열심이었고 간접효용도 계산해내면서 주관적 가치 이론 개발에 기여했다. 《자연가치론》에서는 규범적 분배 문제를 다루었다.

비저는 적수인 신고전학파에 대한 비판도 게을리 하지 않았다. 신고전학파 모델은 독점과 규모의 경제 가능성을 원천적으로 배제하므로 이 모델로 경제정책을 도출하면 차선책만 도출하게 된다고 비판했다. 또한 경제변화에서 기업가의 역할을 크게 강조했는데 나중에 슘페터의 혁신론으로 활짝 개화된다.

비저는 사회학과 경제학을 연결시키는 작업에 열심이었다. 한계효용이론에 입각해 사회내 경제관계의 체계에 대한 분석을 심화시켰다. 예를 들면 효용극대화와 사유재산권을 연결하여 효용이론과 제도진화론을 결합시키려 했다. 인간사회를 보다 잘 이해하려면 경제학과 사회학을 결합시켜야 한다고 항상 생각했다. 스위스 로잔학파와도 교류를 많이 했는데, 비저의 제자 미제스는 스승이 오스트리아학파보다는 오히려 로잔학파에 속한다고 평가하기도 했다.

3 오스트리아 화폐 인물이었던 오이겐 폰 뵘바베르크

재무장관을 세 차례 역임했던 '부르주아 마르크스'

한 나라의 화폐에 어떤 사람의 모습이 실린다는 것은 그 사람이 국민들로부터 크게 인정받아 존경받고 있음을 보여준다. 1984년부터 1999년에 유로화에 통합될 때까지 오스트리아의 100실링 지폐에는 오이겐 폰 뵘바베르크Eugen von Böhm-Bawerk: 1851~1914의 사진이 실려 있었다. 뵘바베르크는 1895년부터 1904년까지 오스트리아 재무장관을 세 차례나 역임했고, 경제학 분야에서 오스트리아학파의 매우 중요한 인물이었기 때문이다.

특히 그는 당시 크게 세력을 확대해 나가던 마르크스의 《자본론》을 정면 비판하면서 자본주의를 옹호하는 체계적 이론을 개발하는 데 크게 기여했다. 뵘바베르크는 마르크스의 착취 이론을 대체할 이론 개발을 필생의 작업이라 여겼다. 한마디로 마르크스 저격수를 자청했다. 그래서 같은 대학 출신인 슘페터는 그에게 '부르주아 마르크스'라는 별칭을 붙여 주었다.

뵘바베르크는 고위공무원이었던 아버지를 따라 비엔나대학 학부에서 법대를 다닐 때 멩거의 《경제학 원리》를 읽고 그가 주재하던 세미나에 참여하면서 열렬한 지지자가 되었다. 하이델베르크대학, 라이프치히대학, 예나대학에서 크니스, 로셔, 힐데브란트 같은 당시 독일의 역사학파 거장으로부터 사사를 받았다. 1872년 재무부에 들어가 공무원 생활을 시작했으나 오스트리아학파를 창시한 멩거의 주관적 가치이론을 신봉하며 독학으로 그의 이론을 연구하고 확장하는 노력을 기울였다. 인스브루크대학에서 교수가 되었던 1884년에 대표작 《자본과 이자》 3권 중 1권과 2권을 출간했다.

오이겐 폰 뵘바베르크의 대표작 《자본과 이자》

뵘바베르크는 당시 주류경제학이던 고전학파 경제학이 노동의 대가가 임금이고 토지의 대가가 지대라는 것을 어느 정도 설득력 있게 설명하고 있지만 자본의 대가가 이자이고 이윤이라는 것에 대해서는 제대로 설명하지 못하고 있다고 생각했다. 특히 마르크스가 노동으로 경제 전체를 설명하려는 것에 대해 논리적으로 치명적 문제가 있다고 보았다. 그래서 뵘바베르크는 자본과 이자를 체계적으로 설명하는 작업에 몰두했다.

뵘바베르크는 멩거의 주관적 가치 이론을 토대로 하여 이자이론을 독창적으로 개발하였다. 마르크스를 비롯한 다른 경제학자들은 객관적 가치이론으로 설명을 시도했는데 잘못된 가치이론을 적용했다고 비판했다. 마르크스는 생산에 투입되는 노동량이 상품 가격을 결정하므로 노동의 보수는 가격과 일치해야 한다고 전제했다. 이른바 마르크스의 노동가치설이다. 그런데 기업주는 노동자에게 정당하게 가격만큼 보수로 주지 않고 노동자가 겨우 먹고 살 정도만큼만 임금을 주고 착취한 부분을 이자와 이윤으로 몽땅 가져간다고 주장했다. 이것이 마르크스의 착취이론이다.

뵘바베르크는 우선 이자는 노동과는 관계없고 자본을 소유한 사람에게 발생하는 소득임을 강조했다. 우리는 이자를 사람들이 돈을 빌려주고 빌리는 대부 과정에서 나타나는 대부 이자로 생각한다. 즉 화폐 현상으로 보는 것이다. 그러나 뵘바베르크는 이런 대부 이자는 자본주의가 성립되기 전인 훨씬 전부터 존재했었고, 자본재 생산과 관련된 본원적 이자가 진짜 이자라고 주장했다. 실물시장에서 본원적 이자가 설명되면, 대부 이자는 이에 따라 화폐시장에서 자연스럽게 설명되는 부차적인 개념이라는 것이었다. 즉 본원적 이자 수준 근처에서 대부 이자는 결정될 수밖에 없다고 했다.

이자는 시간의 가격

뵘바베르크는 본원적 이자를 어떻게 설명했을까? 이자가 돈의 가격이 아니라 시간의 가격으로 보았다. 이자를 시간과 연결해 해석한 것은 뵘바베르크가 처음이었다. 경제학에서 자주 말하는 '시간선호' 개념이다. 뵘바베르크는 시간을 대기시간과 생산시간으로 다시 나누었는데, 대기시간은 시간선호 개념과 연결해서, 생산시간은 우회생산 개념과 연결해서 해석했다.

대기시간이란 미래의 재화를 소비하기 위해 지금 기다려야 하는 시간을 말한다. 사람들은 당연히 미래보다는 현재에 가치를 더 많이 둔다. 현재는 확실하지만 미래는 기본적으로 불확실하기 때문이다. 뵘바베르크가 중국 고사에 나오는 조삼모사를 예로 들지는 않았지만 여기에서 인용해보자.

"너희에게 도토리를 주되 아침에 세 개를 주고 저녁에 네 개를 주겠다. 만족하겠느냐?" 원숭이들이 다 일어나서 화를 냈다. 저공은 바로 말을 바꾸었다. "너희에게 도토리를 주되 아침에 네 개를 주고 저녁에 세 개를 주겠다. 만족하겠느냐?" 그러자 여러 원숭이가 다 엎드려 절하고 기뻐하였다."

이 고사의 메시지를 보면 실상은 똑같은데 교묘한 술책으로 원숭이들을 속였다고 비꼰다. 하지만 막상 어리석은 존재는 원숭이가 아니라 사람이다. 왜냐면 확실한 현재가 불확실한 미래보다 훨씬 중요하기 때문이다. 이것이 바로 시간선호다. 불확실한 미래에 대해 사람들에게 이자라는 보상을 주어야 사람들은 현재 소비를 기꺼이 포기한다.

시간선호, 우회생산, 위험부담 개념

뵘바베르크는 생산시간에 대해서는 우회생산 개념과 결부시킨다. 자본가는 소비재 생산을 더 효율적으로 하려면 생산재를 만드는 시간을 필요로 한다. 즉 맨손으로 고기를 잡는 것은 소비재 생산이지만 고기를 더욱 효율적으로 잡기 위해 그물을 만드는 생산재 생산 과정을 거쳐야 한다. 생산재 생산시간을 버티려면 자본가에게는 보상이 필요한데 이것이 바로 이자다. 소비자나 자본가나 현재를 포기하고 미래를 선택하는 대신 이에 상응하는 보상으로 이자를 취한다.

또한 뵘바베르크는 이윤을 기업가들의 위험부담에 대한 대가로 보았다. 기업가는 토지, 노동, 자본 같은 여러 생산요소를 조합해 재화를 만들고 이에 대한 손익과 파산이라는 불확실성을 책임진다. 이에 비해 노동자는 상황이 급변하면 월급만 희생할 뿐 경영 전체에 대한 책임을 지는 것은 아니다. 따라서 이윤은 착취가 아니라 위험부담 책임에서 나오는 당연한 보상이라는 것이다. 틀린 말이 아니다.

오이겐 폰 뵘바베르크의 공헌과 영향력

뵘바베르크는 고전학파 경제학의 취약점이던 자본과 이자이론을 제대로 정립하는데 크게 기여했다. 특히 마르크스의 《자본론》을 비판적으로 분석하여 마르크스 논리의 허점이 무엇인지 파악하고 노동가치설을 부인하면서 대안으로 자본이 왜 중요한지를 제대로 설득했다. 그 결과 신고전학파가 주류경제학으로 안착하는 데 크게 기여했다. 특히 시간선호와 우회생산 관점에서 뵘바베르크가 개발한 이자이론은 1930년에 《이자론》을 쓴 미국 예일대학의 어빙 피셔에게 큰 영향을 미쳐 신고전학파 이자이론 정립에 결정적이었다.

뵘바베르크는 1904년 재무장관직을 마친 후 비엔나대학으로 돌아와 슘페터와 미제스를 학생으로 가르쳤다. 뵘바베르크는 멩거의 주관적 가치이론을 이어 받아 자본과 이자이론을 독창적으로 개발했으나 뵘바베르크의 명성이 점차 올라가면서 두 사람의 관계가 틀어졌다. 멩거는 뵘바베르크의 자본, 이자이론이 자신의 논리를 제대로 반영하지 않았다며 불만을 내비쳤다. 반면에 뵘바베르크는 자신이 논리를 발전시켰기에 멩거의 이론이 오히려 빛나게 되지 않았냐며 청출어람을 강조했다. 멩거보다 11살 어린 뵘바베르크는 세상을 먼저 떠났는데, 멩거는 당시 제자의 죽음에 대해 어떤 언급도 하지 않았다.

멩거, 비저, 뵘바베르크 3인방 이후 오스트리아학파는 어떻게 되었을까? 1차 세계대전과 2차 세계대전을 치르며 오스트리아학파의 경제사상을 이어받은 사람들은 미국과 영국으로 건너가 활동하였다. 미제스, 하이에크, 프리츠 매클럽Fritz Machlup: 1902~1983, 고트프리트 하벌러Gottfried von Haberler: 1900~1995가 바로 그들이다.

하이에크는 1947년 당시 팽배했던 마르크스주의자와 케인스주의자에 대항하여 자유주의 경제를 전 세계에 전파하기 위해 미제스와 함께 몽펠르랭 소사이어티Mont Pelerin Society를 설립했다. 자유방임 시장경제, 국가개입 반대, 규제 철폐, 통화주의, 중앙은행 독립을 외치는 몽펠르랭 소사이어티는 나중에 1980년대 레이건, 대처 정부에 크나큰 영향력을 행사하여 2008년 전 세계를 강타한 대침체가 발생하기까지 지배적이었던 신자유주의 이념을 제공하였다.

최근 들어서는 기업가정신 이론을 개발한 이스라엘 커즈너Israel M. Kirzner: 1930~, 무정부적 자유시장을 강조하는 라스바드를 비롯한 신오스트리아학파가 기업가 활동, 불확실성, 정보의 조정과 같은 주제에 주력하며 오스트리아 전통을 이어가고 있다. 오스트리아학파는 개인의 자유를 중시하는 정치이념상으로 시카고학파와 유사한 점도 많다. 하지만 좀 더 철학적이고, 숫자를 활용하는 실증분석을 선호하지 않고, 소비자 선호는 얼마든지 바뀔 수 있다고 믿는다는 점에서 다르다. 오스트리아학파는 시카고학파보다 더욱 우편향이다.

4
루드비히 미제스와
프리드리히 하이에크

유럽 공산주의 몰락을 목격하지 못한 불운한 루드비히 폰 미제스

우크라이나 르비우 출신인 루드비히 폰 미제스Ludwig von Mises: 1881~1973는 오스트리아학파를 자유주의 시장경제의 대표적인 옹호자로 만드는 데 크게 기여했다. 그는 개성이 없는 개인이 아니라 서로 다른 욕구를 가지고 합리적으로 행동하는 개인의 선호와 선택으로 인해 교환과 제휴가 이루어지면서 시장경제가 만들어진다고 주장했다. 1930년대 대공황의 원인을 케인스는 유효수요 부족에서, 프리드먼은 통화 긴축에서 찾았지만, 미제스는 정부의 인위적 경제호황의 부작용에서 찾았다.

20세기 들어 누가 자유주의 경제학자였는지 알려면 몽펠르랭회Mont Pèlerin Society 참여자를 보면 알 수 있다. 1947년 스위스의 조그만 마을에 있는 몽펠르랭 리조트에는 39명의 학자들이 모였다. 이 모임은 소련의 입김이 대단했던 당시에 많은 국가들이 시장경제를 채택하는 데 큰 역할을 했다. 여기에는 하이에크, 미제스, 프리드먼, 스티글러 등 자유주의 경제학자들이 대거 참여했다. 미제스는 처음에 몽펠르랭회에 동참했으나 훨씬 강한 자유주의를 외쳤기에 나중에 빠지게 된다.

미제스는 1973년에 세상을 떠서 1980년대 말 공산주의 붕괴를 목격하지 못했으니, 불행했다고 볼 수 있다. 그러나 미제스는 현실보다는 순수한 자유주의 이념을 고집하여 지금도 급진적 자유주의, 자유방임주의의 선두주자로 인식되고 있다. 그래서 보다 순수하고 강성의 오스트리아학파 계보를 현재 미제스의 후학들이 이어나가고 있다. 미제스의 제자로는 하이에크를 비롯해 두 명의 미국경제학회 회장(하벌러와 매클럽)과 오스카 모르겐슈테른, 머레이 라스바드, 이스라엘 커즈너가 있다. 라스바드가 주도하는 미제스 연구소는 미국에서 활동하고 있다. 우리나라에서는 정부의 규제, 간섭을 꺼리는 전경련이 선호하는 인물로, 미제스 관련 책들이 많이 나왔다.

유럽 공산주의 몰락을 지켜본 행복한 프리드리히 하이에크

프리드리히 하이에크Friedrich von Hayek; 1899-1992는 오스트리아 귀족 출신으로 비엔나대학에서 공부하면서 멩거, 비저, 미제스의 영향을 받았다. 대학 시절에 사회주의에 다소 경도되었던 하이에크는 극단적인 자유주의 사상을 지닌 미제스의 강의를 듣고서 자유주의에 관심을 가지게 되었다. 하이에크는 은행 대출과 같은 신용의 과잉팽창이 경기 변동을 일으킨다는 화폐적 경기변동론을 주장했다. 신용의 과잉팽창으로 인한 경기호황의 부작용으로 경기불황이 생기는만큼, 생산구조를 정상화시키는 경기불황이 불가피하다고 보았다. 미제스를 만나고서 오스트리아 경기순환연구소를 설립하기도 하였다.

런던정경대의 라이오넬 로빈스가 초청하여 1931년부터 외국인 최초로 런던정경대학 교수로 재임하면서 화폐이론을 놓고《화폐론》(1930)을 쓴 케인스와 끊임없는 논쟁을 벌였다. 케인스는 정부가 개입하면 불황에서 벗어날 수 있다고 주장한 반면에, 하이에크는 오히려 문제를 악화시킬 뿐이라며 정반대의 주장을 폈다. 하이에크는 케인스의 지적 맞수였지만 당시 전 세계적으로는 심각한 불경기 상황이었기에 경제 정책 면에서 케인스를 이길 수는 없었다.

하이에크는 이론경제학에서 점차 정치경제학, 경제사상, 체제론으로 관심을 확장했다. 단순히 경제 이론만으로는 당시 급변하는 세계에 대한 해법을 찾기가 부족하다고 절감했기 때문이다. 런던정경대학에 있으면서 하이에크는 사회주의에 대해 오스카르 랑게Oscar Lange: 1904~1965와 논쟁을 벌였다. 랑게는 사회주의 방식의 경제 계획을 선호한 반면, 하이에크는 시장에 맡겨 두어야 한다고 주장했다. 오스트리아학파의 방법론적 개인주의를 경제 질서에 접목하다 보니 자유주의, 신자유주의로 연결된 것이다.

하이에크는 사회주의, 전체주의가 싫어서 영국으로 왔지만 영국마저 물들고 있어서 위기의식에 사로잡혔다. 그래서 사회주의를 본격적으로 반대하고 개인주의와 자유주의를 강력하게 옹호하기 위해 당시 인류가 노예의 길을 가고 있음을 경고하는 《노예의 길》을 1944년에 출간하였다. 하이에크는 《노예의 길》에서 파시즘과 공산주의는 서로 정반대의 체제처럼 보이지만 사실은 같다고 비판했다. 조금이라도 정부 개입을 용인하면 정부는 스스로 자기의 영역을 확대해 가기 마련이고, 결국 경제의 모든 결정이 정부에 의해 이루어지는 국가사회주의로 나아갈 수밖에 없다고 주장했다. 이처럼 주요 생산 수단의 공유화를 이상적으로 보는 경제 체제를 집산주의collectivism라고 표현했다. 정부를 유지하려면 억압과 폭력으로 흐를 수밖에 없으며 모든 시민은 국가의 노예로 전락한다고 경고했던 것이다.

미제스를 대표로 한 오스트리아학파의 자유주의에 큰 영향을 받은 〈뉴욕타임스〉의 주필, 헨리 해즐리트Henry Hazlitt가 쓴 칼럼에 힘입어 《노예의 길》은 당시 미국에서 대단한 인기를 끌었다. 미국은 2차 세계대전에서 이겨 독일의 파시즘을 붕괴시키고 나면 공산주의가 최대 위협으로 다가설 것을 두려워했기에 공산주의를 맹비판한 이 책은 복음이나 마찬가지였다. 1945년 〈리더스 다이제스트〉에 이 책의 요약본이 소개되면서 학계와 정계는 물론이고 일반인들에게까지 널리 알려지게 되었다.

《노예의 길》 덕분에 미국에서 유명해진 하이에크는 1940년대에 미국 시카고대학의 사회사상위원회에서 사회·도덕과학 전공 교수로 초빙되어 세미나를 열면서 시카고대학 교수들과 많은 교류를 하였다. 1950년에 런던정경대학에서 시카고대학으로 옮기면서 경제학과 교수가 아니라 사회사상위원회 소속의 사회학과 도덕철학 교수로 재임했다. 그래서 당시 시카고대학 교수들은 그를 경제학자로 여기지 않고 사회사상가나 사회철학자로 여겼다.

하이에크는 시카고대학에 있으면서 1960년에 《자유헌정론》을 출간했다. 19세기에 프랑스와 이탈리아를 여행한 존 S. 밀의 여행 발자

취를 따라 하이에크가 여행할 기회가 생겼는데 여행을 마치고《자유헌정론》을 쓰게 된 것이다. 그는 책에서 '사회에서 타인에 의한 강제가 되도록 적게 가해지는 상태'로 자유를 정의했다. 하이에크는 시카고대학에 있으면서 헨리 시몬스와 프리드먼과 많이 교류하며 공감대를 형성했다.

1950년대~1960년대 암흑시대에서
1970년대~1980년대 광명시대로

하이에크는 1962년에 발터 오이켄의 후임으로 질서자유주의 사상의 본산인 프라이부르크대학 교수로 부임해 1968년 은퇴까지 재직했다. 1950년대와 1960년대에는 케인스의 사회주의, 거시경제학 시각이 사회적, 경제적 정책 결정 과정을 지배했기에 몽펠르랭회가 내건 자유주의는 한계를 절감할 수밖에 없었다. 기나긴 1950년대와 1960년대의 암흑시대가 지나고 놀라운 반전이 일어났다. 1973년 말 오일쇼크가 터지면서 경제는 곤두박질치고 자본주의는 절대절명 위기에 봉착했다.

1년도 채 지나지 않아 1974년에 하이에크가 노벨경제학상을 수상했다. 당시 그는 조국인 오스트리아의 잘츠부르크대학 정치경제학과 명예교수로 있어 한물간 원로 경제학자 취급을 받아 매우 우울하게 지내고 있었다. 예상치 못한 노벨상 수상은 하이에크의 인생과 자유주의의 미래를 완전히 뒤바꾸어 놓았다. 강연이 쇄도하는 가운데《법, 입법 그리고 자유》3권과《치명적 자만: 사회주의의 오류들》을 연달아 출간했다. 마거릿 대처가 영국 수상으로, 로널드 레이건이 미국 대통령 임기를 시작하며 하이에크와 몽펠르랭회는 세상에 본격적으로 두각을 나타냈다. 1979년과 1980년에 각각 집권한 두 정상이 펼친 경제 정책은 바로 몽펠르랭회가 이전부터 줄기차게 주장해 왔던 신자유주의 정책이었다.

어느 날 대처가 보수당 전략회의에 참석했는데, 누군가가 보수당은 좌도 우도 아닌 중도를 채택해야 한다고 주장하는 논문을 소개했다. 그러자 야당 당수가 된 대처는 자신의 가방에서 책을 꺼내어 흔들며 단호한 목소리로 이렇게 말했다. "이게 바로 우리가 믿는 신념입니다." 그 책은 바로 하이에크가 썼던 《자유헌정론》이었다.

1980년 로널드 레이건이 대통령 선거 캠페인을 벌일 때 경제보좌관이 76명이었는데 무려 22명이 몽펠르랭회 소속이었다. 1980년대는 영국과 미국을 중심으로 신자유주의가 화려하게 펼쳐진 시대였다. 경제정책은 대성공을 거두어 1980년대에 자본주의 국가들은 날개를 단 반면에 공산주의 국가들은 곤두박질쳤다.

하이에크는 몸이 편치 않는 상태에서 1990년 독일 통일, 1991년 소련 붕괴를 목격했다. 이듬해 세상을 떴으니 자유주의 사상 전파에 매진했던 사람으로서 더 이상의 영광과 행운은 없었다. 1989년 베를린 장벽이 무너지자 당시 프라이부르크 대학병원의 병상에 누워 있던 하이에크가 외쳤다. "거 봐, 내가 뭐랬어!" 하이에크는 20세기 자유주의의 가장 위대한 대변자였다. 정치 활동을 하지 않았으나 누구보다도 세계 정치경제에 지대한 영향을 끼쳤다.

5 빌헬름 뢰프케와 머레이 라스바드

정부역할을 어느 정도 인정한 질서자유주의자, 벨헬름 뢰프케

오스트리아학파에 또 다른 인물이 있다. 독일인 빌헬름 뢰프케Wilhelm Ropke; 1899~1966는 질서자유주의를 외쳤다. 고전적 자유주의에는 한계가 있으니 정부가 약간 개입해 어느 정도의 질서를 만들고 개인이나 기업이 그 안에서 자유를 누리며 활동하자고 주장했다. 미제스나 하이에크가 주장하던 자유지상주의보다는 다소 완화된 입장이었다. 물론 뢰프케는 사회주의나 공산주의, 전체주의, 집산주의에 반대했다. 집산주의collectivism란 주요 생산수단의 국유화를 이상적이라고 보는 견해다. 그가 외치던 질서자유주의는 2차 세계대전 후 독일의 기본 노선으로 채택되면서 라인강의 기적에 기여했다.

독일 하노버 근처의 슈바름슈테트에서 태어난 뢰프케는 1차 세계대전에 참가해 전선에서 싸우면서 국가의 자부심에 집착해서 일어나는 전쟁의 참혹함에 치를 떨었다. 1924년부터 예나대학, 1929년부터 마그데부르크대학에서 교수직을 하면서 나치의 만행을 보고 나치를 공개적으로 비판했다. 히틀러 집권으로 1933년 튀르키예로 망명을 가야만 했고, 1937년 스위스의 국제관계연구소로 가서 1966년 세상을 뜰 때까지 그곳에 머무르며 활동을 했다.

경제이론에 있어서 뢰프케는 경기순환에 관심이 많았다. 특히 은행의 대출 행위가 경기순환을 악화시킨다고 보았다. 은행 대출이 늘면 통화신용이 활발해져 상품 수요를 늘려 호황과 인플레이션을 유발한다. 하지만 이런 현상이 주식, 부동산 등 자산 버블이었음을 뒤늦게 알고 은행이 대출을 급격하게 줄이면 불황과 디플레이션을 촉발시킨다. 이처럼 빈번하고 심각하게 진행되는 경기순환은 사회의 안정성을 해쳐 자본주의의 약점으로 작용함은 물론이다.

1930년대는 전 세계적으로 자유주의가 패배를 거듭하던 시기였다. 독일의 나치즘, 소련의 공산주의, 미국의 뉴딜이 대표적이다. 1938년에 프랑스의 자유주의 철학자 루이 루시에의 주도로 파리에서 월터 리프먼 콜로키움이 열렸는데 여기에서 자유주의 실패의 원인을 놓고 논란이 벌어졌다. 자유주의 이념 자체가 잘못된 것인지 아니면 자유주의에 대한 오해와 잘못된 정책 때문인지에 대한 논란이었다.

미제스와 하이에크는 자유주의에 문제가 없다고 주장했지만, 뢰프케는 고전적 자유주의는 기업의 담합과 독점을 조장했고 빈부격차를 악화시키고 인구 밀집으로 도시의 주거환경을 크게 악화시켜 사회구조를 병들게 했다고 주장했다. 즉 고전적 자유주의 자체에 내재된 결함 때문에 위기가 생겼으니 이를 수정해 질서자유주의를 구축해야 한다는 것이었다. 1947년 들어 뢰프케는 미제스, 하이에크와 함께 몽펠르랭회에도 참여해 자유주의 수호에 힘썼다.

뢰프케는 정부통제, 정치집중화, 복지, 인플레이션이 사회를 쇠퇴시키는 근본 원인이라고 보았다. 정부가 개인의 자유와 재산권 보호에만 그치지 말고 자유경쟁이 확립되도록 법을 통한 공정거래 유지에 힘써야 한다고 주장했다. 국가의 적절한 개입이 더 큰 자유를 보장한다는 것이었다. 기본적으로 복지사회를 부정했지만 시장을 크게 왜곡시키지 않는 선택적 복지가 필요하다고 했다. 지금으로 보면 신자유주의 정책이었다.

시장에 기반을 두고 윤리적 사회 질서를 강조했던 뢰프케는 전후 독일의 경제정책의 근본을 수립하는데 크게 기여했다. 1대 총리였던 콘라트 아데나워[1949~1963]는 물론이고, 경제상과 2대 총리를 맡았던 루트비히 에르하르트[1963~1966]의 전폭적인 지지를 얻었다. 1966년 뢰프케가 세상을 뜨자 에르하르트 총리가 장례식에 와서 추도사를 낭독하기도 하였다. 저서로는 《현대사회의 위기》(1942), 《인본적 사회질서》(1946), 《수요와 공급을 넘어서》(1958)가 있다.

시장 독점보다는 정부 독점을 우려한 머레이 라스바드

미국의 대표적인 오스트리아학파 인물로 머레이 라스바드Murray Newton Rothbard; 1926~1995가 있다. 자연권 이론의 신봉자로 인간 본성에서 자연의 법칙처럼 객관적이고 시공을 초월하는 보편적 권리를 도출할 수 있다고 믿었다. 생명, 자유, 재산에 대한 권리는 개인에게 매우 중요한 것이며 자유시장이란 사람의 삶을 개선하는 상생의 질서로 보았다. 진입 자유에 제한이 없는 자유경쟁이야말로 상품 가격과 생산 비용을 최소로 줄이고 품질을 최대로 좋게할 수 있다고 믿었다.

라스바드는 자유시장이 결국 독점을 야기하므로 정부 개입이 필요하다는 시장실패를 부인했다. 독점이란 오히려 자유로운 시장 진입을 금지한 상황으로 본다. 그래서 정부의 경찰, 사법 서비스, 인허가제, 과세, 보조금 화폐 발행처럼 정부 독점을 진짜 문제로 보았다. 경찰 비용이 상승하고 치안 서비스 품질이 나빠지고 조세 부담이 늘어나는 것은 경찰, 사법 서비스의 정부 독점 때문이라는 것이다. 오히려 이런 서비스를 시장에 맡기면 시민은 자유로운 선택권이 늘어나 문제가 해결된다고 주장했다. 마르크스학파와는 완전 반대에 있는 무정부 자본주의를 주장하며 자유시장을 철저하게 옹호했다. 대표 저서로 《인간 경제 국가 Man, Economy, and State》(1962)가 있다.

6 자유시장경제주의자들의 모임, 몽펠르랭회

경제학파 관점에서 보면 몽펠르랭회는 시카고학파와 오스트리아학파에 가깝다. 보통 사람이 보기에 시카고학파는 자유방임 경제학 정신에 투철하나 오스트리아학파 입장에서 보면 오히려 좌파다. 2017년에는 몽펠르랭회 총회가 서울에서 열려 전 세계 자유주의 경제학자 200여 명이 참가 했다. 한국에서는 전경련 산하로 1997년에 설립된 자유기업원과 1999년에 설립된 한국하이에크 소사이어티가 몽펠르랭회 라인에 서있다.

몽펠르랭회의 가장 중요한 성공 요인은 세파에 휘둘리지 않고 확실한 우파 이념을 줄기차게 주장해 왔다는 점이다. 그들의 이념은 개인의 자유를 지키기 위해 복지를 추구하는 정부 주도의 사회주의를 배척하고, 사유재산을 지키며 영리를 추구하는 기업 중심의 자유시장체제를 유지해야 한다는 것이다. 한 이념을 뚝심 있게 지속적으로 추구하고 이를 끈기 있게 행동으로 보이면, 세상을 바꿀 수 있다. 1970년대까지 공산주의와 케인스주의가 지배적이었지만 1980년대부터 영국의 대처와 미국의 레이건이 집권하면서 상황은 급반전되었다. 19세기의 자유주의가 1980년대 들어 신자유주의로 화려하게 부활할 때 핵심에 몽펠르랭회가 있었다.

둘째, 몽펠르랭회의 이념은 자유주의 시장경제인 만큼 기업가들이 매우 선호하는 이념적, 정책적 기반이기도 하다. 기업가들은 정부의 간섭과 규제, 증세, 노동 경직성을 생래적으로 싫어하기 때문이다. 그래서 기업가들은 막후에서 몽펠르랭회를 후원했다. 우리나라의 전경련도 후원자임은 물론이다.

셋째, 우리가 아무리 노력해도 상대편이 더 잘하면 우리는 빛을 발할 수 없다. 개인보다는 정부와 국가를 중시하는 공산주의, 사회주의, 케인스주의가 결국 한계에 부딪히면서 자유주의는 회생했다. 상대의 불행이 나의 행복인 셈이다. 20세기 들어 21세기 현재까지 자본주의국가에서 사회주의의 확산에 크게 기여한 모임이 페이비언협회라면, 자유주의 확산에 크게 기여한 모임은 바로 몽펠르랭회이다. 그만큼 두 모임은 중요하다. 물론 때에 따라 사회주의 분위기가 휘몰아칠 때에는 몽펠르랭회가 조용해지고 자유주의 분위기가 압도적일 때에는 페이비언협회의 위상이 떨어지곤 한다. 하지만 그 어떤 경우에도 두 모임은 자신들의 이념과 정체성을 잃지 않고 자신들의 시대가 다시 올 때까지 절차탁마 칼을 갈았다. 우리나라에도 이러한 모임이 적어도 두 개가 선의적 경쟁을 하며 계속 유지되었으면 한다.

3부

현대 20세기

15강	미국 자본주의 사회를 신랄하게 비판한 제도학파
16강	거시경제학의 선구자, 스톡홀름학파
17강	자본주의 침몰을 막은 케인스학파
18강	케인스학파를 무너뜨린 시카고학파
19강	주류경제학으로 제도를 새롭게 해석한 신제도학파
20강	이기적 공직자를 전제로 한 공공선택학파
21강	혁신 없이는 자본주의가 소멸된다는 슘페터학파
22강	심리학과 경제학의 유쾌한 만남, 행동경제학파
23강	현대 마케팅학을 정립한 코틀러학파

#미국역사학파 #소스타인베블런 #유한계급
#과시적_소비 #도금시대 #진보시대
#제도진화 #진화경제학파

◆ 15강 ◆

미국 자본주의 사회를 신랄하게 비판한 제도학파

독일의 역사학파는 여러 나라로 전파되었는데 미국에서는 20세기 초반에 제도학파로 진화되었다. 제도학파는 합리적 인간을 전제로 한 신고전학파에 대해 강한 반감을 가지고 천천히 변하는 제도 속의 인간은 합리적이지 않다고 보았다. 야성과 강한 개성의 소유자였던 소스타인 베블런은 당시 미국의 독과점 사회를 맹렬히 비판하면서 보다 나은 사회를 꿈꿨다. 존 커먼스가 소스타인 베블런을 이어받았고 존 갤브레이스는 20세기 후반에 날카로운 필치로 자본주의 사회를 비판했다. 이어서 신고전학파의 방법론을 활용해 제도를 새롭게 연구하는 신제도학파 그리고 진화경제학파가 생겼다.

1
미국역사학파의 시작

1885년 설립된 전미경제학회

　19세기 후반 독일에서 전성기를 구가했던 신역사학파는 다른 나라로도 퍼져나갔다. 이탈리아에서는 롬바르도 - 베네치아학파, 미국에서는 미국역사학파School of American historicism가 생겼다. 1873년 독일의 사회정책학회를 모델로 하여 미국에서는 1885년에 전미경제학회American Economic Association; AEA가 설립되었는데 초기 회원 중에는 역사학파 추종자가 많았다. 초대 회장1886~1892을 맡았던 프랜시스 워커Francis Walker; 1840~1897의 이름을 따서 전미경제학회는 1947년부터 5년마다 탁월한 경제학자에게 프랜시스 워커 메달을 수여했는데, 노벨경제학상 수상자와 겹치자 1982년에 메달 수여를 중단했다.

　컬럼비아대학과 하이델베르크대학에서 공부했던 리처드 일라이Richard Ely; 1854~1943는 존스홉킨스대학에서 재직하면서 학문자유를 외치고 노동운동을 지지하다가 학교로부터 저지를 당했다. 일라이는

1892년에 위스콘신대학으로 옮겨 퇴임까지 33년이나 이 대학에 몸을 담았다. 존 S. 밀처럼 경제학에서 윤리적 접근을 매우 중시했던 일라이는 분배 문제 해결에서 윤리, 제도 요인 그리고 정부 개입의 필요성을 역설했다. 한마디로 진보적 경제학자였는데 나중에 위스콘신대학이 제도학파의 주요 거점으로 자리잡는 데 기여했다. 이 대학이 있는 매디슨에 가면 일라이의 집이 문화재로 보존되어 있다.

1900년에 전미경제학회 회장직을 맡아서 1960년부터 매년 '리처드 일라이 강의Richard T. Ely Lecture' 이름으로 시리즈 강의가 이루어져 왔다. 하지만 일라이가 과거에 노예제와 우생학, 이민자 차별, 인종 분리에 찬성했다는 지적을 받아 2020년부터 사람 이름을 뺀 '뛰어난 강연 시리즈AEA Distinguished Lecture Series'로 강의 이름이 바뀌었다.

역사학파에서 신고전학파로 변신한 존 베이츠 클라크

미국의 역사학파에서 빼놓을 수 없는 인물로 중간에 노선을 바꾼 존 베이츠 클라크John Bates Clark; 1847~1938가 있다. 베이츠 클라크는 애머스트칼리지를 졸업하고 당시 학문 추세에 따라 유럽으로 건너가 취리히대학을 다녔고 하이델베르크대학에서 독일 역사학파의 대가였던 크니스 아래에서 공부했다. 1872년부터 5년간 독일에서 공부를 했던 때문인지 베이츠 클라크는 독일 사회주의 영향을 받아 미국에 돌아와서 자본주의를 많이 비판했다.

베이츠 클라크는 미네소타주에 자리잡은 칼턴칼리지에서 1877년 정치경제학 교수로 교편을 처음 잡은 후 스미스칼리지와 애머스트칼리지를 거쳐 1895년부터 28년간 컬럼비아대학에서 교수를 했다. 칼턴칼리지에서 근무했을 때 수강생이었던 베블런에게 경제학을 공부해 보라고 권유하기도 했다.

베이츠 클라크는 1885년에 출간한 첫 책 《부의 철학The Philosophy of Wealth》에서 물질 측면만 강조하는 경제적 인간은 윤리적 인간으로 대체되어야 한다고 주장했다. 또한 개인들을 모두 합친다고 사회가 되는 것은 아니고 사회 자체가 하나의 기관organism이라고 강조했다. 또 자본주의적 경쟁은 본질적으로 위험하므로 미래의 경제는 협동적인 조직에 기반을 두어야 한다고 주장했다. 그때까지만 해도 그에게 제도주의 색채가 상당히 강했음을 알 수 있다. 베이츠 클라크는 전미경제학회 창립에 동참해 1894~1895년에 학회장을 맡았다.

하지만 베이츠 클라크는 한계혁명의 영향을 크게 받은 신고전학파 경제학에 감화되어, 아직도 경제원론에도 나오는 한계생산력설에 이론적 공헌을 했다. 소비수요 측면의 한계효용 개념을 생산공급 측면에 적용해, 생산요소는 생산에 마지막으로 기여하는 만큼 보수를 받아야 한다고 주장했다. 하지만 막상 제자였던 베블런은 독일 역사학파의 영향을 받아 나중에 미국 제도학파의 창시자가 되었다. 또한 베이츠 클라크의 아들인 존 모리스 클라크John Maurice Clark; 1884~1963도 아버지의 새로운 노선을 따르지 않고 베블런 노선의 제도학파 경제학자로 활동했다. 아버지는 변절했는데, 제자와 아들은 원래 노선을 고집했던 것이다.

이처럼 미국역사학파는 점차 발전해 20세기 들어 제도학파를 자생적으로 형성한다. 괴짜 천재였던 베블런을 필두로 하여 웨슬리 미첼, 존 커먼스, 모리스 클라크, 존 갤브레이스가 대표적이다.

19세기 후반과 20세기 초반의 미국은 대진격의 시대

제도학파 이야기를 하려면 당시 미국의 시대적 배경을 말하지 않을 수 없다. 미국의 시대 구분을 할 때 1861년부터 1929년까지를 하나의 시대로 잡곤 한다. 1861년 남북전쟁 이후 산업화로 인한 급성장이 1929년 대공황으로 마무리되기 때문이다. 1865년 남북전쟁 종결로 갈등이 일단 어느 정도 봉합되자 강도남작robber baron으로 불리던 재벌들이 속출한다. 스탠더드오일 회사를 설립해 석유시장을 모조리 독점한 존 D. 록펠러를 위시하여 1873년부터 1893년까지 경제 대팽창으로 도금 시대gilded age가 벌어지며 온갖 사치적인 소비 행태가 번졌다.

물론 이 과정에 기업의 횡포에 저항하는 노동분규도 치열했다. 1886년 5월 1일에 일어난 시카고 헤이마켓 폭동이 대표적이었는데, 이를 기념해 국제노동절이 제정되었다. 재벌의 독점을 저지하려고 연방정부는 셔먼 반독점법을 1890년에 어렵게 제정했다. 그럼에도 불구하고 미국은 1893년 시카고에서 엑스포를 열어 활짝 핀 미국 경제력을 전 세계에 과시했다.

미국의 경제력이 커질수록 진보세력도 거세졌다. 여성 언론이었던 아이다 M. 타벨은 스탠더드오일 회사를 집요하게 파헤쳐 독점 자본주의의 폐해를 까발렸다. 결국 이 회사는 1911년에 38개 기업으로 분할되었다. 베블런을 비롯한 제도학파는 바로 이런 진보시대를 배경으로 하여 몸집을 키웠다.

1898년에 스페인과의 전쟁에서 이긴 미국은 1917년에 1차 세계대전에서 참전해 승리로 이끌면서 1920년대에 최고 호황을 구가했

〈표〉 19세기 후반, 20세기 초반 미국의 시대적 배경

시기	배경	재벌의 대학 설립
재건 시대 (1861~1873)	• 1861~1865년 남북전쟁 • 1869년 대륙횡단철도 개통 • 1870년 존 D. 록펠러의 스탠더드오일 회사 설립	• 1873년 밴더빌트대학 설립
도금 시대 (1873~1893)	• 1879년 헨리 조지 《진보와 빈곤》 출간 • 1886년 시카고 헤이마켓 폭동 (국제노동절 5월 1일) • 1890년 셔먼 반독점법 제정 • 1893년 시카고 엑스포 개최	• 1876년 존스홉킨스대학 설립 • 1885년 스탠퍼드대학 설립 • 1892년 시카고대학 설립
진보 시대 (1896~1916)	• 1898년 미국 - 스페인 전쟁 • 1904년 아이다 타벨이 〈맥클루어〉 잡지에 '스탠더드오일 회사의 역사' 게재 • 1913년 반설룬연맹은 모든 알콜 음료를 금지하는 헌법수정안 지지 • 1917년 1차 세계대전에 미국 참전	• 1900년 카네기대학 설립
재즈 시대 (1919~1929)	• 1920년대 대호황 • 1929년 대공황 시작	

는데 바로 재즈시대다.

하지만 모든 일이 지나치면 넘치는 법이라 미국은 1929년 대공황 이후 급전직하하여 장기 침체를 맞게 된다. 미국의 대진격 시대인 1861~1929년은 마침 베블런이 한 평생 살았던 시기이기도 하다(1857년 출생, 1929년 사망). 베블런은 도대체 어떤 생각을 하며 이 질풍노도의 험난한 시기를 보냈을까?

2 사회학자 같은 경제학자, 소스타인 베블런

전혀 경제학자답지 않은 괴짜 경제학자

사람들은 경제학자에 대해 어떤 이미지를 가지고 있을까? 경제학 학문이 그렇듯이 경제학자는 이것저것 따지면서 상당히 합리적이고 논리적인 사람, 어려운 수학을 잘 구사하고 무엇을 설명할 때 그래프 그리기를 즐기는 사람, 그리고 이해타산적일 것 같지만 용기가 부족하고 투자에 서툴러 결코 부자는 될 수 없는 사람으로 생각하지 않을까? 다시 말해 경제학자는 전반적으로 야성적이지는 않을 것이라는 인상이 다분하다. 그런데 이런 편견에 예외가 있다. 20세기 초반에 활동했던 미국 경제학자 소스타인 베블런Thorstein Bunde Veblen; 1847~1929이 바로 그런 사람이다.

우선, 베블런이 활동했을 당시 사람들이 그에 대해 붙였던 별명, 수식어를 보자. 침팬지, 괴짜, 26개 언어 구사자, 천재, 모든 것을 아는 최후의 인간, 혼자 중얼거리는 교수, 사회부적응자, 은둔자, 바람

둥이, 구제불능 남편, 불가지론자, 농부의 얼굴을 가진 자, 기행을 일삼는 사람, 이단아maverick, 선동자firebrand, 우상파괴자iconoclast, 제도학파 창시자, 미국 사회과학 역사상 가장 독창적 사상가 등 끝이 없다. 이런 다양한 별명에서 짐작하겠지만 베블런은 박학다식하고 괴짜 천재이지만, 인간관계가 서툴고 껄끄러워 사회에 제대로 적응하지 못하던 사람이었다. 그런데 신통하게도 여자들에게는 인기가 많아 염문을 자주 퍼뜨려 사회적으로 물의를 일으키곤 했다.

베블런은 사람들이 가고싶어하는 대학을 평생 원없이 순회하듯 돌아다녔다. 존스홉킨스대학, 코넬대학, 예일대학에서 공부하고, 시카고대학, 스탠퍼드대학, 미주리대학, 뉴욕의 사회과학원에서 강의를 하였다. 평생 정교수가 되지는 못하고 강사, 조교수, 부교수까지만 했다. 기행이 심하고 사회적 처신이 영 서툴렀기 때문이었다.

베블런은 42세 나이였던 1899년에 출간한 《유한계급론The Theory of the Leisure Class》으로 순식간에 유명해졌다. 우여곡절을 거쳐 인생 말미에 명예로운 전미경제학회 회장 자리도 제안받았지만 단숨에 거절했다. 그리고 72세 나이에 1929년 주식 대폭락 몇 개월 전 캘리포니아의 한 움막집에서 쓸쓸히 세상을 떠났다.

베블런은 노르웨이 이민자의 아들로 태어나 똑똑하고 아는 것이 많았지만 성격이 괴팍하여 주류 사회에 제대로 편입되지 못했다. 하지만 독창적 연구업적으로 미국 제도학파를 만들었고 경제학과 사회과학에 커다란 족적을 남겼다. 그가 살았던 19세기 후반과 20세기 초반에 출신 국가였던 노르웨이는 북유럽에 위치한 못 사는 변방 국가로 취급받았다. 하지만 이제 노르웨이는 일인당 국민소득이 8만 달러 수준으로 미국을 추월했고, 우리나라의 2.5배 수준이다.

소스타인 베블런이 지닌 야성

베블런을 묘사한 그림들이 여럿 있다. 그중에 그리 단정치 못한 덥수룩한 수염에 짙고 두꺼운 눈썹, 가운데 가르마 양쪽으로 펼쳐진 머리카락, 퀭한 눈동자, 더구나 머리 정수리 위에 고슴도치가 덩그러니 앉아 있는 그의 초상화를 보면 그리 정상적인 사람으로 보이지는 않는다. 베블런의 이런 특이한 야성은 개인적으로나 가족적으로, 국가적으로 어떤 배경에서 나왔을까?

첫째, 출신 배경에서 찾을 수 있다. 베블런은 1857년 미국 위스콘신주 매니토웍 카운티 케이토Cato에서 태어나기는 했지만 노르웨이 공동체 성격이 매우 강한 곳에서 자라났다. 지금과는 달리 19세기 중후반만 하더라도 유럽에서 이민을 온 사람들은 자국 사람들끼리 뭉쳐서 살았고 영어 대신 자기들의 언어로만 의사소통을 하였다. 농촌 지역에서는 더욱 그랬다. 현재 노르웨이는 소득 수준이 매우 높지만 당시만 하더라도 유럽에서 매우 뒤쳐진 국가였다.

베블런의 부모는 그가 태어나기 10년 전에 노르웨이에서 미국 위스콘신주로 이민을 와서 개척 농가를 일구다가 미네소타주의 노스필드Northfield에 보다 큰 농장을 세워 운영한다. 노스필드는 지금 인구 2만 명의 소도시다. 자식은 무려 12명이나 되어 처음에는 풍족하지 않았으나 사업은 계속 번창해 나갔다. 베블런의 부모는 자식에 대한 교육열이 많아 넷째 자식인 베블런을 다섯 살에 초등학교에 보냈고, 열일곱 살에 집에서 가까운 칼턴칼리지로 진학시킨다. 공부를 잘해

소스타인 베블런
출처 : commons.wikimedia.org

우등으로 3년만에 졸업했다.

예일대학에 가서는 임마누엘 칸트에 대한 논문으로 철학박사 학위를 받는다. 하지만 졸업 후 대학교에서 직장을 제대로 구하지 못해 자신의 집인 미네소타 농장에서 무려 7년간 무위도식을 한다. 이로 인해 주류 사회에 들어가지 못한 채 그의 이단자 기질은 더욱 강화되었다.

둘째, 베블런의 야성적 성향은 자신의 괴팍한 성격에서 찾을 수 있다. 물론 남매가 12명이 되던 베블런 가족 모두가 엉뚱했던 것은 아니다. 가족 모두가 농장 들판에서 열심히 일을 할 때 베블런은 힘든 농장 일은 거들떠보지도 않은 채 집 다락에 올라가 혼자 책을 읽곤 했다. 이런 행태는 어렸을 때나 박사를 받은 후 농장에 칩거할 때에도 마찬가지였다. 칼턴칼리지의 공식 행사에 정장이 아니라 너구리 털가죽 모자를 쓰고 나타나고 친구들에게 인육을 먹으라고 선동하는 등 괴상한 행동을 일삼았다.

시카고대학과 스탠퍼드대학에서 강의를 할 때 학생들을 대하는 태도도 괴팍했다. 시카고대학에서 인기를 끌었던 베블런의 과목 '문명의 경제적 요인Economic Factors in Civilization'에 학생들이 수강 신청을 하려면 자격요건이 까다로웠다. 프랑스어와 독일어를 유창하게 읽을 줄 알아야 하고 사회학, 인류학, 경제학 등 여러 분야의 학문 이야기를 나눌 수 있어야 한다고 자격 요건을 올려놓았던 것이다. 당연히 수강 신청자가 많지 않았다. 강의를 하면서도 일부러 학생들이 알아듣지 못하도록 혼자 중얼거렸고, 학생들을 면전에서 비웃거나 욕설을 퍼부었다. 학생들이 수업에 실망해서 다른 강의로 옮겨가곤 했는데 베블런은 자신의 수강생 수가 줄어드는 것을 오히려 즐겼다. 공부 잘하는 학생에게도 서슴없이 C학점을 주곤 했다. 다음 학기에 수강 신청자가 더욱 줄어들었음은 물론이다.

셋째, 베블런의 놀라운 천재성을 들 수 있다. 특히 언어 감각이 탁월하여 무려 26개 언어를 해독했다고 한다. 학교에 다닐 때 친구들은 그를 걸어 다니는 사전이라고 불렀다. 그의 엄청난 독서력은 뛰어난 언어력 때문이기도 했고 또 다른 한편으로 그의 언어력을 더욱 강화시켰다. 나중에도 베블런의 천재성은 국제적으로 인정받았다. 노르웨이 국왕은 미국을 방문했을 때 베블런을 일부러 만나 환담을 나누기도 했다.

베블런의 천재성과 야성성 덕분에 괴짜 천재는 뭇 여성들로부터 상당한 인기를 끌었다. 그는 칼턴칼리지 총장의 조카딸인 엘렌 롤페Ellen Rolfe와 결혼을 한 후에도 대학에 몸을 담고 있으면서 많은 여성들과 염문을 퍼뜨렸다. 엘렌 롤페가 아이를 가질 수는 없었는데 베블런은 그녀를 와이프가 아니라 동생처럼 여겼다고 한다. 그래도

1888년에 결혼해 1911년에 이혼을 했으니 23년간 부부로 지냈다.

넷째, 여러 학교를 전전하는 방랑자 모습에서 베블런의 야성적 성향을 엿볼 수 있다. 그는 칼턴칼리지에서 학사, 존스홉킨스대학을 잠시 거쳐 예일대학에서 박사 학위를 받은 후에 자신의 집인 미네소타 농장에서 7년을 지낸다. 그리고 코넬대학1891~1892, 시카고대학1892~1906, 스탠퍼드대학1906~1911, 미주리대학1911~1917, 뉴욕사회과학원New School for Social Research, 1919~1926을 전전했다. 1차 세계대전 중이었던 1918년에는 워싱턴 D.C에서 정부 기관인 식량위원회에서 일을 하기도 했으나 정부 관료에 별로 도움을 줄 게 없어서 5개월 근무에 그쳤다. 물론 실력이 아예 없었다면 그를 받아주는 대학이 없었겠지만 그는 용케도 여러 대학을 전전하며 방랑자 생활을 거듭했다.

1918년 가을에 뉴욕시의 진보성향 잡지인 〈더다이얼The Dial〉에서 편집자 일을 시작하면서 '현대 관점과 새로운 질서'를 주제로 한 글을 시리즈로 게재한다. 이 글들은 1919년에 《기득권과 산업기술 상태》라는 책으로 출간되었고 《보통사람: 현재관점과 새로운 질서》도 출간된다. 또 다른 시리즈 글은 1921년에 《엔지니어와 가격체계》로 나왔다. 이렇게 베블런은 경제체제 개혁 아이디어를 마음껏 개진하였다.

유한계급을 야만인으로 보았던 소스타인 베블런

어떤 시대이든 어느 분야이든 간에 주류를 맹공격하기가 쉽지는 않다. 주류는 전반적으로 체계가 튼튼하고 논리적으로 잘 무장되어 있고 대단한 힘이 있기 때문이다. 주류를 공격하려는 사람은 참신한 관점, 논리와 용기, 그리고 인내심을 겸비해야 한다. 주류는 비판자에게 직업이나 금전적, 법적, 윤리적으로 여러 불이익을 주기 때문에 섣불리 공격하다가는 손해를 많이 입게 마련이다.

베블런이 처음으로 유명해진 것은 전적으로 《유한계급론》 덕분이었다. 《유한계급론》은 120년이 지난 지금까지도 인기를 끌고 있는 베블런의 대표작이다. 1899년에 출간된 이 책은 당시 미국 경제의 급성장으로 부호들의 사회적 영향력과 과시적 소비가 극에 달했을 때 부호들의 비뚤어진 라이프스타일을 통렬하게 비판했다. 마크 트웨인은 이 시기를 비꼬아 도금시대라고 묘사했고, 강도귀족들이 판을 치는 시대라고도 표현했다. 우리가 잘 아는 존 록펠러, 앤드류 카네기, 윌리엄 헨리 밴더빌트, J. P. 모건 같은 독점적 사업가들이 부를 온통 거머쥐던 시대였다. 흥미롭게도 이 책이 출간되었을 당시, 베블런이 몸을 담고 있던 시카고대학은 바로 존 록펠러가 1892년에 설립한 대학교였다.

베블런이 언급한 유한계급은 바로 부호를 말한다. 문화인류학에 통달했던 그는 당시 부호를 야만인과 같은 존재로 보고 분석해야 한다고 역설했다. 야만인의 여자들은 가슴이나 몸에 문신을 새겨서 고통을 느끼는데, 마찬가지로 근대 여성은 코르셋으로 몸을 꽉 죄어 고통을 느낀다는 것이었다. 물론 이런 고통을 감수하는 이유는 자신의 멋을 드러내어 남편이나 애인의 관심을 끌거나 부를 과시하기 위해서다. 그리고 남성들이 이런 여성을 주위에 두는 이유는 자신의 성공을 대외적으로 과시하는 일종의 트로피 와이프로 삼기 위해서다. 원래 먼 과거에는 아내가 남편을 위해 힘든 일을 하는 노예, 즉 생산자에 가까웠으나 시대가 지나면서 남편이 생산하는 재산의 과시적 소비자로 변모한 것이다.

　사람들이 돈을 벌면 남들에게 보여주기 위해 과시적 소비를 일삼게 된다. 그리고 이것도 부족하면 과시적 여가로 발전한다. 애완견을 데리고 다니는 것도 자신은 애완견을 키울 정도로 부와 여유 시간이 있음을 보여주기 때문이다. 호사 여행도 자신에게 부와 여유 시간이 넘친다는 것을 보여주는 것이고 골프 또한 크게 다르지 않다.

　유한계급층이 두텁다는 것은 사회불평등이 심하다는 반증이다. 가난에 허덕이는 하위 소득 계층은 유한계급에 대해 불만을 느끼고 사회 변혁을 위한 행보에 나설 것 같지만 그들은 생각 밖으로 개혁적이기는커녕 상당히 보수적이다. 하루하루 먹고 살기에 바쁘고 유한계급에 빌붙어서 사는 것이 그래도 안정적이기 때문이다. 물론 어려운 삶을 아예 포기하고 사회를 뒤집으려고 마음을 먹고 행동에 옮기면 가능하겠지만 이런 임계치에 도달할 확률은 사실 낮다. 그래서 사회제도는 한 번 정착되면 쉽게 바뀌지 않는다.

3 신고전학파 경제학에 대한 소스타인 베블런의 날선 비판

제레미 벤담의 공리주의와 데이비드 리카도의 연역적 분석 거부

베블런은 당시 주류였던 신고전학파 경제학을 매섭게 비판했다. 지속적으로 변하는 사회와 경제제도의 변화는 건드리지 않고 경제현상만 피상적으로 분석하는 주류경제학에 대해 못마땅해 했다. 그는 당시 주류경제학을 현실 감각이 결여된 전제를 가진 쾌락주의적 미적분학에 지나치게 의존하는 과학이라며 규정한 바 있다.

주류경제학은 모든 시점이 항상 균형이라고 보는데 반해 베블런은 모든 현상을 과도기적인 불균형 상태로 보았다. 그래서 베블런은 균형을 찾는 대신에 경제의 다이내믹한 운동을 연구했다. 따라서 잘 적응하지 못하는 것이 오히려 정상적이고, 예외적인 현상이 아님을 강조했다. 또 주류경제학은 경제주체 간의 이해 조화를 강조했지만 베블런은 경제주체 간의 이해 충돌을 당연시했다.

신고전학파의 주류경제학은 벤담의 공리주의에 입각해 사람들은 기쁨과 고통에 근거하여 합리적인 선택을 한다고 믿었지만 베블런은 사람이 비합리적인 선택을 수시로 저지른다고 믿었다. 주류경제학은 리카도 방식대로 웬만한 것은 가정으로 전제하고 연역적이고 추상적 분석을 일삼았지만, 베블런은 사실을 토대로 한 귀납적 분석을 즐겼다. 베블런은 리카도와 벤담을 싫어했다.

한마디로 베블런은 경제를 전체적으로 크게 보면서 연구하라고 외쳤고, 경제 활동에서 제도의 역할을 매우 강조했다. 그래서 베블런은 미국 제도학파의 선구자가 되었다. 여기에서 제도란 한 사회의 지배적인 사고 습관이나 사고의 기준을 의미한다. 제도는 사회 구조에 영향을 미치는 것은 물론이고 사회를 구성하는 개개인의 성격과 행동에 영향을 미친다.

베블런을 비판하는 사람들은 《유한계급론》을 사회학자의 문명비판서로 치부하고 엄밀한 경제학 저서가 아니라고 폄하한다. 하지만 베블런을 지지하는 사람들은 그의 뛰어난 글 솜씨로 현실을 풍자하는 방법과 사회제도와 진화를 중시하는 접근 방법을 좋아한다.

《유한계급론》은 문화인류학 성격이 농후한 학제적 작업의 결과물이었다. 정치적 스펙트럼으로 보자면 우파보다는 좌파들이 베블런을 좋아한다. 어찌 보면 베블런은 경제학을 독자적인 과학으로 여기지 않았다는 생각이 들 정도다. 오히려 경제학과 사회학, 인류학, 심리학을 완전히 통합하여 단일 과학을 구축하려고 시도했다. 이런 시각 때문에 제도학파 경제학으로 진화·발전하게 되었다.

영리적 사업보다는 장인 주도의 근면한 산업을 옹호

베블런은 산업industry과 사업business을 확실하게 나누었다. 산업은 기술자들이 정직하고 열심히 일을 해서 부가가치를 만드는 것이라면, 사업은 이미 형성된 부를 마음대로 착취하고 비열하게 늘리는 것을 말한다. 이런 분류는《유한계급론》에도 나오지만 1914년에 출간한《장인 본능: 그리고 산업기술의 상태》에 상세하게 기술되어 있다. 사람들은《유한계급론》을 가장 좋아하지만 베블런 자신은 막상《장인 본능》을 가장 중요하다고 보았다. 가수가 대중이 가장 좋아하는 히트작 노래가 아니라 인기가 덜한 특정 노래를 좋아하는 것과 비슷한 이치다.

진보적이면서도 실질적 지식을 탐구하고 구현하는 데 충실한 기술자, 공학자, 과학자들이 역량을 발휘하여야 보다 공평하고 건전한 사회가 된다고 베블런은 믿었다. 하지만 현실은 사업가, 금융가, 법률가들이 경제와 사회를 주무르고 있다. 이런 상황을 타개하기 위해서는 기술자, 공학자들이 노동자와 연대하여 사업가의 도움과 간섭 없이

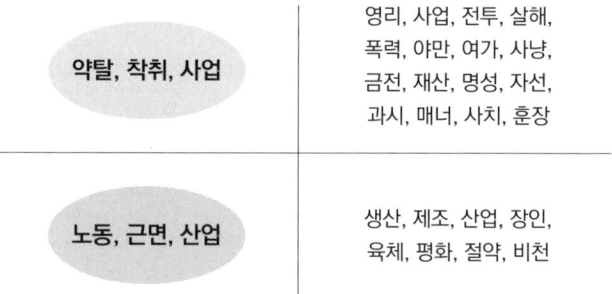

〈그림〉 소스타인 베블런의 이분법

그들만의 힘으로 기업을 경영해야 한다고 했다. 요즘 표현을 쓰면 기술자 중심의 벤처기업이 실력을 발휘해야 한다고 역설한 셈이다.

베블런은 1923년에 출간된 후속작《부재소유와 최근의 영리기업》에서 유한계급과 영리기업 간의 관계를 더욱 파헤쳤다. 또 1918년에 출간된《미국의 고등교육》에서는 영리기업의 논리가 학문의 전당인 대학으로까지 침투함으로써 빚어지는 폐해를 통렬하게 비난했다. 우리에게 잘 알려져 있듯이 스탠퍼드대학과 밴더빌트대학은 철도사업가에 의해 설립되었고 카네기대학은 철강사업가에 의해, 시카고대학은 석유사업가에 의해 각각 설립되었다. 당시 재벌이 세웠던 시카고대학과 스탠퍼드대학에서 교수를 했던 베블런은 고등교육의 문제점을 가까운 거리에서 뼈저리게 느꼈다. 대학의 문제점을 해결하려면 대학의 이사회와 총장직을 없애라고 주장했다. 또 고등교육을 중지하고 고등 기술학교 수준으로 낮추라고도 했다.

베블런은 개인의 이기심과 합리성을 전제로 한 신고전학파 경제학에 의문을 제기했다. 인간의 행동은 본능, 습관, 신념 등 여러 층의 동기에 기반을 두고 있는데, 이성은 그중에서도 가장 마지막 층이다. 또 인간의 합리성은 시공을 막론하고 변함없는 것이 아니라, 우리가 관찰하는 특정 개인을 둘러싼 공식적 규칙(법, 기업 내규 등)과 비공식적 규칙(사회 관습, 상거래 관습 등)으로 이루어진 제도에 의해 형성된다고 강조했다. 사회제도는 구성원의 행동에 영향을 끼칠 뿐만 아니라 구성원의 본질을 변화시키고, 그렇게 변화한 구성원들이 다시 제도를 바꾼다고 베블런은 믿었다. 제도학파의 이런 주장은 웨슬리 미첼과 존 커먼스에게 영향을 끼쳐 제도학파 경제학을 결성하게 만든다. 제도학파라는 용어는 존 커먼스가 만들었다.

소스타인 베블런에게 영향을 끼친 사람들

우리는 우연히 어떤 책을 읽다가 큰 영향을 받기도 한다. 베블런은 미네소타 농장에서 칩거하다가 에드워드 벨라미의 소설《뒤돌아보며: 2000년에 1887년을》을 읽게 되었다. 이 책은 미국 최초 SF소설로 1888년 출간되어 1년 만에 100만 부나 판매되었던 베스트셀러였다. 독과점 자본주의 상황으로 미국의 빈부격차가 심각했던 당시에 사회주의 이상향을 제시해 산업국유화 운동, 사회주의 운동, 여성 운동에 지대한 영향을 끼쳤다. 그래서 당시 미국에 산업국유화론자 클럽이 165개나 만들어졌다. 인기에 힘입어 벨라미는 주간지 〈신국가New Nation〉를 창간하기도 하였다.

소설 내용을 간단히 보자. 1887년에 30살이던 주인공 줄리언 웨스트는 보스턴에 살다가 노동자 파업 때문에 신혼집 완공이 더뎌지자 불면증을 겪는다. 최면술사의 도움으로 집 지하실에서 잠들었는데 화재가 난다. 다시 깨어나니 2000년인데 풍요 넘치는 사회주의 유토피아 사회가 전개되고 있지 않은가. 사유재산, 경쟁, 노동분규, 화폐, 군대, 교도소, 국세청, 광고는 모두 사라지고, 국영기업, 협동, 산업군대, 음악수신기, 견본상점, 신용카드가 등장해 있었다. 당시 미국 사회의 모순점에 질려있던 베블런은 이 소설을 읽고서 새로운 사회를 꿈꾸었다.

한편 베블런은 학교에서 교수로부터 크나큰 영향을 받기도 했다. 칼턴칼리지에서 학부를 다니던 베블런은 베이츠 클라크에게서 영향을 받았다. 베이츠 클라크가 독일에서 역사학파 공부를 마치고 미국으로 돌아와 처음으로 교편을 잡은 대학이 칼턴칼리지였다. 그때 베이츠 클라크는 학생이었던 베블런에게 경제학을 공부하라고 권유했고 이에 자극을 받아 베블런은 나중에 미국 제도학파의 창시자가 되었다.

베블런의 자질을 파악하고 대학 강사 자리를 제공해 주어 베블런이 자신의 생각을 세상에 알릴 수 있는 직업 기회를 만들어준 사람도 있었다. 바로 경제학자 제임스 로플린James Laurence Laughlin이었다. 베블런이 철학박사 학위를 가지고는 직장을 도저히 구할 수 없다고 판단해 대학원에서 경제학 공부를 새로 시작하기 위해 코넬대학을 찾아간다. 이 대학에서 베블런을 지도했던 로플린은 이듬해인 1892년에 시카고대학의 경제학과 학과장으로 자리를 옮기면서 그에게 시카고대학 펠로우(연구원) 자리를 제공한다. 베블런은 지금도 매우 명성 있는 이 대학의 경제학 저널인 〈JPEThe Journal of Political Economy〉의 편집자를 담당하면서 많은 경제학 지식을 습득하고 글 솜씨를 연마하고 논문을 발표한다. 그런 면에서 로플린은 베블런이 세상에 두각을 나타내게 하는데 일급 공신이었다.

두 사람 외에도 예일대학에서 철학박사 공부를 할 때 직접 영향을 미쳤던 사회학자 윌리엄 섬너William Graham Sumner를 비롯하여, 영국의 사회유기체론 맹주였던 허버트 스펜서Herbert Spencer가 베블런의 사회진화론에 영향을 끼쳤다. 슈몰러를 비롯하여 독일에서 한창 진행되던 역사학파 경제학 역시 지대한 영향을 미쳤다. 공산주의 이론 설계자 마르크스, 공상적 사회주의자 생시몽과 아나키스트 프루동은 베블런의 사회제도변화론에 기여했다. 미국의 실용주의 교육철학자이자 사회개혁가인 존 듀이John Dewey로부터도 지적인 영향을 받았다.

베블런은 공산주의였던 프루동과 마르크스와는 어떻게 다를까? 프루동은 소유와 재산을 약탈이나 강탈로 보는 반면, 베블런은 경쟁본능의 발현으로 본다. 소유권을 생성시키는 동인은 서로 견주고 겨루려는 경쟁심에 있다는 것이다. 이러한 경쟁심 동기는 소유권 제도 외에도 그와 연결된 사회의 다양한 특징들을 발전시키는 과정에도 지속적으로 영향력을 행사한다.

베블런 보다 약간 앞선 시기에 매우 개혁적인 마인드로 행동했던 인물로 헨리 조지가 있었다. 그는 1879년에 출간된 책《진보와 빈곤》으로 유명해졌는데, 사회의 부가 지나치게 지주 계급으로 몰리는 것에 반대하여 토지 소유권을 지주층으로부터 모두 몰수하고 모든 재산에 대해 세율이 똑같은 단일세single tax를 부과하자고 주장했다. 이런 개혁적인 주장을 내걸고 대통령 선거에 나섰으나 선거운동 과정에서 그만 사망하고 말았다. 베블런은 자신의 말과 글을 행동으로 옮기지는 못했지만 헨리 조지는 자신의 말과 글을 행동으로 옮긴 점에서 베블런보다 더욱 실천적이었다.

4 제도학파의 특성과 후예

소스타인 베블런의 핵심 포인트

베블런의 핵심은 세 가지로 정리될 수 있다. 첫째, 신흥 자본주의 비판. 둘째, 신고전학파 경제학 비판. 셋째, 제도 진화의 중요성 강조이다. 이 중에 제도를 더 들여다보자. 관습, 도덕, 법률 같은 규범이나 사회구조처럼 인간이 만든 체계를 우리는 제도라 한다. 공식적 제도로는 헌법, 법률, 재산권이 있고, 비공식적 제도로는 관습, 규범, 도덕, 금기, 질서가 있다. 제도는 사람들의 습관과 관습이 누적된 결과다.

〈표〉 소스타인 베블런의 세 가지 핵심

- 신흥 자본주의 비판 : 독점자본주의, 유한계급, 과시소비, 영리기업, 사립대학
- 신고전학파 비판 : 이기적 개인 중심의 기계론, 무시간적 정태 균형 분석 비판
- 제도 진화의 중요성 : 본능, 모방, 장인, 기술변화, 경로의존성

제도학파는 개인보다는 제도의 역할을 훨씬 중시한다. 개인의 합리성보다는 제한된 합리성에 방점을 찍는다. 인간의 합리성은 시공을 막론하고 변함없는 것이 아니라, 우리가 관찰하는 특정 개인을 둘러싼 공식적 규칙과 비공식적 규칙으로 이루어진 제도에 의해 제한을 받아 형성된다. 사회제도는 구성원의 행동에 영향을 끼침은 물론이고 구성원의 본질을 변화시키고, 그렇게 변화한 구성원이 다시 제도를 바꾼다.

인간의 역사는 사회제도의 진화 역사로 풀이된다. 인간 행위의 가장 공통된 패턴이 바로 본능이다. 인간의 본능은 세 가지다. 자기고려 본능(약탈, 영업인, 법률가), 집단고려 본능(어버이, 한가한 호기심), 모방 본능이다. 그리고 인간은 습관의 산물이다. 개인의 습관이 합쳐져 사회의 관습이 되고 사회제도로 정착된다. 제도는 공동체 삶의 과정을 관리하는 습관적 방식인 것이다. 이처럼 인간의 행동은 본능, 습관, 신념 등 여러 층의 동기에 기반을 두고 있다. 이성은 여기에서 가장 마지막 층이다. 그래서 제도학파는 경제학 자체보다는 폭넓은 사회과학 성격이 짙다. 역사학과 경제학, 사회진화론, 문화인류학, 실용주의가 복합되어 있다. 제도학파는 연역적, 추상적 이론보다는 귀납적, 역사적 분석 방법을 택하고 균형, 정적 안정보다는 불균형, 동적 진화를 더 믿는다. 사회 내 이해관계의 대립투쟁을 인정하고 사회개량주의적 해결 가능성을 믿는다.

소비자 수요이론으로 소스타인 베블런을 분석한 하비 라이벤스타인

베블런의 제도학파 경제사상을 이어받은 후계자들은 다방면에 많다. 우선 《유한계급론》에 나오는 사치재 내용을 경제이론으로 심층 해부한 하비 라이벤스타인Harvey Leibenstein; 1922~1994을 들 수 있다. 1950년에 〈QJE〉 저널에 실린 그의 논문 "소비자 수요이론에서 밴드왜건, 스놉, 베블런 효과Bandwagon, Snob and Veblen Effects in the Theory of Consumer Demand"에서 동승(밴드왜건) 효과, 속물(스놉) 효과, 베블런 효과를 비교·분석했다.

밴드왜건 효과는 어떤 것이 유행이라고 생각하면 사람들의 소비가 모두 그쪽으로 몰린다는 것을 말한다. 반대로 스놉 효과는 유한계급이 선호하는 상품을 일반인들이 구매하기 시작하면 유한계급은 차별화가 안 되므로 신상품으로 소비 방향을 바꾼다는 것을 말한다. 그리고 일반적으로 사람들은 가격이 오르면 수요를 줄이는 데 반해 베블런 효과는 반대로 수요를 늘리는 것을 말한다. 왜냐하면 높은 가격이 자신의 위신을 올려주고 다른 사람들이 그것을 구매하지 못할 것이라고 생각하기 때문이다. 베블런은 원래 의도와는 달리 럭셔리 산업을 분석할 때 자주 거론되는 경제학자이다. 가격이 올라도 수요가 오히려 늘어나는 재화를 하물며 베블런재Veblen goods라고 부른다. 위에서 언급한 동승 효과, 속물 효과, 베블런 효과와 함께 톱니 효과, 전시 효과, 디드로 효과도 수시로 등장한다. 이처럼 소비자 수요이론은 생각보다 복잡하다.

모리스 클라크는 베블런에 대한 세인들의 평가를 소개하면서 이렇게 묘사한 적이 있다. "베블런은 역사적으로 위대한 경제학자에 속하거나 아예 경제학자가 아닌 인물로 평가된다. 다시 말해, 독창성을 지닌 위대한 개척자이거나 아니면 건설적인 재능이나 업적이 없는 비평가나 풍자가에 불과하다." 흥미로운 지적이다.

제도학파 인물들

제도학파 인물로는 웨슬리 미첼을 비롯하여 커먼스, 모리스 클라크가 있었다. 스웨덴의 군나르 뮈르달Gunnar Myrdal이 이론경제학자에서 사회학자로 변모하면서 제도학파 진영에 들어가기도 한다.

웨슬리 미첼Wesley C. Mitchell; 1874~1948은 전미경제연구소NBER를 1920년에 설립하여 성공적으로 운영한 인물로 유명하다. 경기변동지수 개발, 운영하여 경기저점을 공식 발표했는데 이러한 지수 발표는 지금까지 이루어지고 있다. 미국 경제의 경기후퇴 시작점과 종료점을 발표한 것이다. 그리고 1934년에는 미국 국민소득계정을 첫 집계했다. 그는 이처럼 경기순환론의 대가로 알려져 있으나 알고 보면 제도학파다.

존 커먼스John R. Commons; 1862~1945는 독일에서 공부한 역사학파 경제학자 리처드 일라이의 제자다. 노동조합 등 노동 이슈에 주력했는데, 위스콘신 주정부와 협업해 '위스콘신 계획'을 수립하여 성공적으로 실행에 옮겼다. 주공무원법, 공공요금 규제, 이자율 제한, 노동조합 운동 지원, 주소득세, 실업보상제도가 대표적이다. 1934년에 출간된 《제도경제학》이 대표작이다. 위스콘신대학 경제학 교수로 '위스콘신 계획'의 설계자 중 한 명이었던 에드윈 위트는 연방정부의 '경제 보장에 관한 내각위원회'의 사무국장으로 있으면서 뉴딜정책 입법에 적극 개입했다. 커먼스는 소유권이 교환되는 거래를 제도 분석의 기준으로 삼았는데, 이 '거래' 개념은 신제도학파에 들어서며 활짝 핀다.

제도학파는 '경제학 + 법학(계약법) + 경영학(조직이론)'이라 해도 좋을 정도다.

컬럼비아대학 교수였던 렉스포드 터그웰Rexford Tugwell; 1891~1979은 루스벨트 대통령의 핵심 브레인 트러스트 멤버로 1930년대 뉴딜 정책 제안을 주도했다. 당시 불경기에 가계, 기업 같은 민간 영역이 크게 위축되어 있으므로 정부 주도의 공격적인 지원이 필요하다고 주장하며 과감하게 실행에 옮겼다. 이런 사회주의적 공격성 때문에 '붉은 렉스Rex the Red'라는 별명까지 얻었다. 이외에도 클라렌스 아이레스 Clarence E. Ayres; 1891~1972는 제도주의 시각을 경제발전에 접목해 1944년에 《경제발전론》을 저술했다.

1950년대 들어 존 케네스 갤브레이스John Kenneth Galbraith; 1908~2006라는 걸출한 제도주의 경제학자가 나타나 당시 자본주의 사회를 통렬하게 분석했다. 막시스트 성향의 경제사상가인 로버트 하일브로너 Robert Heilbroner; 1919~2005도 뉴욕사회과학원 교수로 있으면서 제도학파 경제학에 많이 동조했다. 베블런의 소비 분석은 데이비드 리스먼과 장 보드리야르의 소비사회론으로 계승된다. 베블런의 영향을 강하게 받은 급진적 사회학자로는 찰스 라이트 밀스C. Wright Mills; 1891~1972가 있는데, 미국 지배계급을 분석한 《파워 엘리트》, 중류계급을 파헤친 《화이트 칼라》로 유명하다.

제도학파의 세 갈래 분파

미국의 제도학파는 시간이 지나면서 세 갈래로 나뉘었다. 제도학파가 비판했던 신고전학파 경제학에서 구사하는 분석 도구를 적절히 이용하여 제도를 면밀히 분석하는 신제도학파가 생겼다. 로널드 코스, 올리버 윌리엄슨, 더글러스 노스가 이에 속한다. 진화론적 접근 방법에서 제도를 분석하는 진화경제학파도 생겼는데, 리처드 넬슨Richard R. Nelson; 1930~, 시드니 윈터Sydney G. Winter; 1935~가 시작점이다. 이들은 1960년대 들어 진화경제학회를 창립해 〈Journal of Economic Issues〉 학술지를 발간하고 있다. 기존의 제도학파 전통을 계속 이어나가는 '신'구제도학파도 있는데, 제프리 호지슨, 장하준이 여기에 들어간다. 신제도학파에 대해서는 제19강에서 다루기로 한다.

우리는 사람의 유형을 때때로 이렇게 나누곤 한다. 관망자, 순응

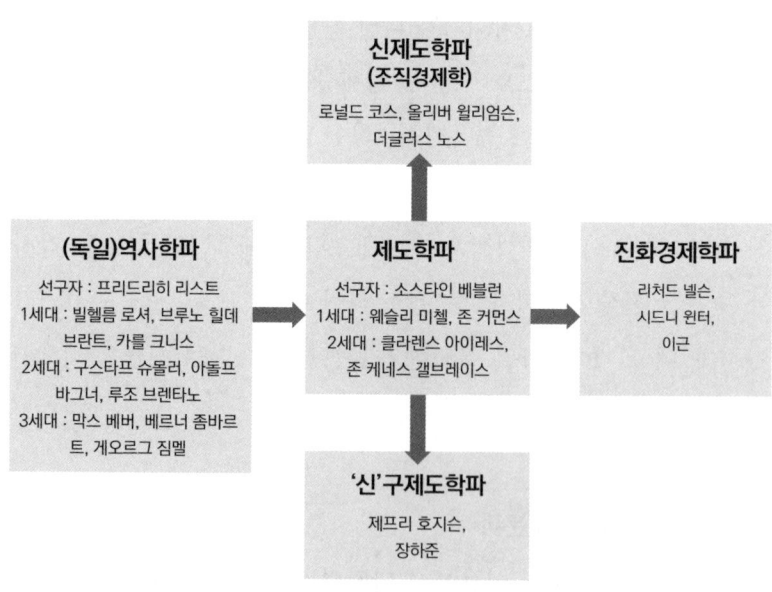

〈그림〉 제도학파의 계보

자, 비판자, 개혁자. 그저 지켜만 보는 관망자나 세태에 자신을 적응만 하는 순응자는 소극적이다. 그리고 세상의 문제점을 파악하고 이를 과감하게 행동에 옮기는 개혁자는 적극적이다. 냉철하게 비판은 잘 하지만 행동에 옮기지 못하는 사람도 있는데 베블런은 이런 비판자에 속한다. 그러나 베블런의 후계자였던 제도학파 사람들은 자신들의 생각을 현실에 구현해 사회를 바꾸어 나가는 개혁자 입장을 취하기도 했다. 정부의 행정가, 정치가들 중에 개혁자가 나타나곤 한다.

#스웨덴 #크누트빅셀 #자연이자율 #화폐적균형
#순환_누적적_인과관계 #경제동학 #선구적_거시경제이론
#재정적자_정책 #복지국가 #계량경제학

◆ 16강 ◆

거시경제학의 선구자, 스톡홀름학파

모든 자료들이 보여주듯 북유럽 국가는 선진국이다. 북유럽 강국이었던 스웨덴은 군사력은 물론이고 과학기술과 경제를 선도했다. 경제학에서는 뒤쳐졌지만 20세기 들어 스톡홀름학파가 등장해 거시경제학을 선도했다. 크누트 빅셀을 선두로 하여 군나르 뮈르달, 베르틸 올린이 이어받았다. 이 학파가 개발한 동태적 거시경제학과 그들이 제안한 거시정책은 존 케인스보다 일찍 시작되었다는 것이 이제 거의 정설로 자리 잡았다. 옆 나라인 노르웨이에서는 라그나르 프리시를 중심으로 계량경제학이 시작되었다. 북유럽인들의 독창성은 경제학에서도 여지없이 발현되었다.

❶ 20세기 들어 급부상한 스톡홀름학파

　북유럽은 일인당 소득이 높고 삶의 질, 행복도가 매우 높다. 환경의식과 인권의식도 최고 수준이고 남녀차별이 없다. 세금을 많이 걷는 단점은 있으나 그만큼 복지지출도 상당해서 최고의 복지국가로 손꼽힌다. 현재 북유럽 5개 국 중에서는 노르웨이가 일인당 소득수준이 가장 높다. 북해 대륙붕에서 나오는 석유 덕분이다. 스웨덴이 인접국에 비해 인구가 두 배 수준이고, 산업구조에서 제조업의 비중이 높다. 20세기까지만 하더라도 스웨덴이 지역강국이었고 수도인 스톡홀름의 위상은 드높았다. 그래서였는지 경제학파 중에 스톡홀름학파 Stockholm School가 엄연히 존재했다.

　스톡홀름학파는 현재 존재하지 않는다. 이 학파 경제학자들은 1920년대 중반에서 1930년대 후반에 걸쳐 스톡홀름을 중심으로 활발하게 활동했다. 이들이 활동했던 대학은 스톡홀름대학, 스톡홀름경제대학, 웁살라대학, 룬드대학, 예테보리대학 등 지역이 다양했으나 아무래도 수도 스톡홀름이 중심 거점이었다.

스톡홀름학파 용어가 만들어진 시기는 1937년에 들어서였다. 1년 전에 케인스의 《일반이론》이 출간되자 당시 국제경제 분야에서 유명했던 스톡홀름경제대학 교수 베르틸 올린이 영국의 경제학 전문지 〈이코노믹 저널〉에 논문을 기고했다. 베르틸 올린은 이 논문에서 케인스의 《일반이론》 발간 이전에 빅셀의 전통을 이어받은 스웨덴 경제학들이 《일반이론》과 대단히 유사한 이론과 정책을 이미 제시했다고 주장했다. 그러면서 베르틸 올린은 이런 스웨덴 경제학자들을 모아서 스톡홀름학파라 소개했다.

정말로 이들은 케인스에 앞서 불황을 극복하는 새로운 경제이론과 경제정책을 제안했을까? 당시 스웨덴은 유럽의 중심이 아니었기 때문에 스웨덴어로 써진 논문이나 책은 영어, 프랑스어, 독일어 같은 주요 언어로 번역되지 않아 주류경제학계에 덜 알려졌다. 스웨덴에서는 빅셀, 군나르 뮈르달, 베르틸 올린이 새로운 동태이론과 국제무역이론, 통화이론, 재정이론을 개발하고 있었다. 특히 거시정책 측면에서 경제 안정화를 위해 균형예산 기조에서 벗어나 적자예산 편성을 제안하고 있었다. 그래서 세계 경제학계의 관심이 스톡홀름학파에 급속 집중되었다.

스톡홀름학파 경제학자들은 상아탑에서 학문연구만 하지 않았다. 빅셀은 1916년부터 10년간 정부 정책을 결정하는 여러 위원회에서 고문 활동을 했고, 빅셀의 영향을 받은 베르틸 올린과 군나르 뮈르달, 다그 함마르셸드가 1920년대 초반부터 경제정책에 대해 정부에 조언하기 시작했다. 2차 세계대전이 발발한 1930년대 말부터는 아예 정부에 들어가 적극 활동을 했다.

군나르 뮈르달은 경제이론에 함몰되지 않고 경제사회학 마인드를 지니면서 직업 정치인으로 변신해 상무부장관이 되었다. 1930년대 직업 공무원의 길을 선택한 함마르셀드는 1953년에 국제연합의 제2대 사무총장으로 취임한 후 강력한 리더십을 보여주었다. 스톡홀름학파의 존재를 세계에 알리는 공헌을 세운 베르틸 올린은 1942년 국회의원이 되어 1967년까지 스웨덴자유당의 당수로 재임했다. 룬드버그는 1937년 스웨덴 경기순환연구소의 초대 회장으로 재임했다. 스톡홀름학파의 초기 구성원들 중에는 오직 에리크 린달만이 순수 연구자의 길을 평생 걸었다.

이런 측면에서 볼 때 1920년대 중반부터 1940년경까지를 협의의 스톡홀름학파라 할 수 있다. 시간이 지나며 핵심 교수들이 학계에 별로 남지 않자 스톡홀름학파는 소강상태에 접어들었으나 그렇다고 해서 완전히 사라진 것은 아니었다. 이른바 빅셀 커넥션으로 인해 빅셀의 파급효과가 계속 이어졌기 때문이다.

2 거시경제학에서 스톡홀름학파의 선구성

스톡홀름학파의 1세대와 2세대

경제학 학문은 스웨덴에 다소 늦게 들어왔는데, 첫 번째 경제학자는 웁살라대학의 데이비드 데이비슨David Davison이었다. 20세기 들어 1901년에 룬드대학의 크누트 빅셀, 1903년에 예테보리대학의 구스타프 스테펜Gustav Steffen, 1904년에 스톡홀름대학의 구스타프 카셀이 등장했다. 스웨덴 재계가 설립한 상업학교는 스톡홀름경제대학이 되었는데, 헥셔가 1909년에 이 대학의 경제학 교수로 부임했다.

스톡홀름학파는 1925년부터 1940년에 걸쳐 빅셀의 신고전학파 이론을 정태 분석에서 동태 분석으로 확장하려 노력했다. 이를 위해 군나르 뮈르달은 기대 개념을 도입했고 린달은 이시간intertemporal 균형을, 룬드버그는 불균형 시퀀스 경제를 도입했다. 이런 노력에 힘입어 군나르 뮈르달은 1974년에 노벨경제학상을 수상했고, 베르틸 올린은 3년 후에 수상했다. 1961년에 국제연합 사무총장으로 재직하

〈표〉 스톡홀름학파의 주요 경제학자

세대	경제학자	생존연도	소속 학교	기여
1세대	크누트 빅셀	1851~1926	웁살라대학, 룬드대학	경기변동이론
	구스타프 카셀	1866~1945	웁살라대학, 스톡홀름대학	구매력평가설
	엘리 헥셔	1879~1952	웁살라대학, 스톡홀름경제대학	국제무역이론
2세대	베르틸 올린	1899~1979	스톡홀름대학, 코펜하겐대학, 스톡홀름경제대학	국제무역이론 사회자유당 당수 노벨경제학상(1977)
	군나르 뮈르달	1898~1987	스톡홀름대학	노벨경제학상(1974)
	다그 함마르셸드	1905~1961	웁살라대학, 스톡홀름경제대학	국제연합 사무총장 노벨평화상(1961)
	에리크 린달	1891~1960	웁살라대학	린달균형이론, 조세이론
	에릭 룬드버그	1907~1987	스톡홀름대학, 스톡홀름경제대학	시퀀스 분석, 갭 분석 경기순환이론
	잉바르 스베닐손	1908~1972	스톡홀름대학	계획경제이론

면서 아프리카에서 비행기 사고로 사망한 경제학자 함마르셸드는 아주 예외적으로 사후에 노벨평화상을 수상했다.

세대별로 보면 빅셀과 카셀, 헥셔가 1세대이고, 올린, 군나르 뮈르달, 함마르셸드, 린달, 룬드버그, 스베닐손이 2세대에 속한다.

스톡홀름학파를 만드는 데 주도적 역할을 한 빅셀은 오스트리아학파에 속한 뵘바베르크의 제자다. 빅셀은 인플레이션의 누적 과정, 자연이자율, 화폐적 요인의 경기변동론을 주장하면서 동태이론을 경제학에 본격 도입했다. 특히 1930년대 초반에 불황 위기에 빠진 스웨덴 경제를 살리기 위해 정부지출을 통한 경기부양책, 특히 사회복지지출 증가를 강조하여 경제 회복에 큰 도움을 주었다.

불황 타개를 위해 재정적자 정책을 역설한 스톡홀름학파

1930년대 초반에 스웨덴은 다른 나라처럼 심한 불경기를 겪고 있었다. 이자율을 아무리 낮추어도 경기가 회복되지 않았다. 그 당시 정통경제학자들은 공급은 수요를 창출한다는 세이의 법칙을 철썩 같이 믿었기 때문에 무리를 하면서까지 정부지출을 확장해 총수요를 늘리려 하지 않았다. 더구나 정부지출을 늘리면 큰 정부를 만들고 재정적자가 생기므로 해서는 더욱 안 될 정책이었다. 하지만 스톡홀름학파 경제학자들은 호황 때에는 정부가 재정수지를 맞추어야 하나 불황 때에는 정부 지출을 더욱 늘려 재정적자를 만들어야 불황에서 탈출할 수 있다고 주장했다. 실제로 스웨덴은 사회보장을 확대하여 재정적자 정책을 실시했고, 협동조합(소비자, 농업)도 설립하여 경제를 활성화시켰다.

스웨덴의 인접국인 독일의 아돌프 히틀러는 전체주의적으로 국가를 운영했지만 아우토반 고속도로를 대규모로 건설하면서 재정적자 상태를 만들었다. 영국 경제학자를 비롯한 보수적인 경제학자들은 히틀러의 이런 막무가내 정책이 앞으로 큰 문제를 일으킬 것이라고 많은 우려를 나타냈다. 하지만 독일 경제규모는 1929년에 비해 10년 후 25%나 증가하여 세상을 놀라게 했다.

반면에 미국의 프랭클린 루스벨트 대통령은 테네시강 유역 개발 같은 사회간접자본 확대 정책을 펴기는 했지만 균형예산을 유지하면서 추진했기 때문에 경제 불황의 늪에서 벗어나지는 못했다. 스웨덴은 이처럼 일찍부터 혁신적인 경제정책을 과감하게 실시하였기 때문에 경제운용에서 성공했고, 학문적으로 보더라도 케인스혁명은 어떻게 보면 스웨덴혁명이라고 하는 것이 타당하다.

케인스혁명이 아니라 스웨덴혁명

1936년에 케인스의 《일반이론》이 출간되었는데 여기에 나오는 정부지출을 통한 경기부양책은 빅셀이 이미 주장했던 내용과 많이 겹쳤다. 하지만 빅셀의 논문은 스웨덴어나 독일어로 발표되었기 때문에 영어권에서는 거의 알려지지 않았던 것이다. 그래서 베르틸 올린은 1937년에 영국의 대표적 경제저널인 〈이코노믹 저널〉에 '저축과 투자에 대한 스톡홀름 이론 고찰 Some Notes on the Stockholm Theory of Savings and Investment' 논문을 기고하면서 스톡홀름학파의 선구적 노력을 환기시켰다. 빅셀의 노선을 따랐던 군나르 뮈르달도 정부예산을 통해 경제의 속도를 조절하는 거시경책은 케인스 이전에 이미 스톡홀름학파가 주장했음을 역설했다.

3 스톡홀름 학파의 창시자 크누트 빅셀

수학자에서 사회개혁가로, 마침내 경제학자로

유명한 경제학자로서 감옥에 갔다 온 사람은 드물다. 1908년 스웨덴의 어떤 경제학 교수는 정부가 의사 표현의 자유를 제한하는 조치를 취하자 이에 항의하는 대중 강연을 하면서 성모마리아가 아버지 없이 잉태했다는 교리 내용을 비꼬았다. 이 말로 인해 정부로부터 모독죄로 피소되어 2개월간 감옥 생활을 해야만 했다. 57세 나이에 룬드대학 교수였던 크누트 빅셀Knut Wicksell; 1851~1926이었다.

빅셀이 웁살라대학에서 수학 전공으로 학사 학위를 받은 것은 20살이었던 1871년이었지만 경제학 교수가 된 것은 49세의 늦은 나이가 되어서였다. 사회 문제에 대한 관심이 지대해 젊었을 때부터 사회개혁가, 저널리스트로 활동했다. 29세였을 때 습관적 음주 문제와 해결 방안에 대해 대중 강연을 하기도 했고, 독신 생활의 해악, 산아제한의 필요성에 대해서도 강연을 했다.

크누트 빅셀
출처 : commons.wikimedia.org

1885년에 웁살라대학에서 수학석사 학위를 받았으나 사회 문제에 대한 관심은 여전해 장학금을 받고 런던, 비엔나, 베를린, 파리 등 유럽의 여러 도시를 다니며 당시 유명했던 강호제현들의 강의를 들었다. 특히 비엔나대학에서 한계혁명의 주창자였던 멩거의 강의를 듣고서 경제학 공부에 본격 매진하게 된다. 웁살라대학에서 1896년에 느지막하게 경제학 박사 학위를 받고, 1900년이 되어서야 룬드대학에서 교편을 잡는다.

경제동학 이론을 구체적으로 제시

빅셀은 이론적으로 오스트리아의 뵘바베르크, 스위스의 레옹 발라스의 영향을 크게 받았다. 그래서 빅셀은 자신의 첫 번째 저서인 《가치, 자본, 지대Value, Capital and Rent》(1893)에서 한계효용이론을 뵘바베르크의 자본이론에 접목시키고 이것을 레옹 발라스의 일반균형이론의 틀로 확장시킨다. 노동자와 자본가 같은 생산요소들이 각자의 한계생산성에 따라 지불 받으면 생산물 전체가 생산요소 지불로 모두 사용된다는 이론을 증명했다. 이 한계생산성이론은 현대 경제학에서 매우 중요한 이론이다.

빅셀은 두 번째 저서인 《재정학 연구 Studies in the theory of Public Finance》(1896)에서 한계비용 방식을 이용하여 공공재 가격을 책정하자고 제안했다. 여기에서 그는 가난한 사람에게 세금이 더 많이 부과되는 역진세 성격의 간접세보다는, 부자에게 세율이 더 높은 누진세를 적용한 직접세를 옹호했다. 이처럼 그는 한계 개념을 활용하여 자신의 이론을 전개해 나갔다. 세 번째 저서 《이자와 가격 Interest and Prices》(1898)에서 자연이자율과 시장이자율을 비교하면서 이자율과 물가 간의 상관관계를 지적했다.

빅셀은 룬드대학에서 강의를 하면서 대표 저서 《정치경제학 강의 Lectures on Political Economy》를 쓴다. 1901년에 1권을, 1906년에 2권을 발간한다. 1권은 '가치, 자본, 지대'를 확대발전 시켰고, 2권은 '이자와 가격'을 확대 발전시켰다. 1권의 부제는 일반이론으로 1부는 가치 이론, 2부는 생산과 분배 이론, 3부는 자본축적 이론을 다룬다. 2권의 부제는 화폐론으로 1부는 화폐의 개념과 기능, 2부는 통화, 3부는 화폐의 유통속도, 은행업과 신용, 4부는 화폐의 교환가치를 다루었다.

빅셀이 경제이론에 크게 기여한 점은 자연이자율 natural rate of interest 개념을 만들어 자연이자율과 시장이자율과의 괴리를 물가와 연계시켜 설명한 점이다. 자연이자율은 실물부문에서 자본을 투자했을 때 나오는 기대수익율에 의해 결정되고, 시장이자율은 화폐의 수요공급에 의해 결정된다고 보았다. 자연이자율은 관측하기 어려워 경험적으로 시장이자율의 평균치라 할 수 있다. 시장이자율이 자연이자율

〈표〉 자연이자율과 시장이자율의 괴리

자연이자율	시장이자율
자본투자의 기대수익율에 의해 결정	화폐의 수요공급에 의해 결정
자연이자율 〉 시장이자율 → 투자증가, 경기회복, 물가상승	자연이자율 〈 시장이자율 → 투자감소, 경기침체, 물가하락
자연이자율 = 시장이자율 → 상품시장균형, 물가안정	

보다 높으면 은행으로부터 대출을 받아 투자하려는 의욕이 줄어들어 경기가 침체되어 결국 물가가 계속 하락한다고 보았다. 반대로 시장이자율이 자연이자율보다 낮으면 투자 의욕이 살아나 경기가 회복되며 물가가 지속적으로 상승한다고 보았다. 그리고 두 이자율이 일치하게 되면 상품시장이 균형 상태에 들어가 물가가 마침내 안정된다고 본 것이다.

빅셀은 이처럼 어떤 변수가 바뀌면 시간이 지나면서 다른 변수에 어떤 영향을 미치는가를 동태적으로 분석하여 거시경제학의 초석을 세웠다. 자연이자율이 시장이자율과 괴리를 보이면 시장의 확장이나 침체가 누적적으로 계속 진행된다는 누적 과정cumulative process을 매우 강조했다. 특히 투자, 경기 같은 실물 부문과 이자율, 물가 같은 화폐 부문 간의 동학 관계를 매우 중시했다. 빅셀이 제시한 인플레이션의 누적과정이론은 그때까지만 해도 절대적인 것으로 받아들여졌던 화폐환상설, 즉 화폐는 중립적이라 단지 베일veil에 불과하다는 주장을 정식 부인한 셈이었다. 기존 신고전학파와는 달리 실물경제와 화폐경제가 드디어 긴밀히 영향을 주고받도록 독창적인 거시경제이론 구조를 만든 것이다.

빅셀은 누적 과정을 불균형 상태로 보았지만 누적 과정이 멈추면 화폐적 균형 상태에 들어선다고 보았다. 화폐적 균형에서는 세 가지 조건이 충족된다고 주장했다. 첫째, 자연이자율과 시장이자율이 일치한다. 둘째, 대출 수요와 저축 공급이 일치한다. 셋째, 물가가 안정된다.

이외에도 빅셀은 정책을 수립할 때 어떤 규칙 한도 내에서 정책을 선택하는 것rules within choices이 효과적이라며 어떤 사람의 행동을 바꾸려고 하지 말고, 아예 의사결정 규칙을 바꿀 것을 권고했다. 규칙을 바꾸면 사람들이 알아서 그 규칙에 맞추어 자신의 행동을 바꾸기 때문이었다. 그리고 국민의 복지 수준을 올리기 위해 정부가 적극 개입하라고 주장했다.

존 케인스에 앞선 거시경제이론의 선구자

빅셀은 65세가 되던 1916년 룬드대학에서 은퇴한 후에는 스톡홀름에 와서 재정금융 문제에 대해 중앙정부에 자문을 해주기 시작했다. 이때 군나르 뮈르달, 올린, 린달 같은 소장 경제학자들과 교류하게 되었고 이것이 스톡홀름학파의 시작이었다.

빅셀은 살아있을 당시에 어느 정도 인정을 받기는 했지만 아주 유명한 인물은 아니었다. 20세기 초반 스웨덴에서 가장 유명한 경제학자는 스톡홀름대학의 카셀이었다. 하지만 1930년대 들어 불황이 닥치고 사회민주당이 집권하면서 빅셀을 따르는 스톡홀름학파가 득세하면서 스웨덴 내에서 빅셀에 대한 평가는 급호전 되었다. 더구나 그의 저서들이 영어로 번역되고 케인스보다 선구적으로 거시경제이론을 제시한 인물로 전 세계적 평가를 받으면서 빅셀은 신고전학파 이론을 제대로 종합하고 현대경제이론으로 넘어가는 가교 역할을 했음이 입증되었다. 빅셀은 살아생전보다는 사후에 제대로 평가를 받은 인물이었다.

빅셀은 학교에도 몸을 담았고, 정부에 정책 자문도 하고 자신을 따르는 경제학자들과 함께 스톡홀름학파도 형성했다. 하지만 그가 막상 제일 중시한 것은 대중들을 계몽시키는 공중 교육자가 되는 것이었다. 당시 정치사회 규범에 앞서서 자신의 신념에 충실한 언사를 많이 했기 때문에 사회적으로 물의를 일으키곤 했다. 결국 사회는 빅셀이 주장했던 방향으로 움직였고, 제대로 인정을 받게 된다. 요즘에는 이론가이자 개혁가인 경우를 찾기가 힘든데 앞으로 우리나라에서 빅셀 같은 인물이 나오기를 바란다.

4 스톡홀름학파의 이론경제학자

스웨덴 출신으로 미국에서 주로 활동했던 악셀 레이욘후부드는 1981년에 '빅셀 커넥션'이라는 말을 만든 바 있다. 로잔학파, 오스트리아학파(비엔나), 런던학파의 영향을 받은 빅셀은 화폐경제론, 누적과정론을 통해 경기변동론, 거시경제론에 큰 족적을 남겼다. 그 여파는 후대 스톡홀름학파는 물론이고 케임브리지학파, 오스트리아학파에도 미쳤다. 스웨덴의 주요 경제학자들을 살펴보자.

구매력 평가에 입각한 환율결정이론을 만든 구스타브 카셀

20세기 전반에 빅셀이 도전적으로 경제학계를 휘젓고 있을 때 정통 경제학계의 큰 손으로 영향력을 미치고 있던 사람이 있었다. 스톡홀름대학의 구스타프 카셀Gustav Cassel: 1866~1945이다. 원래 공학으로 시작하여 1894년에 웁살라대학에서 수학박사 학위를 받고 스톡홀름대학에 수학 교수로 부임했다. 하지만 수학에 싫증이 나던 차에

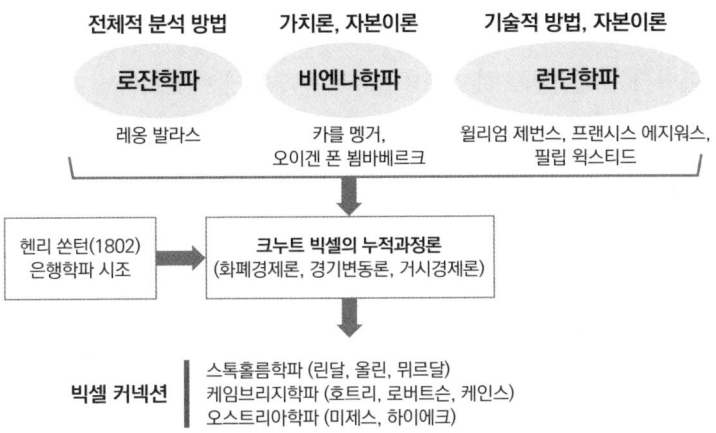

〈그림〉 크누트 빅셀의 계보

　레옹 발라스의 일반균형 연구를 접하고 나서 자신의 방향을 경제학으로 선회하였다. 1904년부터 1933년까지 스톡홀름대학 경제학 교수로 있으면서 일반균형론, 화폐경제학, 국제경제학을 주로 다루었다.

　금본위제도 같은 고정환율제를 선호했던 카셀이 개진한 대표적인 이론은 구매력평가purchasing power parity에 입각한 환율결정이론이다. 각 나라의 환율은 각국 물품의 실질가격이 같게 되도록 환율이 점차 움직인다는 것이다. 환율과 구매력평가가 서로 다르면 불균형 상태라서 나라 간에 차익거래arbitrage가 발생하게 되어 시간이 지나며 두 비율이 같아지는 균형에 이른다는 것이다. 물론 모든 상품이 교역재이고 수출입 제한이 전혀 없다면 이런 주장은 틀린 이야기는 아니다. 하지만 현실적으로는 수송비용과 저장비용이 들고 관세나 수입 할당 같은 정부의 규제도 많아 차익거래를 하기가 원천적으로 어렵다. 더구나 한 국가의 물가수준은 많은 상품들로 이루어져 있어서 상품 하나와 많은 상품 간에는 큰 괴리가 생기게 마련이다.

'버거노믹스Burgernomics'라는 것이 있다. 햄버거로 우리 주위의 경제 현상을 이해해 보자는 취지다. 우리는 '빅맥 지수Big Mac Index'라는 말을 심심치 않게 듣는다. 빅맥이야 말로 국가에 관계없이 규격과 품질 면에서 동일하다. 더구나 맥도날드 매장은 많은 국가에 퍼져 있어서 각 나라의 빅맥 현지 가격을 조사해 비교해보면 해당 나라의 현재 환율이 적정한지 아닌지를 가늠할 수 있다.

영국의 경제 주간지 이코노미스트가 빅맥 지수를 개발하여 1986년부터 매년 100개가 넘는 국가의 빅맥 지수를 6개월마다 발표하고 있다. 2022년 1월 현재 우리나라 빅맥 단품의 매장 가격은 4,600원이다. 각 나라 빅맥의 현지가격을 조사해 비교해 보면 현재 환율이 구매력평가 환율에 비해 얼마나 차이가 나는지 알 수 있다.

잡지 〈이코노미스트〉의 빅맥 페이지https://www.economist.com/news/2020/07/15/the-big-mac-index에 들어가 보면 2022년 1월 현재 한국 원화 가치가 미국 달러에 비해 34.3% 평가절하 되어 있다고 쓰여 있다. 당시 빅맥의 한국 가격은 4,600원이고 미국 가격은 5.81달러이니 빅맥 가격으로 보면 환율은 달러당 791.74원이다. 그런데 당시 달러 환율은 1,205.50원이므로 원화는 34.3% 평가절하 되어 있다는 것이다. 2022년에 발발한 우크라이나 전쟁 때문에 우크라이나와 러시아 화폐는 각각 58.1%, 70.0%나 평가절하된 상태다.

이처럼 빅맥 지수는 일물일가 법칙과 구매력평가 환율이론을 바탕으로 하고 있다. 일물일가 법칙은 모든 개별 상품은 전 세계 어느

〈표〉 2022년 1월 빅맥 지수

순위	국가	미국 달러 대비 자국 화폐 가치 평가
1	스위스	20.2%
2	노르웨이	10.0%
3	미국	0% (기준)
4	스웨덴	-0.4%
5	우루과이	-6.6%
6	이스라엘	-7.9%
7	캐나다	-8.4%
8	베네수엘라	-12.9%
9	유로존	-14.7%
10	덴마크	-17.0%
11	영국	-17.1%
12	아랍에미리트	-20.3%
13	뉴질랜드	-20.9%
14	호주	-22.4%
15	싱가포르	-26.2%
26	중국	-34.0%
27	한국	**-34.3%**
33	일본	-41.7%
52	우크라이나	-58.1%
57	러시아	-70.0%

• 자료제공 : 이코노미스트

나라에서도 가격이 동일해야 한다는 것이고, 구매력평가는 환율이 양국 통화의 구매력에 의해 결정된다는 이론이다. 카셀이 1921년에 정립한 구매력평가 이론의 가치에 대해서는 케인스도 《화폐개혁론》(1923)에서 인정한 바 있다.

일물일가 법칙을 전제로 하여 환율은 양국의 물가수준의 비율로 잠재적 환율을 계산하는 것을 절대적 구매력평가absolute PPP라 한다. 하지만 상품군이 매우 많아 절대적 구매력평가의 설득력은 다소 떨어진다. 대신 변화율 관점에서 보는 상대적 구매력평가relative PPP는 여전히 사용되고 있다. 환율의 변화율은 양국의 인플레이션율 차이로 나타낼 수 있다는 논리다. 각국의 GDP국내총생산를 추계할 때 기준이 환율이냐 구매력이냐에 따라 순위가 달라진다. 환율로 계산하면 미국이 1위이지만 물가 관점의 구매력으로 계산하면 중국이 1위다. 2020년 경우 한국의 GDP는 환율 기준으로 세계 10위이지만 구매력 기준으로는 14위다.

1918년에 카셀은 로잔학파의 일반균형이론 관점에서 《사회경제이론Theory of Social Economy》을 써서 출간했다. 그리고 경기순환을 소비 측면에서 파악하여 과잉소비가 경기를 호황으로 만든다는 과잉소비 경기순환론을 개진하기도 했다.

카셀은 거만하고 거친 성격과 다른 학자들의 업적을 인정하지 않으려고 했기 때문에 여러 경제학자들로부터 따돌림을 받곤했다. 더구나 정통경제학을 견지하는 보수적 경제학자인 카셀은 금본위제와 작은 정부를 고수하였으므로 상당히 진취적이었던 빅셀과는 사사건건 충돌했다. 빅셀 라인을 이어 받은 2세대 경제학자인 군나르 뮈르달도 카셀에게 불손한 태도를 취하곤 했다.

이론경제학자에서 사회과학자로 변신한 군나르 뮈르달

군나르 뮈르달Gunnar Myrdal; 1898~1987은 1974년에 프리드리히 폰 하이에크와 함께 노벨경제학상을 수상했다. 원래 이론경제학자로 출발했던 뮈르달은 사회에 관심이 커지면서 사회학자로서 이름을 굳히게 되었고 더 나아가 통상장관, 국회의원도 했다. 그에게는 사회과학자라는 큼지막한 표현이 더 어울린다. 뮈르달은 1898년 스웨덴 구스타프스에서 철도회사 다니던 아버지 밑에서 태어나 1923년에 스톡홀름대학 법대를 졸업하고 1927년에 경제학 박사 학위를 받았다. 스톡홀름대학에 다니면서 만난 알바 라이머Alva Reimer와 결혼했는데 그녀도 1982년에 노벨평화상을 수상했다.

뮈르달은 내생적 통화의 누적적 인과관계에 대한 빅셀 이론을 기반으로 하여 가격 결정에서 기대expectations의 역할을 심층 분석했다. 경제 과정에서 사전적ex ante 기대와 사후적ex post 기대를 구분하기도 했는데, 박사학위 논문으로 〈경제적 변화 하에서 가격결정의 문제〉를 썼다. 뮈르달은 1920년대에 선풍적인 인기를 끌었던 추상적 수리모델에 매료되어 계량경제학회 설립에 참여하기도 했다. 하지만 이내 계량분석의 허구성에 환멸을 느끼고 이론경제학에서 점차 멀어진다. 영국과 독일에서 연구를 한 후에 1929~1930년에 미국을 방문하고서 《경제이론의 발전에 있어서 정치적 요소》를 발간하는데 나중에 그의 방향 선회를 암시해준다.

1932년에 출간된 《화폐경제학Monetary Economics》에서 뮈르달은 저축

이론경제학자에서
사회과학자로 변신한
군나르 뮈르달

과 투자는 사전적으로 서로 조정하려고 한다는 점과 정부지출을 어떻게 하느냐에 따라 경제 전체의 속도를 조절할 수 있음을 지적하여 케인스의 일반이론을 만드는 데 도움을 주었다. 또한 뮈르달의 핵심이론인 '순환 누적적 인과관계 Circular Cumulative Causation'는 현대 불균형 경제학 발전에 크게 기여했다. 뮈르달이 주장한 동학분석은 첫째, 차기의 예상이 현재에 미치는 영향을 분석하는 것. 둘째, 전기에 예상했던 것과 현재 실현된 것의 차이가 차기에 미치는 영향을 분석하는 것이었다.

1934년에는 부인 알바와 함께 발표한 《인구 문제의 위기》에서 제기했던 문제들은 스웨덴 정부가 가족에 대한 재정지원을 시작하는 데 영향을 주었다. 10년 후 《미국의 딜레마: 흑인 문제와 현대 민주주의》를 발표하면서, 백인의 차별이 흑인의 경제 수준을 압박하여 건강, 교육, 생활, 도덕에 악영향을 미치고, 이로써 백인들에게 현재의 차별 정도를 정당화 해주었다고 주장했다. 이런 주장은 미국 법원이 1954년에 미국 공립학교에서 인종 격리되는 상황을 불법이라고 판결하는 데에도 영향을 주었다. 2차 세계대전 중에는 나치 반대 입장을 분명히 밝혔다. 1941년에 발표한 《Contact with America》에서는 미국의 민주주의 제도를 지지했다.

뮈르달은 1933년에 사회민주당 국회의원이 되었고 1945년부터 2년간 무역부 장관을 역임했다. 그 후 10년간 유엔 경제위원회 사무총장도 맡았다. 1960년에는 스톡홀름대학으로 돌아와 국제경제연구소를 학교 내에 설립하여 강의를 했다. 남아시아 문제에 관심을 기울여 《아시아 드라마Asian Drama》도 발간했는데, 베트남 전쟁을 매우 반대하며 미국에게 북베트남과 협상하라고 강력 촉구했다.

뮈르달은 스톡홀름국제평화연구소를 설립, 운영하면서 스웨덴은 물론이고 전 세계의 사회정책, 공공정책 수립에 크게 기여했다. 그래서 사회민주주의 노선에서 사회정책의 아버지로 불리기도 한다. 뮈르달은 사회과학 철학 문제에 있어서는 가치의 과학적 상대주의를 주장했다. '현상is'과 '이상ought'으로 획일적으로 나누지 말고 사회적으로 가야 할 '의무ought'를 실천하려면 제대로 된 경제정책을 활용하라고 주장했다.

흥미롭게도 뮈르달은 하이에크, 프리드먼 같은 보수적 반동파 경제학자에게도 노벨경제학상이 수여된다면 노벨경제학상을 아예 폐지하라고 주장하기도 했다. 엄밀히 따지자면 사회주의 성향이 짙은 뮈르달이 자유주의 성향의 하이에크와 공동 수상을 했다는 점은 아직도 미스터리다. 두 사람이 이론경제학자로 출발하여 사회사상가였다는 점에서는 비슷하다. 하지만 자유주의 성향의 중유럽 오스트리아학파와 사회주의 성향의 북유럽 스톡홀름학파에게 함께 상을 준 것은 의아하다. 들리는 말에 의하면 원래는 뮈르달에게만 상을 주려고 했는데 사상적 균형을 맞추려고 하이에크에게도 상을 주었다고 한다.

뮈르달의 사회민주주의 노선을 기리기 위해 자유주의 노선인 신고전학, 경제학과는 다른 노선을 만드는 데 기여한 경제학자에게 주는 뮈르달상이 만들어져 매년 시상하고 있다. 케임브리지대학의 장하준 교수도 이 상을 수상한 바 있다.

매우 학구적이었던 엘리 헥셔

엘리 헥셔Eli Filip Heckscher; 1879~1952는 덴마크의 유대계 상인의 아들로 스톡홀름에서 태어나 웁살라대학과 예테보리대학에서 공부를 하고 웁살라대학에서 박사 학위를 받았다. 1909년 들어 스웨덴 재계는 스톡홀름에 상업학교(비즈니스 스쿨)를 설립했는데 나중에 스톡홀름경제대학이 되었다. 헥셔가 1909년에 스톡홀름경제대학에서 정치경제학 및 통계학 교수로 들어와 1919년까지 재직했고 같은 대학에서 경제사 연구교수를 1945년까지 했다. 1929년에 베르틸 올린이 이 학교에 들어오자 그와 함께 유명한 헥셔올린모델Heckscher-Ohlin Model을 만들었다. 매우 학구적이었던 헥셔는 평생 1,148권의 책과 논문을 썼다고 자신의 자서전에서 밝힌 바 있다.

국제무역 이론가에서 정치가로 변신한 베르틸 올린

훤칠한 미남이었던 베르틸 올린Bertil G. Ohlin; 1899~1979은 룬드대학에서 학사, 하버드대학에서 석사, 스톡홀름대학에서 박사 학위를 받았다. 25세에 코펜하겐대학에서 교수가 된 후, 1929년부터 1965년까지 스톡홀름경제대학에서 경제학 교수를 지냈다. 1929년에는 영국의 케인스에 대항하여 독일의 전쟁배상 문제로 공방을 벌이면서 올린은 독일이 전쟁배상을 할 여력이 있다고 주장했다. 나중에 복지사회에서는 스태그플레이션이 불가피하다고 주장하기도 했다.

1944년에는 국회의원이 되어 23년 동안 스웨덴자유당 당수로 지냈다. 사회민주당이 계속 집권을 하는 바람에 2차대전 말기에 통산장관만 1년 역임하였다. 올린의 딸인 안느 위블은 1991~1994년에 스웨덴자유당 소속으로 재무장관을 역임했다.

올린이 경제이론에 가장 크게 기여한 것은 국제무역 분야에서 헥셔올린모델을 정립한 점이다. 엘리 헥셔와 함께 개발한 이 이론은 1933년에 발간된 〈지역간 및 국제간 무역Interregional and International Trade〉에 소개되었으며 이에 대한 공헌으로 올린은 1977년 노벨경제학상을 수상했다.

헥셔올린모델은 한 국가의 자본과 노동의 상대적 비율이 자본집약적 상품을 수출하는가 수입하는가를 결정해준다는 이론이다. 예를 들어 한 국가에 자본이 노동보다 풍부하면 임금이 높아서 생산비가 높아지고 해외 경쟁력이 낮아진 노동집약적 상품을 수입하고, 대신 자본집약적 상품은 경쟁력이 생겨 수출한다는 논리이다. 반대로 노동집약적인 국가에서는 노동집약적 상품을 수출하고 자본집

국제무역 이론가에서
정치가로 변신한 베르틸 올린

약적 상품은 수입하게 된다. 헥셔올린모델은 당시 무역이론을 체계화하고 실증 분석에 크게 기여했다. 이 모델은 시간이 지나면서 폴 새뮤얼슨, 스톨퍼, 립진스키, 메츨러를 거쳐 더욱 정교한 모델로 발전했다.

바실리 레온티에프Wassily Leontief: 1905~1999는 나중에 실증 분석을 해보니 현실이 헥셔올린모델과 맞지 않음을 발견하고 이를 레온티에프의 역설Leontief paradox이라 지칭한 바 있다. 미국은 자본이 많은 나라이지만 헥셔올린모델과는 반대로 노동집약적 상품을 많이 수출하고 있었기 때문이다. 모든 이론이 그렇듯이 어느 이론이 항상 맞는 것은 아니다. 하지만 헥셔올린모델은 국제무역이론을 한 층 수준 높은 단계로 올렸다고 인정받고 있다.

스톡홀름학파에 린달, 룬드버그, 스베닐손도 있었다. 에리크 린달Erik Lindahl: 1891~1960은 1942~1958년 웁살라대학에서 경제학 교수로 있으면서 재정학 분야에서 린달 균형 개념을 만들어냈다. 1956~1959

년에는 국제경제협회 회장으로 재직했다.

에리크 룬드버그Erik F. Lundberg: 1907~1987는 스톡홀름대학에서 카셀의 제자였으나 정신적으로는 빅셀에 더 가까웠다. 시퀀스 분석, 갭 분석으로 유명한데 나중에 등장하는 발라스 - 케인스식의 불균형 이론보다 먼저 나왔다. 1937년부터 스웨덴 경기순환센터장을 맡았고 1946~1965년에 스톡홀름대학의 교수였고, 이후 스톡홀름경제대학 교수로 재직했다.

스톡홀름대학에서 군나르 뮈르달에게서 배웠던 잉바르 스베닐손Ingvar Svennilson: 1908~1972은 계획경제이론으로 유명한데, 스톡홀름학파의 마지막 인물이라 할 수 있다.

불균형 경제학에서 두각을 나타낸 악셀 레이욘후부드

스웨덴 출신으로 미국에서 학자로서 이름을 날린 경우도 있다. 스톡홀름 출신인 악셀 레이욘후부드Axel Leijonhufvud: 1933~는 룬드대학에서 공부하고 미국으로 이민을 와서 1971년에 UCLA에서 정교수가 되었다. 사자 머리lion-head라는 의미를 가진 레이욘후부드는 불균형경제학Disequilibrium Economics 분야에서 두각을 나타냈다. 불균형경제학이란 수요와 공급이 일치하지 않았을 때 시장이 어떤 형태를 띠는가를 분석하는 분야다.

또 그는 케인스의 일반이론의 축약 형태가 존 힉스와 앨빈 핸슨이 주장한 IS-LM 모델이라는 일반적인 학계 통념에 반기를 들었다. 케인스 경제학은 균형 경제학이 아니고, 완전 정보하에서 경제가 움직이는 상태도 아니라고 반박했다.

5 현장에서 활약한 스톡홀름학파

국제연합 사무총장으로 이름을 날린 다그 함마르셸드

다그 함마르셸드Dag Hammarskjöld; 1905~1961는 스웨덴 총리와 노벨위원회 의장을 지냈던 얄마르 함마르셸드의 아들로 태어나 웁살라대학에서 학사, 법학 석사학위를 받고 스톡홀름대학에서 전공을 바꾸어 경제학 박사 학위를 받았다. 이후 정부의 각종 위원회 위원, 재무부와 외무부를 거쳐, 스웨덴 중앙은행 총재1941~1948와 유럽경제협력개발기구OEEC의 스웨덴 대표1947~1953도 역임했다. 1953년에 제2대 국제연합 사무총장으로 선임되고서 강력한 지도력을 보여줬다.

함마르셸드는 한국전쟁에서 포로로 붙잡힌 미군 병사들의 석방 협상에 직접 나서 성과를 올리고 수에즈 운하 분쟁에 유엔 평화유지군을 최초로 파견하였다. 1960년 아프리카의 콩고가 벨기에에서 독립하고서 내전이 발생하자 국제연합은 평화유지군 2만 명을 파견해 내분을 해결하려고 지원 활동을 펼쳤다. 그러나 콩고로 가던 중

비행기 추락으로 함마르셸드를 비롯해 탑승자 전원이 사망하고 말았다. 사고 원인은 아직도 확실히 밝히지 않았다. 함마르셸드는 지금까지 국제연합이 배출한 사무총장 중 가장 강력한 지도력을 보여준 인물로 평가받고 있으며 사후에 노벨평화상을 받은 경우도 유일하다. 한마디로 그는 국제연합이 도덕성과 실행력을 갖는 데 크게 기여했다.

함마르셸드가 추구했던 평화 노선은 사회민주당 소속으로 스웨덴 총리가 된 올로프 팔메Olof Palme 정부에 가서도 지속되었다. 총리를 두 번1969~1976, 1982~1986 역임했던 팔메는 서방의 정부 책임자 중에서 미국의 베트남 정책을 가장 먼저 비판했고 독일의 빌리 브란트의 동방정책을 지지했다. 또 팔메 총리는 국제연합에서 제3세계를 강력하게 지원했고 '팔메위원회'라는 군축과 안보 문제에 관한 독립위원회를 이끌어낸 바 있다. 1976년 선거에서 패한 후 총리직에서 물러난 팔메는 이란과 이라크 간 분쟁을 중재해보라는 유엔 사무총장인 쿠르트 발트하임의 제안에 따라 국제 문제에 적극 관여하기도 했다. 안타깝게도 그는 1986년 스톡홀름 시내의 큰길에서 총에 맞아 살해되었는데, 이상하게 지금까지도 범인은 체포되지 않았다.

사회개혁가, 정치가, 외교관으로 활동한 알바 뮈르달

알바 뮈르달Alva Myrdal: 1902~1986은 배우자 군나르 뮈르달과 함께 학문 연구도 하면서 사회개혁가, 정치가, 외교관으로 광폭 행보를 보였다. 대학에서 심리학과 교육학, 사회학을 전공했고 졸업과 동시에 23살에 결혼했다. 1929년에 남편과 함께 록펠러 장학금으로 미국에서 공부하면서 당시 미국의 심각한 사회경제 불평등을 목격하고 사회를 바꾸기 위해 현실 정치에 뛰어든다.

1934년에 《인구 문제의 위기》를 통해 당시 매우 낮았던 스웨덴 출산율을 높이려면 여성의 자유를 높여야 한다고 주장했다. 육아 문제를 가정에 맡기지 말고, 국가가 나서서 여성의 취업 기회를 보장하고 어린이를 국가가 보살펴야 한다고 했다. 당시 고소득층과 저소득층으로 양극화되어 있던 유치원 제도 개혁에도 크게 기여했다. 이처럼 여성, 육아, 인구 문제로 이름을 얻은 알바 뮈르달은 1949년에 국제연합 유네스코 사회국장이 되면서 국제 사회복지 이슈에 본격 뛰어든다.

1955년에 스웨덴 최초의 여성 대사로 인도 대사에 부임해 인도 초대수상이던 자와할랄 네루도 만나면서 그녀의 관심은 세계 평화로 옮겨 갔다. 1962년 사회민주당 소속의 국회의원으로 선출되어 제네바 군축회담의 스웨덴 대표 단장으로 활약한다. 미국과 소련이 평화를 위한다는 명목으로 군비경쟁을 벌이는 것을 비난하면서 강대국의 군축, 핵폐기를 줄기차게 외쳤다. 1966년에는 스웨덴 군축장관으로 취임하여 2년 후 스웨덴 정부의 핵포기 선언을 유도하는 데 성공했다. 1976년에는 《군축에의 길》, 《전쟁, 무기 그리고 폭력》도 출간하였는데 국제평화 노력을 인정받아 1982년에 노벨평화상을 수상했다.

뮈르달 부부는 그들 없이는 스웨덴 복지국가 시스템을 생각할 수 없을 정도로 스웨덴에 사회민주주의를 정착하는 데 지대한 영향을 미쳤다. 두 사람은 잉꼬 부부인양 1년 사이로 세상을 떴다.

6 계량경제학에 강한 오슬로학파

스톡홀름이 스웨덴의 수도라면, 인접국인 노르웨이의 수도는 오슬로다. 1930년대 들어 오슬로에서는 프리시를 중심으로 계량경제학이 붐을 탔다. 이 전통은 호벨모, 쉬들란으로 이어진다. 세 사람 모두 노벨경제학상을 받았다.

계량경제학의 선구자, 라그나르 프리시

라그나르 프리시Ragnar A. K. Frisch; 1895~1973는 계량경제학의 선구자로, 계량경제학econometrics이라는 용어 자체를 처음으로 만들었다. 계량경제학이란 경제학적 가설 검증에 수학과 통계학을 활용하는 것으로 경제학을 과학으로 격상시키는 데 크게 기여했다. 프리시는 1930년에 계량경제학회Econometric Society를 설립해, 〈이코노메트리카Econometrica〉 저널의 편집자를 1933년부터 1935년까지 역임했다. 이런 노력의 결과, 노벨경제학상이 1969년에 처음 제정되었을 때 계량경제 모델링과 측정에 대한 기여를 인정받아 네덜란드의 얀 틴베르헨Jan Tinbergen: 1903~1994과 함께 노벨경제학상을 최초 수상했다.

1895년에 오슬로에서 태어난 프리시는 아버지가 운영하던 금은방에서 근무하면서 금세공사 자격증을 땄다. 오슬로대학에서 1919년에 경제학 학사 학위, 1926년에 수리통계학 박사 학위를 받고 1931년에 경제학 교수가 된다. 1930년대에 노동당 정부를 대상으로 정부개입 노선을 따라 정부에 많은 정책 자문을 해주었고, 국가 기간산업에 대해서는 중앙집권적 통제를 하라고 강조했다. 정식 논문을 그다지 많이 발표하지는 않았지만 다른 학자와의 교류나 메모, 편지, 논문 사본 등을 통해 계량경제학 발전과 정부정책 조언에 많은 기여를 했다. 거시 경제 분석을 위해 프리시가 만든 대규모 최적화 모델은 실제 적용을 위한 모델은 아니었으나 당대의 다른 학자들에게 지대한 영향력을 미쳤다.

계량경제학의 확률론적 기초를 제시한 트리그베 호벨모

오슬로학파의 계량경제학 전통은 프리시의 영향을 받은 트리그베 호벨모Trygve Haavelmo: 1911~1999로 이어진다. 호벨모는 학위 논문에서 경제이론을 확률론으로 형식화한 통계추론 방법이 경제이론을 통계적으로 평가, 검증하는데 적용된다며 경제이론 예측에 사용될 수 있음을 보여주었다. 그의 추종자들이 크게 늘어나 1940년대 계량경제학은 빠른 속도로 발전할 수 있었다. 1948년부터 31년 간 오슬로대학 교수였던 호벨모는 1989년에 노벨경제학상을 수상했다.

호벨모는 확률적 접근 방법을 계량경제학에 도입했다. 확률적 접근이란 기존의 경제 자료를 자연이 선택해준 표본으로 생각해야함을 말한다. 경제 자료는 현실을 있는 그대로 나타내지만 관찰될 수 없는 분포의 가상적 통계로부터 무작위로 이끌어낸 것으로 보아야 한다. 따라서 경제이론의 타당성 여부를 검증하려면 먼저 경제이론을 검증할 수 있는 통계적 관계로 표현해야 한다. 이론과 저변에 깔려 있는 가상적 현실 간의 관계는 관찰된 자료와 그 자료의 현실 간의 관계와 유사하다. 이론과 관찰된 자료를 정교하게 정의된 통계적 방식으로 연결할 수 있다면, 가상적 현실로부터 또 하나의 자연을 재생시켰다고 말할 수 있으니, 이론적 관계는 어떤 의미에서 진실인 셈이다.

이처럼 계량경제학의 확률론적 기초를 명시하고 연립경제구조를 분석한 호벨모의 기여는 계량경제학에서 '확률이론혁명'이라 불린다.

동태경제학 연구에 기여한 핀 쉬들란

노르웨이학파는 노르웨이경제대학 출신의 핀 쉬들란Finn Kydland; 1943~으로 계속 이어진다. 쉬들란은 에드워드 프레스콧Edward Christian Prescott; 1940~2022과 함께 동태경제학 분석에 기여한 공로로 2004년에 노벨경제학상을 수상했다. 보다 자세히 말하자면 경제정책의 동태적 비일관성과 실물경기순환 분석에 기여했다.

#존케인스 #현대경제학 #유효수요 #대공황극복
#가격경직성 #신케인스학파 #새케인스학파
#포스트케인스학파 #신리카도학파

◆ 17강 ◆

자본주의 붕괴를 막은 케인스학파

현대경제학은 존 메이너드 케인스에서 시작했다고 보는 게 정설이다. 존 케인스는 1930년대 대불황 시기에 총공급에 비해 총수요가 크게 부족하니 적극적인 재정정책과 금융정책을 구사해 총수요를 크게 늘리라고 주문했다. 영국과 미국을 중심으로 케인스 노선을 동조하는 경제학자들이 크게 늘면서 존 케인스의 거시경제이론과 신고전학파이론을 융합한 신케인스학파가 만들어졌다. 하지만 1960년대 후반 총수요가 총공급을 초과해 완전 고용에 근접하고 인플레이션이 가속화됨에도 불구하고 총수요 정책을 고집하면서 신케인스학파는 종말을 고한다. 시카고대학 중심의 통화학파와 새고전학파의 공세에 밀려 신케인스학파는 허우적거리다가 1990년대부터 새케인스학파가 전열을 가다듬어 재공세에 나섰다.

1
거시경제 정책의 유효성을 역설한
존 메이너드 케인스

규범과학, 실증과학, 정책

우리가 잘 아는 존 메이너드 케인스John Maynard Keynes; 1883~1946의 아버지 역시 경제학자였다. 케임브리지대학에서 경제학과 논리학을 가르치던 존 네빌 케인스John Neville Keynes; 1852~1949는 저서《경제학의 범위와 방법》(1890년)에서 경제학의 세 가지 개념으로 규범과학, 실증과학, 정책을 구별해 제시한 바 있다.

규범과학이란 어떤 존재해야 할 것에 대한 준칙과 관계되어 있어서 현실과 구별된 이상과 관련 있는 체계적 지식의 집합이라 정의했다. 실증과학은 오로지 존재하는 것과 관련되어 있어서 그 목적을 경제법칙이나 불변균일성 수립에 두고 있는 체계적 지식의 집합으로 정의했다. 실증과학이야말로 '과학으로서의 경제학'이라고 단언했다. 그리고 인간 행위에 관한 규칙을 정하는 정책은 범위가 분명하지 않고 성격상 경제학이라 말하기 어려워, 정책을 경제학 범주에서 아예 제외했다.

하지만 그의 아들 케인스에게 정책이란 정말 중요했다. 불황에서 벗어나게 하는 구체적인 정책을 제시할 생각이 없었다면 그는 경제학에 아무런 애정을 주지 않았을 것이다.

애덤 스미스가 자본주의 경제에 걸맞는 경제학을 정립하고, 마르크스가 자본주의를 비판하면서 공산주의라는 대안을 냈다면, 케인스는 위기에 빠진 자본주의를 구하기 위한 실천적인 대안 경제학을 냈다. 그래서 케인스가 내건 자본주의는 정부 역할이 커서 수정자본주의라고 한다.

'하비 로드의 전제The Presuppositions of Harvey Road'라는 것이 있다. 국가의 경제정책은 고도의 판단 능력과 공정한 공공정신을 갖춘 지적, 도덕적 엘리트의 손에 맡기고, 대중은 엘리트의 정책 결정에 수동적으로 적응하면 된다는 전제를 말한다. 하비 로드는 영국 케임브리지의

영국 케임브리지 하비로드 6번지 케인스의 생가
출처 : 2022, google(로드뷰)

거리 이름인데 하비 로드 6번지에 케인스의 생가가 있다. 옥스퍼드 경제학자인 로이 해러드~Roy Harrod: 1900~1978~가 쓴 케인스 평전 《존 메이너드 케인스의 생애~The Life of John Maynard Keynes~》(1951)에 '하비 로드의 전제' 용어가 처음 나온다. 정부 기능을 크게 확대할 때 정책을 담당한 공무원이 사욕에 치우지지 않고 공공정신을 가져야 제대로 된 경제정책이 나온다고 보았기 때문이다.

우리는 정부 공무원이 선량한 공복으로서 공정한 마음으로 국민들에게 최대의 혜택을 주는 정책을 만들어 집행하기를 기대한다. 케인스도 당연히 그러리라 생각하고 정부의 기능을 강화시키자고 했다. 정부는 경제 측면에서 세 가지 기능을 할 수 있다.

현대 공공재정이론의 아버지로 불리는 리처드 머스그레이브~Richard Musgrave: 1910~2007~는 정부 기능으로 자원배분, 재분배, 그리고 경제안정을 들었다. 공공재 제공이 자원배분에, 공평한 소득과 부의 분배 실현이 재분배에, 고용 증대, 물가 안정, 국제수지 균형 달성이 경제안정에 속한다. 케인스는 특히 경제안정을 위한 정책 개발에 혼신을 기울였다. 케인스에 앞선 신고전학파는 시간이 지나면 정부 개입 없이도 경제가 자연스럽게 균형으로 되돌아온다고 철썩 같이 믿었기 때문에 인위적인 정책의 중요성을 간과했었다. 이처럼 케인스는 작은 정부가 아니라 큰 정부를 원했기에 사회주의자로 매도되기도 하였다.

② 존 메이너드 케인스의 경제학 혁명

베르사유 조약에 대한 존 메이너드 케인스의 맹렬한 비판

1차 세계대전이 종결된 후 1919년, 연합국과 독일 제국 간에는 베르사유 조약이라는 평화 협약이 체결되었다. 당시 프랑스 수상이었던 조르주 클레망소의 주장에 따라, 독일은 영토의 상당 부분과 해외 식민지를 빼앗겼고, 5억 달러에 이르는 전쟁 배상금을 승리한 연합국에 1921년 5월 1일까지 지불해야만 했다. 그런데 베르사유 조약 체결에 강한 불만을 표출한 영국인이 있었으니, 바로 평화 회의에 영국 재무성 대표로 참가했던 케인스였다.

케인스는 극렬한 복수심에 사로잡혀 독일의 자산을 몰수하고 감당할 수 없는 배상금을 요구하는 데 혈안이 된 연합국의 대표들에게 환멸을 느꼈다. 그는 1919년 베르사유 조약이 맺어지기 사흘 전에 발표한 《평화의 경제적 귀결》에서 이 평화 조약은 진정한 평화가 아니라 패전국 독일 경제 붕괴라는 결과를 가져올 것이며, 패전국 국

존 메이너드 케인스
출처 : google

민들의 복수심을 자극하여 새로운 극단주의의 길로 빠지게 할 것이라고 경고했다. 실제로 독일이 배상금을 갚지 못하자 1923년에 프랑스와 벨기에는 독일 루르 지역을 무력으로 점령하기도 했다. 이러한 조치에 대해 강한 불만감을 가진 독일인들은 히틀러가 정권을 잡도록 허락했고, 결국 2차 세계대전의 발발로 이어졌다. 귀신이 곡할 정도로 예측이 정확히 들어맞자 경제학자로서 케인스의 명성은 더욱 올라갔다.

세계 최대 경제 대국이던 미국의 증시가 1929년에 폭락한 후 미국 연방준비제도가 통화 긴축 정책을 구사하면서 세계는 불황의 늪으로 끝없이 빠져 들어갔다. 사실 1930년대 대공황은 20세기 자본주의의 최대 위기였다. 주가 80% 폭락, 상업 은행 30% 파산은 물론이고 산업 생산량 30% 하락, 25%대의 실업률이라는 수치를 보면 당시 상황이 얼마나 심각했는지 가늠할 수 있다. 당시 미국 루스벨트 대통령은 뉴딜 정책을 통해 사회간접자본에 대한 정부 지출을 늘렸지만 그 효과는 제한적이었다.

존 스타인벡의 소설 《분노의 포도》를 보면 대공황 당시 오클라호마 농장을 벗어나 캘리포니아로 이주하는 과정에서 사람들이 겪은 절망감과 뼈저린 고통을 엿볼 수 있다. 영국, 프랑스 등 서유럽 국가 상황도 나쁜 것은 매한가지였다. 전쟁 준비에 매진했던 독일만 예외적으로 완전 고용 상태였다. 그러니 히틀러에 대한 국민들의 지지가 공고할 수밖에 없었다.

1930년대 대불황을 막으려던 존 메이너드 케인스의 분투

이처럼 1930년대 경제 상황이 상당 기간에 걸쳐 밑바닥에서 벗어나질 못하자, 그동안 시장을 지배하던 자유방임주의 시장경제 이론에 대한 회의가 팽배해졌다. 신고전학파 경제학자들은 줄곧 자본주의 경제 시스템에는 자기 교정 능력이 있다고 주장했기 때문이다. 용도가 끝난 자본주의 체제를 아예 공산주의나 사회주의 체제로 바꾸자는 의견들도 속속 등장했다.

이때 케인스는 난국을 타개할 설득력 있는 거시 정책을 들고 나왔다. 대불황의 원인은 총수요가 크게 부족하기 때문이니 팽창적 재정 정책을 구사하자는 것이었다. 당시까지만 해도 주류경제학에서는 정부 재정을 적자, 흑자도 아닌 균형 상태로 유지시켜야 한다는 주장이 지배적이었다. 그런데 대담한 케인스는 경기 부양을 위해 정부 재정을 대규모 적자로 바꾸는 것이 불가피하다고 설파했다. 케인스는 53세 나이였던 1936년에 발간한 책 《고용, 이자 및 화폐의 일반 이론》에서 자신의 거시경제이론을 개진하면서 정책 제안도 내놓았다. 즉 불황기 탈출을 위해 저축 감소를 유도하여 총수요 증대, 적자 재정 정책, 팽창적 통화 정책, 중상주의 정책, 단기 효과 중시, 금본위제 폐지 등을 연달아 주장했다.

케인스는 앨버트 아인슈타인의 일반상대성이론처럼 경제학에 있어서 일반이론을 정립하기를 원했다. 케인스는 애덤 스미스와 리카도가 정립한 고전학파 경제이론은 완전 고용 상태에서만 적용할 수 있는, 일종의 특수이론이라고 깎아 내렸다. 하지만 나중에 케인스이론을 비판한 신고전파 경제학자들은 오히려 케인스이론이 불황이라는 특수한 상황에서만 통용되었던 특수이론이라고 폄하하고 있다.

어떤 사람들은 케인스를 사회주의자로 매도하기도 한다. 아마도 그런 비판은 케인스가 정부 지출 확대, 정부의 시장 개입을 비롯해 정부 역할을 강조했기 때문일 것이다. 하지만 케인스가 분명 공산주의자는 아니었다. 케인스는 자신이 표명했듯이 자유주의자였다. 평생 영국 자유당 지지자였다. 케인스가 1925년에 쓴《나는 자유주의자일까?》의 글을 보자.

"내가 노동당에 가입해야 할까? 피상적으로만 보면 노동당이 더 매력적이다. 하지만 면밀히 들여다보면, 거기에는 심각한 어려움이 있다. 우선, 그곳은 계급정당이고, 그 계급은 나의 계급과 다르다. 어쨌든 내가 분파적인 이해관계를 추구할 것이라면, 나는 나 자신의 이익을 추구할 것이다. 그러다 계급투쟁의 문제에 이르면, 나의 개인적이고 편협한 애국심은 심술궂은 열성 당원을 제외한 모든 사람들과 마찬가지로, 나 자신의 주변에 끌릴 것이다. 나는 정의와 양식으로 보이는 것들의 영향을 받을 수 있다. 그러나 계급투쟁이 일어나면, 나 자신은 교양 있는 부르주아지의 편에 서게 될 것이다."

― 존 메이너드 케인스

블룸즈버리그룹에서의 사생활

케인스는 마르크스가 사망한 해인 1883년 영국 케임브리지에서 태어났다. 이튼스쿨과 케임브리지대학의 킹스칼리지(헨리 6세가 킹스칼리지와 이튼스쿨을 세움)를 수학 전공으로 졸업한 후 문관 공무원 시험에 합격하여 1906년부터 2년간 인도청에서 근무했으나, 지루한 공무원 생활에 환멸을 느꼈다. 그래서 아버지의 친구로 케인스가 어렸을 때부터 잘 알던 알프레드 마셜의 추천으로 대학으로 돌아오게 된다. 케인스의 어머니인 플로렌스 케인스는 케임브리지 시의원을 거쳐 시장까지 지낸 활발한 여성으로, 케인스의 역할모델이었다.

케인스는 은둔형 학구파는 절대 아니었다. 집중력 있게 일을 처리하는 스타일이었고 사람들과 어울리기를 매우 즐겼다. 학교에 다닐 때도 자유분방한 블룸즈버리그룹 Bloomsbury Group 을 통해 인문예술계 친구들과 어울렸고, 예술 애호가, 주식 투자가, 방송인, 문필가, 컨설턴트를 자임했다. 이 그룹 안에서 이성애, 동성애가 자유롭게 이루어졌는데, 그런 분위기가 이렇게 표현된 바 있다. "그들은 광장에서 in squares 살았으며, 그룹끼리 in circles 그림을 그렸으며, 삼각관계의 in triangles 사랑을 했다 lived in squares, painted in circles and loved in triangles."

BBC에서 방영된 3부작 영국 드라마 〈Life in Squares〉(2015)를 보면 블룸즈버리그룹을 속속들이 알 수 있다. 대체로 케인스는 고등학교 시절부터 대학을 졸업할 때까지 10대 후반과 20대는 동성애 기간이었고, 사회 활동을 많이 했던 30대는 양성애 기간이었으며, 1925년 리디아 로포코바와 결혼한 뒤부터는 이성애 기간이었다. 실제로 케인스가 그룹 내 던컨 그랜트와 동성애를 했다는 것은 널리 알려진 사실인데 그랜트를 둘러싸고 리튼 스트레이치와 삼각관계에 빠지기도 하였다.

케인스는 러시아 발레 무용수였던 리디아 로포코바와 결혼해 케임브리지에 예술 극장을 세우기도 했다. 러시아 여성을 부인으로 맞이했으나 공산주의를 실험하고 있던 러시아를 매우 싫어해서 마르크스가 쓴 《자본론》이 러시아에서 왜 그렇게 인기를 끄는지 이해할 수 없었다. 또한 리카도가 노동 가치설을 주장하여 마르크스에게 영향을 끼친 것은 최대 실수라고 평했다. 한마디로 케인스는 전형적인 부르주아지였다. 증권 투자의 귀재이기도 했다. 1920년 그의 재산은 1만 6315파운드였는데 1946년 사망 당시 41만 1000파운드였다. 평균 연수익률로 보면 13%에 달한다.

기존 환율, 금융 정책에 대한 반박

사실 케인스는 《평화의 경제적 귀결》, 《일반이론》만 쓰지는 않았다. 케인스는 대학졸업 후 공무원 시험에 합격해 인도청에서 2년간 근무를 했었는데 당시 경험을 토대로 1913년에 그의 첫 저서인 《인도 통화와 금융》을 출간했다. 1923년의 《화폐개혁론》부터 시작해 1933년에 《번영으로 가는 수단》을 썼다. 1차 세계대전이 끝나고 독일을 비롯한 유럽 국가들은 인플레에 시달렸는데 당시 학자들은 금본위제로 복귀하여 가격과 임금을 인하하자고 주장했다. 하지만 케인스는 관리통화제도 도입을 주장했다. 보수당원으로 1924년부터 재무부 장관이던 윈스턴 처칠은 파운드화를 미국 달러화에 고정시키는 환율 정책을 취했다. 처칠의 금본위제 복귀에 반대하던 케인스는 중앙은행이 통화를 적극 관리해 물가 안정을 해야 한다고 《처칠 씨의 경제적 귀결》(1925)에서 주장했다.

케인스는 화폐에 대한 자신의 여러 견해들을 정리하여 《화폐론》(1930)을 출간했다. 실물경제 동향이 화폐량과 더불어 물가에 큰 영향을 끼친다는 것을 알고 케인스는 통화량이 물가수준을 결정한다는 화폐수량설에서 벗어났다. 단기금리정책보다는 중앙은행이 장기채 매매를 하는 공개시장 조작이 투자에 영향을 끼치는 데 보다 효과적이라고 주장했다. 장기금리를 낮추어 투자를 늘리면 총수요가 늘어날 수 있다고 본 것이다.

금융정책 외에도 케인스는 적극적인 재정정책을 옹호했다. 자유당의 로이드 조지가 1924년 잡지 〈네이션Nation〉에 실업문제 해결방안으로 대규모 공공사업을 제안한 적이 있었다. 한 달 후 케인스는 같은 잡지에 "실업에 대한 비상대책이 필요한가"라는 글을 기고하면서 내수 확대를 위해 대규모 주택사업에 정부 개입 필요성을 주장했다. 1926년 베를린대학에서 자유방임주의 종언에 대해 연설했는데 이것이 《자유방임의 종언》(1926)으로 나왔다. 케인스는 《로이드 조지는 해낼 수 있을까》(1929)에서 로이드 조지가 선거에서 내세운 '공공지출을 통한 실업 감축 프로그램'을 적극 옹호하기도 했다. 하지만 이 선거에서 자유당은 패배하고 말았다.

하지만 케인스는 이에 굴하지 않고 《번영으로 가는 수단》(1933)에서 승수효과를 언급하며 불황 탈출을 위한 정부 역할을 주문했다. 1934년에는 미국에 가서 공공사업을 통해 재정지출 확대를 하고 있던 루스벨트 대통령을 면담하기도 했다. 그래서 미국의 뉴딜 정책, 독일 히틀러의 정부지출 정책으로부터 케인스가 영향을 크게 받았다는 말이 나왔다.

2차 세계대전 이후 세계 경제에 미친 존 메이너드 케인스의 영향력

케인스는 1차 세계대전 후 강대국이 전후 처리를 제대로 못하는 바람에 큰 문제를 겪은 데에서 교훈을 얻어 2차 세계대전 이후에는 똑같은 어리석은 실수를 반복하지 말라고 누누이 강조했다. 그는 금과 달러에 기초한 고정환율제도를 확립하고 국제통화기금(IMF)과 세계은행을 설립하기로 한 브레턴우즈 협정 설계에 적극 개입했다. 자본주의는 기본적으로 불안정하다고 믿었기에 강대국이 기금을 내

〈표〉 브레턴우즈 협정의 주요 결정 사항

- 미국 달러화를 기축통화로 하는 금환본위제도 실시(금 1온스를 35달러로 고정, 다른 나라 통화는 달러에 고정)
- 조정 가능한 고정환율제도 실시(원칙적으로 상하 1% 내에서 조정)
- 회원국이 외환위기에 처하면 담보 없이 달러 등 주요 통화를 인출하는 특별인출권(SDR) 만듦
- 각국에 필요한 외화를 공급하는 국제통화기금(IMF)과 전후 부흥과 후진국개발을 위한 국제부흥개발은행(IBRD) 창설

서 공동으로 경제 문제에 대처하는 시스템이 중요하다고 여겼던 것이다. 실제로 이 두 국제기관은 아직도 국제 금융에서 중요한 역할을 수행하고 있다. 케인스의 선견지명이 아니었다면 우리는 전후 30년 1945~1973의 전무후무한 호황기를 맞이하지 못했을지도 모른다.

브레턴우즈 체제는 1944년 44개국이 참가한 연합국 통화금융 회의에서 탄생했다. 1930년대 이후 각국의 통화가치가 불안정해지고 평가절하 경쟁이 벌어졌다. 그래서 무역거래제한을 시정하여 국제무역 확대, 고용 및 실질소득 증대, 외환 안정과 자유화, 국제수지 균형 달성을 목적으로 새로운 협정이 체결되었던 것이다.

그러나 그후 미국의 국제수지 적자가 누적되자 1971년 8월 닉슨 대통령이 금태환 정치를 선언하면서 그해 12월 브레턴우즈 체제는 스미소니언 협정으로 이행했다. 당시 미국은 달러화를 7.895% 절하했다. 5년 후 1976년에는 변동환율제를 골자로 하는 킹스턴 체제가 새로운 시동을 걸기 시작한 이후 지금까지 시시각각으로 변하는 환율 시대를 맞고 있다.

3
1950~1970년대
신케인스학파

케인스의《일반이론》출간 이후 찬반이 거셌다. 하지만 시간이 지나며 찬성 편이 반대 편을 누르기 시작했다. 1차 세계대전 이후의 실수를 반복하지 말아야 한다는 정서도 있었고, 정부가 총수요를 늘리는 정책을 보다 적극적으로 구사해야 한다는 의식도 있었다. 그래서 영국과 미국을 중심으로 케인스를 추종하는 세력이 형성되었다.

존 힉스, 앨빈 핸슨이 케인스 이론을 전격 수용했고, 시간이 지나며 미국의 폴 새뮤얼슨, 제임스 토빈$_{James\ Tobin:\ 1918~2002}$, 프랑코 모딜리아니$_{Franco\ Modigliani:\ 1918~2003}$, 로버트 솔로우$_{Robert\ Solow:\ 1924~}$가 이론을 체계화했다. 이들은 케인스의 거시이론과 신고전학파의 미시이론을 융합시켰다. 그래서 폴 새뮤얼슨은 이를 신고전학파종합$_{Neoclassical\ Synthesis}$이라 불렀으나 전체적으로 케인스 성향이라 신케인스학파$_{Neo-Keynesian}$라 불린다. 1980년대 이후에 다소 변형되어 나온 새케인스학파$_{New\ Keynesian}$는 또 결이 다르다.

IS-LM 모형을 만든 존 힉스

우리가 경제원론 책을 보면, 가격이 변했을 때 대체효과와 소득효과가 생긴다고 나온다. 존 힉스John R. Hicks; 1904~1989가 정립한 내용이다. 또한 힉스는 일시적 균형, 균형 상태의 안정성, 불안전성 문제를 다루면서 비교정학, 비교동학의 지평을 열었다. 힉스는 영국에 있으면서 로잔학파의 일반균형이론과 오스트리아학파의 자본이론을 한 단계 높이는데 크게 기여했다. 또 IS-LM 분석을 통해 케인스이론을 알기 쉽게 정리했다. 케인스가 애써 말하고자 했던 바를 일반균형이론에 집어넣어 알기 쉽게 비교정학 형태로 설명했던 것이다.

케인스의《일반이론》이 나오자 당시 케임브리지대학에 있던 존 힉스는 1937년에〈케인스와 고전학파Mr. Keynes and the "Classic"〉논문을 게재하며 거시경제학에 IS-LM 모형을 처음 도입했다. IS-LM 모형은 화폐, 소비, 투자 간의 균형을 통해서 거시경제에서 이자율과 국민소

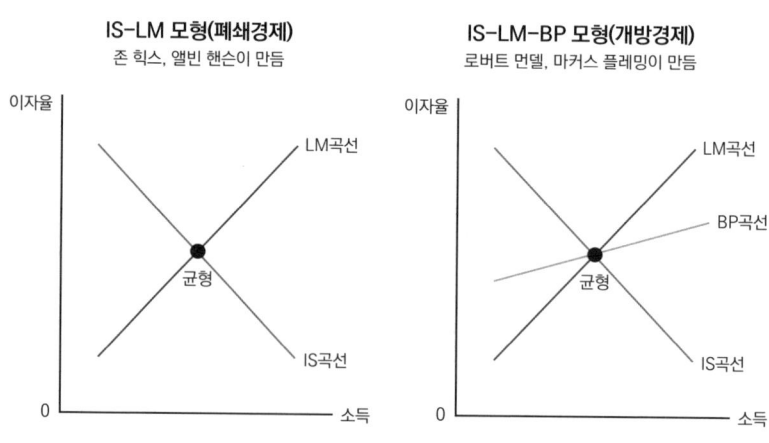

〈그림〉 IS-LM 모형의 진화

득과의 관계를 분석하는 경제모형이다. IS 곡선은 재화 시장의 균형을 달성하는 소득과 이자율의 조합이고, LM 곡선은 화폐 시장의 균형을 달성하는 소득과 이자율의 조합이다. IS곡선과 LM곡선이 교차하는 점에서는 재화시장, 화폐시장 모두가 일반 균형을 이룬다. 현재 물가가 고정되어 있다는 가정하에 경제 주체의 국민소득을 구하는 데 목적이 있다. 하지만 결국 정부의 재정 정책과 통화 정책의 효과를 보자는 것이 실제 목표다.

나중에 미국의 앨빈 핸슨Alvin H. Hansen; 1887~1975도 가세하여 1940년대 초에 IS-LM 모형이 완전 정립되었다. 하지만 힉스 본인은 이 모형이 강의 시간에 칠판에 끄적거리며 만든 가제트gadget; 작고 유용한 도구에 불과하다고 겸손하게 자평하기도 했다. 폐쇄경제의 IS-LM 모형은 나중에 로버트 먼델과 마커스 플레밍에 의해 국제수지 개념이 들어간 개방경제의 IS-LM-BP 모형으로 확장되었다.

신고전학파종합을 이룬 폴 새뮤얼슨

케인스의 《일반이론》이 나온 후 영국의 존 힉스는 물론이고, 미국 MIT의 폴 새뮤얼슨, 모딜리아니, 솔로우와 예일대학의 토빈이 케인스 입장을 지지했다. 이들은 케인스이론을 신고전학파이론과 절충하기를 원해 신고전학파의 균형이론에 임금의 경직성 등 몇 가지 제한적 가정을 추가한 하나의 '특수이론'으로 정리했다. 그러면서 케인스의 특수이론은 현실경제의 정책 측면에서 신고전학파이론보다 유용하다고 판단했다. 완전고용을 위해서는 적절한 정부개입이 필요하나(케인스학파이론), 일단 완전고용이 달성되면 시장기구에 맡겨 경제를 자

신고전학파종합을 이룬
폴 새뮤얼슨

율 운영하면 된다(신고전학파이론)고 최종 판단을 내렸다.

이처럼 폴 새뮤얼슨Paul A. Samuelson; 1915~2009은 시장을 중시하는 신고전학파의 미시적 시장균형이론과 정부를 중시하는 케인스의 거시경제 이론을 접목해 신고전학파종합 체계를 완성했다. 신고전학파종합이라는 말은 그의 1955년판 《경제학》 책에서 처음 명시했는데, 신고전학파종합은 케인스 전통을 강조하려고 신케인스학파라고도 불린다.

대서양·태평양의 짠물학파 vs 오대호의 민물학파

케인스 경제학은 1940년대부터 1960년대까지 선풍적인 인기를 끌었다. 재정 정책과 금융 정책을 적절히 조화시켜 경기상승과 경기후퇴를 거듭하던 당시 상황에 맞추어 매우 신축적으로 대응했기 때문이다. 특히 1960년대 초반 케네디 대통령 시절, 신케인스학파 경제학자들이 대통령 경제자문위원회 위원으로 들어가 정책 미세조정을 주도해 경제를 매우 잘 운영했다. 그래서 1971년에 공화당 출신인 리처드 닉슨 대통령은 "우리는 이제 모두 케인지언이다We are all Keynesians now."라는 말까지 했다.

안타깝게도 무슨 저주처럼 이런 공언은 항상 마지막 꼭지점에서 나오곤 한다. 1970년대 들어 인플레이션이 고조되고 실업률이 악화되면서 케인스식 정책 처방은 완전히 빛을 잃게 되었기 때문이다. 케인스가 강조했던 재정 정책의 효과가 특히나 떨어졌다. 그래서 미국의 레이건 대통령과 영국의 마가렛 대처가 집권하던 1980년대에는 케인스식의 수요 중시 경제학보다는 반대편의 공급 중시 경제학이 동원된다.

경제 정책의 효과성을 떠나, 경제이론 측면에서 보다라도 케인스의 거시경제이론은 경제학이 예전부터 중시하던 미시경제이론과 괴리되어 있다. 예를 들어 소비자의 효용 극대화, 기업의 이윤 극대화 이론과는 완전 별도로 총수요, 총공급 이론이 전개되고 있었다. 즉 케인스 학파는 이론적 정밀성이 크게 부족했다. 신케인스학파를 줄기차게 공략하던 신고전학파 경제학은 이후 미시경제와 거시경제이론을 통합하는 이론을 개발하는 데 성공한다. 이른바 새고전학파다.

MIT, 하버드대학, 예일대학, 프린스턴대학, 버클리대학처럼 동부·서부 해안에 위치한 대학 출신들로, 큰 정부를 지향하는 학풍을 '짠물salt water학파'라 부른다. 그리고 시카고대학이나 카네기멜론대학, 미네소타대학, 로체스터대학처럼 내륙의 오대호 가까이에 있는 대학 출신들의 작은 정부, 자유방임 성향이 강한 학풍을 '민물fresh water학파'라 부른다. 짠물학파, 민물학파라는 용어는 1976년 당시 스탠퍼드대학의 로버트 홀Robert E. Hall이 거시경제 연구에 대한 양측의 첨예한 견해 차이를 부각하기 위해 만들었는데 대중에게 친근한 표현이라 한동안 인기를 끌었다.

4
2000년대 들어 전열을 가다듬은 새케인스학파

짠물학파와 민물학파의 대공방

해안의 '짠물학파'와 호수 연안의 '민물학파'는 창과 방패를 휘두르며 끊임없이 공방을 하며 함께 발전했다. 이제는 짠물학파, 민물학파라는 용어를 덜 사용하지만 그들의 후예인 새케인스학파, 새고전학파New Classical가 뒤를 잇고 있다. 자유방임식 규제 완화로 호경기가 지속되었던 2008년 이전에는 새고전학파가 강세를 보였지만 2008년 이후 미국발 세계적 불경기가 엄습하자 새케인스학파가 다시 부상했다.

새케인스학파의 대표 주자로는 조지 애컬로프George Akelof: 1940~, 스탠리 피셔Stanley Fischer: 1943~, 조지프 스티글리츠Joseph Stiglitz: 1943~, 앨런 블라인더Alan Blinder: 1945~, 존 테일러John Taylor: 1946~, 올리비에 블랑샤르Olivier Blanchard: 1948~, 폴 크루그먼Paul Krugman: 1953~, 그레고리 맨큐Gregory Mankiw: 1958~ 등 많다. 짠물학파 대학의 학자들과 많이 겹친다.

조지 애컬로프

앨런 블라인더

조지프 스티글리츠

폴 크루그먼

새케인스학파 대표주자들

    신케인스학파가 새케인스학파로 바뀐 데에는 통화학파의 계승자였던 새고전학파가 합리적 기대가설로 무장해 맹렬하게 공격한 것이 크게 기여했다. 새고전학파의 전신인 통화학파만 하더라도 계량경제학을 어느 정도 구사했지만 수학을 아주 많이 사용하지는 않았다. 그리고 경제 상황이 급변하면 사람들의 행동이 새로운 상황에 갑자기 완전 적응하지 않고 천천히 적응한다고 보았다. 즉 적응적 기대가설을 믿었는데 새고전학파는 합리적인 경제주체라면 자신이 가지는 정보를 최대한 이용하여 미래를 예측하고 새로운 상황에 맞추어 자신의 행동을 즉각 적응하는 것이 합리적이라고 보았다. 사실 틀린 이야기는 아니었다. 그동안 소비자가 갈수록 똑똑해졌기 때문이다.

카네기멜론대학의 존 무스John Muth는 일찍이 1961년에 발표한 논문 〈합리적 기대와 가격 운동〉에서 어떤 경우에도 공급과잉이나 부족 현상은 일어나지 않고 수급이 곧바로 조절해 시장이 균형을 이룬다고 보았다. 이를 토대로 유진 파마Eugene F. Fama: 1939~는 효율적 시장 가설을 만들어 특정 기업에 대한 새로운 정보가 없다면 그 기업의 주식은 과대평가나 과소평가가 있을 수 없다고 주장했다. 즉 악재가 나오면 기업 주식 가격은 즉시 그 악재를 반영하는 것이다. 물론 기업의 임직원들이 비밀 내부 정보를 가지고 있다면 이들만 초과 수익을 올릴 수 있으나 이런 내부자 거래는 법적으로 금지되어 있다.

이러한 합리적 기대 가설을 경제 현상에 접목하면 어떤 일들이 벌어질까? 정부의 안정화 정책이 무력해진다. 이유는 사람들이 과거의 경험을 통해 정부 정책의 변화를 미리 예상하므로 정책 효과가 나타나기 전에 자신의 행동을 바꿔버리기 때문이다. 예를 들면 정부 지출이 늘면 총수요가 늘어나 고용과 소득이 늘고 물가와 이자율이 오르곤 했었다. 하지만 이제 사람들은 정부의 정책 패턴을 뻔히 알고 있어서 소비자는 소비지출을, 기업은 투자지출과 고용을 즉각 줄이므로 총수요는 그대로여서 경기를 진작시키려는 정부의 재정정책은 무력해진다. 실제 거시경제 통계치를 보면 정부가 확장적 정부 정책을 실행에 옮겨도 실업률은 잠시만 줄어들 뿐 고무줄처럼 다시 원상태로 돌아가는 것을 볼 수 있다. 합리적 기대 가설을 수용하는 새고전학파에 의하면 소비자나 기업 같은 경제 주체가 전혀 바보가 아니라는 것이다.

더구나 새고전학파는 미시경제이론과 거시경제이론을 논리적으로 통합시키고 동태모델을 멋지게 만들어냈다. 이처럼 경계예측의 정확성이나 경제이론의 완결성 측면에서 새케인스학파는 새고전학파에게 크게 밀리자 나름대로의 자구책을 마련하지 않을 수 없었다.

단기적으로 경직성을 강조한 새케인스학파

새고전학파와 새케인스학파 간의 주요 차이점 중 하나는 임금과 물가의 신축성에 대한 관점이다. 새고전학파는 외부 충격이 생기면 임금과 물가가 빨리 움직여서 수급 조절이 쉽게 이루어진다고 보았다. 하지만 새케인스학파는 임금과 물가가 경직되어 있어서 빨리 적응하지 못해 비자발적인 실업이 지속되어 정부 정책이 효과적이라고 주장한다. 즉 시장이 불균형 상태에 있어서 수요와 공급 간 시장 청산이 제대로 이루어지지 못한다는 것이다.

새케인스학파는 정부 정책이 장기적으로 효과가 없다는 것에 대해서는 새고전학파와 의견을 같이한다. 새고전학파는 정책 실시 후에 실제 물가가 사람들의 예상 물가보다 높을 때에는 단기적으로 경제에 플러스 효과를 준다고 본다. 하지만 새케인스학파는 실제 물가와 예상 물가가 같다 하더라도 가격의 경직성 때문에 단기적으로 정책 효과가 나타난다고 본다. 이처럼 새케인스학파는 여러 이유 때문에 가격변수가 경직적이라고 말하고 있는 것이다.

예를 들면 새케인스학파는 물가 경직성 이유의 하나로 메뉴비용을 든다. 가격을 바꾸는 데 비용이 들기 때문에 시간이 걸린다는 것이다. 물론 이외에도 가격과 임금을 동일한 시기에 설정하거나 계약을 경신하지 않아서 임금과 물가가 느리게 조정된다고 주장하기도 한다. 새케인스학파는 근로자의 임금은 근로자의 생산성에 따라 결정된다는 전통적 임금이론에 반박하면서, 업계보다 높은 임금을 주는 회사의 노동자들은 높은 임금에 만족하고 직장을 잃지 않기 위해서 열심히 일하므로 생산성이 올라간다고 주장한다. 또 재화시장, 노동시장에 이어, 신용시장에서도 정보 비대칭성으로 인해 가격경직성이 발생한다고 주장한다. 하지만 전체적으로 가격변수의 경직성에 대한 새케인스학파의 설명이 미진하다는 한계는 여전하다.

다시 불붙은 학파간 경제 정책 논쟁

2008년 이후 세계적 불경기와 2020년 이후 세계적 팬데믹 상황에서 각국의 정부개입이 크게 늘면서 새케인스학파는 크게 주목을 받았다. 경기 침체를 막기 위해 정부는 재정지출을 늘렸고 통화량을 크게 늘려 이자율을 매우 낮게 유지했다. 코로나19의 후유증으로 세계적 공급망이 무너져 원자재, 부품 공급이 원활치 못해 가격이 올랐고, 통화량이 전 세계적으로 과잉 공급되어 물가상승 압력이 거세졌다. 더구나 2022년에 우크라이나와 러시아의 전쟁으로 인해 에너지와 곡물 공급이 크게 줄어들어 인플레이션이 전례 없이 가속화되고 있다.

다급해진 미국연방준비제도는 2022년 들어 기준금리를 파격적으로 올렸고, 다른 나라에서도 연쇄 인상이 도미노처럼 나타나 경기 위축도 우려되고 있다. 그래서 인플레이션과 경기침체라는 두 악재가 동시에 나타났던 1970년대의 스태그플레이션 악몽이 또 재현되느냐 아니냐가 관전 포인트다. 그래서 위기 극복 방안을 놓고서 새케인스학파와 새고전학파 간의 정책 논쟁이 다시 불붙고 있다.

5 포스트케인스학파

미국의 신케인스학파에 반발한 영국의 경제학자들

케인스가 만든 경제학이 세상에 나오자 존 힉스, 앨빈 핸슨, 폴 새뮤얼슨이 케인스 경제학을 세상에 널리 전파한 것은 좋았지만 미국이 주도하는 신케인스학파가 케인스의 원래 의도를 변질시켰다고 생각한 사람들도 꽤 있었다. 케인스가 정말로 말하고자 한 것을 왜곡하여 신고전학파 틀에 맞추어 상당히 도식적인 신고전학파종합이론으로 만들어버렸기 때문이다.

그래서 영국의 경제학자들이 자신들이야말로 케인스를 이어받았다고 주장하였는데, 시간이 지나며 포스트케인스학파라는 이름을 얻게 된다. 로빈슨, 리처드 칸$_{\text{Richard F. Kahn: 1905~1989}}$, 해로드, 칼레츠키, 칼도, 스라파, 파지네티가 대표적이다. 이 중에 칼레츠키는 폴란드 출신, 칼도는 헝가리 출신, 스라파와 파지네티는 이탈리아 출신이다. 이들은 기업 경영과 산업 분석 같은 미시경제학을 다루기도 했지만 전

경기변동, 투기, 복수균형, 경제성장,
통화재정 정책에 기여한 니콜라스 칼도.

반적으로 거시경제학에 대한 기여가 많았다.

케인스의 공식 전기를 집필한 로이 해로드Roy F. Harrod: 1900~1978는 기술진보를 비롯하여 경제동학 분야에 혁신적인 업적을 남겼다. 평생 옥스퍼드대학에서 활동했던 해로드는 케임브리지대학에서 한 학기를 보낸 적이 있었는데 이때 케인스와 친해졌다. 케인스의 《일반이론》이 1936년에 출간되기 1년 전에 해로드가 그의 원고를 리뷰해주었고, 이 책에 딱 한 번 나오는 도표는 해로드가 만들어준 것이다. 이런 연유로 해로드는 케인스의 공식 전기를 쓰게 되었다. 해로드는 케인스의 소득결정이론을 동태화시켜 정상상태의 경제성장론을 전개했다. 자본·소득 비율을 일정하게 하면서 경제성장을 이루는 기술진보도 개진했는데 나중에 사람들은 이를 해로드 중립적 기술진보라 부른다.

니콜라스 칼도Nicholas Kaldor: 1908~1986는 경기변동, 투기, 복수균형, 경제성장, 통화재정 정책에 기여했다. 조앤 로빈슨Joan Robinson: 1903~1983은 불완전경쟁, 자본축적론 이론적 업적을 남기면서 1960년대 자본 개념을 둘러싼 국제적 논쟁에서 큰 기여를 했다. 공학 출신으로 경제학을 공부한 미하우 칼레츠키Michał Kalecki; 1899~1970는 유효수요와 경기변동, 계량경제 연구를 많이 했다. 칼레츠키는 경기변동과 경제성장을 하나의 모델로 통합하며 한 나라의 경제의 총유효수요는 언제든 완전 고용 소득수준에 미칠 수 없다고 주장했다. 칼레츠키는 1950년대에 오스카 랑게와 함께 폴란드 사회주의 정권의 1961~1975년 신경제 계획 수립에 참여했다. 조앤 로빈슨은 거시경제학을 처음으로 출범시킨 사람은 케인스가 아니라 칼레츠키라고 거론한 바 있다.

피에로 스라파Piero Sraffa; 1898~1983는 상품 생산으로 인해 상대가격이 결정되는 문제에 천착했는데 리카도의 노동가치설을 중시했기에 그의 경제학을 신리카도학파라 부르기도 한다. 스라파의 영향을 받은 이탈리아 경제학자로 케임브리지대학에서 활동한 루이지 파시네티Luigi Pasinetti; 1930~는 불균형 다부문 성장모형을 연구했다.

유효수요 원리는 단기뿐 아니라 장기에서도 매우 중요

포스트케인스학파는 주류경제학에 비해 어떤 특징을 지니고 있을까? 주류경제학에서는 수요가 단기적 경제 상태를 좌우하지만 장기적 경제 상태는 공급에 의해 결정된다고 보고 있다. 그러나 포스트케인스학파는 유효수요 원리가 단기뿐만 아니라 장기에서도 타당하다고 주장한다. 투자는 항상 저축을 유발하지만 그 반대는 아니기 때문이라는 것이다. 그래서 유효수요와 제도가 부과하는 제약에 따라 장기균형이 여럿 존재할 수 있다고 본다. 공급도 수요에 의해 얼

포스크케인스학파 마크 라부아가 집필한
《포스트케인스학파 경제학입문》 한국판

마든지 조절된다는 것이다.

그리고 또 하나의 차이점은 역사적 시간과 논리적 시간을 구별한다는 점이다. 주류경제학은 변수가 바뀌어 하나의 균형에서 다른 균형으로 이동하는 과정에 대해 별 관심이 없다. 이동이 순간적으로 이루어진다고 보기 때문이다. 반면에 포스트케인스학파는 시간이란 비가역적이므로 일단 어떤 결정이 내려져 실행되면 상당한 대가를 지불해야 원래로 되돌아갈 수 있다. 그래서 어떤 충격이 발생한 뒤 한 경제가 이행하는 과정에서 선택한 경로는 매우 중요하다고 본다. 동태 과정에서 유형자산도 금융자산도 변하게 마련이다.

포스트케인스학파의 마크 라부아는 《포스트케인스학파 경제학입문》에서 학파의 주요 특징으로 유효수요와 역사적·동태적 시간 외에도 보조적 특징 다섯 가지를 더 든다. 가격 신축성의 불안정화 효과, 화폐 생산 경제의 존재, 근본적 불확실성, 타당한 현대적 미시경제학, 이론화에 대한 다원주의적 접근이 바로 그것이다.

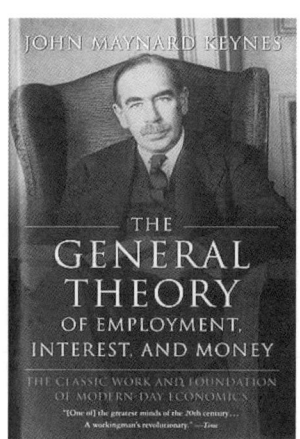

케인스는 《일반이론》을
출간하기 이전부터 유명했으나,
이 책을 기점으로
거시경제학의 지평을 열었다

포스트케인스학파라 하더라도 모두 동일하지는 않다. 근본주의자, 스라파학파, 칼레츠키학파처럼 세분화된 학파가 있다. 폴 데이비드슨이나 하이먼 민스키 같은 근본주의자는 근본적 불확실성, 화폐, 유동성선호, 금융 불안전성, 방법론적 문제를 강조한다. 상당히 강성인 스라파학파는 신고전학파의 분배이론과 마르크스학파의 단순한 노동가치이론에 의문을 제기했다. 칼레츠키학파는 마르크스학파로부터 영향을 일부 받았으나 칼도와 제도학파로부터 영향을 많이 받아서 전체적으로 절충적 접근 방법을 취하고 있다.

케인스는 《일반이론》을 출간하기 이전부터 유명했으나, 이 책을 기점으로 거시경제학의 지평을 열었다. 그가 정말로 중시했던 경제 정책은 경제관료가 집행하는 정책을 통해 수시로 우리의 삶에 영향을 미치고 있다. 케인스는 관료, 국제협상가, 경제학자였고 개인적으로는 문화예술 애호가, 주식투자가였다. 그리고 이런 것들이 모두 합쳐져 철학자, 사상가로 우리에게 기억되고 있다.

#존D.록펠러 #통화주의 #효율적시장가설
#합리적기대가설 #미시적토대거시경제학
#경제학제국주의 #새고전학파 #신자유주의

◆ 18강 ◆

케인스학파를 무너뜨린 시카고학파

시카고학파는 경제학의 역사에서 단연 두각을 나타내고 있다. 우파적 자유방임학파의 노선을 따르면서도 엄밀한 이론과 정책 처방으로 케인스학파와 함께 현대 주류경제학의 두 갈래의 하나다. 케인스학파와의 논쟁은 경제학사에서 두고두고 회자될 중요한 사건들이었다. 민물학파의 대표 주자인 시카고대학은 초창기였던 1세대에 제도학파와 신고전학파로 나뉘었으나, 2세대에는 밀턴 프리드먼이 통화학파를, 3세대에는 로버트 루카스가 새고전학파를 주도했다.

1 시카고대학의 창립 배경과 독특한 전통

19세기에 급성장한 미시건 호수 남단의 시카고시

　18세기까지만 해도 동부에 치우쳐 있던 미국은 19세기 들어 내륙을 거쳐 서부로 확장되면서 내수 시장이 급성장했다. 특히 1825년에 이리 운하를 비롯해 여러 운하가 오대호에 생겨 대서양의 뉴욕시와 미시건 호수 간에 대형선박이 운행하면서 시카고시도 덩달아 급팽창한다. 시카고시는 미시건 호수의 남서부에 면해 있어 바람이 많아 바람의 도시Windy City, 그레이 시티Grey City라는 별명도 따라 다닌다. 높디높은 마천루의 발상지도 시카고다.

　1865년에 남북전쟁이 마무리되고 미국 내수 시장은 급팽창한다. 이와 더불어 경제 집중화도 진행되면서 업종별 독점기업들이 돈을 빨아들여 철도, 철강, 석유 재벌들이 속출했다. 철도재벌이었던 코닐리어스 밴더빌트는 밴더빌트대학을 1873년에 세웠고, 오하이오 철도 투자로 큰돈을 벌었던 존스 홉킨스Johns Hopkins는 연구 중심 대학으로 존스홉킨스대학을 1876년에 세웠다. 철도재벌이었던 리랜드 스탠퍼드Leland Stanford도 스탠퍼드대학을 1891년에 세웠다. 철강재벌 앤드류 카네기Andrew Carnegie는 카네기공대를 1900년에 세웠는데, 이 대학 역시 피츠버그 재벌이었던 앤드류 멜론이 세운 멜론연구소Mellon Institute of Industrial Research와 1967년에 합병하여 지금의 카네기멜론대학이 되었다.

인류역사상 가장 부유했던 사람은?

2022년 현재 세계 최고 부자는 누구일까? 포브스Forbes에 따르면 1위는 2,190억 달러의 재산을 보유하고 있는 일론 머스크다. 2위는 제프 베조스, 3위는 베르나르 아르노, 4위는 빌 게이츠, 5위는 워렌 버핏이다.

하지만 포브스가 선정한 인류에서 가장 부유한 75인 중 1위는 단연 존 D. 록펠러John D. Rockefeller; 1839~1937다. 1913년 당시 록펠러 재산은 9억 달러로 당시 미국 GNP의 44분의 1을 차지했다. 록펠러의 아버지는 독일계, 어머니는 스코틀랜드 - 아일랜드계였다. 록펠러는 어머니의 종교를 따라 평생 침례교를 믿었다. 그는 경리를 공부하고서 16세 때 클리블랜드에서 농산물중개 상점에 근무하다 자신의 중개 사업 '클라크&록펠러'를 시작했다. 당시 석유 붐이 일자 1862년에 석유채굴업이 아니라 석유정제업에 진출해 등유 판매, 송유관 부설, 철도회사 인수, 택배 업무를 취급한다. 그리고 1870년에 여러 석유정제 회사들을 모아 스탠더드오일 회사를 설립했다.

뭐든지 너무 커지면 견제를 받게 마련이다. 록펠러가 키운 스탠더드오일 트러스트가 독점으로부터 거래를 보호하기 위한 반트러스트법인 셔먼법을 위반하여 1911년 최종 패소해 34개 기업으로 분할하도록 명령을 받는다. 당시 미국 최고 연방재판소 법정에서 록펠러는 이렇게 최종 진술을 했다.

"당신은 이것을 독점monopoly이라고 하지만 나는 그것을 사업enterprise이라고 부른다." – 존 D. 록펠러

석유재벌 록펠러는 악덕 자본가, 스크루지라는 혹평을 받으면서 회사를 키워 나갔지만 트러스트를 해체하라는 법원의 첫 판결이 나오던 1887년 50세 들어 인생관이 바뀐다. 그래서 시카고대학과 록펠러 재단, 록펠러 의학연구소를 설립했다. 물론 재벌들의 이러한 행태를 절세 방편이라며 매도할 수도 있지만 장기적으로 보면 이러한 기부 행위는 순기능을 발휘하였다. 시카고대학은 1892년에 첫 개강을 했는데 이듬해에 시카고 만국박람회가 열릴 정도로 시카고가 전성기를 구가하고 있을 무렵이었다.

초대 총장 윌리엄 하퍼의 비전에 전적으로 공감한 존 D. 록펠러

시카고대학의 역사는 록펠러의 전폭적인 지지를 받은 초대 총장인 윌리엄 레이니 하퍼William Rainey Harper의 비전으로부터 시작되었다. 하퍼는 존스홉킨스대학처럼 교육보다는 연구 중심 대학을 꿈꾸었고, 그의 거대한 계획을 뒷받침해주는 록펠러 덕분에 1892년 10월 1일 시카고대학은 개교할 수 있었다. 록펠러가 1890년부터 20년에 걸쳐

3,500만 달러나 기부하였기에 시카고대학은 일찍부터 급성장할 수 있었다. 시카고대학은 학문적 우수성을 추구하기 위해 교수, 연구원, 학생들에게 아낌없이 지원하였으며 130여 년의 역사 동안 100여 명에 가까운 노벨상 수상자를 배출할 수 있었다.

시카고대학은 초기부터 다원주의를 추구하여, 어떠한 차별도 없이 모든 학생들에게 동등한 기회를 주었다. 록펠러와 하퍼 초대총장이 믿었던 침례교를 바탕으로 대학이 세워졌으나 종교 자유가 철저하게 지켜졌다. 다양성 존중은 교수들에게도 적용되었는데, 대학이 개개인의 순응성보다 우수성에 가치를 더 두었기 때문이다. 예를 들어 기존 학내 학자들의 입장과 충돌되는 학자들도 교수로 기꺼이 초청했다.

시카고대학이 한 단계 오르게 된 데에는 1929년부터 1952년까지 총장이었던 로버트 허친스Robert M. Hutchins가 크게 기여했기 때문이다. 예일대학 법대 학장에서 시카고대학 총장이 된 로버트 허친스는 취임 초기부터 시카고 플랜을 가동시켰다. 시카고 플랜은 출석 시간보다는 종합시험으로 학생의 성과를 평가했고, 직업교육보다는 인문교양교육을 크게 강조했다.

학생들의 인문학 배경을 튼튼하게 하기 위해 1학년 신입생에게 엄선된 100권의 고전을 소개해주고 졸업 때까지 모두 이 책들을 숙독하도록 했다. 존 S. 밀 방식의 고전 읽기를 학교에 전격 도입한 것이었다. 학생들에게 선택이 아닌 필수였던 이 프로그램을 '그레이트북 프로그램The Great Book Program'이라고 불렀다. 학생들은 이 책을 읽으면서 세 가지 과제를 수행해야 했다.

첫 번째 과제는 '모델을 정하라'이다. 즉 자신에게 가장 알맞은 인생모델을 한 명 고르는 것이다. 두 번째 과제는 '영원불변한 가치를 발견하라'이다. 즉 인생의 모토가 될 수 있는 가치를 발견하라는 것이다. 세 번째 과제는 발견한 가치에 대해 꿈과 비전을 가지는 것이다.

그레이트북 프로그램이 학생들에게 상당한 부담으로 작용했던 것은 사실이나 이때 쌓은 지식과 소양은 시카고대학 졸업생이 사회와 학계에 나가 두각을 나타내는 데 많은 기여를 했다. 우리나라에서도 인문학 붐이 일면서 그레이트북 프로그램에 대한 관심이 크게 늘었다.

시카고대학은 지금도 초기의 교육철학과 연구에 대한 중요성을 그대로 강조하고 있다. 실용 위주의 학문보다는 깊이 있는 이론적인 학문을 추구하고, 탄탄한 교양과목을 바탕으로 한 전공과목 공부를 중요시 하고 있다.

학문적 성과 강조

시카고대학의 특징으로는 학문적 성과를 강조하는 자세, 끊임없는 의구심, 시카고대학의 지리적 고립을 들 수 있다. 시카고대학 총장이었던 어니스트 드윗 버튼 Ernest DeWitt Burton은 "시카고대학은 게으름을 피울 틈이 없으며, 재미는 관심 밖의 일"이라고 말한 적이 있다. 당시 다른 대학은 모두 1년에 2학기인 시메스터 semester제를 운영했는데 시카고대학은 미국 최초로 1년에 4학기인 쿼터 quarter제를 운영했다. 시메스터는 보통 15주, 쿼터는 10주다. 쿼터제이니 당연히 학생에게 학습 부담이 크게 늘어난 것은 물론이다. 시카고대학은 아직도 미국에서 공부를 가장 많이 하는 학교로 평가받고 있다. 캘텍(캘리포니아공대), 스와스모어대학, 리즈대학도 열정이 넘치는 공부를 하는 학교로 정평이 나있다.

시카고대학 구성원들은 생계를 위한 학문적 업적 추구보다는, 학문 자체의 엄숙성을 추구한다. 강의보다는 연구를 통한 학문적 성과를 중시한다. 그래서 초반부터 하퍼 총장은 연구 능력이 뛰어난 사람들을 예일대학, 하버드대학, 코넬대학, 존스홉킨스대학으로부터 섭외하려고 부단히 노력하였다. 시카고대학 교수는 대외적 성공이나 유명세만으로 인정받지 않는다. 괴짜나 비주류라 하더라도 학문적 잠재력이나 성과만 보여주면 된다. 학교의 이런 정책과 분위기에 힘입어 노벨상 수상자나 대기만성형 학자들이 많이 나올 수 있었다.

끊임없는 의구심과 자기검열

시카고대학은 끊임없는 '자기검열'로 유명하다. 대학 구성원들은 자기 자신에게 비판적인 만큼 서로에게도 여과 없이 자신의 의견을 밝힌다. 사실의 나열이나 다른 사람의 의견을 존중하기 위한 단순 순응은 용납되지 않았다. 시카고대학은 표준에서 벗어난 모든 주장도 진지하게 받아들이며, 오히려 자신의 주장에 대한 비판을 환영한다. 자신의 근거를 보다 확고히 하고 재점검하는 기회이기 때문이다.

시카고대학은 활발한 워크숍으로 유명하다. 경제학과에는 많은 워크숍이 있는데, 특정 요일이 정해져 매주 열리는 경우가 많다. 언제 어떤 사람이 어떤 주제로 발표한다고 주임 교수가 미리 알리면 관심 있는 교수나 학생들이 참석하여 발표 내용을 듣고 난상토론을 벌인다. 발표자는 시카고대학 교수나 대학원생일 수도 있고, 다른 대학 교수인 경우도 있다. 시카고대학과 노선이 다른 대학의 교수들은 여기 와서 엄청난 비판을 받으리라 예상하고서 발표한다. 그래도 얻어갈 것이 많다고 생각하기 때문이다.

시카고대학은 학교내 주류가 아닌 학자를 잘 내치지 않는다. 예를 들어 1940년대 후반 시카고대학 경제학과는 케인스학파에 비판적이고 정부개입 최소화를 주장하였음에도 불구하고, 케인스주의자 로이드 메츨러Lloyd Metzler; 1913~1980를 채용해 28년이나 교수직을 유지토록 했다. 이처럼 철저한 비판의식을 바탕으로 상호 피드백과 검증 과정은 시카고대학이 세계적으로 훌륭한 학자들을 배출하는 데 한 몫을 했다.

지리적 고립으로 연구문화 고취

시카고대학은 서부 해안 대학으로부터 멀리 떨어진 오대호 내륙에 위치하고 있어 다소 고립되어 있다. 이러한 지리적 고립감과 따분함 때문에 새로운 연구에 더욱 매달리게 된다.

또 다른 고립은 하이드파크Hyde Park 캠퍼스와 깊은 관계가 있다. 시카고대학은 시카고 중심가에서 남쪽으로 떨어져 있다. 20세기 들어와 흑인들이 시카고 남부에 몰려오면서 시카고대학은 흑인 거주지에 둘러싸이게 되었다. 그래서 대학 교수와 학생들은 주위에서 시간을 보낼 일이 별로 없어 캠퍼스 안에서 생활하며 열정적인 토론 문화에 불을 지폈다. 역설적이지만 지리적 고립이 구성원들의 공동체 의식을 북돋워 더 높은 친밀감과 좋은 연구 환경을 조성하게 된 것이다.

이런 연구환경 때문에 시카고학파는 경제학 분야에만 국한되지 않았다. 도시사회학, 정치학, 사회학, 철학 등 여러 분야에서 시카고대학은 유명하다.

2
시카고대학 경제학과의 1세대

시카고대학 경제학과의 발전 과정을 3단계로 나누어보자.

시카고대학 1세대는 시카고대학이 처음으로 개강한 1892년부터 1945년까지다. 당시 활동했던 주요 인물은 프랭크 나이트, 아론 디렉터, 헨리 사이먼스Henry C. Simons; 1899~1946, 로이드 민츠Lloyd Mints; 1888~1989, 제이콥 바이너Jacob Viner; 1892~1970, 폴 더글라스이며 이들은 제도학파나 신고전학파에 속했다.

2단계는 1946년부터 1980년까지로, 당시 활동했던 주요 인물은 밀턴 프리드먼, 조지 스티글러, 로버트 먼델Robert A. Mundell; 1932~2021, 시어도어 슐츠Theodore W. Schultz; 1902~1998이다. 핵심 학파는 통화학파이다.

3단계는 1981년부터 현재까지로 볼 수 있는데, 주요 인물은 로버트 루카스, 게리 베커, 제임스 헤크먼James J. Heckman; 1944~, 라스 핸슨이다. 새고전학파가 핵심학파다.

1892년 시카고대학 첫 개강 이후 1945년까지 경제학과 이야기를

⟨표⟩ 시카고대학 경제학과 발전 과정

단계	연도	주요 인물	주요 학파
1단계	1892~1945	프랭크 나이트, 아론 디렉터, 헨리 사이먼스, 로이드 민츠, 제이콥 바이너, 폴 더글러스	제도학파, 신고전학파
2단계	1946~1980	밀턴 프리드먼, 조지 스티글러, 로버트 먼델, 시어도어 슐츠	통화학파
3단계	1981~	로버트 루카스, 게리 베커, 제임스 헤크먼, 라스 핸슨	새고전학파

해보자. 초대 경제학과장이었던 제임스 로플린은 코넬대학에서 오면서 베블런을 데리고 왔고 이어서 체스터 라이트, 레온 마셜, 모리스 클라크를 교수로 영입했다. 베블런은 우리가 잘 알듯이 괴짜 인물로 제도학파의 선구자다. 모리스 클라크는 베블런처럼 제도학파를 추종했으나, 신고전학파 이론을 완전히 무시하지는 않았다. 웨슬리 미첼은 대학이 세워졌을 때 처음으로 입학했던 학생으로 베블런의 제자이기도 하여 제도학파 전통을 이어갔다. 체스터 라이트는 미국의 노동조합 연구를 비롯해 미국 경제제도 연구로 유명했다.

1세대에서 가장 영향력이 컸던 인물은 프랭크 나이트$_{\text{Frank H. Knight: 1885~1972}}$였다. 그는 기존 제도, 인물, 세태에 대해 맹공을 펼치는 데 능숙했다. 의사와 성직자를 비난했고, 법제도, 사회규범, 그리고 모든 주의$_{\text{ism}}$도 비난 대상이었다. 나이트에게 신성불가침은 없었다. 자본주의는 물론이고 사회주의, 공산주의도 그의 비판 대상에서 벗어나지 못했다.

나이트는 기본적으로 자유주의자였고 냉소주의자였다. 소비자 만족을 중시하는 공리주의자가 아니라, 산업이나 자유경쟁 시장체제에 훨씬 관심이 많았다. 경제적 자유는 물론이고 종교적 자유, 정치적 자유, 지적 자유 등 모든 면에서 자유를 중시했다. 시카고학파의 자유 존중은 이처럼 나이트에서 비롯되었다.

나이트는 사실 제도학파와 신고전학파의 두 가지 특성을 모두 지니고 있었다. 제도학파를 비판하면서 신고전학파의 가격이론(미시경제학)을 가르치며 연구도 많이 했다. 특히 이론 측면에서 불확실성 연구에서 두각을 나타냈다. 1921년에 출간한 《위험, 불확실성, 이윤》에서 불확실성이 없는 세상에서는 이윤이 아예 사라진다고 했다. 불확실한 세상에서 기업가들이 위험을 감수하며 활동하다가 이윤이 창출된다는 주장이다.

나이트는 생산요소를 토지, 노동, 자본으로 나누는 전통 경제학 교과서를 부정했다. 대신 자연, 인간, 시간으로 나누어야 한다고 역설했다. 숫자를 이용한 계량분석을 매우 싫어해 경제학의 수학화를 거부했다. 만년에는 이런 강경한 입장에서 다소 후퇴하긴 했다. 동료였던 폴 더글러스Paul Douglas: 1892~1976, 헨리 슐츠는 수학을 많이 사용했으므로 나이트와 관계가 원만하지 못했다. 2세대인 프리드먼은 나이트의 제자이긴 했으나 나중에 계량분석을 많이 했다. 경제학의 계량화는 거부할 수 없는 트렌드였기 때문이다.

나이트의 제자였던 아론 디렉터Aaron Director: 1901~2004가 시카고대학 로스쿨 교수였는데 디렉터의 여동생인 로즈 디렉터가 시카고대학에서 경제학을 공부하다가 프리드먼을 알게 되어 결혼을 한다. 로즈가 프리드먼보다 2년 연상이었다. 두 사람이 함께 쓴 책도 여럿 된다.

3 시카고대학 경제학과의
2세대

예전에 시카고대학 경제학과를 소개하던 얇은 브로셔가 있었다. 개강 무렵에 학과 사무실 입구에 꽂혀 있던 브로셔 안에는 과목과 교수 소개가 빼곡히 들어있었다. 예를 들면 Econ 301 과목은 Price Theory가격이론으로 어떤 내용을 다루고 담당 교수가 누구인지를 보여주는 식이다.

브로셔 표지에는 두 경제학자의 뒷 모습이 찍혀 있었다. 한 사람은 키가 매우 작고 다른 사람은 키가 매우 컸다. 처음 보는 사람은 그들이 누구인지 간파하기 어려우나 당시 알 말한 사람은 다 알았다. 작은 사람은 경제학과의 프리드먼, 큰 사람은 경영대학원의 조지 스티글러George J. Stigler: 1911~1991였다.

두 사람은 대학원 시절 함께 다녔고 나중에도 매우 친했다. 두 사람 모두 나이트의 제자였고, 노벨경제학상을 수상했다. 자유주의 경제학자들의 모임으로 1947년에 스위스에 설립된 몽펠르랭회의 오랜

〈표〉 1930년대 대공황 원인에 대한 다양한 이론

이론	설명	주장자
은행권 붕괴이론	은행 부실로 기업 대출이 감소해 기업의 운영자금 조달 어려움과 생산, 투자 감소로 불황 심화	벤 버냉키
디플레 기대이론	생산 감소와 물가 하락으로 인해 소비자와 기업의 디플레이션 기대심리가 불황 확산 유도	제임스 토빈, 래리 서머스, 브래드포드 드롱
유동성 축소이론	중앙은행에 의한 유동성 감축으로 인해 평범한 경기후퇴가 대공황으로 악화	밀턴 프리드먼, 안나 슈워츠

회원이기도 했다. 이 모임은 자유시장과 제한된 정부를 핵심으로 한 고전적 자유주의를 예나 지금이나 부르짖고 있다.

1930년대 대공황에 대한 분석은 끊이지 않는다. 은행권 붕괴이론, 디플레 기대이론, 유동성 축소이론 등 다양하다. 케인스학파는 대공황의 원인을 시장경제의 내재적 문제로 보는 경향이 있다. 하지만 프리드먼은 연방준비제도가 시중 통화량을 늘려야하는데 오히려 줄여 더 큰 경기침체를 불러왔음을 실증적 자료로 입증했다. 간단히 말해 당시 통화정책이 완전 실패했다는 것이었다.

통화주의자의 대부, 밀턴 프리드먼

사람들은 밀턴 프리드먼Milton Friedman: 1912~2006을 통화주의자의 대부로 많이 알고 있다. 틀린 이야기가 아니다. 케인스 경제학에서는 경제 상황에 따라 재정정책과 통화정책을 탄력적으로 운용할 것을 주문한다. 사실 이런 정부 정책은 1950년대와 1960년 초반까지는 효과가 있었으나 1960년대 후반과 1970년대에 이르러 효과가 미미했다. 소비자, 기업을 비롯한 경제주체들이 정부 정책을 미리 예견하고 자신들의 행동을 재빠르게 바꾸었기 때문이다. 그래서 인플레이션은 가속화되고 실물 경기도 침체에 빠졌다.

이런 총체적 난국에서 프리드먼은 통화정책을 경제 상황에 맞추어 마음대로 조정하지 말고 통화 증가율을 미리 정해 사람들에게 고지하고 그대로 실행에 옮기라고 역설했다. 이른바 K% 준칙$_{rule}$이었다. 시장의 불확실성을 줄이는 것이 무엇보다 중요하다고 보았기 때문이다. 이로 인해 1970년대에 통화논쟁$_{monetarist\ controversy}$이 뜨겁게 달구어졌다. 시카고대학에서는 프리드먼이 최전선에서 용맹하게 창을 휘두르던 선봉장이었다. 통화주의$_{monetarism}$ 용어는 프리드먼과 같은 입장을 취하던 로체스터대학의 카를 브루너$_{Karl\ Brunner}$가 만들었다.

프리드먼은 이론도 탄탄했지만 무엇보다도 논쟁의 고수였다. 자신의 주장을 알기 쉽고 명쾌하게 상대방에게 전달했고, 반박하는 상대방을 논리와 기세로 여지없이 격파했다. 그의 토론 능력은 그야말로 난공불락이었다. 그래서 1970년대 초중반 들어 통화주의가 완봉승을 거두고 1976년에 프리드먼은 노벨경제학상을 수상했다. 시카고학파가 이전에도 유명하긴 했으나 프리드먼 때문에 완전 유명해졌다. 화폐수량설이론$_{Quantity\ theory\ of\ money}$은 16세기부터 코페르니쿠스, 장 보댕, 존 로크, 데이비드 흄을 거쳐 꾸준히 발전해 왔는데 시카고 통화학파 시기에 전성기를 구가했다.

프리드먼은 1970년대에 와서 자연실업률 가설로 다시 한 번 진가를 발휘했다. 영국 경제학자 윌리엄 필립스는 1861~1957년에 걸친 영국 통계를 동원하여 명목임금 상승률과 실업률 간에 역의 상관

관계가 있음을 밝혔다. 명목임금 상승률과 물가 상승률은 비슷하므로 필립스 곡선은 실업률과 물가 상승률 간의 상충관계를 보여준 셈이었다. 정부 입장에서 보면, 실업률을 낮추려면 물가 상승률이 오르고, 물가 상승률을 낮추려면 실업률이 오를 수밖에 없었다. 그런데 프리드먼은 재정지출 확대로 수요를 늘려도 실업은 줄지 않고 인플레만 초래한다며 자연실업률 가설을 주장했다. 물가가 오를 것이라고 사람들이 예상하면 자신들의 행동을 바꾸기 때문이었다. 그래서 프리드먼은 섣불리 재정확대 정책을 구사하지 말라고 주문했다.

사실 프리드먼은 통화학자나 거시경제학자로만 유명했던 것은 아니다. 그의 학문적 배경은 통화 같은 거시경제학이 아니라 미시경제학이었다. 특히 소비함수 연구가 뛰어났다. 그는 항상소득가설을 개발해 경제학에 완전히 정착시켰다. 소비란 당시의 현재 소득에 의해서만 결정되는 것이 아니라 평생 버는 소득에 의해 훨씬 영향을 받는다는 것을 증명했다.

프리드먼은 시카고대학에서 Econ 301 과목을 줄곧 맡았는데, Price Theory가격이론 과목이다. 시카고대학에서는 미시경제학이라는 말을 잘 사용하지 않는다. 내가 공부할 때에는 프리드먼이 시카고대학에 있지 않았지만 그가 집필한 《Price Theory》 교재를 아직 지니고 있다. 이 교재는 책으로 정식 출간된 적은 없고 사본으로 학내 대학원 학생들에게만 배포되곤 했다.

프리드먼은 1946년부터 1977년까지 시카고대학에 있었는데 이 대학의 2기는 바로 프리드먼의 시기였다. 그가 터줏대감처럼 맡았던 Econ 301 과목은 베커에게 넘어갔다.

4
시카고대학 경제학과의
3세대

경제학 제국주의의 선봉장, 게리 베커

미시경제학과 거시경제학을 모두 아울렀던 프리드먼의 후계자는 두 사람이었다. 미시경제학에서는 베커, 거시경제학에서는 루카스였다.

2세대와 3세대에 걸쳐 활동한 게리 베커 Gary S. Becker: 1930~2014는 경제학 제국주의의 선봉장으로 사회학, 인구학, 범죄학에 큰 영향을 미쳤다. 그가 다룬 분야를 구체적으로 들자면 범죄, 차별, 결혼, 출산, 이혼, 취향, 마약, 중독, 인적자본, 교육 등 정말 광범위했다. 그는 경제학과에도 속해 있었고 사회학과에도 속해 있었다. 베커의 박사학위 지도교수는 프리드먼이었는데 그가 쓴 추천서를 한 번 보자.

"내가 시카고에서 6년 간 가르치는 동안 베커만큼 뛰어나거나 베커만큼 중요한 경제학자가 될 만한 학생은 접한 적이 없습니다. 이러니 베커가 귀하의 특별연구원 장학금을 받을만한 인재임에는 추호의 의심도 없습니다. 전 매년 베커만큼 뛰어난 후보를 찾을 수 있으면 참 좋겠습니다만, 이는 지나친 요구겠죠." - 게리 베커의 박사학위 지도교수, 밀턴 프리드먼의 추천서

내가 시카고대학 경제학과에서 유학할 때 베커의 강의를 여럿 들었는데, 그는 항상 만면에 웃음을 띠고 자신의 논리를 차근차근 친절하게 풀어냈다.

역사학에서 경제학으로 전공을 과감하게 바꾼 로버트 루카스

로버트 루카스Robert E. Lucas, Jr.; 1973~는 경제학에 입문하기 전에 학부에서 역사학을 전공했다. 역사를 열심히 공부하다 보니 인류 역사를 이끄는 진정한 추동력은 바로 경제라는 것을 실감하고 대학원에 가면서 경제학으로 전공을 과감하게 바꿨다. 우리나라에서는 역사학을 거쳐 경제학으로 전향한 사람이 드문데 루카스는 그렇게 했다.

시카고대학에서 박사 학위를 마친 후 카네기멜론대학을 거쳐 1975년에 시카고대학으로 돌아와 지금까지 있다. 수학도 잘 해서 수학을 이용한 논문이 많다. 그런데 어떤 사람들처럼 수학을 잔뜩 늘어놓는 방식이 아니라 자신이 제시하려는 핵심 메시지를 논리적으로 풀어내는 수단으로 핵심 수학을 적절히 이용한다. 그의 논문은 항상 압축되어 있다. 논문이긴 하나 글이 유려해 읽기가 편하다. 루카스의 대표 업적인 합리적 기대 가설도 그랬고, 화폐의 중립성도 그랬고, 정책 함수도 그랬다. 또 내생적 성장이론도 그랬다.

소비자를 비롯한 사람들은 어리숙한 바보가 절대로 아니라고 루카스는 믿었다. 경제주체들은 자신에게 주어진 정보를 가장 효율적

으로 이용하여 곧바로 예상을 한다는 것이었다. 사람들이 상황에 느긋하게 대응하는 적응적 기대adaptive expectations가 아니라 현명하게 즉각 대응하는 합리적 기대rational expectations를 강조했다.

- 적응적 기대 가설에 의한 가격 예측 : $P = P_{t-1} + p(P-P_{t-1})$
- 합리적 기대 가설에 의한 가격 예측 : $P = P^* + e$
  (P^*은 시장균형가격)

이처럼 가계, 기업 등 경제주체들은 경제정책 입안자들과 마찬가지로 충분한 정보와 미래에 대한 합리적 기대를 갖고 행동하므로, 정부의 재정금융정책은 한계를 지닐 수밖에 없다고 주장했다. 이를 통해 공공투자, 감세 등 재정정책과 통화공급 확대 등 금융정책을 통해 인플레 없이도 고용을 늘릴 수 있다는 케인스학파의 경제이론을 정면으로 비판했다.

1970년대 당시 소비자들은 인플레에 금방 적응해 행동을 바꿨기 때문에 정부는 온갖 정책을 구사했으나 실업을 줄이지 못하면서 속수무책 스태그플레이션만 번져 나갔다. 루카스의 이런 '합리적 기대' 주장은 당시 경제학계를 화들짝 놀라게 했다. 특히 케인스학파 경제학자들은 자신들의 치명적 허점을 제대로 찔려 좌절감만 가득했다.

시카고대학 경영대학원 교수였던 유진 파마는 합리적 기대 가설과 비슷한 논리로 효율적 시장 가설efficient market hypothesis을 이미 주장한 바 있다. 채권/주식 가격이 시장에서 이용 가능한 모든 정보를 반영하고 있지 못하다면 활용되지 않은 이익기회가 존재하여 채권/주식을 매매하여 시장평균수익 이상의 수익을 올릴 수 있다는 것이었다. 이 논리를 극단으로 적용하면 초과이윤을 올릴 수 있는 모든 기회들은 이미 이용되었기 때문에 금융시장에서의 가격은 모두 균형가격이고, 채권/주식 거래에서 얻을 수 있는 이익은 시장평균가격일 뿐이었다. 예를 들면 길에서 돈을 주을 횡재 확률은 매우 적다는 논리다. 그 이유는 어떤 사람이 실수로 돈을 흘렸다 하더라도 이미 누군가 그 돈을 주웠을 거라는 것이다.

루카스는 더 나아가 미시경제학과 거시경제학 사이의 심각한 괴리를 메우고자 했다. 당시 케인스학파는 나름대로의 거시경제학을 만들었으나 양자의 괴리를 그냥 방치하고 있었다. 예를 들면 미시경제학은 소비자의 효용극대화, 기업의 이윤극대화에 기반을 두고 있었으나, 거시경제학은 미시경제학에 기초를 두지 않았다. 다시 말하면 미시·거시 경제학은 두 집 살림을 하고 있었다. 그래서 루카스는 두 집을 한 집으로 만드는 거창한 리모델링 작업을 했다. 이른바 미시적 토대 거시경제학micro-foundation of macroeconomics이다.

루카스는 이 작업을 하면서 일반균형에 시간 개념을 넣고 불확실성의 확률까지 집어넣어 거시경제 계량모델을 만들었다. 동태확률일반균형DSGE모델이라 불리는데 워낙 방대한 작업이라 혼자 할 수 있는 일이 아니었다. 이 거시경제 계량모델을 만드는 데 크게 기여한 사람이 라스 핸슨이었다. 나는 루카스와 라스 핸슨의 강의를 많이 들었는데 루카스는 일찍이 1995년에, 라스 핸슨은 20여 년이 지난 2014년에 노벨경제학상을 수상했다. 라스 핸슨은 그야말로 수리모델 연구에 푹 빠진 너드nerd였다.

루카스는 노벨경제학상을 받기 10년 전부터 같은 대학 경제학 교수였던 낸시 스토키와 이미 사귀고 있었다. 그래서 루카스의 전처는 이혼계약서를 작성할 때 남편이 나중에 노벨경제학상 상금을 받으면 상금을 반반 나누기로 했다. 루카스는 혼자 수상했기 때문에 절반이라도 가져가서 다행이었다. 부인과 함께 공동수상한 셈이다. 그래서 사람들이 하는 말로, 합리적 기대 가설을 루카스가 개발했지만 실제로 이걸 최대로 활용한 사람은 전 부인이었던 것이다.

   1980년대에 루카스는 강의실에 수업을 하러 들어오면 오래된 가방에서 유리 재털이를 꺼내 교탁에 턱 올려놓곤 했다. 강의 중에 칠판에 계속 쓰면서 담배를 엄청나게 피우니 1시간 30분 강의가 끝나면 재털이에 담배꽁초가 수북이 쌓이곤 했다. 강의를 마칠 무렵에 재떨이를 봉지에 비운 다음에 깨끗이 닦아 가방에 다시 넣고 교실을 떠났다. 당시 사람들은 이구동성으로 말했다. "루카스가 노벨경제학상을 받기는 분명히 받을 거야. 담배 때문에 빨리 죽지만 않는다면 말이야." 다행히도 루카스는 1995년에 노벨상을 받고서 27년이 지난 2022년 현재까지도 멀쩡하게 생존해 있다.

시카고대학의 경영대학원, 법학대학원 등 다른 학과

   사람들은 '시카고학파 경제학' 하면 경제학과만 주로 생각하는데 법학대학원, 경영대학원, 사회학과도 시카고학파의 전통을 공유한다. 예를 들면 노벨경제학상을 받은 유진 파마, 리처드 탈러는 경영대학원 소속이고, 로널드 코스는 법학대학원 소속이었다. 시카고대학 법학대학원은 법경제학으로 특히 유명하다. 학과 간에 소통과 협업도 빈번하여, 각 학과에서 개설한 워크숍에 여러 학과의 교수와 학생들이 들어와 자유롭게 의견을 개진한다. 워크숍workshop이란 작업장 혹은 공방이라는 의미로, 제품을 만들고 수리하는 데에 필요한 도구들을 모두 제공하는 방을 말한다. 최근 들어서는 전문적인 기술이나 아이디어를 시험적으로 실시하거나 검토하는 연구회를 가리킨다.

시카고대학 출신으로 현직에 나가 활발한 활동을 벌인 인물은 많다. 경영대학원 교수를 하던 조지 플랫 슐츠George P. Shultz: 1920~2021는 닉슨 행정부에서 노동부 장관과 재무부 장관을 역임했고, 레이건 행정부에서 7년간 국무부 장관으로 재임하면서 당시 시카고대학 교수였던 앨런 윌리스와 케네스 댐Kenneth W. Dam: 1932~을 국무부 부장관으로 등용했다.

공인회계사였던 제임스 맥킨지James O. McKinsey: 1889~1937는 시카고대

〈표〉 분야별 시카고대학 경제학자

경제학 분야	주요 인물
금융경제학	밀턴 프리드먼, 짐 로리, 해리 마코비츠, 머튼 밀러, 유진 파마, 피셔 블랙, 마이런 숄즈, 리처드 탈러, 로버트 비시니
노동경제학	H. 그레그 루이스, 게리 베커, 알버트 리즈, 조지 플랫 슐츠, 셔윈 S. 로젠, 제임스 헤크먼
국제경제학	로이드 메츨러, 해리 G. 존슨, 로버트 먼델, 제이콥 프렌켈, 마이클 무사
농업경제학	게일 존슨, 즈비 그릴리케스, 마르크 널로브, 조지 S. 톨리, 야이르 문들락
거시경제학	로버트 루카스, 라스 핸슨, 폴 로머
법경제학	헨리 사이먼스, 아론 디렉터, 로널드 코스, 헤럴드 뎀세츠, 리처드 포스너, 케네스 댐, 윌리엄 랜디스, 로버트 보크, 헨리 만, 에드먼드 키치, 대니얼 피셸, 리처드 엡스타인, 앨런 사이크스, 랜들 피커, 더글러스 베어드, 캐스 선스타인

〈표〉 시카고대학의 다른 학과

학과	주요 인물	주장 내용
경영대학원	유진 파마, 리처드 탈러	효율적시장, 행동경제학
법학대학원	로널드 코스, 리처드 포스너	재산권, 반독점, 규제, 특허
사회학과	제임스 콜먼	사회적 자본
심리학과	미하이 칙센트미하이	몰입, 창의성

학 경영대학원 교수를 하다가 1926년에 경영 컨설팅사를 창업했다. 맥킨지는 1939년 하버드대학에서 로스쿨과 비즈니스스쿨을 졸업한 마빈 바우어 변호사를 영입하여 회사를 크게 키웠다. 이 회사가 바로 맥킨지사McKinsey&Co.로 보스턴컨설팅그룹, 베인앤컴퍼니와 함께 3대Big3 경영 컨설팅사를 이루고 있다. 1990년에 맥킨지 글로벌 연구소McKinsey Global Institute를 설립하였고 계간지로 〈맥킨지 쿼털리McKinsey Quarterly〉를 발간해 오고 있다. 포춘 100대 기업 중 3분의 2가 맥킨지 고객일 정도로 막강하다. 66개국 133개 도시에 지점을 두고 있는데 막상 본사는 없다. 직원으로 3만 8,000명을 두고 있는데 2021년 매출은 150억 달러다. 맥킨지는 비공개주의를 철저히 고수하기로 유명하다.

5

1980년대 이후
시카고학파의 영향력과 미래

　시카고대학의 탄생과정만큼이나 시카고학파의 영향력은 대단하다. 록펠러의 재원으로 하퍼가 학문적 우수성을 강조하는 연구 중심 대학을 만들겠다며 시카고대학이 설립된 이후 130여 년이 지난 현재 그들의 비전을 그대로 간직한 명문대학으로 성장하였다. 워크숍에서 과학적 근거에 입각해 얼마든지 비판할 수 있는 자유를 보장하는 학내 분위기는 매우 중요했다. 특히 경제학과는 1세대, 2세대, 현재의 3세대에 이르기까지 신고전학파 가격이론을 진정한 과학으로 인식하고 엄밀한 이론과 실증을 통해 경제학 발전에 지대한 공헌을 하였다.

　시카고학파는 1970년대 초반까지 전 세계를 장악하던 케인스학파를 밀어내고 신자유주의 이념을 미국, 영국 등 다양한 나라에 전파시키는 데 성공했다. 이들이 특히 영향력을 가질 수 있었던 것은 1970년대의 중동 석유 파동과 맞물린 스태그플레이션이라는 상황도 있지만, 당시 상황을 설명하는 치밀한 논리와 실증 분석, 효과적 소통이 결정적으로 중요했다.

스태그플레이션의 영향으로 미국 경제 악화를 우려한 로널드 레이건 대통령은 재임하던 1980년에서 1988년까지 시카고학파의 신자유주의에 입각하여 규제 철폐, 공기업 민영화, 노동시장 유연화 정책을 실시하였다. 레이건은 당대 시카고학파의 거장인 프리드먼의 철학으로부터 큰 영향을 받았다. 같은 시기 영국의 경우 대처의 보수당 정권도 거의 비슷한 정책을 선택하였다. 이처럼 영미권의 새로운 경제노선은 시카고학파가 부상하는 가장 큰 계기가 되었으며 세계화와 더불어 세력은 더욱 커졌다.

1980년부터 2008년까지 세계를 휩쓴 신자유주의

레이건 대통령은 취임사에서 "정부는 우리 문제의 해결책이 아니라, 정부가 문제다"라는 말을 했다. 비대해진 정부의 영향력과 민간 경제 간섭을 최소화하기 위해 노력했다. 이를 위해 정부 지출 증가율을 지미 카터 대통령 때에 비해 4.0%에서 2.5%로 줄였다. 또한 많은 세금 부담이 민간 경제에서 소비 및 생산을 둔화시키는 문제를 해결하기 위해 래퍼 곡선Laffer curve에 따라 세금을 대거 낮추었다. 예를 들어 개인의 최고 한계세율을 기존의 70%에서 28%로 낮추었다. 시장의 자율성 증대를 위해 다각도로 규제를 혁파했다. 석유, 천연가스, 케이블 TV, 장거리 전화, 주간州間 버스 서비스 및 해양 선적 등에 대한 가격통제 완화 및 제거가 그런 사례에 해당된다. 기본으로 돌아간 레이거노믹스에 힘입어 1980년대 미국경제는 급팽창을 거듭했다.

〈표〉 신자유주의를 지지한 각국의 집권 정당

- 1979~1990년 마가렛 대처(영국 보수당)
- 1981~1989년 로널드 레이건(미국 공화당)
- 1982~1998년 헬무트 콜(독일 기민당)
- 1997~2007년 토니 블레어(영국 노동당)

 1980년부터 시작해 2008년까지 신자유주의는 전 세계를 휩쓸어 나갔다. 신자유주의가 내건 정책의 핵심은 세계화, 탈규제, 민영화, 주주 우선, 노동 유연화였다. 영국 보수당의 마가렛 대처와 미국 공화당의 로널드 레이건이 이런 정책들을 펴나가면서 경제가 활짝 피자, 독일 기민당의 헬무트 콜이 이 정책을 이어받았다. 그리고 영국 노동당의 토니 블레어는 자기 당의 원래 색채와는 반대로 신자유주의 경제정책을 도입하여 영국경제를 급팽창시켰다.

 그러나 2008년 들어 미국에서 시작된 경제 위기가 전 세계를 뒤덮자 신자유주의에 대한 비판이 거세졌다. 그들이 주장했던 시장의 자유가 결국 부자 감세, 기업 독식, 금융회사 및 글로벌 기업들의 모럴 해저드, 빈부 격차 심화 같은 부작용을 나았으며 시카고학파의 이론을 비판하는 사람들이 점점 늘어났다.

 이러한 시대적 변화는 시카고학파가 혹시 지는 별은 아닐까 하는 의문을 들게 하지만, 여기서 다시 시카고학파의 위력을 느끼게 된다. 신자유주의를 주장하던 당시에도 이미 시카고대학에는 행동주의 경제를 연구하는 많은 교수들이 있었다. 행동주의 경제학의 대표적인

시카고대학교 전경

책 《넛지Nudge》의 저자인 리처드 탈러도 시카고대학의 행동과학 및 경제학의 석좌교수로 있다. 시카고대학 내에서의 다양성 및 자기 비판적 성향은 결국 새로운 상황에 맞는 이론을 연구하여 세상에 기여하고 있음을 다시 깨닫게 해준다. 끊임없는 도전, 열정, 연구정신, 자기반성이 시카고학파가 130여 년에 걸쳐 세계적 영향력을 행사한 근간이고 앞으로도 계속될 원동력이 아닐까.

시카고대학 심리학자 미하이 칙센트미하이는 정기적으로 자원봉사를 하는 사람들의 사망률이 봉사를 전혀 하지 않은 사람보다 1.5~2배나 낮았다고 주장했다. 그가 쓴 《몰입》을 보면 록펠러나 앤드루 카네기1835~1919 같은 유명 자선가들이 오랫동안 살았는데 기부 행위가 사람을 육체적으로 건강하게 만든다는 의견이다. 둘 다 1955년생인 스티브 잡스와 빌 게이츠 중에 기부 재단을 만든 빌 게이츠가 스티브 잡스보다 더 오래 사는 이유도 이것으로 해석하면 무리일까? 일생 동안 펼쳤던 일 중에 무엇이 가장 좋았냐는 질문에 록펠러는 "시카고대학 설립"이라고 거침없이 말했다.

#거래비용 #기업의_존재이유 #코스의_정리
#보이는손 #계량경제사 #신제도주의경제사학
#사후가정논증 #포용적제도

◆ 19강 ◆

주류경제학으로 제도를 새롭게 해석한 신제도학파

역사학파의 계보를 잇는 제도학파는 시간이 지나며 다시 갈라졌다. 제프리 호지슨이나 장하준처럼 기존의 제도학파를 잇는 신 구제도학파가 있고, 신고전학파의 주류경제학을 제도 연구에 적용한 신제도학파가 생겼다. 경제학과 법학(계약법), 경영학(조직이론)을 접목한 것인데 로널드 코스, 올리버 윌리엄슨이 대표적이다. 올리버 노스, 로버트 포겔처럼 계량경제학을 경제사에 접목한 계량경제사(Cliometrics)도 생겼다.

1
제도학파에 대한
신제도학파의 비판

　제도학파와 신제도학파의 차이는 '신新' 하나뿐이다. 어떻게 다를까? 제도학파는 베블런이 시작하여 1920년대에 웨슬리 미첼과 존 커먼스가 이어받아 체계를 잡았고, 1950년대 들어 클라렌스 아이레스, 존 모리스 클라크, 갤브레이스가 더욱 발전시켰다. 특히 갤브레이스는 《풍요한 사회》, 《미국 자본주의》, 《신산업국가》로 대중적인 인기를 한몸에 받았다. 선구자 베블런처럼 당시 미국 사회를 샅샅이 분석하여 때로는 조롱도 하며 통렬하게 비판했기 때문이다. 1950~1960년대는 미국 경제가 매우 풍요로웠던 때라 대기업은 기고만장 날뛰었고, 소비자들도 온갖 광고에 놀아나 돈을 펑펑 썼다. 그런데 신제도학파의 태두인 로널드 코스는 이런 제도학파를 통렬히 비판했다.

　"그들은 아무 것도 이루지 못했다. … 이론적 배경도 없는 상태로, 그들이 한

일은 이론화시키고자 하는 기술적인 자료들을 모은 것밖에 없다. 그러므로 현대의 제도주의자들은 그 세대로부터 선배를 찾아서는 안 될 것이다."

— 로널드 코스

제도학파 사람들이 제대로 성공하지 못한 것은 이들이 기존 주류 경제학을 무조건 적대시하여 비판만 했다는 점이다. 미국 사회를 엄청 비난하기는 했는데 대안 마련에는 약한 모습을 보였다. 자신들만의 엄밀한 이론 체계를 구축했냐 하면 그렇지도 못했다. 과거에 역사학파가 신고전학파로부터 비난을 받았던 상황과 비슷했다.

그래서 신제도학파는 나름대로의 이론 체계를 세우는 데 주력했다. 주류경제학은 제도가 이미 있다고 가정하고 경제 현상을 분석하는데, 신제도학파 사람들은 기업, 정부, 공동체 등 다양한 제도들이 어떻게 하여 만들어졌는지도 연구했다. 단 이때는 신고전학파의 분석 도구를 많이 활용하여 이들이 미처 다루지 않은 제도 영역을 정밀 분석하게 된다.

핵심 도구는 거래비용이었다. 거래비용이란 시장에서 거래를 이루는데 드는 암묵적 비용을 말한다. 우리가 무언가를 구매하려면 먼저 물건이 어디에 있는지 정보를 찾아야 하고, 구매하려는 물건이 얼마나 좋은지 알아보고, 하자가 발생하면 반품을 하든지, 피해보상을 받아내는 일을 해야 한다. 이런 탐색비용, 측정비용, 집행비용이 모두 거래비용에 들어간다. 거래비용을 줄이려면 사람이 직접 하지 않고 사람을 고용해 조직을 만들면 되는데, 이 역시 비용이 들기는 한다. 그래서 모든 것을 아웃소싱하는 경우와 조직을 만들어 일을 하는 경우를 비교해 선택하면 된다. 이런 식으로 조직의 탄생 과정을 설명한다.

제도institutions에는 기업, 헌법, 법률처럼 확실한 형태도 있고, 관습, 도덕, 신뢰, 문화처럼 눈에 잘 보이지 않는 형태를 띠기도 한다. 인간이 이런 제도를 만들고, 그 제도의 영향을 받으며 살면서 의사결정을 수시로 내린다.

로널드 코스는 〈기업의 본질〉(1937), 〈사회적 비용의 문제〉(1960) 논문을 통해 거래비용 이슈를 일찍이 던졌다. 사람들이 서로 거래를 하면서 드는 비용을 아끼고자 기업 조직을 만든다고 주장했다. 또 재산권을 제대로 만들면 거래비용 없이도 갈등과 외부효과를 모두 내부화할 수 있다고 주장했다. 이런 거래비용을 핵심 도구로 하여 제도가 자생적으로 생겨나는 당위성이 생겨나면서 공격 성향의 제도학파가 내실 위주의 신제도학파로 재무장했다. 제도 자체의 형성과정과 내부 구조에 대한 심층분석이 본격화된 것이다.

신제도학파 사람으로는 거래비용 이야기를 꺼낸 로널드 코스를 비롯해, 거래비용을 주축으로 하여 방대한 조직이론 체계를 구축한 올리버 윌리엄슨이 있다. 또 거래비용으로 공유지 공동체 문제를 해결한 엘리너 오스트롬도 있다. 이 세 사람은 모두 노벨경제학상을 수상했다. 신제도주의 경제학이라는 용어는 윌리엄슨이 1975년에 처음으로 만들었다. 또한, 경제사에 계량경제학을 가미한 신경제사 접근법으로 역사에 등장하는 제도 문제를 설명한 경제학자도 있다. 더글러스 노스는 로버트 포겔과 함께 신제도주의 경제사학의 선구자로, 두 사람 모두 노벨경제학상을 받았다.

2 신제도학파의 선구자 로널드 코스

    로널드 코스Ronald Coase: 1910~2013는 신제도학파의 선구자다. 원래 영국 출신으로 런던정경대학을 나와 주로 미국에서 활동했다. 1964년에 시카고대학 법대 교수로 부임해 그후 평생 시카고에 머물렀다. 1991년에 노벨경제학상을 수상했을 때 81살이었는데 103살까지 삶을 누렸다.

    코스가 약관 28살1938년에 썼던 논문 〈기업의 본질〉과 50살1960년에 썼던 논문 〈사회적 비용의 문제〉가 그의 평생 명성을 결정지었다. 그만큼 두 논문이 다른 사람들에게 두고두고 영향을 미쳤다는 이야기다. 주류경제학에서는 '기업'이라는 블랙박스 조직이 이미 있다고 가정하고 자기들의 논리를 열심히 전개한다. 우리 사회에 기업이 도대체 왜 생겨서 계속 존재하는가에 대해 제대로 설명도 하지 않고 말이다. 논리 체계치고 너무 치명적인 허점이 아닌가? 코스는 이런 허점을 파고 들어가 기업의 존재 이유를 그의 논문 〈기업의 본질〉에서 따졌다.

로널드 코스
출처 : Coase-Sandor Institute for
Law and Economics,
University of Chicago Law School

거래비용 개념으로 기업의 존재 이유 설명

간단히 말하면 이렇다. 시장이 가격기구에 의해 자원배분이 조정되는 곳이라면, 기업은 기업가와 계층조직을 통해 자원배분이 이루어지는 곳이다. 시장이라는 외부의 가격기구를 이용하여 경제행위를 수행하려면, 계약하려는 상대방에 대한 정보를 찾아 계약자와 협상하고, 계약서를 작성하고 계약을 체결한 후에 계약의 이행여부까지 점검해야 한다. 사실 이러한 복잡한 일들을 모두 해치우려면 시간을 포함해 탐색비용, 측정비용, 집행비용, 법률비용 같은 다양한 비용이 소요됨은 물론이다.

이처럼 여러 단계에 드는 거래비용을 모두 고려하면 기업을 직접 만들어 일하는 것이 오히려 경제적일 수도 있다. 기업은 직원을 직접 뽑아 내부의 위계질서를 통한 명령체계를 사용하면 더 효율적으로 일할 수 있다. 즉 가격체계로 모든 것을 설명하려는 주류경제학의 한계를 지적하고 거래비용 개념으로 대안을 멋지게 제시한 것이다.

'거래'를 중심으로 제도경제학을 정립해야 한다는 주장은 제도학파의 존 커먼스가 이미 언급한 바 있으나 코스는 거래비용으로 기업 존재 이유를 명쾌하게 설명했다. 그후 시간이 좀 걸렸으나 1960년대 들어 윌리엄슨이 《위계와 질서》에서 거래비용 이슈를 더욱 깊이 파고들어 조직경제학을 창시했다.

코스는 기업의 존재 이유 외에도 1960년에 발표한 논문 〈사회적 비용의 문제〉에서 이른바 '코스의 정리'를 정립했다. 협상에 거래비용이 들지 않고 소유권만 제대로 획정되어 있다면 계약 당사자끼리 자유롭게 협상하여 자원의 효율적 배분을 얼마든지 이룰 수 있다는 것이었다. 이는 자신의 행동이 다른 사람들에게 영향을 끼치는 사회적 문제를 해결하는데 정부가 구태여 개입하지 않아도 당사자들끼리 협상으로 얼마든지 해결할 수 있음을 의미했다. 영국 경제학자 아서 피구는 외부 효과가 있는 사회 문제는 정부가 개입하면 깔끔하게 해결된다고 주장했는데, 이 주장을 정면으로 반박한 셈이었다.

코스는 법적 판단도 효율성 관점에서 이루어져야 한다며 '법경제학' 영역을 처음 개발했다. 시카고대학 법대에서 〈법과 경제 저널 Journal of Law and Economics〉의 편집위원장을 초창기부터 맡아 그후 법경제학 분야 최고 학술지로 성장시키는 데 결정적 역할을 했다.

3

물리학의 마찰을
경제학의 거래비용에 비유한
올리버 윌리엄슨

기업은 보이는 손

　올리버 윌리엄슨Oliver E. Williamson; 1932~2020은 1932년 미국 위스콘신 주에서 태어나 MIT 학부에서 경영학을 전공하고 1944년 졸업 후 제너럴 일렉트릭GE에서 프로젝트 엔지니어로 일하면서 기업 조직의 생리를 터득했다. 1960년에 스탠퍼드대학에서 경영학 석사MBA를 하고 카네기멜론대학에서 경제적 지배구조 연구로 박사 학위를 했다. 펜실베이니아대학, 예일대학, UC버클리대학에서 교수를 지냈고, 경제적 지배구조 연구로 2009년 노벨경제학상을 수상했다.

　1975에 쓴 《시장과 위계Markets and Hierarchies》를 비롯하여 《자본주의의 경제적 제도들The Economic Institutions of Capitalism》(1985), 《거버넌스 메커니즘The Mechanisms of Governance》(1996)은 신제도학파 기업분석의 3부작이라 할 수 있다. 《Organization Theory: From Chester Barnard to the Present and Beyond》(1995)도 있다.

올리버 윌리엄슨
출처 : Prolineserver 2010,
wikimedia Commons
(cc-by-sa-3.0)

윌리엄슨은 어떤 거래는 기업 내부에서 이루어지고, 또 다른 어떤 거래는 시장에서 이루어지는지에 대한 이론을 만들었다. 그리고 한 소유자가 여러 기업을 가지고 있으면 거래비용과 불확실성을 줄여 시장실패 문제를 어떻게 해결할 수 있는지도 제시했다.

대기업의 당위성을 이론으로 증명

윌리엄슨에게 기업은 보이지 않는 손$_{invisible\ hand}$이 아니라 보이는 손$_{visible\ hand}$이었다. 시장이라는 가격기구에서 알아서 조정해 가격과 공급량이 결정되는 것이 아니라 기업 내부에서 사람들이 눈에 보이게 의사결정을 하기 때문이라는 것이다. 그는 대기업이 필요하고 효율적으로 운영된다고 주장하여 대기업의 당위성을 이론적으로 뒷받침해 주기도 하였다. 대기업은 일차적으로는 효율적이며, 기업 소유자는 물론 직원과 고객, 공급자 모두에게 이익이 되기 때문에 존재한다는 점을 논증했다. "대기업 규제가 대기업 해체나 기업 규모 제한보다 낫다"고 주장했다.

1968년에 발표한 논문 〈Economies as an Antitrust Defense〉에서 윌리엄슨은 한 산업 내 여러 기업들이 수평적으로 합병을 하면 시장지배력이 커져 가격이 올라가겠지만 효율성은 오히려 높아진다고 주장했다. 근거는 무엇일까? 합병으로 인해 줄어드는 비용이 높은 가격 때문에 소비자가 입는 손해보다 더 커서 경제 전체적으로 이익이 된다는 논리였다.

올리버 윌리엄슨에게 영향을 미친 사람들

경제학은 선택의 과학이라고 하는데, 윌리엄슨은 계약의 과학이기도 해야 한다고 주장했다. 재화 관점이 아니라 거래 관점에서 분석하면 기업 구조를 분석하기가 훨씬 명확해지기 때문이었다. 윌리엄슨은 거래비용학회를 만들어 기업이론을 더욱 발전시켰다. 그는 경제학과 경영학의 조직이론, 법학의 계약법 경계를 넘나들며 일을 했다. 윌리엄슨은 네 사람이 자신의 학문 체계에 영향을 미쳤다고 말한 바 있다. 존 커먼스, 코스, 사이먼, 하이에크가 바로 그들이다.

존 커먼스는 경제 분석의 단위는 거래여야 한다고 일찍이 주장했다. 어떤 조직의 효율성은 구성원들 사이에 협조의 정도에 따라 실현되는데, 이때 협조는 이해관계의 조화로부터 당연히 얻어지는 것이 아니다. 즉 갈등을 해소하여 협조로 성과를 얻어내려면 제도의 창출이 필요하며 이로써 집합행동의 규칙과 질서가 만들어진다. 코스는 거래비용이 있어서 기업이 존재한다고 주장했다. 기업의 존재 이유는 시장을 통한 거래에 비용이 들기 때문이고, 거래비용 절감을 위해 고용계약이라는 특수한 계약 형태가 등장하는데, 바로 여기에 기업의 본질이 있다는 것이었다.

사이먼은 거래비용의 존재와 계약의 불완전성으로부터 기업의 존재를 규명했다. 하이에크는 경제주체가 의사결정을 내릴 때 정보의 불확실성, 제한된 합리성이 존재한다고 주장했다. 거래의 조직화에서 경제주체가 갖는 합리성의 한계가 간과되어서는 안 된다. 효율적인 경제적 의사결정을 하는 데 필요한 대부분의 지식은 보편화된 언어로 표현할 수 없을 정도로 특수화되어 있고 암묵적 지식의 형태로 존재하는 경우가 많기 때문이다. 변화하는 경제적 상황에서 거래가 어떻게 적응해 나가는지를 밝히는 것이야말로 중요한 과제였다.

기업이라는 블랙박스 안으로 들어가면

경제학 교과서를 보면, 생산주체인 기업은 생산요소가 투입되어 생산물로 전환되는 생산함수에 불과하다. 기업이라는 블랙박스 안으로 비집고 들어가 안에서 어떤 일이 벌어지는지 궁금하지 않은가?

인간의 합리성이 완벽하고 모든 정보가 완전한 신고전학파 세계에서는 미래의 모든 가능한 상황 변화를 예측해 그에 대비하는 완벽한 계약 체결이 가능하므로 모든 경제행위를 거래비용 없이 시장에서 수행할 수 있다. 그러나 인간의 합리성은 제한적이라서, 미래를 정확히 예측하는 완벽한 계약을 체결하려면 엄청난 거래비용이 요구된다. 따라서 이러한 세계에서는 기업이라는 항구적인 조직을 만들어 계약 체결 당시에 미처 예측하지 못한 상황이 발생하더라도 집단 내부의 위계질서를 바탕으로 상급자가 하급자에게 지시를 내려 문제를 해결하는 것이 더 이득이 된다고 윌리엄슨은 주장했다.

어떤 경제행위가 순수한 시장거래를 통해 이루어지는지, 기업 내부의 위계질서에 바탕을 두고 이루어지는지, 아니면 제3의 가능성으로 계약자 간의 장기적 협동을 수반하는 관계적 계약을 통해 이루어지는지는 행위에 관련된 자산의 특수성에 의해 크게 좌우된다고 보았다.

생산에 특수한 장비가 기술이 요구되어 자산이 특수성을 띠면, 납품업체나 조립가공업체나 선택지가 좁아져 서로 예속되어 부담이 된다. 그래서 특수한 자산은 직접 생산하고, 일반 부품은 외부에서 조달하는 것이 좋다. 문제는 일반 부품의 품질이 떨어지는 경우가 많아서 조립가공업체가 특수한 부품을 자체 생산하는 수직적 결합의 길을 택하는 경우가 많다는 점이다. 이렇게 되면 수직적 결합으로 기업의 덩치가 커져 조직비용이 늘어나 효율성이 떨어지므로 조립가공업체와 부품업체가 독립성을 유지하면서 특수 부품을 생산, 구매하는 관계적 계약을 맺는 것이 득이 될 수 있다. 일본에서 특히 발달한 장기적이고 협동적인 하청관계가 좋은 예다.

어떤 경제행위가 시장계약을 통해 수행될 것인가, 기업의 위계질서에 바탕을 둔 조정을 통해 수행될 것인가, 관계적 계약 등 다른 제도를 통해 행해질 것인가는 생산비용과 거래비용을 고려하여 결정된다. 이처럼 시장, 기업, 관계적 계약 등 여러 가지 제도들이 갖는 상대적인 장단점은 생산비용 대비 거래비용에 의해 결정된다. 그리고 상대적인 거래비용은 거래에 관련된 미래의 불확실성의 정도와 관련 자산의 특수성에 의해 결정된다.

윌리엄슨은 오스트롬과 함께 2009년에 노벨경제학상을 수상하면서 이렇게 연설한 바 있다. "경제학에서 거래비용이란 물리학에서 마찰과 같다"라고. 어떤 의미일까? 공학과 경제학은 이상적인 상황에 대한 가정을 둘러싸고 큰 차이를 보인다. 공학에서는 마찰 없는 진공 상태를 가정하고 이론을 세우지만, 현실에 응용할 때에는 엄격한 가정을 무시하고 마찰 있는 현실을 분석한다. 경제학도 역시 마찰 없는 완전한 상태를 가정하고 이론을 세우는데, 현실로 돌아가서도 원래 가정을 그대로 유지한다. 따라서 공학에서 마찰의 역할을 하는 이론적 대응물을 경제학에도 세울 필요를 느꼈는데, 그것이 바로 거래비용이었다는 것이다. 매우 적절한 비유다.

4
'계량경제사' 말을 만든
더글러스 노스

경제사와 계량경제학이 만나는 신경제사로 주제를 옮겨보자. 대학교 학부에서 C학점을 받아본 적이 있는가? 지금 내가 소개하려는 더글러스 노스Douglass C. North: 1920~2015는 학부 평점이 C였다. 학생운동을 너무 열심히 했기 때문이다. 노스는 캘리포니아대학 버클리 분교를 다닐 때 마르크스주의를 신봉했다. 1941년 히틀러가 소련을 침공하자 공산주의를 싫어하던 사람들은 히틀러를 지지했지만 노스는 여전히 소련을 지지했다. 공부 욕심이 많아서 학부에서 전공을 정치학, 철학, 경제학에 걸쳐서 했다. 전선이 넓었던 노스는 졸업할 때 C학점에 만족해야 했다.

노스는 2차 세계대전을 지지하지 않았기에 군복무 대신에, 상선을 타고서 항법사 일을 했다. 여기저기를 다니니 사진 찍는 일을 취미로 삼게 되어, 나중에 자신의 직업으로 사진과 경제학 중 무엇을 선택할지 고민을 많이 했다. 1952년에 UC버클리대학에서 경제학 박사 학위를 받고, 시애틀에 있는 워싱턴대학에서 교수직을 시작한다. 1960년부터 1966년까지 〈경제사저널〉의 공동편집인을 맡으면서 '계량경제사Cliometrics'라는 말을 널리 퍼뜨린다. 1972년에는 경제사학회 회장, 1975년에는 서양경제학회 회장을 맡았다.

신경제사는 계량경제사, 역사경제학

1950년 말부터 경제사에 새로운 조류가 생겼다. 신경제사New Economic History인데 이른바 계량경제사Cliometrics다. 클리오Clio는 역사의 뮤즈muse 이름이다. 기존 역사학은 서술 수법과 간단한 모형과 도표로 설명하면서 정성적, 문화기술적 접근방법을 주로 취했다. 반면에 새로운 역사학은 정량적 데이터로 측정 가능한 분석을 중시하여 계량적, 체계적 접근으로 경제사를 연구하자는 것이었다. 다시 말하자면 경제이론, 통계방법, 수학모델을 활용해 역사의 경제적 측면을 연구했다. 이른바 역사경제학historical economics이었다. 레이 캔터베리E. Ray Canterberzy는 "수학이 경제학을 경직시켰으나 역사는 수학에 의한 경제학의 사후강직을 막아주었다"라는 말을 한 적이 있다.

노스는 1960년대 후반에 유럽 경제의 장기 경제변동 연구를 시작하면서 신고전학파 경제이론을 이용하려고 했다. 그런데 중세 이후 사회 변화 설명에 신고전학파이론이 적합하지 않아 새로운 도구로 제도학파 경제학을 대안으로 사용하게 되었는데, 훨씬 잘 맞았다. 그래서 랜스 데이비스와 함께 1971년에 《제도변화와 미국의 경제성장》을 발간했고, 로버트 토머스와 함께 1973년에 《서구세계의 성장》을 발간했다. 1981년에는 《경제사에서의 구조와 변화》가 나왔다.

노스가 장기 경제사 연구를 해보니 개인적 신념이 사람들의 선택에 매우 중요하다는 사실을 알게 되었다. 그리고 장기적으로 경제성장을 이룩할 수 없는 결과를 낳은 제도의 이유를 설명하는 이론을 발전시키게 된다. 제도의 근원을 다루고 설명하는 정치경제모델을 발전시킨 것이다. 연구 결과물로 1990년에 《제도, 제도변화, 경제적 성과》가 나왔다.

노스는 이 책에서 사람들이 어떻게 선택을 하며, 어떤 조건 하에서 합리성 가정이 유용한 도구이며, 불확실성과 모호한 조건하에서 개인들이 어떻게 선택하는가를 밝혔다. 그리고 공산주의라든가 이슬람 근본주의 같은 이데올로기가 어떻게 사람들의 선택을 지배하고 장기간에 걸쳐 경제를 진화시키는지 이유를 설명하고자 했다. 이처럼 노스는 종래의 경제사의 틀을 넘어서 제도변화의 경제학에 초점을 맞추었다.

신제도주의 경제사학을 만든 더글러스 노스

노스는 제도를 '사회에 적용되는 게임 법칙'으로 정의한다. 공식적인 제도로는 헌법, 법률, 재산권이 있고, 비공식적인 제도로는 관습, 제재, 금기, 전통, 행위규범(행동강령)이 있다. 인간이 제도를 만들지만 일단 만들어진 제도는 인간 사이의 상호작용에 엄청난 영향력을 미친다. 제도는 개인의 행동을 제약하기도 하고 인센티브로 자극하기도 한다. 제도 변화는 사회가 진화하는 양식을 구체화하기 때문에 우리가 역사 변화를 이해하는 중요한 열쇠가 된다. 이처럼 노스는 계량경제사에 제도경제학을 도입하여 '신제도주의 경제사학'이라는 독보적인 경제사 연구방법론을 개척했다. 재산권, 거래비용, 시장의 제도적 근거, 역사 속 경제조직, 개발도상국의 경제발전이 그의 연구 주제였다.

제도학파 경제학자에게 주는 상으로 존 커먼스 어워드가 있는데 노스는 1991년에 경제사가로서는 처음으로 수상했다. 그리고 2년 후에 로버트 포겔과 함께 노벨경제학상을 수상했다. 1997년에는 코스, 윌리엄슨과 함께 신제도경제학 국제학회ISNIE를 설립했다.

노스는 사회의 제도를 장기 경제성장의 근본 요인으로 보았다. 그리고 서구 경제발전의 근본 원인을 시장경제라는 효율적 제도 창출 성공에서 찾았다. 경제적 성취는 한 나라의 자원이 어디에 사용되느냐에 달려 있는데, 자원이 생산적인 곳으로 흐르도록 하는 제도를 가진 나라는 성장할 수밖에 없다. 반면에 비생산적인 일에 몰두하고, 권력으로 부를 축적하는 나라는 경제가 성장하기 어렵다.

그러면 시장경제가 왜 효율적일까? 자율성에 기초하기 때문이었다. 시장경제란 수요자와 공급자가 자발적 선택으로 교환을 하고, 그 결과를 스스로 책임지는 체제다. 따라서 자발적 교환 이후에 양 당사자의 효용이 증가한다. 시장경제에서는 이러한 자발적 교환이 많아질수록 사회 전체의 후생이 증가한다. 즉 시장경제는 자발적 교환 체제이므로 효율적이다.

5
사후가정 논증으로 역사를 연구한
로버트 포겔

　이 세상에는 많은 제도가 생겼다 사라지곤 한다. 이 수많은 제도들 중 사람들이 혐오스러워 하는 제도가 있다. 바로 노예제도다. 미국에서 남북전쟁이 진행되던 1863년 1월 1일에 링컨 대통령은 노예해방선언을 전격 발표했다. 흑인의 인권을 유린하던 노예제도는 진즉 없어져야 할 제도인데 링컨이 용감하게 노예 해방을 터뜨렸다며 이를 대단한 선언으로 우리는 이해하고 있다.

　그런데 알고 보면 이 선언은 남북전쟁을 북군에게 유리하게 이끌도록 하는 전술의 하나였다. 남부에서 일하던 흑인 노예들을 자극하여 북부로 넘어오도록 유인하려는 것이었다. 당시에 실제로 남부의 노예 수십만 명이 자유를 찾아 북군 자유 지역으로 넘어와 공장 노동자로 일을 하거나 북군이 되어 남군을 상대로 싸웠다. 더구나 남부의 플랜테이션 농업은 노예노동을 기반으로 하고 있어서 노예 이탈은 남부 지주들에게 크나큰 타격을 주는 조치였다. 그런데 실제로 남부의 노예제도는 얼마나 수익성 있는 제도였을까?

남부 노예의 생산성과 노동조건이 북부 노동자보다 낫다?

1960년대까지만 하더라도 학계에서는 남부의 노예제도가 비효율적이라 수익성이 나지 않았고 남북전쟁이 일어나기 이전부터 하강세였다고 많이 생각했다. 로버트 포겔Robert W. Fogel: 1926~2013과 스탠리 엥거만Stanley Engerman은 이런 주장이 정말 맞는지 각종 데이터를 대거 수집하여 정밀 분석을 해보았다. 1974년에 출간된《시간의 횡단: 미국 흑인노예의 경제학》에는 충격적인 내용이 실려 미국 사회를 떠들썩하게 만들었다.

남부와 북부의 노동생산성을 계산해 보니 남부 노예의 생산성이 북부 노동자보다 35% 더 높게 나왔던 것이다. 남부 노예들의 노동조건도 북부 공업단지의 노동자보다 오히려 좋았다. 다시 말하면 미국 남부의 노예제도는 경제면에서 효율적으로 잘 운영되고 있었는데 링컨이 북부의 도덕성을 강조하려는 정치적 이유와 남부를 교란시키려는 전술로 노예제도 철폐를 선언한 것이다.

당시까지만 해도 기존 견해는 남북전쟁이 없었더라도 남부의 노예제도 농업은 생산성이 떨어지고 있어서 결국 언젠가는 사라졌을 것이고, 남북전쟁은 단지 몰락 시기를 약간 앞당겼을 뿐이라는 것이었다. 노예제도에 대한 포겔의 주장은 당시에 개빈 라이트와 피터 테민과의 학술적 논쟁을 일으켰고 인종차별 문제로도 비화되어 큰 사회문제로 대두되기도 했다. 이처럼 포겔의 주장은 계속 논란을 일으켰으나 현재 학계에서 정설로 받아들여지고 있다.

포겔은 노예제의 수익성 주장 외에 19세기 후반 미국 철도의 중요성에 대해서도 반박했다. 우리는 아직도 19세기 후반 미국의 철도는 대륙횡단철도 덕분에 수송비를 절감하고 미국 중서부와 서부, 남부 개척에 도움을 주어 미국 경제 성장에 크게 기여한 것으로 알고 있다. 하지만 모든 것에 의문을 던지던 포겔은 철도 산업에 대한 방대한 자료를 분석하여 예상치 못한 결과를 내놓았다.

포겔은 1840년과 1890년을 비교하면서 만약 미국에 철도가 부설되지 않았다면 경제에 얼마나 타격을 주었을 지를 추계했다. 그는 농토의 가치는 똑같다고 전제하고 철도를 부설하지 않았다면 생기는 비용 절감, 그리고 하천을 이용한 운하 건설에 드는 추가 비용을 계산해 냈다. 그리고서 농산물 수송비 감소로 인해 1890년의 경제총액GNP은 실제 수준에 비해 2.7% 하락에 그쳤을 것이라고 주장했다. 2.7%가 큰지 적은지는 사람에 따라 평가가 달라질 수는 있으나 생각보다 하락폭이 적다는 것은 분명해 보였다. 당시 미국 성장률로 보면 1년만에 따라잡을 수 있는 규모였다. 이 계산에서 비농산물은 포함하지 않았다. 이 철도 분석 작업은 포겔의 1963년 존스홉킨스 대학 박사학위 논문을 토대로 하여 1964년에 《철도와 미국의 경제 성장》으로 발간된 바 있다.

이처럼 포겔은 역사적 사실을 뒤집어 다시 생각해보는 '사후가정 논증'을 펼쳐 역사 연구를 새롭게 했다. 물론 엄청난 자료 수집과 다양한 상황 전개를 유추하여 실제역사와 가상역사를 비교하는 피나는 노력이 요구된다. 포겔은 제도변화, 기술혁신, 정부정책 변화가 경제에 어떤 영향을 미치는가에 항상 관심을 기울였다.

6
포용적, 착취적 제도를 비교한
대런 애쓰모글루

　국가 발전의 직접적인 원인은 크게 보면 물적자본, 인적자본, 기술의 차이에 있다. 하지만 보다 근본적인 원인이 있지 않을까? 지리 가설, 문화 가설, 제도 가설 등 다양하다.

　지리, 기후, 생태환경의 차이가 각국 번영의 차이를 결정한다는 지리 가설을 보자. 척박한 토양, 높은 낮 기온, 항해 가능한 강이 없고 전염병이 잦으면 나라의 번영을 기약하기 힘들다는 주장이다. 주창자로는 몽테스키외Charles-Louis de Secondat: 1689~1755, 알프레드 마셜, 제프리 삭스Jeffrey Sachs: 1954~가 있다.

　문화 가설도 있다. 공유하는 특정 경험이나 종교적 가르침, 가족적 유대의 강도, 암묵적 사회적 규범이 다르면 사람들이 인센티브에 대해 달리 반응한다는 것이다. 개인과 사회의 가치와 선호, 신념의 핵심 결정요인이 바로 문화다. 일찍이 막스 베버는 앵글로색슨 신교도 문화와 이베리아 가톨릭 문화를 비교했고, 새뮤얼 헌팅턴Samuel

미국 애리조나주와 멕시코 소노라주의 노갈레스 지역

미국 – 멕시코 국경 울타리가 소노라주 노갈레스(왼쪽)와 애리조나주 노갈레스(오른쪽)를 가르고 있다. 사진을 보면 미국(오른쪽)은 잘 포장된 넓은 도로와 벽돌로 잘 지어진 공장 건물들이 많은 반면, 멕시코(왼쪽)는 비포장 도로와 판넬 형태의 지붕, 낡은 건물들이 눈에 띈다.
출처 : 2008, Elnogalense, wikimediacommons

Huntington: 1927~2008은 한국 유교 문화와 아프리카 가나 문화를 비교하며 국가 발전의 차이를 설명했다.

제도 가설도 있다. 지리나 문화는 같아도 제도가 다르면 번영 여부를 좌우한다는 것이다. 한밤중에 하늘에서 한반도 위성사진을 찍으면 남북한의 불빛에 커다란 차이가 보인다. 구한말로 거슬러 올라가 착취를 일삼던 조선과 노력만 하면 농작물 수확을 많이 가져갈 수 있었던 간도를 비교해보면 같은 조선인이라도 눈빛이 달랐음을 우리는 잘 알고 있다.

미국과 멕시코로 나뉘어 있는 노갈레스 지역도 마찬가지다. 1821년 멕시코가 스페인에서 독립을 하고서 1853년 미국의 주멕시코 공사 제임스 개즈넌이 멕시코로부터 애리조나와 뉴멕시코 남서부를 매입해 국경을 설치했다. 이로 인해 노갈레스는 장벽 하나를 두고 미국 애리조나주와 멕시코 소노라주로 나뉘었는데 항공사진을 찍어보면 현재 두 지역의 발전 상태가 확연하게 다르다.

유럽을 보자. 체코슬로바키아와 오스트리아는 1948년에 비슷한 1인당 GDP에서 출발했는데 공산주의와 자본주의로 제도가 달라 양국의 격차는 계속 벌어졌다. 1989년에 체코슬로바키아의 공산체제가 시장경제로 이행되었고 1993년에 체코와 슬로바키아도 분리되었다. 그래서 지난 30년 동안 슬로바키아는 체코를, 체코는 오스트리아를 급추격하고 있다. 제도가 비슷해지면 생활수준이 수렴한다.

번영을 가져오는 포용적 시장경제제도가 매우 중요

제도는 간단히 말해 사회의 게임 규칙이다. 사회의 구성원인 개인들이 만드는 제도는 법이나 규제로 개인의 행동을 제약하지만, 인센티브로 개인의 행동을 부추기도 한다. 경제성장의 원인은 도대체 무엇일까? 노동투입, 자본축적, 기술혁신이 경제성장의 원인이기도 하지만, 보다 근본적인 원인은 생산요소들을 효율적으로 활용하고 결합시키는 시장경제라는 효율적 제도 창출에 있다.

제도 가설을 믿는 대런 애쓰모글루Daron Acemoglu: 1967~ 는 포용적 경제제도는 번영을 가져오지만, 착취적 경제제도는 그렇지 못하다고 주장한다. 포용적 제도란 안전한 재산권을 제공하는 경제제도로 민

 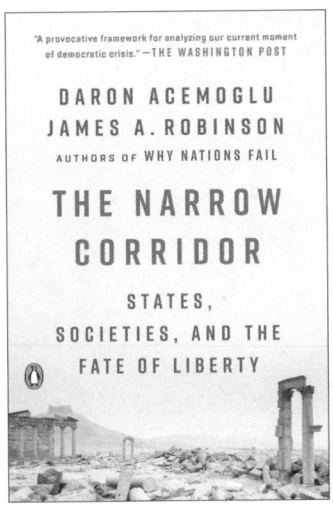

애쓰모글루 MIT교수는 《국가는 왜 실패하는가》, 《좁은 회랑》으로도 유명하다.

간의 계약과 금융을 허용하고 촉진하며 다양한 사업과 직업에 비교적 개방적이고 자유로운 진입을 유지하는 사법 시스템을 말한다. 대조적으로 착취적 제도란 불안전한 재산권, 편향된 사법 시스템으로 대부분의 사회구성원들의 희생 위에서 일부 소수의 소득과 기업을 보호하는 진입장벽을 만들어내는 시스템을 말한다. 두말 할 필요없이 우리는 포용적 제도를 더욱 발전시켜 나가야 한다.

《경제학원론》(2판)을 쓴 애쓰모글루 MIT교수는 《국가는 왜 실패하는가》, 《좁은 회랑》으로도 유명하다. 노벨경제학상 후보로 자주 거론된다.

#정부실패 #대의민주주의투표 #만장일치 #다수결
#최적다수제 #점수투표제 #헌법정치경제학
#이익집단 #집단행동 #공유지의_비극

◆ 20강 ◆

이기적 공직자를 전제로 한 공공선택학파

개인이 선택하는 것을 사적 선택이라 한다면 정부 같은 공공부문이 선택하는 것을 공공 선택이라 한다. 이 두 가지 경우 선택의 기준과 과정이 같을까? 다를까? 신고전학파 경제학에서는 이기심을 총동원하여 선택하는 개인이 정작 관료가 되면 공복(public servants)으로서 사익을 버리고 사회후생을 극대화하도록 공익을 위해 정책을 선택한다고 보았다. 똑같은 사람인데 정말 그렇게 행동이 달라질 수 있을까? 공인이라고 과연 자신의 미래, 가족, 친구, 커뮤니티를 무시하고 행동할까? 이런 근본적인 질문을 던지며 민주주의 체제에서 공공부문의 의사결정 과정을 집중 연구하는 학파가 공공선택학파다. 드디어 정치경제학이 새 모습으로 도래했다.

1
경제는
정치의 시녀

하비 로드의 전제가 과연 맞나?

케인스학파 이야기를 하면서 '하비 로드의 전제'를 꺼낸 바 있다. 영국 케임브리지 시의 하비 로드 6번지 집에서 태어나 살았던 존 케인스는 정부 정책을 구사하는 관료들이 자신의 사리사욕을 채우지 않고 공평무사하다는 전제하에 정부 역할 증대를 강조했다는 것이다. 사실 엘리트주의자였던 케인스는 혈통, 가문, 재산 등으로 특권이 인정된 지적인 귀족들이 통치하는 사회체제를 옹호했다. 케인스 평전으로《The Life of John Maynard Keynes》를 썼던 로이 해로드Roy Harrod가 '하비 로드의 전제'라는 말을 만들었다. 일찍이 17세기에 혈액순환설을 제기했던 의사 윌리엄 하비William Harvey를 기리기 위해 이름이 붙여진 길이다.

그런데 과연 이 전제가 현실적으로 맞을까? 행정부 공무원은 물론이고 사법부, 입법부 공무원이나 정치가로 확장해도 맞을까? 물론 서비스 정신이 넘쳐 자신들이 국민의 종$_{servant}$이라는 생각을 하는 공무원도 일부 있을 것이다. 하지만 우리는 뉴스를 통해 그렇지 못한 경우를 너무나 많이 본다. 정치인은 기업으로부터 뇌물을 잔뜩 받고서 특혜를 펑펑 주곤 했고, 정부 지출을 잔뜩 늘려 유권자 환심을 얻기에 급급하다. '검찰공화국'이라는 표현이 알려주듯, 우리나라 검찰의 검사들은 자신들의 특권과 이해관계를 지키려고 아성을 쌓고 자신들을 무너뜨리려는 모든 공세를 무력화시켜 왔다. 검사 개인이 돌출행동을 하면 검찰 내부에서 왕따를 당해서 심각한 불이익을 당한다는 것을 안다. 그래서 검찰은 철저하게 집단행동을 벌인다. 앞에서는 공익을 내세우지만 알고보면 뒤로는 사익을 추구하는 이익집단 모양새다.

현실은 이처럼 혼탁한데 주류경제학에서는 정책 집행자의 정치성이나 이기심에 대해서는 아예 관심을 두지 않았다. 주류경제학은 애덤 스미스를 추종하며 인간은 사익을 추구한다고 항상 외치지 않았던가. 그러면서 이기적인 사람이 정부에만 들어가면 갑자기 사회 안녕을 위해 열심히 일하는 공평무사한 인간이 된다고? 어떻게 인간이 이처럼 정신분열증 환자, 이중인격자가 될 수 있을까?

공무원도, 정치가도 지대를 추구하는 이기적 경제인간

제임스 뷰캐넌이 이런 근본적인 질문을 던지며 경제학을 연구하다가 내린 결론은, 개인은 사적 영역에서도 이기적 경제인간이고 공적 영역에 들어와서도 역시 이기적 경제인간이라는 것이었다. 지주가 자신이 소유하는 부동산에 대해 지대$_{rent}$를 추구하듯이, 공무원은 자신의 권한을 이용하여 지대를 추구하는 사람에 불과했다. 예를 들면 정책 집행자는 조직 내에서 승진을 원하거나 직책상 특권을 챙기고 정치가는 지역구에서 당선이나 재선을 바라며 공공업무를 수행한다는 것이다.

우리는 정치를 아무리 비난해도 정치가 국가체제에서 가장 상위에 있음을 부인할 수는 없다. 돈이 아무리 최고라 해도 경제 위에 정치가 있게 마련이다. 권력을 가진 정치가가 우월한 정보와 법 집행력으로 경제인들을 휘두르면 이들은 당하지 않을 수 없다. 러시아에서 신흥재벌을 말하는 올리가르히oligarch가 아무리 재력을 가졌더라도, 우크라이나 전쟁에 반대하면 그 자신과 가족이 푸틴의 말 한마디에 파리 목숨에 불과하다. 독재국가에서는 너무나 당연하고 민주국가에서도 이를 막기는 힘들다. 정부가 재벌이나 대기업의 탈세, 탈법, 비위 사실을 가지고 있다가 터뜨리면 재벌도 고개를 숙일 수밖에 없다.

그래서 경제는 정치의 시녀라 불리기도 한다. 기업인은 당하지 않으려고 또 잘 보이려고 협회, 로비 단체 같은 여러 채널을 통해 행정부, 입법부, 사법부, 대통령에 줄을 댄다. 그러면 공무원, 정치가들은 여러 우호적인 정책을 통해 기업인들에게 혜택을 베푼다. 공무원 자신들도 나중에 혜택을 보려면 현직에 있을 때 잘해줄 필요가 있기 때문이다. 이처럼 현실에서는 공무원의 공정성에 대한 시비가 끊이지 않는다. 그런데 주류경제학은 정부에 대해 언급할 때 공무원의 사익 추구와 민주주의 방식의 정치 체제를 전혀 거론하지 않는다. 정치경제학을 도외시한 주류경제학의 근본적인 한계다.

```
   시장실패          정부의      정부실패
                   시장 개입    (민주주의 실패)

 - 불완전경쟁(독과점)         - 관료제
 - 불확실성 및 불완전 정보    - 불완전 정보
 - 외부성(외부효과)           - 민간부문 반응의 통제 불가능성
 - 공공재(비배제성)           - 정치적 과정의 제약
```

〈그림〉 시장실패 vs 정부실패

시장실패보다 훨씬 무서운 정부실패

주류경제학에서는 기업이나 소비자 같은 소비주체들이 알아서 시장을 통해 경제 운영을 하고, 문제가 생기면 정부가 개입한다고 강조하고 있다. 예를 들면 산업에 독과점이 발생하거나 한 사람의 행동이 다른 사람에게 영향을 미치는 외부성이 발생하면 시장실패가 생기니 정부가 시장에 적절히 개입하여 교정한다는 논리다.

하지만 시장실패 못지않게 정부실패가 존재한다. 정부 개입이 기대했던 효과를 내지 못하고 오히려 악화시키기도 하기 때문이다. 아무래도 정부는 개입하려는 문제에 대해 지식과 정보가 부족해 잘못된 판단을 내릴 수 있다. 그리고 개입 과정에서 이득을 보는 사람도 있지만 손해를 입는 사람도 있어서 복잡한 이해관계를 조정하다 보면 정책이 엉뚱하게 변질되기도 한다. 또 공무원들이 공무수행 과정에서 공익보다는 사익을 챙기느라 수상한 정책이 집행되기도 한다. 사실은 시장실패보다 훨씬 무서운 것이 정부실패인데, 주류경제학에서는 시장실패만 주로 거론할 뿐 정부실패는 별로 언급하지 않는다.

2 공공선택학의 선구자, 제임스 뷰캐넌

경제학과 민주정치의 접목

공공선택론은 경제학의 원리와 방법으로 정치 과정을 분석하는 이론이다. 시장에 생산자와 소비자, 고용자와 피고용자가 존재하듯이 공공부문에도 정치가, 관료, 특수 이익집단, 투표자가 존재한다고 가정하고 이들의 행태를 경제학적으로 분석한다. 주류경제학은 정치적 과제를 외면하고 과정보다는 최종 결과에만 집착한다. 주류경제학의 사회적 선택이론은 사회후생함수의 극대화를 추구할 뿐 정치를 교환으로 보지 않으나, 공공선택론은 교환 개념으로 정치를 설명한다. 공공선택public choice은 사적선택private choice과 대비되는 개념이다.

공공선택론에는 조직이 하나의 유기체로 혼자 알아서 선택하지 않는다. 조직 구성원들이 각각 개인으로 선택을 한다. 단, 인센티브와 제약하에서 선택을 하고 이런 선택들이 취합된다. 따라서 공공선택론에서 선택의 주체는 여전히 개인이다.

주류경제학	공공선택학파
정치적 과제 외면	경제적, 정치적 과제 동시 중시 - 정치 제도가 경제 정책에 미치는 영향 관심 - 비시장적, 정치적 의사결정 과정
과정보다는 최종 결과에 초점	과정(적절한 규칙과 절차 확립)에 초점 - 투표에 의한 의사결정 과정
사람들이 사적 영역에서만 개인 이익 추구 - 공공정책 관련해 공익/사익 추구가 상충되면 개인은 공익 추구	사람들이 사적/공적 영역에서 개인 이익 추구
재정론(Public Finance, 리처드 머스그레이브) - 자원배분, 소득분배, 경제안정화에 개입	공공선택론(Public Choice, 제임스 뷰캐넌) - 국가활동의 경제적 성격 연구

〈그림〉 주류경제학 vs 공공선택학파

제임스 뷰캐넌James M. Buchanan; 1919~2013은 정부에 대한 경제이론은 정치적 기초 위에 정립하는 것이 절대로 필요하다고 역설했다. 정치적 기초는 과정지향적이라서, 경제정책 수립 관련해 적정한 규칙 확립이 필요하다는 것이었다. 스웨덴의 빅셀은 일찍이 1896년에 〈재정이론연구〉에서 정부와 시민 간 법적인 경제 연결고리에 대해 언급하면서 1인 1표 직접 민주주의 정치 체제에서는 특정 정부 정책의 수용여부를 만장일치 방식으로 결정하라고 주문한 바 있다. 대학원 시절에 빅셀을 섭렵한 바 있던 뷰캐넌은 정부와 시민 간 경제 연결고리로 빅셀의 방식을 채택했다. 만장일치제도에서는 누구도 손해를 보지 않으며 사람들은 자신들이 원하는 정부 정책만을 갖게 되므로, 합법적 연결고리이며 파레토 최적이다. 문제는 만장일치 실행이 현실적으로 거의 불가능하다.

뷰캐넌은 공공선택론, 헌법정치경제학을 창시한 인물이다

그래서 뷰캐넌은 국가 헌법이 헌법회의에서 만들어질 때, 딱 한 번만 만장일치가 이루어지면 된다고 강조했다. 현재 미국에서 헌법수정안이 통과되려면 하원·상원에서 3분의 2 찬성, 50개 주에서 4분의 3 찬성이 필요하다. 1913년에 16차 헌법 수정이 비준되면서 소득세 신설이 허용된 바 있다. 뷰캐넌은 대규모의 재정적자 방지 조항을 헌법 개정안에 집어넣어야 한다고 주장한 바 있다.

헌법정치경제학을 창시한 제임스 뷰캐넌

이처럼 뷰캐넌은 공공선택론, 더 나아가 헌법정치경제학을 창시한 인물이다. 그는 어떤 환경에서 성장했기에 이런 독특한 분야를 개발했을까? 어렸을 때 가정환경이 정치와 아주 관련이 많았거나 아니면 추잡한 정치로 인해 피해를 많이 본 집안 아닐까?

뷰캐넌은 대도시 출신이 아니었다. 1919년 미국 테네시주 머프리즈버러에서 스코트 - 아이리시 가문에서 태어났다. 아니나 다를까 그의 할아버지인 존 뷰캐넌John P. Buchanan은 1890년대에 테네시주 주지사를 지냈다. 그의 아버지는 평범했는데 제임스 뷰캐넌은 1940년에 미들테네시주립대학(당시는 미들테네시주 사범대학)에서 학부를 나오고 1941년에 테네시대학원에서 경제학 공부를 했다. 젊은 시절에 사회주의에 기웃거리기도 했는데 나중에 우파로 선회했다. 2차 세계대전 당시였던 1941~1945년에 해군 장교로 니미츠 제독의 참모를 지내고 나서 시카고대학으로 들어와 나이트의 애제자로서 1948년에 박사 학위를 받았다. 당시에 스톡홀름학파를 세운 빅셀의 책을 보고 전율했다고 한다.

그후 1948년부터 테네시대학, 플로리다주립대학, 버지니아대학, UCLA, 버지니아공대를 거쳐 1983년부터 조지메이슨대학 교수를 했다. 1955년에는 풀브라이트 장학금을 받고 이탈리아에 가서 유럽 재정학 전통을 연구하기도 하였는데 이탈리아는 전통적으로 재정학이 유명하다. 그는 1962년에 공공선택학회를 설립하고, 〈공공선택 저널〉을 창간해 자신들의 의견을 용감하게 개진했다. 1972년에 미국 경제학회 부회장을 지냈고 8년 후 몽펠르랭회 집행위원을 했고 회장도 되었다. 그리고 1986년에는 경제적/정치적 의사결정 이론에 대한 계약적/헌법적 토대를 개발한 공로로 노벨경제학상을 수상했다. 이처럼 자신의 의견을 마음대로 펼치고 2013년에 세상을 떴다.

평생 남부 성향이었던 뷰캐넌은 인생 중반부터 테네시주와 비슷한 위도에 위치한 버지니아주에서 줄곧 살았다. 그래서 그의 공공선택학파를 버지니아학파라 부르기도 한다. 버지니아의 주도는 리치먼드인데, 워싱턴 D.C.에 붙어있으며 알링턴 국립묘지, 국무부인 펜타곤이 있다. 마운트 버넌, 셰넌도어 국립공원으로도 유명하다. 버지니아주에는 이름 있는 대학이 몇 개 있다. 미국 3대 대통령이었던 토머스 제퍼슨이 1819년에 샬러츠빌에 설립한 버지니아대학이 대표적이다. 버지니아 커먼웰스대학은 1838년에 리치먼드에, 버지니아공대는 1872년에 블랙스버그에 설립되었다. 그리고 비교적 최근인 1957년에 페어팩스 카운티에 조지메이슨대학이 생겼다.

1969년에 버지니아공대에 세워진 공공선택연구센터The Center for Study of Public Choice는 1983년에 조지메이슨대학으로 이전되었다. 1966년에 창간된 학술잡지 〈Non-market Decision Making〉은 2년 후에 명칭이 〈Public Choice〉로 바뀌었다. 2003년에는 한국공공선택학회가 설립되었다.

공공선택학의 계보

공공선택학의 계보를 살펴보자. 뷰캐넌은 빅셀로부터 영향을 많이 받았지만 존 S. 밀과 나이트의 영향도 받았다. 현대 공공선택론의 선구자로 또 한 명 있다. 덩컨 블랙Duncan Black: 1908~1991은 중위투표자정리median voter theorem의 기본 개념을 1948년에 발전시킨 바 있는데 중위투표자median voter들이 원하는 바가 투표의 결과를 결정짓는다는 것이다.

뷰캐넌이 조지메이슨대학 로스쿨 교수였던 고든 털럭Gordon Tullock: 1922~2014과 함께 1962년에 출간한《국민합의의 분석: 입헌민주주의의 논리적 근거》는 공공선택론의 대표작이다. 이들은 공공재의 배분 결정이 정치적 표결로 이루어진다고 설명했다. 투표의 역설, 소수에 대한 다수의 횡포를 거론하며 다수결 원칙을 공격했다. 털럭은 뷰캐넌과 공동작업을 많이 했음에도 안타깝게도 노벨경제학상을 수상하지 못했다.

〈그림〉 공공선택학파 계보

맨슈어 올슨은 집단행동 연구를, 앤서니 다운스는 대의민주주의 연구를, 오스트리아학파의 한스 헤르만 호페Hans-Hermann Hoppe: 1949~는 민주주의 연구를 많이 했다.

3 공공선택학의 다양한 발전

투표에 의한 다양한 의사결정 방법

투표로 의사결정을 하는 방법은 다양하다. 전원합의제, 과반수투표제, 최적다수제, 점수투표제가 있다. 전원합의제는 파레토 최적이라 가장 이상적이나 시간이나 비용이 매우 많이 들어 비현실적이다. 과반수투표제가 현실적으로 가장 많이 채택되고 있으나 소수자의 이익이 침해된다. 그리고 콩도르세Marquis de Condorcet: 1743~1794가 지적했듯이 투표의 역설도 발생하곤 한다. 케네스 애로우Kenneth Joseph Arrow: 1921~2017는 이 문제를 불가능성 정리로 증명한 바 있다. 그래서 이런 투표의 역설 문제를 피하기 위해 중요 사안에 대해서는 3분의 2 혹은 4분의 3의 찬성을 요구하기도 한다.

뷰캐넌과 털럭은 최적다수제를 제안했다. 개인이 조직활동에 참여하면 어느 정도 부담해야 할 비용이 예상되는데 이를 의사결정비용이라 한다. 다수를 설득하는 데 드는 합의비용, 정보제공비용, 전략

〈표〉 투표제에 따른 장단점

투표 방법	장단점
전원합의제 (만장일치)	• 전원합의를 하면 파레토 최적 • 이상적이나 상당한 시간, 비용이 요구됨 • 때로 소수가 반대하여 의사진행 방해
과반수투표제	• 의안이 간신히 과반으로 통과되면 거의 반수에 가까운 소수자의 이익이 침해됨 (투표의 역설) • 중요 사안에 대해 3분의 2 또는 4분의 3 이상 찬성 요구
최적다수제	• 의사결정비용과 (사회적) 외부비용을 동시 이용 • 어떤 의안 통과에 요구되는 찬성표의 비율이 높아지면 의사결정비용 증가 • 찬성표 비율이 높을수록 반대자의 불만은 감소
점수투표제	• 안건이나 후보자에 대해 순위를 매기고 각 순위에 해당하는 점수를 더하여 최종 승자 결정 • 선호의 강도를 반영할 수 있으나, 투표자의 전략적 행위에 취약

적 협상, 정치적 계약비용이 여기에 해당된다. 타인의 행동의 결과로 개인부담 비용이 예상되는데 이를 외부비용이라 한다. 의사결정비용과 외부비용을 합치면 상호의존비용이 된다. 집단 구성원이 동질적일수록 의사결정비용과 외부비용은 낮아지는데, 만약 의사결정비용이 없다면 만장일치가 최선책이다. 대의민주주의에서는 의사결정비용이 줄어들고 외부비용은 그만큼 늘지 않으므로 상호의존비용은 감소한다. 하지만 이익집단이 있으면 외부비용은 올라간다.

점수투표제도 있다. 안건이나 후보자에 대해 순위를 매기고 각 순위에 해당하는 점수를 더하여 최종 승자를 결정하는 방식이다. 선호의 강도를 반영할 수는 있으나, 투표자의 전략적 행위에 취약하다는 문제가 있다.

앤서니 다운스Anthony Downs; 1930~2021는 선거권자의 투표 행위를 비합리적이라 보았다. 자신이 후보들에 대해 열심히 조사하여 자신이 찍을 사람을 골랐다 하더라도 실제로 그 사람이 당선될 확률이 매우 낮기 때문이다. 그래서 후보에 대한 정보를 적절히 얻어 대충 투표하는 것이 오히려 합리적이라 봤다. 그래도 사람들이 투표를 하는 이유는 자신의 선호를 표출하는 여러 방식 중에 비용이 적게 들기 때문이다.

정당과 공공선택

대의민주주의에서는 국민이 직접 의사결정에 참여하지 않고, 자신들의 의견을 잘 반영해줄 것으로 기대되는 정치가나 대표자를 선출해 그들에게 의사결정을 위임한다. 다운스는 대의민주주의에서 정당이나 유권자가 각각 자신의 사적 이익의 극대화를 추구한다는 가정에서 논의를 전개한다. 유권자들은 선거과정에서 자신의 사적 이익을 극대화 시켜줄 것으로 기대되는 입후보자나 정당에 투표하고, 정당은 권력 장악을 위해 유권자로부터 득표를 최대한 많이 얻으려고 한다.

관료제와 공공선택

관료란 국가의 정책 결정에 큰 영향력을 가지는 공무원을 말한다. 레이건 시절 대통령 경제자문위원회 의장 대행이었던 경제학자 윌리엄 니스카넨William A. Niskanen; 1933~2011은 관료들의 행태를 심층 분석했다. 기업가들은 이윤 극대화를 위해 온힘을 기울이지만 관료는 소속 부서의 예산과 크기를 최대한 늘려 직책상 특권, 사회적 명성, 권한, 영향력을 획득하려 노력한다.

관료는 독점자적 위치를 이용하여 공공생산물의 총편익이 총비용보다 크다는 사실을 입법부에 납득시켜 예산을 많이 받으려 노력한다. 관료는 공공서비스를 최적수준을 넘겨 순편익이 0인 수준까지 올린다. 미그에-벨랑제 모형에 의하면, 관료는 예산 극대화뿐 아니라 직책상의 특권도 극대화하려 노력한다. 관료의 직책상 특권은 예산상의 잉여, 즉 순편익에 해당된다.

이익집단과 공공선택

한 나라에는 관료, 정당 외에도 다양한 이익집단interest group, 압력단체들이 있다. 정부, 정당은 국민 개개인이 원하는 바를 완전하게 알 수 없는데 이익집단은 이들에게 정보를 값싸게 제공하므로 정부와 정당은 이들을 필요로 한다. 국민 개개인이 정부 정책에 미치는 영향력은 미미하지만, 같은 이해관계를 가진 사람들이 뭉쳐 이익집단을 형

〈표〉 이익집단과 정당의 특성

구분	이익집단	정당
목적	정부의 정책결정에 영향력 행사	정치 권력 획득
활동방법	자신들의 이익증진에 필요한 동정적, 호의적인 정부인사를 지원	공직을 차지하기 위해서 선거에 후보를 공천하고 당선시키려 노력
가입방법	복수회원 가능	복수 정당가입 불가능
책임	정책결정에 책임 없음	선거 공약에 대해 정치적 책임
대표성	특정 정책과 이해관계가 있는 소수를 대표함	국민통합과 같은 대다수의 이익을 대표함

성하면 강한 목적의식, 강한 조직력, 높은 투표율, 자금력을 동원해 큰 영향력을 발휘할 수 있다. 노동조합, 변호사회, 약사협회, 예술인 협회, 대한상공회의소, 시민단체, 환경단체가 모두 이익집단이다.

맨슈어 올슨의 집단행동론

맨슈어 올슨Mancur Olson; 1932~1998은 협회나 조합 같은 조직의 집단행동을 오랫동안 연구했다. 공급자들은 서로 담합해 경쟁자의 시장진입을 막고 가격을 올려 소비자를 희생시켜 이익을 챙기곤 한다. 또한 이익집단은 의원들에게 후원금을 많이 기부하여 각종 이권, 특권을 얻어낸다. 특권은 면허제, 인허가제, 특혜관세, 비관세, 시장규제 등 다양하다. 이익집단은 재화를 생산해 돈을 버는 것이 아니라 조직이 미약한 그룹을 희생시켜 이익을 챙기는 '분배연합'이다. 생산적 경쟁 대신 국가 보호를 받아 힘들이지 않고 돈벌이를 하는 지대추구도 마찬가지다. 분배연합이 많으면 그들의 혁신능력과 생산성 하락은 필연적이다. 경제는 동맥경화에 걸리므로 분배연합은 경제성장의 중요한 적임에 분명하다.

2차 세계대전에서 참패한 독일과 일본이 전후 고성장을 했는데 이는 경제성장을 억제하는 분배연합이 패전으로 완전히 붕괴되었기 때문이라는 지적이 많다. 소련 스탈린이 계획경제의 초기에 성공한 이유는 강력한 철권통치로 분배연합의 특권층(노멘클라투라)이 득세하지 못했기 때문이기도 하다. 이처럼 번영을 위해서는 이익집단을 견제하는 것이 중요하다. 현재 우리나라에 이익집단은 여기저기에 정말 많아 경제의 효율성을 갉아먹고 있다.

4 블루밍턴학파의 엘리너 오스트롬

정치학과 출신의 엘리너 오스트롬

공공선택학파는 버지니아학파, 블루밍턴학파, 로체스터학파 이렇게 세 군데로 나뉘어 있다. 이 중에 인디애나주의 주도 블루밍턴에 소재한 인디애나대학의 블루밍턴학파에 속한 엘리너 오스트롬Elinor Ostrom; 1933~2012에 대해 이야기해보자.

오스트롬의 학문적 배경은 경제학이 아니라 정치학이다. 1965년부터 2006년까지 인디애나주립대학 정치학과 교수를 지냈으며 미국정치학회 회장도 역임했다. 2009년에 여성으로서 노벨경제학상을 가장 먼저 받았다. 경제 거버넌스 분석을 통해 공공의 자산이 여러 경제 주체들에 의해 어떻게 성공적으로 활용될 수 있는지 보여준 공로가 인정받았다.

보다 구체적으로 보면 오스트롬은 공공재와 공공서비스 생산에 영향을 미치는 결정에서 공공선택의 역할을 연구했고, 인간이 지속

가능한 자원 생산을 위해 생태계와의 상호작용 방안도 연구했다. 각 사회생태 시스템에 대해 국가·시장만이 공유자원 문제를 해결할 수 있는 만병통치약이라는 이분법적 접근에 반대하고, 자치self-governance를 통해 공유자원 문제 해결이 가능하다고 역설했다.

무임승차 때문에 생기는 공유지의 비극

경제는 생태에서 배울 바가 대단히 많다. 제한된 자원을 둘러싸고 포식자인 동물이 너무 많으면 항상 문제가 생긴다. 특히 공유자원이면 더욱 그렇다. 생물학자인 개릿 하딘Garrett Hardin: 1915~2003은 1968년 〈사이언스Science〉지에 실린 논문에서 공유지의 희귀한 공유자원에 대해 어떤 강제적 규칙이 없다면 많은 사람들이 무임승차 때문에 환경을 결국 파괴시킨다는 사실을 지적했다. 이른바 공유지의 비극Tragedy of the Commons이다.

하딘은 마을의 초지를 공유하는 사람들이 자신의 이익을 챙기기 위해 가능한 한 많은 소떼들을 초지에 풀어놓게 되고, 결과적으로 발생하는 비극을 은유적으로 설명했다.

"파멸은 모든 인간이 달려가는 최종 목적지다. 공유자원은 자유롭게 이용되어야 한다고 믿는 사회에서 각 개인이 자신의 최대 이익만을 추구할 때 도달하는 곳이 바로 이 파멸이다. 이처럼 공유자원에서 보장되는 자유는 모두를 파멸의 길로 이끈다." – 개릿 하딘

이런 공유지의 비극 문제는 초지에서만 발생하지 않고 어장에서

오스트롬은 공공재와 공공서비스 생산에 영향을 미치는 결정에서 공공선택의 역할을 연구했다.

도 자주 발생한다. 우리나라 서해에서 공유해역이 아니어도 중국 어선들이 들어와 마음대로 조업을 하고 있다. 이렇게 마음대로 남획을 하면 나중에 물고기 씨가 마를 수도 있다. 이처럼 비경합성과 비배제성을 지닌 자원을 공유자원이라 한다.

하지만 하딘이 지적한 공유지 비극에는 가정 상의 문제가 있다. 첫째, 하딘이 실질적으로 거론한 대상은 잘 관리되고 있는 공유자원이 아니라 아무나 쉽게 접근할 수 있는 오픈 액세스 open access 형태의 자원이다. 둘째, 하딘은 공동체 구성원들 간에 의사소통이 거의 없거나 전혀 존재하지 않는다고 가정했다. 셋째, 하딘은 사람들이 오로지 눈앞의 자기 이익만을 위해 행동한다고 가정했다. 넷째, 하딘은 이 비극을 바로잡기 위한 해결책으로 사유화 또는 정부 개입이라는 오로지 두 가지 해결책만을 제시했다.

사람들은 공유지의 비극이 항상 나타나도록 방치할 정도로 바보는 아니다. 사람들은 장기적으로 내다볼 수 있을 정도로 계획적이고 서로 소통을 하여 상황을 정리해 나간다. 또 사유화보다는 공유자원으로 유지하다는 것이 유리함을 잘 알고 있고, 정부 개입 없이도 이해관계자들이 서로 조정하여 공유지를 유지할 정도로 사회성을 지니고 있다. 오스트롬은 이해관계자들의 조정에 의해서 공유지의 비극 문제를 얼마든지 해결할 수 있음을 보여주었다.

1920년대 미국 메인주 연안의 바닷가재 어장은 남획으로 인해 바닷가재의 씨가 말랐다. 문제가 심각하다고 판단한 어부들은 한데 모여 머리를 짜낸 끝에 바닷가재 통발을 놓는 규칙, 순서 등에 대한 자치 규율을 만들었다. 그 결과 메인주 어부들은 미국 북동부의 다른 해안과 캐나다의 바닷가재 어장이 완전히 붕괴되는 와중에도 살아남을 수 있었다.

이해관계자들의 협력으로 공유지가 잘 운영되고 있었는데 정부의 개입으로 상황이 악화된 경우도 있다. 아프리카의 마사이족은 영국 식민 지배 이전까지 부족 단위로 목초지를 잘 관리해 왔다. 하지만 부족들이 운용해 오던 관리제도를 이해하지 못한 영국은 초지를 보호한다며 법을 만들고 행정력을 동원해 이용자 수를 제한했다. 결과는 어떻게 되었을까? 자치 제도가 무너진 상황에서 초지를 감독할 감시 인력은 모자랐고, 영국이 시행하는 제도를 믿지 못한 사람들이 초지에 가축을 풀면서 결국 초지가 황폐화 되었다.

지식영역에서 공유지 문제

생태계에서 발생하는 공유지의 비극 문제는 지식자원에도 그대로 적용될 수 있다. 특히 인터넷에서 아주 많은 지식이 공짜로 돌아다니기 때문에 더욱 그렇다. 어떤 사람이 많은 노력을 기울여 가치가 많

생물학자인 개릿 하딘은
1968년 논문에서
공유지의 비극을 주장했다.

은 지식을 만들었다 하더라도 다른 사람들이 그 지식을 공짜로 쉽게 얻을 수 있다면 값진 지식을 만든 사람은 더 이상 지식을 만들려고 하지 않을 것이다. 따라서 값진 지식에 대한 지적재산권을 허용해야 사회 전체적으로 도움이 될 것이다.

지식분야에서는 공유지의 비극도 발생하지만, 반대로 반공유지의 비극tragedy of the anticommons도 발생한다. 1998년 마이클 헬러Michal Kazimierz Heller가 생의학 연구분야에 도입된 지나치게 높은 수위의 지적재산권 제도와 특허 과잉 경향 때문에 희귀한 과학적 자원들이 제대로 활용되지 못한 채 방치되는 상황을 이 개념으로 묘사했다.

경제학 분야에서 누구나 접근할 수 있는 미시경제학 디지털 도서관으로 이콘포트econport.org가 운영되고 있다. 국립과학재단 산하 국립과학 디지털 도서관의 후원으로 애리조나대학 경제과학실험연구소와 인공지능연구소가 만든 디지털 도서관이다. 미시경제학 교육자원을 만들어 공개하는데, 특히 학습, 교육, 연구용 미시경제학 실험 자료 창조 및 수집에 초점을 맞추고 있다. 미시경제학을 가르칠 때 강의자는 물론 수강생이 이콘포트를 이용하면 매우 효과적으로 배울 수 있다. 공유자원 사용의 성공적인 모델이다.

공공선택학파야말로 정치경제학

학문은 전체적으로 어떤 체계를 갖추는 것이 매우 중요하다. 다양한 의견이 나와 기존의 정설과 충돌하는 것은 불가피하고 오히려 권장할 만 하다. 새로운 패러다임으로 발전할 수 있기 때문이다. 하지만 그러한 괴리가 너무 오래 가거나 연결점을 찾아내지 못하면 학문으로서 문제가 있다.

신고전학파의 미시경제학 체계가 잘 잡혀 있었는데 케인스의 거시경제학이론이 나오자 미시이론과 거시이론이 제대로 연결되지 못해 따로따로 논다는 큰 문제점이 있었다. 시간이 지나면서 두 이론은 폴 새뮤얼슨에 의해 신고전학파종합으로 어느 정도 접목되었고, 이후 새고전학파에 의해 더욱 긴밀해졌다.

그러나 민주주의 체제에서 정부가 정책을 수렴하는 과정에 대한 연구는 부족했고, 개인의 사익과 정부의 공익 간의 비일관성에 대한 비판은 여전했다. 공공선택학파는 이런 간격을 메꾸는 역할을 나서서 자임했고, 성공적으로 진행하고 있다. 경제이론을 동원하여 민주주의 정치의 의사결정 과정을 분석하는 정치경제학이 부활하고 있는 것이다. 과거에는 정치학자나 사회학자들의 연구 대상이었는데 이제는 경제학자의 영토로 편입되고 있다.

#기술변화 #혁신 #돌연변이 #창조적파괴
#기업가정신 #경제발전 #진화경제학
#존속적혁신 #파괴적혁신

◆ 21강 ◆

혁신 없이는 자본주의가 소멸된다는 슘페터학파

카를 마르크스가 세상을 떠난 1883년에 존 케인스와 함께 태어나 거의 비슷한 시기에 경제학자로 활동했던 인물이 있다. 조지프 슘페터는 일찍이 기업가의 혁신을 매우 강조하여 우리가 지금도 즐겨 말하는 '창조적 파괴' 용어를 만들었다. 기업가정신이 사그라들어 혁신이 부진하면 자본주의는 사회주의 체제로 대체된다고 전망했다. 슘페터는 이론적으로 일반균형이론, 계량경제학을 신봉했으나 신고전학파와는 다소 거리를 두고 사회진화론자, 사회학자 접근법을 즐겨했다. 오스트리아학파의 전통을 이어받았으나 나중에 미국에서 많이 활동하면서 혁신이론으로 경제학은 물론이고 경영학계에도 지대한 영향을 끼친다.

1

세상에서 가장 위대한
경제학자가 되겠다고 떵떵 외친 사람

"나는 첫째, 빈에서 가장 위대한 연인이 되겠다. 둘째, 유럽에서 가장 위대한 승마인이 되겠다. 셋째, 세계에서 가장 위대한 경제학자가 되겠다."

어떤 사람이 이런 말을 했다면 여러분은 어떻게 생각하겠는가? 1919년 당시 36세 나이에 오스트리아 내각에 재무장관으로 입각하면서 조지프 슘페터Joseph Alois Schumpeter: 1883~1950가 바로 이런 말을 했었다. 첫 번째와 두 번째 공언은 모르겠지만 세 번째 공언은 헛말이 아니었다. 실제로 그는 걸출한 경제학자로 우뚝 섰기 때문이다.

슘페터는 1883년에 합스부르크 왕가가 통치하던 오스트리아-헝가리 제국 시절에 현재 체코 땅인 모라비아의 트리시Triesch에서 태어났다. 억척스러운 어머니의 피나는 양육, 육군 중장 출신인 계부의 재정과 인맥 후원, 그리고 자신의 재능과 노력에 의해 10대에 승승장구한다. 앙팡 테리블enfant terrible이었다. 앙팡 테리블은 천부적인 재능을 가진 무서운 젊은 신예를 말한다.

고향 트리시에서 400여 년간 살았던 그의 조상은 오랫동안 직물 제조업에 종사했기에 귀족이나 상류 부르주아 계층은 아니었다. 슘페터가 네 살이었을 때 아버지가 세상을 뜨자 어머니 요한나는 그곳을 떠나 부유한 퇴역자들이 많이 사는 그라츠Graz로 용감하게 진출해 오스트리아-헝가리 제국의 육군중장이었던 지그문트 켈러를 만나 1893년에 재혼을 한다. 결혼 당시 남편은 65살, 부인은 32살, 아들은 10살이었다. 아들을 위한 도박 같은 과감한 결정은 대성공을 거두었다.

슘페터는 귀족이던 아버지의 든든한 배경에 힘입어 귀족학교였던 테레지아눔Theresianum에 입학해 귀족이 지녀야 할 매너, 습관, 취미를 체득했다. 1901년 비엔나대학 법학부에 입학해 법학, 경제학, 역사학, 사회학을 공부했다. 1906년 비엔나대학에서 법학박사 학위를 받은 후 이집트 카이로에서 잠시 변호사 생활을 하기도 했다. 1908년 교수 자격 논문이 통과된 후 1909년부터 2년 간 현재 우크라이나공화국에 있는 체르니비츠대학에서 교수 생활을 했다.

25살때 출간된 첫 책《이론경제학의 본질과 주요 내용》에 이어, 28살이었던 1911년에 두 번째 책《경제발전의 이론》을 발간했다. 지금까지도 많은 나라의 언어로 번역되어 읽히고 있는데 우리가 자주 말하는 혁신, 창조적 파괴, 기업가정신이 이 책의 핵심 키워드다.

2
조지프 슘페터가 약관 28살에 쓴 책
《경제발전의 이론》

레옹 발라스의 정태적 일반균형이론에 동태적 혁신을 가하다

슘페터는 자신의 《10대 경제학자》에서 언급했듯이 로잔학파의 레옹 발라스를 최고의 경제학자로 꼽았다. 레옹 발라스는 일반균형이론을 처음으로 수학적으로 정립한 경제학자다. 슘페터는 이렇게 말했다. "어떠한 서술도 발라스의 이론보다 더 확실한 정태분석은 없다."

하지만 슘페터가 레옹 발라스의 모든 견해에 동조했던 것은 아니다. 슘페터는 1909년 스위스 로잔에 가서 레옹 발라스를 만났다. 레옹 발라스는 경제란 외부에서 자연적, 사회적 변화가 생기면 그에 따라 수동적으로 그 변화에 적응하며 변하는 과정이라고 설명했다. 즉 경제를 정태적 과정으로 설명한 것이다. 그리고 하나의 균형상태가 충격으로 다른 균형으로 옮아갔을 때 두 균형상태를 비교 분석했다. 슘페터는 이에 그치지 않고 레옹 발라스보다 한 발 더 나아가 경제는 외부 충격 이외에 경제 내부의 자체적인 힘에 의해 능동적으로 변한다고 보았다. 경제를 동태적 과정으로 본 것이다. 그럴 때 경제발전과 경기순환도 자연스럽게 생긴다고 보았다. 사실 틀린 이야기가 아니었다.

1911년에 나온 슘페터의 《경제발전의 이론》을 보면, 내부의 변화 에너지를 통해 스스로 발전하는 경제이론을 구현하는 데 목적을 두고 있다. 그에게는 인구 증가나 똑같은 상품의 양이 늘어나는 것은 발전이 아니었다. 소비자에게 새로운 욕구가 생기면 이런 욕구를 충족시키기 위해 기업가가 신결합으로 신상품을 만들어야 경제발전을 이룬다는 것이다. 1911년에 나온 1판에서 신결합이라 표현한 것을 1926년에 나온 2판에서는 혁신innovation으로 바꾸었다.

슘페터는 마차를 아무리 연결해도 철도가 되지 않고, 자원을 새로운 방식으로 연결해서 철도를 만드는 혁신이 있어야 발전이 비로소 이루어진다고 보았다. 즉 경제성장이 연속적이고 양적 팽창이라면 경제발전은 비연속적이고 질적인 변화다. 이런 경제발전의 원동력으로, 초과이윤을 지향해 혁신을 수행하는 기업가를 꼽았다.

혁신을 선도하는 기업가 vs 혁신을 모방하는 사업가

레옹 발라스는 자신의 저서 《순수경제학 요론》에서 이런 말을 한 적이 있다. "토지 소유자는 지주, 인적 능력의 소유자는 근로자, 자본의 소유자를 자본가라 부르자. 그리고 지주에게서 토지를, 노동자에게서 인적 능력을, 자본가에게서 자본을 빌려 이 세 가지 생산용역을 농공상업에 결합하는 제4의 인격체를 기업가라 부르자."

레옹 발라스는 이처럼 생산요소를 새로 결합해 생산 활동을 조직화하는 사람을 기업가라 불렀지만 슘페터는 여기에서 한 발 더 나아갔다. 기업가는 일상적인 업무만 처리하는 경영자가 아니라 신결합을 수행하는 아주 능동적인 혁신가라고 보았다. 단순히 경제적인 이득, 돈벌이, 금전 욕심 때문만이 아니라 세상을 바꾸어 보려는 큰 미션을 가져야 진정한 기업가라고 했다. 기업가는 혁신을 선도하는 사람이고, 사업가는 혁신을 모방하는 사람일 뿐이기 때문이다.

슘페터는 기업가를 움직이게 하는 동기로 세 가지를 들었다. 첫째, 사적 제국 또는 자신의 왕조를 건설하고자 하는 몽상과 의지, 둘째, 승리하고자 하는 의지 또는 성공하고자 하는 의욕, 셋째, 창조의 기쁨이다. 슘페터는 기업가적 행위를 규정하는 혁신을 새로운 상품 창출, 새로운 생산방법 개발, 새로운 시장 개척, 새로운 원자재 공급원 개발, 새로운 조직 실현 등 다섯 가지 유형으로 정리했다.

혁신으로 인해 일시적 독점 상태에 들어간 기업가는 이윤을 얻게 된다. 그러면 그 독점 상태를 무너뜨리기 위해 다른 모방 기업들이 여럿 나타나게 되고 경제는 전반적으로 상승해 경기가 호황에 접어들게 된다. 그러나 모든 사업가들이 혁신을 모방하면 혁신의 효과는 점차 사라지고 이윤이 줄어들면서 경기는 후퇴하여 균형으로 돌아간다.

기업가가 이런 사업을 하려면 자금이 필요하다. 기업가가 내부자금을 직접 동원하거나, 주식 발행, 은행 자금 대출 등 여러 방법이 있는데 슘페터는 금융의 주체로 은행가 역할을 크게 강조했다. 슘페터는 기업가 활동과 이자의 존재를 연결시키면서 기업가가 벌어들이는 이윤이 이자의 원천이라고 말했다.

"발전 없이 기업가 이윤은 없고 기업가의 이윤 없이 발전은 없다. … 발전이 없으면 이자는 존재하지 않는다. 이자는 발전이 첩첩이 쌓이는 경제 가치의 큰 바다에서 일어나는 거대한 파도의 일부이다. … 이자는 결국 기업가 이윤에서 흘러나와야만 한다." – 조지프 슘페터

슘페터는 기업가의 혁신이 자본주의의 경제 발전을 주도한다고 했고, 혁신을 창조적 파괴의 과정이라 불렀다. "부단히 낡은 것을 파괴하고 새로운 것을 창조하며, 끊임없이 내부에서 경제구조를 혁명화하는 창조적 파괴의 과정이야말로 자본주의의 핵심"이라고 했다. 이러한 혁신을 수행하는 사람이 기업가이며, 기업가의 혁신을 추구하는 정신이 바로 기업가정신이다.

불황은 적당한 단비

슘페터는 자신의 발전이론으로 경기순환을 어떻게 설명했을까? 기업가들이 다발적으로 출현하여 성공하기 때문에 호황이 온다고 보았다. 한 사람 또는 여러 명의 기업가가 출현하면 다른 기업가의 출현을 더욱 용이하게 만들어 그 숫자가 늘어난다는 것이었다.

하지만 기업가의 과도한 출현, 과도한 과잉투자는 결국 수요를 넘어서 과잉생산으로 나타나 재고를 조정하면서 새로운 균형상태로 가기 위한 불황에 접어든다. 한마디로 말해 한 균형에서 다른 균형으로 이동하는 과정에서 오버슈팅overshooting 현상이 꺼지는 과정이 불황이다. 그런데 슘페터는 이러한 조정 과정이 불가피하다면서 이런 고통스러운 과정이 끝나야 새로운 호황이 올 수 있다고 보았다. 즉

필요 없는 것을 청소하는 과정인 불황은 필요악이었다. '축제가 끝난 뒤'처럼 조용해지는 시기라는 것이다. 1차 세계대전이 종결되고 1920년대에 혁신이 활발하게 일어났으니 필연적으로 불황이 찾아오게 마련인데 그 불황이 1930년대의 대공황이라는 진단이었다. 주식시장의 폭락은 불황을 악화시키는 요인은 될지언정 불황의 근본 원인은 아니라고 진단했다.

1930년대에 슘페터가 하버드대학에서 강의할 때 학생들에게 이렇게 말하곤 했다. "여러분, 불황 때문에 고민하지만 걱정할 것 없습니다. 자본주의에 있어 불황은 적당한 단비입니다." 슘페터는 경기순환, 불황을 분석할 때 기업가 같은 공급 측면은 매우 강조했지만 소비자지출, 정부지출 같은 수요 측면은 상대적으로 도외시했다. 그래서 1930년대 세계불황 분석에 있어서 유효수요 부족이 불황의 원인이라며 불황 타개 방안을 명쾌하게 제시한 케인스에게 인기를 빼앗기고 말았다.

슘페터는 콘트라티에프(장기), 주글라(중기), 키친(단기) 등 세 사이클을 서로 중첩시켜 현실의 경기순환을 설명할 수 있다고 주장했다. "진정으로 존재하는 것은 순환 그 자체. 성장은 순환이 이루어낸 결과일 뿐."이라고 말했다. 이를 보면 슘페터는 성장보다는 순환에 방점을 찍었다고 할 수 있다.

경기순환에서 수요를 경시한 슘페터

여기에서 슘페터와 케인스의 관점을 비교해 보자. 슘페터는 단기적으로 나타는 경기순환은 불가피하다고 보았다. 기업가 공급 측

〈표〉 슘페터와 케인스 비교

조지프 슘페터	존 케인스
중장기	단기
공급 강조	수요 강조
불황 불가피	불황 극복 노력
기업가 혁신	정부 거시정책
사회주의 예견	자본주의 회생
혁신의 내생성	혁신의 외생성

면에서 혁신을 열심히 하면 성장이 오래 지속되지만 필요 없는 것을 처리하는 불황 또한 불가피하다고 보았다. 그래서 단기 처방보다는 혁신 같은 중장기 처방에 관심을 두었다. 그리고 자본주의가 지나치게 발전하여 기업가정신이 사라지면 자본주의는 사회주의로 자연스럽게 대체된다고 보았다.

반면에 케인스는 막상 닥친 대불황을 극복하기 위해 단기 처방에 주력했다. 수요를 늘리기 위해 정부지출 확대 같은 거시정책을 제안했고, 그러다보면 자본주의는 회복될 수 있다고 보았다. 혁신 관점에서 비교한다면 케인스는 혁신을 외생적이라 보았지만 슘페터는 내생적이라 보았다.

❸ 조지프 슘페터가 본
　　　자본주의의 미래

자본주의가 앓고 있는 병은 암일까 노이로제일까?

　1947년 미국 하버드대학 경제학과가 자리잡은 리타우어 센터에서는 자본주의와 사회주의의 장점을 비교하는 공개토론회가 열렸다. 이 토론회에는 슘페터와 그의 제자였던 폴 스위지가 토론자로 참가했고, 바실리 레온티예프가 사회를 맡았다. 사회자 레온티예프는 토론회를 이렇게 마무리했다.

　"현재 자본주의는 많은 폐단을 안고 있습니다. 과연 자본주의의 운명은 어떻게 될까요? 사실 우리 두 토론자께서는 자본주의의 종말은 필연적이라는데 동의하셨습니다. 그러나 두 토론자가 판단을 내린 근거는 매우 달랐습니다. 스위지 교수는 자본주의라는 이름의 환자가 암으로 죽어가고 있다는 사실을 이끌어내는 데 마르크스와 레닌의 분석을 활용했습니다. 한편 슘페터 교수는 자본주의가 심신증으로 죽어가고 있다고 보았습니다. 이는 자본주의가 앓고 있는 병이 암이 아니라 노이로제라는 주장입니다. 자기혐오로 가득찬 자본주의 환자가 사실상 삶의 의지를 잃었다는 주장입니다." – 바실리 레온티예프

토론회가 열렸던 1947년은 2차 세계대전 종전 2년째 되던 해로, 파시즘이 종식된 후 미국 중심의 자본주의와 소련 중심의 사회주의가 본격적으로 갈등하고 충돌을 벌이고 있었다. 슘페터가 토론자로 참가한 이유는 5년 전에 펴낸《자본주의, 사회주의, 민주주의》때문이었다. 1930년대에 미국을 비롯한 자본주의 국가에 장기 대공황이 불어 닥쳐 허덕였는데, 소련 같은 사회주의 국가는 상대적으로 고성장을 거듭했다. 더구나 1939년 2차 세계대전의 발발로 인해 자본주의 붕괴를 말하던 사람들이 매우 많아 이런 시대적 배경 때문에 슘페터는 자본주의를 진단하고 향후 전망에 대한 책을 쓰게 되었다.

책이 출간되었던 1942년은 전쟁 시기였기에 즉각적인 인기를 끌지는 못했지만 종전 후 5년이 지나 개정판이 나왔을 때에는 많은 인기를 끌었고, 1950년 3판이 나왔을 때에는 더욱 인기몰이를 하였다. 자본주의와 사회주의 그리고 민주주의와 독재주의가 첨예하게 대립하기 시작했기 때문이다. 당시 전 세계 인구의 40%가 (소련, 중국, 동유럽, 인도 등) 사회주의 국가에 살고 있었다.

우리는 책이 베스트셀러가 되면 대단하다고 생각하지만, 사실 더욱 좋은 것은 오랜 기간 꾸준히 팔리는 스테디셀러 책이 되는 것이다. 하지만 가장 좋은 것은 우리 인류가 아주 오랜 기간 읽는 고전, 즉 클래식으로 자리잡는 것이다. 슘페터의 이 책은 아직도 꾸준히 출간되고 있는 고전 대열에 자리잡고 있다.

조지프 슘페터 vs 카를 마르크스

슘페터는 자본주의 사회를 어떻게 정의했을까? 그는 생산수단이 사적으로 소유되고 사적 계약에 의해 생산과정이 규제되는 사회를 상업사회라고 불렀다. 이러한 상업사회에다가, 혁신을 위해 기업이 필요로 하는 자금을 조달해 주는 은행에 의한 신용창조가 더해지면 자본주의 사회가 된다고 했다.

슘페터는 마르크스를 예언자, 사회학자, 경제학자, 스승으로 묘사하며 치켜세웠다. 슘페터는 마르크스의 계급투쟁 중심의 동적인 자본주의 이론을 상당히 지지하지만 헛점도 많이 지적한다. 예를 들면 마르크스는 자본공급자를 생산자(즉 기업가)와 동일시했지만 슘페터는 자본공급자는 은행이고, 기업가는 자본과 노동을 연결하는 고리로 보았다. 즉 기업가를 자본가가 아니라 다른 노동자들의 지도자 격인 노동자로 본다. 마르크스는 자본가가 노동자의 잉여를 착취하여 이윤을 창출한다고 보았지만, 슘페터는 기업가가 혁신을 통한 일시적 독점에 의해 이윤을 창출한다고 보았다.

혁신이 지속적으로 성공하면 기업가는 재산이 쌓여 자본가 계급으로 상승하고 그렇지 못하면 노동자 계급으로 전락하고 만다. 물론 기업가가 은행을 만들어도 자본가 대열에 끼게 된다. 계급 간 이동을 부인한 마르크스와는 달리, 슘페터는 노동자, 기업가, 자본가의 계급은 상황에 따라 서로 바뀐다고 본 것이다. 이런 현상은 빈번하게 일어나지는 않겠으나 우리 현실을 볼 때 충분히 수긍이 가는 지적이다.

슘페터는 '자본주의는 과연 생존할 수 있는가?'라는 질문을 던진다. 이 질문에 슘페터는 어떻게 답변했을까? 그는 "아니다"라고 답했다. 자본주의는 경제적 실패 때문에 무너지는 것이 아니라 오히려 자본주의의 성공 때문에 자본주의를 지탱하는 사회제도가 침식되어 사회심리적으로 무너진다고 말했다. 성공의 저주라고나 할까? 자신이 이렇게 예측한다고 해서 자본주의 붕괴가 자신의 희망 사항은 아니라고 분명히 언급했다. 의사가 자신의 환자가 이내 사망할 것이라고 진단한다고 해서 환자가 사망하기를 바라는 것은 아니기 때문이다.

전체적으로 대기업을 선호했던 슘페터는 자본주의 진전으로 사회에 합리주의가 지나치게 팽배해지면 대기업 조직이 관료화되고 기업 운영이 기계화, 자동화되어 기업가의 특별한 재능이 필요 없어져 혁신이 사그라들어 자본주의가 붕괴된다고 보았다. 즉 자본주의 기업은 바로 자신이 이룩한 성과에 의해 불필요한 존재가 되고 마는 것이다. 또한 자본주의가 진전될수록 도로, 항만, 발전, 통신 같은 사회 인프라와 공중보건, 사회후생 분야에서 정부 및 공공기관이 차지하는 비중이 지속적으로 늘어난다. 즉 민간 투자의 비중이 늘어나지 않는 것이다. 이런 추세는 우리나라를 비롯해 주요 선진국에서 익히 보는 현상이다.

자본주의가 진전될수록 고등교육 수준이 오르고 사회에 비판적인 지식인들이 많이 늘어난다. 입과 펜으로 언어의 힘을 휘두르는 지식인들은 실제 업무에 대해서는 직접적인 책임을 지지 않는다. 지식인들의 사회 비판 파워는 생각보다 강력하여 군건한 사회 체제를 약화시키는 데 기여한다. 고등교육을 받은 사람들이 크게 늘어나면서 육체노동의 직업을 택하기를 꺼려하면 노동 공급과 수요 간의 갭이 발생하면서 대량 실업이 빚어진다. 결국 자본주의 체제를 약화시키는 것이다. 이렇게 자본주의 체제는 서서히 자연스럽게 사회주의 체제로 넘어간다.

자본주의, 사회주의, 민주주의의 관계

마르크스는 사회 체제를 경제 중심의 하부구조와 정신 중심의 상부구조로 구분했을 때 하부구조에서 발생하는 모순 덩어리 때문에 자본주의가 붕괴된다고 보았다. 하지만 슘페터는 하부구조인 경제에서 발생한 암 때문이 아니라 성공에 의해서 상부구조에서 발생한 신경쇠약과 생존의지의 상실로 붕괴된다고 보았다. 앞서 토론회에서 슘페터가 주장한 내용과 일맥상통한다.

'민주주의가 자본주의 혹은 사회주의와 공생할 수 있을까?'라는 질문에 대해서 슘페터는 어떻게 답변했을까? 역사적으로 보면 사회주의체제는 민주주의를 구현하기 힘들다고 주장했다. 1차 세계대전 이후 1919년에 형성된 독일 사회주의 정부는 민주주의를 표방했으나 실제로는 민주주의를 구현하지 못했고 효율적인 정부를 운영하지도 못했다.

실제로 집권하는 사회주의를 보면 소련처럼 민주적 절차를 밟지 않고 정권을 획득하는 경우뿐이었다. 즉 우리가 목격한 20세기의 독재 성향의 사회주의 국가들은 자연스럽게 형성된 과정의 결과가 아니었고, 앞으로 사회주의 체제는 자본주의 발전과 함께 천천히 생겨날 것으로 슘페터는 보았다. 1949년 12월 슘페터가 미국경제학회에서 했던 마지막 강연의 주제는 '사회주의로의 전진'이었다.

어떤 사람들은 슘페터가 《자본주의, 사회주의, 민주주의》에서 사

〈표〉 슘페터와 마르크스의 자본주의 관점

	조지프 슘페터	카를 마르크스
자본공급자	은행	생산자(기업가)
자본주의 생존 가능성	없음	없음
자본주의 몰락 원인	상부구조의 신경쇠약과 생존 의미 상실	하부구조의 모순으로 노동자 계급이 혁명을 일으킴

회주의가 자본주의를 대체할 것이라고 예언했는데 실제로는 그렇지 않았으니 예언에 실패한 책이라고 평가하곤 한다. 하지만 이런 평가는 그를 제대로 이해하지 못한 것이다. 슘페터는 자본주의에 대한 대단한 애착을 가지고 이 책을 썼기 때문이다. 사회주의가 여러 이유 때문에 자본주의보다 좋은 경제 성과를 낼 수는 있으나 동기부여를 과연 일으킬 수 있을지에 대해 의문을 던졌다.

더구나 슘페터는 민주적인 방식으로 사회주의 정권을 세운 사례가 없다며 민주주의는 자본주의와 코드가 더 맞는다고 주장했다. 자본주의에 애착을 가진 슘페터는 소련 같은 사회주의 국가가 되기를 원하지는 않았다. 어찌보면 민주적인 절차를 통해 형성된 서유럽 국가의 민주적 사회주의 체제가 슘페터의 주장에 가장 걸맞다.

4 조지프 슘페터가 경제학계에 미친 영향력

진화경제학 발전에 기여한 슘페터의 혁신이론

슘페터는 "진화란 한 체제가 시간의 흐름에 따라 자기변혁을 이루는 것"이라고 말한 바 있다. 그러면서 자본주의 분석은 진화 과정을 분석하는 것과 같다고 했다. 자본주의를 움직이는 엔진은 혁신이고, 창조적 파괴를 일으키는 혁신은 산업의 돌연변이에 해당된다.

물론 일찍이 맬서스나 알프레드 마셜, 베블런을 비롯하여, 하이에크도 진화론적 접근법을 경제 분석에 원용하였다. 경제분야에서 진화는 과연 어떤 방식으로 이루어질까? 외부 충격에 의해서만이 아니라 내부 변화에 의해서도 진화를 한다. 자체적인 탐색과 혁신이 이에 해당되는데 돌연변이가 바로 그렇다. 내적 변화가 일단 발생하면 시간이 지나면서 주체들의 상호 간에 강화 피드백 과정이 작동된다. 모방이나 기술의 상호의존성, 네트워크 외부성에 힙입어 상호 간에 영향을 주며 수확 체증 현상이 생겨나는 것이다.

〈그림〉 슘페터학파 계보

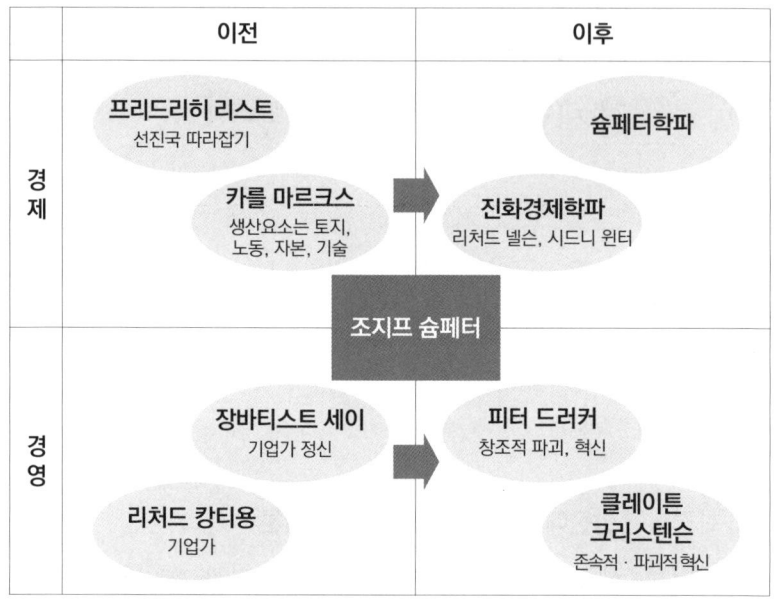

 이처럼 내부와 외부가 상호작용을 통해 돌이키지 않고 비가역적 irreversible으로 변하는 것이 진화다. 주류경제학의 기계론적 역학과는 달리, 반복적이지 않기 때문에 진화의 결과가 어떻게 될지는 확정적이 아니다. 미래의 경로는 필연이 아니라 우연인 것이다. 이처럼 진화경제학은 주체들을 이질적으로, 또 각 상태를 불균형이라 보고 동태적인 변화 과정을 연구한다.

 경제 현상에서 기업이나 소비자의 진화 과정은 어찌 보면 직관적으로 이해가 된다. 하지만 하나의 엄밀한 이론으로 진화경제학을 정립하기는 쉽지 않았다. 적절한 수학 도구와 컴퓨터의 발전이 이루어지지 않았기 때문이다. 그런데 리처드 넬슨Richard Nelson; 1930~과 시드니 윈터Sidney Winter; 1935~가 1982년에 《경제적 변화의 진화론An Evolutionary Theory of Economic Change》을 출간하면서 진화경제학에 지평선이 열렸다. 수학에 나오는 마르코프 프로세스Markov Process를 도입했기 때문이다. 현재의 상태는 바로 전기의 상태와 확률에 의해 결정된다는 것이 마르코프 프로세스다. 넬슨과 윈터는 기업들이 자신들의 행동 양식을 탐색하고 선택함으로써 끊임없이 수정해가는 변화 과정을 모델로 만드는 것에 성공하여 컴퓨터로 시뮬레이션하는 것이 가능해졌다. 이에 자극을 받아 1990년대에 〈진화경제학 저널〉과 〈산업과 기업의 변화〉 저널이 잇따라 출간되었다.

기술 변화 관점에서 보면 진화경제학은 기술변화가 왜 내생적으로 진행되고 기술 개발 경쟁이 경제구조 변화와 경제발전에 어떻게 기여하는지를 연구한다. 조반니 도시Giovanni Dosi; 1953~가 이 분야 연구를 많이 했다.

국제슘페터학회 창립

진화경제학과 관련이 많은 학회로 국제슘페터학회International Schumpeter Society가 있다. 1986년에 볼프강 스톨퍼, 호르스트 하누쉬가 주도하여 설립된 이 학회는 격년으로 슘페터 상을 수여한다. 수상자로는 하버드대학 필립 아기온Philippe M. Aghion; 1956~, 산타페연구소 브라이언 아서W. Brian Arthur; 1945~, 서섹스대학 크리스토퍼 프리먼Christopher Freeman; 1921~2010, 컬럼비아대학 리처드 넬슨, 서울대학 이근李根; 1963이 있다.

서울대학 경제추격연구소장을 맡고 있는 이근은 2013년에 케임브

진화경제학 발전에 기여한
슘페터

리지대학 출판부에서 《경제추격에 대한 슘페터학파적 분석》을 출간하고 2014년에 슘페터 상을 수상했다. 이근은 2016년~2018년 학회 회장을 지내면서, 2018년에는 서울대학에서 국제슘페터학회 학술대회를 개최한 바 있다. 추격catching up, 추월forging ahead, 추락falling behind을 언급하며 기업이나 국가가 선진국과 같아지려면 달라져야 함을 강조했다. 단순 모방으로는 힘들다는 이야기다.

슘페터가 1950년에 세상을 뜨고 1986년이 되어서야 슘페터학회가 만들어졌다. 왜 학회가 빨리 만들어지지 않았을까? 우선 슘페터 자신이 경제학은 과학이므로 학파가 존재할 수 없다고 주장했기에 생전에 학파를 구태여 만들려고 하지 않았다. 그리고 그의 조국이었던 오스트리아 - 헝가리가 일찍 몰락했기 때문에 세력을 규합하기가 힘든 측면도 있었다. 레옹 발라스의 일반균형이론을 지지했던 슘페터는 구태여 말한다면 오스트리아학파가 아니라 레옹 발라스의 로잔학파 노선이었다. 그리고 그의 핵심 혁신이론이 20세기 전반에 일어났던 전쟁, 불경기에 나왔기 때문에 시대적으로 다소 이르기도 하였다. 슘페터가 인생 후반에 들어서는 자본주의 몰락을 예견했고, 정치사회에 관심이 늘어났기에 자산 중심의 세력 규합에 별로 관심을 두지 않았던 것도 이유다.

혁신을 일으키는 기업가를 매우 강조한 슘페터는 경제학계뿐 아니라 경영학계에 큰 영향을 미친다. 피터 드러커는 경영학 체계를 구축하면서 혁신을 매우 강조했다. 슘페터의 창조적 파괴 개념은 클레이튼 크리스텐슨의 존속적 혁신, 파괴적 혁신 분석으로 이어지며 큰 반향을 일으킨다.

혁신과 마케팅을 자동차의 양바퀴로 본 피터 드러커

피터 드러커Peter Ferdinand Drucker: 1909~2005는 1954년에 출간된 《경영의 실제》를 비롯하여, 《매니지먼트》(1973), 《기업가 정신》(1985)에서 "기업의 목적은 바로 고객 창조다. 고객의 요구를 지속적으로 만족시키는 것이 고객 창조다"라고 일찍이 설파했다. 고객을 기업경영의 전면에 내세운 것이다.

기업이 목적 달성을 위해 사업을 실행하려면 매니지먼트가 필요하다. 기업의 성과를 올리기 위한 도구, 기능, 기관이 바로 매니지먼트다. 마케팅은 고객의 니즈를 파악해서 만족시키는 가치를 제공하는 활동이고, 혁신은 고객의 니즈를 만족시킬 뿐만 아니라 고객이 만족할 만한 것을 창출하는 활동을 말한다. 그래서 드러커는 혁신을 '인적, 물적, 사회적 자원이 더욱 많은 부를 창출하도록 새로운 능력을 부여하는 것'이라고 정의했다.

자동차로 비유하자면 마케팅과 혁신은 자동차의 바퀴와 같다. 마케팅 없이는 사업의 성과를 올리지 못하며, 혁신 없이는 기업의 미래가 보장되지 않는다. 그리고 자동차의 핸들을 쥐는 것이 기업의 매니지먼트라면 자동차가 나아갈 방향을 제시하는 것이 사업전략이다.

사람들은 '혁신'하면 발명처럼 탁월한 기술 기반의 제품 혁신을 많이 연상한다. 그러나 드러커는 사회 혁신, 관리 혁신도 거론했다. 사회 혁신은 소비자의 행동이나 가치관에 변화를 주는 혁신을 말한다. 식품이 어는 것을 방지하는 기능을 내세워 에스키모인들에게도 냉장고를 판매하는 것이 이에 해당된다. 관리 혁신은 제품이나 서비스 제공에 꼭 필요한 각종 기능과 활동을 개선하는 것인데, 도요타 자동차의 개선 활동이 대표적이다.

흔히들 사람들은 기업의 유일한 목적은 이윤 추구라고 생각한다. 그러나 드러커는 기업의 가장 큰 목적은 고객 창조라고 했다. 그렇다면 그는 이익에 대해 어떻게 생각했을까? 드러커는 첫째, 이익은 기업의 목적인 고객 창조가 얼마나 순조롭게 진행되었는지를 판단하는 기준으로, 성과의 바로미터다. 둘째, 기업이 앞으로 고객의 니즈를 충족시켜 나가려면 불확실한 위험을 피해야 하는데, 이익은 그렇게 하기 위한 보험이다. 셋째, 이익은 더욱 나은 노동 환경을 만들기 위한 자원이다. 넷째, 이익은 사회 서비스다. 예를 들면 오페라나 연극 같은 사회자본을 충실히 하는 것이다. 이처럼 드러커가 생각하는 이익은 기업이 앞으로 닥쳐올 위험을 피하려고 계속 활동할 수 있을 만큼의 자본, 즉 미래에 대비한 비용으로 보았다.

기업이란 과연 무엇일까? 기업은 고객을 창조함으로써 성과를 올릴 수 있다. 따라서 어떤 분야에서 고객의 니즈를 충족시킬 것인가에 대한 답이 곧 '기업이란 무엇인가'에 대한 답이다. 즉 자기 회사를 정의하려면 '우리의 사업은 무엇인가'에 답해야 한다. 시간이 경과하면 기업을 둘러싼 환경도 변하므로 지속적인 고객 창조를 하려면 '우리의 사업은 어떻게 될 것인가'에 대해서도 스스로 자문해야 한다. 아울러 우리 회사는 이러이러해야 한다는 굳은 신념도 필요하다. 이런 과정 없이 혁신은 일어나지 않는다. 따라서 '우리의 사업은 무엇이 되어야 하는가'에 대해서도 물어보아야 한다. 이러한 질문에 대답하는 것이 기업의 정의이자 사명을 분명히 하는 것이다.

기업이 혁신을 일으키려면

'우리의 사업은 무엇인가'를 규정하려면 기업이 정의할 게 아니라 고객에게 물어야 한다. 그러기 위해서는 다음 네 가지 점을 먼저 파악해야 한다고 드러커는 주장했다. 첫째는 자사의 고객은 누구인지, 둘째는 어디에 있는지, 셋째는 그 고객은 무엇을 구입하는지, 넷째는 거기서 어떤 가치를 찾아내는지 파악해야 한다. 우리의 사업은 어떻게 되어야 하는가에 대해 질문을 하면 현재의 사업의 미래의 사업 모습이 정해지며 이 차이를 메워야 혁신을 일으킬 수 있다. 혁신 목표는 우리의 사업은 무엇이 되어야 하는지를 구체화하는 길잡이인 것이다.

드러커는 기업이 혁신을 일으키려면 몇 가지 특징적인 징후를 보고 기회를 포착해야 한다고 했다. 첫째, 수요는 증대하는데 이익이 늘지 않는 경우다. 이런 때가 제조, 공정, 제품, 유통경로 등에 일대 혁신을 일으킬 기회다. 둘째, 경제나 시장의 수준이 여러 단계로 나뉘고 그 격차가 심한 때이다. 셋째는 이미 일어난 미래, 즉 인구 추이에서 힌트를 얻은 때로, 인구 추이를 살펴보면 앞날에 적절하게 대비할 수 있다. 마지막은 혁신을 위한 혁신으로, 아주 야심적인 기업가가 세상을 아예 바꾸려고 기도할 때이다.

혁신의 기회를 놓치지 않으려면 조직에 적절한 조치, 즉 '체계적인 폐기'를 실행해야 한다. 혁신을 구체화하려면 기존의 것은 낡은 것이라는 가정 하에 '새롭고 다른 것'을 창조해야 한다. 이런 순서로 체계적 폐기를 밟아야 한다. 첫째는 개선 활동으로 현재의 것을 개선한다. 둘째는 개발 활동으로 성공하고 있는 것에 대한 응용 방법을 고안한다. 셋째는 혁신 활동으로 낡은 것을 버리고 '새롭고 다른 것'을 고안한다. 혁신 활동에서는 효과가 없어진 제품, 서비스, 프로세스, 시장, 유통경로를 체계적으로 검토한다. 그리고 '만약 이것이 없는 상태라면 지금도 과연 이것을 시작하겠는지' 묻는다. 아니라는 답이 나오면 그 제품이나 서비스, 프로세스를 즉시 그만두고 '새롭고 다른 것'을 생각해야 한다.

드러커는 《매니지먼트》에서 마케팅이란 '고객을 잘 파악하여 고객이 원하는 제품이나 서비스를 제공하여 저절로 팔리게 하는 것'이라고 했다. 또 '판매를 필요 없게 만드는 것'이 마케팅의 목적이라고도 했다. 나중에 필립 코틀러는 마케팅을 '타깃으로 삼은 시장의 니즈를 충족시킬 수 있는 가치를 창조하고 제공하여 이익을 얻는 것'이라고 했다. 두 사람의 정의는 서로 일맥상통한다. 그래서 코틀러는 드러커에 대해 이렇게 말한 바 있다. "내가 만약 마케팅의 아버지라면 피터 드러커는 마케팅의 원조다." 자신도 높이고 상대편도 함께 높이는 발언이다.

파괴적 혁신을 내세운 클레이튼 크리스텐슨

클레이튼 크리스텐슨Clayton M. Christensen; 1952~2020은 기업들을 열심히 연구하여 혁신이론을 더욱 진전시켰다. 1997년에 처음으로 나온《혁신 기업의 딜레마》를 비롯하여,《성장과 혁신》(2003),《미래 기업의 조건》(2004)으로 이름을 날렸다. 크리스텐슨은 경영학계의 오스카상 혹은 경영학계의 노벨상이라 불리기도 하는 '싱커스 50'이 선정한 세계 최고 경영사상가 50에 수차례 이름을 올렸다. 또한 〈하버드 비즈니스 리뷰〉에 가장 훌륭한 논문을 써낸 저자에게 수여하는 맥킨지상도 여러 번 수상했다.

크리스텐슨에게 이 세상의 혁신은 두 종류다. 존속적 혁신과 파괴적 혁신이 바로 그것이다. 존속적 혁신은 수요가 충분하고 소비자가 원하는 있다는 가정하에 기존 제품의 성능을 개선하여 출시하는 것이다. 파괴적 혁신은 기존 역량과 매몰비용에 얽매이지 않고 불확실한 신규 시장을 창출하거나 기존 시장을 재편하는 훨씬 공격적 방식이다.

파괴적 혁신으로 로엔드low-end형과 신시장형을 구분했다. 로엔드형 파괴는 파괴적 기술이 주류시장의 하위시장에 자리를 잡은 후 시작되는 혁신이고, 신시장형 파괴는 주류시장과는 다른 가치 기준을 잡아 비고객을 고객으로 바꾸어 나가는 혁신이다. 과거에 떵떵거리던 대기업이 몰락하는 이유는 존속적 혁신에 매달리느라 파괴적 혁신을 외면했기 때문이라는 게 크리스텐슨의 주장이다.

저가격 하위 시장을 파고들은 기업이 그 시장에만 계속 머무르는 것은 아니다. 시장에서 현금을 확보한 기업이 연구개발을 통해 고성

능의 제품으로 다시 주류시장에 침투해 잠식하기도 한다. 이처럼 파괴적 기술이 주류시장의 하위시장에 자리를 잡은 후 시작되는 혁신이 로엔드형 파괴다.

1990년대 초 아날로그 카메라에 대항하여 디지털 카메라는 컴퓨터 주변기기로 처음 나왔다. 당시만 하더라도 화질이 좋지 않았지만 종이로 인화하지 않아도 볼 수 있고, 컴퓨터에 저장할 수 있고, 가격이 저렴하여 로엔드의 보급형 카메라 시장에 진입하였다. 시간이 지나면서 디지털 카메라의 기술이 크게 발전되어 결국 하이엔드의 아날로그 카메라를 완전히 축출시켰고 프로 카메라 시장까지 장악했다. 이처럼 디지털 카메라는 로엔드형 파괴적 혁신의 전형이라 할 수 있다.

반면에 주류시장과는 다른 가치 기준을 갖는 신시장에 자리를 잡은 후 시작되는 혁신을 신시장형 파괴라 한다. 여기에서는 기존시장의 비고객을 고객으로 만드는 특징이 있다. 1880년대에 자동차가 처음 등장했을 때에는 부자들을 대상으로 고장이 자주 나도 비싼 자동차를 고가에 출시해 럭셔리로서 인기를 끌었다. 이는 신시장 하이엔드형 파괴적 혁신이다. 시간이 지나며 1908년에 표준형으로 나온 포드 자동차는 저렴한 가격의 T형 포드로 자동차 시장에 진입하여 큰 인기를 끌었고 기술개발을 통해 고가 자동차 시장으로 진입했다. 신시장 로엔드형 파괴적 혁신에 해당된다.

성공적 창조를 방해하는 기업의 오류 네 가지

크리스텐슨은 네 가지 패러다임 오류가 새로운 성공적 창조를 방해한다고 역설하면서 이렇게 조언을 한다. 첫째, 최고 고객의 목소리에 올인하지 마라. 최고 고객의 목소리에 귀 기울이는 기업이 오히려 새로운 성장 사업을 창조할 기회를 놓칠 수 있다. 최고 고객에게 집중하다 보니 기업은 대다수 고객이 원하는 것보다 훨씬 뛰어난 제품과 서비스를 생산하게 된다. 이른바 과잉충족 현상이다. 그러다 보니 이런 기업은 저가시장 또는 주변시장으로 여기던 비非소비 고객에게서 생기는 성장기회를 다른 기업들에게 빼앗기게 된다.

둘째, 시장 세분화 방식을 바꿔라. 대부분 기업이 시장을 잘못된 방식으로 세분하므로 진정한 혁신 기회를 발견하지 못한다. 기존 세분화 방식의 기준은 제품의 범주나 가격, 소비자의 속성(나이, 성별, 결혼 여부, 거주지, 소득 수준 등)에 따라 시장을 세분화 한다. 소비자가 상품이나 서비스를 '구매'하는 것이 아니라 생활 속에서 처리해야 할 일을 하려고 '사용하거나 고용한다'라는 개념, 즉 해결해야 할 과제 Jobs to be done 개념의 시장 세분 방식이 훨씬 낫다.

셋째, 매몰원가에 대한 미련을 버려라. 매몰원가sunk cost란 이미 지출해서 회수할 수 없는 비용을 말한다. 통합제철소가 미니밀Minimill의 출현에 대응할 방법을 찾고 있다고 해보자. 기존 설비의 여유 생산력을 활용해 가격경쟁력이 있는 제품을 생산할 수도 있고, 상대 기업과 경쟁할 소규모 제철소를 새로 지을 수도 있다. 그런데 보통 기업들은 새로운 미니밀 공장을 짓지는 않고 장기적으로 평균 비용을 줄이기 위해 기존 공장의 생산력을 최대한 활용하는 방안을 선택한다. 이런 판단이 얼핏 보기에 합리적으로 보이지만 결국에는 시류에 탄력적으로 대응하여 다양한 제품을 생산하는 미니밀에 밀리게 된다.

넷째, 어제의 핵심 역량이 오늘도 통한다고 확신하지 마라. 일반적으로 기업들은 자신의 핵심 역량core competencies을 바탕으로 의사결정을 내린다. 하지만 과거의 성공적인 프로세스가 새로운 혁신에는 오히려 방해가 되기도 한다. 기존의 경험있는 관리자가 새로운 사람에 필요한 역량을 갖추지 못한 경우도 매우 많다. 별로 중요하지 않다고 판단하여 외부조달한 영역에서 해당 외주업체가 역량을 키우며 미래의 기회를 만들어 가는 경우도 많다.

1990년대 후반에 크리스텐슨은 인텔 회사에 가서 관리자를 대상으로 파괴적 혁신에 대해 강의를 여러 번 했다. 교육이 끝난 후 얼마 지난 뒤, 인텔은 크리스텐슨의 강의 내용을 받아들여 고가 제품에만 매달리지 않고 보다 대중적인 제품으로 저가, 낮은 사양의 셀러론Celeron 프로세서를 출시했다. 이 제품은 AMD, 사이릭스 같은 파괴적 공격자들의 시장 진입을 저지하며 인텔의 중요한 사업으로 자리 잡았다.

크리스텐슨은 2000년에 컨설팅과 임원 교육을 목적으로 이노사이트Innosight 컨설팅사를 설립하여 많은 기업들이 능력을 제대로 발휘하여 커다란 성장을 이룰 수 있도록 했다. 하지만 크리스텐슨은 일을 너무 하다가 2020년에 세상을 떠났다. 향년 68세.

혁신지수로 본 한국의 혁신 수준

기업가에게 혁신은 영원한 화두다. 기업이 성장을 지속하려면 혁신이 필수적이기 때문이다. 현재 아무리 좋은 제품으로 인기를 얻고 있더라도 시간이 지나면 결국 인기는 사그라지기 마련이다. 그래서 현재에 만족하지 않고 혁신적 변화를 통해 성장동력을 준비해야 한다. 혁신은 낡은 것을 파괴하고 새로운 것을 창조하는 행위다.

우리나라의 미래 경제를 미리 가늠할 수 있는 혁신 수준은 전 세계에서 어느 정도일까? 2021년에 발표된 블룸버그 혁신지수Innovation Index를 보면 한국이 싱가포르, 스위스, 독일, 스웨덴을 제치고 1위를 차지했다. 블룸버그 혁신지수의 기준은 특허활동(1위), 연구개발집중도(2위). 제조업부가가치(2위), 연구집중도(3위), 첨단기술집중도(4위), 교육효율성(13위), 생산성(36위) 등 7개 부문으로 구성되어 있다.

세계지식재산기구WIPO, 미국 코넬대학교 경영대학원, 유럽경영대학원INSEAD이 공동으로 국가의 혁신역량을 평가해 발표하는 글로벌혁신지수는 2021년에 전체 132개국에서 한국이 5위인데, 2020년 10위에서 크게 올라왔다. 스위스가 1위, 스웨덴 2위, 미국 3위, 영국 4위다. 크게 보면 평가 기준은 혁신에 대한 투입과 혁신으로부터 나오는 성과로 나뉜다.

이처럼 혁신지수를 보면 한국은 모두 세계 정상급이다. 혁신 투입에서 GDP 대비 연구개발 투자 비율은 세계 최고이고, 특허 산출에서 특허, 상표, 디자인 출원 개수 역시 세계 최고 수준이다. 그러나 국내 전문가들의 의견을 들어보면 신통치 않다. 혁신 지표들이 양적으로만 좋고 질적으로는 그렇지 못하다는 것이다. 예를 들어 국제특허에서 거두는 로열티수입이 특허등록비에도 미치지 못한다. 또한 기술무역수지도 큰 폭의 적자를 기록하고 있다. 이런 날선 비판에 대해 긍정론자들은 양이 넘쳐야 질이 올라간다며 다시 반박하기도 한다.

\#제한적_합리성 #만족화 #가치함수 #휴리스틱
\#편향 #효과 #현상 #회피 #오류 #역설
\#인지과학 #실험경제학 #신경경제학

◆ 22강 ◆

심리학과 경제학의 유쾌한 만남, 행동경제학파

신고전학파 경제학은 인간의 심리와 행태를 감안했다지만 상당히 무시하고 지나치게 규범적인 전제를 깔고 논리를 개발했다는 비판에 시달렸다. 신고전학파의 보편적 논리가 멋있게 보이기는 하나 현실적인 구체성이 부족했기 때문이다. 그래서 일부 사람들에게 설문조사를 하거나 실험하는 방식을 취하는 심리학 방법이 경제학을 파고 들어왔다. 더구나 그사이에 인지심리학, 행동심리학과 함께 신경과학, 실험경제학, 신경경제학의 발달에 힘입어 행동경제학이 급성장해 주류경제학의 부족한 부분을 메꿀 정도에 이르렀다. 행동경제학 내용은 직관적이라 이해하기 쉬워 경제학의 대중화에 크게 기여하고 있다.

1 변방에서 주류로

1979년에 일어난 중대 사건들

1979년에 어떤 일이 벌어졌을까? 우리나라 일로는 10월 7일 파리에서 김형욱이 실종되었고, 10월 16일 부마민주항쟁이 일어났으며, 10월 26일 김재규가 대통령을 저격하였고, 12월 12일에는 쿠데타가 연쇄적으로 벌어졌다.

우리의 눈길을 세계로 돌리면 1979년 당시 이란의 팔레비 국왕이 이집트로 망명하였고, 이집트와 이스라엘 간에 평화조약이 체결되었다. 미국의 스리마일 섬에서는 원자력발전소 사고가 있었고, 영국의 마거릿 대처가 총리로 취임했다. 중국은 산아제한 정책을 발표했고, 소련의 브레즈네프 서기장은 아프가니스탄을 침공했다.

그러면 1979년에 경제학계에서는 어떤 일이 벌어졌을까? 정말로 많은 논문들이 쏟아져 나왔는데 특히 주목할 논문이 하나 나왔다. 둘 다 심리학자인 카너먼과 트버스키의 기념비적 논문 〈프로스펙트

이론: 리스크 하에서의 결정〉이 〈이코노메트리카 저널〉에 게재되었다. 이를 기폭제로 하여 관련 논문들이 연거푸 나와서 행동경제학파 사람들은 1979년을 행동경제학 원년으로 삼고 있다.

현재의 신고전학파를 비롯한 주류경제학은 각자 이기심을 추구하며 시장에서 합리적 결정을 내리는 경제적 인간 homo economicus을 전제로 하고 있다. 주류경제학은 인간의 합리성 전제를 흩트리지 않으려고 많은 노력을 기울였지만 사람들의 실제 행동을 보면 여전히 비합리적인 선택을 내리는 경우가 부지기수다. 사람들은 인지적, 감정적, 사회적 이유 때문에 비합리적 선택을 내리곤 한다. 우리는 어떤 경우에 비합리적 행동을 할까?

아파트 단지 리모델링에 대한 찬성과 반대

어느 아파트 단지에서 리모델링(대수선) 추진 여부를 둘러싸고 논쟁을 벌이고 있다고 보자. 리모델링을 적극 추진하는 측은 이렇게 주장한다. 단지내 아파트 소유자의 75% 이상이 리모델링에 찬성을 하면 시공사가 선정되어 리모델링 공사를 거쳐 아파트가 튼튼해지고 아파트의 가치가 올라간다. 수평, 수직, 별동 건축이냐에 따라 다르긴 하나, 구조 안전성 평가나 증축 가능 여부를 지자체로부터 판정을 받아야 한다. 공사비와 일반분양 수익에 의해 가구당 분담금이 정해지는데 향후 예상되는 아파트 가격이 (공사비 - 일반분양 수익)보다 높으면 리모델링에 동의하기 쉽다. 하지만 공사 기간에 다른 아파트에 전세로 살아야 하므로 은행 대출을 받으면 전세금에 대한 이자는 물어야 한다. 물론 두 번의 이사비용도 추가된다. 또 리모델링 이

행동경제학의 선구자인
허버트 사이먼

후에 아파트 시설이 좋아져서 관리비가 늘어날지도 모른다.

이렇게 손익 분석을 거친 다음에 이익이 난다고 생각하더라고 리모델링에 동의하지 않는 사람들도 있게 마련이다. 몸이 불편해서 이사하지 않고 변화 없이 그대로 살고싶어 하기도 한다. 또 은행으로부터 빚내는 것 자체를 싫어하기도 하고, 대출금 이자를 내는 것도 부담스럽다. 시공업체들이 이런저런 이유를 들어 공사비를 자꾸 올릴까 두렵기도 하다. 그리고 이상한 소문이나 선입견에 휩싸여 일부 사람들이 동의하지 않기도 한다.

리모델링에 찬성하는 소유자들이 반대론자들을 비합리적이라 여겨도 이런저런 이유로 리모델링에 동의하지 않는 사람이 많으면 결국 리모델링 추진은 수포로 돌아간다. 인간의 합리성을 전제로 신고전학파 경제학이 생겨났지만 비합리적인 사람들의 선택에 대해 다른 부류의 경제학은 어떻게 분석하고 있을까?

〈표〉 유명한 행동경제학자

분야	행동경제학자
경제학	리처드 탈러, 게리 베커, 조지 애컬로프, 버논 스미스, 매튜 라빈, 에른스트 페르, 콜린 캐머러, 존 리스트
심리학	조지 카토나, 아모스 트버스키, 대니얼 카너먼, 댄 애리얼리, 조지 로웬스타인, 새뮤얼 보울즈
재무학	로버트 실러, 안드레이 슐라이퍼, 로버트 비시니
법학	캐스 선스타인
정치학	허버트 사이먼

드디어 주류도 인정한 행동경제학

행동과학behavioral science이라는 것이 있다. 사회와 조직을 관리하는 기술을 개발하기 위해, 인간 행동을 체계적으로 규명하여 일반 법칙으로 정립하는 학문이다. 심리학, 생리학, 정신생물학, 사회학, 인류학, 정치학, 경제학 등 여러 학문과 얽히고설켜 복합 응용 학문이라 할 만 하다.

지난 50년 동안 인지과학, 신경과학, 실험심리학이 급속도로 발달하면서 사람들의 경제적 선택을 면밀히 검토하는 과정에서 행동경제학이 탄생하게 되었다. 인간은 외적 요인과 내적 요인의 영향을 받아 의사결정을 내린다. 경제학은 내적 요인인 감정, 성격, 열정, 의지력, 인지능력 같은 심리학적 부분을 그동안 무시하다가 이제는 마지못해 수용하는 모양새다. 한마디로 말해 행동경제학은 이상적인 경제적 인간을 추상적으로 연구하지 않고, 인간의 실제 행동을 심리학적으로 연구하는 경제학 분야다. 경제학과 심리학이 본격 융합되고 있는 것이다.

행동경제학은 21세기 들어서기 전까지만 하더라도 변방에 머물러 있었다. 그러다가 2002년 카너먼이 행동경제학에, 버논 스미스가 실험경제학에 대한 공로로 노벨경제학상을 공동 수상했다. 2013년에는 금융에 행동경제학을 접목한 로버트 실러Robert J. Shiller: 1946~가 노벨경제학상을 수상했고, 4년 후에 리처드 탈러도 행동경제학에 대한 공로로 수상했다.

훨씬 전으로 거슬러 가면 행동경제학의 선구자인 허버트 사이먼이 1978년에 수상했다. 카너먼과 함께 1979년 획기적인 논문을 발표한 트버스키는 안타깝게도 1996년에 세상을 떴기 때문에 수상하지 못했다. 그가 살았다면 카너먼과 함께 공동 수상했을 것이다. 분명한 것은 행동경제학을 연구한 학자들이 노벨경제학상을 연거푸 받으면서 행동경제학이 드디어 본류로 진입했다는 점이다.

2 행동경제학의 선구자

대중적으로 많이 알려진 행동경제학의 대표 연구자는 대니얼 카너먼, 리처드 탈러, 댄 애리얼리Dan Ariely: 1967~, 로버트 실러 등이다. 하지만 알고 보면 행동경제학이 주류경제학을 보완하는 형태로 편입되던 2000년대 이전보다 훨씬 일찍 행동경제학 관점에서 분석을 시도한 사람들이 있었다.

조지 카토나와 허버트 사이먼

가장 이른 선구자는 조지 카토나George Katona: 1901~1981다. 헝가리 출신으로 1921년 독일 괴팅겐대학에서 실험심리학 박사가 되어 미국으로 건너와 경제심리학을 연구했다. 거시경제에 심리학 원리를 적용하는 데에 관심이 많아, 2차 세계대전 당시 정부가 전쟁으로 인한 인플레와 싸우는데 심리학을 어떻게 적용할지 많은 고민을 했다. 미시건대학의 소비자심리지수consumer sentiment index 개발에 참여하면서 소비자 기대 심리를 측정했다. 행동경제학behavioral economics 용어를 처음으로 만든 카토나는 《경제 행동의 심리학적 분석Psychological Analysis of Economic Behavior》을 1951년에 발간했다.

허버트 사이먼Herbert Simon; 1916~2001은 시카고대학 정치학도였으나 1930년대 대공황과 2차 세계대전을 경험하며 심리학, 인지과학, 컴퓨터공학, 조직학, 그리고 경제학 분야로 방향을 틀어 다방면에서 두각을 나타내었다. 그야말로 폴리매스였다. 행정학 분야만 보면, 사이먼은 행정을 가치와 사실로 구분하고 행정학의 연구 대상을 과학적으로 검증 가능한 사실에만 국한시키자고 제안했다. 그래서 행정행태론이 탄생했다.

사이먼은 인공지능 프로그램에 대한 논문을 1956년에 발표하여, 인간을 자극에 반응하는 단순한 유기체가 아니라 정보처리를 하는 유기체라고 보는 인지심리학을 출범시키는 데 크게 기여했다. 특히 사이먼은 주류경제학이 전제하는 합리성에 강한 의심을 품고 인간은 인지능력의 한계로 인해 '제한적 합리성bounded rationality' 하에서 의사 결정을 내린다고 역설했다.

그래서 극대화maximizing나 최적화optimizing가 아니라 '만족화satisficing' 용어를 고안했다. 만족시키다satisfy와 충분하다suffice의 조합어로 충분한 수준의 만족을 의미한다. 사이먼의 이런 제한적 합리성 관점은 경제학과 심리학이 결합된 행동경제학으로 발전하게 되었고, 1978년에 '경제조직 내부에서의 의사결정 과정에 대한 선구적 연구' 공로로 노벨경제학상을 받았다.

필립 코틀러는 누구나 인정하는 마케팅의 대가다. 필자는 그에게 질문을 할 기회가 있었다. 코틀러와 필자는 모두 경제학을 전공하고 나중에 마케팅 분야에 몸을 담았던지라 그가 왜 전공을 바꾸었는지 물어봤다. 그랬더니 코틀러는 자신은 아직도 경제학을 전공하고 있다고 자신있게 답변했다. 마케팅은 응용경제학의 한 분야라는 것이다. 소비자 행동을 분석하다 보면 소비자는 가격 이외의 다른 요인들에 의해서도 크게 영향을 받는데 경제학은 가격을 지나치게 중시한다는 것이다. 코틀러가 평생동안 연구한 현실적인 마케팅은 어떤 상황에서 소비자가 합리적으로 혹은 비합리적으로 행동하는가를 면밀히 관찰하여 그에 맞는 해법을 제시했다. 그런 의미에서 코틀러 역시 행동경제학의 선구자였던 셈이다.

대니얼 카너먼과 아모스 트버스키의 전망이론

1979년에 대니얼 카너먼Daniel Kahneman: 1934~과 아모스 트버스키Amos Tversky: 1937~1996의 기념비적 논문 〈프로스펙트(전망) 이론: 리스크 하에서의 결정〉이 〈이코노메트리카 저널〉에 게재되었다. 왜 이 논문은 그렇게 중요할까? 신고전학파가 그렇게도 중시하던 기대효용이론을 반박하고 대안으로 전망이론을 제시했기 때문이다. 기대효용이론에서 효용함수와 확률이 중요하다면, 행동경제학에서는 가치함수와 의사결정가중치가 중요하다. 다시 말하면 전망이론은 신고전학파 표준이론의 효용을 가치로 바꾸고, 효용함수를 가치함수로, 확률을 의사결정가중치로 바꾸었다.

신고전학파의 효용함수는 소비가 늘면서 효용이 늘어나지만 한계효용은 점차 줄어든다. 그런데 행동경제학파의 가치함수를 보면 현재

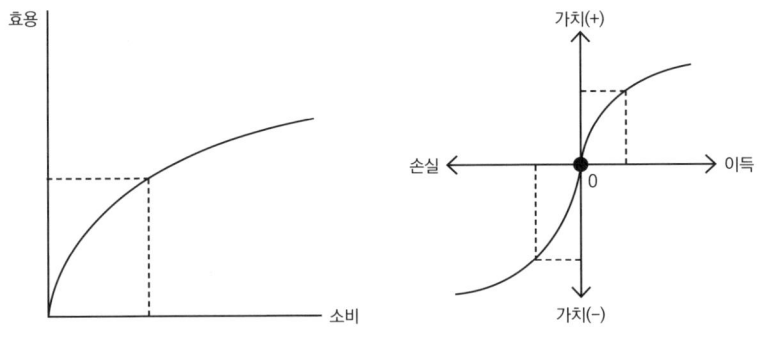

〈그림〉 신고전학파 효용함수   〈그림〉 행동경제학파 가치함수

상태를 기준점으로 하여 이익을 봤을 때의 효용 증가분보다 손해를 봤을 때의 효용 감소분이 더 크게 나타난다. 그래서 확신이 서지 않는다면 손실회피 경향 때문에 현상유지를 선호한다. 사람들이 보수성을 띠는 근본적인 이유다. 이처럼 가치함수는 기준 의존성, 민감도 체감성, 손실 회피성이라는 세 가지 특징을 가진다. 가치함수의 손실 회피성 때문에 사람들은 소유효과와 현상유지 편향을 갖게 된다.

3
대충 만족스러우면 되는 어림셈,
휴리스틱

 행동경제학을 들여다보면 몇몇 중요 개념들이 자주 등장한다. 휴리스틱, 편향, 효과, 현상, 회피, 오류, 역설이 그렇다. 이런 개념들을 좀 풀어보자.

 주류경제학은 합리성에 입각하여 이기심을 추구하는 개인들을 전제로 세상 경제를 설명하려 한다. 하지만 행동경제학은 인간이 선택을 할 때 외부 제약 조건뿐만 아니라 내적 제약 조건에 의해 한계를 가진다는 것을 인정한다. 특히 정보 능력과 계산 능력에 한계가 있으므로 사람은 선택을 할 때 가능하면 단순한 기준을 채택하려 한다.

복잡하나 정확한 알고리즘보다는 부정확하지만 간편한 휴리스틱

 사람들은 이것저것 따지는 것을 귀찮아하므로 골머리를 쓰며 효용을 극대화하는 선택보다는 욕구를 어느 정도만 채우면 되는 만족화 대안을 선택한다. 따라서 소비자는 정확한 결과를 내주는 알고리

〈그림〉 이등변 삼각형의 넓이를 구하는 알고리즘 공식

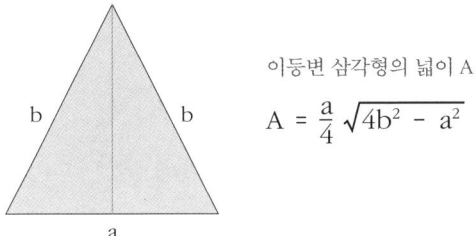

즘algorithm보다는 단순한 기준인 휴리스틱Heuristic을 도구로 사용한다.

문제를 해결하거나 불확실한 사항에 대해 판단을 내리고 싶지만 명확한 실마리가 없을 때 사용하는 방법, 불완전하지만 도움이 되는 편리한 방법을 휴리스틱이라 한다. 간편법, 발견법, 어림셈, 통밥이라 부르기도 한다. 예를 들면 이등변 삼각형의 면적(A)을 구하려면 밑변(a)과 높이(c)를 곱하고 이를 2로 나누면 된다는 것을 우리는 잘 안다. 그런데 이등변 삼각형의 높이는 모르고 대신 빗변(b)만 안다면 삼각형의 면적을 어떻게 구할까? 이 경우 정확한 알고리즘 공식은 '$A = \frac{a}{4}\sqrt{4b^2-a^2}$'이다. 하지만 이 공식을 모르면 $\frac{ab}{2}$으로 대충 어림셈을 할 수 있다.

알고리즘이 칼로 자르듯 확실한 해결 방법이라면 휴리스틱은 눈짐작으로 대충하는 해결 방법이다. 휴리스틱을 이용하면 우리는 매일 만나는 구체적인 문제들을 복잡한 생각이나 계산 없이 신속하게 처리할 수 있다. 휴리스틱은 완전한 해답이 아니므로 때로는 올바른 평가와는 거리가 있는 엉뚱한 실수를 저지르곤 하는데 이것이 바로 편향bias으로 나타난다.

휴리스틱 네 가지

행동경제학자들은 네 가지의 휴리스틱을 제시한다. 그중 하나가 가용성(기억) 휴리스틱이다. 최근에 발생하여 기억에 잘 떠오르는 것만 가지고 어떤 사건의 발생 빈도나 확률을 판단한다. 최근 것으로만 판단하므로 당연히 편향이 생길 수밖에 없다. 우리는 살면서 회사에 열심히 다닌다. 하지만 회사에서 막상 퇴직하고 나면 그 회사에 대해 전체적으로 어떤 느낌을 가지게 될까? 회사에서 경험했던 평범한 일들은 하나도 생각나지 않고, 재직 중에 겪었던 여러 일 중에 극적인 순간$_{peak}$과 마지막 순간$_{end}$만 기억나기 쉽다. 이를 피크앤드 법칙$_{peak\text{-}end\ rule}$이라 하는데, 우리가 실제 경험한 것과 나중에 기억하는 것에는 이처럼 차이가 많다.

두 번째는 대표성 휴리스틱이다. 자신이 목격한 집합이 모집단을 제대로 반영하고 있지 않지만 그 집합의 특성이 전체 모집단의 특성으로 간주되는 것이다. 자신의 조그만 경험을 토대로 한 고정관념에 사로잡혀 세상을 보는 경우가 여기에 해당된다. 대표성 휴리스틱에서 확증편향이 나온다. 보고 싶은 것만 보고, 듣고 싶은 것만 듣고, 믿고 싶은 것만 믿으려는 인간의 오류를 말한다. 영국 심리학자 피터 웨이슨이 확증편향을 처음으로 제시했다.

세 번째는 기준점(앵커)과 조정 휴리스틱이다. 자신이 알고 있는 것으로 임의의 기준선을 설정한 후, 적절하다고 생각하는 것에 맞게 의사결정을 내리는 것을 말한다. 배에서 닻을 내리면 일정한 범위 내에서만 움직이는 배처럼, 소비자의 추론도 설정된 기준선 주위에서만 움직이는 모습을 보인다. 1974년에 트버스키와 카너먼은 간단한 실

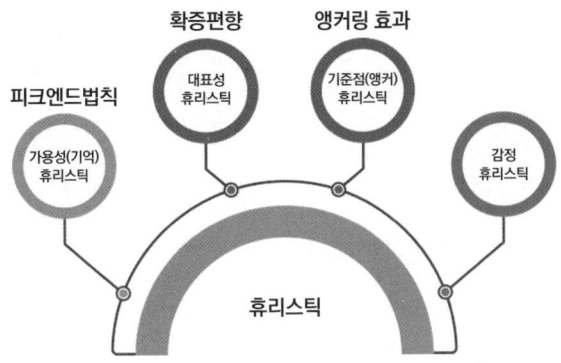

〈그림〉 네 가지 휴리스틱(heuristics)

사람들은 현실 상황을 판단하는 일을 복잡하게 여겨서
단순화하려고 몇 가지 주먹구구 원칙을 사용해 판단한다.

험을 했다. 두 집단의 피실험자들에게 '8×7×6×5×4×3×2×1'과 '1×2×3×4×5×6×7×8'이라는 각각 두 식을 잠깐 보여주었는데 답은 어떻게 나왔을까?

첫 번째 수식을 본 집단이 대답한 값의 평균은 2250이었다. 하지만 두 번째 집단이 말한 값의 평균은 512에 불과했다. 숫자의 순서만 바꾸어 질문하였는데 왜 이렇게 차이가 많이 나올까? 피실험자가 보기에 기준점이 달랐기 때문이었다. 즉 8로부터 시작해 1까지 차례대로 곱한 집단은 첫 기준이 높게 설정되었으니 결과치를 높게 냈다. 반면에 1부터 8까지 숫자가 커지는 순서로 곱한 집단은 낮게 설정된 첫 기준에 얽매어 결과치도 낮아졌다.

네 번째는 감정 휴리스틱이다. 사람은 선택 문제에 직면하면 대상이 '좋은지' '나쁜지' 또는 '유쾌한지' '불쾌한지'의 감정을 직감적으로 재빨리 파악한다. 그리고 나서 이를 가이드라인으로 삼아 선택대안을 압축하고 최종 대상을 이성적으로 판단한다. 즉 감정이 이성을 앞선다. 이성은 감정을 정당화하는 감정의 시녀일 뿐이다.

선택할 때 감정의 중요성을 보여주는 실험이 있다. 학생들에게 두 자리 또는 일곱 자리 숫자를 기억하도록 하고, 다른 방으로 이동하여 자신들이 기억한 숫자를 보고하라는 과제를 냈다. 방을 이동할 때에는 복도를 거쳐야 하는데 복도 진열대에 놓인 케이크와 샐러드를 선택하도록 했다. 결과는 어떻게 나왔을까?

두 자리 숫자를 기억한 학생들은 샐러드를, 일곱 자리 숫자를 기억한 학생들은 케이크를 많이 선택했다. 설문조사에서 학생들은 모두 샐러드가 케이크보다 건강에 좋다고 인식하고 있었다. 일곱 자리 숫자를 기억해야 해서 인지적 부하가 많이 걸렸던 학생은 귀찮아서 감정이 우세해져 평소에 더 맛있다고 느낀 케이크를 선택했다. 반면에 두 자리 숫자를 기억하는 학생들은 인지적 부하가 낮아 건강에 좋은 샐러드를 선택했다. 사람은 정신이 없으면 감정적으로, 정신이 있으면 이성적으로 행동한다. 우리가 충분히 수긍할 수 있는 내용이다.

4 편향과 효과

현상유지 편향

윌리엄 새뮤얼슨과 리처드 젝하우저가 쓴 논문 〈의사결정에서 현상유지 편향Status quo bias〉을 보면 인간의 귀차니즘을 여실히 알 수 있다. 사람들은 특별한 이유가 없으면 현재 상태를 선호하는 경향을 보인다. 카너먼, 리처드 탈러, 존 내쉬는 현상유지 편향을 증명하는 실험을 수행했는데 이 편향이 소유효과, 손실회피 경향과 연관되어 있음을 밝혔다. 전망이론의 기본이다.

우리가 회사에서 전철을 타고 집에서 가까운 전철역에 내리면 집까지 걸어오는 길은 거의 비슷하다. 사람들은 귀가할 때 다니던 길로만 가기 때문이다. 특별히 기분 전환이나 호기심이 생길 경우에만 낯선 길을 택한다. 학교 강의실에서 자리를 선택할 때에도 특별히 친한 친구가 없으면 자주 앉던 자리에만 무의식적으로 계속 앉는다.

새로운 선택은 항상 고역이다. 사람들은 큰 문제가 있지 않다면

별 고민 없이 어제 했던 것처럼 행동하는 것을 편하게 느낀다. 오늘도 어제처럼 행동하려는 현상유지 편향은 거의 본능에 가까운 사람의 습관이다.

확증 편향

A라는 사람이 어렸을 때 부모나 주위 사람으로부터 B지역 사람들은 믿을 수 없고 위험하다는 말을 종종 들었다고 가정해 보자. A는 그 후에 살면서 그런 특성을 가진 B지역 사람들을 일부 보면서 자신의 치우친 편향을 더욱 키워나간다. 사실은 그런 특성을 갖지 않는 B지역 출신 사람도 많이 접했지만 그런 경우는 말끔히 잊어버리고 초기의 편견만 강화되는 것이다. 더구나 나이가 들어서도 B지역에는 아예 가보지도 않는다. 그곳에 가면 자신이 금방 속임을 당하고 혹여나 신변에 위협이 생길까 두렵기 때문이다. 해외 여행을 갈 때 소매치기를 많이 당한다는 소문이 무성한 도시에는 아예 발걸음을 옮기지 않는 것도 마찬가지다. 확증 편향에 사로잡힌 사람은 일단 어떤 결정을 내리면 다른 좋은 선택지가 나오더라도 자신의 생각을 절대로 바꾸지 않는다. 똥고집을 부리는 것이다.

사후확신 편향

버나드 쇼는 걸출한 작품으로도 유명하지만 재치 넘치는 명언으로 더 유명하다. 그의 묘지에 가면 묘비에 이렇게 쓰여 있다.

"I knew if I stayed around long enough something like this would happen."

버나드 쇼의 묘비명은
행동경제학의 사후확신 편향을
잘 말해준다.

사람들은 이를 흔히 "우물쭈물 살다가 내 이럴 줄 알았지"라고 번역하곤 하지만, 보다 정확하게 풀자면 "오래 살다 보면 이런 일이 생길 줄 알았지"다. 결국 죽을 줄 알았다는 것이다. 사실 버나드 쇼는 평생 94년 동안 우물쭈물과는 거리가 멀게 치열하게 살면서 《인간과 초인》,《피그말리온》 등 주옥 같은 작품들을 남겼다. 버나드 쇼의 이 묘비명은 행동경제학의 사후확신 편향hindsight bias을 잘 말해준다. 본래 잘 모르고 있었거나 예상이 달랐으면서도 사건의 결과가 정말로 현실로 나타나면 그것을 원래부터 예상하고 있었던 것처럼 착각한다. "내 이럴 줄 알았어!"다.

프레이밍 효과

어떠한 대상에 대하여 사람이 판단하는 구조를 프레임이라 하고, 이러한 프레임이 달라짐에 따라 판단이 변하는 것을 프레이밍 효과라고 한다. 가톨릭 신부 두 명은 담배를 좋아해 기도하는 도중에 담배를 피우고 싶었다. 그래도 주교에게 허락을 받기로 했다. 신부A, 신부B 중에 누가 담배를 피울 수 있었을까?

- 신부A: 주교님, 제가 주님께 기도를 올리는 동안 담배를 피워도 되겠습니까?
  주교: 당연히 안 됩니다.
- 신부B: 주교님, 제가 담배를 피우는 동안에 기도를 드려도 되겠습니까?
  주교: 당연히 그래도 됩니다.

앵커링 효과

필자가 시카고에서 살았을 때 늘 다니던 거리에는 멋진 의상 가게가 하나 있었다. 그 의상 가게 쇼윈도우에는 종종 새로운 드레스를 선보이곤 했다. 어느 날 멋진 드레스가 나타났고 그 옆에는 가격표가 붙어있었다. 그런데 고정된 가격이 아니라 매일 달라지는 변동 가격이었다. 오늘 이 드레스를 사면 200달러, 내일은 160달러, 모레는 120달러 이런 식으로 하루가 지나면서 가격이 40달러씩 쑥쑥 떨어진다는 것이 아닌가? 80달러 정도면 살 것 같은데 생각하면서 가게 앞을 스쳐 지나갔다.

이틀 후 가게를 지나가는데 쇼윈도우에는 다른 드레스가 걸려 있었다. 누군가 160달러에 어제 내가 봤던 드레스를 사버린 것이다. 아마도 그 구매자는 자신의 적정가로 나보다 높은 120달러를 생각했을지도 모른다. 하지만 다른 사람이 빨리 사버릴지 모른다는 생각에 160달러에 샀을 것 같다. 200달러라는 초기 가격에다가 경쟁심까지 가세하여 160달러로 최종 낙찰된 것이다. 소비자 심리를 꿰뚫고 있는 이 의상 가게의 놀라운 가격 정책에 혀를 내둘렀다.

후광 효과

우리는 어떤 사람에게 매력을 느끼면 그 사람은 지적이고 관대하고 성격도 좋고 집안 환경도 좋을 거라고 생각한다. 그에 비해 어떤 사람이 매력적이지 않으면 둔하고 이기적이고 성격도 나쁘고 집안 환경도 나쁠 것이라 생각한다. 이처럼 개인의 신체적 매력이 인상 평가에 긍정적인 영향을 미치는 것이 후광 효과다.

사람들은 신체적으로 매력적인 사람들과 함께 있기를 원한다. 매력적인 사람 덕분에 자신의 가치도 올라간다고 생각하기 때문이다. 그런데 신체적 매력과 후광 효과의 관계는 발산 효과와 대비 효과로 나뉜다. 발산 효과는 매력 있는 사람과 함께 있을 때 자신에 대한 평가가 높아지는 현상이고, 대비 효과는 자신에 대한 평가가 오히려 낮아지는 현상이다. 결국 매력 있는 사람과 함께 있다고 해서 항상 좋은 결과를 보이는 것은 아니니 유념해야 한다.

이케아 효과

우리는 상품을 완성품으로 판매하지 않고 고객이 부품을 직접 조립하도록 하는 이케아IKEA 제품을 잘 안다. 사람들은 불편함을 느끼고 자신의 수고를 아끼지 않으면서 왜 이케아 제품을 기꺼이 선택할까?

첫째, 절약 요인이다. 가격이 낮으면 고객이 부담하는 금전적 비용을 줄여준다. 대신 고객의 시간과 신체적 노력이 더 들어가면 고객의 부담비용은 올라간다. 이케아 경우를 보면 여유시간이 부족하고 근력이 약한 고객들에게는 가격 인하 효과보다 시간비용과 신체적 비용 증가 효과가 더 크므로 고객비용은 전체적으로 늘어나게 된다. 반면에 시간이 많고 힘이 넘치는 고객이라면 이케아 가구는 전체적 고객비용을 오히려 줄여준다.

둘째, 재미와 모험 요인이다. 일반적으로 사람들은 구매할 때 완제품을 원하지만 상품을 체험하는 과정을 즐기면 완제품을 원하지 않게 된다. 크로스 퍼즐이나 레고 조립, 디즈니랜드에서의 놀이시설 체험이 바로 그런 경우다. 이케아 경우 고객이 가구 탐색, 물류, 조립 과정에 직접 참여하면서 즐거움을 느끼면 체험 가치를 높여준다. 요한 하이징거의 지적대로 인간은 도구를 사용하는 호모 하빌리스Homo Habilis, 도구를 만드는 호모 파베르Homo Faber를 넘어서 작업에서 재미를 느끼는 호모 루덴스Homo Ludens이기도 하다.

셋째, 건강 요인이다. 운동을 재미로 하고 쾌감을 느끼는 사람도 있지만 귀찮더라도 하는 이유는 운동이 자신의 건강을 증진시켜주기 때문이다. 우리 환경이 지나치게 서비스화되어 완벽한 편의성을 제공하면 우리는 게을러지고 근육을 쓰지 않아 건강이 나빠지게 된다. 이런 상황에서는 약간 불편한 환경이 오히려 우리 건강을 증진시켜주므로 우리는 불편한 환경·서비스·상품을 기꺼이 받아들인다. 최근 들어 오히려 불편한 주거 환경을 만드는 것이 주거 건축의 하나의 트렌드로 자리잡는 이유이다.

넷째, 깨달음 요인이다. 우리가 번뇌에서 벗어나기 위해 백팔 번 몸을 숙여 절을 하는 백팔 배를 한다거나, 세상 고민에서 벗어나기 위해 2박 3일 템플스테이를 하거나 1년 출가하기를 자청하기도 한다. 가톨릭 신자가 피정을 하는 것 역시 깨달음을 얻기 위해서다. 이들은 소박한 음식을 먹으며 소박한 주거시설에서 기도하는 절제된 생활을 하는데 깨달음은 불편을 압도하기 때문이다. 어떤 호텔의 고객은 호텔에서 잠을 자되 호텔에 딸려 있는 텃밭에서 일을 한다. 자신의 건강도 돌보고 깨달음도 얻기 위해서다.

다섯째, 안전 요인이다. 요즘은 많은 것들이 원스톱으로 해결된다. 집에 들어갈 때 간단한 버튼 하나로 잠금 장치가 해제된다. 하지만 만약 이 버튼을 다른 사람에게 도난 당하면 자신의 집은 무방비 상태에 빠진다. 따라서 불편하더라도 집 안전장치를 일부러 몇 단계로 나눈다. 바로 안전을 위해서다.

이케아는 고객이 판매와 조립, 배달 과정에 직접 참여하게 함으로써 불편을 오히려 차별화 포인트로 삼고 있다. 편의성 추구가 대세인 시대에 불편 마케팅 발상이 사람들을 오히려 매료시키기도 한다.

엘리자베스 홈즈 이야기

2014년에 미국 경제 잡지인 포천지의 커버로 화려하게 등장한 인물이 있다. 1984년생 금발의 아리따운 엘리자베스 홈즈Elizabeth Anne Homes였다. 미국에서 보통 종합검진을 하려면 수백만 원 이상이 드는데 단돈 50달러만 내면 피 몇 방울만 채취해서 260개의 질병을 진단하는 메디컬 키트인 '에디슨'을 발표했기 때문이다.

홈즈의 테라노스Teranos 회사가 내거는 목표는 '피 한 방울로 건강관리의 민주화'였다. 자신의 손가락을 바늘로 따서 피 몇 방울만 채혈하여 용기에 담아 테라노스에 보내면 260가지 검사를 일괄적으로 받을 수 있다는 것이었다. 비용은 겨우 50달러였다. 당시 미국에서는 대여섯 가지의 간단한 혈액검사도 수백 달러가 들었는데 정말 혁신적인 진단 키트였다. 그래서 대표적인 드럭스토어인 월그린과 계약하였고 많은 유명인들의 찬사와 함께 투자가 몰려들어 테라노스는 유니콘 기업으로 급부상했다.

더구나 테라노스 회사의 CEO는 홈즈라는 미모의 젊은 여성이었다. 스탠퍼드대학 화학공학과를 다니던 중 싱가포르의 게놈 연구소에서 인턴으로 근무하다가 진단 키트 아이디어를 얻어 대학을 중퇴하고 '리얼타임 큐어'라는 바이오 스타트업을 시작했다. 어렸을 때 부모를 따라 중국에서 살았기 때문에 영어는 물론 중국어도 유창하여 미디어에 자신과 회사를 매우 효과적으로 알렸다. 사모펀드들의 투자가 쇄도하며 기업가치가 올라 한 때 90억 달러로 치솟기도 했다. 테라노스의 지분을 50% 가진 홈즈의 자산 또한 45억 달러가 되었다.

홈즈는 여성 천재 과학자, 여성 스티브 잡스라는 별명이 붙여질 정도였다. 이렇게 홈즈가 승승장구하는 데에는 여러 후광 효과가 작용했다. 우선, 스탠퍼드대학 졸업도 아니고 중퇴라는 사실이 사람들을 자극했다. 외모도 금발(사실은 갈색)인데다 터틀넥을 입고 다녀 스티브 잡스를 연상케 했다. 또 자신의 대학 지도교수를 연구원으로 채용하고 헨리 키신저를 이사로 영입해 좋은 인상을 심었고, 루퍼트 머독과 나중에 대통령이 된 조 바이든이 홈즈를 극찬했다. 그리고 명망 있는 투자자들을 유치했다. 홈즈의 유창한 발표와 언론 플레이에 힘입어 제대로 된 연구 업적 없이도 회사와 자신의 가치를 잔뜩 높였다.

하지만 좋은 시절은 오래 가지 않았다. 2015년 들어 〈월스트리트 저널〉은 이 회사의 검사가 정확하지 않다고 보도했고 회사 내부 고발자의 폭로도 이어졌다. 테라노스의 에디슨 키트는 15개 항목만 자체 진단할 수 있을 뿐, 나머지 230여 가지 항목은 다른 회사의 기기로 검사를 했다는 것이었다. 테스트 과정에서 발생한 문제점을 실험 결과 조작으로 덮고 넘어감으로써 연방 법률도 위배했다는 것이었다. 이로 인해 사기 의혹이 일었고 주가가 떨어지자 투자자들의 고소가 이어졌다.

2016년 테라노스의 임상실험연구소가 폐쇄되었고 2018년 홈즈는 미국 증권거래위회로부터 증권사기 혐의로 창업주 홈스의 의결권이 박탈당해 향후 10년간 어떤 상장사의 관리자도 될 수 없게 되었다. 2022년 형사법원에서 11개 기소죄목에서 4개에 대해 사기죄로 유죄 평결을 받았다.

한 때 위력을 발휘했던 후광 효과가 오히려 악재로 작용하여 한 회사와 인물을 추락시켰다. 여성 천재 과학자가 어느새 희대의 사기꾼이 된 것이다. 한국의 황우석, 일본의 오보카타 하루코 처럼 몰락했다.

〈월스트리트 저널〉의 리포터인 존 카레이루$_{\text{John Carreyrou}}$가 논픽션 《Bad Blood: Secrets and Lies in a Silicon Valley Startup》을 2018년에 출간한 바 있다. 2019년에는 알렉스 기브니 감독이 다큐 영화로 〈The Inventor: Out for Blood in Silicon Valley〉를 만들었다.

5 실험경제학과 신경경제학

버논 스미스가 도입한 실험경제학

강의실에서 교수가 학생 대상으로 실험하는 것은 심리학 강의 시간에서는 자주 벌어질지 모르지만 경제학 시간에는 드물다. 이렇게 소규모 실험을 통해 나온 결과는 표본 부족과 신빙성 결여로 저널에 논문으로 받아들여지지도 않았다. 하지만 이런 실험 방식이 경제학계에서 점차 받아들여지고 있다. 특히 행동경제학 연구에서 실험은 매우 중요한 조사 방식이다.

실험경제학 개발에 가장 많이 공헌한 사람은 버논 스미스Vernon L. Smith; 1927~다. 캘텍Caltech 학부에서 전기공학을 전공한 버논 스미스는 물리학과 경제학이 상당히 비슷함을 알고 석박사 과정에서 전공을 경제학으로 바꿨다. 하버드대학에 다니면서 에드워드 챔벌린Edward Chamberlin; 1899~1967 교수의 강의를 들었다. 불완전경쟁을 연구하던 챔벌린은 완전경쟁시장이 실제로 일어나기 어렵다는 것을 보여주려고 학

실험경제학 개발에
가장 많이 공헌한 사람은
버논 스미스이다.

생들 대상으로 실험을 했다. 어떤 가상의 상품을 두고 구매자 역할을 하는 학생들은 물건을 사기 위해 어느 금액까지 지불할 용의가 있는지, 그리고 판매자 역할을 하는 학생들은 물건을 팔 때 최소한 받고자 하는 금액을 제시하라고 하였다. 그러나 수요공급이 맞아 균형가격이 나오는 경우는 거의 없어서 수업 실험은 실패로 돌아갔다. 챔벌린은 시장이 불규칙적이고 비합리적인 양상을 보인다는 취지의 논문 〈실험적 불완전 시장〉을 당시에 써서 발표했다.

다른 사람은 챔벌린의 논문에 관심을 두지 않았지만 버논 스미스는 나중에 이러한 실험 방식을 본격적으로 경제학에 도입하는 시도를 하게 된다. 버논 스미스는 동료 교수였던 찰스 플롯Charles R. Plott: 1938~과 함께 캘텍에서 '사회과학에서 실험실 방법'이라는 세미나를 주도하면서 사람들의 관심을 끌었다. 실험경제학experimental economics은 금융시장과 주파수 경매시장에 적용되어 성과를 거두었다. 정말로

버논 스미스가 동료 교수였던 찰스 플롯과 함께 저술한 《실험경제학》

많은 대학에서 교수 생활을 했던 버논 스미스는 2002년 카너먼과 함께 노벨경제학상을 공동 수상했으며 미국경제학회 회장, 국제실험경제학연구재단 총장도 역임했다.

뇌 기능 관찰 기술 개발로 등장한 신경경제학

종래의 경제학은 뇌를 블랙박스로 취급해 왔다. 그동안 경제학에서는 개인의 인센티브, 선호, 신념을 입력하면, 행동이 출력으로 나오지만 구체적 결정과정을 묻지 않았다. 그런데 의학의 급속한 발전으로 뇌라는 블랙박스를 열어 내부를 들여다 볼 수 있는 신경과학이 크게 발달했다. 이를 경제학에 접목한 것이 신경경제학$_{neural\ economics}$이다.

신경경제학의 주요 연구방법은 외부로부터 뇌를 손상하지 않고 뇌 기능을 관찰할 수 있는 장치인 화상해석이다. 기능성 자기공명영상법$_{fMRI}$과 양전자단층촬영법$_{PET}$이 이에 해당된다. 사람이 어떤 행동을 할 때 뇌의 어떤 부분에서 혈중산소량이나 혈류량이 변화하는지를 조사하는데, 뇌 기능이 변하면 화상에서 색깔이 바뀐다.

경제학에서는 재화의 소비가 효용을 가져다줄 뿐, 화폐 자체는 효용을 주지 않는다고 본다. 화폐가 가치 있는 이유는 화폐를 이용하여 재화를 구입할 수 있기 때문이라는 것이다. 또 화폐의 효용은 화폐를 어떻게 손에 넣는가 하는 문제와도 관계가 없다고 한다. 하지만 행동경제학의 연구에 의하면 화폐의 입수방법에 따라 효용이 달라진다. 실험 참가자가 자신이 노력하여 화폐를 얻었을 경우와 별 노력 없이 다른 사람에게서 화폐를 받았을 경우, 뇌 활동에 차이가 있는 것이 밝혀졌다. 자신이 일을 해서 화폐를 획득한 경우가 다른 사람에게서 그냥 받았을 경우보다도 뇌의 선조체가 훨씬 활발하게 활동했다.

주류경제학은 복잡한 경제 현상의 큰 흐름을 설명하기 위하여 가능하면 인간의 행동을 단순화하고 수리화하려고 한다. 반면에 심리학은 인간 행동의 복잡성 자체를 애써 이해하려고 한다. 소비자 행태 분석이 매우 중요한 마케팅에는 심리학이 침투를 했으나 경제학에는 그동안 많이 침투하지 못했다. 그러나 이제 경제학의 굳건한 성벽이 심리학의 파상 공세에 일부 허물어졌다.

#불행한학문 #시장현장경제학 #응용경제학
#마케팅프로세스 #고객관리 #브랜드관리 #온오프관리
#비영리단체마케팅 #디마케팅 #마케팅제국주의

◆ 23강 ◆
현대 마케팅학을 정립한 코틀러학파

원래 노동경제학자였던 필립 코틀러는 경영경제학을 거쳐 경제학 분석방법을 마케팅에 접목해 마케팅 체계를 제대로 구축했다. 대단한 열정으로 많은 책을 쓴 그는 다양한 분야의 전문가들과 협업을 이루어 마케팅 제국주의 시대를 열었다. 코틀러의 분투로 마케팅은 기업뿐만 아니라 박물관, 공연기관, 교회, 도시, 국가 등 무한대로 발을 뻗었다. 만약 외계인이 등장하면 외계인을 고객으로 하는 '우주 마케팅' 책을 함께 쓰자고 덤빌 기세다.

1 마케팅은 과연 불행한 학문일까?

마케팅에 대한 다양한 정의

우리는 평소에 마케팅을 정말로 많이 접한다. 좋은 의미든 나쁜 의미든. 그래서인지 '진정성 마케팅'도 나왔다. 마케팅은 근본적으로 진정성이 없는 학문이라는 선입견 때문일까?

마케팅은 고객의 욕구를 만족시키려는 활동이고 때로는 고객이 미처 찾지 못한 욕구를 만들어내어 제공하기도 한다. 업체는 소비자가 상품을 사도록 해야 하니 마케팅은 기본적으로 설득이다. 또 업체들이 서로 치열한 경쟁을 벌이므로 차별화는 정말 중요하다. 업체가 아무리 자사 제품을 좋게 말해도 소비자에게 평판이 좋지 않으면 의미가 없다. 그래서 업체들은 SNS 등 여러 채널로 입소문을 내어 좋은 평판을 만들려고 애쓴다. 총체적으로 보면 마케팅은 소비자 뇌리에 자사 상품이 어떻게 각인되도록 하는 브랜딩으로 귀결된다.

기업의 목적을 고객 창출에 두었던 피터 드러커는 고객 요구를 지

현대 마케팅의 체계를 잡은
필립 코틀러

속적으로 만족시키는 것이야말로 고객 창출이라고 했다. 기업의 핵심은 혁신과 마케팅이라면서, 기업 활동에서 혁신과 마케팅만 이익을 창출하고, 나머지는 모두 비용 요소라 했다. 그러면서 "마케팅은 판매를 불필요하게 해야 한다"고 주장했다. 코틀러는 마케팅을 어떻게 정의했을까? "마케팅은 수익성 있는 고객을 찾는 과학이다. 또 경쟁사보다 뛰어난 방식으로 고객을 만족시키는 예술 행위다."

수식으로 표현하면 행복이란 소비를 욕구로 나눈 것이라고 말하기도 한다. 폴 새뮤얼슨이 지적한 말이다. 소비를 늘리면 행복해지는데 문제는 마케팅 활동으로 소비 증가보다 욕구 증가가 더 빨라 행복이 오히려 줄어든다는 점이다. 토머스 칼라일이 경제학은 '우울한 학문Economics is a dismal science'이라고 말한 바 있는데, 마케팅은 불행한 학문Marketing is an unhappy science이 아닐까? 나의 주장이다.

마케팅Marketing은 시장Market에 진행형 ing를 합성한 단어다. 다시 말하면 기업이 시장 현장에서 수시로 전개하는 온갖 행위를 일컫는다. 자본주의는 기본적으로 시장경제이니만큼 우리가 살고 있는 경제에서 마케팅은 우리 주위에서 항상 노골적으로, 은밀하게 진행되고 있다.

2 마케팅을 체계화한 필립 코틀러

마케팅 구루, 필립 코틀러

　드러커가 현대 경영학의 체계를 잡았다면 필립 코틀러Philip Kotler; 1931~는 현대 마케팅의 체계를 잡았다. 코틀러는 '마케팅 구루', '마케팅의 아버지', '미스터 마케팅' 등 별칭이 많다.

　미국마케팅학회는 1975년부터 회원들의 투표로 '마케팅 사상 리더Leader in Marketing Thought'를 뽑았는데 코틀러는 이때 처음으로 선정된 이후 매우 많은 상을 수상했다. 최근 들어서는 비즈니스 구루의 순위에서 좀 떨어졌지만 2008년 월스트리트저널에서 6위였다.

전공을 경제학에서 마케팅으로 바꾸다

　코틀러는 원래 경제학, 그중에서도 노동경제학 전공자였다. 그러다가 경제경영학으로 마침내 마케팅으로 전환했다. 코틀러는 시카고대학과 MIT에서 경제학을 전공했다. 시카고대학에서는 프리드먼 밑

〈표〉 2008년 월스트리트저널이 선정한 마케팅 사상 리더

1위. 게리 해멀 : 비즈니스 전략 구루, 핵심역량 대가
2위. 토머스 프리드먼 : 뉴욕타임스 칼럼니스트, 글로벌리즘 전도사
3위. 빌 게이츠 : 마이크로소프트 전 회장
4위. 말콤 글래드웰 :《티핑 포인트》,《블링크》저자
5위. 하워드 가드너 : 하버드대학 심리학 교수, 다중지능, 리더십 대가
6위. 필립 코틀러 : 노스웨스턴대학 경영학 교수, 마케팅 구루
7위. 로버트 라이시 : 전 노동부 장관
8위. 대니얼 골맨 : 럿거스대학 심리학자, 감성 리더십, 사회지능으로 유명
9위. 헨리 민츠버그 : 맥길대학 경영학 교수
10위. 스티븐 코비 :《성공한 사람들의 일곱 가지 습관》저자

* 출처: 에린 화이트(Erin White), "새로운 비즈니스 구루가 뜨다(New Breed of Business Gurus Rises)", 월스트리트저널, B1, B6, May 5, 2008

에서, MIT에서는 폴 새뮤얼슨과 로버트 솔로우 아래에서 공부했다. 1956년 박사학위를 받은 뒤 하버드대학에서 수학을, 시카고대학에서 행동과학 박사후 과정에도 있었다. 시카고의 루스벨트대학에서 경영경제학을 4년간 가르치다가 1960년대 초반에 마케팅 분야가 부상하자 노스웨스턴대학에 자리를 잡을 때 자신의 전공을 마케팅학으로 아예 바꾸었다.

코틀러가 루스벨트대학에 있으면서 포드재단 프로그램으로 하버드대학에서 1년 동안 특별 연구를 할 수 있는 50명의 경영대학원 교수 중 한 명으로 선정된 적이 있었다. 그렇게 선정된 이들은 고차원 수학이 더 나은 비즈니스 결정을 내리는 데에 어떻게 활용될 수 있는지 연구를 했는데 연구 참여 교수들의 전공은 회계, 재무, 제조, 마

케팅 등 다양했다. 마케팅 그룹에 속한 코틀러는 수학 원리를 어떻게 마케팅 결정에 적용할 수 있는지 연구했다.

이 연구 프로그램에 참여한 교수로 노스웨스턴대학 교수였던 도널드 제이콥스Donald Jacobs; 1927~2017가 있었다. 1962년 제이콥스는 코틀러에게 경영경제학이나 마케팅 두 분야 중에서 마케팅을 선택하라고 충고했다. 경영경제학은 이미 확고하게 틀이 잡힌 분야인 반면, 마케팅은 제대로 틀이 잡혀 있지 않아 그만큼 새로운 이론을 파고들 수 있는 여지가 많다는 것이었다. 제이콥스는 경제학 기초가 탄탄한 코틀러가 참신한 마케팅 기초를 제공해 줄 것이라고 믿었다. 이렇게 해서 코틀러는 마케팅 분야로 야심차게 뛰어들게 되었다.

나는 코틀러에게 왜 전공을 경제학에서 마케팅으로 바꾸었는지 물어본 적이 있다. 코틀러의 답변은 이랬다.

"나는 전공을 마케팅으로 바꾼 것이 아니다. 나는 아직도 경제학을 연구하고 있다. 내가 그 전에 배웠던 경제이론만으로는 현실 시장에서 벌어지고 있는 비즈니스 현상을 설명할 수 없었다. 예를 들면, 경제이론에서 가격은 한계비용에 적정 이윤을 약간 붙이는 수준에서 결정된다. 하지만 실제 시장 현장에서 가격은 전혀 그렇게 정해지지 않는다. 그래서 왜 그렇게 가격이 형성되는지 따지다 보니 마케팅을 연구하게 되었다. 물론 경제학적 분석도구를 활용하여 마케팅을 분석했다. 그런 의미에서 나는 '마케팅은 시장현장 경제학Marketing is a marketplace economics.'이라고 정의한다." – 필립 코틀러

그랬다. 마케팅은 시장현장 경제학이고 응용 경제학이었다. 코틀러

가 마케팅에 관심을 가지게 된 구체적인 이유는 무엇이었을까?

"나는 궁금했다. 왜 경제학 교수들은 시장에 작용하는 비가격 요인에 대해 입을 다물까? 그들은 효과적인 광고, 유능한 판매 인력, 믿을 만한 프로모션, 절묘한 타이밍, 수요의 구성요소에 대해 거의 이야기하지 않았다. 제조업자, 유통업자, 도매업자, 중개업자, 중개인 및 대리인이 시장에 미치는 강력한 영향력에 대해서도 별 말이 없었다. 상품이 생산되어 소비자에게 판매되는 과정에서 수많은 일들이 벌어지건만, 그 이야기를 '블랙박스'에 꼭꼭 숨겨두기만 했다. 이런 현실은 나를 마케팅 분야로 이끌었다." - 필립 코틀러

1962년에 노스웨스턴대학으로 자리를 옮긴 코틀러가 기존의 마케팅 교과서들을 검토해보니 교과서들이 시장을 잔뜩 묘사만 했을 뿐 이론적으로는 매우 허술함을 알았다. 훌륭한 영업사원의 특징, 보관창고의 역할, 소비자 인구 동향 묘사들만 어지럽게 나열되어 있었다. 시장 해부만 보여주었지 시장 생리에 대한 설명과 분석은 전혀 되어 있지 않았던 것이다. 마케팅은 그저 세일즈, 영업의 하부 분야였을 뿐이었다. 코틀러는 이미 게임이론, 의사결정나무 decision tree, 마르코프 과정 Markov Process에 대해서도 잘 알고 있었는데 이런 것들은 당시 마케팅 서적에 전혀 소개되지 않았다.

경제학으로 단련된 코틀러는 논리적 사고를 마케팅에 접목하여 1967년에 《마케팅 관리론: 분석, 계획, 통제》를 첫 출간했다. 이 책에서 경제학, 조직행동학, 사회과학, 수학을 도입하여 시장이 어떤 원리로 움직이고 있는지, 마케팅 믹스 툴은 어떻게 효과를 발휘할 수 있

는지에 대해서도 설명했다. 기업은 생산, 판매, 마케팅(고객), 사회 중심으로 세상을 바라볼 수 있는데 고객 중심으로 보라고 주문했다. 물론 실증적 연구와 사례 연구가 많이 들어갔다.

이러한 내용은 다른 책에서는 찾아볼 수 없던 매우 참신한 시도였다. 이 책은 당시 최고의 교재로 채택되었고 10판 이후부터 케빈 켈러 Kevin Keller: 1956~ 와 공저로 내기 시작해 현재 15판까지 나왔다. 1996년에 〈파이낸셜타임스〉에 의해 전 시대를 통틀어 50대 경영서적의 하나로 선정되었다.

대학원 교재였던 《마케팅 관리론》과는 별개로, 대학생과 일반인을 위한 더 쉬운 《코틀러의 마케팅 원리》도 냈는데 게리 암스트롱 Gary Armstrong 과 함께 공저로 현재 17판까지 나와 있다. 이어서 코틀러는 디마케팅, 사회 마케팅, 사회적책임 CSR 마케팅, 메가 마케팅 등 새로운 개념을 도입해 발표했다. 또한 마케팅의 영역을 인간, 장소, 아이디어, 공익, 조직 등과 관련 지으며 마케팅 영역을 계속 넓혀나갔다.

전반적인 마케팅 프로세스

코틀러는 《마케팅 관리론》에서 기업의 마케팅 프로세스를 정립하여 많은 사람들에게 전파했다. 우선 환경 분석을 실시한다. 기업을 둘러싼 거시환경을 분석하고서 고객, 자사, 경쟁사에 대한 미시환경 분석을 한다. 이어서 기업 자체의 강점·약점·기회·위협 요인을 구체적으로 따지는 스왓 SWOT: Strength, Weakness, Opportunity, Threat 분석을 한다.

그런 다음에 마케팅 전략과 전술을 수립하는 마케팅 계획을 수립한다. 전략 수립은 시장 세분화, 목표시장 선정, 포지셔닝 단계로 진

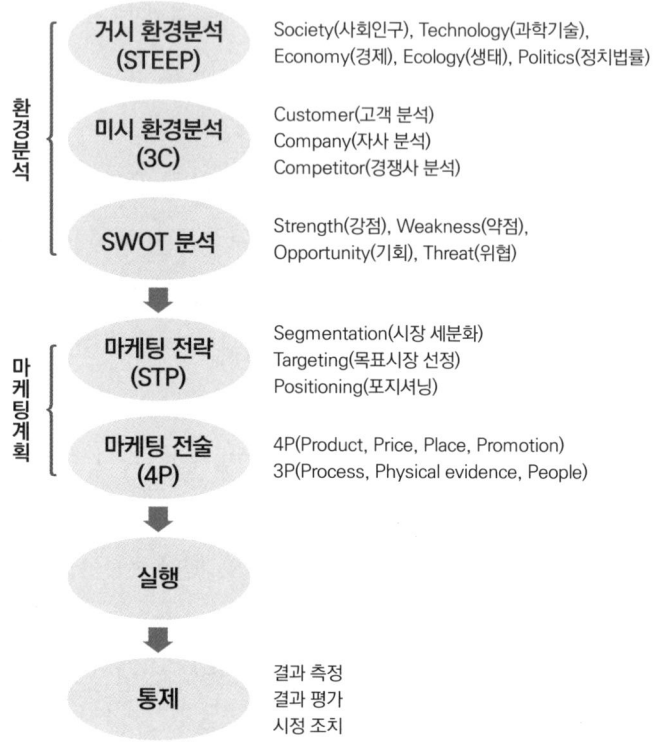

〈그림〉 전반적인 마케팅 프로세스

행되며 전술 단계에서는 제품, 가격, 유통, 촉진 등 4P 전술을 수립한다. 분석 대상이 서비스라면 과정, 물리적 증거, 사람을 추가하여 7P 전술을 짠다. 이런 환경 분석과 마케팅 계획을 토대로 하여 마케팅을 시장 현장에서 실행에 옮긴다. 결과가 나오면 측정하고 평가하여 시정할 것은 시정하는 통제 활동을 한다. 기업마다 어느 정도 차이가 있겠지만 이것이 전반적인 마케팅 프로세스다.

제롬 맥카시E. Jerome Mccarthy: 1928~2015가 제안한 4P 대신, 코틀러는

〈표〉 마케팅 기법의 시기별 진화

시기	마케팅 기법
1950년대 (전후시대)	마케팅 믹스(닐 보든), 제품 수명주기, 브랜드 이미지, 시장 세분화 마케팅 컨셉, 마케팅 결산
1960년대 (급성장)	4P(제롬 맥카시), 근시안적 마케팅(테오도르 레빗) 라이프스타일 마케팅, 마케팅 개념 확장
1970년대 (혼란)	타깃 설정, 포지셔닝(잭 트라우트), 전략적 마케팅, 서비스 마케팅 사회적 마케팅, 사회지향적 마케팅, 거시 마케팅
1980년대 (불안정)	마케팅 전쟁, 글로벌 마케팅, 브랜드 이미지, 지역 마케팅 메가 마케팅, 다이렉트 마케팅, 고객관계 마케팅, 내부 마케팅
1990년대 (1대 1)	감성 마케팅(마크 고베), 체험 마케팅(번트 슈미트), e비즈니스 마케팅 스폰서십 마케팅, 마케팅 윤리
2000년대 (재무주도)	ROI(투자수익률) 마케팅, 브랜드 자산 마케팅, 고객 자산 마케팅 사회적 책임 마케팅, 소비자 권한 강화, 종족주의 진정성 마케팅, 공동창조 마케팅
2010년대 (소셜미디어)	SNS(소셜미디어) 마케팅, 모바일 마케팅, 옴니채널, 빅데이터 마케팅 융복합, 구독 마케팅, AI(인공지능) 마케팅, 메타버스 마케팅 ESG(환경·사회·투명 경영)

4C를 제안하기도 하였다. 4P는 기업 관점인데 반해 4C는 고객 관점이다. 고객문제 해결, 고객 비용, 편의성, 커뮤니케이션으로 구성되어 있다.

2차 세계대전 이후 마케팅은 급속히 확대되면서 각종 마케팅 기법들이 속출하였다. 코틀러의 《마켓 3.0》을 토대로 업데이트하면 시기별로 위의 〈표〉와 같다.

③ 필립 코틀러가 본 마케팅 관리의 진화

마케팅 관리는 1950년부터 2020년까지 20년 단위로 다음과 같은 진화 과정을 거쳤다. 1950~1960년대는 제품 관리, 1970~1980년대는 고객 관리, 1990~2000년대는 브랜드 관리, 2010~2020년대는 온·오프라인 마케팅의 주요 핵심 관리가 변화하였다.

마케팅 학문은 끊임없이 혁신을 거듭해 왔다. 코틀러는 마케팅 관리의 진화를 마켓 1.0에서 마켓 4.0까지 네 개의 시대로 구분하였다. 1950년대까지만 하더라도 마케팅은 제품에 초점을 맞추어 품질 관리에 집중했다. 이것이 마켓 1.0 시대다. 그러다가 1960년대 후반부터 제품간 경쟁이 심해져 제품 차별화를 통해 수요를 늘리는 것이 중요해져 드러커의 주장처럼 고객 중심 마케팅이 각광을 받는다. 그래서 마켓 2.0 시대에는 고객을 만족시키고 유지하기 위해 시장 세분화, 타겟 고객 선정, 포지셔닝 기법이 속속 개발되었다. 한 기업이 여러 제품을 생산·판매하면서 총체적인 브랜드 관리가 중요해졌다.

〈표〉 필립 코틀러가 본 마케팅 관리의 진화

구분	마켓 1.0 제품 중심	마켓 2.0 소비자 중심	마켓 3.0 인간 중심	마켓 4.0 디지털 중심
목표	제품 판매	고객만족과 보유	더 나은 세상 만들기	
동인	산업 혁명	정보화 기술	뉴웨이브 기술	첨단기술 하이테크
기업이 시장을 보는 방식	물리적 필요를 지닌 대중구매자	이성, 감성을 지닌 영리한 소비자	이성, 감성, 영혼을 지닌 완전한 인간	가장 인간적인 감성인 하이터치
핵심 컨셉	제품 개발	차별화	가치	
기업 지침	제품 명세	기업, 제품의 포지셔닝	기업의 미션, 비전, 가치	
가치명제	기능	기능, 감성	기능, 감성, 영성	
소비자와의 상호작용	1대 다거래	1대1 관계	다 대 다 협력	온오프 상호작용

2000년대 들어 마케팅은 마켓 3.0 시대에 접어든다. 저렴한 컴퓨터와 휴대전화, 저비용 인터넷, 오픈소스를 핵심요소로 하는 뉴웨이브 기술에 힘입어 협력형 소셜미디어가 마케팅에 본격 도입된다. 이 시대에 매우 중요한 것은 소비자는 기업이 자신을 판매의 대상으로 보는 것을 꺼려한다는 점이다. 하나의 인간으로 받아들여지기를 원한다. 논리와 감성뿐만 아니라 영성(영혼)을 가진 사람으로 대해주기를 바란다. 그래서 소비자는 기업이 추구하는 가치와 미션을 중시하고 이런 미션을 스토리로 듣고 싶어 한다.

2017년에 코틀러는 《마켓 4.0》 책을 출간했다. 정보통신기술의 발달로 자동화, 지능화 혁명이 일어나면서 하이테크는 물론이고 가장 인간적인 감성인 하이터치를 융복합하여 온·오프라인 통합 마케팅을 구사하는 단계가 바로 마켓 4.0이다. 사업 환경이 수직적, 배타적, 개별적에서 수평적, 포용적, 사회적으로 변화하고 있다는 사실을 받아들이라고 코틀러는 주문한다. 또한 주류 고객이 연장자, 남성, 시티즌에서 젊은이, 여성, 네티즌으로 바뀌었음을 강조한다.

과거 아날로그 경제에서는 고객이 브랜드 구매에 이르기까지 거치는 고객 경로는 4A였다. 4A는 인지$_{aware}$, 태도$_{attitude}$, 행동$_{act}$, 반복행동$_{act\ again}$을 말한다. 그런데 디지털 경제에 와서는 고객 경로가 4A가 5A로 바뀌었다. 인지$_{aware}$, 호감$_{appeal}$, 질문$_{ask}$, 행동$_{act}$, 옹호$_{advocate}$가 바로 5A다.

브랜드에 일단 호감을 갖게 되면 고객은 친구나 가족에게 조언을 구하고, 온라인에서 제품 사용 후기를 검색하고 매장에서 제품을 사용해 보는 과정이 들어간다. 고객이 어떤 브랜드의 제품을 구매했을 때 만족하면 그 브랜드의 제품을 재구매하고 다른 사람들에게 브랜드를 적극 추천하게 된다. 이 마지막 경로가 옹호 단계다. 이처럼 마케터는 브랜드 인지에서 출발하여 궁극적으로 브랜드를 옹호하도록 고객을 인도해야 한다고 강조한다.

기존 아날로그 경제에서는 MOT$_{Moment\ Of\ Truth}$를 매우 중시했다. MOT는 고객이 상품을 구매하는 시점을 말한다. 하지만 디지털 경제에서는 ZMOT$_{Zero\ Moment\ Of\ Truth}$로 바뀌었다. ZMOT는 소비자가 특정 상품을 살지 말지 결정하기 위해 디지털 기기를 활용해 검색하는 바로 그 순간을 말한다. 결정 시점이 훨씬 당겨졌다.

코틀러는 소비자가 브랜드에 대한 느낌을 다섯 단계로 구분한다. 야유 수준의 우Boo, 실망 수준의 아악Argh, 중립 수준의 오케이OK, 마음에 드는 수준의 아하Aha, 그리고 소비자 만족의 최고 수준인 와우Wow가 바로 그것이다. 두 말할 필요 없이 기업은 소비자의 입에서 감탄사 '와우'가 터져 나오도록 해야 한다. 그러려면 기업은 소비자에게 즐거움과 경험을 주는 것은 물론이고 소비자 맞춤형으로 개인화된 서비스를 제공해야 할 것이다. 소비자의 기대를 뛰어 넘어야 한다.

기업이 아무리 혁신을 잘해도 마케팅을 제대로 하지 못하면 상품이 팔리지 못해 기업 운영에 문제가 생긴다. 또 아무리 마케팅을 열심히 하려고 해도 혁신을 제대로 하지 못하면 제품 차별화가 부족해 마케팅이 애로를 겪게 된다. 이처럼 기업의 핵심 기능 두 가지는 혁신과 마케팅이다. 혁신은 제품에서만 이루어지는 것은 아니다. 사람들의 사고방식을 바꾸는 것도 혁신이다. 마케팅 자체에서도 혁신은 얼마든지 이루어질 수 있다.

4 기업을 훌쩍 벗어난 마케팅 제국주의

원래 마케팅 관리 기법은 영리기업들이 사용하도록 만들어졌다. 기업 대상으로 마케팅 관리 기법이 일단 정립되자 코틀러는 비영리기업, 지자체, 중앙정부, 하물며 개인으로까지 이를 확대했다. 코틀러는 세분화, 타겟팅, 포지셔닝 같은 개념은 단순히 상품 판매 영역을 넘어서서 폭 넓게 활용될 수 있다고 생각했다. 노스웨스턴대학 켈로그경영대학원의 동료 교수인 시드니 레비Sidney Levy: 1921~2018, 제럴드 잘트만Gerald Zaltman: 1938~이 마케팅 영역을 넓히려는 노력에 동참했다.

비영리단체 마케팅, 퍼스널 마케팅

코틀러는 1975년에 쓴 《비영리단체를 위한 마케팅》에서 박물관, 공연예술단체, 교회 그리고 사회복지기관들이 자신들의 문제를 찾아내는 방법과 마케팅 렌즈를 통해 효율성을 높이는 방안을 제시했다. 그후 네드 로베르토Ned Roberto와 함께 쓴 《사회 마케팅》에서는 공익

단체들이 어떻게 자신들의 공익 아이디어를 효율적으로 마케팅해야 하는지 방법을 제시했다. 한편 드러커는 코틀러의 《비영리단체를 위한 마케팅》에 자극을 받아 1990년에 《비영리단체의 경영》을 썼다.

비영리기업으로는 박물관, 미술관, 공연단체, 학교, 병원, 사회봉사기관, 환경단체, 종교기관 등 다양하여, 문화마케팅, 종교마케팅이 활발하게 이루어졌다. 코틀러는 공연기관을 위해 《전석매진》을, 박물관을 위해 《박물관 미술관학》, 공공기관을 위해 《퍼블릭 마케팅》, 국가를 위해 《국가 마케팅》을 썼다. 하물며 개인의 명성을 올리고 유지하기 위한 《퍼스널 마케팅》도 출간한 바 있다.

《퍼스널 마케팅》은 유명인Celebrity의 인지도, 이미지, 몸값, 명성, 평판을 만들고, 유지하는 방법을 다룬다. 셀러브리티Celebrity의 어원은 라틴어 Celeber다. 많이 들락거리는much frequented 사람들로 붐빈다는thronged 의미다. 우리 각자도 이 책을 통해 자신의 몸값을 올리기 위한 여러 아이디어를 얻을 수 있다. 흥미로운 점은 코틀러는 우리 자신이 과연 어떻게 죽을 것인지에 대해 심각하게 고민해야 한다고 조언하고 있다. 그래야 죽은 후에 자신의 평판이 유지될 것인지 사그러들 것인지가 좌우되기 때문이다.

코틀러는 책을 혼자 쓰기도 했지만 각 분야의 전문가들과 함께 쓴 책들도 많다. 케빈 켈러, 게리 암스트롱, 허마원 카타자야Hermawan Kartajaya: 1947~, 낸시 리Nancy R. Lee 등 협업자 모두가 코틀러학파에 해당된다. 동생 밀턴 코틀러, 네일 코틀러와도 책을 함께 썼다. 코틀러의 평생에 걸친 마케팅 활동 궤적을 알아보려면 흥미로운 자서전인 《필립 코틀러의 마케팅 모험》을 보면 좋다.

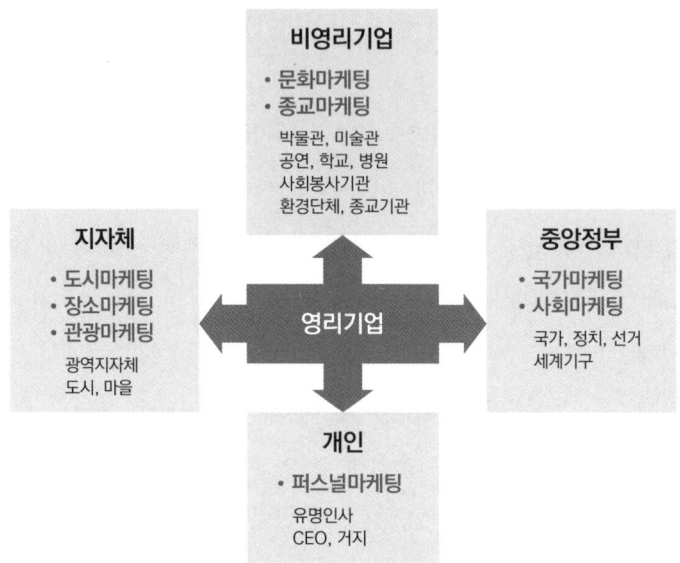

〈그림〉 필립 코틀러의 마케팅 제국주의

수요를 오히려 줄여야 좋은 디마케팅

코틀러는 1971년에 레비와 함께 〈하버드 비즈니스 리뷰〉에 〈디마케팅, 예스, 디마케팅Demarketing, Yes, Demarketing〉 논문을 발표했다. 마케팅은 일반적으로 소비자의 수요를 늘리는 것이 목표인데, 특별한 경우 기업이 수요를 일부러 줄이는 것이 필요하다고 했다. 초과수요나 기업이 원치 않는 과도한 수요가 발생하면, 일시적이거나 장기적으로 전체 혹은 일부 계층의 고객 수요를 줄이는 활동이 요구된다. 이러면 비용을 절감하여 수익성을 향상시키고 이미지도 올리는 윈윈 효과를 누릴 수 있다.

사실 럭셔리 기업들은 이런 디마케팅 전략을 자주 구사하고 있다.

이제는 일반 기업들도 때에 따라 적절히 사용하고 있는데 이처럼 코틀러는 매우 선구적으로 디마케팅 개념을 소개했다. 나도 그의 디마케팅 개념에 전적으로 찬동해 2003년에 《디마케팅》 책을 출간한 바 있다.

마케팅으로 더 나은 세상을 만들자는 월드 마케팅 서밋

1931년생인 코틀러는 나이 들어서도 여전히 정력적으로 활동하고 있다. 2011년에 월드 마케팅 서밋World Marketing Summit을 창립했다. '마케팅으로 더 나은 세상을 만들자Creating a Better World through Marketing'를 슬로건으로 내세웠다. 캐나다 토론토에 본부를 두고 1년에 두 번 〈WMS〉 저널을 발간하고 있다. 2012년부터 다카, 쿠알라룸푸르, 도쿄, 아부다비 등 주로 아시아 도시에서 총회를 개최했다.

월드 마케팅 서밋과 시기를 같이 하여 2011년에 마케팅 3.0 박물관Museum of Marketing 3.0을 인도네시아 발리 우붓Ubud에 개관했다. 코틀러가 발리 왕실의 세 왕자를 설득했는데 인도네시아 마케팅 교육 및 컨설팅 기업 마크플러스MarkPlus 회장이자 인맥이 넓었던 카타자야의 도움이 매우 컸다. 박물관에서는 인간 영혼을 포용하는 세계적인 마케팅 전문가들의 업적을 들여다보고, 3.0시대 기업들의 제품, 서비스, 광고를 멀티 스크린 기기, 증강현실·가상현실 기기로 체험할 수 있도록 했다. 코틀러는 인도네시아와 유대 관계가 긴밀해 2003년, 2005년에 그의 얼굴이 실린 우표가 발행되는 영예를 누렸다.

4부

동시대 21세기

24강	살아있는 경제학자들이 갈망하는 노벨경제학상
25강	한국은 과연 진정한 선진국인가?

#알프레드노벨 #스웨덴국립은행 #경제과학
#존베이츠클라크메달 #시카고대학 #유대인

◆ 24강 ◆
살아있는 경제학자들이 갈망하는 노벨경제학상

이 세상의 하고많은 경제학파 중에 노벨경제학파란 없다. 하지만 명성이 드높은 노벨경제학상을 수상한 사람들을 한데 묶어도 그 자체로 의미는 있다고 본다. 1969년에 시상이 시작되어 2022년까지 모두 92명이 수상했다. 수상자의 경제학 분야를 보자면 거시, 국제, 노동, 성장, 발전, 정보, 금융, 계량, 경제사, 행동, 게임, 일반균형, 경매 등 다양하다. 이 책에서 언급하고 있는 경제학파 관점에서 본다면 수상자는 케인스학파, 시카고학파, 공공선택학파, 행동경제학파, 신제도학파, 스톡홀름학파, 오스트리아학파에 퍼져있다.

1
대단한 브랜드
'노벨상'

이 세상에는 정말로 많은 브랜드가 있지만 노벨상은 대단한 브랜드로 인정받고 있다. 우리가 평소에는 전혀 몰랐어도, 누가 노벨상을 받았다고 하면 그 사람의 인지도, 신뢰도, 존경심이 일시에 치솟는다. 노벨상 수상자를 다룬 책이나 수상자가 직접 쓴 책들은 금방 번역되어 전 세계 서점에 깔리고, 그와 관련된 영화도 틈틈이 나오곤 한다.

예를 들면 존 포브스 내쉬John Nash; 1928~2015가 게임이론을 경제현상에 선구적으로 적용한 공로로 1994년에 노벨경제학상을 수상하였는데, 그때 그의 천재성과 정신질환에 대한 이야기가 전 세계에 퍼졌다. 4년 후에 실비아 네이사가 그의 일생을 다룬 전기《A Beautiful Mind》를 냈고 이 책을 토대로 2001년에 동명의 영화가 상영되어 큰 인기를 끌었다. 론 하워드가 감독하고 러셀 크로우가 주연을 맡았다. 영화 상영 1년만에《뷰티풀 마인드》책이 한글로 번역되어 나왔다.

내쉬가 유명해지자 2015년 그가 교통사고로 갑작스럽게 세상을 뜬 기사도 주목을 받았다. 내쉬는 수학 분야의 노벨상이라 불리는 아벨상을 노르웨이에서 수상하고 나서 미국 뉴욕 공항에서 뉴저지주의 자택으로 부인 얼리샤와 함께 택시를 타고 돌아가는 길에 교통사고를 당했던 것이다. 사고 당시 두 사람은 안타깝게도 안전벨트를 매지 않았다. 이처럼 노벨상을 받으면 그 사람의 일생이 낱낱이 모든 사람들에게 공유된다.

알프레드 베르나르드 노벨이 노벨상을 제정한 이유

알프레드 베르나르드 노벨Alfred Bernhard Nobel : 1833~1896은 어떤 이유로 노벨상을 제정할 생각을 했을까? 우선 그의 유언장을 보자. 유언장을 수차례에 걸쳐 정정하다가 최종적으로 다음과 같이 결정되었다.

"나 알프레드 베르나르드 노벨은 심사숙고한 결과 이 문서로써 내가 죽을 때 남기게 될 재산과 관련하여 내 유언이 아래와 같음을 천명하는 바이다.
(중략) 유언 집행자는 유산을 안전한 유가증권으로 바꾸어 투자하고, 그것으로 기금을 마련해 그 이자로 매년 전해에 인류를 위해 가장 공헌한 사람들에게 상금 형식으로 분배해야 한다. 상금의 일부는 물리학에서 가장 중요한 발견이나 발명을 한 인물에게, 화학에서 가장 중요한 발견이나 개량을 한 사람에게, 생리학과 의학 분야에서 가장 중요한 발견을 한 사람에게 각각 주도록 한다. 물리학상과 화학상은 스웨덴 왕립과학원에서, 생리의학상은 스톡홀름의 카롤린스카연구소에서 각각 수여하도록 하고, 상을 수여함에 있어서 후보

자의 국적을 일체 고려해서는 안 된다. 또 남자이건 여자이건 조금도 차별하지 않고 가장 공로가 많은 사람에게 수여되는 것이 나의 확고한 소원이다. 나는 이것을 특별히 당부한다. 그리고 나의 죽음을 확인하거든 화장을 해줄 것을 부탁한다." - 알프레드 베르나르드 노벨

노벨이 거금을 들여 노벨상을 제정한 다른 이유가 있을까? 이에 대해서는 다양한 의견이 나와 있다.

첫째, 부자였기 때문이다. 부자가 아니라면 시상제도를 마련하고 싶어도 재력이 부족해 어렵다. 그는 아버지와 함께 니트로글리세린을 이용해 다이너마이트를 발명하여 1864년 대량 생산을 시작해 큰 돈을 벌었다. 개발 과정에서 동생 에밀을 포함해 여러 명이 희생당하기도 하였다. 노벨은 다이너마이트 외에도 합성고무, 인조실크 등 특허를 355개나 보유하여 큰 돈을 벌었다.

둘째, 신문에 뜬 부고에 대한 오보도 어느 정도 작용했다. 1888년 노벨의 형 루드비그 노벨이 사망하자 당시 신문에 이런 부고가 실렸다. "죽음을 파는 상인이 죽었다" 또 "더 많은 사람을 빨리 죽이는 방법을 찾아 돈을 모았다"는 기사를 보고 노벨은 깜짝 놀라 자신의 나쁜 평판을 줄이는 묘안을 찾으려 했다.

셋째, 독신이었기에 가능했다. 노벨은 결혼을 하지 않아 부인이나 자식이 없었다. 1896년 세상을 뜨면서 노벨상을 제정한다는 유언장을 남기자 자신들이 받았을 지도 모르는 유산이 줄어든 노벨의 친지는 노벨상 제정에 반대하여 4년간 법정투쟁을 벌이기도 했다. 노벨이 결혼을 하여 직계 가족이 있었다면 유산받을 재산이 노벨상으로

가는 것에 대해 더욱 반대했을 것이다.

넷째, 노벨의 오랜 친구 베르타 폰 주트너의 영향도 컸다. 주트너는 노벨의 비서이자 오스트리아 여성 작가로《무기를 내려놓으라!》를 썼고, 평화 운동가로 활동했다. 노벨이 노벨상을 제정하도록 결심을 굳히는데 영향을 많이 미쳤다. 주트너는 1905년에 노벨평화상을 수상했다.

노벨이 1895년에 작성한 유언장에 따라 유산 3,100만 스웨덴 크로나$_{SEK}$가 스웨덴 왕립과학원에 기부되었다. 이 과학원은 이렇게 조성된 기금을 토대로 하여 노벨재단을 설립했다. 노벨재단은 1901년부터 물리학, 화학, 생리의학, 문학, 평화 등 다섯 개 분야로 나누어 수상자를 엄선해 시상했다.

노벨상을 한 번 받기란 정말 어렵지만 노벨상을 두 번 받은 사람도 네 명이나 된다. 존 바딘은 물리학상을 두 번, 프레데릭 생어는 화학상을 두 번 받았다. 마리 퀴리는 물리학상과 화학상을 받았고, 라이너스 폴링은 화학상과 평화상을 받았다. 가족으로 보면 마리 퀴리의 남편 피에르 퀴리는 물리학상을, 딸 이렌 졸리어 퀴리는 화학상을 받았다. 형제가 받은 경우도 있는데 형 얀 틴베르헌은 경제학상을, 동생 니콜라스 틴베르헌은 생리의학상을 수상했다.

2
스웨덴국립은행이 제정한
노벨경제학상

스웨덴국립은행이 설립 300주년을 기념하려고 만든 상

　1901년으로부터 한참 지나 1969년부터 노벨경제학상이 시상되기 시작했다. 노벨경제학상은 노벨재단의 기금에서 나오는 것이 아니라서 노벨 브랜드로 경제학상을 주는 게 맞는지 세간의 의심도 있었다. 1968년 스웨덴의 중앙은행이 창립 300주년을 맞아 노벨재단에 거금을 기부하여 노벨경제학상을 제정하려 하자 노벨 가문의 유족들은 기부를 반대했다.

　스웨덴에는 스웨덴국립은행이라는 중앙은행이 있다. 우리는 세계에서 가장 오래된 은행을 영국의 영란은행으로 많이 알고 있다. 하지만 그렇지 않다. 1694년에 설립된 영란은행보다 26년 이른 1668년에 스웨덴국립은행이 세워졌다. 우리는 가장 오래된 경매 회사 하면 영국의 소더비, 크리스티를 연상하기 쉽지만 그렇지 않다. 가장 오래되고 현재까지도 존속하는 경매 회사는 1674년 스웨덴에 설립된 스

스웨덴국립은행 본부 전경
출처 : Carl Von Blixen, 2007(Commons. Wikimedia.org)

톡홀름옥션하우스다. 이처럼 스웨덴은 경제 제도에서 어느 나라 못지않게 선구적이었다.

  1968년에 스웨덴국립은행은 창립 300주년을 맞이하여 뜻깊은 일을 찾다가 그동안 경제학 발전에 기여한 경제학자들을 선별해 시상하기로 결정하고 '중앙은행 창립 300주년 기금'을 마련했다. 1968년 당시 경제학은 사회과학의 총아로 우뚝 서서 전 세계적으로 선풍적인 인기를 얻고 있었다. 2차 세계대전 이후 걸출한 경제학자들의 적절한 정책 처방 덕분에 세계 경제가 큰 호황을 누리고 있었기 때문이었다. 특히 스웨덴은 세계 최고의 선진국으로 부러움을 받고 있었다.

〈표〉 노벨경제학상 이름 변화

연도	영어 번역
1969–1970	Prize in Economic Science dedicated to the Memory of Alfred Nobel
1971	Prize in Economic Science
1972	Bank of Sweden Prize in Economic Sciences in Memory of Alfred Nobel
1973–1975	Prize in Economic Science in Memory of Alfred Nobel
1976–1977	Prize in Economic Sciences in Memory of Alfred Nobel
1978–1981	Alfred Nobel Memorial Prize in Economic Sciences
1982	Alfred Nobel Memorial Prize in Economic Science
1983	Prize in Economic Sciences in Memory of Alfred Nobel
1984–1990	Alfred Nobel Memorial Prize in Economic Sciences
1991	Sveriges Riksbank (Bank of Sweden) Prize in Economic Sciences in Memory of Alfred Nobel
1992–2005	Bank of Sweden Prize in Economic Sciences in Memory of Alfred Nobel
2006–present	The Sveriges Riksbank Prize in Economic Sciences in Memory of Alfred Nobel

처음에는 경제학상의 이름을 'Prize in Economic Science dedicated to the Memory of Alfred Nobel'로 정했다. 번역하면 '알프레드 노벨을 기념하여 헌정된 경제과학상'이다. 하지만 이 은행이 조성한 기금으로 시상하므로 스웨덴국립은행 이름을 넣는 것이 정확하다는 견해가 많아 우여곡절을 거쳐 2006년부터 지금까지 'The Sveriges Riksbank Prize in Economic Sciences in Memory of Alfred Nobel'이 정식 이름으로 자리잡았다. '알프레드 노벨을 기념하는 스웨덴국립은행 경제과학상'이다.

노벨경제학상 메달

과연 누가 노벨상 수상자를 심사해 선정할까? 물리학상과 화학상은 스웨덴의 왕립과학원에서, 생리의학상은 스톡홀름에 있는 카롤린스카의학연구소에서 심사해서 수상자를 정한다. 문학상은 스웨덴, 프랑스, 스페인의 세 학술원에서, 평화상은 노르웨이 국회가 선출한 5인 평화상위원회가 분담해 선정한다.

그러면 경제학상의 경우는 어떨까? 경제학상은 스웨덴 왕립과학원에서 결정한다. 다른 노벨상처럼 경제학상 수상자는 증서, 메달, 상금을 받는다. 금액은 다른 노벨상과 동일하다. 그리고 자신의 업적을 중심으로 수상 강연을 한 번 해야 한다.

노벨상 시상식은 현재 스톡홀름 콘서트홀에서 이루어지고 있다. 스웨덴 국왕이 증서와 메달을 수여한다. 보다 정확하게 수여식 현장을 보고 싶으면 비욘 룬게 감독의 영화 〈더 와이프 The Wife〉를 보면 좋다. 글렌 클로즈, 조나단 프라이스가 주연을 했다. 주인공 조셉은 미국 동부 대학의 영문학 교수이다. 그는 자신의 제자인 조안과 결혼을 하게 되는데, 부인 조안이 조셉의 소설을 대신 쓴다. 조셉이 글을 잘 못쓰는 것은 아닌데, 부인 조안이 훨씬 재미있게 글을 쓰기 때문이다.

조안이 쓴 소설은 베스트셀러가 되고 드디어 남편 조셉은 노벨문학상 수상자로 선정된다. 조안은 자신의 재능을 숨기고 남편을 성공시킨 킹메이커king maker로서 자부심을 느낀다. 그런데 문제가 생기고 만다. 조셉이 바람을 피우자 조안은 화가 나서 자신이 '유령작가ghost writer'임을 밝혀버리겠다며 남편을 협박한다. 과연 결말은 어떻게 될까? 이 영화는 맥 울이처가 쓴 동명 소설이 원작이다. 이 영화를 보면 노벨상 시상식이 어떻게 진행되는지 여실히 볼 수 있다.

노벨경제학상 수상자 선정 과정

노벨경제학상 수상자는 어떤 과정을 거쳐 최종 선정될까? 다섯 명의 위원으로 구성된 노벨경제학상위원회는 미리 정해진 3,000여 명의 사람들에게 서식을 보내 후보자 추천을 받는다. 이들 3,000명은 스웨덴 왕립과학원 멤버, 노벨경제학상위원회 멤버, 노벨경제학상 기

〈표〉 노벨경제학상 수상자 선정 과정

```
9월 노벨경제학상위원회가 3,000명에게 추천 서식을 보냄
            ↓
1월말까지 3,000명이 서식에 추천자를 기입해 보냄
            ↓
3월~4월 노벨경제학상위원회는 전문가 집단에게 검토 의뢰
            ↓
6월~8월 노벨경제학상위원회는 검토 결과 보고서를 스웨덴 왕립과학원에 보냄
            ↓
9월 스웨덴 왕립과학원이 투표
            ↓
10월 스웨덴 왕립과학원이 수상자 최종 결정
```

존 수상자, 북유럽 5개국 대학의 해당 분야 전공 정교수, 전 세계 석좌교수 중 스웨덴 왕립과학원의 추천을 받은 사람, 노벨상위원회가 보기에 초대해도 될 만하다고 생각되는 사람 등으로 구성되어 있다.

매년 9월에 3,000여 명에게 추천 서식을 보내면 서식을 받은 사람은 다음 해 1월 31일까지 추천자를 적어 보낸다. 그러면 노벨경제학상위원회는 3~4월에 추천 서식들을 취합해 전문가 집단에 검토를 의뢰하고, 6~8월에 검토 결과 보고서를 스웨덴 왕립과학원에 보낸다. 스웨덴 왕립과학원은 이 보고서를 토대로 투표를 하여 수상자를 최종 결정한다.

그러면 노벨경제학상 수상자를 결정할 때에 어떤 점을 가장 중시할까? 획일적으로 말할 수는 없겠지만 아마도 이 세 가지가 아닐까 싶다. 우선, 경제학자의 독창성을 들 수 있다. 독창적 발상, 독창적 방법론, 독창적 결과 모두가 해당된다. 둘째로는 이렇게 나온 연구 결과가 동 시대와 후대 세대에 지대한 영향력을 미쳐야 할 것이다. 아무리 독창적이어도 다른 사람들이 인정하지 않는다면 권위가 생기지 않는다. 셋째는 연구결과가 사상이나 정책으로 반영되어 경제상황을 좋게 바꾸는 데 기여해야 할 것이다. 모든 연구 결과가 경제상황을 바꿀 수는 없더라도 일부 연구결과는 경제 정책을 실제로 바꾸기도 했다.

③ 노벨경제학상의 의미 있는 통계

노벨경제학상 팩트

1969년부터 2022년까지 총 54회에 걸쳐 92명이 노벨경제학상을 수상했다. 노벨상은 1회에 최대 3명까지만 시상 가능하다. 경제학상 경우를 보면 1인 수상은 25회, 2인 수상은 20회, 3인 수상은 9회였다. 2인 수상이면 각자 상금의 절반씩을 받고, 3인 수상이면 한 사람이 전체 상금의 절반을, 나머지 두 사람이 4분의 1씩 갖는다. 2021년 경우 상금 액수는 1,000만 스웨덴 크로나였다. 스웨덴 크로나와 대한민국 원의 환율인 130원/1스웨덴 크로나로 환산하면 노벨상 상금액은 13억 원에 이른다.

수상자 92명의 면면을 보자. 첫해 1969년에는 계량경제학 발전에 기여한 노르웨이의 프리시와 네덜란드의 얀 틴베르헨이 공동 수상했다. 이듬해에는 미국의 폴 새뮤얼슨이 단독 수상했다. 2022년에는 은행과 금융위기에 대한 연구에 기여한 벤 버냉키Ben Bernanke, Ben Shalom

〈표〉 노벨경제학상 수상자(1969~2022년)

연도	수상자	연도	수상자
1969	라그나르 프리시, 얀 틴베르헨	1999	로버트 먼델
1970	폴 새뮤얼슨	2000	제임스 헤크먼, 대니얼 맥패든
1971	사이먼 쿠즈네츠	2001	조지 애컬로프, 마이클 스펜스, 조지프 스티글리츠
1972	존 힉스, 케네스 애로우		
1973	바실리 레온티에프	2002	대니얼 카너먼, 버논 스미스
1974	군나르 뮈르달, 프리드리히 하이에크	2003	로버트 앵글, 클라이브 그레인저
1975	레오니드 칸토로비치, 찰링 쿠프먼스	2004	핀 쉬들란, 에드워드 프레스콧
1976	밀턴 프리드먼	2005	로버트 아우만, 토머스 셸링
1977	베르틸 올린, 제임스 미드	2006	에드먼드 펠프스
1978	하버트 사이먼	2007	레오니트 후르비치, 에릭 매스킨, 로저 마이어슨
1979	시어도어 슐츠, 아서 루이스		
1980	로렌스 클라인	2008	폴 크루그먼
1981	제임스 토빈	2009	엘리너 오스트롬, 올리버 윌리엄슨
1982	조지 스티글러	2010	피터 다이아몬드, 데일 모텐슨, 크리스토퍼 피서라이즈
1983	제라르 드브루		
1984	리처드 스톤	2011	토머스 사전트, 크리스토퍼 심스
1985	프랑코 모딜리아니	2012	로이드 섀플리, 앨빈 로스
1986	제임스 뷰캐넌	2013	유진 파마, 라스 핸슨, 로버트 실러
1987	로버트 솔로우	2014	장 티롤
1988	모리스 알레	2015	앵거스 디턴
1989	트리그베 호벨모	2016	올리버 하트, 벵트 홀름스트룀
1990	해리 마코비츠, 윌리엄 샤프, 머튼 밀러	2017	리처드 탈러
1991	로널드 코스,	2018	윌리엄 노드하우스, 폴 로머
1992	게리 베커	2019	이비지트 배너지, 에스테르 뒤플로, 마이클 크레머
1993	더글러스 노스, 로버트 포겔		
1994	존 하사니, 존 내쉬, 라인하르트 젤텐	2020	폴 밀그롬, 로버트 윌슨
1995	로버트 루카스	2021	데이비드 카드, 조슈아 앵그리스트, 휘도 임번스
1996	제임스 멀리스, 윌리엄 비커리		
1997	로버트 머튼, 마이런 숄즈	2022	벤 버냉키, 더글러스 다이아몬드, 필립 디비그
1998	아마르티아 센		

Bernanke와 더글러스 다이아몬드Douglas Diamond, Douglas Warren Diamond, 필립 디비그Philip Dybvig, Philip H. Dybvig가 공동 수상했다. 중간에 우리에게 비교적 익숙한 프리드먼, 게리 베커, 폴 크루그먼, 로버트 실러, 하이에크, 스티글리츠, 리처드 탈러, 카너먼이 있다. 2021년에 세상을 떠난 로버트 먼델도 국제금융에 대한 기여로 수상했다.

국적, 성별, 연령별 수상자 분석

노벨수상자들을 다양한 각도에서 들여다보자. 92명 수상자를 국적별로 보면 어떨까? 미국 국적의 수상자는 모두 58명으로 전체의 63%를 차지한다. 그 다음으로는 영국이 8명이고 프랑스가 4명이다. 3명 수상한 국가는 러시아, 캐나다, 노르웨이, 그리고 2명 수상한 국가는 네덜란드, 스웨덴, 이스라엘, 인도다. 독일 국적의 노벨경제학상 수상자는 1명에 불과한데, 독일의 막강한 경제력을 감안하면 이례적이다. 이스라엘을 제외하고 아시아인은 인도 출신의 아마르티아 센과 아비지트 배너지 2명뿐이다. 중국인, 일본인, 한국인은 아직 없다. 흑인으로는 카리브해 서인도제도 세인트루시아 출신의 아서 루이스 1명뿐이다.

노벨수상자 92명 중에 여성은 과연 얼마나 될까? 최근 12년 들어 겨우 2명이다. 2009년에 수상한 오스트롬, 2019년에 수상한 에스테르 뒤플로가 바로 그들이다. 오스트롬은 정치학자로 공유지 문제 해결에 대한 기여로 수상했다. 프랑스 출신인 뒤플로는 인도 출신 경제학자 남편 아비지트 배너지, 그리고 마이클 크레머와 함께 개발경제학에 대한 기여로 수상했다.

〈표〉 국적별 노벨경제학상 수상자

국적(수상자 수)	수상자
영국(8)	올리버 하트, 앵거스 디턴, 클라이브 그레인저, 제임스 멀리스, 리처드 스톤, 제임스 미드, 존 힉스, 아서 루이스(세인트루시아 태생)
프랑스(4)	장 티롤, 모리스 알레, 제라르 드브루, 에스테르 뒤플로
러시아(3)	레오니트 후르비치, 사이먼 쿠즈네츠, 레오니드 칸토로비치
캐나다(3)	로버트 먼델, 마이런 숄즈, 윌리엄 비커리
노르웨이(3)	라그나르 프리시, 트리그베 호벨모, 핀 쉬들란
네덜란드(2)	찰링 쿠프만스, 얀 틴베르헌
이스라엘(2)	대니얼 카너먼, 로버트 아우만
인도(2)	아마르티아 센, 아비지트 배너
스웨덴(2)	베르틸 올린, 군나르 뮈르달
핀란드(1)	벵트 홀름스트룀
헝가리(1)	존 하사니
독일(1)	라인하르트 젤텐
오스트리아(1)	프리드리히 하이에크
이탈리아(1)	프랑코 모딜리아니

수상 당시의 최고 연령은 90세로 2007년에 수상한 레오니트 후르비치이다. 최저 연령은 46세로 뒤플로다. 그녀가 수상하기 전에는 1972년 51세에 수상했던 케네스 애로우가 가장 어렸다. 다른 노벨상도 그렇지만 노벨경제학상을 받으려면 당시에 생존해 있어야 한다. 수상의 가장 중요한 요인이다. 노벨경제학상을 충분히 받을 만한 인

물로 생존했다면 케인스, 슘페터도 당연히 받았을 것이다. 영국의 여성 경제학자인 조앤 로빈슨은 뛰어났지만 마르크스 편향이라서 장담하지 못한다.

프랜시스 워커 메달과 존 베이츠 클라크 메달

전미경제학회는 미국인 경제학자 중에 가장 크게 이바지한 사람에게 5년마다 프랜시스 워커 메달을 수여한 적이 있다. 프랜시스 워커Francis Walker는 이 학회의 초대 학회장이었다. 이 상은 1947년 시작하여 1981년 폐지했는데 1969년부터 시작된 노벨경제학상 수상자와 많이 겹치기 때문이었다. 1972년에 프랜시스 워커 메달을 수상한 시어도어 슐츠와 1977년에 수상한 사이먼 쿠즈네츠가 노벨경제학상을 수상했다.

전미경제학회가 40세 이하의 유망 경제학자에게 수여하는 상이 있다. 존 베이츠 클라크 메달인데 1947년부터 시상한 이후 2022년까지 44명이 수상했다. 2009년까지는 격년으로 시상하다가 이후 지금까지 매년으로 바뀌었다. 이 메달은 예비 노벨경제학상이라 불리기도 하는데 메달 수상자 44명 중에 14명이 노벨경제학상을 수상했기 때문이다. 우리에게 익숙한 폴 새뮤얼슨, 프리드먼, 토빈, 로버트 솔로우, 스티글리츠가 두 상을 모두 받았다. 존 베이츠 클라크는 한계생산력이론을 주장한 신고전학파 경제학자로 당시 미국경제학의 선두 주자였다.

유대인 팩터, 전공별, 학교별 수상자 분석

전통적으로 경제학자 중에는 유대인이 매우 많다. 노벨경제학상을 받은 유대인으로는 폴 새뮤얼슨, 로버트 솔로우, 토빈, 레온티에프, 게리 베커, 프리드먼을 비롯하여, 포겔, 헤크먼, 케네스 애로우, 스티글리츠, 애컬로프, 리처드 탈러, 해리 마코비츠, 윌리엄 노드하우스가 있다. 폴 크루그먼은 뉴욕타임스 칼럼니스트로도 유명하다.

미국 국적이 아닌 유대인으로는 레오니트 후르비치, 로버트 아우만, 존 하사니, 레오니드 칸토로비치, 카너먼이 있다. 전체 수상자의 3분의 1이 유대인으로 추정된다. 애컬로프의 부인 재닛 옐런은 바이든 행정부에서 초대 재무장관으로 재직하고 있는데 역시 유대인이다.

노벨경제학상은 경제학자들이 대부분 받았지만 예외도 일부 있었

〈표〉 유대인 노벨경제학상 수상자

국적(수상자 수)	수상자(34명)
미국(30)	폴 새뮤얼슨, 케네스 애로우, 로버트 솔로우, 제임스 토빈, 바실리 레온티에프, 사이먼 쿠즈네츠, 게리 베커, 밀턴 프리드먼, 해리 마코비츠, 로버트 포겔, 제임스 헤크먼, 조지프 스티글리츠, 폴 크루그먼, 리처드 탈러, 조지 애컬로프, 윌리엄 노드하우스, 허버트 사이먼, 로렌스 클라인, 머튼 밀러, 마이런 숄즈, 로버트 머튼, 에릭 매스킨, 로저 마이어슨, 피터 다이아몬드, 앨빈 로스, 올리버 하트, 마이클 크레머, 폴 밀그롬, 벤 버냉키
러시아(2)	레오니트 후르비치, 레오니드 칸토로비치
이스라엘(2)	대니얼 카너먼, 로버트 아우만
헝가리(1)	존 하사니
독일(1)	라인하르트 젤텐
이탈리아(1)	프랑코 모딜리아니

〈표〉 시카고대학 출신 노벨경제학상 수상자

상태(수상자 수)	수상자(중복 제외 31명)
졸업(10)	허버트 사이먼(박), 게리 베커(박), 로버트 루카스(박), 조지 스티글러(박), 마이런 숄즈(박), 제임스 뷰캐넌(박), 폴 로머(박), 해리 마코비츠(박), 밀턴 프리드먼(석), 폴 새뮤얼슨(학)
수상 당시 재직(12)	밀턴 프리드먼, 게리 베커, 로버트 루카스, 시어도어 슐츠, 유진 파마, 라스 핸슨, 조지 스티글러, 로널드 코스, 로버트 포겔, 제임스 헤크먼, 리처드 탈러, 더글러스 다이아몬드
전후 재직(15)	폴 로머, 프리드리히 하이에크, 로버트 먼델, 마이런 숄즈, 로저 마이어슨, 에드워드 프레스콧, 마이클 크레머, 찰링 쿠프먼스, 케네스 애로우, 로렌스 클라인, 허버트 사이먼, 제라르 드브루, 제임스 토빈, 프랑코 모딜리아니, 트리그베 호벨모

다. 사이먼과 오스트롬은 정치학자였고, 존 내쉬는 수학자, 카너먼은 심리학자였다. 경제학이 다른 분야로 많이 진출함에 따라 인접 분야의 학자들이 수상할 가능성은 앞으로 더욱 커질 것이다.

노벨경제학자들이 몸을 담았던 학교를 보자. 수상자가 학사, 석사, 박사 등 학위를 받은 대학이 있고, 수상 당시 몸을 담고 있던 대학, 또 수상 전후에 재직했던 대학으로 구분할 수 있다. 이 모든 기준을 감안하면 미국의 시카고대학을 필두로 하여, MIT, 하버드대학, 예일대학, 프린스턴대학, 스탠퍼드대학 출신이 많고 영국에서는 케임브리지대학, 옥스퍼드대학, 런던정경대학이 많다. 시카고대학 출신은 모두 31명에 이른다. 2022년까지 노벨경제학상 수상자가 92명이니 3분의 1이 시카고대학 출신인 셈이다.

'이론과 측정'을 모토로 삼은 카울스위원회

시카고대학에 노벨경제학상 수상자가 많은 이유에는 한때 이 대

2022년 노벨경제학상 수상자
벤 버냉키

학에 자리 잡았던 카울스위원회 역할이 크다. 알프레드 카울스 3세 Alfred C. Cowles 3rd; 1891~1984는 콜로라도 주에서 활동한 주식중개인으로 큰 돈을 벌어 신문사 〈시카고 트리뷴〉의 2대 주주가 되었다. 1930년대 무렵 미래 경제상황을 예측하기가 점점 어려워지자 문제의식을 느끼고 경제 분석을 통한 예측 능력 향상에 관심을 가졌다. 이런 목적을 수행하기 위한 카울스위원회Cowles Commission를 1932년에 콜로라도스프링스에서 설립하였다가 1939년에 시카고대학으로 이전했다. 1943년에 제이콥 마르샥이 연구실장으로 되면서 이 조직은 급성장을 하여 계량경제학의 메카라는 명성을 얻었다. 이 조직의 모토는 '이론과 측정Theory and Measurement'이었다. 경제이론을 수학, 통계학과 연결하려는 것이었고 계량경제학과 일반균형이론을 통합하려는 시도였다.

하지만 계량경제학과 일반균형이론을 신봉하는 카울스위원회는 부분균형이론을 신봉하는 시카고대학 경제학과 교수진과 충돌하면서 갈등이 심화되었다. 그래서 1955년에 멤버였던 찰링 쿠프먼스가 주도하여 카울스위원회를 예일대학으로 이전하여 카울스재단으로 조직을 재정비했다. 리더였던 쿠프먼스를 비롯해, 케네스 애로우, 로렌스 클라인, 허버트 사이먼, 호벨모, 제임스 토빈, 제라르 드브루, 프랑코 모딜리아니가 나중에 노벨경제학상을 수상했다.

만약 1901년부터 경제학에도 노벨상을 수여했다면 누가 받아야 마땅할까?

이미 노벨경제학상을 수상했던 사람들 분석을 했으니 이제는 이런 질문을 던져보자. '만약 1901년부터 노벨상을 물리학, 화학, 의학, 문학, 평화 외에 경제학에도 수여했다면 과연 누가 노벨경제학상을 받았을까?' 여러분이 아는 유명한 경제학자 중에 누가 생각나는가? 케인스, 슘페터, 파레토, 빅셀, 존 커먼스, 알프레드 마셜, 어빙 피셔, 웨슬리 미첼, 바이너, 멩거, 뵘바베르크, 베이츠 클라크, 베블런, 피구, 챔벌린이 떠오르는가?

이제 과거지향적이 아니라 미래지향적으로 질문을 던져보자. '앞으로 과연 누가 노벨경제학상을 받을까?' 경제학을 어느 정도 배웠다면 여러 경제학자가 떠오를 것이다. 구체적인 사람이 아니라 중요한 경제학 분야인데 아직 수상을 못 한 분야로 무엇이 떠오르는가? 보건경제학, 디지털경제학, 도시경제학, 문화경제학, 우주경제학 등 여러 분야가 생각날 것이다.

4
노벨상 몇몇 에피소드

가족이 노벨상을 함께 받은 경우

　노벨경제학상 수상자 중에는 가족이 함께 노벨상을 받기도 했다. 1969년에 계량경제학에 대한 공헌으로 노벨경제학상을 수상한 얀 틴베르헌은 1969년에 최초의 노벨경제학상을 수상했다. 그의 동생 니콜라스 틴베르헌은 1973년에 생리의학상을 수상했다.

　부부가 노벨상을 받는 경우도 있다. 1974년에 스웨덴 경제학자 군나르 뮈르달은 노벨경제학상을 수상했는데, 그의 부인 알바 뮈르달은 1982년에 평화상을 수상했다. 알바 뮈르달은 스웨덴의 사회학자, 정치가, 외교관으로 유엔 사회국장과 유엔 주재 스웨덴 대사를 지냈고 사회당 국회의원, 제네바 군축회담의 스웨덴 대표 단장을 지냈다.

　노벨경제학상을 같은 해에 공동수상한 부부도 있다. 2019년에는 인도 출신의 아브지히트 바네르지와 프랑스 출신의 뒤플로는 국제 빈곤 완화 연구에 기여한 공로로 노벨경제학상을 함께 받았다. 두 사람

스웨덴 경제학자
군나르 뮈르달의 부인
알바 뮈르달은
1982년에 평화상을 수상했다.

은 부자 나라가 코로나 백신을 독점하여 가난한 나라에서 코로나 변동이 창궐해 결국 부자 나라로 전파된다며 날선 비판을 하기도 했다.

뒤플로 외에 오스트롬도 여성으로 노벨경제학상을 2009년에 수상했다. 인디애나대학에 자리를 잡았던 오스트롬은 정치학자로 공유지 문제 해결에 대한 기여로 수상했다. 미국정치학회장도 역임했는데 상을 수상하고 3년 후에 타계했다.

다른 흥미로운 경우

애컬로프는 정보경제학 분야에서 유명하다. 똥차에 해당되는 레몬카 개념을 도입하여 중고차의 정보 비대칭성을 강조했는데, 나쁜 차가 좋은 차를 시장에서 몰아낸다는 것이다. 그는 역선택, 도덕적 해이, 시그널링 개념을 널리 퍼뜨리는 데 크게 기여했다. 그의 부인 재닛 옐런은 연방준비제도이사회$_{FRB}$ 의장$_{2014~2018}$을 마치고, 미국경제학회 회장$_{2020}$을 거쳐 바이든 행정부에서 재무부장관$_{2021~}$으로 재직하고 있다.

1992년에 노벨경제학상을 수상한
게리 베커는 경제학 제국주의의 선봉장이었다.

폴 로머Paul M. Romer: 1955는 내생적 성장 이론에 대한 기여로 노벨경제학상을 수상했다. 경제성장에서 연구개발R&D의 중요성을 부각해 성장 모델을 만들었다. 로머는 3대 생산요소가 과거에는 토지land, 자본capital, 노동labor이었으나 이제는 물건things, 인간human, 아이디어idea로 바뀌었다고 주장한다. 그는 살던 아파트에서 화재 경보음이 울리자 복도로 뛰쳐나갔다가 우연히 만난 여성과 결혼하여 현재까지 잘 살고 있다.

먼델은 국제경제학 분야에서 두각을 나타냈다. 개방경제 거시모델인 먼델 - 플레밍 모델을 1962년에 개발했고, 최적통화지역 이론을 일찍이 1968년에 개발해 나중에 유로화의 아버지로 불렸다. 캐나다 출신이었던 그는 여러 대학에서 인기가 좋아 모두 11개 대학에서 교수직을 했고, IMF, 브루킹스연구소, 제네바국제학연구소 기관에서도 근무했다.

1992년에 노벨경제학상을 수상한 게리 베커는 가족경제학, 범죄경제학, 인적자본경제학 등 사회학 분야에 경제학 방법론을 광범위하게 적용한 것으로 유명하다. 이른바 경제학 제국주의의 선봉장이었다. 오랜 기간 비즈니스위크 컬럼니스트로 이름을 날리기도 하여 일찍부터 수상자 후보로 많이 거론되었다. 하지만 10년 이상 계속 탈락되자 1992년 10월 수상자 발표 시각이 다가오자 심한 열병으로 집에서 침대에 누워있었다. 그런데 전화로 수상 연락을 받고서 열병이 말끔히 치유되었다. 이처럼 노벨상 기대와 우려는 수상 후보자들에게 엄청난 스트레스로 작용한다.

받기가 쉽지 않은 경우

본인은 정말 노력을 하는데 노벨경제학상을 받지 못해 안타까운 경우도 있다. 현재 하버드대 교수인 로버트 배로는 캘텍Caltech 학부에서 물리학을 전공한 후 대학원에서 경제학으로 방향을 틀었다. 미국 경제학회 부회장도 지낸 바 있다. 한국에 관심이 많은 지한파라 우리나라에도 자주 온다. 두 번째 부인이 종교학자라서 종교와 경제 관련 책을 함께 내기도 하였다.

로런스 서머스는 온통 경제학자 집안에서 태어나 자라났다. 그의 부모(로버트, 애니타)는 와튼스쿨 경제학자였고 친삼촌은 폴 새뮤얼슨이고 외삼촌이 케네스 애로우였다. 하버드대학 최연소 정교수를 지냈고 세계은행 수석 이코노미스트, 재무부 장관, 국가경제위원회NEC 위원장을 지냈다. 하버드대학 총장을 하다가 불명예스럽게 중도 퇴진하기도 하였다. 실무에서 일을 많이 했기에 노벨경제학상을 수상할 가능성은 사실 크지 않다.

#강대국 #경제강국 #30-50클럽
#코리아프리미엄 #헬조선 #중진국함정 #한류
#경제·사회·복지·문화·환경·행복선진국

◆ 25강 ◆

한국은 과연 진정한 선진국인가?

앞의 4강에서 애덤 스미스의 국부론 이야기를 하면서 어떻게 하면 국가가 부강해질 수 있는가에 대해 말했다. 외환보유고가 많다고 하여 부자 나라가 아니고 매년 생산하고 소비하는 것이 많아야 경제강국이다. 2021년 한국경제(GDP)를 시장환율로 평가하면 10위, 물가로 평가하면 14위다. 이정도면 경제강국은 된 것 같은데 정말 선진국이 되었을까? 사회, 복지, 문화, 환경, 삶의 질, 행복 등 여러 각도에 한국의 현재를 가늠해 보자.

1
강대국, 경제강국,
선진국

우리나라는 강대국인가? 우리나라는 경제강국인가? 우리나라는 선진국인가? 이렇게 세 가지 질문을 던져보자. 강대국 Great Power이란 도대체 무엇일까? 국력이 강해 자국의 목적과 의지를 실현하도록 경제적, 군사적, 문화적, 정치적 영향력을 전 세계에 행사할 수 있는 나라를 말한다. 자기 혼자 강대국이라 말해 봐야 상대편이 인정하지 않으면 허사다. 역사적으로 보면 베스트팔렌 조약 1648, 빈 회의 1815, 베를린 회의 1890, 베르사유 조약 1919, 얄타 회담 1945을 통해 강대국임을 서로 인정받았다. 2차 세계대전의 승전국에 해당되는 유엔의 안보리 상임이사국에는 미국, 러시아, 중국, 영국, 프랑스가 들어갔다.

현재 미국이 초강대국인데 적어도 유엔의 안보리 상임이사국과 G7 그룹에 들어가야 자타가 공인하는 강대국이라 할 수 있다. G7 그룹에 미국, 영국, 프랑스, 독일, 일본, 캐나다, 이탈리아가 들어간다. 여러 모로 볼 때 우리나라는 아직 강대국은 아니다.

〈표〉 시장환율로 평가한 국가별 GDP 순위

시기 / 순위	연도			
	2018년	2019년	2020년	2021년
5위	영국	인도	영국	영국
6위	프랑스	영국	인도	인도
7위	인도	프랑스	프랑스	프랑스
8위	이탈리아	이탈리아	이탈리아	이탈리아
9위	브라질	브라질	캐나다	캐나다
10위	한국	캐나다	한국	한국
11위	캐나다	러시아	러시아	러시아
12위	러시아	한국	브라질	호주
13위	스페인	스페인	호주	브라질
14위	호주	호주	스페인	스페인
15위	멕시코	멕시코	인도네시아	멕시코

명목 GDP(평균환율) 1위~4위 : 미국, 중국, 일본, 독일

한국은 경제강국

그러면 우리나라는 경제강국일까? 시장환율로 평가한 GDP 규모를 보자. 2021년에 1위부터 5위까지는 미국(1위), 중국(2위), 일본(3위), 독일(4위), 영국(5위)이다. 그 다음 인도(6위), 프랑스(7위), 이탈리아(8위), 캐나다(9위)에 이어 한국은 10위에 자리잡고 있다. 우리나라는 2018년에도 10위였는데 2019년에 두 단계 떨어져 12위였다가 2020년에 10위로 복귀했다.

물가 기준의 구매력PPP으로 평가한 GDP를 보면 2020년에 중국

〈표〉 구매력 평가 기준 세계 15대 경제강국 순위

(구매력 평가 기준 GDP)

순위 연도	1	2	3	4	5	6	7	8	9	10	11	12	13	14	15
2020	중국	미국	인도	일본	독일	러시아	인도네시아	브라질	프랑스	영국	이탈리아	멕시코	터키	**한국**	캐나다
2010	미국	중국	인도	일본	독일	러시아	브라질	프랑스	영국	이탈리아	인도네시아	멕시코	스페인	**한국**	캐나다
2000	미국	중국	일본	독일	인도	러시아	프랑스	이탈리아	브라질	영국	멕시코	인도네시아	스페인	캐나다	**한국**
1990	미국	일본	소련	서독	이탈리아	프랑스	중국	영국	브라질	인도	멕시코	캐나다	인도네시아	스페인	사우디아라비아
1980	미국	소련	일본	서독	중국	프랑스	이탈리아	영국	브라질	인도	멕시코	캐나다	스페인	인도네시아	아르헨티나
1970	미국	소련	일본	서독	중국	영국	프랑스	이탈리아	인도	브라질	캐나다	멕시코	스페인	아르헨티나	네덜란드
1960	미국	소련	서독	영국	중국	일본	프랑스	인도	이탈리아	브라질	캐나다	멕시코	아르헨티나	인도네시아	네덜란드
1950	미국	소련	영국	서독	중국	인도	프랑스	이탈리아	일본	캐나다	브라질	아르헨티나	멕시코	인도네시아	스페인
1940	미국	소련	독일	영국	중국	인도	일본	프랑스	이탈리아	인도네시아	독일	캐나다	아르헨티나	스페인	브라질
1930	미국	중국	독일	소련	영국	인도	프랑스	이탈리아	일본	인도네시아	스페인	폴란드	캐나다	아르헨티나	네덜란드
1920	미국	중국	영국	인도	독일	러시아	프랑스	이탈리아	일본	폴란드	인도네시아	스페인	캐나다	아르헨티나	벨기에
1910	미국	중국	독일	인도	영국	러시아	프랑스	이탈리아	일본	폴란드	인도네시아	스페인	벨기에	캐나다	아르헨티나
1900	미국	중국	영국	인도	독일	러시아	프랑스	이탈리아	일본	폴란드	스페인	인도네시아	벨기에	보헤미아	멕시코
1890	미국	중국	인도	영국	러시아	독일	프랑스	이탈리아	일본	폴란드	스페인	인도네시아	벨기에	보헤미아	네덜란드
1880	중국	인도	미국	영국	러시아	독일	프랑스	이탈리아	일본	스페인	인도네시아	폴란드	벨기에	보헤미아	네덜란드
1870	중국	인도	영국	미국	러시아	독일	프랑스	이탈리아	일본	스페인	인도네시아	폴란드	벨기에	보헤미아	네덜란드

25강. 한국은 과연 진정한 선진국인가?

이 1위, 미국이 2위다. 인도가 어느 새 3위로 올라왔고 4위는 일본, 5위는 독일이다. 우리나라는 14위에 머물고 있다. 2000년에 15위, 2010년에 14위였는데 더 이상 오르지 못하고 있다. 이정도면 충분치는 않아도 한국은 경제강국이라 할 만하다. 다른 나라도 현재 우리를 강대국으로는 인정하지 않지만 경제강국으로는 인정하고 있다. 무역 규모도 2021년 한국은 세계 8위다.

우리는 때때로 30-50클럽을 거론한다. 1인당 국민소득 30,000달러 이상, 인구 5,000만 명 이상 국가를 말하는데 공식적인 용어는 아니다. 일본이 1992년에 처음으로 진입했고, 독일은 1995년에, 미국은 2년 후에 들어왔다. 영국은 2002년에, 프랑스와 이탈리아는 2004년에, 그리고 한국은 2018년에 30-50클럽에 진입했다. 현재 일곱 개 국가로 구성된 30-50클럽이면 우리나라는 당연히 경제강국으로 불려도 무리가 없다.

그렇다면 우리나라는 선진국일까? 선진국은 말 그대로 보면, 다른 나라들에 비해 앞서 나아간 국가다. 선진국은 한자로 先進國, 영어로 developed countries다. 즉 선진국은 산업 고도화로 경제 발전이 많이 이루어져 풍요롭고 삶의 질이 높은 국가다.

우리나라는 2010년에 경제협력개발기구OECD의 개발원조위원회DAC에 가입한 이후 ODA공적개발원조 국민인식 조사를 2011년부터 계속 시행하고 있다. 2016년에 정부의 국무조정실이 〈2016년도 ODA 국민인식 조사 결과 보고서〉를 발표했는데, 이때 '현재 우리나라가 선진국이라고 생각하십니까?'라는 질문에 대해 응답자 47.6%가 '아니오'

라고 답변했다. '아니오' 답변은 2011년의 62.7%에 비하면 줄어들었지만 국민의 절반은 선진국이 아니라 생각하고 있었던 것이다. 이 보고서가 2017년부터는 '현재 우리가 선진국인가'라는 질문을 물어보지 않아 정확한 수치는 알 수 없지만 우리나라가 선진국이 아니라고 믿는 사람은 주위에 여전히 많다. 무슨 이유 때문일까? 여러분은 우리가 선진국이라 생각하는가?

코리아 디스카운트에서 코리아 프리미엄으로

2020년 초 갑자기 들이닥친 코로나 팬데믹 이후 우리나라가 선진국임을 처음으로 실감했다고 말하는 사람이 크게 늘어났다. K방역이 미국, 유럽, 일본보다 월등함을 세계적으로 인정받고 우리나라의 탄탄한 보건의료 체계와 정부의 차분하고도 주도면밀한 대응, 시민들의 문화의식과 적극 동참을 새삼 목격했기 때문이다. 그동안 미국, 유럽을 선망하는 고질적인 선진국 콤플렉스를 지니고 있던 우리는 상당 기간 중진국 함정에 빠져 선진국에 제대로 진입 못했다는 자책감에 시달렸었다.

2010년대 중반 들어 박근혜 정부 당시 젊은 세대 사이에 '헬조선'이 아주 많이 퍼졌다. 2014년 세월호 침몰에 대한 정부의 미숙한 대처가 기폭제로 작용하면서 높은 자살률, 치솟는 청년 실업, 과도한 노동시간, 빈부격차 심화, 강남족 중심의 퇴행적인 금수저 세습, 성추행과 성폭력이 버무려져 젊은 세대의 자화상이 일그러졌기 때문이다.

하물며 2010년대가 끝날 무렵에는 '나라가 망한다'는 말도 널리 퍼졌다. 2020년 총선을 앞두고 극우보수파들이 문재인 정부의 최저임금 인상, 퍼붓기 청년지원 등 보편적 복지정책과 친북한 정책을 비난하며 많이 외쳤던 구호다. 물론 코로나 악재에도 불구하고 나라가 멀쩡하게 잘 굴러간다고 생각하는 사람들에게는 터무니없는 주장이었다.

이처럼 얼마 전까지만 해도 헬조선을 비롯하여 나라가 망한다며 우울증, 정부 저주, 사회 비판, 세상 염세에 빠지더니 2020년 들어 한국이 코로나 방역을 제대로 하면서 급선회하여 한국이 최고라고 서로들 말했다. 코로나 방역에 허둥대던 선진국들도 K방역이 세계 최고라며 칭찬을 아끼지 않았다. 이처럼 고질적이던 코리아 디스카운트에서 코리아 프리미엄으로 바뀌며 우리나라가 순식간에 중진국에서 선진국으로 탈바꿈했다. 우리가 마치 국뽕에 걸린 듯했다. 도대체 어찌된 일인가?

코로나가 본격화된 2020년 5월 KBS는 시사인, 서울대학교와의 공동조사에서 코로나 이후 한국사회 인식조사를 실시했다. 여기서 응답자의 83.5%가 한국은 선진국이라 대답했고, 58.0%는 한국이 기존 선진국보다 더 우수하다고 대답했다. 그리고 응답자의 25.5%는 한국이 기존 선진국과 비슷하다고 대답했다. 2019년 4월 응답자의 57.4%가 한국은 희망 없는 '헬조선'이라 답변했지만 2020년 5월에는 25.9%만 헬조선에 동의했다.

2020년 6월 전경련은 '한국전쟁 70년, 대한민국을 만든 이슈 대국민 인식 조사'를 실시했다. 여기에서 응답자의 83.9%가 한국은 선진국이라 대답했다. 물론 코로나 K방역이 잘 되어 이렇게 답변을 했

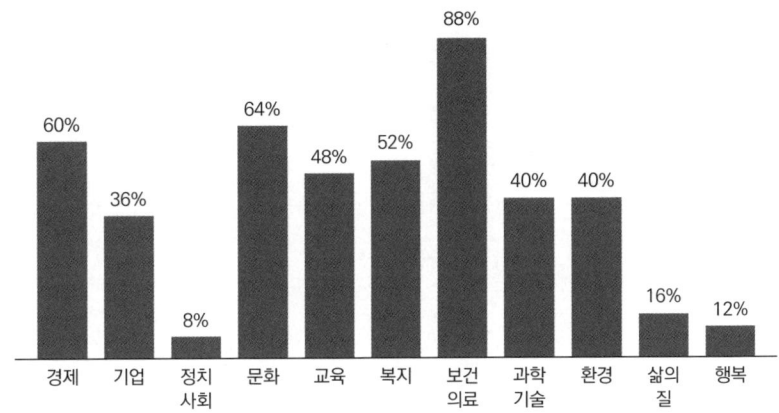

<표> 한국에 대한 부문별 선진국 인식

었다.

2021년 4월 필자는 서울대학교 경영대학원에서 '우리나라는 과연 선진국인가?'를 주제로 한 강의를 하면서 수강생에게 설문조사를 실시한 적이 있다. 강대국인가에 대한 질문에 대해서는 4%만 그렇다고 답했고, 경제대국이라는 질문에 대해서는 48%가 동의했다. 그리고 선진국이라는 질문에 대해서는 48%가 긍정적으로 답했다.

보다 구체적으로 부문별 선진국 여부를 물어보았다. 정치사회 선진국에 대한 동의가 가장 낮아 8%에 그쳤고, 행복도는 12%, 삶의 질은 16%에 그쳤다. 동의가 가장 높게 나온 분야는 역시 보건의료로 88%나 되었고, 문화는 64%, 경제는 60%였다. 문화가 이처럼 높은 이유는 우리가 전통적으로 문화 선진국이라는 자부심을 가지고 있었던 데다가 최근 K한류의 폭넓은 인기 덕분이다.

2 우리나라는 경제선진국?

1인당 국민총소득 측면

선진국을 좀 더 다양한 관점에서 들여다보자. 경제 관점에서만 본다면 우리나라는 1인당 국민총소득GNI이 3만 달러를 초과한 고소득 국가이니 당연히 선진국이다.

1950년대 이후 우리나라 1인당 국민총소득 추이를 보면 매 10년마다 후반에 출렁이기는 했으나 꾸준히 성장해 왔다. 1953년 66달러였던 국민총소득은 2021년 3만 5,000달러를 돌파했다. 2017년에 3만 달러 시대를 열어 2018년에 3만 3,564달러였는데 2019년, 2020년에 다소 후퇴하다가 2021년에 다시 크게 회복한 것이다. 3만 달러를 가장 빨리 넘은 국가는 1987년 스위스였다.

한국은 국제경제기구인 IMF가 공식적으로 분류하는 선진경제Advanced Economies 39개국 중 하나이고, 경제협력기구와 세계은행이 정하는 고소득국가 32개국 중 하나이기도 하다. 경제협력기구에는 개발도상국에게 공적개발원조ODA를 해주는 개발원조위원회가 있는데 한국은 2010년에 여기에 당당히 가입하여 현재 30개 회원국 중 하나다. 개발도상국에게 원조를 해줄 정도로 재정적 여유가 있어서 회원국이 되었던 것이다. 유엔무역개발회의UNCTAD도 2021년에 한국의 위상을 그룹A인 개발도상국에서 그룹B인 선진국으로 격상했다.

국제 채권 문제 해결을 위한 협의체로 파리클럽이 있다. 우리나라는 2016년에 이 클럽의 정회원국 22개의 하나가 되었다. 특별 참여국은 11개다. 2022년 6월 말 우리나라 외환보유고는 4천 383억 달러로 세계 9위이니 파리클럽에 충분히 들어갈 만하다. 무디스 국가별 신용등급을 보더라도 전체 21개 등급 중에서 한국은 3등급인 Aa2를 유지하고 있다.

스위스 소재 국제경영개발연구원IMD이 2022년에 발표한 한국의 국가경쟁력은 총 63개국 중 27위다. 세계경제포럼WEF에서 발표한 국가경쟁력 지수를 보면 2019년에 한국은 13위다.

혁신 측면

우리나라의 미래 경제를 미리 가늠할 수 있는 혁신 수준은 전 세계에서 어느 정도일까? 혁신에 대한 투입의 대표격으로 GDP 대비 연구개발 투자가 있다. 우리나라의 이 지표가 선진국에 비해 낮다고 불만을 가지는 경우도 많았는데 지금은 어떨까? 또 혁신의 성과에 해당되는 것으로 특허가 있는데 한국의 특허 건수는 이제 세계에서 어떤 위치를 점하고 있을까? 2020년 한국의 연구개발비는 789억 달러로 세계 5위이고 GDP 대비 연구개발비는 4.81%로 세계 2위다.

우려하던 예전 수준에 비하면 대도약이 아닐 수 없다.

세계의 여러 기관에서 발표하는 혁신지수로는 글로벌혁신지수, 블룸버그혁신지수가 대표적이다. 2021년에 발표된 블룸버그혁신지수를 보면 한국이 독일을 제치고 1위다. 세계지식재산기구WIPO, 미국 코넬대학교 경영대학원, 유럽경영대학원INSEAD이 공동으로 국가의 혁신역량을 평가해 발표하는 글로벌혁신지수를 보면 2021년 한국은 5위인데 2020년 10위에서 크게 올랐다.

기업 측면

더 자세히 기업을 들여다보자. 포춘은 기업 매출 기준으로 글로벌 500대 기업을 매년 발표한다. 2021년 8월 발표에 의하면 한국 기업은 모두 15개다. 중국(홍콩 포함)은 135개, 미국은 122개, 일본은 53개다. 2000년에 중국 기업은 10개에 불과했는데 이제 미국을 제쳤다. 개별 기업별로는 삼성전자 15위, 현대차 83위, SK(주) 129위, LG전자 192위, 기아 215위, 한전 222위다.

포브스는 기업의 매출, 순이익, 자산, 시가총액 등 네 가지 지표를 종합평가하여 매년 글로벌 2000대 기업을 발표한다. 2021년 5월 발표에 의하면 미국 590개, 중국 350개, 일본 215개, 영국 66개에 이어 한국 기업은 62개다. 삼성전자는 11위, 현대차는 154위, SK하이닉스는 173위다. 그룹별로 보면 삼성그룹 계열사는 8개, 현대차그룹은 6개, LG그룹은 6개, SK그룹은 4개가 있다.

인터브랜드가 2022년에 발표한 베스트 글로벌 브랜드 100에서 한국 기업으로 삼성이 5위, 현대는 35위, 기아는 37위를 차지하고 있다. 기업 브랜드 관점에서만 보면 IT, 반도체, 자동차에 집중되어 있지만 500대, 2000대로 확장되면 다른 업종의 기업들도 많이 들어가 있다. 이처럼 경제, 기업 측면만 보면 한국은 분명히 선진국이다. 창업과 벤처 생태계의 규모를 보여주는 국내 유니콘 기업은 2016년 2개에서 2020년 13개로 크게 늘어나 세계 6위로서 벤처 강국으로도 손색이 없다.

세계금융기관에서 만드는 주가지수가 있다. 이들 기관에서는 우리나라를 언제 선진국지수에 편입시켰을까? 다우지수는 1999년, S&P는 2008년, FTSE는 2009년이었다. FTSE 지수는 영국 〈파이낸셜타임스지〉와 런던 증권거래소가 공동 소유하는 FTSE 인터내셔널사가 작성해 1969년부터 발표하는 주가지수다. FTSE의 선진시장$_{Developed}$에는 미국, 일본, 독일, 한국 등 총 25개국이 들어가 있다.

미국의 금융지수정보 제공회사 모건스탠리 캐피털 인터내셔널$_{MSCI}$이 제공하는 주가지수인 MSCI 지수의 선진시장지수$_{ACWI}$에는 한국이 포함되어 있지 않다. 신흥시장$_{EM}$ 지수에 들어가 있을 뿐이다. MSCI ACWI에 편입되려면 경제발전수준, 증시규모와 유동성, 시장접근성 등 여러 조건이 충족되어야 한다.

우리나라 기업들의 영문 기업설명회 자료가 부족해 외국인 투자자들이 기업 정보를 구하기 힘들다. 또 한국기업의 지배구조가 글로벌 스탠다드에 부합하지 않다. 외국인 투자자들이 24시간 자유롭게 환전하는 외환시장이 필요한데, 현재 우리나라가 그 정도는 아니다.

3

우리나라는 사회 선진국?

민주주의 측면

　사회 측면을 보자. 어떤 국가가 정치적으로 선진국인지, 즉 민주화 정도를 비교하는 지수로는 크게 세 가지가 있다. 영국의 〈이코노미스트〉가 발표하는 민주주의지수, 프랑스의 국경없는기자회가 발표하는 언론자유지수, 미국의 프리덤하우스가 발표하는 세계자유지수가 바로 그것이다.

　2022년 2월에 발표된 2021년 민주주의지수를 보면 한국은 10점 만점에 총 8.16점으로 완전한 민주주의 국가로 분류되었다. 한국은 선거절차와 다원주의 항목에서 9.58점으로 높은 평가를 받았지만, 정치 참여 항목에서 7.22점으로 낮은 평가를 받았다. 한국은 2006년에 미흡한 민주주의 수준인 7.88점 31위로 시작하여 2012년 8.13점으로 완전한 민주주의인 20위까지 상승했다가 박근혜 정부 시기였던 2016년 7.92점 24위까지 추락했다. 문재인 정부 들어

지속적으로 상승하면서 2022년 8.16점으로 역대 최고 수준인 16위까지 올랐다.

프랑스의 국경 없는 기자회가 발표하는 세계언론자유지수에서는 한국이 이명박 정부 시기였던 2009년에 69위, 박근혜 정부 시기였던 2016년에 70위까지 추락하기도 했다. 2018년부터 회복되더니 2022년 43위에 올랐다. 북유럽국가가 1~3위를 차지하고 있고 일본은 71위다. 북한은 180위로 꼴찌다.

프리덤하우스의 2022년 세계자유지수를 보면 정치적 권리와 시민자유를 통틀어 한국은 노르웨이, 스웨덴, 핀란드의 100점 만점에서 한참 떨어지는 83점이지만 여전히 자유국이다. 정치사회 측면에서 한국은 시기에 따라 오르락내리락 하지만 이제 그리 나쁜 수준은 아니다. 100점 만점에서 중국은 9점, 북한은 3점을 받았다. '온라인에서 개인의 의사를 얼마나 자유롭게 표현할 수 있는지'를 평가하는 인터넷 자유도는 2020년에 아이슬란드는 95점으로 1위이고 한국은 70점이다.

부패, 청렴 측면

독일에 본부를 두고 있는 국제투명성기구는 각국의 공무원과 정치인이 얼마나 부패했다고 전문가들이 느끼는지를 조사하여 부패인식지수CPI를 매년 발표한다. 완전 청렴하면 100점, 매우 청렴하면 80점, 상당히 청렴하면 60점, 상당히 부패하면 40점이다.

우리나라는 2000년에 40점으로 세계 48위, 2010년에 54점으로 39위였는데, 2021년 62점으로 32위에 올랐다. 박근혜 정부 시절이었던 2016년에는 52위, 2017년에는 51위까지 한때 추락한 적도 있으나 지난 20년 동안 꾸준히 개선되었음을 알 수 있다. 2021년 현재 덴마크, 핀란드, 뉴질랜드가 88점으로 공동 1위다.

유럽반부패국가역량연구센터ERCAS는 2015년부터 격년으로 국가별 공공청렴지수IPI, Index of Public Integrity를 발표한다. 2021년에 114개국 중 한국은 18위로 아시아 국가 중 1위다. 세부 항목을 보면 교역 개방성(1위), 전자적 시민권(12위), 행정적 부담(21위), 정부예산 투명성(26위), 언론 자유(34위), 사법부 독립성(48위) 항목 순이다.

신뢰 측면

한국의 청렴 수준은 좋았으나 신뢰 수준은 전반적으로 상당히 낮다. 영국 옥스퍼드대학 부설 로이터저널리즘연구소의 '디지털뉴스리포트 2021'에 따르면 한국인의 뉴스 신뢰도는 32%로 조사 대상 46개국 중 38위다. 핀란드는 신뢰도 65%로 최고 수준이다. 우리나라는 2016년 이 조사에 처음 포함된 이후 2020년까지 5년 연속 바닥을 헤매다가 2021년에 드디어 최하위권에서 벗어났다.

남녀차별 측면

우리나라의 유리천장이 한참 낮다는 사실은 어제오늘의 이야기가 아니다. 〈이코노미스트〉가 2022년에 유리천장지수 순위를 발표했는데 한국은 10년 연속 꼴찌다. 스웨덴 1위, 아이슬란드 2위, 핀란드 3위로 북유럽이 상위를 독점했고, 말미에는 터키 27위, 일본 28위, 그리고 한국이 꼴찌 29위다. 이 지수는 여성경제 활동 참가율, 성별 간

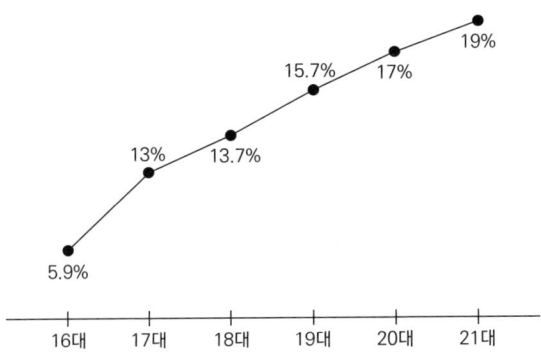

〈표〉 대한민국 여성 국회의원의 비중

임금 격차, 기업 내 임원 비율, 여성 국회의원 비율 등 10개 항목을 토대로 산출된다.

국내 200대 상장사의 등기임원 1,441명 중 여성은 65명으로 4.5%에 불과하다. 2019년 9월말 여성 등기임원은 39명이었다. 200대 기업 중 여성임원이 1명도 없는 기업이 무려 73%나 되었다. 등기임원 중 여성 대표이사는 4명뿐이고 그 중 2명만 소유주 출신이 아니다. 이에 반해 미국 포브스가 선정한 200대 기업 중 여성 임원의 비중은 30%에 이른다. 자산총액 2조 원 이상인 상장법인의 이사회를 특정성(남성)이 독식하지 않도록 개정 자본시장법이 2022년부터 시행되면서 여성임원의 비중이 늘어나고 있다. 특히 사외이사에서 여성이 늘고 있다.

그러면 한국의 여성 국회의원 비중은 어떻게 될까? 2000년의 5.9%에 비해 2020년에는 19.0%로 올랐다. 2020년에 여성 국회의원은 57명인데 지역 29명, 비례 28명이었다. 하지만 북유럽은

40~50%나 되니 우리나라는 아직도 갈 길이 요원하다.

갈등 측면

문화체육관광부는 2019년에 한국인 의식 가치관 조사를 실시한 바 있다. 이중에 진보/보수간 갈등을 가장 심각한 것으로 보았고, 정규직/비정규직 갈등, 부유층/서민층 갈등을 그 다음으로 꼽았다. 진보/보수 갈등은 대통령 탄핵으로 인해, 남/녀 갈등은 미투 현상으로 인해 예전에 비해 높아졌다.

한국의 갈등이 이렇게 심한 이유는 무엇일까? 따져보면 이유는 정말 많다. 정치인 무능·선동, 편향적 언론, 시민의식 부족, 압축적 경제성장, SNS로 인한 확증편향을 들 수 있다. 민주화 이전엔 지역 갈등이 컸으나, 이제는 이념, 빈부, 세대, 남녀 갈등이 드세다.

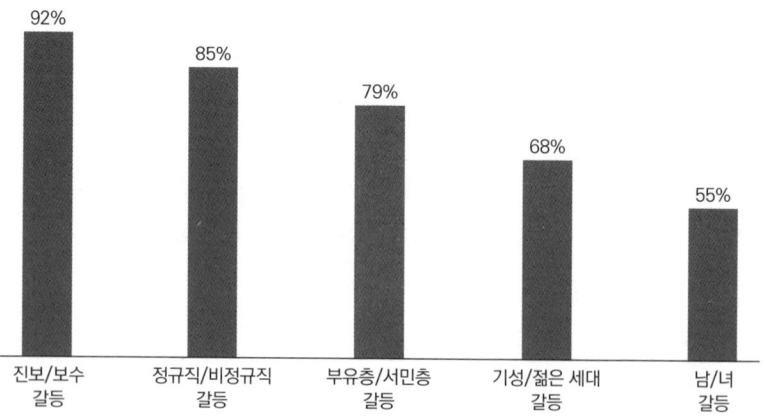

〈표〉 한국인 의식 가치관 조사

4 우리나라는 복지 선진국?

상위 10%의 소득 비중이 급등

한국의 1인당 국민소득 평균은 계속 올라 3만 달러를 넘겼지만 소득분배의 불평등도는 심각하다. 상위 10% 국민의 소득 비중이 후진국이던 1957년에는 매우 낮아 15% 수준이었는데 이후 계속 늘어나 2019년에는 무려 50%를 넘었다. 1980년대와 IMF 외환위기 이전의 1990년대 중반까지만 하더라도 소득분배가 양호하여 중산층이 많았으나 이제는 전혀 그렇지 않다. 선진국 중에서 한국과 미국의 분배 상황이 매우 심각하다. 경제면에서 우리나라의 소득 평균은 좋지만 분배가 나쁘므로 개인 경제 사정이 좋지 못한 사람들이 많아 자국을 선진국으로 보지 않는 경향이 있다.

설문조사 방식으로 소득불평등을 조사하는 지니$_{Gini}$계수는 국세청 자료에서 나오는 상위 10% 소득 비중에 비해 정확도가 떨어진다. 하지만 전체적인 흐름을 알기에는 무리가 없다. 1990년에서

1995년까지 가계동향조사에서 나온 지니계수는 0.25~0.27 사이에 머물다가 IMF 외환위기를 거치고 1999년 0.31으로 급등했다. 2000년 이후 다소 진정되다가 2008년 미국발 금융위기로 0.30으로 재상승했다.

그런데 가계동향조사 결과로 산정한 지니계수는 2016년까지 발표되었고 이제는 가계금융복지조사에서 나오는 지니계수만 발표된다. 새 지니계수에서는 조사 표본도 늘어났고, 국세청 세무행정자료로 보정되고 OECD 권고 사항을 반영하고 있어 국제 표준에도 맞아 숫자의 신뢰도가 높다. 문제는 새 지니계수는 예전 숫자에 비해 0.04~0.05 높아지므로 불평등 정도가 심하게 나온다는 점이다. 사실 예전 지니계수는 불평등 정도가 의도적으로 과소평가되었다는 비난을 받았다.

새 지니계수는 시장소득을 기준으로 한다. 시장소득이란 근로, 사업, 재산 소득에 가족과 지인으로부터 받은 사적이전소득을 더하고 사적이전지출을 뺀 것을 말한다. 그런데 정부가 개인들에게 제공하는 여러 복지 지원을 반영하여 처분가능소득을 기준으로 한 지니계수도 산출된다. 처분가능소득이란 시장소득에 정부가 지급하는 연금과 수당, 장려금 중 공적이전소득을 더하고 공적이전지출을 뺀 소득을 말한다.

균등화 처분가능소득 기준 지니계수는 2011년에 0.388이었는데 2015년 0.352, 2020년 0.339로 점차 좋아졌다. 사실 그동안 시장소득 기준 지니계수는 높아졌으나 정부의 재분배 정책 덕분에 균등화 처분가능소득 기준 지니계수는 낮아진 것이다. 시장소득 기준 지니계수는 2020년 0.405나 된다. 이처럼 우리나라의 소득불평등 수준은 선진국 대열에서 상당히 나쁜 편이다.

국민부담률 증가에 따른 국민들의 조세 저항

공공사회복지지출은 노인, 가족, 근로무능력자, 보건, 실업 등 9개 분야에 대한 공적 지출인데 한국의 공공사회복지지출/GDP 비중은 얼마나 될까? 2019년 12.2%다. 이에 비해 프랑스는 31%나 된다. 한국은 대표적 저부담·저복지 국가로 조세, 사회보장기여금 등 국민부담률이 26.7%다. 이에 비해 대표적 고부담·고복지 국가인 프랑스의 국민부담률은 46.1%나 된다.

사람들이 세금을 많이 내야 전반적인 복지 수준이 올라가는데, 국민의 조세 저항이 심해 빨리 올리기가 힘들다. 하지만 언젠가 극복해야 할 장애물이다. 2018년에 OECD는 "한국은 포용적 성장을 강화하려면 사회보장제도 개혁에 속도를 내라"고 권고한 바 있다. 코로나19 팬데믹 이후 통화량 팽창으로 부동산 가격이 급등해 부동산 세금이 올랐는데, 이 세금 부담에 대한 납세자의 반발이 거세다. 그래서 2022년 윤석열 정부가 들어서 종합부동산세·재산세 등 보유세 부담을 줄였다.

5 우리나라는 문화 선진국?

K콘텐츠의 파워

　문화체육관광부와 한국국제문화교류진흥원은 2020년의 한류 상황을 조사해 2021년에 〈2021년 해외 한류 실태조사〉를 발표했다. 이 자료에 의하면 코로나19 확산 전인 2019년과 비교해 한류 콘텐츠 소비량이 예능, 드라마, 음악 등 열 가지 분야에서 평균 40% 증가했다. 구체적으로 보면 예능이 48%, 한국드라마가 30%, 뷰티_{화장품, 미용}가 28%, 예능이 27%, 패션이 25% 증가했다. 한류 소비 비중에서 1위를 차지한 〈사랑의 불시착〉이 드라마 분야에서 9%의 소비율을 기록했다. 음악 분야에서는 방탄소년단이 22%, 블랙핑크가 14%로 그 뒤를 이었다.

　한류 콘텐츠의 소비율이 늘어나면서 한국산 제품 브랜드 파워 지수도 덩달아 증가했다. 브랜드 파워 지수란 각 브랜드가 가진 인지도와 영향력을 파악하는 지수를 말한다. 100점 만점에 음식이 65점,

뷰티가 62점, 음악이 61점을 받았다. 외국인 입장에서 한류 콘텐츠를 접할 때 가장 어려운 점은 언어 문제였고, 번역·자막·더빙 등 시청불편, 자국어 번역 미흡이 뒤따랐다. 이런 문제는 앞으로 지속적으로 개선되겠지만 더욱 많은 투자와 노력이 필요하다.

유네스코가 선정한 한국의 세계유산

유네스코가 선정한 세계유산은 전 세계적으로 계속 늘어나고 있다. 2021년 12월 현재 전 세계 167개국에 총 1,154점이다. 문화유산이 897점, 자연유산 218점, 복합유산 39점이다. 이 중에 우리나라의 세계유산은 2021년에 선정된 한국의 갯벌을 비롯하여 모두 15점이다. 북한의 문화유산 2개도 포함하면 모두 17개다.

인류무형문화유산도 있는데 2020년 기준으로 전 세계 128개국 492건이다. 우리나라는 무형문화유산에서 특히 강하다. 2001년에 종묘 및 종묘제례악이 처음 선정된 이후 계속 늘어나 2020년에 연등회가 선정되었다.

무형문화유산이란 공동체와 집단이 자신들의 환경, 자연, 역사의

〈표〉 한국의 유네스코 세계유산

문화유산(13개)	석굴암과 불국사, 합천 해인사 장경판전, 종묘, 창덕궁, 수원화성, 경주역사유적지구, 고창·화순·강화 고인돌유적, 조선왕릉, 한국의 역사마을 하회와 양동, 남한산성, 백제역사유적지구, 산사·한국의 산지승원, 한국의 서원
자연유산(2개)	제주도 화산섬과 용암동굴, 한국의 갯벌
북한의 문화유산(2개)	고구려 고군분, 개성역사유적지구

⟨표⟩ 한국의 유네스코 인류무형문화유산과 세계기록유산

인류무형문화유산 (총 22건)	종묘 및 종묘제례악(2001), 판소리(2003), 강릉단오제(2005), 강강술래(2009), 남사당(2009), 영산재(2009), 제주 칠머리당영등굿(2009), 처용무(2009), 가곡(2010), 대목장(2010), 매사냥(2010), 공동등재), 줄타기(2011), 택견(2011), 한산모시짜기(2011), 아리랑(2012), 김장문화(2013), 농악(2014), 줄다리기(2015 공동등재), 제주해녀문화(2016), 한국의 전통 레슬링(씨름)(2018), 연등회(2020), 한국의 탈춤(2022)
세계기록유산 (총 16건)	훈민정음(1997), 조선왕조실록(1997), 직지심체요절(2001), 승정원일기(2001), 해인사 대장경판 및 제경판(2007), 조선왕조의궤(2007), 동의보감(2009), 일성록(2011), 5.18 민주화운동 기록물(2011), 난중일기(2013), 새마을운동 기록물(2013), 한국의 유교책판(2015), KBS 특별생방송 '이산가족을 찾습니다' 기록물(2015), 조선왕실 어보와 어책(2017), 국채보상운동기록물(2017), 조선통신사 기록물(2017)

상호작용에 따라 끊임없이 재창해온 지식, 기술, 공연예술, 문화적 표현을 아우른다. 사람을 통해 생활 속에서 주로 구전에 의해 전승되어 왔다.

우리나라의 인류무형문화유산은 2022년에 한국의 탈춤이 추가되어 총 22건이다. 우리나라의 세계기록유산은 총 16건으로 세계에서 네 번째로 많으며, 아태지역에서는 가장 많다.

6 우리나라는 환경 선진국?

에너지 전환 현황

세계경제포럼은 에너지 안보와 환경적 지속 가능성, 경제성, 미래 준비 태세 등을 따져 각국이 미래 에너지로 전환할 준비 정도를 판단해 2015년부터 에너지 전환지수 Energy Transition Index를 발표해 오고 있다. 2021년에 발표한 '에너지 전환지수 2021'을 보면 한국은 100점 만점에서 61점으로 조사 대상 115개국 중 49위다. 선진국 32개국 중 한국은 그리스(59위, 55.0점)에 이어 끝에서 두 번째다. 1위는 스웨덴(79점), 2위 노르웨이, 3위 덴마크이고, 13위 싱가포르, 20위 독일, 22위 일본, 32위 미국이다.

최상위 국가들은 수입 에너지에 대한 의존도를 줄이고 에너지 보조금을 낮추는 한편, 파리기후협약의 목표를 충족시키기 위해 에너지 부문을 변화시키겠다는 정치적 약속을 사회적으로 공유하고 이행하고 있다. 중국은 79위이지만 전기자동차로 대전환하고 있고 태양광과 풍력 에너지에 크게 투자해 이산화탄소 배출을 통제하여 큰 진전을 이루어나가고 있다.

전 세계적으로 이산화탄소를 비롯한 여러 온실가스가 그동안 누적되어 기후변화 현상이 급속히 진행되고 있다. 세계 각국은 탄소중립 목표를 정해 나름대로 온실가스 배출량을 줄이려 노력하고 있으나 사실 역부족이다. 한국은 2018년 이산화탄소 환산량 기준으로 7억 2,700만 톤을 정점으로 하여 2019년에 7억 140만 톤으로 소폭 감소하였다. 이 배출량 수준은 1위 중국, 2위 미국에 이어 7위 수준이다. 1인당 배출량에서도 한국은 6위다. 현재 우리나라의 기후변화 대응은 전체적으로 크게 부족하다.

에너지전환지수로 본 한국

세계경제포럼은 세계 각국의 에너지 시스템 및 에너지전환 성과를 평가하는 지표로 에너지전환지수ETI를 매년 발표한다. 여기에서 에너지전환이란 석탄, 석유 등 화석연료에서 태양광, 풍력 같은 재생에너지로의 전환을 말한다. 한국은 2021년에 61점으로 115개국 중에 49위였다. 스웨덴(79점), 노르웨이(77점), 덴마크(76점) 등 북유럽 국가들이 수위를 달리고 있다.

이 지수를 세부적으로 보면, 에너지 시스템 구조, 환경지속가능성, 인적자본 및 소비자참여, 자본 및 투자 등 네 개 부문으로 나눌 수 있다. 한국은 에너지 시스템 구조, 환경지속가능성 부문에서 특히 점수가 낮다. 우리나라의 1인당 에너지 공급량, 1인당 이산화탄소 배출량, 석탄 발전 비중이 매우 높고, 재생에너지 전력 비중, 에너지 시스템 유연성이 상당히 낮기 때문이다. 한국 정부는 2020년 들어 2050년에 탄소중립을 하겠다고 선언을 했으나 얼마나 지켜질지 우려된다. 중국은 2060년에 탄소중립을 하겠다고 발표를 하고 전기자동차로 대선회하겠다며 에너지전환을 위한 대규모 투자를 시작했다.

기후변화대응지수로 본 한국

국제 평가기관인 저먼워치와 기후 연구단체인 뉴클라이밋 연구소는 전 세계 온실가스 배출의 90%를 차지하는 60개국 및 유럽연합을 대상으로 기후 정책·이행 수준을 평가해 기후변화대응지수Climate Change Performance Index; CCPI를 매년 발표하고 있다. 각 나라의 온실가스 배출, 재생에너지, 에너지 소비, 기후 정책 등 네 가지 부문을 평가해 이 지수를 작성한다.

2021년 경우 총 64개국 중에 한국은 59위였다. 더 들여다보면 우리나라는 온실가스 배출, 에너지 소비 부문에서 매우 낮았고, 재생에너지, 기후 정책 부문에서도 낮았다. 2020년에 한국은 61개국 중 53위였으니, 오히려 후퇴한 셈이다. 이 기후변화대응지수에서도 북유럽 국가들이 초강세다.

7
우리나라는
행복 선진국?

유엔의 산하기구인 유엔개발계획 UNDP은 인간개발보고서 Human Development Report를 매년 발표하는데 한 항목으로 인간개발지수 HDI가 있다. 평균 수명, 1인당 국민소득, 문자 해독률 등 인간의 발전 정도를 평가한 수치로, 빈곤과 불평등 연구로 유명한 노벨경제학상 수상자 아마르티아 센이 개발했다. 산식은 이렇다.

$$인간개발지수 = \sqrt[3]{기대수명지수 \times 소득지수 \times 교육지수}$$

2020년에 인간개발지수 세계 순위를 보면 1위는 0.957점으로 노르웨이이며 2위는 0.955점으로 스위스와 아일랜드이다. 17위 미국(0.926점), 19위 일본(0.919점)이며, 한국은 0.916점으로 23위이다.

지수가 0.9 이상으로 매우 높은 수준이면 선진국인데, 2019년 한국은 0.916이니 양호하다.

하지만 행복, 삶의질, 웰빙으로 넘어가면 사정이 달라진다. 유엔 산하 자문기구인 지속가능발전해법네트워크SDSN가 매년 세계행복보고서를 발간한다. SDSN은 1인당 GDP, 사회적 지원, 기대 수명, 사회적 자유, 관용, 부정부패 등 여섯 가지 항목을 기준으로 국가별 행복지수를 산출한다.

2020년에 발표한 세계행복보고서를 보면 153개국 중 한국은 10점 만점에 5.872점을 얻어 61위를 기록했다. 한국은 2015년 47위에서 크게 떨어져 2016년 58위, 2017년 56위, 2018년 57위, 2019년 54위로 50위권을 맴돌다 2020년 61위로 더욱 하락한 것이다. 1위는 7.809점으로 핀란드가 3년 연속 '세계에서 가장 행복한 나라'였다. 핀란드의 1위 유지 비결은 탄탄한 사회안전망과 촘촘한 지원체계에 있다고 평가받는다. 2위 덴마크, 3위 스위스, 4위 아이슬란드, 5위 노르웨이다.

또한 경제협력개발기구는 OECD 회원국의 웰빙 11개 항목을 측정해 더 나은 삶 지수Better Life Index를 매년 발표한다. 2018년 경우 한국은 40개국 가운데 30위였다. 시민참여(2위), 주거(5위), 교육(11위), 직업(17위)는 좋지만, 공동체(40위), 환경(40위), 일과 삶의 균형(37위), 건강(36위), 삶의 만족(33위)은 나쁘다. 이처럼 한국은 행복, 삶의질, 웰빙으로 들어가면 선진국이라 하기에는 문제가 많다.

8 진정한 선진국이 되려면?

선진국에 대한 우리 국민의 의문과 자부심

한국이 지속적으로 발전하면서 국민들이 자부심을 가지게 되는 결정적인 계기들이 있었다. 이를테면 1988년 서울올림픽 개최, 1996년 OECD 회원국 가입, 2002년 한일월드컵 개최, 2010년 OECD 개발원조위원회DAC 가입, 2018년 평창 동계올림픽 개최, 1인당 소득 3만 달러 진입, 2020년 K방역으로 해외 이미지와 국민 자부심 급증이 있다.

우리나라가 선진국이구나라는 생각을 때때로 실감하곤 한다. 어떤 경우일까? 올림픽 경기에서 한국이 상위 랭크에 오를 경우, 무비자로 입국 가능한 나라가 전 세계적으로 매우 많은 경우, 또 삼성을 비롯해 세계적 한국기업이 많다는 것을 실감하게 되는 경우이다. 뿐만 아니라 BTS, 봉준호, 김연아, 박인비, 손흥민, 이세돌, 윤여정, 김환기 등 세계적 문화 아이돌이 많고, 시민들이 '투표나 무혈 봉기'로 정권을 바꾸고, 한국이 일본, 이탈리아 등 소위 선진국들을 제치고 있다는 점에서, 그리고 무엇보다 K방역이 세계적 모범이라는 찬사를 받았을 때 선진국이라는 실감이 든다. 그러나 우리가 선진국임을 인정하지 못하는 한국인들이 생각보다 많다. 왜 그럴까?

- 한국은 외국이 인정하는 선진국임을 우리가 잘 몰라서
- 한국이 오랜 기간 개발도상국이었다는 사실에 마냥 젖어서
- 다른 선진국으로부터 개도국 혜택을 계속 누리고 싶어서
- 부자 나라라고 하면 다른 후진국에 기부하라고 할까 두려워
- 분배 악화로 개인의 재정상태가 나빠져서
- 소득분배 악화, 법집행 공정성 결여(성범죄 등) 등 불만이 많아서
- 이전부터 가졌던 선진국 콤플렉스에 젖어서
- 선진국 문턱에서 중진국으로 다시 추락할까 두려워
- 헬조선, 나라 망한다는 말을 미디어와 주위에서 많이 들어서

이처럼 우리가 자신을 과소평가하여 선진국임을 자각하지 못하는 이유는 사실 많다. 우선, 인당 국민소득은 3만 달러를 넘어섰지만 고령화와 실업 증가로 빈부 격차가 심해졌다. 정부가 복지를 어느 정도 늘린 것은 사실이지만 소득 감소를 메울 정도는 아니다. 그래서 열악한 노인복지와 높은 청년실업으로 자살률은 여전히 높다. 사회적으로 보면 성폭력에 대한 처벌을 비롯하여 검찰의 불공정성이 두드러지고 국회의원과 정당들은 지나치게 이념 갈등에 빠져 국가를 잘못된 방향으로 이끌고 있다고 사람들은 생각한다.

이럼에도 불구하고 누가 나에게 현재 한국이 선진국이냐고 물어보면 필자는 단연코 "예"라고 대답한다. 일본은 한국에 대해 "아니오"라고 답하겠지만 대부분의 선진국은 한국에 대해 "예"라고 답한다. 물론 한국은 소득분배의 악화로 행복도가 낮긴 하다. 그러나 선진국이라고 모든 것이 갖추어진 이상국가는 아니다. 부족한 부분을 메우면 더 나은 선진국이 되겠지만 현재도 이미 선진국이다. 그런 자부심을 가지고 우리는 살아나갈 필요가 있다.

우리나라 네 번의 르네상스

더구나 현재 우리의 한류 문화는 5천 년 역사를 통틀어 최고 아닌가? 고려시대에 문종 르네상스가 있었다면 조선시대에는 세종 르네상스와 정조 르네상스가 있었다. 이제 21세기 들어 한류$_{\text{Hallyu, Korean Wave}}$ 르네상스는 가장 수준이 높고 글로벌하다. 우리가 지금처럼 문화 선진국이었던 적은 결코 없었다. 르네상스는 300년을 터울로 하여 일단 시작하면 30년 지속되는 경향이 있다. 네 번째의 한류 르네상스가 2000년에 시작되었다면 2030년에 끝난다. 앞으로 우리가 어떻게 하느냐에 따라 더 오래 갈 수도 있다.

분야별로 보더라도, 게임, 공연, 영화, 음식, 관광, 미술, 문학, 의상, 캐릭터, 애니메이션, 스포츠 등 전방위적이다. 수출 상품에 있어서도 반도체, 자동차, 스마트폰, 화장품, 식품이 주력을 이루고 있고, 코로나 팬데믹 이후에는 보건의료로 확산되고 있다. 현재의 한류 르네상스의 인물로는 스포츠에서는 김연아, 박인비, 류현진, 손흥민이 있고 문화에서는 BTS, 싸이, 조성진, 이세돌, 봉준호, 윤여정, 김환기, 이우

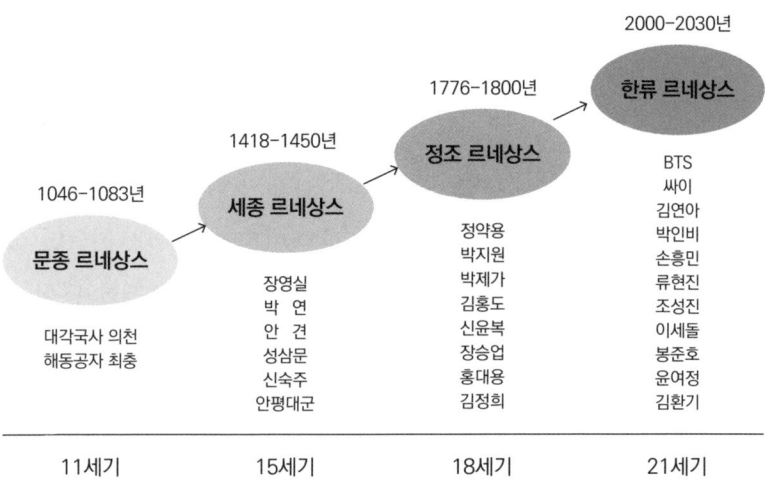

〈그림〉 한국의 르네상스

환, 김창열을 들 수 있다. 그리고 코로나의 영웅 정은경도 있다. 김대중 대통령의 노벨평화상 수상 외에 문학이나 과학 분야의 한국인이 노벨상을 받으면 화룡점정이 될 것이다.

우리나라의 지난 70년과 향후 과제

우리나라는 1950년대에 아주 못살던 후진국이었으나 1990년대에 중진국에 올랐고 이제 2020년대에는 전 세계가 부러워하는 엄연한 선진국이 되었다. 1960년대와 1970년대에 걸쳐 경공업과 중공업을 발전시켜 경제개발 5개년 계획을 연달아 성공시켰다. 1980년대 후반부터 2000년대까지는 민주화와 IT 중심의 정보화를 이루어냈고, 2000년대부터 2020년대까지는 문화력과 반도체, 4차 산업혁명으로 코리아 프리미엄을 이루어내고 있다.

앞으로 우리나라가 20세기형 선진국에서 21세기형 일류국가가 되려면 어떤 변신을 해야 할까? 우선 일류 과학기술은 '머스트$_{must}$'다. 기후변화에 맞서 친환경 기술이 매우 요구되며 콘텐츠를 비롯한 무형자산의 중요성이 어느 때보다 강조되고 있다. 또한 여러 지식과 기술을 융합하는 창의력이 정말로 요구된다. 우리나라는 이미 선진국이 되었으니 향후 경제성장률은 크게 높아지기 힘들다. 지나친 성장률은 인력의 과로와 인플레이션, 기후변화 악화만 초래할 뿐이다. 이제는 3~4% 정도의 성장이면 충분하다.

우리나라는 성장을 해도 노동생산성이 여전히 낮다는 문제점을 안고 있다. 고용 감소의 우려는 있으나 적절한 기계의 도움과 조직 효율 제고로 노동자의 노동생산성을 높여야 한다. 우리가 각고의 노력을 기울이지 않으면 기술 발전과 산업 집중화로 인해 소득분배는 계속 악화되므로 복지를 개선하기 위한 정부의 재분배 정책이 세밀

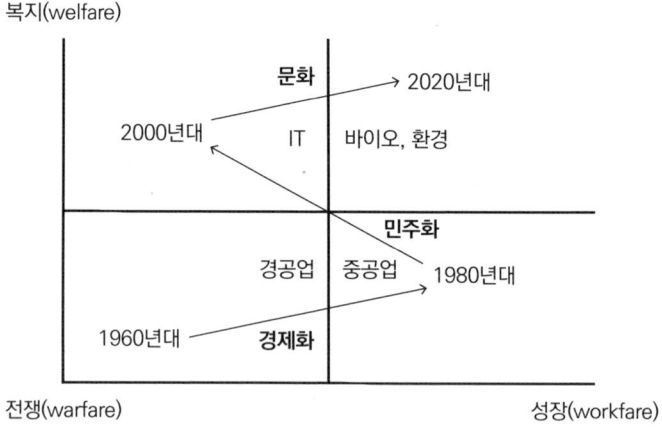

〈그림〉 한국의 70년 궤적

〈그림〉 21세기형 일류국가가 되기 위한 조건

하게 실시되어야 한다. 그렇지 않으면 사회가 불안해진다. 이기적 개인의 지나친 파편화로 인해 공동체 정신이 무너지기 쉬우므로 갈등보다는 공존으로, 불신보다는 신뢰로, 품격을 높여 개인은 물론 사회 전체의 행복도를 높여야 하다. 이것이 우리가 원하는 21세기형 일류국가다.

우리가 만약 유토피아를 꿈꾼다면 견고한 성장, 공정한 분배, 건강한 소비, 쾌적한 환경, 저갈등·평화와 같은 조건이 충족된 사회가 아닐까? 우리 모두 건강에 좋은 파이를 제대로 만들어 서로 싸우지 말고 잘 나누어 먹으며 건강하고 행복하게 살자.

에필로그

상당히 두꺼운 책

장장 700쪽이 넘는 책을 읽느라 수고하셨다. 독자께서 읽으면서 예전엔 미처 몰랐던 새로운 포인트, 완전 흥미로운 이야기, 감동적이라 가슴이 뛰는 부분이 있었다면 이 책을 쓴 보람을 느낀다. 원래는 500쪽 정도의 책을 염두에 두었다. 그런데 2021년에 유튜브 채널〈정윤희의 책문화TV〉에서 20회에 걸쳐 방송을 했던 시리즈 강의 '민주쌤의 신나는 경제학수업'에다가 경제학파를 새로 여섯 개나 추가했더니 부피가 늘어났다. 출판사가 강력하게 줄이자고 했다면 500쪽 미만으로 압축했을 텐데, 출판사의 관대한 배려로 크게 줄이지 않아도 되었다. 출판사에 감사드린다.

내가 가지고 있는 조지프 슘페터의 역작 《History of Economic Analysis》(1954) 원서는 사진이나 도표가 하나도 없는데 무려 1,260쪽이다. 내가 역시 소장하고 있는 마크 블로그의 《Economic

Theory in Retrospect》(1968) 또한 만만치 않게 710쪽이다. 두 책은 모두 깨알 같은 작은 글씨로 써져 있는데, 영어를 한글로 번역하면 페이지가 1.5배로 늘어나니 두 책에 비하면 이 책은 그래도 준수한 편이다.

원래 이 책은 25강이 아니라 26강까지 구성되어 있었다. 나는 마지막 26강에서 우리나라의 경제학파를 다루려고 했다. 고려, 조선 전기의 성리학, 조선 후기의 실학을 비롯해 일제강점기의 식민지학, 해방 이후 한국에 이식된 서학을 둘러싸고 다양한 학파들이 존재했기 때문이다. 하지만 이에 대한 자세한 언급을 하지 않기로 마음을 굳혔다. 특히 해방 이후 한국에는 여러 경제학파들이 있긴 했으나, 미국, 유럽, 일본 경제학을 많이 본뜬 것으로, 우리나라의 자체적인 학파라 말하기에는 한계가 있었기 때문이다. 한국의 경제학파에 대해 관심 있는 분은 미진하나마 유튜브 강의의 마지막 강의였던 20강유튜브채널:정윤희의 책문화TV을 보시라고 추천 드린다. 한국경제학파를 넣었다면 이 책은 더욱 두꺼워졌을 것이다.

경제학 발전에 크게 기여한 비경제학 출신들

이 책을 읽는 분들의 전공은 경제학인 경우보다도 아닌 경우가 훨씬 많을 것이다. 이 책에서 많이 언급했듯이 학파의 선구자, 창시자, 계승자 중에는 원래 경제학 전공자가 아닌 경우가 많다. 철학, 수학, 정치학, 사회학, 심리학, 물리학, 공학, 의학, 법학을 비롯해 비전공자가 경제학을 배워 경제학 발전에 기여한 것이다. 창의력은 내부에서 일기도 하지만, 인접 분야나 변방에서 불쑥 생기기도 한다.

일단 수학자 출신의 경제학자는 사실 너무 많다. 한 사람만 말한다면 프랑스 수학자로 루이 바슐리에Loius Bachelier: 1870~1946가 있다. 주식시장 분석할 때 자주 나오는 랜덤워크 가설을 처음으로 전개했다. 주식 가격은 과거의 변동 패턴에 관계없이 독립적으로 움직이므로 향후 가격을 예측할 수 없음을 1900년에 이미 밝혔다.

캐나다 출신의 천문학자인 사이먼 뉴컴Simon Newcomb: 1835~1909은 화폐수량설에 자주 나오는 교환방정식을 일찍이 1865년에 처음으로 개진했다. 화폐량에 유통속도를 곱한 것은 거래량에 물가수준을 곱한 것과 같음을 보여주는 방정식을 말한다.

영국의 엔지니어였던 플레밍 젠킨Fleeming Jenkin: 1833~1885은 균형 가격은 수요곡선과 공급곡선의 교차에 의해 결정된다고 1870년에 방정식으로 밝혔다. 이처럼 수학자, 천문학자, 엔지니어들이 자신의 전공 분야를 넘어서 경제학으로 진출했다.

의사 출신 경제학자도 많았다.《꿀벌의 우화》를 통해 유효수요이론을 일찍이 설파한 맨더빌은 네덜란드에서 영국으로 이주한 의사였다. 경제의 순환 과정을 보여주는《경제표》를 만든 케네 역시 순환계 전문 의사였다.

소설가가 뜻하지 않게 경제학 발전에 기여하기도 한다. 존 갈트가 1821년에 스코틀랜드 시골 생활을 묘사하며 쓴 소설《교구 연대기》에서 '공리주의자'라는 표현을 만들었다가 존 S. 밀이 이 용어를 차용해 '공리주의'라는 말을 전 세계에 퍼뜨렸다. 베블런은 1888년에 집에 칩거해 살다가 에드워드 벨러미의 소설《뒤돌아보며: 2000년에 1887년을》을 통해 미래 사회를 보고 당시 부조리가 넘치던 미국 사회를 비판하는 예봉을 더욱 날카롭게 하는 계기가 되었다. 이처럼 소설은 엉뚱한 사람에게 영향을 끼친다.

물론 정치학, 심리학, 사회학, 법학, 사학 등 사회과학자 출신 경제학자들도 많았다. 이들은 자신의 원래 전공을 무시하고 경제학에 불쑥 진입했다기 보다는 자신의 전공 관점에서 경제 현상을 살피다 보니 새로운 것이 보여 경제학에 공헌하게 되었다는 평가가 옳을 것이다. 비전공자인 여러분도 우리를 둘러싼 경제 현상을 열심히 들여다 보고 경제학에 공헌하겠다는 욕심을 가져보면 어떨까? 혹시 아는가? 그러다가 노벨경제학상을 받을지도.

이참에 경제학파를 만들어 본다면

이 책에서 모두 22개 학파를 소개하면서 공급중시학파, 포스트케인스학파, 통화학파, 케임브리지학파, 맨체스터학파, 로잔학파에 대해 언급했다. 한편 살라망카학파, 구조학파, 생태학파, 신경경제학파에 대해서는 제대로 설명을 하지 못했다.

살라망카Salamanca는 스페인 마드리드의 서쪽에 위치한 도시로, 살라망카학파는 16세기에 전성기를 구가했다. 레온 왕국의 알폰소 9세가 1218년에 세운 스페인에서 가장 오래된 살라망카대학은 과거 스페인의 엘리트와 성직자들이 공부를 했던 곳이다. 살라망카는 1988년에 유네스코 문화유산으로 지정된 바 있다.

우리나라에도 오랜 역사를 자랑하는 도시들이 많은데 도시 이름을 딴 학파가 눈에 띄지 않는다. 여러분이 사는 도시 이름으로 혹시 경제학파를 만들고 싶은 생각은 들지 않는가?

과거와 현재는 그렇다 하고 앞으로 어떤 경제학파가 뜰까? 사실 알 수 없어도 나름 추측을 해보자. 기후변화가 이미 진행 중이고 앞으로 더욱 심각해질 문제라 기후변화경제학은 계속 주목을 받을 것이다. "기후변화의 경제적 효과 연구"로 노드하우스가 2018년에 노벨경제학상을 일단 수상하긴 했으나 앞으로 더욱 많은 연구가 필요하다.

선진국이 되고 일인당 소득이 올라도 행복도는 계속 떨어지고 있어 삶의 질을 포함한 행복경제학이 집중 조명을 받고 있다. 행복을 가로막는 중요한 요인이 바로 갈등이다. 사람들의 발언권이 강해지고 행동이 포악해지면서 첨예한 갈등으로 인한 사회불안이 거세다. 성별, 소득, 지역 간 갈등을 해소하도록 유도하는 경제학이 매우 중요하다. 최근 들어서는 아파트단지 재건축, 리모델링으로 인해 지역주민 간의 갈등도 큰 문제가 되고 있다.

그동안 사람들이 몸소 하던 많은 일들이 로봇으로 대체되고 있다. 로봇 덕분에 편하기도 하지만 로봇에게 사람들이 밀려 대량실업문제가 심각해지고 있다. 이런 문제를 현명하게 해결하기 위한 로봇경제학파라도 만들어져야 하는 것 아닐까? 부랑아 로봇들을 화형에 처하는 페스티벌을 크게 열어 로봇 갯수를 대폭 줄이고 사람들의 스트레스라도 해소시켜야 하지 않을까?

코로나19 팬데믹이 사그라들어도 앞으로 더욱 강력한 팬데믹이 얼마든지 우리를 다시 덮칠 수 있다. 팬데믹의 원인을 알아내 제대로 대처하는 것도 중요하지만 팬데믹으로 야기되는 경제문제를 적절하게 해결하는 것은 매우 중요하다. 실업, 근무형태, 여행업, 유통업,

물류업, 산업재편, 통화량, 주가, 공급망, 인플레이션, 부동산 등 사실 영향을 받지 않는 분야가 없다. 코로나19 팬데믹은 최근에 대규모로 일어났기에 팬데믹 경제학파가 다룰 자료는 무궁무진하다.

2차 세계대전이 끝난 지도 80년이 되어간다. 물론 일부 지역을 둘러싼 소규모 전쟁은 여기저기서 끊이지 않았으나 강대국의 놀라운 자제력으로 글로벌 차원의 전쟁은 피했다. 하지만 우크라이나 - 러시아 전쟁으로 인해 3차 세계대전에 대한 우려가 스멀스멀 커지고 있다. 소규모 전쟁은 일부 국가의 경제 활황에 도움을 줄 수도 있으나 치명적인 파괴를 수반하는 대규모 전쟁은 완전히 차원을 달리 한다. 전시경제학파라도 만들어 미리 연구하고 대비해 두어야 하는 것은 아닌가?

경제윤리는 항상 중요했지만 앞으로 더욱 중요하다. 기업은 경제적 책임, 법적 책임을 넘어서 윤리적 책임을 지켜야 한다. 그렇지 못하면 지속가능경영에 문제가 생긴다. 기업 CEO의 갑질, 성추행·성폭력, 불법 도박, 내부정보를 이용한 시세 차익, 분식 회계, 불투명 경영 등 비윤리적인 행위는 사회적 지탄을 받아 주가 추락, 불매 운동, 기업 몰락으로 이어진다. CEO뿐 아니라 임직원들의 뇌물, 프랜차이즈 갑질, 고객의 개인정보 유출, 불법적 폐기물 처리가 자행되고 있다. 기업들은 이런 일이 일어나지 않도록 윤리강령을 만들어 임직원들이 지키도록 해야 한다. 기업뿐만 아니라 정부의 윤리경영, 소비자의 윤리의식도 더욱 커져야 한다. 그래서 경제윤리학파는 항상 중요하다.

지구촌경제학을 넘어 우주경제학은 앞으로 정말 유망하다. 이미 강대국들은 가까운 우주의 지분을 확보하기 위해 엄청난 돈과 인력, 시간을 쏟아 붓고 있다. 우주 기술을 확보하다 보면 첨단 신기술을 많이 개발하게 되고 이런 혁신을 통해 신상품, 산업 재편이 이루어지고 있다. 그동안 상업적인 우주여행은 먼 이야기였지만 2021년에 세 명의 진취적 사업가가 자신만의 새로운 우주여행 상품을 개발해 성공시켰다. 앞으로는 소혹성으로 채굴로봇을 보내 파낸 광물을 지구로 이송하는 우주광업도 더욱 활발해질 전망이다. 지구에 부존량이 부족하여 비싼 희토류가 주요 채굴 대상이다. 또한 유골을 조그만 캡슐에 넣어 우주정거장에서 던지는 우주장도 현재 이루어지고 있고 앞으로 더욱 늘어날 추세다. 살아서 짧은 우주여행은 못해도 죽어서라도 우주여행을 실컷 할 수 있기 때문이다. 우주경제학파는 전도양양한 학파 아닐까? 나는 개인적으로 이 학파를 만들고 싶다.

아리스토텔레스는 자신의 학도들과 산책하면서 강의도 하고 논의를 했다. 산책이 페리파토스라서 아리스토텔레스학파는 페리파토스학파peripatetic school라 불린다. 나는 그동안 조선 옛길, 사람 이름을 딴 서울 도로, 서울 고개 10대 하천의 강변길, 서울 한강 지류, 철도길, 남파랑길 걷기를 했다. 산길을 걸으며 토론을 하기는 힘드나 강변을 걸으면서 토론하기는 제격이다. 강변소요학파는 어떤가?

이상에서 기후변화경제학, 갈등해소학, 행복경제학, 로봇경제학, 팬데믹경제학, 전시경제학, 경제윤리학, 우주경제학, 강변소요학에 대해 언급했다. 생각하기에 따라 앞으로 부상할 분야는 더욱 많을 것이다.

이중에 정작 학파로까지 발전하는 것은 일부일지도 모른다. 여러분도 이번 기회에 멋진 경제학파를 창시해보면 어떨까? 선구자도 좋고, 계승자도 좋고 비판자도 좋다. 멋진 행운을 빈다.

부록 1

연도별 노벨경제학상 수상자

2022년 벤 S. 버냉키, 더글러스 W. 다이아몬드, 필립 H. 디비그, "은행과 금융위기에 대한 연구(for research on banks and financial crises)"

2021년 데이비드 카드, 조슈아 D. 앵그리스트, 히도 W. 임번스, "인과관계 분석에 대한 방법론적 공헌 (for their methodological contributions to the analysis of causal relationships)"

2020년 폴 R. 밀그롬, 로버트 B. 윌슨, "경매이론 개선과 새로운 경매 형태 발명 (for improvements to auction theory and inventions of new auction formats)"

2019년 아비지트 배너지, 에스테르 뒤플로, 마이클 크레머, "지구촌 빈곤을 경감시키기 위한 실험적 접근 (for their experimental approach to alleviating global poverty)"

2018년 윌리엄 D. 노드하우스, "기후변화를 장기 거시분석에 통합 (for integrating climate change into long-run macroeconomic analysis)", 폴 M. 로머, "기술혁신을 장기 거시분석에 통합 (for integrating technological innovations into long-run macroeconomic analysis)"

2017년 리처드 탈러, "행동경제학에 대한 공헌 (for his contributions to behavioural economics)"

2016년 올리버 하트, 벵트 홀름스트룀, "계약이론에 대한 공헌 (for their contributions to contract theory)"

2015년 앵거스 디턴, "소비, 빈곤, 후생에 대한 분석 (for his analysis of

consumption, poverty, and welfare)"

2014년 장 티롤, "시장 지배력과 규제에 대한 분석 (for his analysis of market power and regulation)"

2013년 유진 F. 파마, 라스 핸슨, 로버트 실러, "자산 가격에 대한 실증 분석 (for their empirical analysis of asset prices)"

2012년 로이드 E. 섀플리, 앨빈 S. 로스, "안정적 배분 이론과 시장설계 실행 (for the theory of stable allocations and the practice of market design)"

2011년 토머스 J. 사전트, 크리스토퍼 A. 심스, "거시경제에서 인과관계에 대한 실증 연구 (for their empirical research on cause and effect in the macroeconomy)"

2010년 피터 A. 다이아몬드, 데일 T. 모텐슨, 크리스토퍼 A. 피서라이즈, "탐색 마찰이 발생하는 시장에 대한 분석 (for their analysis of markets with search frictions)"

2009년 엘리너 오스트롬, "경제 거버넌스(협치), 특히 커먼스에 대한 분석 (for her analysis of economic governance, especially the commons)", 올리버 E. 윌리엄슨, "경제 거버넌스, 특히 기업의 경계에 대한 분석 (for his analysis of economic governance, especially the boundaries of the firm)"

2008년 폴 크루그먼, "무역 패턴과 경제활동의 입지에 대한 분석 (for his analysis of trade patterns and location of economic activity)"

2007년 레오니트 후르비치, 에릭 S. 매스킨, 로저 B. 마이어슨, "메카니즘 디자인 이론의 기초 작업 (for having laid the foundations of mechanism design theory)"

2006년 에드먼드 S. 펠프스, "거시경제 정책에서 시점간 상충관계에 대한 분석 (for his analysis of intertemporal tradeoffs in macroeconomic policy)"

2005년 로버트 J. 아우만, 토머스 C. 셸링, "게임 이론 분석을 통해 갈등과 협력에 대한 이해도 제고 (for having enhanced our understanding of conflict and cooperation through game-theory analysis)"

2004년 핀 E. 쉬들란, 에드워드 C. 프레스콧, "동태적 거시경제학에 대한 공헌: 경제정책의 동태적 일관성과 경기변동 이면의 원동력 (for their contributions to dynamic macroeconomics: the time consistency of economic policy and the driving forces behind business cycles)"

2003년 로버트 F. 앵글, "시간변동성에 따른 경제 시계열 통계 분석 방법 (for methods of analyzing economic time series with time-varying volatility(ARCH))", 클라이브 W. J. 그레인저, "비고정성에 따른 경제 시계열 통계 분석 방법 (공적분) (for methods of analyzing economic time series with common trends (cointegration))"

2002년 대니얼 카너먼, "경제과학에 대한 심리학적 연구, 특히 인간의 판단과 불확실성 하의 의사결정에 대한 통찰을 통합 (for having integrated insights from psychological research into economic science, especially concerning human judgment and decision-making under uncertainty)", 버논 L. 스미스, "특히 대안적인 시장 메카니즘 연구에서 실증적 경제분석 도구로 실험실 실험을 정립 (for having established laboratory experiments as a tool in empirical economic analysis, especially in the study of alternative market mechanisms)"

2001년 조지 A. 애컬로프, A. 마이클 스펜스, 조지프 E. 스티글리츠, "비대칭 정보 상태의 시장 분석 (for their analyses of markets with asymmetric information)"

2000년 제임스 J. 헤크먼, "선택적 표본 분석을 위한 이론과 방법 개발 (for his development of theory and methods for analyzing selective samples)", 대니얼 L. 맥패든, "이산선택 분석을 위한 이론과 방법 개발 (for his development of theory and methods for analyzing discrete choice)"

1999년 로버트 A. 먼델, "다른 환율제도 하에서 통화금융정책 분석 및 최적통화지역 분석 (for his analysis of monetary and fiscal policy under different exchange rate regimes and his analysis of optimum currency areas)"

1998년 아마르티아 센, "후생경제학에 대한 공헌 (for his contributions to welfare economics)"

1997년 로버트 C. 머튼, 마이런 S. 숄즈, "파생상품의 가치를 결정하는 새로운 방법 (for a new method to determine the value of derivatives)"

1996년 제임스 A. 멀리스, 윌리엄 비커리, "비대칭 정보 하의 인센티브 경제이론에 대한 근본적인 공헌 (for their fundamental contributions to the economic theory of incentives under asymmetric information)"

1995년 로버트 E. 루카스 주니어, "합리적 기대 가설을 개발, 적용하여 거시분석을 크게 바꾸고 경제정책 이해도 심화 (for having developed and applied the hypothesis of rational expectations, and thereby having transformed macroeconomic analysis and deepened our understanding of economic policy)"

1994년 존 C. 하사니, 존 F. 내쉬 주니어, 라인하르트 젤텐, "비협조적 게임이론에서 균형에 대한 선구적 분석 (for their pioneering analysis of equilibria in the theory of non-cooperative games)"

1993년 더글러스 C. 노스, 로버트 W. 포겔, "경제와 제도 변화를 설명하기 위해 경제이론과 수량적 방법을 적용하여 경제사 연구를 새롭게 함 (for having renewed research in economic history by applying economic theory and quantitative methods in order to explain economic and institutional change)"

1992년 게리 S. 베커, "미시경제 분석 영역을 비시장 행동을 포함해 인간의 행동과 상호작용의 넓은 분야로 확대 (for having extended the domain of microeconomic analysis to a wide range of human behaviour and interaction, including nonmarket behaviour)"

1991년 로널드 H. 코스, "제도 구조와 경제 기능을 위한 거래비용과 재산권의 발견과 명확화 (for his discovery and clarification of the significance of transaction costs and property rights for the institutional structure and functioning of the economy)"

1990년 해리 M. 마코비츠, 머튼 H. 밀러, 윌리엄 F. 샤프, "금융경제학에서 선구적 업적 (for their pioneering work in the theory of financial economics)"

1989년 트리그베 호벨모, "계량경제학의 확률론 기초 명확화와 연립 경제구조 분석 (for his clarification of the probability theory foundations of econometrics and his analyses of simultaneous economic structures)"

1988년 모리스 알레, "시장 이론과 자원의 효율적 이용에 대한 선구적 공헌 (for his pioneering contributions to the theory of markets and efficient utilization of resources)"

1987년 로버트 솔로우, "경제성장 이론에 대한 공헌 (for his contributions to the theory of economic growth)"

1986년 제임스 M. 뷰캐넌 주니어, "경제 및 정치적 의사결정에 대한 계약과 헌법적 기초 개발 (for his development of the contractual and constitutional bases for the theory of economic and political decision-making)"

1985년 프랑코 모딜리아니, "저축과 금융시장에 대한 선구적 분석 (for his pioneering analyses of saving and of financial markets)"

1984년 리처드 스톤, "국민계정체계 개발에 대한 근본적 공헌 및 실증 경제분석의 기초를 크게 개선 (for having made fundamental contributions to the development of systems of national accounts and hence greatly improved the basis for empirical economic analysis)"

1983년 제라르 드브루, "경제이론에 새로운 분석방법을 결합시키고 일반균형이론의 엄밀한 재정립 (for having incorporated new analytical methods into economic theory and for his rigorous reformulation of the theory of general equilibrium)"

1982년 조지 J. 스티글러, "산업구조와 시장기능 및 정부규제의 원인결과에 대한 획기적 연구 (for his seminal studies of industrial structures, functioning of markets and causes and effects of public regulation)"

1981년 제임스 토빈, "금융시장과 지출결정, 고용, 생산, 가격과의 관계에 대한 분석 (for his analysis of financial markets and their relations to expenditure decisions, employment, production and prices)"

1980년 로렌스 R. 클라인, "계량모델을 처음 구축하여 경제변동과 경제정책 분석에 활용 (for the creation of econometric models and the application to the analysis of economic fluctuations and economic policies)"

1979년 시어도어 W. 슐츠, 아서 루이스 경, "개발도상국 문제 관련 경제발전 연구에 대한 선구적 연구 (for their pioneering research into economic development research with particular consideration of the problems of developing countries)"

1978년 허버트 A. 사이먼, "경영조직 내에서의 의사결정 과정에 대한 선구적 연구 (for his pioneering research into the decision-making process within economic organizations)"

1977년 베르틸 올린, 제임스 E. 미드, "국제무역과 국제자본이동 이론에 대한 획기적인 공헌 (for their pathbreaking contribution to the theory of international trade and international capital movements)"

1976년 밀턴 프리드먼, "소비분석, 통화 역사/이론에서의 업적과 복잡한 안정화 정책 제시 (for his achievements in the fields of consumption analysis, monetary history and theory and for his demonstration of the complexity of stabilization policy)"

1975년 레오니드 칸토로비치, 찰링 쿠프먼스, "자원의 최적배분 이론에 대한 공헌 (for their contributions to the theory of optimum allocation of resources)"

1974년 군나르 뮈르달, 프리드리히 하이에크, "통화 경기변동 이론에 대한 선구적 작업과 경제, 사회, 제도 현상의 상호의존에 대한 심층 분석 (for their pioneering work in the theory of money and economic fluctuations and for their penetrating analysis of the interdependence of economic, social and institutional phenomena)"

1973년 바실리 레온티에프, "투입산출 방법을 개발하여 중요한 경제문제에 적용 (for the development of the input-output method and for its application to important economic problems)"

1972년 존 R. 힉스, 케네스 J. 애로우, "일반균형이론과 후생이론에 대한 선구적 공헌 (for their pioneering contributions to general economic equilibrium theory and welfare theory)"

1971년 사이먼 쿠즈네츠, "경제성장에 대한 실증적 해석과 경제사회 구조와 개발 과정에 대한 새롭고 깊은 통찰 (for his empirically founded interpretation of economic growth which has led to new and deepened insight into the economic and social structure and process of development)"

1970년 폴 A. 새뮤얼슨, "정태/동태 경제이론을 개발하여 경제과학 분석 수준 제고에 크게 기여한 과학적 업적 (for the scientific work through which he has developed static and dynamic economic theory and actively contributed to raising the level of analysis in economic science)"

1969년 라그나르 프리시, 얀 틴베르헌, "경제과정 분석을 위한 동태모델의 개발과 적용 (for having developed and applied dynamic models for the analysis of economic processes)"

〈일러두기〉
수상자의 공헌은 Nobelprize.org에 나온 내용입니다.

부록 2

학파별 주요 경제학자

2강. 중상학파
장 보댕(Jean Bodin; 1530~1596)
바르텔르미 드 라페마스(Barthelemy de Laffemas; 1545~1612)
앙투안 드 몽크레티앙(Antoine de Montechrestien; 1575~1621)
장바티스트 콜베르(Jean-Baptiste Colbert; 1619~1683)
토머스 먼(Thomas Mun; 1571~1641)
제라르 드 말리네스(Gerard de Malynes; 1586~1626)
윌리엄 페티(William Petty; 1623~1687)
조시아 차일드(Josiah Child; 1630~1699)
존 로크(John Locke; 1632~1704)
후고 그로티우스(Hugo Grotius; 1583~1645)
안토니오 세라(Antonio Serra; 1580~?)
게오르그 오브레히트(Georg von Obrecht; 1547~1612)
요한 요아힘 베허(Johann Joachim Becher; 1625~1682)
버나드 맨더빌(Bernard Mandevillem; 1670~1733)

3강. 자유방임학파
프랑수아 케네(Francois Quesnay; 1694~1774)
자크 클로드 마리 뱅상 드 구르네(Jacques Claude Marie Vincent de Gournay; 1712~1759)

드니 디드로(Denis Diderot; 1713~1784)

미라보 후작(빅토르 리케티; Victor de Riqueti; 1715~1789)

피에르 폴 르 메르시에 드 라 리비에르(Pierre-Paul Le Mercier de La Rivière; 1720~1793)

프랑수아 베론 뒤베르제 드 포르보나이스 (François Véron Duverger de Forbonnais; 1722~1800)

안 로베르 자크 튀르고(Anne Robert Jacques Turgot; 1727~1781)

기욤 프랑수아 르 토론느(Guillaume-François Le Trosne; 1728~1780)

니콜라스 보도(Nicholas Baudeau; 1730~1792)

피에르 새뮤얼 뒤 퐁 드 느무르(Pierre Samuel du Pont de Nemours; 1739~1817)

트라시 백작(Comte de Tracy; 1754~1836)

클로드 프레데릭 바스티아(Claude-Frederic Bastiat; 1801~1850)

리처드 코브던(Richard Cobden; 1804~1865)

존 브라이트(John Bright; 1811~1889)

구스타브 드 몰리나리(Gustave de Molinari; 1819~1912)

이브 기요(Yves Guyot; 1843~1928)

4강. 스코틀랜드학파

샤프츠베리 백작(앤토니 애쉴리 쿠퍼; Earl of Shaftesbury, Anthony Ashley Cooper; 1671~1713)

프랜시스 허치슨(Francis Hutcheson; 1694~1746)

헨리 홈(Henry Home; 1696~1782)

데이비드 흄(David Hume; 1711~1776)

애덤 스미스(Adam Smith; 1723~1790)

애덤 퍼거슨(Adam Ferguson; 1723~1816)

5강. 유토피아학파

플라톤(Platon; 기원전 428/427 또는 기원전 424/423~348)

토머스 모어(Thomas More; 1478~1535)

프랑수아 노엘 바뵈프(François-Noël Babeuf; 1760~1797)

생시몽 백작(Comte de Saint-Simon; 1760~1825)

로버트 오언(Robert Owen; 1771~1858)

프랑수아 마리 샤를 푸리에(François Marie Charles Fourie; 1772~1837)

에티엔 카베(Étienne Cabet; 1778~1856)

빌헬름 크리스티안 바이틀링(Wilhelm Christian Weitling; 1808~1871)

6강. 고전학파

데이비드 리카도(David Ricardo; 1772~1823)

윌리엄 페일리(William Paley; 1743~1805)

토머스 로버트 맬서스(Thomas Robert Malthus; 1766~1834)

장바티스트 세이(Jean-Baptiste Say; 1767~1832)

7강. 역사학파

사무엘 폰 푸펜도르프(Samuel von Pufendorf; 1632~1694)

요한 하인리히 고틀로브 폰 유스티(Johann Heinrich Gottlob von Justi; 1717~1771)

요제프 폰 조넨펠스(Joseph von Sonnenfels; 1732~1817)

아담 뮐러(Adam Müller; 1779~1829)

게오르그 프리드리히 리스트(Georg Friedrich List; 1789~1846)

브루노 힐데브란트(Bruno Hildebrand; 1812~1878)

빌헬름 로셔(Wilhelm Roscher; 1817~1894)

카를 크니스(Karl Knies; 1821~1898)

아돌프 바그너(Adolph Wagner; 1835~1917)

구스타프 슈몰러(Gustav Schmoller; 1838~1917)

게오르그 크나프(Georg Knapp; 1842~1926)

루조 브렌타노(Lujo Brentano; 1844~1931)

카를 뷔허(Karl Bucher; 1847~1930)

베르너 좀바르트(Werner Sombart; 1863~1941)

막스 베버(Maximilian Carl Emil Weber; 1864~1920)

아서 스피토프(Arthur Spiethoff; 1873~1957)

아돌프 뢰베(Adolph Lowe; 1893~1995)

● 영국 역사학파

존 켈스 잉그램(John Kells Ingram; 1823~1907)

토머스 에드워드 클리프 레슬리(Thomas E. Cliffe Leslie; 1825~1882)

월터 배젓(Walter Bagehot; 1826~1877)

아널드 토인비(Arnold Toynbee; 1852~83)

윌리엄 애슐리(William Ashley; 1860~1927)

토머스 애쉬톤(Thomas S. Ashton; 1889~1968)

아널드 조지프 토인비(Arnold Joseph Toynbee; 1889~1975)

8강. 공리학파

묵자(墨子; 기원전 470?~391?)

아리스티포스(Aristippos; 기원전 435~355)

양자(楊朱; 기원전 440?~360?)

에피쿠로스(Epicurus; 기원전 341~271)

메트로도루스(Metródorus; 기원전 331?~278?)

필로데모스(Philodēmos; 기원전 110~40 또는 35)

리처드 컴벌랜드(Richard Cumberland; 1631~1718)

체사레 베카리아(Cesare Beccaria; 1738~1794)

제러미 벤담(Jeremy Bentham; 1748~1832)
제임스 밀(James Mill; 1773~1836)
존 스튜어트 밀(John Stuart Mill; 1806~1873)
헨리 시지윅(Henry Sidgwick; 1838~1900)
프랜시스 이시드로 에지워스(Francis Ysidro Edgeworth; 1845~1926)

9강. 마르크스학파

루트비히 포이어바흐(Ludwig Andreas von Feuerbach; 1804~1872)
카를 마르크스(Karl Marx; 1818~1883)
프리드리히 엥겔스(Friedrich Engels; 1820~1895)
니콜라이 체르니셰프스키(Nikolai Chernyshevksy; 1828~1889)
카를 카우츠키(Karl Johann Kautsky; 1854~1938)
존 홉슨(John Atkinson Hobson; 1854~1940)
블라디미르 레닌(Vladimir Ilyich Lenin; 1870~1924)
로자 룩셈부르크(Rosa Luxemburg; 1871~1919)
루돌프 힐퍼딩(Rudolf Hilferding; 1877~1941)
마오쩌둥(毛澤東; 1893~1976)
호찌민(Hồ Chí Minh; 1890~1969)
요시프 브로즈 티토(Josip Broz Tito; 1892~1980)
피델 카스트로(Fidel Castro; 1926~2016)

10강. 신고전학파

앙투안 오귀스트 발라스(Antoine-Auguste Walras; 1801~1866)
앙투안 오귀스탱 쿠르노(Antoine Augustin Cournot; 1801~1877)
쥘 뒤피(Jules Dupuit; 1804~1866)
헤르만 하인리히 고센(Hermann Heinrich Gossen; 1810~1858)
플레밍 젠킨(Fleeming Jenkin; 1833~1885)

레옹 발라스(Marie-Esprit-Léon Walras; 1834~1910)
윌리엄 스탠리 제번스(William Stanley Jevons; 1835~1882)
알프레드 마셜(Alfred Marshall; 1842~1924)
빌프레도 파레토(Vilfredo Pareto; 1848~1923)
메리 페일리 마셜(Mary Paley Marshall; 1850~1944)
아서 세실 피구(Arthur Cecil Pigou; 1877~1959)

11강. 아나키즘학파

윌리엄 고드윈(William Godwin; 1756~1836)
메리 울스턴크래프트 고드윈(Mary Wollstonecraft Godwin; 1759~1797)
막스 슈티르너(Max Stirner; 1806~1856)
피에르 조제프 프루동(Pierre Joseph Proudhon; 1809~1865)
미하일 바쿠닌(Michael Bakunin; 1814~1876)
레프 톨스토이(Lev Tolstoy; 1826~1910)
엘리제 르클뤼(Elisee Reclus; 1830~1905)
표트르 크로포트킨(Pyotr Alexeyevich Kropotkin; 1842~1921)
장 그라브(Jean Grave; 1854~1939)

12강. 페이비언학파

애니 베전트(Annie Besant; 1847~1933)
조지 버나드 쇼(George Bernard Shaw; 1856~1950)
에멀린 팽크허스트(Emmeline Pankhurst; 1858~1928)
그레이엄 월러스(Graham Wallas; 1858~1932)
비어트리스 웹(Martha Beatrice Webb; 1858~1943)
시드니 올리비에(Sidney Olivier; 1859~1943)
시드니 웹(Sidney James Webb; 1859~1947)
제임스 램지 맥도널드(James Ramsay MacDonald; 1866~1937)

버트런드 러셀(Bertrand Russell; 1872~1970)

무함마드 알리 진나(Muhammad Ali Jinnah; 1876~1948)

오바페미 아올로오(Obafemi Awolowo; 1909~1987)

미셸 아플라크(Michel Aflaq; 1910~1989)

13강. 조지학파

헨리 조지(Henry George; 1839~1897)

막스 허쉬(Max Hirsch; 1852~1909)

해리 거니슨 브라운(Harry Gunnison Brown; 1880~1975)

울프 라데진스키(Wolf Ladejinsky; 1899~1975)

메이슨 개프니(Mason Gaffney; 1923~2020)

레이몬드 크로티(Raymond Crotty; 1925~1994)

도널드 셔프(Donald Shoup; 1938~)

니콜라우스 티드만(Nicolaus Tideman; 1943~)

프레드 폴드바리(Fred Foldvary; 1946~2021)

오트마르 에덴호퍼(Ottmar Edenhofer; 1961~)

14강. 오스트리아학파

카를 멩거(Carl Menger; 1840~1921)

필립 윅스티드(Philip Wicksteed; 1844~1927)

오이겐 폰 뵘바베르크(Eugen von Böhm-Bawerk; 1851~1914)

프리드리히 폰 비저(Friedrich von Wieser; 1851~1926)

루드비히 폰 미제스(Ludwig von Mises; 1881~1973)

조지프 슘페터(Joseph A. Schumpeter; 1883~1950)

프리드리히 하이에크(Friedrich von Hayek; 1899~1992)

빌헬름 뢰프케(Wilhelm Ropke; 1899~1966)

고트프리트 하벌러(Gottfried von Haberler; 1900~1995)

프리츠 매클럽(Fritz Machlup; 1902~1983)
이스라엘 커즈너(Israel M. Kirzner; 1930~   )
머레이 라스바드(Murray Newton Rothbard; 1926~1995)

15강. 제도학파

소스타인 베블런(Thorstein Bunde Veblen; 1847~1929)
존 커먼스(John R. Commons; 1862~1945)
웨슬리 미첼(Wesley Clair Mitchell; 1874~1948)
존 모리스 클라크(John Maurice Clark; 1884~1963)
렉스포드 터그웰(Rexford Tugwell; 1891~1979)
클라렌스 아이레스(Clarence Edwin Ayres; 1891~1972)
존 케네스 갤브레이스(John Kenneth Galbraith; 1908~2006)
찰스 라이트 밀스(C. Wright Mills; 1916~1962)

16강. 스톡홀름학파

크누트 빅셀(Knut Wicksell; 1851~1926)
구스타브 카셀(Gustav Cassel; 1866~1945)
엘리 헥셔(Eli F. Heckscher; 1879~1952)
에리크 린달(Erik Lindahl; 1891~1960)
베르틸 올린(Bertil G. Ohlin; 1899~1979)
군나르 뮈르달(Gunnar Myrdal; 1898~1987)
다그 함마르셸드(Dag Hammarskjold; 1905~1961)
에리크 룬드버그(Erik F. Lundberg; 1907~1987)
잉바르 스베닐손(Ingvar Svennilson; 1908~1972)
악셀 레이욘후부드(Axel Leijonhufvud; 1933~   )

● 노르웨이학파
라그나르 프리시(Ragnar A. K. Frisch; 1895~1973)
트리그베 호벨모(Trygve Haavelmo; 1911~1999)
핀 쉬들란(Finn Kydland; 1943~)

17강. 케인스학파
존 케인스(John Maynard Keynes; 1883~1946)
앨빈 핸슨(Alvin H. Hansen; 1887~1975)
존 힉스(John R. Hicks; 1904~1989)
폴 새뮤얼슨(Paul A. Samuelson; 1915~2009)
제임스 토빈(James Tobin; 1918~2002)
프랑코 모딜리아니(Franco Modigliani; 1918~2003)
로버트 솔로우(Robert Solow; 1924~)
조지 애컬로프(George Akerlof; 1940~)
스탠리 피셔(Stanley Fischer; 1943~)
조지프 스티글리츠(Joseph Stiglitz; 1943~)
앨런 블라인더(Alan Blinder; 1945~)
존 테일러(John B. Taylor; 1946~)
올리비에 블랑샤르(Olivier Blanchard; 1948~)
폴 크루그먼(Paul Krugman; 1953~)
그레고리 맨큐(N. Gregory Mankiw; 1958~)

● 포스트케인스학파
데니스 로버트슨(Dennis Robertson; 1890~1963)
피에로 스라파(Piero Sraffa; 1898~1983)
미하우 칼레츠키(Michał Kalecki; 1899~1970)
로이 해로드(Roy F. Harrod; 1900~1978)

조앤 로빈슨(Joan Robinson; 1903~1983)
리처드 칸(Richard F. Kahn; 1905~1989)
니콜라스 칼도(Nicholas Kaldor; 1908~1986)
하이먼 민스키(Hyman Minsky; 1919~1996)
폴 데이비드슨(Paul Davidson; 1930~   )
루이지 파시네티(Luigi Pasinetti; 1930~   )

18강. 시카고학파

프랭크 나이트(Frank H. Knight; 1885~1972)
로이드 민츠(Lloyd Mints; 1888~1989)
제이콥 바이너(Jacob Viner; 1892~1970)
폴 더글러스(Paul Douglas; 1892~1976)
헨리 사이먼스(Henry C. Simons; 1899~1946)
아론 디렉터(Aaron Director; 1901~2004)
시어도어 슐츠(Theodore W. Schultz; 1902~1998)
로널드 코스(Ronald H. Coase; 1910~2013)
밀턴 프리드먼(Milton Friedman; 1912~2006)
조지 스티글러(George J. Stigler; 1911~1991)
로이드 메츨러(Lloyd Metzler; 1913~1980)
해럴드 그레그 루이스(H. Gregg Lewis; 1914~1992)
게일 존슨(D. Gale Johnson; 1916~2003)
조지 플랫 슐츠(George P. Shultz; 1920~2021)
알버트 리즈(Albert Reese; 1921~1992)
해리 고든 존슨(Harry G. Johnson; 1923~1977)
머튼 밀러(Merton H. Miller; 1923~2000)
조지 톨리(George S. Tolley; 1925~2021)
로버트 보크(Robert Bork; 1927~2012)

야이르 문들락(Yair Mundlak; 1927~2015)
해리 마코비츠(Harry Max Markowitz; 1927~)
즈비 그릴리케스(Zvi Griliches; 1930~1999)
게리 베커(Gary S. Becker; 1930~2014)
로버트 먼델(Robert A. Mundell; 1932~2021)
케네스 댐(Kenneth W. Dam; 1932~)
마르크 널로브(Marc Nerlove; 1933~)
로버트 루카스(Robert E. Lucas, Jr.; 1937~)
피셔 블랙(Fischer Black; 1938~1995)
셔윈 로젠(Sherwin S. Rosen; 1938~2001)
유진 파마(Eugene F. Fama; 1939~)
윌리엄 랜디스(William M. Landes; 1939~)
헤럴드 뎀세츠(Harold Demsetz; 1930~2019
리처드 포스너(Richard A. Posner; 1939~)
마이런 숄즈(Myron S. Scholes; 1941~)
리처드 엡스타인(Richard A. Epstein, 1943~)
제이콥 프렌켈(Jacob A. Frenkel; 1943~)
마이클 무사(Michael Mussa; 1944~2012)
제임스 헤크먼(James J. Heckman; 1944~)
라스 핸슨(Lars P. Hansen; 1952~)
폴 로머(Paul M. Romer; 1955~)
로버트 비시니(Robert W. Vishny; 1959~)

19강. 신제도학파

로널드 코스(Ronald Coase; 1910~2013)
더글러스 노스(Douglass C. North; 1920~2015)
로버트 포겔(Robert W. Fogel; 1926~2013)

올리버 윌리엄슨(Oliver E. Williamson; 1932~2020)
대런 애쓰모글루(Daron Acemoglu; 1967~   )

20강. 공공선택학파
제임스 뷰캐넌(James M. Buchanan; 1919~2013)
고든 털럭(Gordon Tullock; 1922~2014)
앤서니 다운스(Anthony Downs; 1930~2021)
맨슈어 올슨(Mancur Olson; 1932~1998)
엘리너 오스트롬(Elinor Ostrom; 1933~2012)
한스헤르만 호페(Hans-Hermann Hoppe; 1949~   )

21강. 슘페터학파
조지프 슘페터(Joseph A. Schumpeter; 1883~1950)
크리스토퍼 프리먼(Christopher Freeman; 1921~2010)
리처드 넬슨(Richard R. Nelson; 1930~   )
시드니 윈터(Sidney G. Winter; 1935~   )
브라이언 아서(W. Brian Arthur; 1945~   )
필립 아기온(Philippe M. Aghion. 1956~   )
조반니 도시(Giovanni Dosi; 1953~   )

22강. 행동경제학파
조지 카토나(George Katona; 1901~1981)
허버트 사이먼(Herbert A. Simon; 1916~2001)
버논 스미스(Vernon L. Smith; 1927~   )
대니얼 카너먼(Daniel Kahneman; 1934~   )
아모스 트버스키(Amos Tversky; 1937~1996)
새뮤얼 보울즈(Samuel Bowles; 1939~   )

조지 애컬로프(George A. Akerlof; 1940~)
리처드 탈러(Richard H. Thaler; 1945~)
로버트 실러(Robert J. Shiller; 1946~)
캐스 선스타인Cass R. Sunstein; 1954~)
조지 로웬스타인(George Lowenstein; 1955~)
에른스트 페르(Ernst Fehr; 1956~)
로버트 비시니(Robert W. Vishny; 1959~)
콜린 캐머러(Colin F. Camerer; 1959~)
안드레이 슐라이퍼(Andrei Shleifer; 1961~)
매튜 라빈(Matthew J. Rabin; 1963~)
댄 애리얼리(Dan Ariely; 1967~)
존 리스트(John A. List; 1968~)

23강. 코틀러학파

시드니 레비(Sidney Levy; 1921~2018)
테오도르 레빗(Theodore Levitt; 1925~2006)
제롬 맥카시(E. Jerome McCarthy; 1928~2015)
필립 코틀러(Philip Kotler; 1931~)
제럴드 잘트만(Gerald Zaltman; 1938~)
허마원 카타자야(Hermawan Kartajaya; 1947~)
케빈 켈러(Kevin L. Keller; 1956~)

참고문헌

〈1강〉 경제학파로 보는 경제사상 개요

《경제분석의 역사(1,2,3)》, 조지프 슘페터 지음, 김균 외 옮김, 한길사, 2013년.
《시장의 흐름이 보이는 경제 법칙 101》, 김민주 지음, 위즈덤하우스, 2011년.
《김민주의 트렌드로 읽는 세계사》, 김민주 지음, 김영사, 2018년.
《10대 경제학자》, 조지프 슘페터 지음, 정도영 옮김, 한길사, 1998년.
《경제학의 역사와 방법》, 조지프 슘페터 지음, 성낙선 옮김, 한신대학교출판부, 2007년.
《History of Economic Analysis》, Joseph Schumpeter, Oxford University Press, 1954.
《Men and Ideas in Economics: A Dictionary of World Economists Past and Present》, Ludwig H. Mai, Littlefield, Adams & Co., 1975.
《Great Economists since Keynes: An Introduction to the Lives & Works of One Hundred Modern Economists》, Mark Blaug, Wheatsheaf Books, 1985.
《Economic Theory in Retrospective》, Mark Blaug, Richard D. Irwin, 1968.
《Ideology and Method in Economics》, Homa Katouzian, The Macmillan Press, 1980.
《The Methodology of Economics》, Mark Blaug, Cambridge University Press, 1980.

《Classics and Moderns》, John Hicks, Harvard University Press, 1983.
《Economics as Religion from Samuelson to Chicago and Beyond》,
　　Robert H. Nelson, The Pennsylvania State University Press, 2014.
《Man and Economics》, Robert A. Mundell, McGraw-Hill, 1968.
비주류경제학회 www.hetecon.net

1. 근세 18세기

〈2강〉 절대국가 시대의 부국강병 경제학 중상학파

《국가론》, 장 보댕 지음, 임승휘 옮김, 책세상, 2005년.
《국가에 관한 6권의 책》, 장 보댕 지음, 나정원 옮김, 아카넷, 2013년.
《50개의 키워드로 읽는 자본주의 이야기》, 김민주 지음, 미래의창, 2015년.
《경제의 교양을 읽는다: 고전편》, 홍훈 외 지음, 더난출판사, 2009년.
《경제성장론(3판)》, 데이비드 와일 지음, 백웅기·김민성 옮김, 시그마프레스, 2013년.
《경제학원론(2판)》, 대런 애쓰모글루 외 지음, 손광락 옮김, 시그마프레스, 2019년.
《Early English Tract on Commerce》, J. R. MacCulloch, Economic History Society, 1952.
《The Stages of Economic Growth: A non-communist manifesto》, W. W. Rostow, Cambridge University Press, 1990.
코미테 콜베르 웹사이트 www.comitecolbert.com

〈3강〉 규제 일색의 중상주의에 반기를 든 자유방임학파

《세속의 철학자들》, 로버트 L. 하일브로너 지음, 장상환 옮김, 이마고, 2008년.
《죽은 경제학자의 살아있는 아이디어》, 토드 부크홀츠 지음, 류현 옮김, 김영사,

2009년.

《갤브레이스가 들려주는 경제학의 역사》, 존 케네스 갤브레이스 지음, 장상환 옮김, 책벌레, 2002년.

《거장의 귀환》, 마크 스쿠젠 지음, 박수철 옮김, 바다출판사, 2008년.

《세계사를 지배한 경제학자 이야기》, 우에노 이타로 외 지음, 신현호 옮김, 국일증권경제연구소, 2003년.

《경제학사》, 오성동·박유영·황준성 지음, 문영사, 2011년.

《경제사: 세계화와 세계 경제의 역사(3판)》, 송병건 지음, 해남, 2019년.

《성장의 문화: 현대 경제의 지적 기원》, 조엘 모키르 지음, 김민주·이엽 옮김, 에코리브르, 2018년.

《경제의 책: 인간의 삶을 변화시킨 위대한 경제학의 통찰들》, 니알 키시타이니 외 지음, 이시은 외 옮김, 지식갤러리, 2013년.

⟨Chinese Influences Upon the Physiocrats⟩, Lewis A. Maverick, Economic History 3, 1938.

《The Concise Encyclopedia of Economics》, Anne-Robert-Jacques Turgot.

⟨4강⟩ 프랑스에 이어 계몽운동의 전성기를 구가한 스코틀랜드학파

《지식인과 사회: 스코틀랜드 계몽운동의 역사》, 이영석 지음, 아카넷, 2014년.

《스코틀랜드 분리 독립운동의 역사적 기원》, 홍성표 지음, 충북대학교출판부, 2010년.

《데이비드 흄: 인간을 있는 그대로 이해하고자 한 철학자》, 줄리언 바지니 지음, 오수원 옮김, 아르테, 2020년.

《도덕감정론》, 애덤 스미스 지음, 박세일 옮김, 비봉출판사, 2009년.

《국부론(상하)》, 애덤 스미스 지음, 김수행 옮김, 비봉출판사, 2007년.

《잠깐 애덤 스미스씨, 저녁은 누가 차려줬어요?》, 카트리네 마르살 지음, 김희정 옮김, 부키, 2017년.

〈5강〉 목가적 공동체만을 꿈꾸지 않았던 유토피아학파

《유토피아 편력》, 마리 루이즈 베르네리 지음, 이주명 옮김, 필맥, 2019년.
《유토피아 이야기》, 루이스 멈퍼드 지음, 박홍규 옮김, 텍스트, 2010년.
《사랑이 넘치는 신세계 외》, 샤를 푸리에 지음, 변기찬 옮김, 책세상, 2007년.
《로버트 오언: 산업혁명기, 협동의 공동체를 건설한 사회혁신가》, G.D.H. 콜 지음, 홍기빈 옮김, 칼폴라니사회경제연구소, 2017년.
《사회에 관한 새로운 의견》, 로버트 오언 지음, 하승우 옮김, 지식을만드는지식, 2012년.
《생시몽 새로운 그리스도교》, 생시몽 지음, 박선주 옮김, 좁쌀한알, 2018년.
《루이 14세와 베르사유 궁정》, 생시몽 지음, 이영림 옮김, 나남, 2014년.
《18세기의 예언자》, 생시몽 지음, 문혜경 외 옮김, 정음사, 1995년.
《나는 도서관에서 교양을 읽는다》, 김민주 지음, 카모마일북스, 2019년.

2. 근대 19세기

〈6강〉 경제 현상을 이론으로 만들기 시작한 고전학파

《정치경제학 및 과세의 원리에 대하여》, 데이비드 리카도 지음, 권기철 옮김, 책세상, 2019년.
《인구론》, 맬서스 지음, 이서행 옮김, 동서문화사, 2016년.
《인간 정신의 진보에 관한 역사적 개요》, 마르퀴 드 콩도르세 지음, 장세룡 옮김, 책세상, 2019년.
《정치경제학 원리》, 존 스튜어트 밀 지음, 박동천 옮김, 나남, 2010년.
《존 스튜어트 밀 자서전》, 존 스튜어트 밀 지음, 박홍규 옮김, 문예출판사, 2019년.
《영웅숭배론 의상철학(2판)》, 토마스 칼라일 지음, 박지은 옮김, 동서문화사, 2018년.

⟨7강⟩ 독일이 주도한 역사학파

《정치경제학의 민족적 체계》, 프리드리히 리스트 지음, 이승무 옮김, 지식을만드는지식, 2016년.
《리스트 경제사상 연구》, 이주성 지음, 법문사, 1994년.
《미국정치경제론》, 프리드리히 리스트 지음, 백종국 옮김, 경상대학교출판부, 2015년.
《세 종류의 경제학: 경제학의 역사와 체계》, 베르너 좀바르트 지음, 황준성 옮김, 숭실대학교출판부, 2012년.
《사치와 자본주의》, 베르너 좀바르트 지음, 이상률 옮김, 문예출판사, 2017년.
《전쟁과 자본주의》, 베르너 좀바르트 지음, 이상률 옮김, 문예출판사, 2019년.
《막스 베버의 일반경제사》, 막스 베버 지음, 정명진 옮김, 부글북스, 2020년.
《프로테스탄트 윤리와 자본주의 정신》, 막스 베버 지음, 박문재 옮김, 현대지성, 2018년.

⟨8강⟩ 다수의 행복을 중시했던 공리학파

《체사레 백카리아의 범죄와 형벌》, 체사레 백카리아 지음, 한인섭 옮김, 박영사, 2010년.
《도덕과 입법의 원칙에 대한 서론》, 제러미 벤담 지음, 강준호 옮김, 아카넷, 2013년.
《벤담이 들려주는 최대 다수의 최대 행복 이야기》, 서정욱 지음, 자음과모음, 2006년.
《제러미 벤담과 현대: 공리주의 설계자가 꿈꾼 자유와 정의 그리고 행복》, 강준호 지음, 성균관대학교출판부, 2019년.
《벤담과 밀의 공리주의》, 제러미 벤담·존 스튜어트 밀 지음, 정홍섭 옮김, 좁쌀한알, 2018년.
《파놉티콘》, 제러미 벤담 지음, 신건수 옮김, 책세상, 2019년.
《공리주의》, 존 스튜어트 밀 지음, 이종인 옮김, 현대지성, 2020년.

《공리주의 입문》, 카타르지나 드 라자리-라덱·피터 싱어 지음, 류지한 옮김, 울력, 2019년.
《윤리학의 방법》, 헨리 시지윅 지음, 강준호 옮김, 아카넷, 2018년.
《수리정신학》, 프랜시스 에지워스 지음, 김진방 옮김, 한국문화사, 2014년.

〈9강〉 자본주의 국가에 결정타를 먹인 마르크스학파

《공산주의 선언》, 카를 마르크스·프리드리히 엥겔스 지음, 김태호 옮김, 박종철출판사, 2016년.
《자본론(개역판)》, 카를 마르크스 지음, 김수행 옮김, 비봉출판사, 2015년.
《무엇을 할 것인가》, 니콜라이 체르니셰프스키 지음, 유제현 옮김, 남풍, 1991년.
《무엇을 할 것인가?》, 블라디미르 레닌 지음, 최호정 옮김, 박종철출판사, 2014년.
《국가의 혁명》, 블라디미르 레닌 지음, 문성원 옮김, 돌베개, 2015년.
《제국주의, 자본주의의 최고 단계》, 블라디미르 레닌 지음, 이정인 옮김, 아고라, 2018년.
《레드 예니》, 하인츠 프레데릭 페터스 지음, 김보성 외 옮김, 오월의봄, 2015년.
《금융자본》, 루돌프 힐퍼딩 지음, 김수행 옮김, 새날, 1994년.
《자본주의 발전연구》, 모리스 H. 돕 지음, 이선근 옮김, 동녘, 1995년.
《자본주의 발전의 이론》, 폴 스위지 지음, 이주명 옮김, 필맥, 2009년.
《정치경제학》, 모스카르 랑게 지음, 문태운 옮김, 이제이북스, 2013년.
《마르크스와 세계경제》, 정성진 지음, 책갈피, 2015년.
《공산당 선언》, 카를 마르크스·프리드리히 엥겔스 지음, 권혁 옮김, 돋을새김, 2010년.
《디어 맑스: 엥겔스가 그린 칼 맑스의 수염 없는 초상》, 손석춘 지음, 시대의창, 2018년.

〈10강〉 주류경제학의 시발점 신고전학파

《정치경제학 이론》, 윌리엄 스탠리 제번스 지음, 김진방 옮김, 나남, 2011년.
《경제학 원리》, 알프레드 마셜·백영현 지음, 한길사, 2010년.
《수리 정신학: 수학을 적용하는 도덕과학에 대한 시론》, 프랜시스 이시드로 에지워스 지음, 김진방 옮김, 한국문화사, 2014년.
《순수 정치경제학 원론》, 레옹 발라스 지음, 이승무 옮김, 지식을만드는지식, 2021년.
《응용 정치경제학 연구》, 레옹 발라스 지음, 이승무 옮김, 지식을만드는지식, 2020년.
《사회경제학 연구》, 레옹 발라스 지음, 이승무 옮김, 지식을만드는지식, 2020년.
《소설로 읽는 경제학(1,2,3)》, 마셜 제번스 지음, 형선호 옮김, 북앤월드, 2015년.
《Man and Economics》, Robert A. Mundell, McGraw-Hill, 1968.

〈11강〉 무정부주의와 동의어가 아닌 아나키즘학파

《나는 반항한다, 고로 존재한다》, 천형균 지음, 정보와사람, 2009년.
《아나키즘 이야기》, 박홍규 지음, 이학사, 2004년.
《정치적 정의》, 고드윈 지음, 박승한 옮김, 형설출판사, 1994년.
《낭만의 망명객》, E. H. 카 지음, 박순식·신동란 옮김, 까치, 1980년.
《반역아 미하일 바쿠닌》, E. H. 카 지음, 박순식 옮김, 종로서적, 1989년.
《상호부조 진화론》, 크로포트킨 지음, 구자옥 옮김, 한국학술정보, 2008년.
《빵의 쟁취》, 크로포트킨 지음, 백낙철 옮김, 우리, 1988년.
《근대과학과 아나키즘》, 크로포트킨 지음, 하기락 옮김, 신명, 1993년.
《현대 아나키즘》, 게렝 지음, 하기락 옮김, 신명, 1993년.
《서양의 지적 운동》, 김영한·임지현 편저, 지식산업사, 1994년.
《중국의 아나키즘》, 조광수 지음, 신지서원, 1998년.
《한국 아나키즘 100년》, 구승회 지음, 이학사, 2004년.
《신조선 혁명론》, 박열 지음, 서석연 옮김, 범우사, 1989년.
《신채호 사회사상연구》, 신용하 지음, 한길사, 1984년.

《한국아나키즘 운동사 연구》, 오장환 지음, 국학자료원, 1998년.
《아나키즘의 역사》, 장 프레포지에 지음, 이소희 외 옮김, 이룸, 2003년.

〈12강〉 점진적 사회주의를 정착시킨 페이비언학파

《페이비언 사회주의》, 조지 버나드 쇼 외 지음, 고세훈 옮김, 아카넷, 2006년.
《나의 도제시절》, 비어트리스 웹 지음, 조애리, 윤교찬 옮김, 한길사, 2008년.
《비아트리스 웹의 생애와 사상》, 마가렛 콜 지음, 박광준 옮김, 대학출판사, 1993년.
《산업민주주의(1,2,3)》, 비어트리스 웹·시드니 웹 지음, 박홍규 옮김, 아카넷, 2018년.
《버나드 쇼: 지성의 연대기》, 헤스케드 피어슨 지음, 김지연 옮김, 뗀데데로, 2016년.
《지적인 여성을 위한 사회주의 자본주의 안내서》, 조지 버나드 쇼 지음, 오세원 옮김, 서커스, 2021년.
《복지국가의 탄생: 사회민주주의자 웹 부부의 삶과 생각》, 박홍규 지음, 아카넷, 2018년.
《복지국가를 만든 사람들: 영국편》, 이창곤 지음, 인간과복지, 2014년.
《영국 노동당사》, 고세훈 지음, 나남, 1999년.
《영국 사회주의의 두 갈래 길》, 김명환 지음, 한울아카데미, 2006년.
《사회민주주의의 역사와 전망》, 박호성 지음, 책세상, 2005년.
《교과서에서 만나는 사상》, 안광복 지음, 사계절, 2013년.
《아름다운 영국의 시골길을 걷다》, 기타노 사쿠토 지음, 임윤정 옮김, 북노마드, 2009년.

〈13강〉 토지를 경제 왜곡의 근원으로 본 조지학파

《진보와 빈곤: 산업 불황의 원인과, 빈부격차에 대한 탐구와 해결책》, 헨리 조지 지음, 이종인 옮김, 현대지성, 2019년.
《진보와 빈곤: 땅은 누구의 것인가》, 김윤상·박창수·헨리 조지 지음, 살림, 2007년.

《정치경제학(축약본)》, 헨리 조지·린디 데이비스 지음, 김윤상 옮김, 아름다운땅, 2010년.
《사회문제의 경제학》, 헨리 조지 지음, 전강수 옮김, 돌베개, 2013년.
《헨리 조지와 지대개혁》, 강남훈·김윤상·남기업·박창수·이정우 지음, 경북대학교출판부, 2018년.
《헨리 조지 100년 만에 다시 보다》, 이정우 지음, 경북대학교출판부, 2007년.
《기본소득의 경제학》, 강남훈 지음, 박종철출판사, 2019년.

〈14강〉 극단적 자유주의를 외친 오스트리아학파

《오스트리아 경제학파의 고급 입문서》, 랜달 홀콤 지음, 이성규·김행범 옮김, 해남, 2018년.
《마르크스와 오스트리아학파의 경제사상》, 홍훈 지음, 아카넷, 2002년.
《오스트리아학파의 경제학 입문》, 에이먼 버틀러 지음, 황수연 옮김, 리버티, 2015년.
《대중을 위한 경제학: 오스트리아학파 입문》, 진 캘러헌 지음, 권혁철 외 옮김, 프리덤월드, 2013년.
《경제학과 역사학: 오스트리아학파의 방법론과 인식론》, 전용덕 지음, 한국경제연구원, 2014년.
《경기변동이론과 응용》, 전용덕 지음, 마인드탭, 2015년.
《오스트리아학파의 경기변동이론과 화폐·금융제도》, 전용덕 지음, 한국경제연구원, 2009년.
《노예의 길: 사회주의 계획경제의 산실》, 프리드리히 A. 하이에크 지음, 김이석 옮김, 자유기업원, 2018년.
《하이에크, 자유의 길》, 민경국 지음, 한울아카데미, 2007년.
《프리드리히 하이에크》, 애덤 테블 지음, 이화여대 통역번역연구소 옮김, 아산정책연구원, 2013년.
《자유주의(3판)》, 루드비히 폰 미제스 지음, 이지순 옮김, 자유기업원, 2020년.
《오스트리아학파의 경기변동 이론》, 루트비히 폰 미제스 외 지음, 전용덕 옮김, 지식을만드는지식, 2010년.
《루트비히 폰 미제스: 삶의 업적의 핵심정리》, 머레이 N. 라스바드 지음, 한국미제스연구소 옮김, 바른북스, 2021년.
《루트비히 폰 미제스 입문》, 에이먼 버틀러 지음, 황수연 옮김, 리버티, 2013년.
《인간 경제 국가: 경제원리에 대한 새로운 전문서》, 머레이 N. 라스바드 지음, 전용덕·김이석 옮김, 자유기업원, 2019년.
《신자유주의: 하이에크, 프리드먼, 부캐넌》, 이근식 지음, 기파랑, 2009년.
《신자유주의의 부상과 미래》, 데이비드 M. 코츠 지음, 곽세호 옮김, 나름북스, 2018년.
《경제학과 자유주의》, 홍훈 지음, 연세대학교출판부, 2009년.
《15 Great Austrian Economists》, Randall Holcombe, Ludwig Von Mises Institute, 1999.
《A History of the Mont Pelerin Society》, R. M. Hartwell, Liberty Fund, 1995.
자유기업원 www.cfe.org
미제스 연구소 www.miseskorea.org
한국하이에크소사이어티 www.hayek.or.kr

3. 현대 20세기

〈15강〉 자본주의 사회를 신랄하게 비판한 제도학파

《경제학자 베블런, 냉소와 미소 사이》, 켄 맥코믹 지음, 한성안 편역, 청람, 2019년.
《유한계급론》, 소스타인 베블런 지음, 이종인 옮김, 현대지성, 2018년.
《베블런의 과시적 소비: 사회적 지위를 보여주기 위한 비생산적 소비》, 소스타인 베블런 지음, 소슬기 옮김, 유엑스리뷰, 2019년.
《유한계급론: 문화, 소비, 진화의 경제학》, 원용찬·소스타인 베블런 지음, 살림,

2007년.

《장인 본능: 그리고 산업 기술의 상태》, 소스타인 베블런 지음, 양소연 옮김, 지식을만드는지식, 2020년.

《자본의 본성에 관하여 외》, 소스타인 베블런 지음, 홍기빈 옮김, 책세상, 2018년.

《미국의 고등교육》, 소스타인 베블런 지음, 홍훈·박종현 옮김, 길, 2014년.

《뒤돌아보며: 2000년에 1887년을》, 에드워드 벨러미 지음, 김혜진 옮김, 아고라, 2014년.

《집단행동 경제학》, 존 R. 커먼스 지음, 박상철 옮김, 한국문화사, 2012년.

《풍요한 사회》, 존 갤브레이스 지음, 노택선 옮김, 한국경제신문사, 2006년.

《미국의 자본주의》, 존 갤브레이스 지음, 최광열 옮김, 양영각, 1981년.

《새로운 산업국가》, 존 갤브레이스 지음, 서음출판사, 1981년.

《대폭락 1929》, 존 갤브레이스 지음, 이헌대 옮김, 일리, 2008년.

《갤브레이스가 들려주는 경제학의 역사》, 존 갤브레이스 지음, 장상환 옮김, 책벌레, 2002년.

《소비의 사회: 그 신화와 구조》, 장 보드리야르 지음, 이상률 옮김, 문예출판사, 2015년.

《장 보드리야르 소비하기》, 리처드 J. 레인 지음, 곽상순 옮김, 앨피, 2008년.

《파워 엘리트: 돈과 권력과 명성은 왜 소수의 사람에게로 집중되는 것일까》, C. 라이트 밀스 지음, 정명진 옮김, 부글북스, 2013년.

《The Anatomy of Power》, John Galbraith, Houghton Mifflin Company, 1983.

〈16강〉 거시경제국의 선구자 스톡홀름학파

《정치경제학 강의: 일반이론》, 크누트 빅셀 지음, 이규억 옮김, 한국문화사, 2012년.

《경제학 강의: 화폐론》, 크누트 빅셀 지음, 오근엽 옮김, 아르케, 1999년.

《빅셀 이후의 거시경제 논쟁》, 홍훈·최규성·박종현·이철희·황재홍 지음, 연세대학교출판부, 2008년.

《경제학과 자유주의》, 홍훈 지음, 연세대학교출판부, 2009년.
《아시아의 근대화》, 군나르 뮈르달 지음, 삼성문화문고, 1973년.
《노벨 평화상 수상자 회고록 3: 알바 뮈르달》, 라스 G. 린스코그 지음, 변광수 옮김, 동광출판사, 1986년.
《나는 노벨상 부부의 아들이었다: 자전소설》, 얀 뮈르달 지음, 조경실 옮김, 테오리아, 2016년.
《스웨덴이 사랑한 정치인, 올로프 팔메》, 하수정 지음, 후마니타스, 2013년.
《50개의 키워드로 읽는 북유럽 이야기》, 김민주 지음, 미래의창, 2014년.
《Twelve Figures in Swedish Economics》, Mats Lundahl, Springer Nature, 2022.

〈17강〉 자본주의 붕괴를 막은 케인스학파

《평화의 경제적 결과: 케인스라는 이름으로 세계에 알린 베스트셀러》, 존 메이너드 케인스 지음, 정명진 옮김, 부글북스, 2016년.
《고용 이자 및 화폐의 일반이론(개역판)》, 존 메이너드 케인스 지음, 조순 옮김, 비봉출판사, 2007년.
《존 메이너드 케인스: 돈, 민주주의, 그리고 케인스의 삶》, 재커리 D. 카터 지음, 김성아 옮김, 로크미디어, 2021년.
《존 메이너드 케인스: 경제학자, 철학자, 정치가》, 로버트 스키델스키 지음, 고세훈 옮김, 후마니타스, 2009년.
《케인스 경제학을 찾아서: 주류 경제학이 가르치지 않는 정통 케인스 경제학 입문》, 마크 G. 헤이스 지음, 현동균 옮김, 한울아카데미, 2021년.
《케인스 평전: 자본주의를 살려낸 한 천재의 삶》, 찰스 H. 헤시온 지음, 허창무 옮김, 지식산업사, 2008년.
《포스트 케인스주의 경제학자 하이먼 민스키의 케인스 혁명 다시 읽기》, 하이먼 민스키 지음, 신희영 옮김, 후마니타스, 2014년.
《브레턴우즈 전투: 존 메이너드 케인스, 해리 덱스터 화이트, 그리고 새로운 국제

질서의 정립》, 벤 스테일 지음, 오인석 옮김, 아산정책연구원, 2015년.
《케인스를 위한 변명: 20세기 가장 뜨거웠던 경제학자에 대한 경의》, 피터 클라크 지음, 이주만 옮김, 랜덤하우스코리아, 2010년.
《J. M. 케인즈》, 조순 지음, 유풍출판사, 1982년.
《케인즈의 경제학》, 박만섭 편저, 다산출판사, 2002년.
《케인즈 경제학의 이해》, D. 딜라드 지음, 허정무 옮김, 지식산업사, 1998년.
《하이에크 vs 케인스 아이디어 전쟁: 시대의 위기를 돌아보는 경제학사 두 거인의 날카로운 분석》, 토머스 호버 지음, 김효원 옮김, 매일경제신문사, 2018년.
《케인스 하이에크: 세계경제와 정치 지형을 바꾼 세기의 격돌》, 니컬러스 웝숏 지음, 김홍식 옮김, 부키, 2014년.
《케인스 vs 슘페터: 현실 경제를 바라보는 두 개의 시선》, 요시카와 히로시 지음, 신현호 옮김, 새로운제안, 2009년.
《포스트 케인스학파 경제학 입문: 대안적 경제 이론》, 마크 라부아 지음, 김정훈 옮김, 후마니타스, 2016년.
《경제학자의 영광과 패배: 케인스에서 크루그먼까지 현대 경제학자 14명의 결정적 순간》, 히가시타니 사토시 지음, 신현호 옮김, 부키, 2014년.
《경제학의 거장들 : 마르크스에서 케인스까지》, 요아힘 슈타르바티 외 지음, 정진상 외 옮김, 한길사, 2007년.
《경제학의 대결: 신고전학파, 케인스주의, 마르크스주의》, 리처드 울프·스티븐 레스닉 지음, 유철수 옮김, 연암서가, 2020년.
《영국의 대학도시 케임브리지 이야기: 뉴턴, 다윈, 바이런과 케인스의 도시》, 이승은·김영석 지음, 생각나눔, 2016년.
《하버드가 지배한다》, 리처드 브래들리 지음, 문은실 옮김, 생각의나무, 2005년.
《존 메이너드 케인스: 돈, 민주주의, 그리고 케인스의 삶》, 재커리 D. 카터 지음, 김성아 옮김, 로크미디어, 2021년.
《Essays on John Maynard Keynes》, edited by Milo Keynes, Cambridge University Press, 1975.
《The Life of John Maynard Keynes》, Roy Harrod, W. W. Norton and

Company, 1951.

《The Revolution That Never Was: An Assessment of Keynesian Economics》, Will Hutton, London:Vintage, 2001.

《Growth Theory; An Exposition》, Robert M. Solow, Oxford University, Press, 1970.

《An Introduction ot Modern Theories of Economic Growth》, Hywel Jones, Thomas Nelson and Sons Ltd, 1975.

《The World in Depression 1929-1939》, Charles P. Kindleberger, University of California Press, 1973.

〈18강〉 케인스학파를 무너뜨린 시카고학파

《시카고학파: 현대 경제경영학의 혁명을 이끈 사상가들의 요람》, 요한 판 오페르트벨트 지음, 박수철 옮김, 에버리치홀딩스, 2011년.
《시카고학파의 경제학》, 자유주의경제학연구회 편저, 민음사, 1994년.
《지식경제학 미스터리》, 데이비드 워시 지음, 김민주·송희령 옮김, 김영사, 2008년.
《컨설팅의 신화 맥킨지》, 윌리엄 B. 울프 지음, 홍성완 옮김, 대청, 1999년.
《동태적 거시경제학 성장과 변동》, 이종화·김진일 지음, 박영사, 2021년.
《Essays in Positive Economics》, Milton Friedman, The University of Chicago Press, 1953.
《Vienna & Chicago, Friends or Foes?: A Tale of Two Schools of Free-Market Economics》, Mark Skousen, Regnery Capital, 2005.
《From Vienna to Chicago and Back: Essays on Intellectual History and Political Thought in Europe and America》, Gerald Stourzh, University of Chicago Press, 2007.
《Chicagonomics: The Evolution of Chicago Free Market Economics》, Lanny Ebenstein, 2015.
《Essays on and in the Chicago Tradition》, Don Patinkin, Duke

University Press, 1980.
《On the History and Method of Economics》, Frank H. Knight, The University of Chicago Press, 1956.
《Milton Friedman's Monetary Framework: A Debate with His Critics》, ed. by Robert J. Gordon, The University g Chicago Press, 1970.
《Social Economics: Market Behavior in a Social Environment》, Gary S. Becker, Kevin M. Murphy, Belknap Press of Harvard University Press, 2000.
《Chicago: Growth of a Metropolis》, Harold M. Mayer, Richard C. Wade, The University of Chicago Press, 1969.

〈19강〉 주류경제학으로 제도를 새롭게 해석한 신제도학파

《제도의 힘: 신제도주의 경제사 시각에서 본 국가의 흥망》, 김승욱 지음, 프리이코노미스쿨, 2015년.
《제도와 조직의 경제사: 최신이론, 새로운 개념(개정판)》, 오카자키 데쓰지 지음, 이창민 옮김, 한울아카데미, 2017년.
《상식과 통념을 뒤집는 경제사 미스터리 21》, 라이지엔청 지음, 이명은 옮김, 미래의창, 2010년.
《제도, 제도변화, 경제적 성과》, 더글러스 C. 노스 지음, 이병기 옮김, 한국경제연구원, 1996년.
《서구세계의 성장》, 더글러스 C. 노스 외 지음, 이상호 옮김, 자유기업센터, 1999년.
《공공문제의 경제학》, 더글러스 C. 노스·로저 밀러 지음, 김상호 옮김, 진영사, 1994년.
《국가는 왜 실패하는가》, 대런 애쓰모글루·제임스 A. 로빈슨 지음, 최완규 옮김, 시공사, 2012년.
《좁은 회랑: 국가, 사회 그리고 자유의 운명》, 대런 애쓰모글루·제임스 A. 로빈슨 지음, 장경덕 옮김, 시공사, 2020년.
《제도경제학의 시간과 공간》, 베르나르 샤방스 지음, 양준호 옮김, 한울아카데미,

2010년.

〈20강〉 이기적 공직자를 전제로 한 공공선택학파

《국민합의의 분석》, 제임스 뷰캐넌·고든 털럭 지음, 황수연 옮김, 지식을만드는지식, 2012년.
《집단행동의 논리: 공공재와 집단이론》, 멘슈어 올슨 지음, 최광 옮김, 한국문화사, 2013년.
《지배 권력과 경제번영》, 멘슈어 올슨 지음, 최광 옮김, 나남, 2010년.
《민주주의 경제학 이론》, 앤서니 다운스 지음, 전인권 외 옮김, 나남, 1997년.
《경제 이론으로 본 민주주의: 민주주의에서 정당정치는 어떻게 이루어지는가》, 앤서니 다운스 지음, 박상훈 옮김, 후마니타스, 2013년.
《민주주의는 실패한 신인가》, 한스헤르만 호페 지음, 박효종 옮김, 나남, 2004년.
《공유의 비극을 넘어》, 엘리너 오스트롬 지음, 윤홍근 옮김, 알에이치코리아, 2010년.
《엘리너 오스트롬, 공유의 비극을 넘어》, 강은숙·김종석 지음, 커뮤니케이션북스, 2016년.
《지식의 공유: 폐쇄성을 넘어 자원으로서의 지식을 나누다》, 엘리너 오스트롬·샬럿 헤스 지음, 김민주 옮김, 타임북스, 2010년.

〈21강〉 혁신 없이는 자본주의가 소멸된다는 슘페터학파

《경제발전의 이론》, 조지프 슘페터 지음, 정선양 옮김, 시대가치, 2020년.
《자본주의, 사회주의, 민주주의》, 조지프 슘페터 지음, 변상진 옮김, 한길사, 2011년.
《경제학의 역사와 방법》, 조지프 슘페터 지음, 성낙선 옮김, 한신대학교출판부, 2007년.
《혁신의 예언자: 우리가 경제학자 슘페터에게 오해하고 있었던 모든 것》, 토머스 매크로 지음, 김형근 옮김, 글항아리, 2012년.

《케인스 vs 슘페터》, 요시카와 히로시 지음, 새로운제안, 2009년.
《진화경제학의 이해》, 이요섭 지음, 연암사, 2018년.
《경제학 더 넓은 지평을 향하여(개정판)》, 박만섭 엮음, 이슈투데이, 2012년.
《국가의 추격 추월 추락: 아시아와 국제 비교》, 이근·주경철·이준협·우경봉·옥우석 지음, 서울대학교출판문화원, 2013년.
《산업의 추격, 추월, 추락: 산업주도권과 추격사이클》, 이근·박태영·기지훈·김재우·김지나 지음, 21세기북스, 2014년.
《경영의 실제》, 피터 드러커 지음, 이재규 옮김, 한국경제신문사, 2006년.
《매니지먼트》, 피터 드러커 지음, 남상진 옮김, 청림출판 2007년.
《피터 드러커의 위대한 혁신》, 피터 드러커 지음, 권영설 옮김, 한국경제신문사, 2016년.
《혁신 기업의 딜레마》, 클레이튼 크리스텐슨 지음, 이진원 옮김, 세종서적, 2009년.
《성장과 혁신(15주년 기념 개정판)》, 클레이튼 크리스텐슨·마이클 레이너 지음, 딜로이트 컨설팅 코리아 옮김, 세종서적, 2021년.
《미래 기업의 조건》, 클레이튼 크리스텐슨·스콧 앤서니·에릭 로스 지음, 이진원 옮김, 비즈니스북스, 2005년.
《모방과 창조》, 김세직 지음, 다산북스, 2021년.
《창조적 파괴의 힘: 혁신과 성장 그리고 자본주의의 미래》, 필리프 아기옹·셀린 앙토냉·시몽 뷔넬 지음, 이민주 옮김, 에코리브르, 2022년.

〈22강〉 심리학과 경제학의 유쾌한 만남, 행동경제학파

《상식밖의 경제학》, 댄 애리얼리 지음, 장석훈 옮김, 청림출판, 2008년.
《소비자 경제심리의 법칙》, 유동운 지음, 북코리아, 2006년.
《경제심리학》, 댄 애리얼리 지음, 청림출판, 2010년.
《행동경제학 : 경제를 움직이는 인간 심리의 모든 것》, 토모노 노리오 지음, 이명희 옮김, 지형, 2008년.
《사이먼&카너먼: 심리학, 경제를 말하다》, 안서원 지음, 김영사, 2006년.

《생각에 관한 생각: 300년 전통경제학의 프레임을 뒤엎은 행동경제학의 바이블》, 대니얼 카너먼 지음, 이창신 옮김, 김영사, 2018년.
《행동경제학: 마음과 행동을 바꾸는 선택 설계의 힘》, 리처드 탈러 지음, 박세연 옮김, 웅진지식하우스, 2021년.
《세상을 바꾸는 행동경제학: 행동 설계의 비밀》, 마이클 샌더스·수잔나 흄 지음, 안세라 옮김, 비즈니스랩, 2021년.
《홍훈 교수의 행동경제학 강의》, 홍훈 지음, 서해문집, 2016년.
《신고전학파 경제학과 행동 경제학》, 홍훈 지음, 신론사, 2013년.
《읽으면 진짜 똑똑한 선택이 보이는 만화 행동경제학》, 조립식 지음, 위즈덤하우스, 2018년.
《시장의 흐름이 보이는 경제법칙 101》, 김민주 지음, 위즈덤하우스, 2011년.
《실험경제학》, 로스 M. 밀러·버논 L. 스미스 지음, 권춘오 옮김, 일상이상, 2011년.
《소비자 경제심리의 법칙》, 유동운 지음, 북코리아, 2006년.
《Psychological Analysis of Economic Behavior》, George Katona, McGraw-Hill, 1951.
《Psychological Economics》, George Katona, Elsevier, 1975.

〈23강〉 현대 마케팅학을 정립한 코틀러학파

《필립 코틀러의 마케팅 모험: 마케팅의 눈으로 보는 삶, 그리고 세상》, 필립 코틀러 지음, 바영호 옮김, 다산북스, 2015년.
《마케팅 관리론(14판)》, 필립 코틀러·케빈 켈러 지음, 피어슨, 2011년.
《마케팅 거장에게 오늘을 묻다》, 로라 마주르·루엘라 마일즈 지음, 김민주·송희령 옮김, 비즈니스맵, 2007년.
《Kotler의 마케팅 원리(18판)》, 필립 코틀러·게리 암스트롱 지음, 김건하 옮김, 시그마프레스, 2021년.
《마켓 3.0》, 필립 코틀러 지음, 안진환 옮김, 타임비즈, 2010년.
《필립 코틀러의 마켓 4.0》, 필립 코틀러·허마원 카타자야·이완 세티아완 지음, 이

진원 옮김, 더퀘스트, 2017년.
《마켓 4.0 시대 이기는 마케팅》, 필립 코틀러·허마원 카타자야·후이 덴 후안 지음, 김민주·이엽 옮김, 한국경제신문사, 2017년.
《필립 코틀러 퍼스널 마케팅: 탁월한 존재는 어떻게 만들어지는가》, 필립 코틀러·어빙 레인·마이클 햄린·마틴 스톨러 지음, 방영호 옮김, 위너스북, 2010년.
《퍼블릭 마케팅》, 필립 코틀러·낸시 리 지음, 옮김, 위즈덤하우스, 2007년.
《전석 매진》, 필립 코틀러·조앤 셰프 지음, 용호성 옮김, 김영사, 2007년.
《스포츠팬을 잡아라: 필립 코틀러의 스포츠 브랜드 마케팅》, 필립 코틀러·어빙 레인·벤 쉴즈 지음, 서원재 옮김, 지식의날개, 2009년.
《필립 코틀러의 다른 자본주의》, 필립 코틀러 지음, 박준형 옮김, 더난출판, 2015년.
《마케팅 어드벤처》, 김민주 지음, 미래의창, 2002년.
《디마케팅》, 김민주 지음, 미래의창, 2003년.
《글로벌 기업의 지속가능 경영》, 김민주 지음, 교보문고, 2007년.
《세상을 소비하는 인간, 호모 콘수무스》, 김민주 지음, 교보문고, 2008년.
필립 코틀러 사이트 www.pkotler.org

4. 동시대 21세기

〈24강〉 살아있는 경제학자들이 갈망한 노벨경제학상

《노벨상의 경제학자들》, 박우희 지음, 매일경제신문사, 1994년.
《노벨 경제학 강의》, 윌리엄 브레이트·배리 허쉬 편저, 김민주 옮김, 미래의창, 2008년.
《세상을 바꾼 경제학: 교양인을 위한 노벨상 강의》, 야자와 사이언스 연구소 지음, 신은주 옮김, 김영사, 2013년.
《대한민국이 묻고 노벨 경제학자가 답하다》, 한순구 지음, 교보문고, 2013년.
《고장 난 경제에서 어떻게 살 것인가: 노벨상 수상 경제학자 12명이 대중에게 주는 경제학 특강》, 로버트 솔로우·재니스 머래이 지음, 이주만 옮김, 코리아닷컴, 2015년.

《세상을 바꾼 노벨상 수상자 50인의 특강》, 스토리 나인 지음, 김영덕 그림, 북이십일 아울북, 2016년.

《식탁 위의 경제학자들: 세계경제와 내 지갑을 움직이는 22가지 경제이론》, 조원경 지음, 쌤앤파커스, 2016년.

《노벨 두드림(Do Dream): 이 책 읽고 노벨상 받자 노벨경제학상》, 비피기술거래 지음, 비피기술거래, 2017년.

《84인의 노벨상 수상자가 들려주는 쓸모 있는 경제학》, 영주 닐슨 지음, 러닝핏, 2020년.

《노벨상의 교양을 읽는다: 노벨상 100년의 역사와 그 뒤에 숨겨진 흥미진진한 이야기》, 버튼 펠드먼 지음, 전제아 옮김, 한국경제신문사, 2008년.

《뷰티풀 마인드》, 실비아 네이사 지음, 신현용 외 옮김, 승산, 2002년.

《The Nobel Laureates》, Marilu Hutr McCarty, McGraw-Hill, 2001.

노벨위원회 사이트 https://www.nobelprize.org

〈25강〉 한국은 과연 진정한 선진국인가?

《선진국, 대한민국은 선진국일까?》, 양서윤 지음, 내인생의책, 2019년.

《선진국가로 도약하는 대한민국 대전환》, 문화체육관광부 지음, 대통령비서실, 2021년.

《한국인만 몰랐던 더 큰 대한민국》, 이만열(임마뉴엘 페스라이쉬) 지음, 레드우드, 2017년.

《선진국 한국의 우울》, 오니시 유타카 지음, 박연정 옮김, 예문, 2015년.

《선진국의 탄생》, 김종태 지음, 돌베개, 2018년.

《한국 경제정책 30년사 최빈국에서 선진국 문턱까지》, 김정렴 지음, 랜덤하우스코리아, 2006년.

《세계로, 초일류 선진국으로》, 송병락 지음, 중앙M&B, 1994년.

《한국, 한국인, 한국경제》, 이원복 글과 그림, 송병락 원저, 동아출판사, 1993년.
《우리나라가 세계에서 가장 잘사는 나라가 되는 방법》, 송벽락 지음, 디자인하우스, 1999년.
《Dynamic Forces in Capitalist Development: A Long-run Comparative View》, Angus Maddison, Oxford University Press, 1991.

에필로그

《한국사에 숨겨진 경제학자들》, 최태성·박정호 지음, 토토북, 2016년.
《잘 사는 조선을 꿈꾼 경제학쟁이들》, 스토리몽키 지음, 미르 그림, 주니어단디, 2019년.
《북학의: 시대를 아파한 조선 선비의 청국 기행》, 박제가 지음, 박정주 옮김, 서해문집, 2003년.

기타

《인간을 위한 경제학: 고전으로 읽는 경제사상사》, 홍훈 지음, 길, 2008년.
《경제학의 역사》, 홍훈 지음, 박영사, 2010년.
《경제의 교양을 읽는다: 고전편》, 홍훈 외 지음, 더난출판사, 2009년.
《경제의 교양을 읽는다: 현대편》, 김진방 외 지음, 더난출판사, 2014년.
《고전으로 읽는 경제사상》, 로버트 하일브로너 지음, 김정수 외 옮김, 민음사, 2001년.
《한 권으로 읽는 비즈니스 명저》, 김민주 외 지음, 좋은습관연구소, 2021년.
《경제학의 역사》, 로저 백하우스 지음, 김현구 옮김, 시아, 2017년.
《세계를 움직인 경제학자들의 삶과 사상》, 폴 스트레턴 지음, 김낙년 외 옮김, 몸과마음, 2002년.
《위대한 경제학자들의 생애와 사상》, P. 새뮤얼슨·W. 바넷 지음, 함정호 옮김, 지식산업사, 2008년.

《경제학의 역사는 자유의 역사 애덤 스미스부터 카너먼까지》, 홍훈표 지음, 기파랑, 2021년.
《그림으로 이해하는 경제사상》, 홍은주 지음, 개마고원, 2013년.
《경제사상의 이해》, 박천익 지음, 탑북스, 2014년.
《경제사상사 여행》, 민경국 지음, 21세기북스, 2014년.
《경제학 오디세이》, 조지 슈피로 지음, 김현정 옮김, 비즈니스북스, 2021년.
《경제학의 역사와 사상》, 이천우 지음, 율곡출판사, 2017년.
《경제사상과 경제철학》, 변형윤 지음, 지식산업사, 2012년.
《경제학 대논쟁》, 변형윤·정윤형 지음, 매일경제신문사, 1988년.
《법정에 선 경제학자들》, 조원경 지음, 책밭, 2015년.
《부자의 경제학 빈민의 경제학》, 유시민 지음, 푸른나무, 2004년.
《경제학은 어떻게 권력이 되었는가》, 조너선 앨드리드 지음, 강주헌 옮김, 21세기북스, 2020년.
《경제학을 리콜하라: 왜 경제학자는 위기를 예측하지 못하는가》, 이정전 지음, 김영사, 2011년.